Vos ressources pédagogiques en ligne !

Un ensemble d'outils numériques spéc... pour vous aider dans l'acquisition des cc... à

COMPTABILITÉ 1
7e édition

- Les indices clés pour résoudre les problèmes de fin de chapitre

- Les solutionnaires partiels aux problèmes de fin de chapitre

- Des fichiers de travail Excel

- Le plan comptable du manuel

- Les annexes du chapitre 9

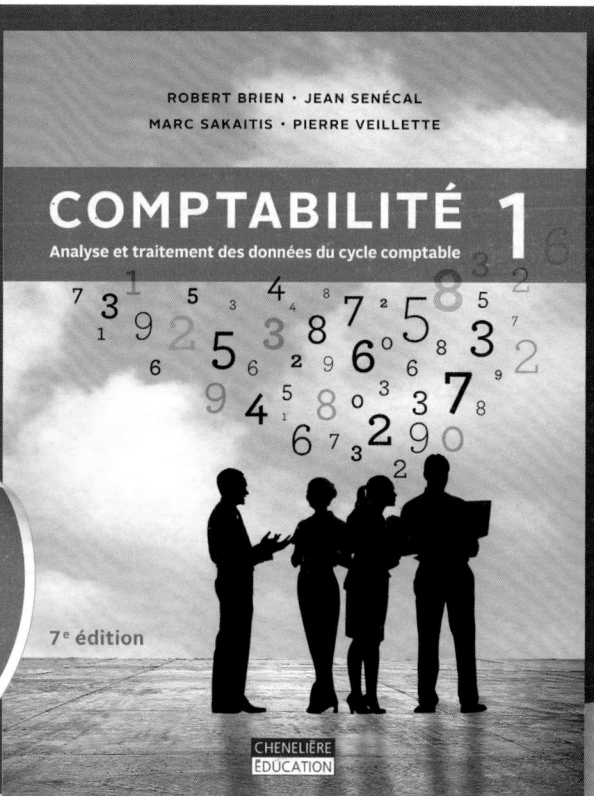

ROBERT BRIEN · JEAN SENÉCAL
MARC SAKAITIS · PIERRE VEILLETTE

COMPTABILITÉ 1

Analyse et traitement des données du cycle comptable

7e édition

CHENELIÈRE
ÉDUCATION

http://mabibliotheque.cheneliere.ca

CODE D'ACCÈS ÉTUDIANT

VOUS ÊTES ENSEIGNANT?

Contactez votre représentant pour recevoir votre code d'accès permettant de consulter les ressources pédagogiques en ligne exclusives à l'enseignant.

CHENELIÈRE
ÉDUCATION

ROBERT BRIEN • JEAN SENÉCAL

MARC SAKAITIS • PIERRE VEILLETTE

COMPTABILITÉ 1

Analyse et traitement des données du cycle comptable

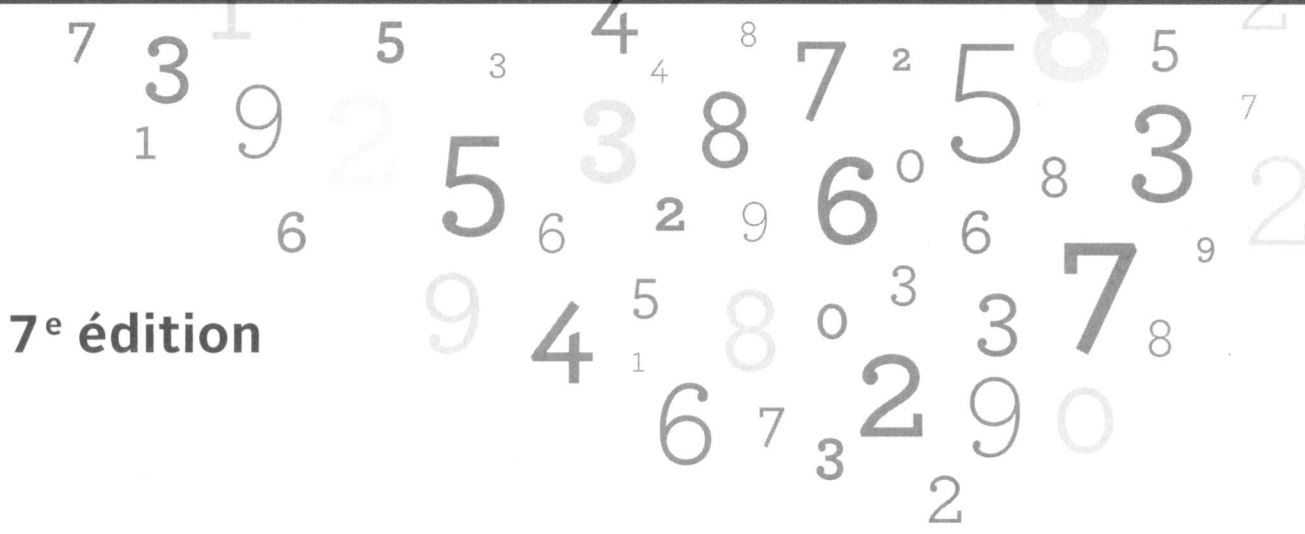

7ᵉ édition

Avec la collaboration de
ISABELLE LASSONDE, CPA, CMA-MBA
Université Laval

Achetez en ligne ou en librairie
En tout temps, simple et rapide!
www.cheneliere.ca

CHENELIÈRE
ÉDUCATION

Comptabilité 1
Analyse et traitement des données du cycle comptable, 7ᵉ édition

Robert Brien, Jean Senécal, Marc Sakaitis, Pierre Veillette

© 2013 **Chenelière Éducation inc.**
© 2008, 2006 Les Éditions de la Chenelière inc.
© 2004, 1999, 1995, 1993, 1991 gaëtan morin éditeur ltée

Conception éditoriale : Éric Monarque
Édition : Julie Dagenais
Coordination : Martine Brunet, Marylène Leblanc-Langlois,
 Mélanie Nadeau et Alexandra Soyeux
Révision linguistique : Diane Robertson
Correction d'épreuves : Zérofôte
Conception graphique : Alain Lapointe
Conception de la couverture : Gianni Caccia
Impression : TC Imprimeries Transcontinental

**Catalogage avant publication
de Bibliothèque et Archives nationales du Québec
et Bibliothèque et Archives Canada**

Vedette principale au titre :

Comptabilité 1[-2] : analyse et traitement des données du cycle comptable

7ᵉ éd.

Comprend un index.
Pour les étudiants du niveau collégial.

ISBN 978-2-7650-3971-6 (v. 1)
ISBN 978-2-7650-4057-6 (v. 2)

1. Comptabilité. 2. Entreprises – Comptabilité. 3. États financiers.
4. Comptabilité – Problèmes et exercices. I. Brien, Robert, 1950-   .

HF5642.B75 2013   657'.044   C2012-942662-8

5800, rue Saint-Denis, bureau 900
Montréal (Québec) H2S 3L5 Canada
Téléphone : 514 273-1066
Télécopieur : 514 276-0324 ou 1 800 814-0324
info@cheneliere.ca

ISBN 978-2-7650-3971-6

Dépôt légal : 2ᵉ trimestre 2013
Bibliothèque et Archives nationales du Québec
Bibliothèque et Archives Canada

Imprimé au Canada

2 3 4 5 6 ITIB 18 17 16 15 14

Nous reconnaissons l'aide financière du gouvernement du Canada par l'entremise du Fonds du livre du Canada (FLC) pour nos activités d'édition.

Gouvernement du Québec – Programme de crédit d'impôt pour l'édition de livres – Gestion SODEC.

Remerciements

Un manuel de comptabilité est utilisé par un très grand nombre d'enseignants qui ont tous une démarche pédagogique particulière. Aussi, un tel ouvrage ne saurait être le fruit de la seule réflexion ou de l'unique expérience des auteurs. Nous avons donc consulté de nombreux professeurs du réseau collégial, de façon individuelle ou au moyen de groupes de travail, lorsque nous avons amorcé le projet d'écriture de cette nouvelle édition. Nous tenons à remercier nos consœurs et confrères de différents cégeps pour leur généreuse contribution à l'élaboration de la 7e édition de ce manuel et de la collection Brien et Senécal. Par ordre alphabétique, ce sont:

Patricia Ayotte, Cégep de Trois-Rivières

Nathalie Bonneau, Collège Édouard-Montpetit

Louise Beauvais, Cégep Gérald-Godin

Pierre Camiré, Cégep de Thetford

Line Desaulniers, Cégep régional de Lanaudière à Joliette

Johanne Dutil, Cégep Garneau

Clémence Faucher, Cégep de Lévis-Lauzon

Isabelle Forget, Collège Montmorency

Louis Germain, Collège Shawinigan

Nathalie Girard, Cégep régional de Lanaudière à L'Assomption

Christiane Gosselin, Collège Ahuntsic

Josée-Anne Guay, Cégep de l'Abitibi-Témiscamingue

Sylvie Hamelin, Cégep André-Laurendeau

Paul Isabelle, Collège Shawinigan

Sylvie Meloche, Collège Lionel-Groulx

Line Tremblay, Cégep de Chicoutimi

Ce manuel et son solutionnaire ont fait l'objet d'une révision scientifique de la part d'Isabelle Lassonde, de l'Université Laval. Nous saluons ici la qualité exceptionnelle de son travail et nous l'en remercions chaleureusement.

Nous souhaitons que tous les lecteurs apprécient ce volume et nous les invitons à nous faire parvenir leurs commentaires.

Robert Brien
Jean Senécal
Marc Sakaitis
Pierre Veillette

Caractéristiques du manuel

Particularités de la 7ᵉ édition

Par son langage simple et accessible, la 7ᵉ édition de cet ouvrage est tout à fait adaptée au niveau collégial. Elle offre un dosage équilibré d'éléments théoriques et pratiques, ce qui permet à l'étudiant d'acquérir une solide compréhension des notions essentielles et de maîtriser les compétences prescrites.

Nous avons aussi profité de cette nouvelle édition pour moderniser et améliorer la présentation de la matière de même que l'aspect visuel de ce volume.

Mise en situation
Des mises en situation intéressantes posent les défis à relever dans le chapitre.

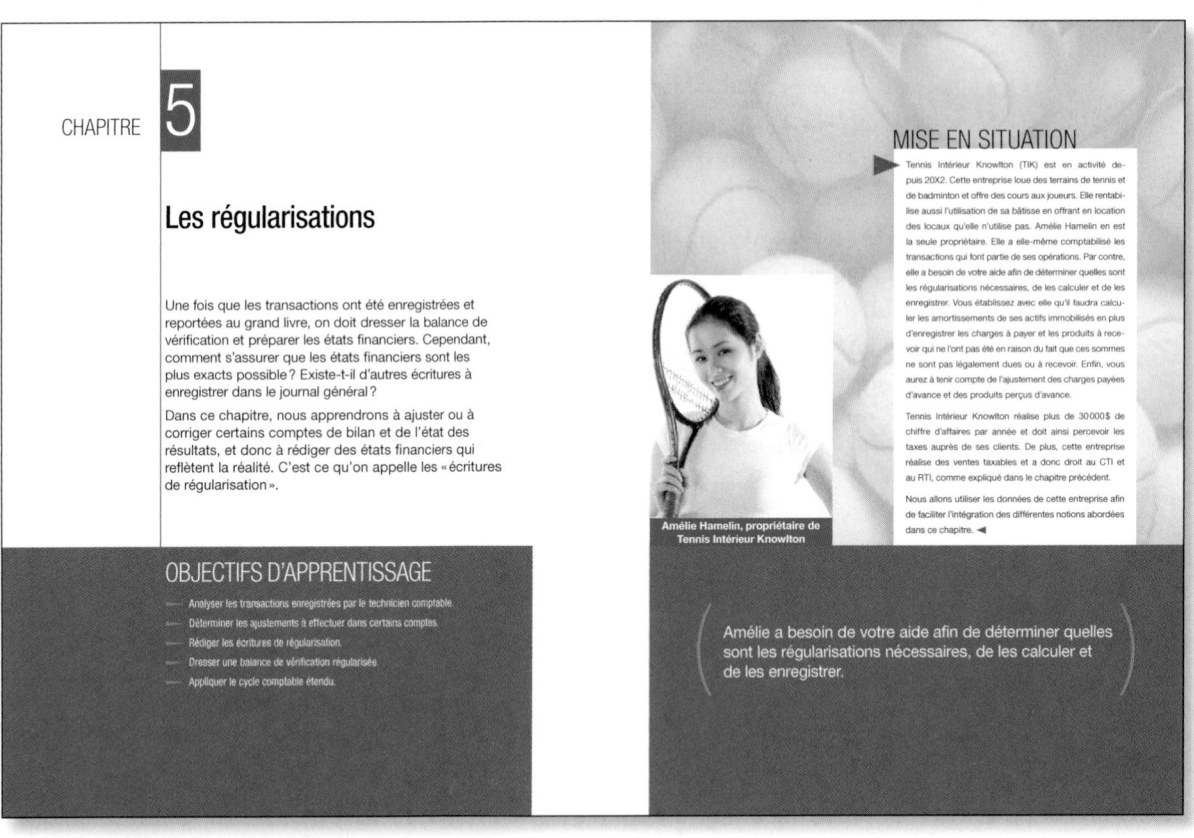

Objectifs
Au début de chaque chapitre se trouve une description des compétences à maîtriser.

À vous de jouer !

Permet à l'étudiant d'assimiler et de parfaire graduellement les connaissances théoriques.

Par exemple

Offre un exemple concret de la matière qui vient d'être abordée.

Saviez-vous que... ?

Ajoute une notion, une précision en relation avec la matière traitée.

Mise en garde

Prévient l'étudiant d'une difficulté, d'un piège, d'une particularité propre à la matière et dont il faut tenir compte.

Trucs et astuces

Donne à l'étudiant un conseil, un indice pour qu'il puisse bien réaliser la suite de son exercice ou repérer une subtilité lors d'une démonstration.

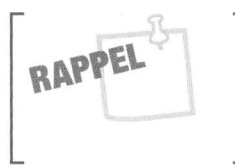

Rappel

Évoque une notion importante déjà abordée.

Définitions

Les définitions les plus importantes sont placées en marge, ce qui permet de s'y référer rapidement, si nécessaire.

Adresses Web

Les sites Web en lien avec la matière sont mis en valeur en marge.

Retour sur la mise en situation

Lorsque le texte aborde la mise en situation de début de chapitre, une flèche en marge permet de la cibler rapidement.

Tableaux et figures

Les figures et les tableaux apportent un complément d'information ou illustrent les concepts et les notions abordés dans le manuel.

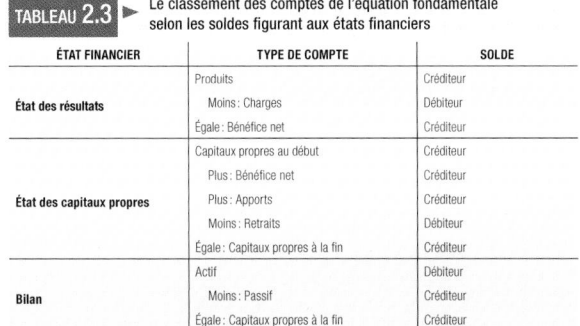

TABLEAU 2.3 ▶ Le classement des comptes de l'équation fondamentale selon les soldes figurant aux états financiers

ÉTAT FINANCIER	TYPE DE COMPTE	SOLDE
	Produits	Créditeur
État des résultats	Moins : Charges	Débiteur
	Égale : Bénéfice net	Créditeur
	Capitaux propres au début	Créditeur
	Plus : Bénéfice net	Créditeur
État des capitaux propres	Plus : Apports	Créditeur
	Moins : Retraits	Débiteur
	Égale : Capitaux propres à la fin	Créditeur
	Actif	Débiteur
Bilan	Moins : Passif	Créditeur
	Égale : Capitaux propres à la fin	Créditeur

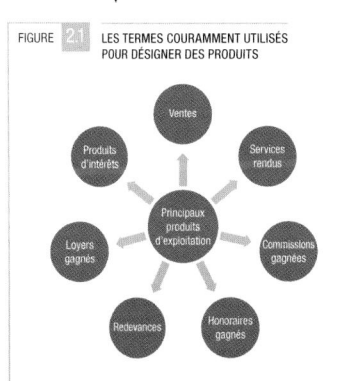

FIGURE 2.1 LES TERMES COURAMMENT UTILISÉS POUR DÉSIGNER DES PRODUITS

Pièces justificatives

De nombreuses pièces justificatives dynamisent la pratique comptable et ancrent la matière dans la réalité.

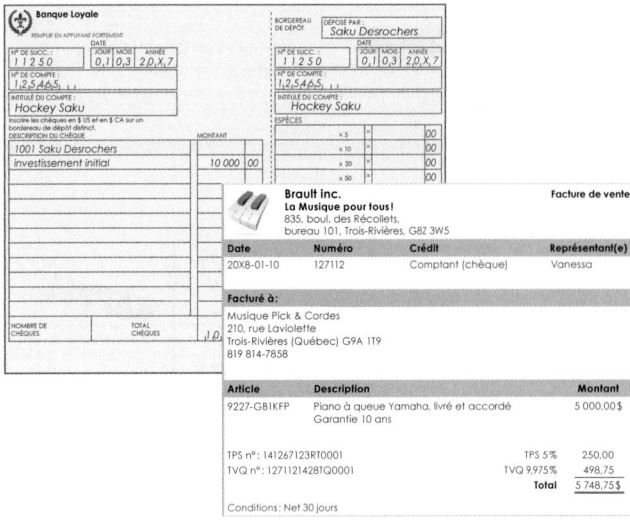

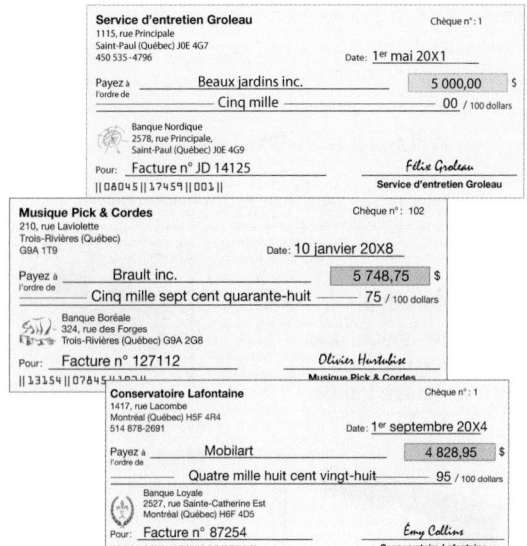

Conclusion et Testez vos connaissances

Le corps du chapitre se termine par une conclusion qui résume la matière et par un questionnaire où l'étudiant peut tester son acquisition des connaissances du chapitre.

Terminologie

La section «Terminologie» indique les pages où se trouvent les termes clés du chapitre et leur définition.

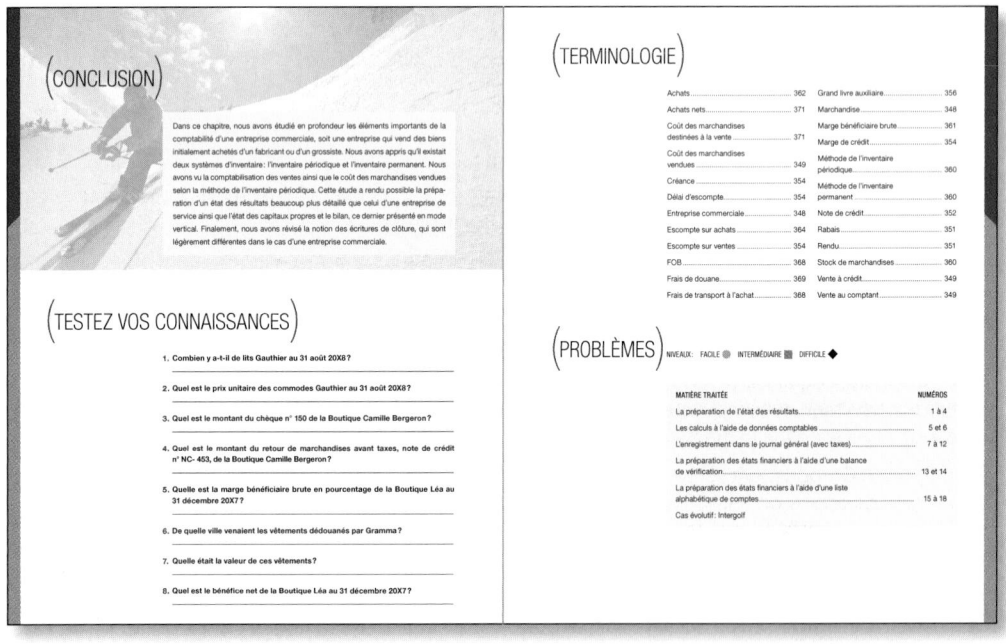

Problèmes

Des problèmes, identifiés par leur niveau de difficulté, sont présents en fin de chapitre. Ils permettent de mettre en pratique les connaissances acquises.

Plan des problèmes

Une table des matières des problèmes permet à l'étudiant de mieux s'y retrouver.
Des niveaux de difficulté associés aux problèmes permettent de mieux cibler les défis à relever.

Supplément d'information

Cette section permet d'aller plus loin dans l'exploration de la matière.

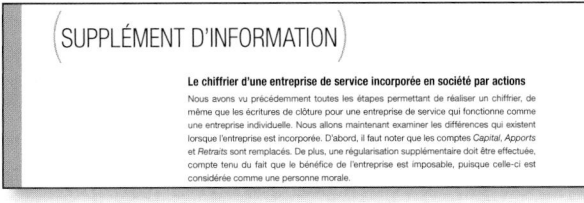

Cas évolutif Intergolf

Pour permettre l'intégration des connaissances, un problème évolutif basé sur une entreprise de service, l'école de golf Intergolf, est présenté à la fin des chapitres 4 à 8. L'étudiant peut commencer le problème dès le chapitre 4 et le poursuivre chapitre après chapitre en mettant ses connaissances en pratique au fur et à mesure de leur acquisition.

Annexes

L'étudiant pourra se référer à des annexes pour résoudre les problèmes du volume.

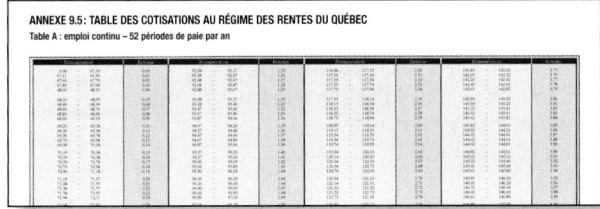

Plan comptable

Un plan comptable uniforme, présenté à la fin du volume, regroupe les comptes nécessaires.

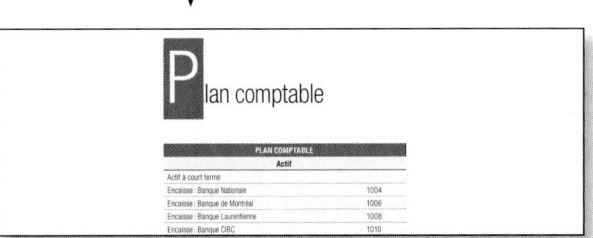

Pour obtenir plus d'information sur les différentes composantes du matériel complémentaire, veuillez consulter le site Web de l'éditeur à l'adresse suivante : http://mabibliotheque.cheneliere.ca

Procurez-vous les compléments d'apprentissage !

Des feuilles de travail ont été préparées pour faciliter la réalisation des problèmes. L'étudiant peut insérer ces feuilles dans une reliure à anneaux et, ainsi, conserver les solutions. Les formulaires utilisés ont été conçus de façon à représenter le plus possible la réalité des petites entreprises.

Aussi, la simulation comptable Octopus, offerte en 5 scénarios permet une révision complète du cycle comptable dans le cadre de situations contemporaines et proches de la réalité québécoise. Les solutionnaires de ces différents scénarios sont offerts au professeur.

Table des matières

Chapitre 3   Le cycle comptable des entreprises de service (sans taxes)

Chapitre 4   Le cycle comptable des entreprises de service (avec taxes)

Chapitre 7   **Les entreprises commerciales** 346

CHAPITRE **1**

La comptabilité : introduction et définition

Vous êtes-vous déjà demandé comment les gestionnaires d'une entreprise arrivent à prendre des décisions, à facturer les services aux clients, à contrôler les coûts et à mesurer la performance financière de leur entreprise? Ils y parviennent grâce à la comptabilité. L'étude de ce chapitre permet de connaître le milieu dans lequel évolue la comptabilité et d'en saisir les fondements.

OBJECTIFS D'APPRENTISSAGE

— Définir la comptabilité.

— Établir l'utilité des renseignements fournis par la comptabilité.

— Comprendre le fonctionnement de la profession comptable au Canada.

— Expliquer les types d'entreprises et les formes juridiques d'entreprises qui existent au Canada.

— Introduire les règles du jeu, soit les principes comptables généralement reconnus ainsi que le *Manuel de l'ICCA*.

— Définir les activités comptables et l'équation comptable.

— Indiquer les effets de différentes transactions sur le bilan.

MISE EN SITUATION

Philippe Vallée, étudiant en psychologie à l'université, décide de se faire entrepreneur pendant l'été. Il pense que tondre des pelouses serait pour lui un bon moyen de gagner de l'argent. Comme ses notions de comptabilité sont très sommaires, il souhaiterait que vous l'aidiez à comptabiliser toutes les opérations commerciales qu'il devra accomplir afin de savoir, à la fin de l'été, si son travail a été profitable. Pour réaliser son projet, il doit faire l'acquisition d'une tondeuse à gazon, d'un râteau et d'un taille-bordure. De plus, comme il n'a pas les fonds nécessaires pour tout payer, son père propose de lui avancer une partie des fonds mais, auparavant, il doit lui faire part des étapes qu'il compte réaliser. C'est la raison pour laquelle il a besoin de votre aide. Vous lui mentionnez alors les éléments de base qu'il doit maîtriser: la forme juridique qu'il choisira pour son entreprise; l'ouverture d'un compte de banque exclusif pour l'entreprise; les grandes lignes des principes comptables dont il aura à tenir compte; le fonctionnement de l'équation comptable; la préparation d'un bilan ainsi que les principes qui le gouvernent. ◄

Philippe Vallée, jeune entrepreneur

(Philippe souhaite que vous l'aidiez à comptabiliser toutes les opérations commerciales qu'il devra accomplir afin de savoir, à la fin de l'été, si son travail a été profitable.)

1.1 La comptabilité

Dans la vie quotidienne, nous utilisons tous plus ou moins des notions de comptabilité, tout en pensant que celle-ci est réservée aux seuls experts dans le domaine. Nous devons en effet faire appel à de l'information financière pour connaître, par exemple, le solde de notre compte en banque ou pour faire l'inventaire de nos ressources personnelles. Des cas comme celui de Philippe sont nombreux, et il n'est pas rare qu'il faille fournir à une tierce personne différents éléments d'information. Pour arriver à cette fin, nous devons faire appel à la comptabilité.

1.1.1 Qu'est-ce que la comptabilité ?

Comptabilité
Ensemble de règles, de méthodes et de procédures suivies par une organisation pour enregistrer et contrôler ses opérations et en communiquer les résultats.

La comptabilité se définit comme une science en ce sens qu'elle constitue un système d'information financière permettant d'enregistrer, en unités monétaires, les opérations d'une entreprise, de les regrouper, de les classer, puis de présenter les résultats auxquels elles donnent lieu.

Plusieurs types d'organisations peuvent utiliser la comptabilité, par exemple, les entreprises, les organismes sans but lucratif, les institutions financières, le gouvernement, les organisations paragouvernementales. Dans cet ouvrage, nous limiterons notre étude de la comptabilité aux entreprises, plus particulièrement les entreprises à capital fermé, dont nous préciserons la nature plus loin dans ce chapitre.

La comptabilité est donc une technique selon laquelle, dans des situations identiques, les individus doivent traiter une information de la même manière. Ce qui nous intéresse en comptabilité, c'est l'information financière, par exemple, le montant des ventes, l'argent qu'une entreprise possède, le bénéfice réalisé.

États financiers
Documents comptables dressés périodiquement faisant état des informations financières ou comptables propres à une entreprise et présentées d'une façon organisée (l'état des résultats, le bilan, l'état des capitaux propres, l'état des bénéfices non répartis et l'état des flux de trésorerie).

Les données financières doivent d'abord être analysées puis inscrites, c'est-à-dire enregistrées selon un ordre chronologique pour que le comptable procède à leur mesure en les groupant par nature afin d'évaluer leur effet. Ainsi, on pourra connaître, par exemple, le montant en banque que possède l'entreprise, le coût de son équipement, le montant de ses ventes ou des services qu'elle a rendus, le total des salaires payés, ce qu'il en a coûté à l'entreprise pour l'utilisation du téléphone ou l'électricité. Enfin, la dernière étape de ce processus de comptabilisation consiste à communiquer l'information financière aux utilisateurs au moyen de rapports appelés états financiers. On pourra alors analyser toutes les données regroupées afin d'en tirer des conclusions et de prendre des décisions utiles.

1.2 L'utilité des renseignements fournis par la comptabilité

L'information comptable produite par une entreprise est destinée à des utilisateurs. Cette information sera présentée sous forme d'états financiers. Trois principaux états financiers seront étudiés et utilisés dans ce volume (voir la figure 1.1).

CLINIQUE VÉTÉRINAIRE ANIMO ÉTAT DES RÉSULTATS pour l'exercice terminé le 31 décembre 20X1	
Produits d'exploitation	
Services rendus	29 000$
Charges d'exploitation	
Salaires	8 664$
Publicité	2 000
Assurance	818

ÉTAT DES RÉSULTATS

L'état des résultats permet de savoir si l'entreprise est rentable, si elle a réalisé un bénéfice ou si, au contraire, elle a subi une perte.

CLINIQUE VÉTÉRINAIRE ANIMO ÉTAT DES CAPITAUX PROPRES pour l'exercice terminé le 31 décembre 20X8		
Louis Marceau – capital au 1er janvier 20X8		50 000$
Plus : Bénéfice net	13 610 $	
Apports	5 000	
	18 610 $	
Moins : Retraits	3 000	15 610
Louis Marceau – capital au 31 décembre 20X8		65 610$

ÉTAT DES CAPITAUX

L'état des capitaux nous indique les changements survenus dans le capital. Il nous présente quel était le capital au début de l'exercice, les augmentations ou les diminutions qu'il a subies pour en arriver à celui de la fin.

PELOUSE RAPIDE BILAN au 3 mai 20X8			
ACTIF		**PASSIF**	
Encaisse	1 000$	Effet à payer	600$
		CAPITAUX PROPRES	
		Philippe – capital	400
Total de l'actif	1 000$	**Total du passif et des capitaux propres**	1 000$

BILAN

Le bilan nous fournit une liste des actifs et des passifs (dettes) de l'entreprise de même que la différence entre les deux, laquelle correspond aux capitaux propres.

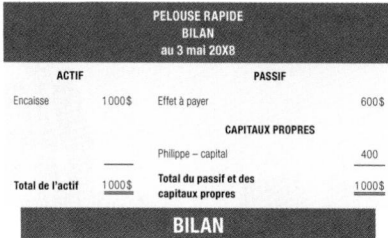

SAVIEZ-VOUS QUE...? Le mathématicien italien Luca Pacioli est reconnu pour être le père de la comptabilité; il a publié le premier volume traitant de cette science à Venise en 1494.

1.3 Les utilisateurs de l'information comptable

Deux catégories d'utilisateurs peuvent requérir l'information comptable d'une entreprise :

1. les utilisateurs internes ;
2. les utilisateurs externes.

1.3.1 Les utilisateurs internes

Les principaux utilisateurs internes d'information financière sont les propriétaires et les gestionnaires de l'entreprise qui désirent en connaître la situation financière et savoir si elle a produit des bénéfices (voir la figure 1.2). Les dirigeants seront surtout intéressés par la rentabilité de l'entreprise et par sa viabilité à long terme. Ils s'attarderont aussi aux rendements des projets d'investissement et au financement requis pour les réaliser.

Les divisions ou services de l'entreprise seront quant à eux appelés à planifier leurs opérations, à les contrôler et à les évaluer ; qu'il s'agisse d'approvisionnement, de production, de recherche et développement, de ressources humaines ou de ventes, les gestionnaires utiliseront cette information financière pour y arriver.

FIGURE **1.2** **LES UTILISATEURS INTERNES**

Directrice générale

Directeur financier

Directeur des ventes

Directrice des opérations

Directrice des ressources humaines

1.3.2 Les utilisateurs externes

L'environnement externe d'une entreprise peut être plus ou moins important (voir la figure 1.3). À l'aide de l'information financière, les créanciers, c'est-à-dire les particuliers ou les entreprises à qui l'entreprise doit de l'argent, sauront s'ils prennent une bonne décision en prêtant de l'argent ou en expédiant des biens à cette entreprise. Les investisseurs éventuels voudront quant à eux analyser les résultats de l'entreprise avant de décider d'y investir de l'argent et évaluer le rendement de leur placement. Enfin, le gouvernement sera toujours intéressé par ces éléments d'information concernant l'entreprise, entre autres le bénéfice réalisé, afin de percevoir les impôts qui lui sont dus.

Finalement, les clients, les fournisseurs et les employés sont aussi des utilisateurs externes potentiels. Souvent, le besoin de transparence entre ces différents intervenants exigera que l'entreprise fournisse certaines données financières. Cet échange favorisera de meilleures relations commerciales ou sociales.

MISE EN GARDE

Les états financiers ne sont pas la seule source d'information financière qui peut être utile aux utilisateurs. Celle-ci peut prendre la forme d'un rapport des ventes ou de dépenses précises portant sur l'entretien de l'équipement ou du bâtiment, par exemple. Bien entendu, le propriétaire et les employés du service de la comptabilité auront accès à l'ensemble de l'information financière incluant les états financiers, mais les employés d'autres services ainsi que les utilisateurs externes seront limités aux informations financières qui les concernent.

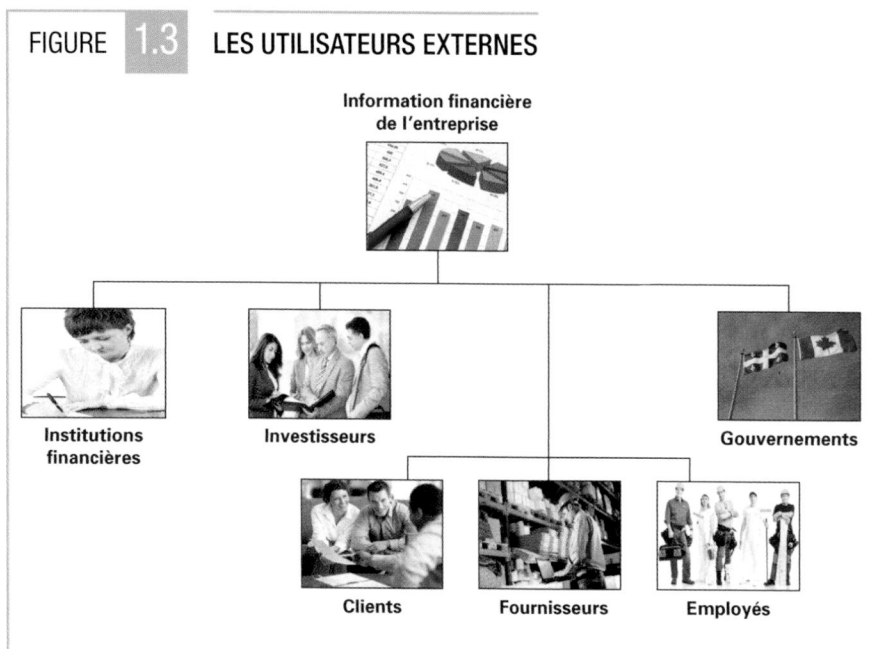

FIGURE **1.3** **LES UTILISATEURS EXTERNES**

Information financière de l'entreprise

Institutions financières

Investisseurs

Gouvernements

Clients

Fournisseurs

Employés

À VOUS DE JOUER !

MISE EN SITUATION ▶

1. Le père de Philippe est-il un utilisateur interne ou externe de l'entreprise ? Justifiez votre réponse.

_____

_____

_____

2. Quels seront les futurs utilisateurs externes de son entreprise ?

_____

_____

_____

Ordre professionnel
Organisation professionnelle vouée à la protection du public. Il encadre l'exercice de la profession en exerçant, entre autres, des fonctions précises en matière de délivrance des permis d'exercice aux candidats à la profession, de surveillance d'exercice, de dépistage de la pratique illégale et de soutien au développement des compétences de ses membres.

1.4 La profession de comptable au Canada

Contrairement à la croyance populaire, il n'est pas obligatoire d'être comptable pour exercer la comptabilité. Par contre, l'accomplissement d'une partie des tâches d'un comptable requiert une certaine technique. Pour être en mesure de travailler au service de la comptabilité dans une entreprise, une personne doit habituellement obtenir un diplôme d'études collégiales en comptabilité. Par contre, pour pouvoir exercer certaines tâches plus complexes, le comptable devra détenir un baccalauréat en sciences comptables ou être membre d'un ordre professionnel.

Historiquement, il a longtemps existé, au Canada, trois ordres comptables, chacun ayant sa spécialité. En 2011, reconnaissant qu'il y avait une certaine confusion dans l'esprit du public, les trois ordres professionnels de la comptabilité, l'Ordre des comptables agréés (CA), l'Ordre des comptables en management accrédités (CMA) et l'Ordre des comptables généraux accrédités (CGA), ont donné un avis favorable à la fusion des trois ordres en un seul nouvel ordre professionnel : l'Ordre des comptables professionnels agréés (CPA). Selon la Loi sur les comptables professionnels agréés, entrée en vigueur le 16 mai 2012, les comptables qui étaient auparavant membres d'un des trois ordres devront, durant 10 ans, continuer d'utiliser leur titre actuel, précédé du nouveau titre CPA afin de continuer d'afficher une appartenance à leur titre d'origine. Le tableau 1.1 résume les spécialités de chacun des titres comptables.

TABLEAU 1.1 ▶ **Les trois grandes organisations comptables du Canada**

TITRE	DESCRIPTION	RÔLE ET FONCTIONS	LIEU DE TRAVAIL
CPA, CA	Comptable professionnel agréé, comptable agréé	Il exécute une **mission d'audit** pour le compte d'autrui. Il peut aussi travailler en entreprise à titre de directeur financier ou vice-président aux finances. On le retrouve également comme expert en fiscalité ou planificateur financier.	Il peut travailler en cabinet s'il exécute des missions d'audit. Dans ce cas, le comptable agréé portera le titre **CPA auditeur, CA**. On le retrouve aussi à différentes fonctions de gestion et de direction au sein d'entreprises ou de divers organismes. Dans ce cas, il utilisera le titre **CPA, CA**.
CPA, CMA	Comptable professionnel agréé, comptable en management accrédité	Il effectue principalement des travaux liés à la comptabilité de gestion ou à la détermination des coûts de fabrication. Il fait normalement partie de l'équipe de gestion de l'entreprise.	Il travaille généralement en entreprise, mais on le retrouve aussi en cabinet. En entreprise, le **CPA, CMA** fait habituellement partie de l'équipe de direction. Ainsi, ses fonctions vont au-delà des tâches purement comptables : planification stratégique, ventes et marketing, technologies de l'information, ressources humaines, finances et opérations.
CPA, CGA	Comptable professionnel agréé, comptable général accrédité	Il effectue des travaux liés à la comptabilité générale, à la fiscalité, à la vérification interne et à la planification budgétaire.	Versatile, le **CPA, CGA** travaille dans des secteurs d'activités variés. Près de 50 % de ceux-ci travaillent en entreprise, environ 30 % dans les secteurs public et parapublic et 20 % en cabinet comptable.

1.5 Les types d'entreprises

Les entreprises sont variées, si bien qu'on peut s'y perdre facilement. Pour le moment, on peut classer les entreprises en trois types : les entreprises de service, les entreprises commerciales et les entreprises de transformation.

1.5.1 Les entreprises de service

Une entreprise de service ne vend pas de biens à ses clients. Elle leur facture plutôt des services. Par exemple, on peut penser à un plombier, à un consultant en informatique, à un comptable, à un agent immobilier ou à un avocat. Dans ce manuel, tous les exemples des six premiers chapitres se rapporteront aux entreprises de service.

1.5.2 Les entreprises commerciales

Une entreprise commerciale est une entreprise qui vend de la marchandise à ses clients. Des exemples connus sont Future Shop, Maison Simons ou Renaud-Bray. Les chapitres 7 et 8 aborderont ces entreprises commerciales qui vendent des marchandises initialement achetées d'un manufacturier ou d'un grossiste.

1.5.3 Les entreprises de transformation

Contrairement à l'entreprise commerciale qui revend les marchandises qu'elle achète sans les modifier, l'entreprise de transformation achète des matières premières pour fabriquer un produit fini. La comptabilisation et la présentation des états financiers de ces entreprises sont fort complexes. C'est la raison pour laquelle ce type d'entreprise ne sera pas traité dans ce volume.

Comme nous pouvons le constater, les entreprises présentent des différences marquées entre elles. Le tableau 1.2 en résume les principales caractéristiques.

TABLEAU 1.2 ▶ Les types d'entreprises

TYPE D'ENTREPRISE	CARACTÉRISTIQUES
Entreprise de service	• Entreprise qui ne vend pas de biens à des clients, mais qui facture plutôt des services. • Elle peut avoir dans ses actifs des fournitures pour l'utilisation dans le cadre de l'exploitation, mais pas de stock de marchandises dans le but de les revendre. • Exemples : plombier, agent immobilier, massothérapeute.
Entreprise commerciale	• Entreprise qui vend de la marchandise à ses clients. • Elle ne procède à aucune transformation de celle-ci avant de la revendre. • Certaines entreprises commerciales peuvent aussi facturer des services tels que des services d'installation ou de livraison. • Exemple : commerces de détail (épiceries, magasins de vêtements, de meubles ou d'appareils électroniques) et commerces de gros (grossistes en alimentation, importateurs de divers produits).
Entreprise de transformation	• Entreprise qui transforme de la matière première en produits finis destinés à être vendus. • Ce type d'entreprise implique des installations plus complexes et des coûts importants. • Exemples : entreprises laitières, de fabrication d'équipement électronique ou de machinerie.

1.6 Les formes juridiques d'entreprises

Dans notre société, il existe quatre principales formes d'entreprises : l'entreprise individuelle, la société en nom collectif, la société par actions et la coopérative. Dans *Comptabilité 1*, nous ne travaillerons qu'avec le premier type, soit l'entreprise individuelle. Par contre, nous placerons en annexe de certains chapitres des notions concernant la société par actions. Dans *Comptabilité 2*, nous analyserons en détail le fonctionnement de la société en nom collectif et de la société par actions.

---

1. La présence d'un astérisque à la fin d'une définition indique qu'elle est tirée d'un ouvrage de référence. La liste de ces références est donnée à la fin de l'ouvrage.

1.6.1 L'entreprise individuelle

Entreprise individuelle
Entreprise non constituée en société et appartenant à une seule personne qui est propriétaire de l'actif, en retire les profits et en assume personnellement toutes les responsabilités financières et administratives*.

WWW.

Registre des entreprises du Québec (REQ) www.registreentreprises. gouv.qc.ca

MISE EN SITUATION ▶

L'entreprise individuelle est la propriété d'une seule personne; habituellement, ce propriétaire en est le principal travailleur et c'est lui qui la gère directement. Il est donc propriétaire exploitant. Les petits commerces de détail et les petites entreprises de service (par exemple, salon de coiffure, entrepreneur-électricien, plombier, garagiste) choisissent souvent cette forme d'entreprise. Dans ce cas, on y retrouvera un petit nombre d'employés en plus du propriétaire. Bon nombre d'agriculteurs, de même que de nombreux travailleurs autonomes (par exemple, médecins, avocats, dentistes, comptables), fonctionnent également de cette façon. Les démarches de création de l'entreprise individuelle sont très simples, rapides et peu coûteuses. Si le propriétaire souhaite donner à son entreprise un autre nom que le sien, il devra s'inscrire au Registre des entreprises du Québec (REQ).

Philippe veut tondre des pelouses et procéder à l'entretien de terrains. Il décide de créer sa propre entreprise individuelle, mais de la faire connaître sous un nom différent du sien. Il voudrait l'appeler «Pelouse rapide». Il fournira donc au REQ les renseignements nécessaires en remplissant une déclaration d'immatriculation. ◀

D'un point de vue légal, l'entreprise individuelle n'est pas une entité distincte de son propriétaire. Celui-ci sera donc responsable de toutes les dettes contractées par son entreprise. Par exemple, s'il arrivait que l'entreprise soit incapable de rembourser ses dettes envers ses créanciers, ils pourraient alors forcer le propriétaire à payer lui-même les sommes dues par son entreprise.

En contrepartie, le propriétaire ne partage les bénéfices réalisés avec personne d'autre et, d'un point de vue fiscal, le bénéfice net réalisé par son entreprise s'ajoute aux autres revenus inscrits sur sa déclaration personnelle de revenus. Toutefois, il ne faut pas oublier que sur le plan de la comptabilité, il est question de deux entités distinctes: le propriétaire et son entreprise.

1.6.2 La société en nom collectif

Société en nom collectif
Société de personnes qui a un but commercial et dont la responsabilité des associés est non seulement illimitée, mais conjointe et solidaire.

Très peu de choses distinguent une société en nom collectif d'une entreprise individuelle. Étant la propriété de plusieurs individus, la société en nom collectif aura cependant besoin de l'accord de ses partenaires avant d'accomplir une action importante. En effet, la société résulte d'un contrat en vertu duquel deux personnes ou plus mettent des fonds en commun dans le but d'exercer une activité rentable et de partager les bénéfices qui en découlent. Idéalement, il faut rédiger un contrat afin de réduire les possibilités de conflits entre les associés, mais il pourrait tout aussi bien s'agir d'un contrat verbal. C'est sous cette forme d'entreprise qu'existent les grands cabinets de comptables tels que Samson Bélair/Deloitte & Touche ou Raymond Chabot Grant Thornton, ou encore certains cabinets d'avocats tels que Donati Maisonneuve.

Tout comme l'entreprise individuelle, la société en nom collectif n'est pas une entité juridique distincte, et les associés sont conjointement et solidairement responsables des dettes de la société. Par conséquent, l'un des associés pourrait être obligé de payer les dettes de la société avec ses biens personnels si les autres associés s'avéraient insolvables.

Ainsi, la part des bénéfices qui appartient à un associé doit s'ajouter à ses autres gains lorsqu'il prépare sa déclaration de revenus personnelle. Toutefois, il ne faut pas oublier que sur le plan de la comptabilité, il est question d'entités distinctes: chaque associé individuellement et l'entreprise.

1.6.3 La société par actions

Société par actions
Entité juridique avec capital social, distincte et indépendante de ses actionnaires, ayant pour objet la fabrication de produits, le commerce ou la prestation de services*.

La société par actions possède une identité juridique distincte avec capital-actions, cette dernière étant indépendante de ses propriétaires qu'on appelle les « actionnaires ». Au sens de la loi, elle constitue une personne morale qui détient sensiblement les mêmes droits et qui assume les mêmes obligations qu'une personne physique. À ce titre, le ou les actionnaires ne sont responsables que des sommes qu'ils y ont investies.

Le fonctionnement de l'entreprise est régi par une loi et, pour en déposer les statuts, les futurs actionnaires doivent remplir certaines formalités. En investissant dans l'entreprise, ils reçoivent en contrepartie une ou des actions. Chaque action confère un vote à l'actionnaire qui la détient. Les actionnaires nomment un conseil d'administration qui veillera à la gestion de l'entreprise.

Les principaux avantages de ce type d'entreprise résident dans le fait qu'elle permet d'accumuler de nombreux capitaux, que les actions sont facilement transférables à un autre actionnaire et que la responsabilité de chaque actionnaire n'est pas illimitée, comme dans les deux autres types d'entreprises vus précédemment. La responsabilité des actionnaires se limite à leur mise de fonds.

Dividende
Partie du bénéfice qu'une société par actions distribue à ses actionnaires (propriétaires).

En tant que personne morale, la société par actions doit régler elle-même les impôts à payer sur ses bénéfices. Les règles et les taux d'imposition sont toutefois différents de ceux des particuliers. Quant à l'actionnaire, il n'est imposé que sur les dividendes qui lui sont versés par l'entreprise. Bien entendu, sur le plan de la comptabilité, il est aussi question d'entités distinctes : chaque actionnaire individuellement et la société par actions.

1.6.4 La coopérative

Coopérative
Entreprise qui appartient à ses membres. Les risques qu'ils assument peuvent leur apporter des bénéfices. Ils ont une égalité de droits et d'obligations, selon le principe « un membre, une voix ».

Le but d'une coopérative est de réunir un groupe de personnes qui utilisent un produit ou un service commun afin d'en réduire le prix d'achat ou le coût d'utilisation. Tout étudiant connaît très bien la coopérative étudiante qui lui permet, en tant que membre, d'acheter des livres et des fournitures scolaires à un prix préférentiel. Un non-membre peut y faire un achat, mais il ne bénéficie pas du prix de faveur ou, dans d'autres cas, n'a pas droit à la ristourne que reçoivent les membres.

Chaque membre adhère à la coopérative en achetant une part sociale et n'a droit qu'à un vote lors de l'assemblée des membres, contrairement à l'actionnaire d'une société par actions qui a droit à un vote par action détenue. La responsabilité de chaque membre se limite à la somme versée pour l'acquisition de sa ou de ses parts sociales. Les exemples les plus fréquents sont les caisses populaires, les coopératives étudiantes et les coopératives agricoles.

> **SAVIEZ-VOUS QUE... ?**
> L'institution des Caisses populaires Desjardins est un mouvement coopératif fondé en 1900 par Alphonse Desjardins, à Lévis, où se trouve le siège social encore aujourd'hui.

Ainsi, les entreprises présentent des caractéristiques tout à fait distinctes selon la forme juridique qu'elles adoptent. Le tableau 1.3 résume les différentes formes juridiques d'entreprises.

TABLEAU 1.3 ► Les formes juridiques d'entreprises

FORME JURIDIQUE	CARACTÉRISTIQUES
Entreprise individuelle 	• Un seul propriétaire agissant souvent à titre de dirigeant. • Démarches de création simples, rapides et peu coûteuses. • Sur les plans fiscal et légal, pas de distinction entre l'entreprise et son propriétaire. • Exemples : agriculteurs, travailleurs autonomes et petits commerces.
Société en nom collectif 	• Propriété de plusieurs individus mettant en commun des fonds dans le but d'exercer une activité rentable et de partager les bénéfices qui en découlent. • Responsabilité des associés non seulement illimitée, mais conjointe et solidaire. • Bénéfices et pertes divisés entre les associés en fonction du contrat de société. • Exemples : cabinets de professionnels tels que comptables, avocats, dentistes, ingénieurs.
Société par actions 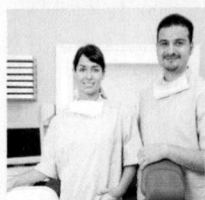	• Entité juridique distincte indépendante de ses actionnaires. • Responsabilité des actionnaires se limitant à leur mise de fonds. • En tant que personne morale, obligation pour la société par actions de régler elle-même les impôts sur ses bénéfices. • Imposition des actionnaires sur les dividendes reçus. • Exemples : TC Transcontinental, Bombardier, Microsoft, Apple.
Coopérative 	• Entreprise appartenant à ses membres, qui utilisent un produit ou un service commun afin d'en réduire le prix d'achat ou le coût d'utilisation. • Ristourne annuelle parfois disponible pour les membres. • Possibilité pour un non-membre d'y faire un achat, mais sans bénéficier du prix de faveur ou, dans d'autres cas, sans le droit à la ristourne que reçoivent les membres. • Responsabilité de chaque membre se limitant à la somme versée pour l'acquisition de sa ou de ses parts sociales. • Exemples : coopérative étudiante, caisses Desjardins.

MISE EN SITUATION ▶

1. L'entreprise de Philippe sera considérée comme une entreprise individuelle. Si Philippe désire appeler son entreprise « Pelouse rapide », que devra-t-il faire ?

_____

_____

_____

_____ ◀

2. À l'aide d'une recherche sur le site du REQ (www.registreentreprises.gouv.qc.ca) ou autre, veuillez préciser la forme des entreprises suivantes :

Brault & Martineau _____
Bell Canada _____
Borden Ladner Gervais _____
Transcontinental _____
AGRISCAR _____
Coopexcel _____
Les Composts du Québec _____
Coca-Cola _____
Le Château _____

1.7 Les principes comptables généralement reconnus

**Principes comptables générale-
ment reconnus (PCGR)**
Ensemble des principes généraux
et des conventions d'application
générale ainsi que des règles et
procédures qui déterminent quelles
sont les pratiques comptables
reconnues à un moment donné
dans le temps. Ces principes
sont régis par l'Institut Canadien
des Comptables Agréés.

WWW.
Institut Canadien des
Comptables Agréés (ICCA)
www.icca.ca

MISE EN SITUATION ▶

Nous avons déjà établi que la comptabilité était une technique, un moyen systématique de fournir des renseignements sur la situation financière d'une entreprise. Ainsi, en tant que technique, la comptabilité est régie par des règles précises qui en gouvernent l'application, ces règles étant identifiées comme les principes comptables généralement reconnus (PCGR).

Comme la comptabilité n'est pas une science aussi exacte que la physique ou la chimie, les principes comptables généralement reconnus ne sont pas vérifiables expérimentalement. Seules leur logique et leur utilité font que les comptables les adoptent.

Au Canada, le leadership en cette matière est exercé par l'Institut Canadien des Comptables Agréés (ICCA), dont le manuel renferme les principes comptables. Nous ne verrons ici que quatre principes, parfois appelés « postulats », lesquels sont fondamentaux pour l'étude de la comptabilité ; un cinquième sera abordé partiellement aux chapitres 3 et 4. Le chapitre 1 de *Comptabilité 2* présentera une étude plus approfondie de ces principes et de tous les autres qui régissent le fonctionnement de la comptabilité.

À l'aide de la situation de Philippe, voyons les principes dont vous aurez besoin dans l'étude des premiers chapitres de ce volume. D'autres suivront selon leur pertinence.

Philippe, qui désire acheter une tondeuse usagée pour l'entreprise de tonte de gazon qu'il vient de lancer, consulte depuis déjà quelques jours un site Internet de vente d'articles usagés. Il a repéré une tondeuse automotrice qui semble correspondre à ses exigences; le vendeur en demande 600 $. En compagnie de ses deux amis, Alex, dont le père possède une tondeuse semblable, et Xavier, qui ne jure que par les tracteurs de jardin, Philippe va rencontrer le vendeur. Pour Alex, le prix est réaliste, mais Xavier affirme que lui ne paierait pas plus de 400 $. Philippe offre 525 $ au vendeur, qui accepte. Dans un tel cas, la somme la plus représentative de la transaction est 525 $, car elle correspond au principe du coût d'acquisition, selon lequel toute transaction doit être comptabilisée au coût payé par l'acheteur. ◀

Lorsqu'on analyse des états financiers, les montants qui y figurent sont habituellement inscrits au coût et non à la juste valeur ou valeur marchande, c'est-à-dire la somme qu'on pourrait obtenir si on vendait le bien immédiatement. On procède de cette façon parce que le coût d'acquisition est une donnée objective ne prêtant à aucune interprétation. Ainsi, la comptabilisation des transactions d'une entreprise doit être essentiellement basée sur des faits, c'est-à-dire sur une négociation entre un acheteur et un vendeur qui aboutit à un contrat ou à l'émission d'une facture.

MISE EN GARDE

Dans certains cas bien précis, une entreprise pourra présenter, dans ses états financiers, certaines informations financières à la juste valeur (aussi nommée valeur marchande) plutôt qu'au coût. Cependant, il s'agit de notions plus avancées qui ne seront pas traitées dans ce manuel.

Les autres montants sont des impressions qui dépendent de la perception de chacun. En comptabilité, les transactions doivent être enregistrées à partir de faits vérifiables. Le seul montant vérifiable et objectif est le prix payé par Philippe, qui a rédigé un chèque tiré sur le compte de banque de sa nouvelle entreprise. Nous avons donc ici un autre principe comptable, l'objectivité, selon lequel les états financiers doivent contenir des renseignements à la fois vérifiables et déterminés objectivement.

MISE EN SITUATION ▶

Si le prix de 525 $ avait été payé en dollars américains avec un taux de change canadien de 1,05 $ CA, la somme en dollars canadiens aurait été de 500 $. Philippe aurait alors dû retenir cette somme pour son entreprise. En effet, en comptabilité, on enregistre les transactions en fonction d'une unité de mesure monétaire qui est le dollar canadien.

L'unité monétaire est un principe comptable en vertu duquel il faut comptabiliser les transactions et présenter l'information financière avec la même devise qui, dans notre cas, est le dollar canadien.

La transaction consistant en l'achat d'une tondeuse ne concerne pas Philippe personnellement mais bien son entreprise. L'achat ayant été fait pour l'entreprise, il est normal que cette transaction soit affectée à celle-ci.

En effet, en vertu du principe comptable de la personnalité de l'entreprise, il faut séparer les affaires personnelles du propriétaire de celles de son entreprise afin de pouvoir déterminer, entre autres, si les opérations de l'entreprise ont été rentables. ◀

MISE EN SITUATION ▶

Veuillez déterminer de quel principe comptable il s'agit:

1. Philippe est presque certain de signer un contrat d'entretien de 1 000 $ avec un client, mais il ne pourra pas en faire immédiatement la comptabilisation.

_____

2. Philippe achète une lame pour sa nouvelle tondeuse et des câbles de freins pour sa bicyclette chez un quincaillier. Il ne pourra comptabiliser que le coût de la lame dans son entreprise.

_____

3. Aujourd'hui, Philippe veut acheter 50 litres d'essence à 1,69 $ le litre. Il va au garage le lendemain pour remplir ses réservoirs, alors que le litre est à 1,53 $.

_____

4. Avec les contrats d'entretien qu'il a réalisés, Philippe s'achète un iPod qu'il utilisera lorsqu'il fera de la bicyclette.

_____

5. Philippe reçoit une facture de 200 $, en dollars américains, pour un taille-bordure qu'il a fait venir des États-Unis. Il doit convertir ce montant en dollars canadiens.

_____ ◀

1.8 Le *Manuel de l'ICCA*

Comme mentionné précédemment, l'ICCA publie et maintient à jour un manuel (*Manuel de l'ICCA*) qui contient l'ensemble des règles basées sur les PCGR.

Au cours des dernières années, l'ICCA a revu en profondeur le *Manuel*, le découpant en parties qui s'adressent chacune à un type d'organisation précis (voir le tableau 1.4).

TABLEAU **1.4** ▶ Les parties du *Manuel de l'ICCA*

PARTIE	DESCRIPTION
Partie I: Normes internationales d'information financière (IFRS)	• En vigueur depuis janvier 2011. • Normes à être utilisées pour les sociétés par actions dont les actions sont cotées en bourse. • Très grandes entreprises, généralement, dont la comptabilisation des transactions et la présentation de l'information financière sont fort complexes.
Partie II: Normes comptables pour les entreprises à capital fermé	• En vigueur depuis janvier 2011. • Normes à être utilisées pour les entreprises individuelles, les sociétés en nom collectif, les coopératives et les sociétés par actions à capital fermé (c'est-à-dire des sociétés par actions qui comportent un nombre restreint d'actionnaires et dont les actions ne sont pas cotées à la bourse).

TABLEAU **1.4** ▶ Les parties du *Manuel de l'ICCA* (*suite*)

PARTIE	DESCRIPTION
Partie III : Normes comptables pour les organismes sans but lucratif	• En vigueur depuis janvier 2012. • Normes qui s'appliquent aux organismes sans but lucratif. • Organisations dont le but n'est pas la vente de marchandises ou la prestation d'un service dans le but de dégager un profit, mais qui sont vouées à une cause et qui viennent en aide à un groupe de personnes en lien avec leur mission. • Quelques exemples connus d'organismes sans but lucratif : Société canadienne du cancer, Fondation MIRA ou Centre de cancérologie Charles Bruneau. • Auparavant, les organismes sans but lucratif devaient utiliser les mêmes normes que les entreprises. Cependant, certains chapitres du *Manuel* étaient consacrés à ces organismes. Maintenant, comme la comptabilisation des transactions et la présentation des données financières diffèrent beaucoup du traitement réservé aux entreprises, l'ICCA a cru bon de créer une section du *Manuel* qui contient exclusivement les normes à être utilisées par ces organismes.
Partie IV : Normes comptables pour les régimes de retraite	• En vigueur depuis janvier 2011. • Normes comptables pour les régimes de retraite, la comptabilisation des régimes de retraite étant une branche ultraspécialisée de la comptabilité.
Partie V : Normes comptables en vigueur avant le basculement	• Anciens PCGR en vigueur avant janvier 2011. • À titre de référence uniquement, puisque ces PCGR ne sont plus en vigueur.

1.9 Les activités comptables

Pièce justificative

Toute pièce justifiant l'enregistrement d'une transaction comptable, par exemple, facture, chèque, bordereau de dépôt, contrat.

Lorsque nous avons défini la comptabilité, nous avons vu qu'elle nous permet d'enregistrer les opérations financières et de communiquer les résultats se rapportant à l'entreprise. De façon plus précise, les activités comptables se divisent en quatre volets qui sont l'analyse des pièces justificatives, l'enregistrement des transactions, leur regroupement par postes et la communication de l'information dans les états financiers (voir le tableau 1.5).

TABLEAU **1.5** ▶ Les activités comptables

ACTIVITÉ	DESCRIPTION
Analyser les pièces justificatives.	Appuyer toute transaction comptable par un document quelconque. Par exemple, une facture d'un fournisseur, un chèque rédigé à l'ordre de celui-ci, un bordereau de dépôt, une facture émise par l'entreprise à un client.
Enregistrer les transactions financières à partir de pièces justificatives.	Enregistrer toutes les opérations réalisées par l'entreprise dans des documents appelés « registres comptables ».
Regrouper les transactions par postes.	Rassembler les transactions selon leur nature. Par exemple, réunir toutes les transactions qui affectent le compte de banque de l'entreprise afin d'en obtenir le solde.
Communiquer l'information financière sous forme d'états financiers.	Présenter l'information financière sous forme de rapports appelés « états financiers ».

1.10 L'équation comptable

L'équation comptable est un principe fondamental en comptabilité. Elle repose sur le principe que tous les actifs d'une entreprise doivent être financés à l'aide de dettes (passif) et/ou d'investissements de la part du propriétaire (capitaux propres). Nous allons maintenant étudier chacun des éléments qui composent l'équation comptable.

1.10.1 L'actif

L'actif est constitué des biens qui ont une valeur pour l'entreprise. Ce sont les ressources matérielles dont l'entreprise se sert pour ses activités d'exploitation. Elle exerce un certain contrôle sur ces éléments et ceux-ci lui procurent des avantages futurs. À l'aide d'un exemple, nous décrirons d'abord une entreprise à partir de ce qu'elle possède.

Actif

Terme qui, d'une façon générale, désigne un bien appartenant à une entreprise. Un actif peut aussi désigner une somme ou un service qui est dû à l'entreprise.

PAR EXEMPLE Jean-Paul Durand est comptable; il offre des services de comptabilité et de tenue de livres sous la raison sociale Services comptables Durand.

Au 31 décembre 20X7, l'entreprise possède les actifs suivants:

- une somme de 5 000 $ déposée dans un compte au nom de son entreprise à la Banque Nordique;
- une somme de 7 500 $ à recevoir de ses clients;
- un stock de fournitures de bureau pour 1 500 $;
- de l'équipement de bureau coûtant 10 000 $;
- de l'ameublement de bureau payé 8 000 $;
- un bâtiment qu'elle occupe et qui lui appartient, payé 225 000 $; selon M. Durand, sa valeur marchande est de 375 000 $;
- un terrain payé 50 000 $, qui vaut aujourd'hui 85 000 $.

En vertu du principe comptable du coût d'acquisition, on peut définir l'entreprise de M. Durand par l'actif qu'elle possède:

Encaisse	5 000 $
Clients	7 500
Fournitures de bureau	1 500
Équipement de bureau	10 000
Ameublement de bureau	8 000
Bâtiment	225 000
Terrain	50 000
Total de l'actif	307 000 $

Encaisse

Sommes incluses dans la caisse et les comptes bancaires d'une entreprise.

Client

Actif qui totalise les sommes que les clients doivent à l'entreprise.

Équipement

Ensemble des machines utilisées pour l'extraction, la transformation, le façonnage de matières et la prestation de services. Ensemble d'outils nécessaires à l'exercice d'un métier ou d'une activité ainsi qu'à l'exploitation de l'entreprise.

L'entreprise Services comptables Durand détient donc 307 000 $ d'actif au 31 décembre 20X7.

Voici une liste non exhaustive des différents actifs le plus souvent rencontrés. Plusieurs autres termes peuvent être utilisés pour désigner un actif. Les catégories d'actifs seront abordées dans un chapitre ultérieur.

- Encaisse
- Placements temporaires
- Clients
- Effet à recevoir
- Stock de marchandises
- Stock de fournitures de bureau, de magasin ou d'atelier
- Charges payées d'avance
- Placements à long terme
- Matériel roulant
- Équipement
- Ameublement
- Bâtiment
- Terrain

1.10.2 Le passif

Passif
Dette à laquelle donnent lieu des opérations que l'entreprise a effectuées antérieurement et qui l'obligera plus tard à verser des sommes d'argent, à livrer des marchandises ou à rendre des services.

L'ensemble des actifs d'une entreprise doit être financé d'une quelconque façon. L'entreprise contracte donc des dettes pour s'approprier ces actifs. C'est ce qu'on appelle le passif d'une entreprise.

PAR EXEMPLE L'actif que possède l'entreprise a dû être financé. L'entreprise ayant des dettes, ce sont en partie les créanciers qui en ont permis l'achat :

- elle doit 1 000 $ à son fournisseur pour des fournitures de bureau ;
- elle a signé un effet à payer pour l'achat de huit ordinateurs (équipement de bureau) pour 8 000 $;
- elle a contracté une hypothèque de 110 000 $ sur le bâtiment et le terrain.

L'entreprise doit donc des sommes, qui lui ont permis d'acquérir une partie de l'actif qu'elle possède. Voici la liste de ces sommes, qu'on nomme le passif :

Fournisseur
Passif qui totalise les sommes dues aux fournisseurs.

Fournisseurs	1 000 $
Effet à payer	8 000
Emprunt hypothécaire	110 000
Total du passif	119 000 $

Effet à payer
Passif qui fait l'objet d'un billet à ordre, c'est-à-dire d'une promesse écrite de payer une certaine somme d'argent selon une ou des échéances prédéterminées.

L'entreprise Services comptables Durand a donc 119 000 $ de passif au 31 décembre 20X7.

Emprunt hypothécaire
Passif garanti par une hypothèque qui donne en garantie des biens meubles ou immeubles. Si l'emprunteur ne peut honorer sa dette, le prêteur pourra saisir le bien afin de procéder à sa vente ; le produit de la vente servira à rembourser la dette contractée.

Voici une liste non exhaustive des différents passifs le plus souvent utilisés. Plusieurs autres termes peuvent servir à désigner un passif. Les catégories de passifs seront abordées dans un chapitre ultérieur.

- Emprunt bancaire
- Fournisseurs
- Taxes à la consommation à payer
- Loyer à payer
- Services perçus d'avance
- Effet à payer
- Emprunt hypothécaire

1.10.3 Les capitaux propres

Capitaux propres
Excédent du total de l'actif sur le total du passif d'une entreprise.

Essentiellement, les capitaux propres correspondent au total de l'actif diminué du total du passif. Ils représentent donc la valeur comptable ou la valeur nette de l'entreprise. Il s'agit en d'autres termes de la «richesse» du propriétaire dans son entreprise. Selon la nature de l'entreprise, les capitaux propres seront présentés différemment.

1.10.4 L'équation comptable

On définit l'équation comptable pour une entreprise comme étant l'équilibre entre l'ensemble de ses actifs et l'ensemble de ses passifs et de ses capitaux propres.

Sous forme mathématique, cette équation se présente ainsi :

$$\text{ACTIF} \quad = \quad \text{PASSIF} \quad + \quad \text{CAPITAUX PROPRES}$$

PAR EXEMPLE L'équation comptable établit que le total de l'actif possédé par une entité comptable doit être égal au total du passif plus les capitaux propres. En effet, tous les actifs possédés par l'entreprise ont été acquis de l'une des deux façons suivantes : par l'argent prêté par un créancier (dette) ou par la richesse détenue et accumulée par l'entreprise. L'équation comptable concernant l'entreprise de M. Durand pourrait, à ce stade-ci, se présenter comme suit :

ACTIF	=	PASSIF	+	CAPITAUX PROPRES
307 000 $	=	119 000 $	+	X

On peut transformer l'équation afin d'isoler les capitaux propres et de faire ressortir ce qui lui reste dans l'entreprise. En effet, celui-ci possède le total de l'actif, duquel on soustrait les dettes qui subsistent :

ACTIF	–	PASSIF	=	CAPITAUX PROPRES
307 000 $	–	119 000 $	=	X

La résolution de l'équation comptable permet de trouver l'inconnue : les capitaux propres au 31 décembre 20X7. M. Durand est donc propriétaire de son entreprise pour une somme de 188 000 $, ce qui constitue la valeur nette de l'entreprise à cette date. En effet, le propriétaire possède l'actif moins les sommes qui sont encore dues pour l'acquisition des actifs.

L'équation comptable relative à l'entreprise Services comptables Durand est donc :

ACTIF	–	PASSIF	=	CAPITAUX PROPRES
307 000 $	–	119 000 $	=	188 000 $

En conclusion, on peut affirmer qu'au 31 décembre 20X7, l'entreprise qui possède pour 307 000 $ d'actifs a dû emprunter 119 000 $ à ses créanciers et que, par conséquent, le propriétaire a investi 188 000 $ afin d'acquérir ces actifs.

L'équation comptable est le fondement de la comptabilité. Notons tout de suite que peu importe les transactions qui sont effectuées par la suite, cette équation doit toujours être en équilibre : l'égalité entre l'actif et l'addition du passif et des capitaux propres doit toujours être maintenue.

Ainsi, toute augmentation d'actif est automatiquement contrebalancée par la diminution d'un autre actif et/ou l'augmentation d'un passif et/ou l'augmentation des capitaux propres. De plus, toute diminution d'actif entraînera l'augmentation d'un autre actif et/ou la diminution du passif et/ou la diminution des capitaux propres.

Dans la vie d'une entreprise, les transactions d'échanges de biens et de services entre deux parties ne changent rien à l'équilibre de l'équation comptable.

Calculez le nombre manquant dans chaque situation :

ACTIF	=	PASSIF	+	CAPITAUX PROPRES
20 000 $	=	12 000 $	+	
15 000 $	=		+	9 000 $
	=	12 000 $	+	11 000 $
55 000 $	=	45 000 $	+	

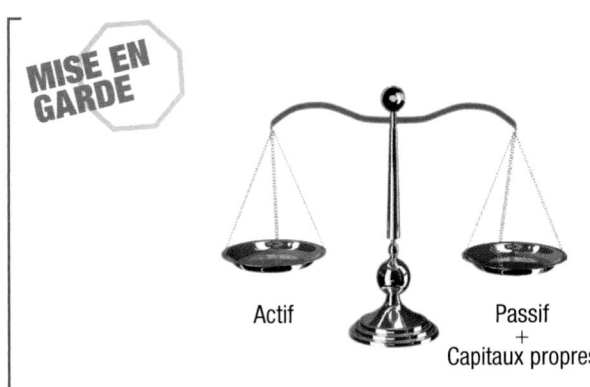

Actif

Passif
+
Capitaux propres

L'équation comptable est le fondement de la comptabilité. Notons tout de suite que peu importe les transactions qui sont effectuées par la suite, cette équation doit toujours être en équilibre : l'égalité entre l'actif et l'addition du passif et des capitaux propres doit être maintenue.

1.10.5 L'effet des transactions sur l'équation comptable

MISE EN SITUATION ▶

Reprenons le cas de Philippe qui n'avait pas, à l'origine, tous les fonds nécessaires au démarrage de son entreprise Pelouse rapide, et regardons l'effet qu'ont les premières transactions sur l'équation comptable, ce qui nous permettra aussi de vérifier que cette dernière est toujours en équilibre. En effet, dans la vie d'une entreprise, il y a des transactions, c'est-à-dire des échanges de biens et de services entre deux parties. Toutes ces transactions et ces opérations ne changent rien à l'équilibre de l'équation comptable.

Philippe a en main 400 $ et voudrait avoir au moins 1 000 $ dans son compte de banque. Son père lui a remis un chèque de 600 $ pour lui avancer les fonds nécessaires au démarrage de son entreprise. Philippe pourra donc acheter une tondeuse à 525 $ et un râteau à 35 $. Il sera maintenant prêt à amorcer les opérations de son entreprise.

La mise de fonds initiale

La mise de fonds initiale de Philippe est de 400 $. Ce dernier se rend à la banque pour ouvrir un compte au nom de Pelouse rapide et y déposer cette somme. La transaction a lieu le 1er mai 20X8, comme l'indique le bordereau de dépôt de la page suivante.

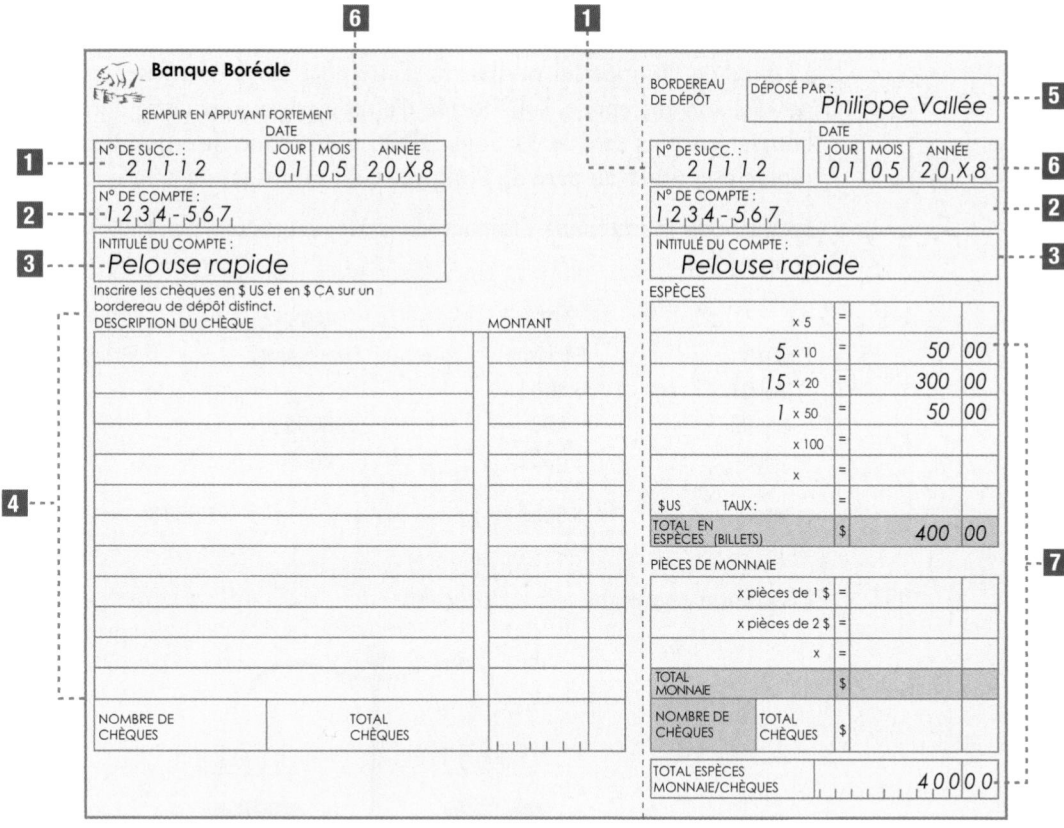

1 Le numéro de la succursale

2 Le numéro de compte de l'entreprise

3 Le nom de l'entreprise

4 Le détail des chèques déposés

5 Le nom de celui qui fera le dépôt

6 La date du dépôt

7 Le détail des espèces déposées

Il convient maintenant d'examiner l'impact de cette première transaction sur l'équation comptable :

	ACTIF	=	PASSIF	+	CAPITAUX PROPRES
20X8	Encaisse				Philippe Vallée – capital
mai 01	400$				400$

L'équation comptable est en équilibre.

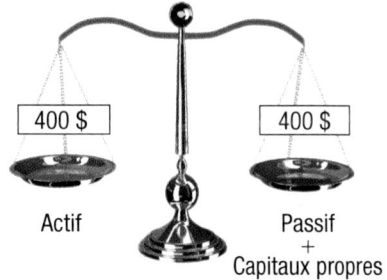

400 $ — Actif

400 $ — Passif + Capitaux propres

L'emprunt

Le père de Philippe lui permettra d'atteindre les 1 000 $ nécessaires en prêtant 600 $ à son entreprise, sous forme d'effet à payer, que cette dernière devra rembourser au plus tard le 31 août 20X8. C'est donc dire que l'entreprise Pelouse rapide doit 600 $ au père de Philippe. Cette transaction a eu lieu le 3 mai 20X8.

Examinons maintenant l'impact de cette deuxième transaction sur l'équation comptable :

	ACTIF	=	PASSIF	+	CAPITAUX PROPRES
20X8	Encaisse	=	Effet à payer	+	Philippe Vallée – capital
Mai 01	400 $				400 $
Mai 03	600		600 $		
Solde	1 000 $	=	600 $	+	400 $
Total	1 000 $		1 000 $		

L'équation comptable est en équilibre.

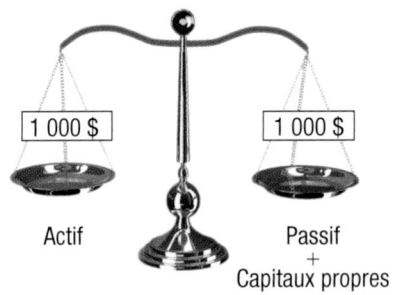

Actif

Passif
+
Capitaux propres

L'achat de la tondeuse

Le coût d'acquisition de la tondeuse est de 525 $, et Philippe a tiré un chèque (n° 1) du compte de banque de l'entreprise. La tondeuse est un équipement, un actif, avec lequel Philippe exécutera les travaux. Cette transaction a eu lieu le 4 mai 20X8, comme l'indiquent la facture et le chèque qui suivent.

B et R mécanique

4537, rue des Érables, Montréal (Québec) H5J 2W7

Facture
N° : 234013

Téléphone : 514 123-9241
Télécopieur : 514 123-9524

Date : 20X8-05-04
Conditions : comptant

Facture émise à :

Pelouse rapide
465, rue Lévis, Montréal (Québec) H5G 6T6

Téléphone : 514 123-6781
Télécopieur : 514 123-1876

Quantité	Description	Prix unitaire		Montant
1	Tondeuse usagée	456,62 $		456,62 $

TPS n° : 124894562		TPS	5 %	22,83
TVQ n° : 1124621983		TVQ	9,975 %	45,55
		Total		525,00 $

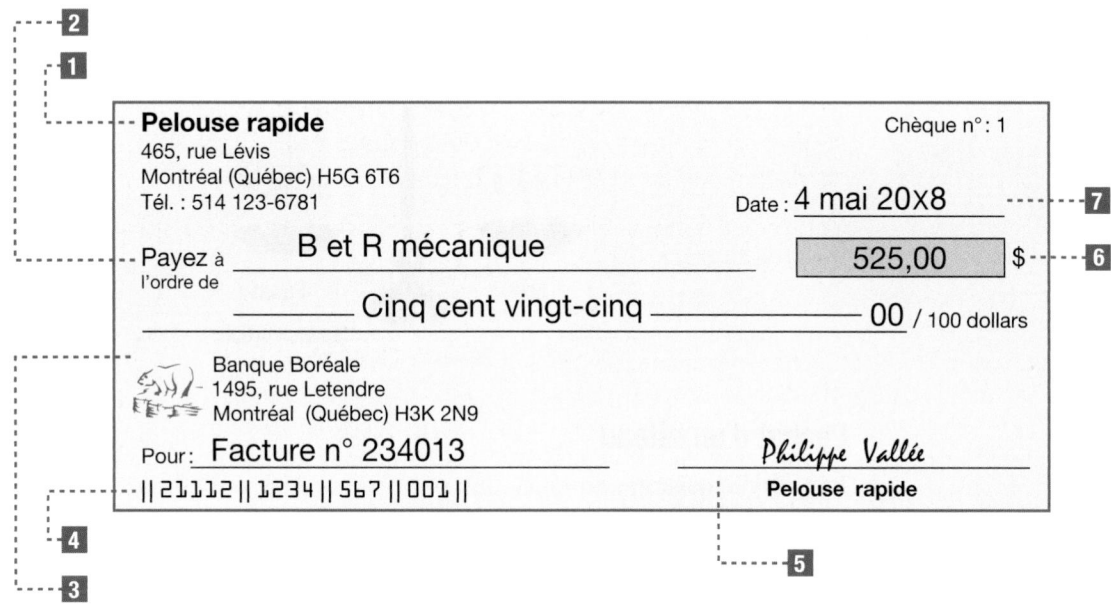

1 Entreprise émettrice du chèque
2 Entreprise qui est bénéficiaire du chèque
3 Institution financière
4 Numéro de compte bancaire sur lequel le chèque est tiré

5 Signature de la personne autorisée
6 Montant du chèque
7 Date du chèque

La facture du fournisseur vous donne l'information nécessaire pour comptabiliser vos différents achats (date, montant, conditions de paiement). Certains fournisseurs ne perçoivent pas de taxes, car ils sont considérés comme petits fournisseurs aux yeux des gouvernements (fédéral et provincial). Il s'agit, par exemple, de ceux dont le chiffre d'affaires n'excède pas 30 000 $ par année. Nous reviendrons plus loin sur le traitement des taxes ainsi que sur la notion des petits fournisseurs. Notons toutefois que, pour le moment, nous comptabiliserons le montant qui apparaît dans le bas de la facture.

Voyons maintenant l'impact de cet achat sur l'équation comptable :

	ACTIF		=	PASSIF	+	CAPITAUX PROPRES
20X8	Encaisse	+ Équipement	=	Effet à payer	+	Philippe Vallée – capital
Mai 01	400 $					400 $
Mai 03	600			600 $		
Mai 04	− 525	525 $				
Solde	475 $	+ 525 $	=	600 $	+	400 $
Total	1 000 $			1 000 $		

L'équation comptable conserve son équilibre.

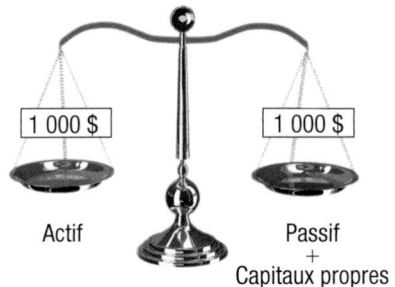

Actif   Passif
+
Capitaux propres

L'achat d'un râteau

Le coût d'acquisition du râteau (un outil) est de 35 $, et Philippe a tiré un chèque (n° 2) de son compte de banque d'entreprise. Cet outil servira aussi à Philippe pour l'exécution des travaux. Cette transaction a eu lieu le 5 mai 20X8, comme l'indiquent la facture et le chèque qui suivent.

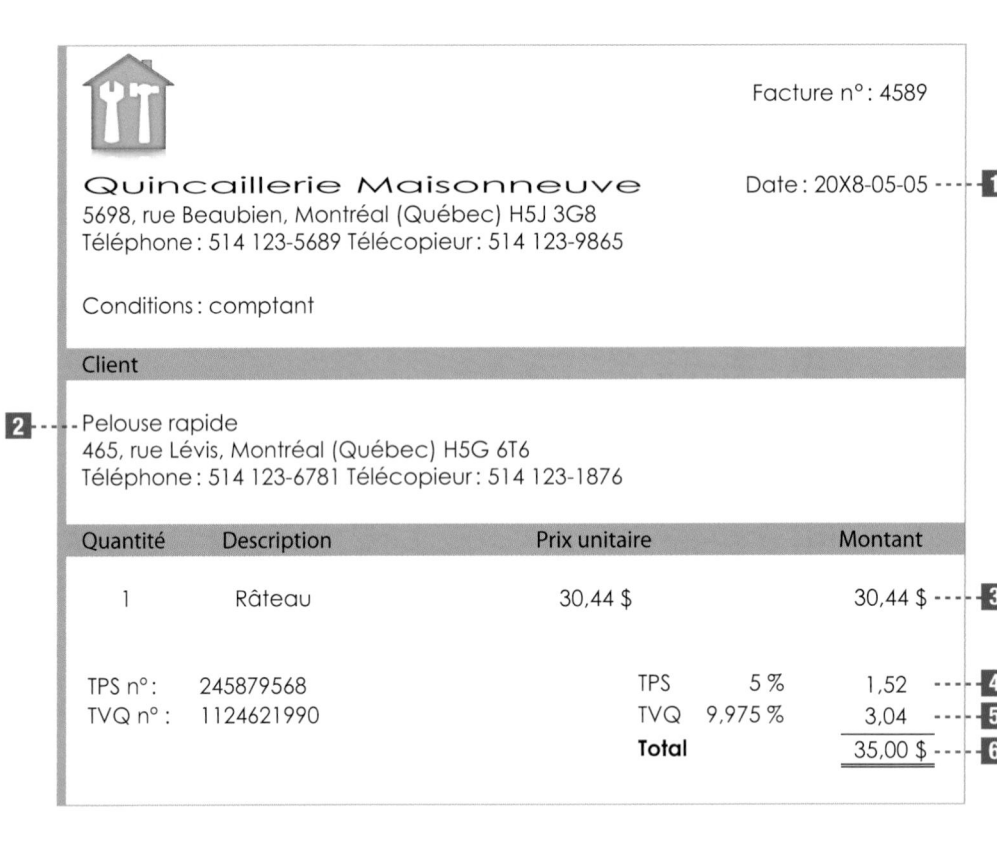

Facture n° : 4589

Quincaillerie Maisonneuve
5698, rue Beaubien, Montréal (Québec) H5J 3G8
Téléphone : 514 123-5689 Télécopieur : 514 123-9865

Date : 20X8-05-05 ----**1**

Conditions : comptant

Client

2 ---- Pelouse rapide
465, rue Lévis, Montréal (Québec) H5G 6T6
Téléphone : 514 123-6781 Télécopieur : 514 123-1876

Quantité	Description	Prix unitaire		Montant	
1	Râteau	30,44 $		30,44 $ ----**3**	
TPS n° : 245879568		TPS	5 %	1,52 ----**4**	
TVQ n° : 1124621990		TVQ	9,975 %	3,04 ----**5**	
		Total		35,00 $ ----**6**	

1 Date   **4** TPS

2 Nom du client   **5** TVQ

3 Montant avant taxes   **6** Montant total

Voyons maintenant l'impact de cet achat sur l'équation comptable:

		ACTIF		=	PASSIF	+	CAPITAUX PROPRES
20X8	Encaisse	+	Équipement	=	Effet à payer	+	Philippe Vallée – capital
Mai 01	400$						400$
Mai 03	600				600$		
Mai 04	– 525		525$				
Mai 05	– 35		35				
	440$	+	560$	=	600$	+	400$

1 000$ 1 000$

L'équation comptable conserve son équilibre.

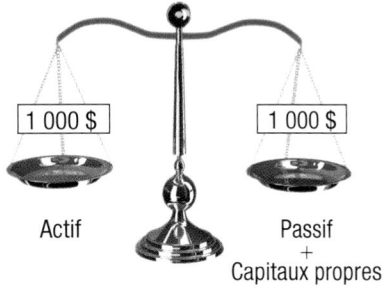

1 000 $ 1 000 $

Actif   Passif
+
Capitaux propres

Dans la section suivante, nous verrons qu'à la suite de ces transactions, le comptable peut préparer un état de situation que l'on nomme le bilan.

1.10.6 L'effet des transactions sur le bilan

Bilan
État financier qui représente l'actif, le passif et les capitaux propres d'une entreprise à une date donnée, en conformité avec les PCGR.

Nous reprendrons maintenant les quatre transactions dont nous nous sommes servis pour expliquer le fonctionnement de l'équation comptable et analyserons leurs effets sur le bilan. Mais auparavant, il serait bon de définir précisément ce terme. Le bilan est un document de synthèse exposant à une date donnée la situation financière de l'entreprise, soit les actifs, les dettes et les capitaux propres. On y trouve la liste des éléments de l'actif et du passif ainsi que la différence entre ces derniers, laquelle correspond aux capitaux du propriétaire. Selon cette définition, le bilan est une représentation de l'équation comptable, mais sous la forme d'un document officiel qui sera utilisé par les lecteurs d'états financiers.

MISE EN SITUATION ▶ Philippe vous demande maintenant de l'aider à dresser le bilan de sa nouvelle entreprise. Nous allons reprendre chacune des transactions et en produire un bilan immédiatement après chacune d'elles.

Lorsque le comptable rédige un bilan, il doit identifier ce document par un en-tête indiquant :

1 le nom de l'entreprise ;

2 le titre de l'état financier, dans ce cas, le bilan ;

3 la date à laquelle les données ont été établies.

1 PELOUSE RAPIDE		**2 BILAN**	
		3 au 1er mai 20X8	
ACTIF		**CAPITAUX PROPRES**	
Encaisse	400$	Philippe Vallée – capital	400$
Total de l'actif	**400$**	**Total des capitaux propres**	**400$** ◀

 SAVIEZ-VOUS QUE...?

Certaines entreprises peuvent avoir plusieurs comptes de banque. Dans ce cas, au bilan, on regroupera la totalité du solde de tous ces comptes sous la rubrique *Encaisse*.

La série de bilans qui suit démontre l'effet des trois autres transactions qui ont illustré le fonctionnement de l'équation comptable. Il s'agit de montrer qu'un bilan peut être préparé après chaque transaction et qu'il représente chaque fois la situation financière de l'entreprise à cette date. Il est bien important de saisir qu'il est en quelque sorte une photographie financière de l'entreprise à une date donnée. Il représente l'actif que l'entreprise possède ainsi que la manière dont elle a pu l'obtenir, c'est-à-dire grâce au passif ou aux capitaux.

MISE EN SITUATION ▶ La deuxième transaction concerne l'effet à payer que Pelouse rapide doit au père de Philippe :

PELOUSE RAPIDE			
BILAN			
au 3 mai 20X8			
ACTIF		**PASSIF**	
Encaisse	1 000$	Effet à payer	600$
		CAPITAUX PROPRES	
		Philippe Vallée – capital	400
Total de l'actif	**1 000$**	**Total du passif et des capitaux propres**	**1 000$**

La troisième transaction concerne l'acquisition de la tondeuse :

PELOUSE RAPIDE BILAN au 4 mai 20X8			
ACTIF		**PASSIF**	
Encaisse	475$	Effet à payer	600$
Équipement	525	**CAPITAUX PROPRES**	
		Philippe Vallée – capital	400
Total de l'actif	1 000$	**Total du passif et des capitaux propres**	1 000$

Finalement, la quatrième transaction concerne l'acquisition du râteau :

PELOUSE RAPIDE BILAN au 5 mai 20X8			
ACTIF		**PASSIF**	
Encaisse	440$	Effet à payer	600$
Équipement	560	**CAPITAUX PROPRES**	
		Philippe Vallée – capital	400
Total de l'actif	1 000$	**Total du passif et des capitaux propres**	1 000$

À VOUS DE JOUER !

Pour les transactions suivantes, veuillez remplir les tableaux en fonction de l'information qui vous est fournie.

MISE EN SITUATION ▶

1. L'achat d'un taille-bordure

Le coût d'acquisition du taille-bordure (un équipement) est de 185$, et Philippe a tiré un chèque (n° 3) de 85$ du compte de banque d'entreprise. Le chèque est daté du 7 mai 20X8. La différence de 100$ représente un passif que l'on nomme « *Fournisseurs* ».

Le solde est inscrit sur la facture n° 4610 comme l'indique le document suivant :

Quincaillerie Maisonneuve
5698, rue Beaubien, Montréal (Québec) H5J 3G8
Téléphone : 514 123-5689 Télécopieur : 514 123-9865

Facture n° : 4610

Date : 20X8-05-07

Conditions : comptant

Client

Pelouse rapide
465, rue Lévis, Montréal (Québec) H5G 6T6
Téléphone : 514 123-6781   Télécopieur : 514 123-1876

Quantité	Description	Prix unitaire	Montant
1	Taille-bordure	160,90 $	160,90 $

TPS n° :   245879568

TVQ n° : 1124621990

TPS	5 %	8,05
TVQ	9,975 %	16,05
Total		185,00 $
Acompte		85,00
Solde à payer		100,00 $

Pelouse rapide
465, rue Lévis
Montréal (Québec) H5G 6T6
Tél. : 514 123-6781

Chèque n° : 3

Date : **7 mai 20X8**

Payez à l'ordre de Quincaillerie Maisonneuve   **85,00** $

————————— Quatre-vingt-cinq————————— **00** / 100 dollars

Banque Boréale
1495, rue Letendre
Montréal (Québec) H3K 2N9

Pour : Acompte facture n° 4610   *Philippe Vallée*

|| 21112 || 1234 || 567 || 003 || **Pelouse rapide**

	ACTIF			=	PASSIF		+	CAPITAUX PROPRES
	Encaisse	+ Fournitures	+ Équipement	= Fournisseurs	+ Effet à payer	+		Philippe Vallée – capital
20X8								
Mai 01	400 $							400 $
Mai 03	600				600 $			
Mai 04	– 525		525 $					
Mai 05	– 35		35					
Mai 07								
	+	+	=	+	+			

L'équation comptable conserve son équilibre.

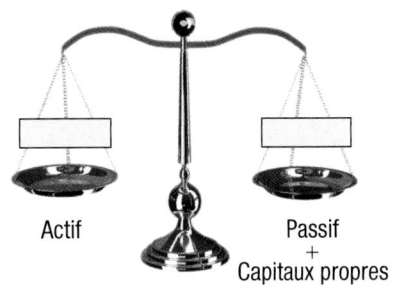

Actif = Passif + Capitaux propres

2. Le paiement du solde dû au fournisseur

Le 15 mai 20X8, Philippe tire un chèque (n° 4) de son compte d'entreprise pour payer le solde de la facture :

Pelouse rapide
465, rue Lévis
Montréal (Québec) H5G 6T6
Tél.: 514 123-6781

Chèque n°: 4

Date: **15 mai 20X8**

Payez à l'ordre de **Quincaillerie Maisonneuve** **100,00** $

_____ **Cent** _____ **00** / 100 dollars

Banque Boréale
1495, rue Letendre
Montréal (Québec) H3K 2N9

Pour. **Paiement final facture n° 4610**

Philippe Vallée
Pelouse rapide

|| 21112 || 1234 || 567 || 004 ||

	ACTIF			=	PASSIF		+	CAPITAUX PROPRES
	Encaisse	+ Fournitures	+ Équipement	=	Fournisseurs	+ Effet à payer	+	Philippe Vallée – capital
20X8								
Mai 01	400$							400$
Mai 03	600					600$		
Mai 04	– 525		525$					
Mai 05	– 35	35						
Mai 07	– 85	185			100$			
Mai 15								

L'équation comptable conserve son équilibre.

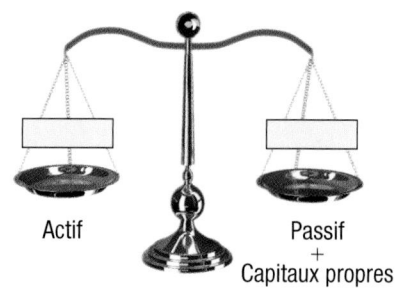

Actif

Passif
+
Capitaux propres

Fournitures

Articles ou produits qui servent à la production ou à l'exploitation d'une entreprise et qui font partie de l'actif.

3. L'achat d'engrais à fleurs

Philippe doit maintenant acheter des fournitures. Il contacte un fournisseur d'engrais (Arbres en fleurs), qui accepte de lui ouvrir un compte, ce qui lui permettra de faire des achats à crédit (c'est-à-dire d'acheter et de payer plus tard). Le 20 mai 20X8, Philippe achète de l'engrais pour un total de 55 $ payable dans 15 jours :

Arbres en fleurs

5478, boul. Saint-Laurent
Montréal (Québec) H7R 1B7
Téléphone : 514 123-2357
Télécopieur : 514 123-7532

Conditions : net 15 jours

Facture n° : B-3456

Date : 20X8-05-20

Client

Pelouse rapide
465, rue Lévis
Montréal (Québec) H5G 6T6
Téléphone : 514 123-6781
Télécopieur : 514 123-1876

Quantité	Description	Prix unitaire	Montant
4	Sacs d'engrais	11,96 $	47,84 $

TPS n° : 369294562

TVQ n° : 1124621345

TPS	5 %	2,39
TVQ	9,975 %	4,77
Total		55,00 $

	ACTIF			=	PASSIF		+	CAPITAUX PROPRES
	Encaisse	+ Fournitures	+ Équipement	=	Fournisseurs	+ Effet à payer	+	Philippe Vallée – capital
20X8								
Mai 01	400$							400$
Mai 03	600					600$		
Mai 04	– 525		525$					
Mai 05	– 35		35					
Mai 07	– 85		185		100$			
Mai 15	– 100				–100			
	+	+		=	+	+		

L'équation comptable conserve son équilibre.

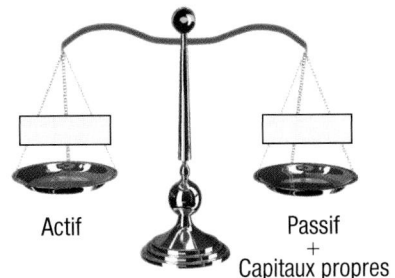

Actif   Passif
+
Capitaux propres

Complétez le bilan après la dernière transaction en remplissant l'état financier suivant:

PELOUSE RAPIDE BILAN			
ACTIF		**PASSIF**	
Encaisse		Effet à payer	
Fournitures		Fournisseurs	
Équipement		**CAPITAUX PROPRES**	
		Philippe Vallée – capital	
Total de l'actif		**Total du passif et des capitaux propres**	

(CONCLUSION)

Dans ce chapitre, nous avons expliqué en quoi consiste la comptabilité et quelle est son utilité pour les différents utilisateurs. Nous avons aussi situé la profession de comptable au Québec et présenté les différentes formes d'entreprises. Par la suite, l'explication de l'équation comptable nous a permis de voir l'effet des transactions sur le bilan, que nous avons appris à préparer.

(TESTEZ VOS CONNAISSANCES)

Philippe n'a pas encore commencé ses opérations d'entretien paysager, mais vous pouvez quand même l'aider à répondre à certaines de ses interrogations, et ce, en date du 20 mai 20X8 :

1. **Quel est le solde de son compte de banque?**

_____

2. **À l'exception du solde de son compte de banque, quel est le coût des autres actifs que son entreprise possède?**

_____

3. **Combien possède-t-il en équipement?**

_____

4. **L'entreprise a-t-elle des dettes? Si oui, combien?**

_____

5. **Quel est son capital, c'est-à-dire la valeur comptable de son investissement dans l'entreprise?**

_____

6. **Nommez les principes comptables que Philippe a respectés.**

_____

_____

_____

_____

(TERMINOLOGIE)

$$\left(\text{PROBLÈMES} \right)$$ NIVEAUX : FACILE ● INTERMÉDIAIRE ■ DIFFICILE ◆

MATIÈRE TRAITÉE	NUMÉROS
L'effet des opérations pour une nouvelle entreprise individuelle	1 et 2
L'effet des opérations sur un bilan d'une entreprise individuelle	3 et 4
L'équation comptable et les capitaux propres	5 et 6
La préparation d'un bilan	7 et 8
L'effet des opérations sur un bilan d'une société par actions	9 et 10

L'effet des opérations pour une nouvelle entreprise individuelle

● **1. Catherine Letendre vient d'obtenir son diplôme d'études collégiales en techniques de comptabilité et de gestion. Le 1er juin 20X5, elle décide d'ouvrir son propre cabinet de comptabilité sous la raison sociale Services comptables modernes.**

Voici les premières opérations effectuées par Catherine Letendre :

Juin 01   Catherine Letendre retire une somme de 5 000 $ de son compte de banque personnel et la dépose dans un compte au nom des Services comptables modernes à la Banque Nordique.

Juin 02   L'entreprise de Catherine emprunte 10 000 $ à la Banque Nordique et dépose la somme dans le compte de banque de l'entreprise.

Juin 04   L'entreprise de Catherine achète au comptant un lot d'ordinateurs : 6 500 $. Normalement, ce genre de biens est considéré comme de l'équipement de bureau.

Juin 05   L'entreprise de Catherine achète à crédit chez un fournisseur deux bureaux et deux chaises : 850 $. Normalement, ce genre de biens est considéré comme de l'ameublement de bureau.

Travail à faire

a) Présenter le tableau de l'effet des opérations sur l'équation comptable à l'aide des comptes suivants : *Encaisse, Équipement de bureau, Ameublement de bureau, Emprunt bancaire, Fournisseurs* et *Catherine Letendre – capital.*

b) Préparer le bilan de Services comptables modernes au 30 juin 20X5 en considérant qu'il n'y a eu aucune autre transaction au cours du mois de juin 20X5.

■ **2. Alexandra Richard, diplômée en techniques de services de garde, désire ouvrir une garderie sous la raison sociale Petits Lapins. Voici les opérations relatives à son entreprise jusqu'au 18 septembre 20X4 :**

Sept. 01   Alexandra emprunte 5 000 $ à sa mère et dépose cette somme dans un compte de banque au nom de Petits Lapins à la Banque Boréale.

Sept. 01	L'entreprise achète à crédit un ensemble de jouets pour enfants chez Équipement Royal inc. (fournisseur de l'entreprise) pour la somme de 1 000$.	
Sept. 06	Emprunt bancaire de 6 000$ à la Banque Boréale au nom de l'entreprise.	
Sept. 08	Émission du chèque n° 1001 de 600$ à Équipement Royal inc., en paiement partiel de l'achat du 1er septembre 20X4.	
Sept. 10	L'entreprise achète au comptant (chèque n° 1002) des pupitres et des chaises pour un total de 2 500$.	
Sept. 12	L'entreprise achète à crédit des balançoires: 500$ à l'entreprise Amusabec (fournisseur de l'entreprise).	
Sept. 14	Émission du chèque n° 1003 pour l'achat au comptant de jeux éducatifs: 1 000$.	
Sept. 16	Émission du chèque n° 1004 à l'ordre de la banque pour rembourser une partie de l'emprunt: 200$.	
Sept. 18	Paiement (chèque n° 1005) de la somme due à Équipement Royal inc.	

Travail à faire

a) Présenter le tableau de l'effet des opérations sur l'équation comptable à l'aide des comptes suivants: *Encaisse, Ameublement, Équipement de garderie, Emprunt bancaire, Fournisseurs* et *Alexandra Richard – capital*.

b) Préparer le bilan de Petits Lapins au 30 septembre 20X4 en considérant qu'il n'y a eu aucune autre transaction au cours du mois de septembre 20X4.

L'effet des opérations sur un bilan d'une entreprise individuelle

3. Voici le bilan du salon de coiffure Clara, propriété de Clara Paduano, en date du 1er juillet 20X2:

CLARA BILAN au 1er juillet 20X2				
ACTIF		**PASSIF**		
Encaisse	4 500$	Fournisseurs		2 700$
Équipement	12 000	**CAPITAUX PROPRES**		
Ameublement	4 300	Clara Paduano – capital		18 100
Total de l'actif	20 800$	**Total du passif et des capitaux propres**		20 800$

Les transactions suivantes ont eu lieu au cours du mois de juillet 20X2:

Juill. 01	Emprunt bancaire: 5 000$.
Juill. 04	Paiement partiel des fournisseurs: 1 200$.
Juill. 07	Achat au comptant d'un pupitre et d'une chaise: 175$.
Juill. 08	Achat à crédit d'une photocopieuse: 650$.
Juill. 10	Émission d'un chèque pour rembourser une partie des sommes dues aux fournisseurs: 250$.

Travail à faire

a) Présenter le tableau de l'effet des opérations sur l'équation comptable à l'aide des comptes suivants: *Encaisse, Équipement, Ameublement de bureau, Emprunt bancaire, Fournisseurs* et *Clara Paduano – capital*.

b) Préparer le bilan de Clara au 31 juillet 20X2 en considérant qu'il n'y a eu aucune autre transaction au cours du mois de juillet 20X2.

4. Voici le bilan de l'entreprise de location d'outils Le Marteau, propriété de Charles Brown, au 1er mars 20X2:

LE MARTEAU BILAN au 1er mars 20X2			
ACTIF		**PASSIF**	
Encaisse	12 000$	Fournisseurs	5 000$
Équipement	10 000	**CAPITAUX PROPRES**	
		Charles Brown – capital	17 000
Total de l'actif	22 000$	**Total du passif et des capitaux propres**	22 000$

Les transactions suivantes ont eu lieu au cours du mois de mars 20X2:

Mars 03   Achat d'un immeuble, dont le coût est réparti entre un terrain de 20 000$ et un bâtiment de 80 000$. L'achat est effectué de la manière suivante: un comptant de 10 000$, un versement de 15 000$ du compte personnel de Charles et le solde, sous la forme d'un emprunt hypothécaire.

Mars 05   Achat à crédit d'équipement: 10 000$.

Mars 18   Charles cède à l'entreprise de l'équipement qu'il avait récemment acheté pour lui-même: 15 000$.

Mars 20   Paiement d'une partie des sommes dues aux fournisseurs: 1 500$.

Mars 31   Vente au comptant d'outils au prix coûtant, soit 5 000$.

Travail à faire

a) Présenter le tableau de l'effet des opérations sur l'équation comptable à l'aide des comptes suivants: *Encaisse, Équipement, Bâtiment, Terrain, Fournisseurs, Emprunt hypothécaire (biens immeubles)* et *Charles Brown – capital*.

b) Préparer le bilan de l'entreprise Le Marteau au 31 mars 20X2.

L'équation comptable et les capitaux propres

5. Voici, ci-dessous, les postes du bilan de l'entreprise Services juridiques Viger, au 31 décembre 20X2:

Ameublement de bureau	20 000$
Clients	38 000$
Encaisse	10 000$
Équipement de bureau	25 000$
Fournisseurs	27 000$
Laurence Viger – capital	?

Travail à faire

À partir de l'équation comptable, calculer le montant des capitaux propres de Services juridiques Viger, au 31 décembre 20X2.

6. Vous obtenez une liste des postes du bilan du Masque d'or, un salon d'esthétique appartenant à Julie Lalumière, au 30 juin 20X2:

Ameublement	14 000$
Clients	1 000$
Emprunt bancaire	20 000$
Encaisse	5 000$
Équipement de bronzage	25 000$
Fournisseurs	3 000$
Julie Lalumière – capital	?
Loyer à payer	4 000$

Travail à faire

À partir de l'équation comptable, calculer le montant des capitaux propres de l'entreprise Masque d'or au 30 juin 20X2.

La préparation d'un bilan

7. Ariane Massicotte est propriétaire d'un salon de toilettage canin à Joliette. Elle a préparé elle-même le bilan de son entreprise, le Salon canin Massicotte, au 31 mai 20X5, quoique ses connaissances comptables soient plutôt rudimentaires. En effet, désireuse de rénover son salon de toilettage canin, Ariane doit emprunter à la Banque Boréale la somme nécessaire à la réalisation de son projet, et la banque exige d'elle un bilan en bonne et due forme. Voici le bilan qu'Ariane Massicotte a préparé:

SALON CANIN MASSICOTTE BILAN au 31 mai 20X5			
ACTIF		**PASSIF ET CAPITAUX PROPRES**	
Encaisse	3 750$	Emprunt bancaire	3 000$
Fournisseurs	2 100	Capitaux propres	30 550
Équipement	15 400		
Effet à payer	12 300		
Total de l'actif	33 550$	**Total du passif et des capitaux propres**	33 550$

Ariane a établi le montant des capitaux propres par différence. Il se peut donc que ce montant ne soit pas exact.

Travail à faire

Refaire le bilan d'entreprise en bonne et due forme afin qu'Ariane puisse le présenter à la banque.

8. Maxime Lavigne est propriétaire de l'Auberge Bienvenue à Saint-Nicéphore. Il a obtenu de son comptable la liste des postes du bilan de son entreprise et il a tenté d'établir le bilan au 31 décembre 20X2. Cependant, il constate un problème, puisqu'il sait que son capital n'est pas de 630 000$ et que certains comptes ne sont probablement pas présentés dans la bonne section. Voici le bilan qu'il a préparé:

AUBERGE BIENVENUE BILAN au 31 décembre 20X2				
ACTIF ET CAPITAUX PROPRES			**PASSIF**	
Emprunt bancaire	160 000$	Clients		10 000$
Matériel roulant	75 000	Emprunt hypothécaire (biens immeubles)		400 000
Fournisseurs	50 000	Bâtiment		600 000
Ameublement d'auberge	95 000			
Capitaux propres	630 000			
Total de l'actif	1 010 000$	**Total du passif**		1 010 000$

Travail à faire

Refaire le bilan d'entreprise en bonne et due forme au 31 décembre 20X2 en prenant soin de recalculer la valeur des capitaux propres de l'entreprise.

(SUPPLÉMENT D'INFORMATION)

L'effet des différentes transactions sur le bilan d'une société par actions

La principale différence entre le bilan d'une société par actions et celui d'une entreprise individuelle se situe dans les capitaux propres. Les propriétaires et les actionnaires détiennent alors des actions, ce qui représente la preuve de leur investissement. L'ensemble des actions possédées par les actionnaires se nomme le capital-actions.

Il existe aussi plusieurs catégories de capital-actions. Cependant, dans le présent volume, nous n'utiliserons que l'expression «capital-actions». Voici les bilans après certaines transactions dans la situation où l'entreprise est une société par actions plutôt qu'une entreprise à propriétaire unique:

Investissement initial de l'actionnaire en capital-actions ordinaire

SYSTÈME DE GESTION COMPTABLE INC. BILAN au 1er août 20X4			
ACTIF		**CAPITAUX PROPRES**	
Encaisse	10 000$	Capital-actions	10 000$
Total de l'actif	10 000$	**Total des capitaux propres**	10 000$

Achat d'un ordinateur: une partie au comptant, l'autre à crédit

SYSTÈME DE GESTION COMPTABLE INC. BILAN au 10 août 20X4			
ACTIF		**PASSIF**	
Encaisse	6 500$	Fournisseurs	9 000$
Équipement de bureau	12 500	**CAPITAUX PROPRES**	
		Capital-actions	10 000
Total de l'actif	19 000$	**Total du passif et des capitaux propres**	19 000$

Remboursement d'une partie de la dette au fournisseur

SYSTÈME DE GESTION COMPTABLE INC. BILAN au 29 août 20X4				
ACTIF			**PASSIF**	
Encaisse	3 500$		Fournisseurs	6 000$
Équipement de bureau	12 500		**CAPITAUX PROPRES**	
			Capital-actions	10 000
Total de l'actif	16 000$		**Total du passif et des capitaux propres**	16 000$

Investissement additionnel de l'actionnaire par du capital-actions ordinaire

SYSTÈME DE GESTION COMPTABLE INC. BILAN au 31 août 20X4				
ACTIF			**PASSIF**	
Encaisse	8 500$		Fournisseurs	6 000$
Équipement de bureau	12 500		**CAPITAUX PROPRES**	
			Capital-actions	15 000
Total de l'actif	21 000$		**Total du passif et des capitaux propres**	21 000$

(PROBLÈMES)

L'effet des opérations sur un bilan d'une société par actions

9. Voici le bilan de l'entreprise Assurances Bonair inc., dont l'actionnaire est Mathieu Bouvet, au 1er janvier 20X5:

ASSURANCES BONAIR INC. BILAN au 1er janvier 20X5				
ACTIF			**PASSIF**	
Encaisse	16 845$		Fournisseurs	2 045$
Ameublement	10 200		**CAPITAUX PROPRES**	
			Capital-actions	25 000
Total de l'actif	27 045$		**Total du passif et des capitaux propres**	27 045$

Les transactions suivantes ont eu lieu au cours du mois de janvier 20X5:

Janv. 02   La société par actions émet de nouvelles actions à monsieur Bouvet pour 30 000$.

Janv. 03   Acquisition d'un terrain au prix de 25 000$ et d'un bâtiment au prix de 125 000$, financés en partie par un emprunt hypothécaire de 100 000$ et un chèque tiré du compte bancaire de l'entreprise de 50 000$.

Janv. 05   Vente au comptant de l'ameublement que l'entreprise possédait. Le montant de la vente correspond à la valeur au bilan au 1er janvier 20X5.

Janv. 08   Emprunt bancaire de 10 000$ déposé dans le compte de banque de l'entreprise.

Janv. 10	Achat au comptant d'ameublement chez Mobilorama au prix de 12 500$.
Janv. 12	Acquisition d'un ordinateur au prix de 9 700$ au moyen d'un effet à payer le 15 mars 20X5.
Janv. 13	Paiement du total des comptes fournisseurs.

Travail à faire

a) Présenter le tableau de l'effet des opérations sur l'équation comptable à l'aide des comptes suivants : *Encaisse, Équipement de bureau, Ameublement de bureau, Bâtiment, Terrain, Emprunt bancaire, Fournisseurs, Effet à payer, Emprunt hypothécaire (biens immeubles)* et *Capital-actions.*

b) Dresser le bilan des Assurances Bonair inc. au 31 janvier 20X5 en considérant qu'il n'y a eu aucune autre transaction au cours du mois de janvier 20X5.

◆ **10. Voici le bilan de la clinique vétérinaire Le Chaton inc. au 1er mars 20X2 :**

LE CHATON INC. BILAN au 1er mars 20X2			
ACTIF		**PASSIF**	
Encaisse	6 565$	Emprunt hypothécaire (biens immeubles)	140 210$
Équipement de clinique	8 645	**CAPITAUX PROPRES**	
Bâtiment	145 000	Capital-actions	60 000
Terrain	40 000		
Total de l'actif	200 210$	**Total du passif et des capitaux propres**	200 210$

Les opérations suivantes ont eu lieu en mars 20X2 :

Mars 02	Émission d'un effet à recevoir au Centre canin Lafond relativement à la vente à crédit de tout l'équipement de clinique. Le montant total correspond à la valeur comptable au 1er mars 20X2.
Mars 07	Emprunt bancaire : 15 000$.
Mars 09	Acquisition d'équipement : 10 000$. La moitié du prix d'acquisition est payée au comptant, le solde étant payable sur effet à payer le 15 juin 20X2.
Mars 11	Encaissement d'un chèque de 2 594$ en paiement de l'effet à recevoir signé le 2 mars 20X2 par le Centre canin Lafond.
Mars 13	Paiement d'une partie de l'emprunt hypothécaire : 5 050$.
Mars 15	Achat à crédit d'équipement de clinique chez Décormal inc. (fournisseur de l'entreprise), facture n° 1594 : 7 540$.
Mars 20	Paiement partiel du compte de Décormal inc. : 4 500$.

Travail à faire

a) Présenter le tableau de l'effet des opérations sur l'équation comptable à l'aide des comptes suivants : *Encaisse, Effet à recevoir, Équipement de clinique, Bâtiment, Terrain, Emprunt bancaire, Fournisseurs, Effet à payer, Emprunt hypothécaire (biens immeubles)* et *Capital-actions.*

b) Dresser le bilan de la clinique vétérinaire Le Chaton inc. au 31 mars 20X2 en considérant qu'il n'y a eu aucune autre transaction au cours du mois de mars 20X2.

CHAPITRE **2**

L'équation comptable approfondie, l'état des résultats et l'état des capitaux propres

Comment la logique de la comptabilité fonctionne-t-elle ? Qu'est-ce qu'un débit et un crédit ? Qu'est-ce qu'un compte de grand livre ? Y a-t-il d'autres états financiers à part le bilan ?

Nous serons en mesure de répondre à ces questions grâce à l'étude de notions telles que l'équation comptable approfondie, les comptes du plan comptable, le débit/crédit ainsi que le grand livre et les grands livres auxiliaires. Nous découvrirons aussi deux autres états financiers, soit l'état des résultats et l'état des capitaux propres.

OBJECTIFS D'APPRENTISSAGE

— Énoncer la règle de l'équation comptable approfondie.

— Préparer l'état des résultats et l'état des capitaux propres.

— Comprendre la règle du débit/crédit.

— Enregistrer les opérations directement dans les comptes en T.

MISE EN SITUATION

Louis Marceau vient de terminer ses études en médecine vétérinaire. Au même moment, il a reçu une importante somme d'argent en héritage, ce qui lui a permis d'ouvrir sa propre clinique : la Clinique vétérinaire Animo. Il a installé son entreprise dans le quartier Rosemont, à Montréal, le quartier de son enfance, où il a acheté un bâtiment afin d'entreprendre ses activités.

Nous nous servirons des résultats de son exercice financier se terminant le 31 décembre 20X1 afin de comprendre le principe de fonctionnement de l'équation comptable qui intègre des transactions liées aux opérations courantes de l'entreprise (l'équation comptable approfondie). En effet, la Clinique vétérinaire Animo facture les services rendus aux propriétaires d'animaux de compagnie, mais doit également payer ses employés et supporter certains coûts liés à ses opérations : loyer, assurance, location d'équipement et médicaments administrés aux animaux. Comment pourrons-nous suivre l'évolution des sommes liées à l'exploitation de la clinique de Louis Marceau ? Les états financiers de la Clinique vétérinaire Animo montreront-ils des résultats positifs ?

Louis Marceau, vétérinaire

Les résultats de l'exercice financier de l'entreprise nous aideront à comprendre le principe de fonctionnement de l'équation comptable qui intègre des transactions liées à ses opérations courantes.

2.1 L'équation comptable approfondie

Charges d'exploitation
Somme engagée par l'entreprise dans le cadre de ses activités courantes, dans le but de générer des produits d'exploitation.

Produits d'exploitation
Composante de l'état des résultats qui représente l'augmentation des revenus de l'entreprise et qui provient habituellement de la vente de biens ou de la prestation de services.

Apport
Ce qu'un propriétaire investit dans son entreprise. Ces apports peuvent se faire sous forme monétaire ou sous forme d'actifs transférés dans l'entreprise.

Retrait
Fait pour le propriétaire exploitant de retirer des biens (habituellement de l'argent) de son entreprise à des fins personnelles.

Dans le chapitre 1, nous avons étudié l'équation comptable représentant le bilan d'une entreprise :

$$ACTIF \ = \ PASSIF \ + \ CAPITAUX\ PROPRES$$

Nous avons constaté que les transactions effectuées par l'entreprise ne modifient pas l'équilibre de l'équation comptable, qui balance toujours. Nous avons aussi appris que l'équation comptable permet de préparer un bilan à une date donnée, qui est la représentation des actifs possédés par l'entreprise et de leur financement par des créanciers ou le propriétaire.

Toutefois, le fonctionnement d'une entreprise ne se limite pas aux simples opérations d'investissement en actifs et de financement par des créanciers, le propriétaire ou les actionnaires. En effet, pour assurer sa survie, l'entreprise doit financer ses activités par des opérations commerciales. Elle doit vendre des marchandises ou rendre des services. Pour ce faire, elle engage des charges d'exploitation (par exemple, payer son loyer, ses employés), qui sont nécessaires pour gagner les produits d'exploitation. Par ailleurs, le propriétaire de l'entreprise peut investir de nouveau de l'argent ou des biens dans son entreprise, ce qui constitue un apport, ou, au contraire, retirer de l'argent ou des biens de son entreprise, ce qui représente un retrait, lequel diminue sa part de propriété dans l'entreprise.

Ces diverses opérations nécessitent l'établissement d'une équation comptable approfondie. Reprenons notre équation :

$$ACTIF \ = \ PASSIF \ + \ \underbrace{CAPITAUX\ PROPRES}$$

En vérité, les capitaux propres dans cette équation représentent les capitaux propres à la fin de l'exercice. Afin de les déterminer, on se sert de l'équation suivante :

$$\begin{matrix} CAPITAUX \\ PROPRES \\ \text{(au début)} \end{matrix} \ + \ PRODUITS \ - \ CHARGES \ + \ APPORTS \ - \ RETRAITS \ = \ \begin{matrix} CAPITAUX \\ PROPRES \\ \text{(à la fin)} \end{matrix}$$

L'équation comptable approfondie fonctionne de la même façon que l'équation comptable de base. La seule différence réside dans le fait que les produits et les apports sont des moyens de financement considérés comme des augmentations des capitaux propres, et que les charges et les retraits sont traités comme des diminutions des capitaux propres.

Veuillez compléter les équations suivantes:

Actif	=	Passif	+	(Capitaux propres au début	+	Produits	−	Charges	+	Apports	−	Retraits)
50 000$		32 000$		5 000$		18 000$		12 000$		9 500$		
88 000$		59 000$		7 500$				52 000$		Ø$		5 000$
		89 000$		18 450$		99 000$		72 000$		3 000$		3 000$
55 000$		35 000$		14 000$		15 000$		10 000$				Ø$
45 000$		30 000$		7 800$		23 000$				5 000$		3 000$

SAVIEZ-VOUS QUE...?

Il y a une différence entre la mise de fonds initiale et les apports. Les apports sont de nouveaux investissements faits par le propriétaire, après la date de création de l'entreprise, sous forme d'argent ou de biens. Par contre, la mise de fonds initiale est la somme d'argent investie par le propriétaire pour démarrer son entreprise.

2.2 Les produits, les charges et l'impact sur les capitaux de l'entreprise

Jusqu'à présent, nous avons vu les opérations comptables qui ne concernent que les éléments de l'actif, du passif ou des capitaux propres. Cependant, pour fonctionner, une entreprise doit aussi rendre des services ou vendre des biens. Les revenus générés par la prestation de ces services ou par la vente de ces biens se nomment **produits d'exploitation**. De plus, l'entreprise doit engager des coûts pour réaliser ses produits d'exploitation: ce sont les **charges d'exploitation**. Ces opérations ne sont pas des investissements ou du financement; il s'agit plutôt d'opérations liées à l'exploitation des affaires de l'entreprise.

2.2.1 Les produits d'exploitation

Nous avons vu précédemment qu'un produit d'exploitation est une augmentation des revenus de l'entreprise à la suite d'opérations telles que la prestation de services ou la vente de biens. Lorsqu'une entreprise rend des services, elle reçoit immédiatement de l'argent (augmentation de l'actif *Encaisse*) ou elle acquiert une créance, c'est-à-dire qu'on lui doit de l'argent (augmentation de l'actif *Clients*). Un produit amène également une augmentation des capitaux propres.

MISE EN SITUATION ▶

Reprenons l'équation comptable et analysons ce qui se produit lors d'une opération très simple. Par exemple, vous vous rendez à la Clinique vétérinaire Animo avec votre chat: la consultation coûte 55 $. Si vous payez immédiatement, l'encaisse du vétérinaire augmente de 55 $. Si vous promettez de le payer la semaine suivante, c'est le compte *Clients* du grand livre qui augmente de cette somme.

Dans les deux cas, cette augmentation d'un compte d'actif est alors contrebalancée par une augmentation des capitaux propres autre qu'un apport ou un investissement. En effet, le vétérinaire est plus riche après la consultation qu'avant celle-ci, ce qui se traduit, dans l'équation comptable, de la façon suivante:

ACTIF	=	PASSIF	+	CAPITAUX PROPRES
Augmentation de 55$		Aucun changement		Augmentation de 55 $ ◄

Selon le genre d'activité d'une entreprise, les produits d'exploitation peuvent prendre différentes formes. Selon le cas, chacun de ces types de produits sera inscrit dans un compte précis de grand livre. Par exemple, un agent immobilier qui gagne des commissions sur les ventes d'immeubles qu'il réalise inscrira ses produits dans le compte *Commissions gagnées* alors qu'un plombier utilisera le compte *Services rendus*. Les comptes de produits les plus couramment utilisés sont illustrés à la figure 2.1.

Il faut cependant rester prudent et ne pas considérer toutes les rentrées d'argent comme des produits d'exploitation. Le produit d'exploitation est réalisé au moment même où le service est rendu et il amène une augmentation du compte *Encaisse* si le produit d'exploitation est encaissé immédiatement ou une augmentation du compte *Clients* s'il y a promesse de payer plus tard.

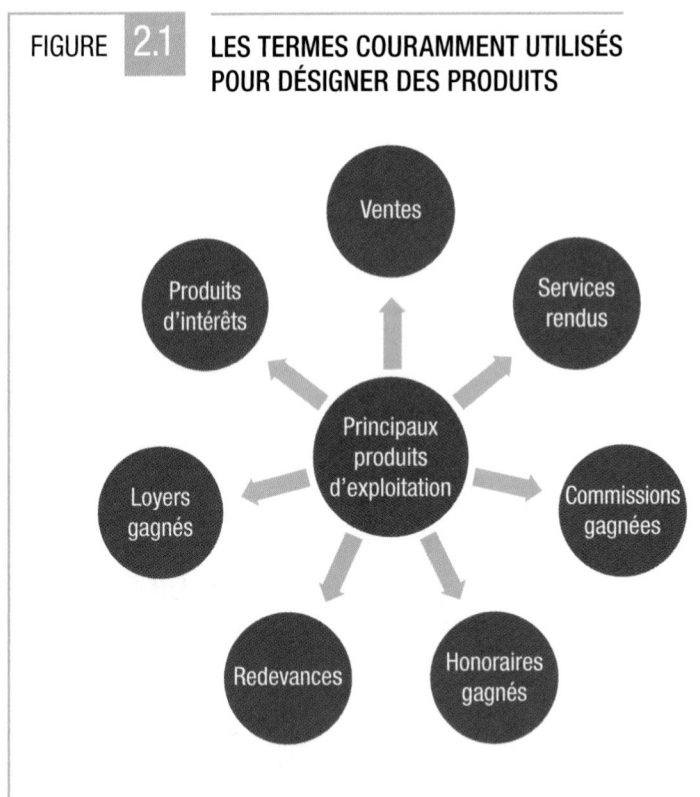

FIGURE 2.1 LES TERMES COURAMMENT UTILISÉS POUR DÉSIGNER DES PRODUITS

2.2.2 Les charges d'exploitation

Précédemment, nous avons défini les charges d'exploitation comme un investissement dans le but de réaliser un produit d'exploitation. Cela se traduit par une diminution des actifs d'une entreprise, ou une augmentation de passifs résultant du fait qu'on doit diminuer l'encaisse ou augmenter un passif afin d'enregistrer la charge d'exploitation. Une charge amène donc une diminution des capitaux propres.

MISE EN SITUATION ▶

Revenons à l'exemple de la clinique vétérinaire. Celle-ci a besoin d'un(e) secrétaire pour recevoir les clients et prendre les rendez-vous. Le salaire payé à cette personne a pour effet de diminuer les actifs, soit l'encaisse. Par le fait même, les capitaux propres diminueront aussi ; le propriétaire possède une moins grande part des actifs de son entreprise, car il en a donné une partie à sa secrétaire. L'équation comptable se présente donc ainsi :

ACTIF	=	PASSIF	+	CAPITAUX PROPRES
Diminution		Aucun changement		Diminution

Par conséquent, il existe une relation très étroite entre les produits et les charges d'exploitation, les charges étant assumées dans le but de réaliser un produit. On paie un salaire à un employé parce que celui-ci va nous permettre de rendre des services, donc de réaliser un produit. Les principales charges d'exploitation d'une entreprise de service sont illustrées à la figure 2.2.

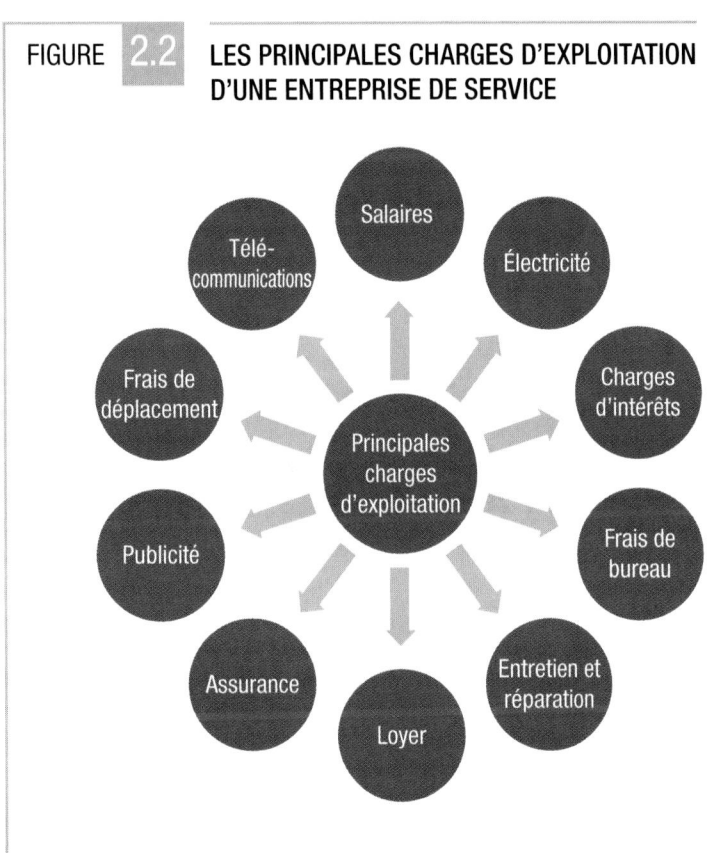

FIGURE 2.2 LES PRINCIPALES CHARGES D'EXPLOITATION D'UNE ENTREPRISE DE SERVICE

Bénéfice net
Excédent du total des produits
sur le total des charges pour
une période donnée.

Exercice financier
Période de douze mois, au
terme de laquelle l'entreprise
prépare des états financiers.

Période comptable
Période inférieure à la durée
de l'exercice, par exemple
un trimestre ou un mois, au
terme de laquelle l'entreprise
prépare des états financiers.

Perte nette
Excédent du total des charges
sur le total des produits pour
une période donnée.

État des résultats
État financier où figurent les produits desquels sont diminuées
les charges et faisant ressortir
le résultat net, soit un bénéfice
net ou une perte nette.

2.2.3 Le résultat net

La soustraction des charges aux produits nous donne le résultat net. Le but premier d'une entreprise est que les produits d'exploitation soient supérieurs aux charges d'exploitation. Dans ce cas, le résultat net prendra la forme d'un bénéfice net. Ce bénéfice réalisé par une entreprise se traduit par une augmentation de la valeur de l'entreprise entre le début et la fin de son exercice financier ou de sa période comptable. Si les charges sont supérieures aux produits, le résultat net se traduira par une perte nette. Celle-ci amène une diminution des capitaux propres.

Produits	>	Charges	=	Bénéfice net
Charges	>	Produits	=	Perte nette

2.3 Les états financiers de l'équation comptable approfondie

Nous avons déjà établi que le bilan est un état financier qui présente, à une date donnée, la situation financière de l'entreprise, soit les actifs, les passifs et les capitaux propres. Cependant, afin d'avoir une mesure plus complète des résultats d'une entreprise, nous ajouterons deux états financiers, soit l'état des résultats et l'état des capitaux propres.

2.3.1 L'état des résultats

L'état financier qui permet de mesurer le résultat net d'une entreprise est l'état des résultats. Il intéresse beaucoup les utilisateurs de l'information financière de l'entreprise, car il présente le détail des produits et des charges ainsi que le montant du résultat net d'un exercice financier ou d'une période comptable.

Cet état reflète donc le résultat des opérations courantes de l'entreprise grâce au calcul suivant :

Produits d'exploitation	−	Charges d'exploitation	=	Résultat net (bénéfice net ou perte nette)

La période normale d'un exercice financier est de 12 mois et se termine le 31 décembre pour les entreprises individuelles. Cependant, comme les états financiers sont un outil important de prise de décisions par les gestionnaires, on prépare également, au cours de l'exercice, des états financiers pour une période comptable inférieure à 12 mois. Il peut s'agir d'états financiers trimestriels ou mensuels.

Ainsi, à la fin de chaque exercice financier ou période comptable, l'entreprise détermine le résultat net. Dans le cas où le résultat net indique un bénéfice, cela se traduit par une augmentation des capitaux propres à la suite des opérations, et non à la suite d'un investissement additionnel. En effet, les bénéfices augmentent la richesse de l'entreprise et, par le fait même, la richesse de son propriétaire. Par contre, il peut arriver qu'une entreprise ne réalise pas de bénéfice, mais qu'elle subisse plutôt une perte, ce qui se traduit par une diminution des capitaux propres.

L'en-tête de l'état des résultats doit indiquer :

- le nom de l'entreprise ;
- le nom de l'état : « État des résultats » ;
- la période : « pour le mois de… », « pour la période de *n* mois terminée le… » ou « pour l'exercice terminé le… »

MISE EN SITUATION ▶

CLINIQUE VÉTÉRINAIRE ANIMO
ÉTAT DES RÉSULTATS
pour l'exercice terminé le 31 décembre 20X1

Produits d'exploitation		
Services rendus		29 000 $
Charges d'exploitation		
Salaires	8 664 $	
Publicité	2 000	
Assurance	818	
Location d'équipement	1 636	
Frais de bureau	2 272	
Total des charges d'exploitation		15 390
Bénéfice net		13 610 $ ◀

À VOUS DE JOUER !

En comptabilité, on rencontre plusieurs types d'entreprises. Vous allez maintenant tester vos connaissances avec l'entreprise Peinture magique, propriété de Catherine Rabbat, qui offre, à temps partiel, des services de peinture à domicile. Elle vous fournit donc certaines données à la fin de son exercice financier se terminant le 31 décembre 20X8. À l'aide de ces renseignements, veuillez préparer l'état des résultats.

Assurance	1 200 $
Électricité	980 $
Publicité	120 $
Salaires	3 500 $
Services rendus	7 500 $
Télécommunications	750 $

⫸

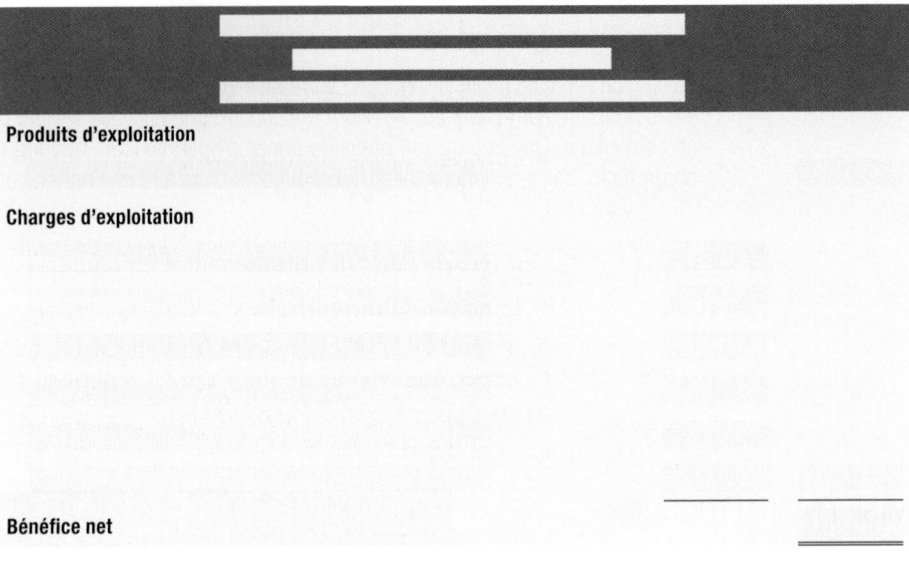

Produits d'exploitation

Charges d'exploitation

Bénéfice net

2.3.2 L'état des capitaux propres

État des capitaux propres
État financier qui permet de
mesurer la variation des capitaux propres d'une entreprise
au cours d'un exercice ou
d'une période comptable.

Comme nous l'avons mentionné précédemment, plusieurs éléments font varier les capitaux propres, soit les apports, le bénéfice net (ou la perte nette) et les retraits. L'état des capitaux propres permettra de mesurer cette variation. Voyons maintenant, en détail, chacun de ses éléments.

Les apports

Le propriétaire d'une entreprise peut investir des actifs dans son entreprise, comme de l'argent, de l'ameublement, du matériel roulant, un bâtiment, un terrain, ce qui constitue des apports. Afin d'accumuler l'information relative aux apports effectués par le propriétaire au cours d'un exercice financier, on utilise un nouveau compte dans le grand livre. Ce compte porte le nom du propriétaire, suivi du mot *apports* (par exemple, *Louis Marceau – apports*). Le solde de ce compte représente l'augmentation des capitaux propres du propriétaire, qui a eu lieu durant la période ou l'exercice grâce aux apports.

Le bénéfice net

Déterminé à l'aide de l'état des résultats, le bénéfice net (ou la perte nette) est inscrit dans l'état des capitaux propres afin de mesurer l'augmentation (ou la diminution) de ceux-ci. Pour la plupart des propriétaires d'entreprise, le revenu (pour déclaration fiscale), en ce qui a trait à un exercice financier, est égal au bénéfice net de l'entreprise, ce qui augmente donc les capitaux propres.

Les retraits

Les propriétaires qui n'ont habituellement pas d'autres sources de revenus doivent, de temps à autre, effectuer des retraits pour leur usage personnel. Ces retraits ne constituent pas une charge d'exploitation pour l'entreprise parce que, d'un point de vue comptable, on doit faire la distinction entre les opérations de l'entreprise et celles qui concernent le propriétaire. De plus, l'entreprise existe parce que son propriétaire existe. Il ne peut pas y avoir de contrat entre l'entreprise individuelle et son propriétaire, puisque, légalement, l'une existe à cause de l'autre. L'entreprise ne peut donc pas verser de salaire à son propriétaire, car ce salaire serait considéré comme une charge d'exploitation, ce qui est impossible, le propriétaire ne pouvant signer de contrat avec lui-même.

Les retraits d'argent ou de biens provenant de l'entreprise sont donc considérés comme des diminutions du capital investi par le propriétaire. Les retraits effectués par le propriétaire au cours d'un exercice financier sont enregistrés dans le compte de retraits. Ce compte porte le nom du propriétaire, suivi du mot *retraits* (par exemple, *Louis Marceau – retraits*). Le solde de ce compte représente la diminution des capitaux propres du propriétaire qui a eu lieu durant la période ou l'exercice à cause des retraits.

L'état des capitaux propres fait donc ressortir tous les changements survenus dans les capitaux propres au cours de l'exercice financier ou de la période comptable, ce qui permet de déterminer le solde de fin d'exercice.

L'en-tête de l'état des capitaux propres se compose des éléments suivants :

- le nom de l'entreprise ;
- le titre de l'état : « État des capitaux propres » ;
- la période couverte : « pour le mois de… », « pour la période de *n* mois terminée le… » ou « pour l'exercice terminé le… ».

MISE EN SITUATION ▶

CLINIQUE VÉTÉRINAIRE ANIMO ÉTAT DES CAPITAUX PROPRES pour l'exercice terminé le 31 décembre 20X8		
Louis Marceau – capital au 1er janvier 20X8		50 000 $
Plus : Bénéfice net	13 610 $	
Apports	5 000	
	18 610 $	
Moins : Retraits	3 000	15 610
Louis Marceau – capital au 31 décembre 20X8		65 610 $

SAVIEZ-VOUS QUE… ?
En pratique, les états financiers préparés par les comptables ne présentent jamais les décimales afin d'en alléger la lecture. Cependant, ceux qui sont générés par les logiciels comptables en contiennent habituellement.

L'entreprise de Catherine Rabbat, Peinture magique, vous fournit les résultats à la fin de son exercice financier le 31 décembre 20X8. À l'aide de ces renseignements, veuillez préparer l'état des capitaux propres.

Apports	3 200 $
Capital au 1er janvier 20X8	950
Retraits	2 500
Bénéfice net (déterminé à la page 48)	

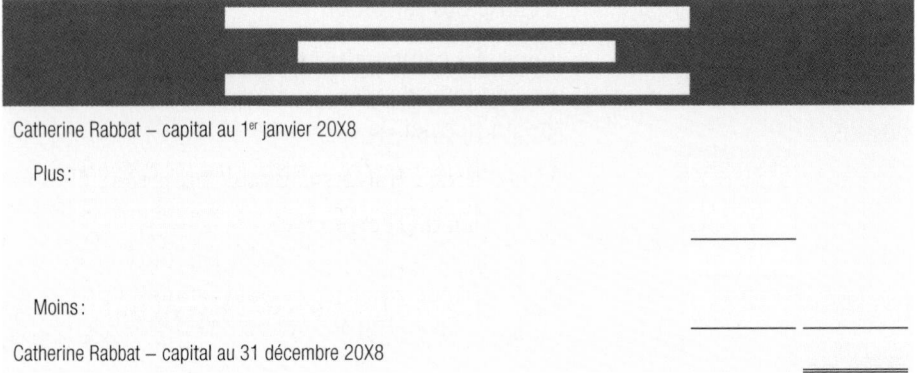

Catherine Rabbat – capital au 1er janvier 20X8

  Plus :

  Moins :

Catherine Rabbat – capital au 31 décembre 20X8

MISE EN GARDE

Vous avez besoin de l'état des résultats pour compléter l'état des capitaux propres. Le résultat ne produira qu'une seule composante, soit un bénéfice net soit une perte nette. Vous ne pouvez retrouver ces deux éléments en même temps dans l'état des capitaux propres.

2.4 Le grand livre et les comptes qui le composent

Les entreprises doivent enregistrer de nombreuses opérations commerciales, et il serait fastidieux, voire inutile, de préparer un bilan ou des états financiers complets après chaque opération. De même, il ne serait pas pratique d'utiliser un tableau, comme nous l'avons fait au chapitre 1, afin de tenir compte des variations à l'équation comptable par suite des diverses transactions effectuées par l'entreprise. Les comptables tentent plutôt de grouper les opérations selon leur nature et de préparer des états financiers seulement de façon périodique. Cela veut dire que ces derniers sont rédigés uniquement à la fin du mois ou de l'année.

RAPPEL

Rappelons que la période entre deux bilans s'appelle l'« exercice financier » quand elle s'étend sur un an, et la « période comptable » lorsqu'elle couvre une période inférieure à 12 mois.

2.4.1 Le grand livre

Dans une entreprise, pour inscrire l'effet des transactions, on utilise des comptes qui sont regroupés sous l'expression grand livre. Toutes les opérations effectuées par l'entreprise y sont enregistrées. Un compte est un tableau où figurent, en unités monétaires, les augmentations ou les diminutions qui touchent un élément particulier de l'actif, du passif ou des capitaux propres, ainsi que des produits ou des charges.

2.4.2 Le plan comptable

Il est important, pour une entreprise, d'établir un bon plan comptable, c'est-à-dire une liste qui contient les noms de tous les comptes de grand livre qu'elle prévoit utiliser. Les comptes sont classés dans le même ordre que celui dans lequel ils apparaîtront dans les états financiers. On commence par l'actif, et l'on continue avec le passif et les capitaux propres, qui sont tous des comptes de bilan, c'est-à-dire des comptes de valeurs. Ensuite viennent les comptes de résultats, soit les comptes de produits et de charges d'exploitation. Chaque compte est désigné à la fois par un nom et par un code. Le code est composé de chiffres ou de lettres, mais toujours selon une logique qui permet de déterminer facilement la nature du compte représenté. On établit les codes en tenant compte des besoins, de la taille et de la nature de l'entreprise. Dans ce volume, nous utilisons des codes très simples : des numéros de quatre chiffres (voir le tableau 2.1).

Nous vous fournissons à la fin du volume un plan comptable dont vous aurez besoin pour votre étude et la réalisation des problèmes.

Notons que ce plan comptable n'est donné qu'à titre indicatif et qu'il vous est toujours possible de concevoir le vôtre.

TABLEAU **2.1** ▶ Un extrait du plan comptable

CATÉGORIE	ÉTAT FINANCIER	NUMÉROS
Actif	Bilan	1000 à 1999
Passif	Bilan	2000 à 2999
Capitaux propres	Bilan	3000 à 3999
Produits d'exploitation	État des résultats	4000 à 4999
Charges d'exploitation	État des résultats	5000 à 5999

Il existe des plans comptables beaucoup plus complexes. Certaines entreprises en possèdent un qui comporte des centaines de comptes, dont les codes peuvent atteindre de 12 à 15 chiffres !

Grand livre
Ensemble des comptes qu'utilise une entreprise pour y inscrire ses opérations.

Compte
Tableau où figurent sous forme de débits et de crédits les effets des opérations enregistrées au cours d'une période donnée.

Plan comptable
Liste des comptes de grand livre d'une entreprise classés selon leur nature.

2.4.3 Les comptes

En comptabilité, on utilise plusieurs comptes de grand livre, c'est-à-dire un pour chaque élément d'actif, un pour chaque élément de passif, de même qu'un pour chacune des composantes des capitaux propres : produits, charges, apports, retraits.

Une entreprises pourrait, par exemple, avoir les comptes d'actif suivants : *Encaisse, Clients, Bâtiment, Terrain, Fournisseurs, Services rendus, Salaires, Loyers.*

Chaque entreprise doit établir le nombre de comptes de grand livre en fonction de ses besoins. L'ensemble de ces comptes forme le grand livre.

Les comptes en T

Le compte en T, outil souvent utilisé en comptabilité, est une représentation simplifiée et imagée d'un compte de grand livre. Toutes les transactions touchant un même compte y sont accumulées. Un même compte peut présenter des augmentations et des diminutions. De façon simplifiée, chacun de ces comptes pourrait ressembler à un T :

Nom du compte	
Côté gauche DÉBIT	Côté droit CRÉDIT

Par convention, on a établi que le côté gauche du compte se nommerait « débit », et le côté droit, « crédit ». Ainsi, toutes les opérations qui augmentent un compte sont comptabilisées du même côté du compte et toutes celles qui réduisent un compte sont comptabilisées de l'autre côté. Si elles sont enregistrées du côté gauche, ce sont des opérations qui débitent le compte. Par contre, lorsqu'elles sont effectuées du côté droit, elles créditent le compte.

Le solde est débiteur si le total des montants débités est plus élevé que celui des montants crédités. Lorsque les crédits sont supérieurs aux débits, le solde est créditeur.

MISE EN SITUATION ▶ Examinons le compte *Encaisse,* dans lequel quelques opérations de la Clinique vétérinaire Animo en date du 1er janvier 20X1 ont été enregistrées sous la forme de compte en T :

	ENCAISSE		
	Débit	**Crédit**	
Mise de fonds initiale	50 000,00		
Emprunt hypothécaire (biens immeubles)	365 000,00	400 000,00	Acquisition d'un bâtiment
Total	415 000,00	400 000,00	Total
Solde débiteur	15 000,00		

Remarquons que, lorsque le montant de l'opération augmente le compte *Encaisse,* cela donne un débit. Par contre, une diminution entraîne un crédit. Toutefois, ce qui est vrai pour le compte *Encaisse* n'est pas nécessairement vrai pour tous les comptes. D'autres comptes augmenteront au crédit et diminueront au débit.

Les comptes détaillés

En pratique, pour la comptabilisation des transactions courantes de l'entreprise, on utilise une forme plus détaillée des comptes de grand livre, qui fournit plus d'information sur les transactions qui affectent un compte. Il s'agit en quelque sorte d'un compte en T de forme plus détaillée.

MISE EN SITUATION ▶

Voici la représentation d'un compte à partir du grand livre :

1 ENCAISSE					2 N° 1010	
Date	**Libellé**	**Référence**	**Débit**	**Crédit**	**Solde**	**Dt/Ct**
20X1						
Janv. 01	Mise de fonds initiale	J.G.1	50 000,00		50 000,00	Dt
3	**4**	**5**	**6**	**6**	**7**	**8**

Chaque compte de grand livre doit contenir les renseignements suivants :

1 Le nom du compte de grand livre

2 Le numéro du compte de grand livre

3 La date de chacune des transactions touchant ce compte

4 La description de la transaction

5 La provenance de cette transaction

6 Le montant inscrit lors de la transaction

7 Le solde du compte

8 La nature du solde du compte : débiteur (Dt) ou créditeur (Ct)

Reprenons donc les transactions précédentes concernant le compte *Encaisse*, cette fois-ci en utilisant la forme détaillée d'un compte de grand livre :

ENCAISSE						N° 1010
Date	**Libellé**	**Référence**	**Débit**	**Crédit**	**Solde**	**Dt/Ct**
20X1						
Janv. 01	Mise de fonds initiale	J.G.1	50 000,00		50 000,00	Dt
Janv. 02	Emprunt hypothécaire (biens immeubles)	J.G.1	365 000,00		415 000,00	Dt
Janv. 02	Acquisition d'un terrain et d'un bâtiment	J.G.1		400 000,00	15 000,00	Dt

On y trouve maintenant la date, de même que l'endroit d'où proviennent ces transactions sous la colonne « référence », dont nous verrons l'utilité un peu plus loin. Les deux colonnes « débit » et « crédit » représentent la forme en T simple que nous avons vue précédemment. La forme détaillée indique de plus le solde après chacune des transactions et une précision quant à sa nature (solde débiteur ou créditeur).

2.5 La règle du débit/crédit

Pour savoir s'il faut débiter ou créditer un compte, on doit connaître la règle du débit/crédit. Établie depuis longtemps par les comptables, elle est très facile à appliquer. Il s'agit de la mémoriser une fois pour toutes.

En résumé, un compte d'actif est débiteur par nature, il augmente au débit et diminue au crédit. Les comptes de passif et de capitaux propres sont créditeurs : ils augmentent au crédit et diminuent au débit.

En définissant les produits d'exploitation, on constate qu'ils amènent une **augmentation des capitaux propres** : après avoir réalisé un produit, le propriétaire possède alors une plus grande part de son entreprise. Une augmentation de ses capitaux propres se traduit par un **crédit**. Lorsque l'entreprise engage une charge d'exploitation, les **capitaux propres diminuent** : le propriétaire possède donc une moins grande part de son entreprise, ce qui se traduit par un **débit**. On peut alors conclure ce qui suit :

Produits d'exploitation = Augmentation des capitaux propres = crédit

Charges d'exploitation = Diminution des capitaux propres = débit

Le tableau 2.2 représente la règle du débit/crédit pour chaque type de compte :

TABLEAU 2.2 ▶ La règle du débit/crédit

TYPE DE COMPTE	LOGIQUE DE CALCUL	SOLDE HABITUEL
Actif	Augmente au débit et diminue au crédit	Débiteur
Passif	Augmente au crédit et diminue au débit	Créditeur
Capitaux	Augmente au crédit et diminue au débit	Créditeur
Produits	Augmente au crédit et diminue au débit	Créditeur
Charges	Augmente au débit et diminue au crédit	Débiteur

En analysant chacun des comptes énumérés ci-dessous, veuillez inscrire les données manquantes :

	ACTIF, PASSIF ou CAPITAUX PROPRES	DÉBIT ou CRÉDIT
Augmentation de l'hypothèque à payer	passif	crédit
Augmentation du matériel roulant	actif	crédit
Diminution du terrain	actif	crédit
Diminution de l'emprunt bancaire	passif	débit
Diminution du bâtiment	actif	crédit
Augmentation d'Isabelle Desmarais – capital	capitaux p.	débit
Augmentation du bâtiment		

	PRODUITS ou CHARGES	DÉBIT ou CRÉDIT
Augmentation des services rendus	PE	crédit
Augmentation de l'électricité	charge	débit
Augmentation des loyers gagnés	PE	crédit
Augmentation des frais bancaires	charge	débit
Augmentation des frais de déplacement	charge	débit
Augmentation des honoraires gagnés	produit	crédit
Augmentation des salaires	charge	débit

Le tableau suivant démontre, de façon plus détaillée la règle de débit/crédit pour chacun des types de comptes :

ACTIF		=	PASSIF		+	CAPITAUX PROPRES	
Débit (+)	Crédit (−)		Débit (−)	Crédit (+)		Débit (−)	Crédit (+)
Augmente	Diminue		Diminue	Augmente		Diminue	Augmente

Charges		Produits	
Débit (+)			Crédit (+)
Augmente			Augmente

Retraits		Apports	
Débit (+)			Crédit (+)
Augmente			Augmente

On peut également résumer la règle de comptabilisation de la façon suivante :

DÉBIT	CRÉDIT
Actif (augmentation)	Actif (diminution)
Passif (diminution)	Passif (augmentation)
Capitaux propres (diminution)	Capitaux propres (augmentation)
• Retraits	• Apports
• Charges d'exploitation	• Produits d'exploitation

On trouve dans le tableau 2.3 une autre façon de résumer le classement des comptes de l'équation comptable fondamentale :

TABLEAU 2.3 ▶	Le classement des comptes de l'équation fondamentale selon les soldes figurant aux états financiers	
ÉTAT FINANCIER	**TYPE DE COMPTE**	**SOLDE**
État des résultats	Produits	Créditeur
	Moins : Charges	Débiteur
	Égale : Bénéfice net	Créditeur
État des capitaux propres	Capitaux propres au début	Créditeur
	Plus : Bénéfice net	Créditeur
	Plus : Apports	Créditeur
	Moins : Retraits	Débiteur
	Égale : Capitaux propres à la fin	Créditeur
Bilan	Actif	Débiteur
	Moins : Passif	Créditeur
	Égale : Capitaux propres à la fin	Créditeur

À VOUS DE JOUER !

Veuillez compléter les comptes en T suivants :

1. Le compte *Clients* :

Solde au début de 3 245 $ débiteur

Facture émise pour services rendus de 1 500 $

Encaissement d'une somme due de 700 $

Facture émise pour travaux d'excavation réalisés de 3 500 $

Encaissement d'une somme due de 300 $

Description	Débit	Crédit	Description
	3245,00		
	1500,00		
		700,00	
	3500,00		
Solde du compte			

2. Le compte *Fournisseurs* :

Solde au début de 5 675 $ créditeur

Réception d'une facture de télécommunications de 345 $ à payer dans 30 jours

Réception d'une facture pour des achats de 7 500 $

Paiement d'une somme due de 2 900 $

Réception d'une facture pour honoraires professionnels de 3 500 $

Paiement d'une somme due de 3 200 $

Description	Débit	Crédit	Description
fournisseurs			
		5 675,00	
		345,00	
		7 500,00	
	2 900,00		
		3 500,00	

Solde du compte

(CONCLUSION)

Ce chapitre nous a permis de voir le fonctionnement de l'équation comptable quand on y inclut les produits et les charges, de même que les changements qui peuvent se produire dans les capitaux propres. Nous y avons expliqué ce que sont réellement un produit d'exploitation et une charge d'exploitation. Cette étude nous a permis d'arriver à la présentation de l'état des résultats et de l'état des capitaux propres. Nous avons de plus amorcé l'étude de la règle du débit/crédit appliquée à des comptes en T et à des comptes de grand livre détaillés. Dans le prochain chapitre, nous verrons comment comptabiliser les transactions d'une entreprise au journal général en appliquant la règle du débit/crédit à partir de pièces justificatives.

(TESTEZ VOS CONNAISSANCES)

1. Vrai ou faux?

VRAI FAUX

a) Un produit d'exploitation est enregistré au moment où l'on reçoit l'argent, même s'il a été réalisé un mois plus tôt. ☐ ☐

b) Une charge d'exploitation amène une diminution des capitaux propres. ☐ ☐

c) Une charge d'exploitation amène une diminution du passif ou une augmentation de l'actif. ☐ ☐

d) Dans l'en-tête de l'état des résultats, on indique qu'il est établi à une date donnée, par exemple au 31 décembre 20X4. ☐ ☐

e) Un retrait de la part du propriétaire n'est pas considéré comme une charge d'exploitation pour l'entreprise. ☐ ☐

f) L'état des capitaux propres nous indique quel en était le solde au début et à la fin de l'exercice financier. ☐ ☐

2. Complétez les phrases suivantes en lien avec la règle du débit/crédit.

Un compte d'actif _____ au débit.

Un compte de passif _____ au débit.

Un compte de capitaux propres _____ au crédit.

Un compte de charge, par définition, a un solde _____.

Le compte *Apports* a un solde _____.

3. Indiquez le solde habituel des comptes en T suivants.

Clients _____.

Fournisseurs _____.

Louis Martineau – retraits _____.

Services rendus _____.

Salaires _____.

(TERMINOLOGIE)

(PROBLÈMES)

NIVEAUX: FACILE ● INTERMÉDIAIRE ■ DIFFICILE ◆

Note
Au besoin, référez-vous à la section « Plan comptable » à la fin du volume.

Le classement des comptes

● **1.** **Jonathan Tremblay vous soumet la liste alphabétique des comptes de son entreprise, la Boulangerie Pain-pon, au 31 décembre 20X4:**

Assurance
Assurance payée d'avance *Acht   débit*
Bâtiment *imm*
Clients · *Acht*
Électricité *Charge*
Emprunt bancaire *passif*
Emprunt hypothécaire (biens immeubles) *Palt*
Encaisse *A a Ct*
Entretien et réparations – matériel roulant *charges*
Équipement d'atelier
Équipement de bureau
Fournisseurs *p. a Ct*
Fournitures d'atelier

Frais de bureau *charges*
Frais de déplacement *charges*
Jonathan Tremblay – capital *dt*
Jonathan Tremblay – retraits
Matériel roulant *acht*
Publicité *charge dt*
Publicité payée d'avance *a dt*
Loyer *ce dt*
Salaires *ce dt*
Services rendus *pe ct*
Télécommunications *ce dt*
Terrain *a dt*

> **Travail à faire**

a) Préciser si le solde du compte est normalement débiteur (Dt) ou créditeur (Ct).

b) Indiquer l'état financier dans lequel le compte est susceptible d'apparaître: état des résultats (E/R), état des capitaux propres (E/C) ou bilan (B).

● **2.** **Mégane Laforest vous soumet la liste alphabétique des comptes de son entreprise, Les Fleurs du lac, au 31 décembre 20X9:**

Assurance *Dt*
Assurance payée d'avance *dt Bian*
Bâtiment *Dt B imm*
Charges d'intérêts *Dt ce*
Chauffage *Dt - ce*
Clients *Dt a acht*
Électricité *Dt et ce*
Emprunt bancaire *Ct Bilan passif*
Emprunt hypothécaire (biens immeubles) *Ct B*
Encaisse *Dt B*
Entretien et réparations – équipement *Dt eR*

Équipement d'atelier *Dt B*
Équipement de bureau *Dt B*
Fournisseurs *Ct B*
Fournitures d'atelier *Dt B*
Frais de bureau *Dt B ce*
Frais de déplacement *Dt B*
Frais de livraison *Dt B*
Loyer *Ct B*
Loyer payé d'avance *Ct B*
Matériel roulant *Dt B*
Mégane Laforest – apports *Dt eR* ▶▶▶

Mégane Laforest – capital   Services rendus *pe* *ct*
Mégane Laforest – retraits   Taxes municipales *ec* *ct*   *a*
Produits d'intérêts *pe* *ct*   Taxes municipales payées d'avance *ee* *dt*
Publicité *ce* *dt*   Télécommunications *ce* *dt*
Publicité payée d'avance *dt*   Terrain *a* *dt*
Salaires *ce* *dt*

Travail à faire

a) Préciser si le solde du compte est normalement débiteur (Dt) ou créditeur (Ct).

b) Indiquer l'état financier dans lequel le compte est susceptible d'apparaître: état des résultats (E/R), état des capitaux propres (E/C) ou bilan (B).

La résolution de l'équation comptable approfondie

3. Voici certaines données relatives à l'entreprise d'Élise Mongeau, propriétaire de Nettoyeur Mongeau, au 31 décembre 20X6:

Actif	45 260$
Charges d'exploitation	67 492$
Élise Mongeau – capital (au 1er janvier 20X6)	?
Élise Mongeau – retraits	12 000$
Passif	15 670$
Produits d'exploitation	95 260$

Travail à faire

a) À l'aide de l'équation comptable approfondie (section 2.1), déterminer les capitaux propres au 1er janvier 20X6.

b) À l'aide de l'état des résultats, déterminer le résultat pour la période du 1er janvier au 31 décembre 20X6.

c) À l'aide de l'état des capitaux propres, déterminer les capitaux propres à la fin de l'exercice financier se terminant le 31 décembre 20X6.

4. Voici certaines données concernant l'entreprise de Fanny Gagnon, conseillère en gestion, pour l'exercice terminé le 31 décembre 20X5:

Actif	122 560$
Charges d'exploitation	222 620$
Fanny Gagnon – apports	5 000$
Fanny Gagnon – capital (au 1er janvier 20X5)	?
Fanny Gagnon – retraits	14 000$
Passif	92 520$
Produits d'exploitation	218 495$

Travail à faire

a) À l'aide de l'équation comptable approfondie (section 2.1), déterminer les capitaux propres au 1er janvier 20X5.

b) À l'aide de l'état des résultats, déterminer le résultat pour la période du 1er janvier au 31 décembre 20X5.

c) À l'aide de l'état des capitaux propres, déterminer les capitaux propres à la fin de l'exercice financier se terminant le 31 décembre 20X5.

La préparation de l'état des résultats et de l'état des capitaux propres

5. **L'entreprise Services agronomiques Mathieu, qui offre des services de conseil agronomique, vous fournit les résultats à la fin de son exercice financier, le 31 décembre 20X7:**

Assurance	872$
Clients	7 550$
Encaisse	6 550$
Frais de bureau	6 560$
Frais de déplacement	9 825$
Honoraires professionnels (Produits)	52 240$
Loyer	4 800$
Mathieu Beaudry – capital (au 1er janvier 20X7)	24 650$
Mathieu Beaudry – retraits	12 000$
Salaires	15 660$
Télécommunications	2 045$

Travail à faire

Préparer l'état des résultats et l'état des capitaux propres des Services agronomiques Mathieu pour l'exercice terminé le 31 décembre 20X7.

6. **L'entreprise Simon Robert, qui offre des services de mécanique à domicile, vous fournit les résultats à la fin de son exercice financier, le 31 décembre 20X5:**

Clients	3 850$
Équipement	18 550$
Fournisseurs	2 890$
Frais de bureau	5 410$
Frais de déplacement	8 970$
Frais d'entretien	4 220$
Frais divers de vente	1 220$
Publicité	1 320$
Services rendus (Produits)	52 110$
Simon Robert – capital (au 1er janvier 20X5)	20 320$
Simon Robert – retraits	24 400$
Télécommunications	4 690$

Travail à faire

Préparer l'état des résultats et l'état des capitaux propres de Simon Robert pour l'exercice terminé le 31 décembre 20X5.

7. **Voici la liste alphabétique des comptes des livres comptables de Frélac, propriété de Frédéric Lacourse, au 31 décembre 20X9:**

Assurance	3 450$
Bâtiment	195 300$
Clients	8 495$
Fournisseurs	7 262$
Électricité	2 395$
Emprunt hypothécaire (biens immeubles)	105 500$
Encaisse	5 622$
Fournitures de bureau	1 250$
Frédéric Lacourse – apports	3 000$
Frédéric Lacourse – capital (au 1er janvier 20X9)	? _114 280_
Frédéric Lacourse – retraits	18 000$
Loyer	8 400$
Matériel roulant	17 500$
Salaires	52 600$
Services rendus	127 500$
Taxes à payer	1 125$
Télécommunications	4 622$

_LP_

Travail à faire

a) Préparer l'état des résultats pour l'exercice terminé le 31 décembre 20X9.

b) Préparer l'état des capitaux propres pour l'exercice terminé le 31 décembre 20X9.

8. **Voici la liste alphabétique des comptes des livres comptables de Laurie Lavigne, conseillère en beauté, au 31 décembre 20X3:**

Ameublement de bureau	5 450$
Assurance	1 295$
Clients	2 625$
Fournisseurs	6 110$
Effet à payer	3 500$
Électricité	1 962$
Encaisse	12 575$
Équipement de bureau	8 640$
Fournitures de bureau	950$
Laurie Lavigne – apports	1 500$
Laurie Lavigne – capital (au 1er janvier 20X3)	? _79 602_
Laurie Lavigne – retraits	9 600$
Loyer	7 200$
Salaires	26 520$
Salaires à payer	185$
Services rendus	45 492$
Télécommunications	2 620$

a) Préparer l'état des résultats pour l'exercice terminé le 31 décembre 20X3.

b) Préparer l'état des capitaux propres pour l'exercice terminé le 31 décembre 20X3.

Les comptes en T

9. **Voici de l'information concernant le compte *Clients* de Gestion Lamoureux, en février 20X5 :**

   ✓ Solde au début de 13 845 $ débiteur

   ✓ Augmentation du compte *Clients* (facture émise pour services rendus) de 10 550 $

   ✓ Diminution du compte *Clients* (encaissement d'une somme due) de 7 000 $

   ✓ Augmentation du compte *Clients* (facture émise pour services rendus) de 3 500 $

   ✓ Diminution du compte *Clients* (encaissement d'une somme due) de 3 000 $

Compléter le compte en T *Clients* pour février 20X5.

10. **Voici de l'information concernant le compte *Fournisseurs* de l'Agence Immo pour le mois de mars 20X8 :**

    ✓ Solde au début de 9 880 $ créditeur

    ✓ Facture reçue d'un fournisseur de 5 850 $

    ✓ Paiement d'un solde à payer de 4 220 $

    ✓ Facture reçue d'un fournisseur de 2 592 $

    ✓ Paiement d'un solde à payer de 3 440 $

Compléter le compte en T *Fournisseurs* pour le mois de mars 20X8.

CHAPITRE **3**

Le cycle comptable des entreprises de service (sans taxes)

Comment peut-on enregistrer les transactions d'une nouvelle entreprise avec ses clients et fournisseurs ? Doit-on percevoir les taxes auprès des clients ?

Dans ce chapitre, nous allons expliquer le critère utilisé par Revenu Québec pour déterminer si une entreprise doit ou ne doit pas facturer de la TPS et de la TVQ auprès de ses clients. Par la suite, nous verrons comment effectuer les opérations comptables dans le journal général et les reporter au grand livre afin de dresser la balance de vérification et de préparer les états financiers.

OBJECTIFS D'APPRENTISSAGE

➤ Comprendre la notion de petit fournisseur.

➤ Saisir le rôle du journal général et son lien avec le grand livre.

➤ Comptabiliser les écritures au journal général.

➤ Reporter ces opérations au grand livre et aux grands livres auxiliaires.

➤ Dresser la balance de vérification.

➤ Préparer les états financiers.

MISE EN SITUATION

Olivier Hurtubise est un musicien diplômé d'une technique professionnelle de musique et de chanson. Il est particulièrement doué au piano et à la guitare, et il désire transmettre sa passion pour la musique. Il a décidé de fonder son entreprise: Musique Pick & Cordes. Celle-ci offre des cours en privé et en groupe. De plus, Olivier se déplace à l'occasion pour fournir des services de sonorisation pour des spectacles. Les transactions de son exercice financier se terminant le 31 décembre 20X8 serviront à appliquer les étapes du cycle comptable de l'entreprise:

- Comptabilisation des transactions au journal général;
- Report des écritures du journal général au grand livre et aux grands livres auxiliaires;
- Rédaction de la balance de vérification;
- Préparation des états financiers: état des résultats, état des capitaux propres et bilan.

Olivier Hurtubise, musicien

Les transactions de l'exercice financier se terminant le 31 décembre 20X8 serviront à appliquer les étapes du cycle comptable de l'entreprise.

3.1 La notion de petit fournisseur

Il est nécessaire de connaître la notion de «petit fournisseur». En effet, elle est importante pour établir si l'entreprise doit s'inscrire aux fichiers de la TPS et de la TVQ.

Si le chiffre d'affaires, c'est-à-dire le total annuel des ventes taxables d'une entreprise ne dépasse pas 30 000 $, cette entreprise est considérée comme un petit fournisseur par Revenu Québec. Dans ce cas, elle n'a pas à percevoir la TPS et la TVQ auprès de ses clients. Lorsqu'une telle entreprise émet des factures de vente, elle ne doit pas ajouter les deux taxes (TPS et TVQ) au montant de la vente.

Lors de l'inscription de la transaction d'un achat, les taxes sont considérées comme faisant partie du même compte que celui utilisé pour l'achat. Ainsi, le montant des taxes s'additionne au prix du bien acheté ou au service rendu, et le total devient le coût du bien ou le montant de la charge.

 Vous achetez, pour votre entreprise, une pièce d'équipement dont le coût avant taxes est de 20 000 $. À ce montant s'ajoutent des taxes de 2 995 $. Dans un contexte de petit fournisseur, cette somme sera ajoutée à celle de 20 000 $ qui sera normalement inscrite dans un compte d'immobilisations. Le coût d'acquisition de cette pièce d'équipement sera donc de 22 995 $.

Cependant, si le total des ventes taxables d'une entreprise vient à dépasser 30 000 $, elle devra alors percevoir les taxes. Le délai pour s'inscrire variera selon que l'entreprise aura atteint 30 000 $ au cours des quatre derniers trimestres civils ou dans un seul trimestre. Ces notions sont traitées en détail au chapitre 4.

 Même si vous êtes considéré comme un petit fournisseur, c'est-à-dire que vos ventes taxables ne dépassent pas 30 000 $, vous pouvez quand même vous inscrire aux fichiers de la TPS et de la TVQ. Si vous faites ce choix, vous percevrez les taxes auprès de vos clients au nom de Revenu Québec. Ainsi, vous êtes tenu de percevoir les taxes chaque fois que vous effectuez des ventes taxables. Cependant, vous pouvez demander des CTI (crédit de taxes sur les intrants) et des RTI (remboursement de taxes sur les intrants) à l'égard des achats effectués en vue de réaliser des ventes taxables ou détaxées. Un petit fournisseur ne peut demander l'annulation de son inscription avant qu'une année ne se soit écoulée.

MISE EN SITUATION

Chiffre d'affaires
Ensemble des produits d'exploitation réalisés par l'entreprise.

Lors de sa première année d'exploitation, l'entreprise d'Olivier réalise moins de 30 000 $ de chiffre d'affaires; elle n'a donc pas à percevoir la TPS et la TVQ auprès de ses clients et elle ne peut réclamer au gouvernement les taxes qu'elle paie sur ses charges et immobilisations. ◀

3.2 Le cycle comptable d'une entreprise individuelle sans les taxes

Nous allons maintenant utiliser le journal général afin de comptabiliser les transactions d'une entreprise à l'aide de l'exemple du cycle comptable de Musique Pick & Cordes.

3.2.1 La comptabilisation au journal général

Pour bien maîtriser l'application de la règle de comptabilisation qui permet d'enregistrer les opérations dans le journal général, nous commencerons par l'analyse des transactions à l'aide d'un tableau (voir le tableau 3.1). Nous ferons par la suite les écritures dans le journal général. Notons toutefois qu'après un certain temps, le tableau d'analyse des transactions ne sera plus nécessaire ; on pourra alors passer directement au journal général.

TABLEAU 3.1 ▶ Le tableau d'analyse des transactions

ÉTAPE	ANALYSE
1	Déterminer les comptes touchés par la transaction.
2	Attribuer la catégorie qui est associée à chaque compte de grand livre : • Actif • Passif • Capitaux propres • Produits • Charges
3	Déterminer l'augmentation ou la diminution de chaque compte.
4	Appliquer la règle relative au débit/crédit.

Le journal général est un document comptable où l'on enregistre chronologiquement les opérations financières courantes de l'entreprise. Nous verrons plus tard qu'il existe d'autres journaux que l'on peut utiliser pour enregistrer certaines transactions. Les transactions enregistrées dans le journal général doivent mentionner les éléments suivants :

1 Date de transaction

2 Nom des comptes affectés par la transaction. Une courte explication suit l'écriture.

3 Numéro de compte

4 Montants

Voici un exemple de journal général :

JOURNAL GÉNÉRAL				Page : 1
Date	Nom des comptes et explication	Numéro du compte	Débit	Crédit
20X8				
1	**2**	**3**	**4**	**4**

MISE EN SITUATION ▶ Nous allons commencer la comptabilisation des transactions au journal général de Musique Pick & Cordes pour le mois de janvier 20X8. Rappelons cependant au préalable la règle de comptabilisation (voir le tableau 3.2).

TABLEAU **3.2** ▶ La règle de comptabilisation selon le type de compte

TYPE DE COMPTE	LOGIQUE DE CALCUL	SOLDE HABITUEL
Actif	Augmente au débit et diminue au crédit	Débiteur
Passif	Augmente au crédit et diminue au débit	Créditeur
Capitaux propres	Augmente au crédit et diminue au débit	Créditeur
Produits	Augmente au crédit et diminue au débit	Créditeur
Charges	Augmente au débit et diminue au crédit	Débiteur

L'investissement initial : transaction du 1er janvier

Olivier Hurtubise investit l'argent qu'il a amassé afin de lancer sa nouvelle entreprise. Le 1er janvier, il dépose 50 000 $ dans un compte en banque qu'il a ouvert au nom de l'entreprise :

Il faut maintenant faire l'analyse de la transaction et appliquer la règle du débit/crédit pour obtenir le tableau 3.3. Il en est de même pour les tableaux 3.4 à 3.10.

TABLEAU **3.3** ▶ L'analyse de la transaction du 1er janvier

NOM DES COMPTES	CLASSEMENT	AUGMENTATION ou DIMINUTION	ÉCRITURE
Encaisse	Actif	Augmentation	Encaisse – débit de 50 000,00 $
Olivier Hurtubise – capital	Capitaux propres	Augmentation	Olivier Hurtubise – capital – crédit de 50 000,00 $

JOURNAL GÉNÉRAL				Page : 1
Date	Nom des comptes et explication	Numéro du compte	Débit	Crédit
20X8				
Janv. 01	Encaisse	1010	50 000,00	
	Olivier Hurtubise – capital	3100		50 000,00
	(dépôt à la banque de l'investissement initial			
	du propriétaire)			

Par convention, dans le journal général, on inscrit toujours en premier le compte qui est débité. De plus, le libellé du compte créditeur est inscrit en retrait.

L'acquisition d'un immeuble : transaction du 2 janvier

Olivier achète un bâtiment construit en 1978, situé au centre-ville de Trois-Rivières au coût de 400 000 $ afin d'exploiter son entreprise. Il s'agit d'un triplex doté de trois logements et d'un local commercial au rez-de-chaussée. Cela permettra à Olivier d'habiter près de son entreprise et d'encaisser des revenus de location auprès de locataires. Cette acquisition est financée en partie par un emprunt hypothécaire de 365 000 $ et le solde est payé à l'aide du chèque 101 de 35 000 $:

Musique Pick & Cordes
210, rue Laviolette
Trois-Rivières (Québec)
G9A 1T9

Chèque n° : 101

Date : **2 janvier 20X8**

Payez à l'ordre de **Jean Brillant, notaire**   **35 000,00** $

Trente-cinq mille ————— **00** / 100 dollars

Banque Boréale
324, rue des Forges
Trois-Rivières (Québec) G9A 2G8

Pour : **Achat bâtiment rue Laviolette**   *Olivier Hurtubise*
Musique Pick & Cordes

|| 13154 || 07845 || 101 ||

Même s'il s'agit de l'acquisition d'un immeuble, en réalité, l'entreprise acquiert deux actifs, soit un bâtiment et le terrain sur lequel celui-ci repose. En pratique, on utilise l'évaluation municipale ou une évaluation par un expert afin de diviser le montant de l'acquisition entre le terrain et le bâtiment. Dans ce cas précis, le terrain est évalué à 80 000 $ et le bâtiment à 320 000 $. Ces notions seront traitées en profondeur dans le chapitre 6 de *Comptabilité 2* sur les immobilisations.

TABLEAU 3.4 ► L'analyse de la transaction du 2 janvier

NOM DES COMPTES	CLASSEMENT	AUGMENTATION ou DIMINUTION	ÉCRITURE
Terrain	Actif	Augmentation	*Terrain* – débit de 80 000,00 $
Bâtiment	Actif	Augmentation	*Bâtiment* – débit de 320 000,00 $
Emprunt hypothécaire (biens immeubles)	Passif	Augmentation	*Emprunt hypothécaire (biens immeubles)* – crédit de 365 000 $
Encaisse	Actif	Diminution	*Encaisse* – crédit de 35 000,00 $

JOURNAL GÉNÉRAL				Page : 1
Date	**Nom des comptes et explication**	**Numéro du compte**	**Débit**	**Crédit**
20X8				
Janv. 02	Terrain	1960	80 000,00	
	Bâtiment	1900	320 000,00	
	Emprunt hypothécaire (biens immeubles)	2905		365 000,00
	Encaisse	1010		35 000,00
	(achat d'un terrain et d'un bâtiment financé			
	en partie par un emprunt hypothécaire)			

SAVIEZ-VOUS QUE...

La vente d'un immeuble qui n'est pas neuf au moment de la vente est considérée comme une vente exonérée par Revenu Québec. C'est la raison pour laquelle il n'y a aucune TPS et TVQ sur cette transaction.

Le dépôt des recettes de la semaine : transaction du 5 janvier

L'entreprise d'Olivier dépose à la banque ses recettes de cours de musique pour la semaine, soit 600 $:

Banque Boréale					**BORDEREAU DE DÉPÔT**	**DÉPOSÉ PAR :** *Olivier Hurtubise*		
REMPLIR EN APPUYANT FORTEMENT								

DATE

N° DE SUCC. : 7 8 4 5	JOUR 0 5	MOIS 0 1	ANNÉE 2 0 X 8

N° DE COMPTE : 1 3 1 5 4

INTITULÉ DU COMPTE : *Musique Pick & Cordes*

Inscrire les chèques en $ US et en $ CA sur un bordereau de dépôt distinct.

DESCRIPTION DU CHÈQUE	MONTANT

N° DE SUCC. : 7 8 4 5	JOUR 0 5	MOIS 0 1	ANNÉE 2 0 X 8

N° DE COMPTE : 1 3 1 5 4

INTITULÉ DU COMPTE : *Musique Pick & Cordes*

ESPÈCES

10 x 5	=	50	00
10 x 10	=	100	00
20 x 20	=	400	00
1 x 50	=	50	00
x 100	=		00
$US TAUX :	=		
TOTAL EN ESPÈCES (BILLETS)	$	600	00

PIÈCES DE MONNAIE

x pièces de 1 $	=	
x pièces de 2 $	=	
TOTAL MONNAIE	$	

NOMBRE DE CHÈQUES	TOTAL CHÈQUES		NOMBRE DE CHÈQUES	TOTAL CHÈQUES	$

TOTAL ESPÈCES MONNAIE/CHÈQUES	6 0 0 0 0

TABLEAU **3.5** ▶	L'analyse de la transaction du 5 janvier		

NOM DES COMPTES	CLASSEMENT	AUGMENTATION ou DIMINUTION	ÉCRITURE
Encaisse	Actif	Augmentation	*Encaisse* – débit de 600,00 $
Services rendus	Produits	Augmentation	*Services rendus* – crédit de 600,00 $

JOURNAL GÉNÉRAL				Page : 1
Date	Nom des comptes et explication	Numéro du compte	Débit	Crédit
20X8				
Janv. 05	Encaisse	1010	600,00	
	Services rendus	4120		600,00
	(dépôt à la banque des recettes de services rendus			
	de la semaine)			

L'émission d'une facture : transaction du 8 janvier

L'entreprise d'Olivier émet une facture à un de ses clients, Cédric Lemay, pour la sonorisation de son spectacle. Il s'agit de la facture n° 201, qui est de 500 $. Le client fera parvenir son chèque dans quelques jours.

Musique Pick & Cordes   **Facture**
210, rue Laviolette
Trois-Rivières (Québec) G9A 1T9
Tél. : 819 814-7858

Facture : 201
Date : 20X8-01-08
Conditions : Net 30 jours
Client : Cédric Lemay
         540, rue Williams
         Trois-Rivières (Québec) G9A 3J4

Description	Montant
Service de sonorisation pour le spectacle de Karma du 6 janvier	500,00 $
Total	500,00 $

TABLEAU **3.6** ► L'analyse de la transaction du 8 janvier

NOM DES COMPTES	CLASSEMENT	AUGMENTATION ou DIMINUTION	ÉCRITURE
Clients	Actif	Augmentation	*Clients* – débit de 500,00 $
Services rendus	Produits	Augmentation	*Services rendus* – crédit de 500,00 $

JOURNAL GÉNÉRAL				Page : 1
Date	**Nom des comptes et explication**	**Numéro du compte**	**Débit**	**Crédit**
20X8				
Janv. 08	Clients	1100	500,00	
	Services rendus	4120		500,00
	(facture n° 201 expédiée à Cédric Lemay)			

La réception d'une facture de publicité : transaction du 9 janvier

Le journal local *La Vallée* a fait parvenir la facture n° B-1317, qui est de 125 $ plus les taxes, pour la publicité. Cette facture est payable avant la fin du mois.

La Vallée	**N° de facture :** B-1317
L'hebdo du quartier	**Date :** 20X8-01-09
2200, boul. du Carmel	**Vendeur :** Émond Journault
Trois-Rivières (Québec) G8Z 1V1	**N° de client :** C-944
819 816-4646	
	Musique Pick & Cordes
	210, rue Laviolette, Trois-Rivières (Québec) G9A 1T9
Date de livraison :	819 814-7858
Conditions : Net 30 jours	

FACTURE			
Carte annonce hebdo			125,00 $
TPS n° : 123542189TP001		TPS 5 %	6,25
TVQ n° : 1445167122TQ001		TVQ 9,975 %	12,47
		Total	143,72 $

Merci !

TABLEAU **3.7** ► L'analyse de la transaction du 9 janvier

NOM DES COMPTES	CLASSEMENT	AUGMENTATION ou DIMINUTION	ÉCRITURE
Publicité	Charges	Augmentation	*Publicité* – débit de 143,72 $
Fournisseurs	Passif	Augmentation	*Fournisseurs* – crédit de 143,72 $

JOURNAL GÉNÉRAL				Page : 1
Date	Nom des comptes et explication	Numéro du compte	Débit	Crédit
20X8				
Janv. 09	Publicité	5420	143,72	
	Fournisseurs	2100		143,72
	(facture n° B-1317 reçue du journal *La Vallée*			
	payable avant la fin du mois)			

MISE EN GARDE — Les taxes sont incluses dans le montant de la charge de publicité, étant donné que l'entreprise est considérée comme un petit fournisseur par Revenu Québec.

L'émission d'un chèque pour l'acquisition d'un piano : transaction du 10 janvier

Olivier procède au paiement par chèque n° 102 de la facture n° 127112 provenant de Brault inc., s'élevant à 5 748,75 $ (taxes incluses), pour l'achat d'un piano pour l'école de musique.

Brault inc.
La Musique pour tous !
835, boul. des Récollets,
bureau 101, Trois-Rivières, G8Z 3W5

Facture de vente

Date	Numéro	Crédit	Représentant(e)
20X8-01-10	127112	Comptant (chèque)	Vanessa

Facturé à :

Musique Pick & Cordes
210, rue Laviolette
Trois-Rivières (Québec) G9A 1T9
819 814-7858

Article	Description	Montant
9227-GB1KFP	Piano à queue Yamaha, livré et accordé Garantie 10 ans	5 000,00 $

TPS n° : 141267123RT0001		TPS	5 %	250,00
TVQ n° : 1271121428TQ0001		TVQ 9,975 %		498,75
			Total	5 748,75 $

Conditions : Net 30 jours

Musique Pick & Cordes			Chèque n°: 102

Musique Pick & Cordes
210, rue Laviolette
Trois-Rivières (Québec)
G9A 1T9

Date: <u>10 janvier 20X8</u>

Payez à l'ordre de _____ <u>Brault inc.</u> _____ | 5 748,75 | $

_____ <u>Cinq mille sept cent quarante-huit</u> _____ 75 / 100 dollars

Banque Boréale
324, rue des Forges
Trois-Rivières (Québec) G9A 2G8

Pour: <u>Facture n° 127112</u> _____ *Olivier Hurtubise*

Musique Pick & Cordes

|| 13154 || 07845 || 102 ||

Lorsqu'une entreprise est considérée comme un petit fournisseur par Revenu Québec, les taxes sont également incluses dans le montant des immobilisations lors de l'acquisition d'actifs.

TABLEAU **3.8** ▶ L'analyse de la transaction du 10 janvier

NOM DES COMPTES	CLASSEMENT	AUGMENTATION ou DIMINUTION	ÉCRITURE
Équipement musical	Actif	Augmentation	*Équipement musical* – débit de 5 748,75 $
Encaisse	Actif	Diminution	*Encaisse* – crédit de 5 748,75 $

JOURNAL GÉNÉRAL				Page: 1
Date	Nom des comptes et explication	Numéro du compte	Débit	Crédit
20X8				
Janv. 10	Équipement musical	1500	5 748,75	
	Encaisse	1010		5 748,75
	(chèque n° 102 émis au nom de Brault inc.			
	pour acquitter la facture n° 127112)			

Le compte de grand livre *Équipement* peut avoir différentes appellations selon le type d'entreprise. De façon générale, ce compte désigne une catégorie d'immobilisations qui permet à une entreprise de gagner des produits d'exploitation. Ainsi, une école de musique portera au compte *Équipement musical* les instruments qui lui permettent d'offrir ses cours de musique. Pour une entreprise de forage pétrolier, il s'agira du compte *Équipement de forage* alors qu'un supermarché d'alimentation utilisera *Équipement réfrigéré* pour ses nombreux réfrigérateurs.

L'émission d'un chèque pour payer le déneigement: transaction du 15 janvier

Le chèque n° 103 de 500 $ a été émis pour payer le service de déneigement de l'entrée de l'immeuble.

Déneigement Robert Vigneault   **Facture**
220, boul. des Forges
Trois-Rivières (Québec) G9A 1T9
Tél. : 819 814-7315

Facture: 1793
Date: 20X8-01-07

Conditions: Net 30 jours
Client: Musique Pick & Cordes
210, rue Laviolette
Trois-Rivières (Québec) G9A 1T9

Description	Montant
Service de déneigement de l'entrée de l'immeuble	500,00 $
Total	500,00 $

Merci de nous confier vos travaux

Musique Pick & Cordes   Chèque n° : 103
210, rue Laviolette
Trois-Rivières (Québec)
G9A 1T9

Date: **15 janvier 20X8**

Payez à l'ordre de   **Déneigement Robert Vigneault**   **500,00** $

————— **Cinq cents** ————— **00** / 100 dollars

Banque Boréale
324, rue des Forges
Trois-Rivières (Québec) G9A 2G8

Pour: **Facture n° 1793**   *Olivier Hurtubise*

|| 13154 || 07845 || 103 || **Musique Pick & Cordes**

TABLEAU 3.9 ► L'analyse de la transaction du 15 janvier

NOM DES COMPTES	CLASSEMENT	AUGMENTATION ou DIMINUTION	ÉCRITURE
Entretien et réparations – bâtiment	Charges	Augmentation	*Entretien et réparations – bâtiment* – débit de 500,00 $
Encaisse	Actif	Diminution	*Encaisse* – crédit de 500,00 $

JOURNAL GÉNÉRAL				Page: 1
Date	Nom des comptes et explication	Numéro du compte	Débit	Crédit
20X8				
Janv. 15	Entretien et réparations – bâtiment	5640	500,00	
	Encaisse	1010		500,00
	(chèque n° 103 émis au nom de			
	Déneigement Robert Vigneault)			

SAVIEZ-VOUS QUE...

Il n'y a pas de TPS et de TVQ sur cette transaction, puisque Déneigement Robert Vigneault est considéré comme un petit fournisseur par Revenu Québec. Cette entreprise ne perçoit donc pas la TPS et la TVQ sur les services de déneigement qu'elle rend à ses clients.

La réception d'une facture d'Horizon Télécom : transaction du 18 janvier

Musique Pick & Cordes a reçu en ce jour la facture de télécommunications n° 522006 d'Horizon Télécom, s'élevant à 670 $ plus les taxes ; la politique de l'entreprise est de payer le mois suivant la réception de la facture :

	Musique Pick & Cordes 210, rue Laviolette Trois-Rivières (Québec) G9A 1T9	**Facture** 522006
Horizon Télécom	Numéro de compte : Date de facturation :	819-814-7858 20X8-01-18

Sommaire du compte		
Précédent	Solde antérieur	,00 $
	Paiement reçu – Merci	,00
	Rectifications	,00
	Solde reporté	,00 $
Courant	Installation service de fibre optique super haute vitesse	100,00 $
	Frais d'installation et ouverture de dossier	50,00
	Services ligne fixe entreprise pour le mois de janvier	100,00
	Deuxième ligne, boîte vocale, afficheur	65,00
	Forfait interurbains illimités	55,00
	Téléphonie mobile, forfait affaires plus	70,00
	Boîte vocale, afficheur et messagerie texte illimités	40,00
	Service Internet super haute vitesse	90,00
	Routeur sans fil modèle D-LINK 456656	100,00
	Total avant taxes	670,00 $
	TPS n° : 100356987 TPS 5 %	33,50
	TVQ n° : 1001237654 TVQ 9,975 %	66,83
	Montant dû	770,33 $

S'il vous plaît, veuillez acquitter ce compte dès réception. Pour éviter tout supplément de retard, veuillez vous assurer que votre paiement nous parviendra au plus tard le 28 février 20X8.

Horizon Télécom	**Numéro de compte**	**Date de facturation**	**Montant dû**	**Montant versé**
	819-814-7858	20X8-01-18	770,33 $	

Musique Pick & Cordes
210, rue Laviolette
Trois-Rivières (Québec) G9A 1T9

TABLEAU 3.10 ▶ L'analyse de la transaction du 18 janvier

NOM DES COMPTES	CLASSEMENT	AUGMENTATION ou DIMINUTION	ÉCRITURE
Télécommunications	Charges	Augmentation	*Télécommunications* – débit de 770,33 $
Fournisseurs	Passif	Augmentation	*Fournisseurs* – crédit de 770,33 $

JOURNAL GÉNÉRAL				Page: 1
Date	**Nom des comptes et explication**	**Numéro du compte**	**Débit**	**Crédit**
20X8				
Janv. 18	Télécommunications	5750	770,33	
	Fournisseurs	2100		770,33
	(facture n° 522006 reçue d'Horizon Télécom)			

À VOUS DE JOUER !

Vous allez maintenant analyser et enregistrer dans le journal général les quatre transactions suivantes. Dans un premier temps, vous devez procéder à leur analyse et les inscrire par la suite dans le journal général. Vous trouverez, après chaque transaction, la démarche que vous devez utiliser pour bien comptabiliser cette transaction au journal général.

L'encaissement d'un chèque d'un client : transaction du 22 janvier

Olivier dépose à la banque le chèque reçu en ce jour pour le paiement de la facture de vente n° 201 de Cédric Lemay :

Les services rendus ont déjà été enregistrés lors de la comptabilisation de la facture n° 201. Il s'agit plutôt de l'encaissement du montant dû par un client.

NOM DES COMPTES	CLASSEMENT	AUGMENTATION ou DIMINUTION	ÉCRITURE

Note
Le montant du dépôt est crédité au compte de grand livre *Clients*, puisque le produit a été inscrit par la facture n° 201.

JOURNAL GÉNÉRAL				Page : 2
Date	Nom des comptes et explication	Numéro du compte	Débit	Crédit
20X8				

Le retrait par le propriétaire : transaction du 25 janvier

Olivier retire 750 $ du compte en banque de l'entreprise pour acquitter le compte de sa carte de crédit personnelle.

NOM DES COMPTES	CLASSEMENT	AUGMENTATION ou DIMINUTION	ÉCRITURE

JOURNAL GÉNÉRAL				Page : 2
Date	Nom des comptes et explication	Numéro du compte	Débit	Crédit
20X8				

L'émission d'un chèque pour payer un fournisseur : transaction du 30 janvier

La facture de publicité reçue au début du mois devant être payée avant la fin du mois, Olivier fait parvenir en ce jour le chèque n° 104 de 143,72 $ à la publication *La Vallée* :

Musique Pick & Cordes
210, rue Laviolette
Trois-Rivières (Québec)
G9A 1T9

Chèque n°: 104

Date: 30 janvier 20X8

Payez à
l'ordre de   La Vallée   143,72 $

———————— Cent quarante-trois ———————— 72 / 100 dollars

Banque Boréale
324, rue des Forges
Trois-Rivières (Québec) G9A 2G8

Pour: Facture n° B-1317

Olivier Hurtubise

Musique Pick & Cordes

|| 13154 || 07845 || 104 ||

NOM DES COMPTES	CLASSEMENT	AUGMENTATION ou DIMINUTION	ÉCRITURE

JOURNAL GÉNÉRAL				Page: 2
Date	Nom des comptes et explication	Numéro du compte	Débit	Crédit
20X8				

L'émission d'une facture : transaction du 31 janvier

Olivier envoie la facture de vente n° 202, s'élevant à 450 $, à Jason Mang pour des cours de solfège aux membres de la chorale de Trois-Rivières :

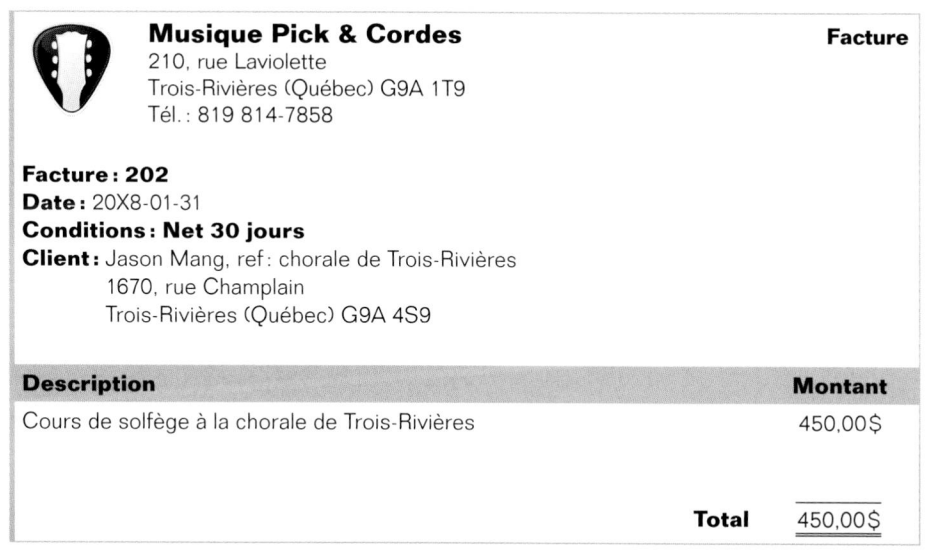

Musique Pick & Cordes
210, rue Laviolette
Trois-Rivières (Québec) G9A 1T9
Tél. : 819 814-7858

Facture

Facture : 202
Date : 20X8-01-31
Conditions : Net 30 jours
Client : Jason Mang, ref : chorale de Trois-Rivières
1670, rue Champlain
Trois-Rivières (Québec) G9A 4S9

Description	Montant
Cours de solfège à la chorale de Trois-Rivières	450,00 $
Total	450,00 $

NOM DES COMPTES	CLASSEMENT	AUGMENTATION ou DIMINUTION	ÉCRITURE

JOURNAL GÉNÉRAL				Page : 2
Date	Nom des comptes et explication	Numéro du compte	Débit	Crédit
20X8				

3.2.2 Le report au grand livre

Report

Action qui consiste à reproduire un montant provenant d'un journal vers le grand livre ou vers un grand livre auxiliaire.

MISE EN SITUATION ▶

Une fois terminée la première étape du cycle comptable, on peut passer à la deuxième étape, qui consiste à reporter les écritures de journal au grand livre en les regroupant selon leur nature. L'action qui consiste à transcrire dans un grand livre les montants enregistrés dans le journal général se nomme report. Chaque montant de débit ou de crédit qui est inscrit dans le journal général est alors porté au débit ou au crédit d'un compte de grand livre.

Prenons l'écriture enregistrée dans le journal général lorsqu'Olivier Hurtubise a investi 50 000 $ pour fonder son entreprise :

JOURNAL GÉNÉRAL			**2**	Page : 1
Date	Nom des comptes et explication	Numéro du compte	Débit	Crédit
20X8	**1** Encaisse	**3** 1010	50 000,00	
Janv. 01	**1** Olivier Hurtubise – capital	**3** 3100		50 000,00
	(investissement initial d'Olivier Hurtubise)			

GRAND LIVRE						
1 Encaisse					**3** N° 1010	
Date	Libellé	Référence	Débit	Crédit	Solde	Dt/Ct
20X8						
Janv. 01	Investissement initial	**2** J.G.1	**2** 50 000,00		**4** 50 000,00	**4** Dt

1 Olivier Hurtubise – capital					**3** N° 3100	
Date	Libellé	Référence	Débit	Crédit	Solde	Dt/Ct
20X8						
Janv. 01	Investissement initial	**2** J.G.1		**2** 50 000,00	**4** 50 000,00	**4** Ct

1 On repère le premier compte de la première opération qui est inscrite dans le journal général et l'on trouve ce compte dans le grand livre (*Encaisse*).

2 On reporte le montant de 50 000 $ au débit du compte *Encaisse* en indiquant :

- la **date** de l'opération ;
- le **libellé** ;
  (Nous pouvons indiquer dans cette colonne des renseignements relatifs à la transaction. Ces renseignements ne sont pas obligatoires, mais sont parfois requis pour certains logiciels.)
- la **référence**, c'est-à-dire la page du journal général d'où vient le montant (par exemple, J.G.1) ;
- le montant de l'opération.

3 On inscrit dans la colonne «Numéro du compte» du journal général le numéro du compte de grand livre qui vient d'être débité. Ce numéro indique l'endroit où le montant a été reporté et signale que le montant a, en effet, été reporté. Lorsqu'aucun numéro de compte n'apparaît dans la colonne «Numéro du compte» du journal général, on peut conclure que ce montant n'a pas été reporté au grand livre.

 **MISE EN GARDE**

Il n'y a pas qu'une façon de faire : certaines entreprises inscrivent immédiatement le numéro de compte de grand livre dans le journal général et, lors du report au grand livre, un crochet ajouté à côté de ce numéro fait foi du report.

4 On calcule le solde du compte de grand livre et on indique si le solde du compte est débiteur ou créditeur.

On répète ces étapes pour tous les comptes pour lesquels des transactions ont été enregistrées dans le journal général.

Nous allons maintenant reporter les transactions inscrites dans le journal général jusqu'à celle du 18 janvier 20X8.

 **RAPPEL**

N'oubliez pas d'inscrire le numéro de compte de grand livre dans le journal général que vous trouverez aux pages précédentes.

GRAND LIVRE						
Encaisse						**N° 1010**
Date	Libellé	Référence	Débit	Crédit	Solde	Dt/Ct
20X8						
Janv. 01	Mise de fonds initiale	J.G.1	50 000,00		50 000,00	Dt
Janv. 02	Achat d'un terrain et d'un bâtiment	J.G.1		35 000,00	15 000,00	Dt
Janv. 05	Recettes de la semaine	J.G.1	600,00		15 600,00	Dt
Janv. 10	Brault inc., ch. n° 102	J.G.1		5 748,75	9 851,25	Dt
Janv. 15	Déneigement Robert Vigneault, ch. n° 103	J.G.1		500,00	9 351,25	Dt

Clients   N° 1100

Date	Libellé	Référence	Débit	Crédit	Solde	Dt/Ct
20X8						
Janv. 08	Cédric Lemay	J.G.1	500,00		500,00	Dt

Équipement musical   N° 1500

Date	Libellé	Référence	Débit	Crédit	Solde	Dt/Ct
20X8						
Janv. 10	Brault inc.	J.G.1	5 748,75		5 748,75	Dt

Bâtiment   N° 1900

Date	Libellé	Référence	Débit	Crédit	Solde	Dt/Ct
20X8						
Janv. 02	Acquisition	J.G.1	320 000,00		320 000,00	Dt

Terrain   N° 1960

Date	Libellé	Référence	Débit	Crédit	Solde	Dt/Ct
20X8						
Janv. 02	Acquisition	J.G.1	80 000,00		80 000,00	Dt

Fournisseurs   N° 2100

Date	Libellé	Référence	Débit	Crédit	Solde	Dt/Ct
20X8						
Janv. 09	Journal *La Vallée*	J.G.1		143,72	143,72	Ct
Janv. 18	Horizon Télécom	J.G.1		770,33	914,05	Ct

Emprunt hypothécaire (biens immeubles)   N° 2905

Date	Libellé	Référence	Débit	Crédit	Solde	Dt/Ct
20X8						
Janv. 02	Banque Boréale	J.G.1		365 000,00	365 000,00	Ct

Olivier Hurtubise – capital — N° 3100

Date	Libellé	Référence	Débit	Crédit	Solde	Dt/Ct
20X8						
Janv. 01	Investissement initial	J.G.1		50 000,00	50 000,00	Ct

Olivier Hurtubise – retraits — N° 3300

Date	Libellé	Référence	Débit	Crédit	Solde	Dt/Ct
20X8						

Services rendus — N° 4120

Date	Libellé	Référence	Débit	Crédit	Solde	Dt/Ct
20X8						
Janv. 05	Recettes	J.G.1		600,00	600,00	Ct
Janv. 08	Facture n° 201	J.G.1		500,00	1 100,00	Ct

Publicité — N° 5420

Date	Libellé	Référence	Débit	Crédit	Solde	Dt/Ct
20X8						
Janv. 09	Journal *La Vallée*	J.G.1	143,72		143,72	Dt

Entretien et réparations – bâtiment — N° 5640

Date	Libellé	Référence	Débit	Crédit	Solde	Dt/Ct
20X8						
Janv. 15	Déneigement Robert Vigneault, ch. n° 103	J.G.1	500,00		500,00	Dt

Télécommunications — N° 5750

Date	Libellé	Référence	Débit	Crédit	Solde	Dt/Ct
20X8						
Janv. 18	Horizon Télécom	J.G.1	770,33		770,33	Dt

3.2.3 Le report aux grands livres auxiliaires

Un grand livre auxiliaire est un ensemble de comptes dont le total correspond au solde d'un compte de grand livre auquel il est rattaché (voir la figure 3.1). Le grand livre auxiliaire est très utile, car il permet de connaître le solde dû par chacun des clients ou le solde à payer à chacun des fournisseurs sans devoir multiplier le nombre de comptes au grand livre.

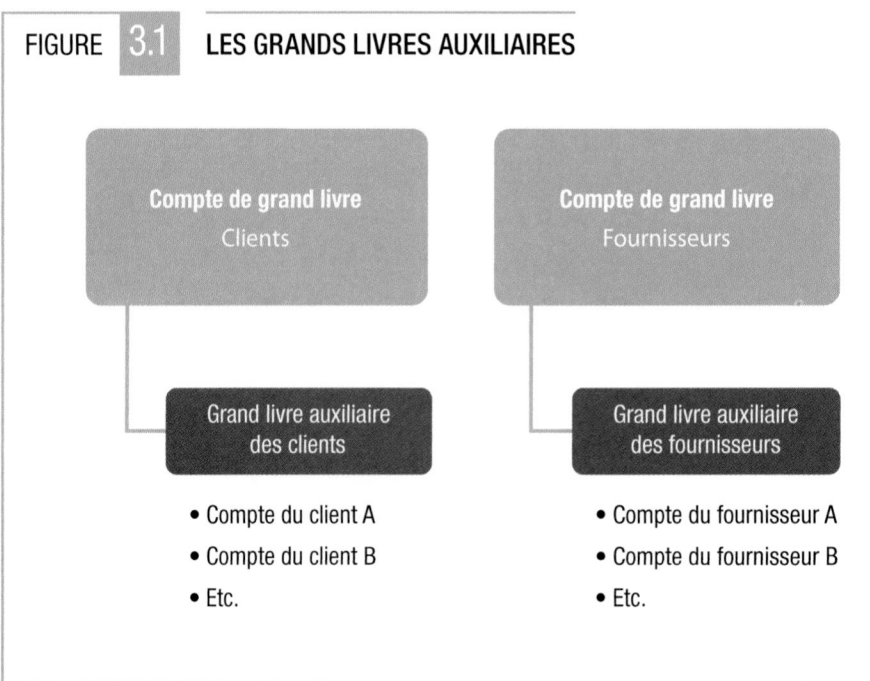

FIGURE **3.1** **LES GRANDS LIVRES AUXILIAIRES**

Le grand livre auxiliaire des clients

Grand livre auxiliaire des clients
Grand livre auxiliaire qui renferme les comptes individuels des clients d'une entreprise dont la somme correspond au solde du compte de contrôle *Clients* au grand livre.

Le grand livre auxiliaire des clients permet d'obtenir en détail les sommes dues par chacun des clients de l'entreprise. Le compte de grand livre *Clients* est qualifié de «compte de contrôle» parce qu'il permet de vérifier si le solde du compte *Clients* au grand livre est égal au total de ce que chaque client doit à l'entreprise. Le grand livre auxiliaire des clients suit habituellement l'ordre alphabétique ou l'ordre des numéros de client si l'entreprise utilise ce type de référence. On procède de la même façon pour les fournisseurs.

Voici un exemple partiel de l'utilisation du grand livre auxiliaire des clients.

MISE EN SITUATION ▶

À l'aide de la transaction de Musique Pick & Cordes du 6 janvier, voyons comment inscrire l'information dans ce grand livre auxiliaire.

Musique Pick & Cordes facture les services rendus à Cédric Lemay pour la sonorisation de son spectacle. Il s'agit de la facture n° 201, présentée ci-contre, qui est de 500 $:

Musique Pick & Cordes
210, rue Laviolette
Trois-Rivières (Québec) G9A 1T9
Tél. : 819 814-7858

Facture

Facture : 201
Date : 20X8-01-08
Conditions : Net 30 jours
Client : Cédric Lemay
540, rue Williams
Trois-Rivières (Québec) G9A 3J4

Description	Montant
Service de sonorisation pour le spectacle de Karma le 6 janvier	500,00$
Total	500,00$

JOURNAL GÉNÉRAL				Page : 1
Date	Nom des comptes et explication	Numéro du compte	Débit	Crédit
20X8				
Janv. 08	Clients	1100 ✓	500,00	
	Services rendus	4120		500,00
	(facture n° 201 expédiée à Cédric Lemay)			

GRAND LIVRE AUXILIAIRE DES CLIENTS							
Client : Lemay Cédric						**Conditions : n/30**	
Date	N° facture	Libellé	Référence	Débit	Crédit	Solde	Dt/Ct
20X8							
Janv. 08	201		J.G.1	500,00		500,00	Dt

Les parties ombrées représentent les champs à remplir après chaque transaction qui concerne un client. En pratique, la colonne «Libellé» n'est pas souvent utilisée, mais on peut parfois s'en servir pour inscrire une remarque.

Le grand livre auxiliaire des clients est utile à l'entreprise, parce qu'il permet de maintenir à jour la somme due par chacun des clients et de faire un suivi individualisé du crédit qu'on lui accorde.

Il est essentiel que le grand livre auxiliaire des clients soit à jour. En plus de reporter le montant de la transaction au compte de grand livre *Clients,* le comptable reporte, après chacune des transactions relatives aux comptes des clients, le montant à ce grand livre auxiliaire et indique que le report est fait par une marque de pointage (✓) dans la colonne «Numéro du compte» du journal général.

L'addition de tous les soldes des clients du grand livre auxiliaire sera égale au solde du compte *Clients* du grand livre.

MISE EN SITUATION ▶ Vous devez maintenant reporter au grand livre auxiliaire des clients les transactions du 22 janvier 20X8 avec Cédric Lemay et du 31 janvier 20X8 avec Jason Mang, que vous avez inscrites dans le journal général (voir la rubrique « À vous de jouer » précédente) :

GRAND LIVRE AUXILIAIRE DES CLIENTS

Client : Lemay Cédric Conditions : n/30

Date	N° facture	Libellé	Référence	Débit	Crédit	Solde	Dt/Ct
20X8							
Janv. 08	201		J.G.1	500,00		500,00	Dt

Client : Mang Jason Conditions : n/30

Date	N° facture	Libellé	Référence	Débit	Crédit	Solde	Dt/Ct
20X8							

Le grand livre auxiliaire des fournisseurs

Grand livre auxiliaire des fournisseurs
Grand livre auxiliaire qui renferme les comptes individuels des fournisseurs d'une entreprise dont la somme correspond au total du compte de contrôle *Fournisseurs* au grand livre.

Le **grand livre auxiliaire des fournisseurs** a la même utilité que le grand livre auxiliaire des clients, mais à l'endroit des fournisseurs à qui l'entreprise doit des sommes. Le principe demeure le même : l'addition de tous les soldes des fournisseurs du grand livre auxiliaire sera égale au solde du compte *Fournisseurs* du grand livre.

Voici un exemple partiel de l'utilisation d'un grand livre auxiliaire des fournisseurs.

MISE EN SITUATION ▶ À l'aide de la transaction du 9 janvier de Musique Pick & Cordes, voyons comment inscrire l'information dans le grand livre auxiliaire.

Le journal local *La Vallée* fait Parvenir la facture n° B-1317 à l'entreprise d'Olivier :

La Vallée	
L'hebdo du quartier	**N° de facture :** B-1317
2200, boul. du Carmel	**Date :** 20X8-01-09
Trois-Rivières (Québec) G8Z 1V1	**Vendeur :** Émond Journault
819 816-4646	**N° de client :** C-944
	Musique Pick & Cordes
	210, rue Laviolette, Trois-Rivières
	(Québec) G9A 1T9
Date de livraison :	819 814-7858
Conditions : Net 30 jours	

FACTURE			
Carte annonce hebdo			125,00 $
TPS n° : 123542189TP001		TPS 5 %	6,25
TVQ n° : 1445167122TQ001		TVQ 9,975 %	12,47
		Total	143,72 $
Merci !			

GRAND LIVRE AUXILIAIRE DES FOURNISSEURS							
Fournisseur: Journal *La Vallée*						Conditions: n/30	
Date	N° facture	Libellé	Référence	Débit	Crédit	Solde	Dt/Ct
20X8							
Janv. 09	B-1317	Publicité	J.G.1		143,72	143,72	Ct

Le grand livre auxiliaire des fournisseurs est utile à l'entreprise parce qu'il permet de connaître, à tout moment, le solde dû à chacun des fournisseurs. Il facilite ainsi le paiement des créanciers.

L'addition de tous les soldes des fournisseurs du grand livre auxiliaire sera égale au solde du compte *Fournisseurs* du grand livre.

À VOUS DE JOUER!

MISE EN SITUATION ▶

Vous devez maintenant reporter au grand livre auxiliaire des fournisseurs les transactions du 18 janvier 20X8 avec Horizon Télécom et celles du 30 janvier 20X8 avec le journal *La Vallée* inscrites dans le journal général des pages 77 et 79 :

GRAND LIVRE AUXILIAIRE DES FOURNISSEURS							
Fournisseur: Horizon Télécom						Conditions: n/30	
Date	N° facture	Libellé	Référence	Débit	Crédit	Solde	Dt/Ct
20X8							

GRAND LIVRE AUXILIAIRE DES FOURNISSEURS							
Fournisseur: Journal *La Vallée*						Conditions: n/30	
Date	N° facture	Libellé	Référence	Débit	Crédit	Solde	Dt/Ct
20X8							
Janv. 09	B-1317	Publicité	J.G.1		143,72	143,72	Ct

Balance de vérification
Document comptable contenant les soldes de tous les comptes du grand livre d'une entreprise, dont l'objet est de vérifier l'exactitude arithmétique des écritures comptables et de faciliter la production des états financiers.

3.2.4 La balance de vérification

La troisième étape du cycle comptable consiste à dresser une balance de vérification après avoir reporté les transactions au grand livre. Cette opération permet de s'assurer qu'aucune erreur de report ou d'addition n'a été faite et que l'équation comptable est toujours en équilibre. La balance de vérification facilitera également la dernière étape du cycle comptable, soit la production des états financiers.

On doit donc, à l'aide du solde de chacun des comptes de grand livre, dresser la liste des soldes débiteurs et des soldes créditeurs. Le total des soldes débiteurs doit être égal au total des soldes créditeurs puisque, pour chaque écriture, le total des débits est égal au total des crédits. Il est à noter que la balance de vérification contient les comptes de valeurs (actif, passif et capitaux propres) et les comptes de résultats (produits et charges), qui sont présentés dans cet ordre.

MISE EN SITUATION

	MUSIQUE PICK & CORDES BALANCE DE VÉRIFICATION au 18 janvier 20X8		
Numéro	**Nom du compte**	**Débit**	**Crédit**
1010	Encaisse	9 351,25$	
1100	Clients	500,00	
1500	Équipement musical	5 748,75	
1900	Bâtiment	320 000,00	
1960	Terrain	80 000,00	
2100	Fournisseurs		914,05$
2905	Emprunt hypothécaire (biens immeubles)		365 000,00
3100	Olivier Hurtubise – capital		50 000,00
4120	Services rendus		1 100,00
5420	Publicité	143,72	
5640	Entretien et réparations – bâtiment	500,00	
5750	Télécommunications	770,33	
		417 014,05$	417 014,05$

À VOUS DE JOUER !

Vous devez maintenant reporter au grand livre des pages 81 et suivantes les transactions du 22 au 31 janvier 20X8 que vous avez inscrites dans le journal général des pages 78 et 80. Lorsque vous avez terminé, vous devez dresser la balance de vérification au 31 janvier 20X8. Bravo si vous arrivez au résultat qui suit ! Dans le cas contraire, il faut vérifier les éléments suivants :

- les additions de la balance de vérification ;
- les écritures dans le journal général ;
- les reports des montants du journal général vers les comptes de grand livre ;
- les calculs des soldes des comptes de grand livre ;
- les reports des soldes du grand livre vers la balance de vérification.

Lorsqu'une balance de vérification ne s'équilibre pas, essayez de diviser la différence par deux ou par neuf. Si la différence se divise par deux, il est possible que vous ayez mis dans la colonne «Débit» un montant qui devait être placé au crédit ou vice versa. Une différence qui se divise par neuf indique souvent qu'un nombre a été reporté avec une inversion de chiffres. Par exemple, vous pourriez avoir reporté 196,20 au lieu de 169,20.

	MUSIQUE PICK & CORDES BALANCE DE VÉRIFICATION au 31 janvier 20X8		
Numéro	Nom du compte	Débit	Crédit
1010	Encaisse	8 957,53 $	
1100	Clients	450,00	
1500	Équipement musical	5 748,75	
1900	Bâtiment	320 000,00	
1960	Terrain	80 000,00	
2100	Fournisseurs		770,33 $
2905	Emprunt hypothécaire (biens immeubles)		365 000,00
3100	Olivier Hurtubise – capital		50 000,00
3300	Olivier Hurtubise – retraits	750,00	
4120	Services rendus		1 550,00
5420	Publicité	143,72	
5640	Entretien et réparations – bâtiment	500,00	
5750	Télécommunications	770,33	
		417 320,33 $	417 320,33 $

3.2.5 Les états financiers

Une fois la balance de vérification complétée et en équilibre, il sera plus facile de préparer les états financiers de l'entreprise. En effet, il est plus commode d'utiliser comme source d'information la balance de vérification que les comptes de grand livre pour effectuer cette opération, puisque tous les comptes se retrouvent sur la même feuille et dans un ordre pratique.

L'état des résultats

Le premier état financier qu'il faut préparer est l'état des résultats, parce qu'on a d'abord besoin du montant du bénéfice net ou de la perte nette pour préparer l'état des capitaux propres et ensuite le bilan. En effet, les capitaux propres augmentent ou diminuent selon que l'entreprise a réalisé un bénéfice ou subi une perte. Il s'agit d'un portrait des résultats d'une période financière.

MISE EN SITUATION ▶

MUSIQUE PICK & CORDES ÉTAT DES RÉSULTATS pour le mois de janvier 20X8		
Produits d'exploitation		
Services rendus		1 550 $
Charges d'exploitation		
Publicité	144 $	
Entretien et réparations – bâtiment	500	
Télécommunications	770	
Total des charges d'exploitation		1 414
Bénéfice net		136 $

En pratique, les états financiers présentent rarement les décimales afin d'en alléger la lecture.

L'état des capitaux propres

Le bénéfice net déterminé dans l'état des résultats n'est pas le seul élément qui influe sur le total des capitaux propres. Les retraits et les apports doivent aussi être considérés afin de déterminer le solde de fin d'exercice du compte de capital du propriétaire.

MISE EN SITUATION ▶

MUSIQUE PICK & CORDES		
ÉTAT DES CAPITAUX PROPRES		
pour le mois de janvier 20X8		
Olivier Hurtubise – capital au 1er janvier 20X8		50 000$
Plus : Bénéfice net	136$	
Moins : Retraits	750	(614)
Olivier Hurtubise – capital au 31 janvier 20X8		49 386$

Le bilan

Nous avons maintenant toute l'information nécessaire à la préparation du bilan, qui est la représentation de la situation de l'entreprise à une date donnée. Par analogie, on pourrait dire qu'il s'agit de la photographie financière de l'entreprise à cette date.

Avant de préparer le bilan, précisons certains éléments de présentation relatifs à l'actif et au passif, qui doivent être subdivisés.

SAVIEZ-VOUS QUE... Afin de vous assurer que les comptes sont bien présentés dans le bon ordre, vous pouvez consulter le plan comptable que vous retrouverez à la fin du volume.

L'actif se divise en deux parties : l'actif à court terme, qui présente les actifs devant être convertis en argent ou devenir des charges d'exploitation en moins d'un an, et les immobilisations.

L'actif à court terme Cette section doit présenter les actifs devant être convertis en argent ou devenir des charges d'exploitation dans l'année qui suit la date du bilan. On débute par l'encaisse suivie des actifs qui seront convertis en argent ou en charges au cours de la prochaine année.

La figure 3.2 montre quelques exemples d'éléments d'actif à court terme que l'on retrouve fréquemment dans un bilan.

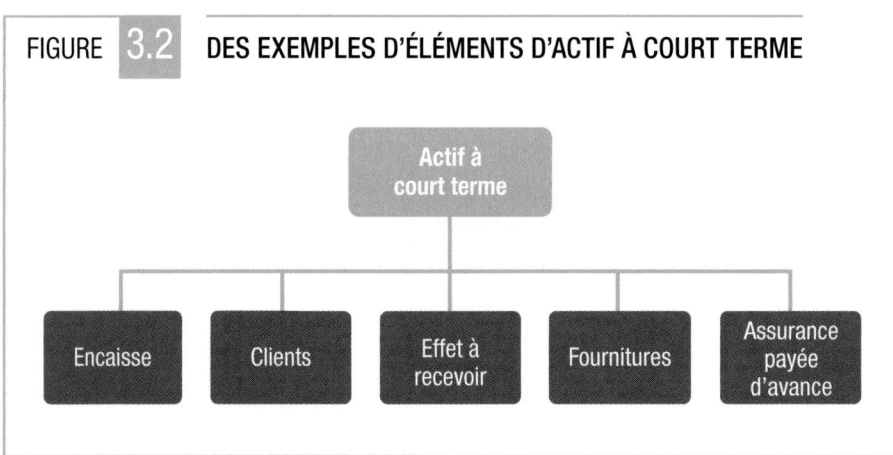

FIGURE 3.2 DES EXEMPLES D'ÉLÉMENTS D'ACTIF À COURT TERME

Les immobilisations Cette section présente les actifs qui pourront être utilisés pendant plus d'un exercice financier. On débute par celles qui vont servir le moins longtemps, pour finir par le terrain, l'actif qui servira le plus longtemps, puisque sa durée de vie est illimitée.

Le schéma présenté à la figure 3.3 montre quelques exemples d'éléments d'immobilisations que l'on retrouve fréquemment dans un bilan.

FIGURE 3.3 **DES EXEMPLES D'ÉLÉMENTS D'IMMOBILISATIONS DU BILAN**

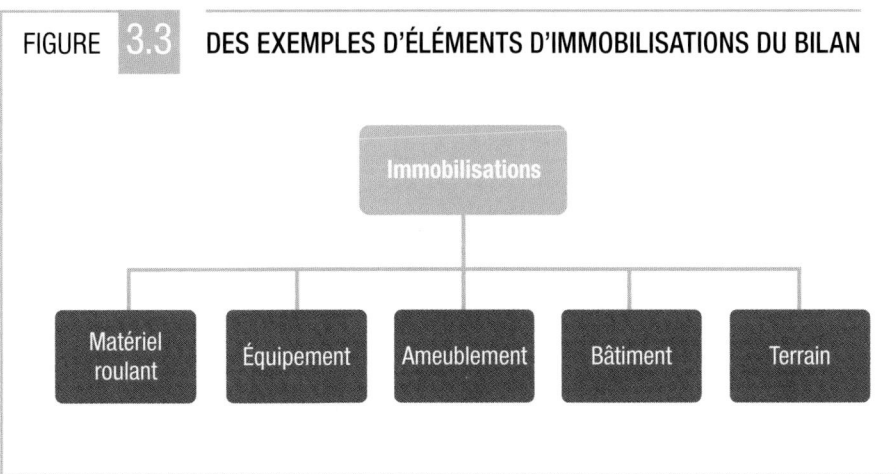

Le passif se divise aussi en deux sections : le passif à court terme et le passif à long terme.

Le passif à court terme On inclut dans le passif à court terme les dettes à rembourser au cours de l'année qui suit la date du bilan. On présente d'abord celles qui devront être remboursées le plus rapidement, pour terminer par celles qui prendront le plus de temps à être remboursées, sans toutefois dépasser un an.

La figure 3.4 présente quelques exemples d'éléments de passif à court terme que l'on retrouve fréquemment dans un bilan.

FIGURE 3.4 **DES EXEMPLES D'ÉLÉMENTS DE PASSIF À COURT TERME**

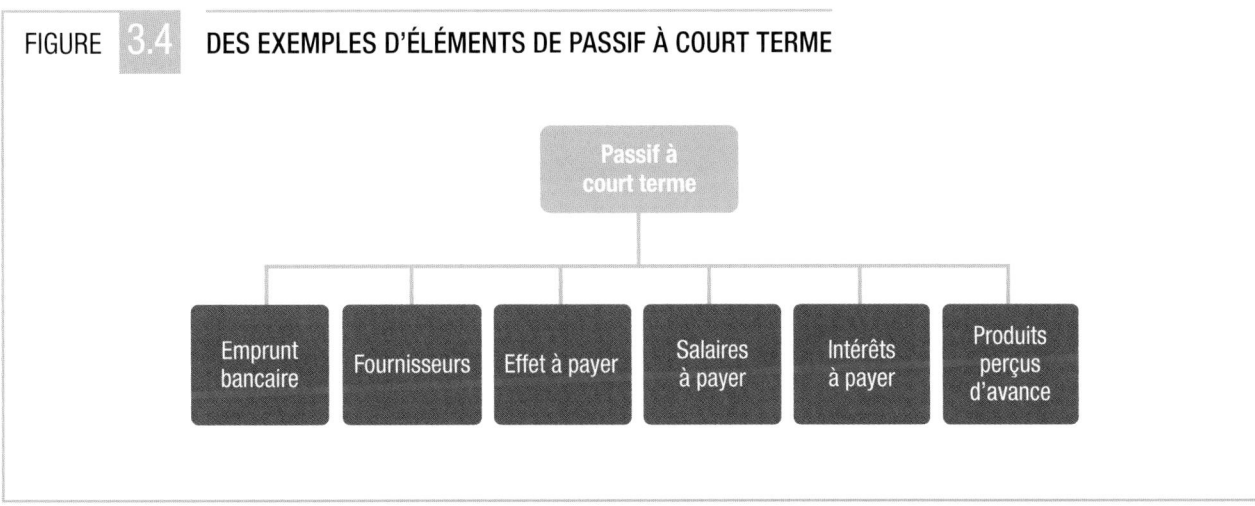

Le passif à long terme   Le passif à long terme comprend les dettes que l'entreprise aura à rembourser au-delà de la prochaine année à la date du bilan. On présente donc en premier celles qui sont remboursables dans le plus court délai.

La figure 3.5 présente quelques exemples d'éléments de passif à long terme que l'on retrouve fréquemment dans un bilan.

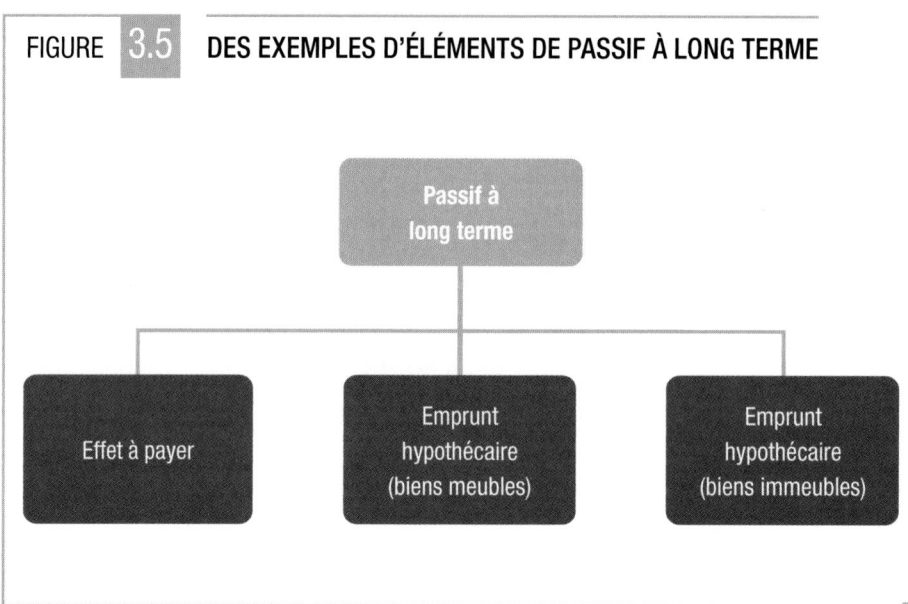

FIGURE 3.5   DES EXEMPLES D'ÉLÉMENTS DE PASSIF À LONG TERME

Les capitaux propres   On y présente le solde de la fin de l'exercice provenant de l'état des capitaux propres.

MISE EN SITUATION ▶

MUSIQUE PICK & CORDES BILAN au 31 janvier 20X8					
ACTIF			**PASSIF**		
Actif à court terme			**Passif à court terme**		
Encaisse	8 957 $		Fournisseurs		770 $
Clients	450				
Total de l'actif à court terme		9 407 $	**Passif à long terme**		
			Emprunt hypothécaire (biens immeubles)	365 000	
			Total du passif		365 770 $
Immobilisations			**CAPITAUX PROPRES**		
Équipement musical	5 749 $		Olivier Hurtubise – capital		49 386
Bâtiment	320 000				
Terrain	80 000				
Total des immobilisations		405 749			
Total de l'actif		415 156 $	**Total du passif et des capitaux propres**		415 156 $

À partir de la balance de vérification, veuillez préparer les états financiers de Services comptables sur mesure pour le mois de janvier 20X8 :

	SERVICES COMPTABLES SUR MESURE BALANCE DE VÉRIFICATION au 31 janvier 20X8		
Numéro	Nom du compte	Débit	Crédit
1010	Encaisse	7 626,80$	
1100	Clients	3 200,00	
1500	Équipement informatique	1 298,06	
1700	Ameublement de bureau	361,20	
2100	Fournisseurs		2 003,53$
3100	Camille Tremblay – capital		5 000,00
3300	Camille Tremblay – retraits	1 000,00	
4110	Honoraires professionnels		7 200,00
5410	Loyer	338,63	
5420	Publicité	282,19	
5750	Télécommunications	84,65	
5790	Frais bancaires	12,00	
		14 203,53$	14 203,53$

SERVICES COMPTABLES SUR MESURE
ÉTAT DES RÉSULTATS

Produits d'exploitation

Charges d'exploitation

Total des charges d'exploitation

Bénéfice net

SERVICES COMPTABLES SUR MESURE
ÉTAT DES CAPITAUX PROPRES

Camille Tremblay – capital au 1er janvier 20X8

Plus :

Moins :

Camille Tremblay – capital au 31 janvier 20X8

SERVICES COMPTABLES SUR MESURE				
BILAN				

ACTIF		PASSIF	
Actif à court terme		**Passif à court terme**	
		Total du passif à court terme	
Total de l'actif à court terme			
Immobilisations		**CAPITAUX PROPRES**	
Total des immobilisations			
Total de l'actif		**Total du passif et des capitaux propres**	

CONCLUSION

Dans ce chapitre, nous avons vu comment traiter la TPS et la TVQ dans le cas où l'entreprise est considérée comme un petit fournisseur. Nous avons aussi appris à enregistrer les transactions dans le journal général, et ce, à partir de pièces justificatives. Par la suite, nous avons reporté les écritures du journal général au grand livre ainsi qu'aux grands livres auxiliaires et dressé une balance de vérification afin de nous assurer que le total des soldes débiteurs est égal à celui des comptes créditeurs. En dernier lieu, nous avons préparé les états financiers de Musique Pick & Cordes au 31 janvier 20X8.

Voici les étapes du cycle comptable que nous avons suivies jusqu'à maintenant:

1. Les écritures dans le journal général (J.G.);
2. Le report au grand livre (G.L.) et aux grands livres auxiliaires (G.L.A.);
3. L'établissement de la balance de vérification (B.V.);
4. La préparation des états financiers:
   - l'état des résultats,
   - l'état des capitaux propres,
   - le bilan.

Journal Général

	JOURNAL GÉNÉRAL			Page: 1
Date	Nom des comptes et explication	Numéro du compte	Débit	Crédit
20X8				
Janv. 01	Encaisse	1010	50 000,00	
	Olivier Hurtubise – capital	3100		50 000,00
	(dépôt à la banque de l'investissement initial			
	du propriétaire)			

Grand livre

		GRAND LIVRE					
		Encaisse				N° 1010	
Date	Libellé	Référence	Débit	Crédit	Solde	Dt/Ct	
20X8							
Janv. 01	Mise de fonds initiale	J.G.1	50 000,00		50 000,00	Dt	
Janv. 02	Achat d'un terrain et d'un bâtiment	J.G.1		35 000,00	15 000,00	Dt	
Janv. 05	Recettes de la semaine	J.G.1	600,00		15 600,00	Dt	
Janv. 10	Brault inc., ch. n° 102	J.G.1		5 748,75	9 851,25	Dt	
Janv. 15	Déneigement Robert Vigneault, ch. n° 103	J.G.1		500,00	9 351,25	Dt	
Janv. 22	Cédric Lemay, fact. n° 201	J.G.2	500,00		9 851,25	Dt	
Janv. 22	Retrait Olivier Hurtubise	J.G.2		750,00	9 101,25	Dt	
Janv. 30	Journal La Vallée, ch. n° 104	J.G.2		143,72	8 957,53	Dt	

Grand livre auxiliaire

	GRAND LIVRE AUXILIAIRE DES CLIENTS						
Client: Mang Jason					Conditions: n/30		
Date	N° facture	Libellé	Référence	Débit	Crédit	Solde	Dt/Ct
20X8							
Janv. 31	C-3	Mois de mai	J.G.2	450,00		450,00	Dt

Client:						Conditions:	
Date	N° facture	Libellé	Référence	Débit	Crédit	Solde	Dt/Ct

Client:						Conditions:	
Date	N° facture	Libellé	Référence	Débit	Crédit	Solde	Dt/Ct

	GRAND LIVRE AUXILIAIRE DES FOURNISSEURS						
Fournisseur: Journal La Vallée					Conditions: n/30		
Date	N° facture	Libellé	Référence	Débit	Crédit	Solde	Dt/Ct
20X8							
Janv. 09	B-1317	Publicité	J.G.1		143,72	143,72	Ct
Janv. 30		Paiement	J.G.2	143,72		Ø	

Fournisseur:						Conditions:	
Date	N° facture	Libellé	Référence	Débit	Crédit	Solde	Dt/Ct

Fournisseur:						Conditions:	
Date	N° facture	Libellé	Référence	Débit	Crédit	Solde	Dt/Ct

Balance de vérification

MUSIQUE PICK & CORDES
BALANCE DE VÉRIFICATION
au 31 janvier 20X8

Numéro	Nom du compte	Débit	Crédit
1010	Encaisse	8 957,53$	
1100	Clients	450,00	
1500	Équipement musical	5 748,75	
1900	Bâtiment	320 000,00	
1960	Terrain	80 000,00	
2100	Fournisseurs		770,33$
2905	Emprunt hypothécaire (biens immeubles)		365 000,00
3100	Olivier Hurtubise – capital		50 000,00
3300	Olivier Hurtubise – retraits	750,00	
4120	Services rendus		1 550,00
5420	Publicité	143,72	
5640	Entretien et réparations – bâtiment	500,00	
5750	Télécommunications	770,33	
		417 320,33$	417 320,33$

État des résultats

MUSIQUE PICK & CORDES
ÉTAT DES RÉSULTATS
pour le mois de janvier 20X8

Produits d'exploitation		
Services rendus		1 550$
Charges d'exploitation		
Publicité	144$	
Entretien et réparations – bâtiment	500	
Télécommunications	770	
Total des charges d'exploitation		1 414
Bénéfice net		136$

État des capitaux propres

MUSIQUE PICK & CORDES
ÉTAT DES CAPITAUX PROPRES
pour le mois de janvier 20X8

Olivier Hurtubise – capital au 1er janvier 20X8		50 000$
Plus: Bénéfice net	136$	
Moins: Retraits	750	(614)
Olivier Hurtubise – capital au 31 janvier 20X8		49 386$

Bilan

MUSIQUE PICK & CORDES
BILAN
au 31 janvier 20X8

ACTIF			PASSIF		
Actif à court terme			**Passif à court terme**		
Encaisse	8 957$		Fournisseurs		770$
Clients	450				
Total de l'actif à court terme		9 407$	**Passif à long terme**		
			Emprunt hypothécaire (biens immeubles)	365 000	
			Total du passif		365 770$
Immobilisations			**CAPITAUX PROPRES**		
Équipement musical	5 749$		Olivier Hurtubise – capital		49 386
Bâtiment	320 000				
Terrain	80 000				
Total des immobilisations		405 749			
Total de l'actif		415 156$	**Total du passif et des capitaux propres**		415 156$

(TESTEZ VOS CONNAISSANCES)

1. Quel est, au bilan, le total de l'actif à court terme de Musique Pick & Cordes au 31 janvier 20X8?

   _____

2. Quel est, au bilan, le total des immobilisations de Musique Pick & Cordes au 31 janvier 20X8?

   _____

3. Quel a été le prix payé pour le terrain et le bâtiment?

   _____

4. Quelle somme est due aux fournisseurs à la fin du mois de janvier?

   _____

5. Y a-t-il un client qui n'a pas encore payé son compte au 31 janvier?

   _____

6. Si oui, quelle somme doit-il à l'entreprise?

   _____

7. Que signifie la référence que l'on retrouve dans le grand livre?

   _____

   _____

(TERMINOLOGIE)

PROBLÈMES

NIVEAUX: FACILE ● INTERMÉDIAIRE ■ DIFFICILE ◆

L'enregistrement des transactions dans le journal général au moment de l'ouverture de l'entreprise

● **1. Annie Figueroa a décidé de fonder une entreprise spécialisée dans la conception d'images informatisées sous la raison sociale Conception Figueroa.**

Annie amorce l'exploitation de son entreprise à domicile. Elle prévoit louer un bureau lorsque le chiffre d'affaires de son entreprise sera plus important. Elle ouvre un compte à la Banque Boréale.

Voici les opérations du mois de septembre 20X6 pour l'ouverture de son entreprise :

Sept. 01 Dépôt à la Banque Boréale de 10 000 $, ce montant représentant un investissement personnel.

Sept. 02 Paiement de 846,56 $, par le chèque n° 1 à l'ordre de Club Info, pour l'achat de fournitures de bureau.

Sept. 03 Chèque n° 2 de 3 781,31 $, à Bureau informatique pour l'acquisition d'un système informatique. L'entreprise comptabilise l'équipement informatique dans le compte *Équipement informatique*.

Sept. 04 Paiement de 524,87 $ par carte de débit, celle de l'entreprise, aux Meubles Danfousse pour l'acquisition d'ameublement de bureau pour son entreprise.

Travail à faire

a) Enregistrer dans le journal général les écritures pour comptabiliser les opérations d'ouverture de Conception Figueroa.

b) Reporter les écritures aux comptes de grand livre suivants : *Encaisse, Fournitures de bureau, Équipement informatique, Ameublement de bureau* et *Annie Figueroa – capital.*

c) Préparer le bilan d'ouverture de Conception Figueroa au 4 septembre 20X6.

■ **2. Chloé Mathieu vient de mettre sur pied un service de fiscalité. Elle désire produire les déclarations de revenus de particuliers et de petites entreprises agricoles et leur offrir des services de consultation. Elle ouvre un compte à la Caisse populaire de Roxton Pond au nom de son entreprise : Chloé Mathieu, fiscaliste.**

Voici les opérations du mois de février 20X7 pour l'ouverture de son entreprise :

Févr. 01   Transfert de 9 000 $ de son compte d'épargne personnel au compte de Chloé Mathieu, fiscaliste.

Févr. 01   Dépôt de 5 000 $ à la suite d'un emprunt sur marge de crédit.

Févr. 02   Signature d'un bail de deux ans et paiement par chèque n° 1001 de 846,56 $ pour le premier mois de loyer à Gestion Lamoureux inc. (Utilisez le compte *Loyer payé d'avance.*)

Févr. 02   Chèque n° 1002 de 7 393,31 $ à Bureau Beauregard pour l'acquisition d'équipement informatique.

Févr. 02   Chèque n° 1003 de 3 781,31 $ à Ameublement Cordeau pour l'acquisition d'ameublement de bureau.

Févr. 02   Embauche de Simon Carle comme secrétaire de l'entreprise au salaire hebdomadaire de 750 $. Sa première journée de travail sera le 3 février.

Travail à faire

a) Enregistrer dans le journal général les écritures pour comptabiliser les opérations d'ouverture de Chloé Mathieu, fiscaliste.

b) Reporter les écritures aux comptes de grand livre.

c) Préparer le bilan d'ouverture de Chloé Mathieu, fiscaliste, au 2 février 20X7.

L'enregistrement de pièces justificatives (transactions) dans le journal général

3. **Samuel Kenney vient d'inaugurer un service d'entretien électrique sous la raison sociale Services Kenney. Il ouvre un compte à la Banque Nordique, sur lequel il bénéficie d'une marge de crédit de 10000 $. Voici, en ordre chronologique, les premières opérations de son entreprise au cours du mois d'avril 20X8 :**

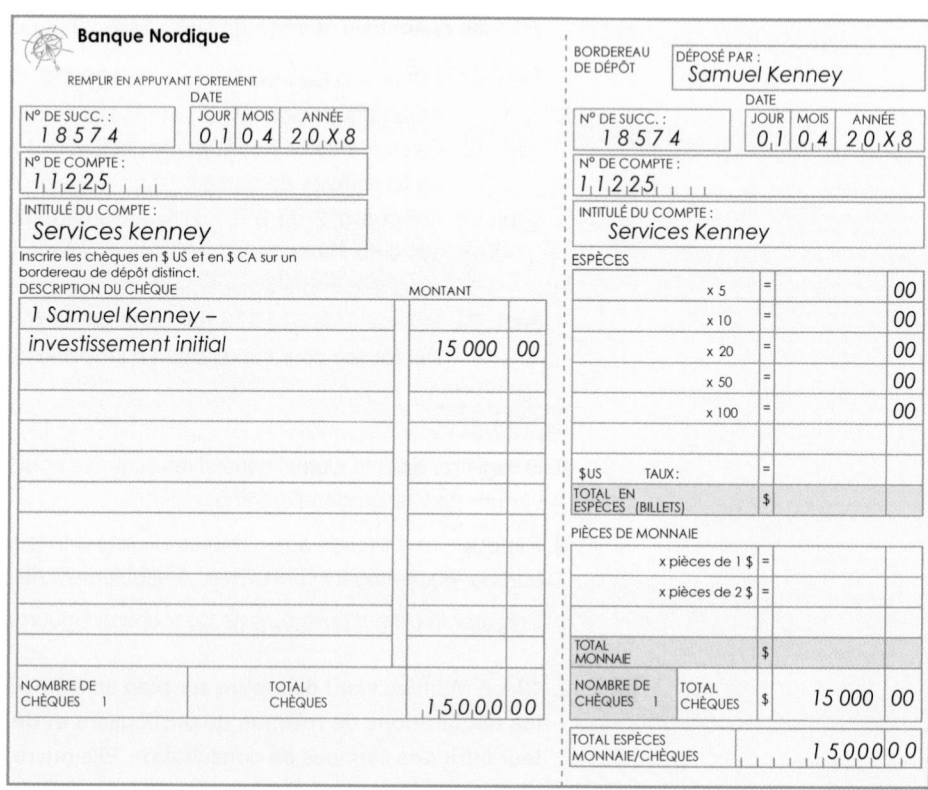

Tradco
45, rue Foster
Waterloo (Québec) J0B 2F0
450 539-7885

Facture de vente

Date	Numéro	Crédit	Vendeur
1er avril 20X8	TRA-45256	Comptant	Roch

Facturé à :

Services Kenney
225, route 243
Waterloo (Québec) J0B 2G0
450 539-8877

Article	Description (voir liste jointe)	Montant
	Équipement électrique	8 750,00 $

TPS n° : 124215762	TPS 5 %	437,50
TVQ n° : 1415268913	TVQ 9,975 %	872,81
Conditions de crédit : 2/10, n/30	**Total**	10 060,31 $

Payé par le chèque n° 101

Services Kenney
225, route 243
Waterloo (Québec) J0B 2G0
450 539-8877

Chèque n° : 101

Date : 1er avril 20X8

Payez à l'ordre de ___ Tradco ___ **10 060,31** $

___ Dix mille soixante ___ 31 / 100 dollars

Banque Nordique
2527, rue Foster,
Waterloo (Québec) J0B 2F0

Pour : Facture n° 45256

Samuel Kenney
Services Kenney

|| 11225 || 18574 || 101 ||

Les Autos Camirand
1215, rue Principale
Granby (Québec) J0B 2G0
450 777-3352

Facture de vente

Date	Numéro	Crédit	Vendeur
2 avril 20X8	AC-198253	Prêt	Gaétan

Facturé à :

Services Kenney
225, route 243
Waterloo (Québec) J0B 2G0
450 539-8877

Article	Description	Montant
S12972535	Camion Ford 150	38 500,00 $
TPS n° : 152618917	TPS 5 %	1 925,00
TVQ n° : 1213478278	TVQ 9,975 %	3 840,38
	Total	44 265,38 $
	Chèque n° 102	5 765,38
Conditions de crédit : 2/10, n/30	Effet à payer, 8,5 %, 5 ans	38 500,00 $

Services Kenney
225, route 243
Waterloo (Québec) J0B 2G0
450 539-8877

Chèque n° : 102

Date : **2 avril 20X8**

Payez à
l'ordre de **Les Autos Camirand**

5 765,38 $

Cinq mille sept cent soixante-cinq **38** / 100 dollars

Banque Nordique
2527, rue Foster
Waterloo (Québec) J0B 2F0

Pour : **Facture n° AC-198253**

Samuel Kenney
Services Kenney

|| 11225 || 18574 || 102 ||

Travail à faire

a) Enregistrer dans le journal général les écritures pour comptabiliser les opérations d'ouverture des Services Kenney considérant que le compte de grand livre utilisé pour l'achat de l'équipement électrique est *Équipement électrique* et le compte de grand livre utilisé pour l'achat du camion est *Matériel roulant*.

b) Reporter les écritures aux comptes de grand livre.

c) Préparer le bilan d'ouverture des Services Kenney au 2 avril 20X8.

4. **Saku Desrochers désire offrir des leçons de hockey et de patinage, sous la raison sociale Hockey Saku. Il ouvre un compte à la Banque Loyale. Voici, en ordre chronologique, les premières opérations de son entreprise au cours du mois de mars 20X7 :**

Hockey Saku
2564, boul. LaSalle
LaSalle (Québec) H8R 2M9

Chèque n° : 1001

Date : 1er mars 20X7

Payez à
l'ordre de   Patinoire Hétu   2 299,50 $

——— Deux mille deux cent quatre-vingt-dix-neuf ——— 50 / 100 dollars

Banque Loyale
2515, rue Desormeaux,
LaSalle (Québec) H8R 2N7

Pour :   Loyer de mars payé d'avance : 2 000 $ plus taxes   *Saku Desrochers*

|| 11225 || 18574 || 1001 || **Hockey Saku**

Note
Utiliser le compte *Loyer payé d'avance*.

Breault et Marchand   **Facture de vente**
785, rue Lazure
Montréal (Québec) H5R 4G8
514 288-4580

Date	Numéro	Crédit	Vendeur
2 mars 20X7	BM-1857850	Comptant	Gaétan

Facturé à :

Hockey Saku
2564, boul. LaSalle
LaSalle (Québec) H8R 2M9
514 366-2566

Article	Description		Montant
	Table, chaises et bureau Azura		4 540,00$

TPS n° : 124514642TP001		TPS	5 %	227,00
TVQ n° : 1235124687TQ001		TVQ	9,975 %	452,87
Conditions de crédit : 2/10, n/30		**Total**		5 219,87$

Chèque n° 1002

Hockey Saku
2564, boul. LaSalle
LaSalle (Québec) H8R 2M9

Chèque n° : 1002

Date : 2 mars 20X7

Payez à
l'ordre de   Breault et Marchand   5 219,87 $

——— Cinq mille deux cent dix-neuf ——— 87 / 100 dollars

Banque Loyale
2515, rue Desormeaux,
LaSalle (Québec) H8R 2N7

Pour :   Facture n° BM-1857850   *Saku Desrochers*

|| 11225 || 18574 || 1002 || **Hockey Saku**

Info GTS inc.			**Facture de vente**
990, rue Melville			
Montréal (Québec) H5R 2E2			
514 878-2692			

Date	Numéro	Crédit	Vendeur
3 mars 20X7	GTS-158745	Net 30 jours	Luc

Facturé à :

Hockey Saku
2564, boul. LaSalle
LaSalle (Québec) H8R 2M9
514 366-2566

Article	Description		Montant
	Système informatique IBM-XT432		3 725,00 $
TPS n° : 123765412TP001		TPS 5 %	186,25
TVQ n° : 1412564678TQ001		TVQ 9,975 %	371,57
		Total	4 282,82 $
		Payable le 2 avril 20X7	

Travail à faire

a) Enregistrer dans le journal général les écritures pour comptabiliser les opérations d'ouverture de Hockey Saku.

b) Reporter les écritures aux comptes de grand livre.

c) Préparer le bilan d'ouverture de Hockey Saku au 3 mars 20X7.

L'enregistrement des transactions dans le journal général

5. **Olivier Malette, propriétaire de l'entreprise Extermination sans problème, a effectué les opérations suivantes au cours du mois de mai 20X2 :**

Mai 01 Émission du chèque n° 172 de la Banque Loyale de 1 580,25 $ à l'ordre des Immeubles Clara ltée en paiement du loyer du mois de mai.

Note
Comme un loyer est dû au début de chaque mois, on le considère immédiatement comme une charge d'exploitation.

Mai 03 Encaissement de la facture émise au restaurant Le Lotus bleu pour le mois d'avril : 450 $. Cette facture a été originalement comptabilisée dans le compte *Clients.*

Mai 05 Facture n° 3423 de 375 $ émise au nom de Résidences des prairies pour un travail de fumigation. Cette facture est payable par le client dans 30 jours.

Mai 12 Achat à crédit de fournitures de bureau pour 1 760,85 $ chez Ferlac (facture n° 6421). Cette facture est payable dans 30 jours. (Utiliser le compte *Frais de bureau*.)

Mai 15 Chèque de salaire n° 173 de 950 $ émis à l'ordre de Jacques Latreille, l'employé de l'entreprise. Le compte de grand livre utilisé est *Salaires.*

Mai 17 Émission du chèque n° 174 de 225 $ en paiement de la facture d'assurance responsabilité à Viger, Deniger Assurances. Vous considérez ce déboursé comme étant une charge d'exploitation.

Mai 19 Dépôt au compte bancaire de l'entreprise de 2 845 $ pour divers travaux d'extermination effectués au comptant. Le compte de grand livre utilisé est *Revenus d'extermination.*

Mai 21	Chèque n° 175 de 800 $ émis à l'ordre d'Olivier Malette pour ses dépenses personnelles.
Mai 24	Réception de la facture n° 98732 s'élevant à 395,06 $ du journal *Rive-Sud* pour une annonce publicitaire parue au cours de la semaine. Cette facture est payable dans 30 jours.
Mai 27	Émission du chèque n° 176 de 644 $ en paiement partiel d'un compte dû à un fournisseur.
Mai 30	Paiement du salaire de Samuel Latreille: 950 $. Émission du chèque n° 177.

Travail à faire

Enregistrer dans le journal général les écritures pour comptabiliser les opérations d'Extermination sans problème au cours du mois de mai 20X2.

6. **Gabriel Rolly, conseiller en décoration, a effectué les opérations suivantes au cours du mois d'avril 20X2:**

| Avr. 01 | Paiement du loyer du mois d'avril: chèque n° 415 de la Banque Nordique de 1 636,69 $ à Mme Isabelle Desmarais. |

Note

Comme un loyer est dû au début de chaque mois, on le considère immédiatement comme une charge d'exploitation.

Avr. 03	Achat par chèque d'ameublement de bureau chez Orebro: chèque n° 416 de 3 950,63 $ (facture n° 7142).
Avr. 05	Émission et encaissement de la facture n° 236 s'élevant à 850 $ pour des services rendus entre le 2 et le 5 avril à la Clinique médicale de l'Est.
Avr. 07	Chèque n° 417 de 190 $ émis à l'ordre du Fleuriste Melrose pour l'envoi de fleurs à la mère de Gabriel à l'occasion de son anniversaire.
Avr. 12	Facture n° 237 de 2 435 $ émise au nom de José Leblanc pour services rendus à crédit.
Avr. 15	Encaissement de 4 000 $ provenant de la boutique Tournesol pour des services rendus au cours du mois.
Avr. 16	Salaire de 882 $ versé à Julie Lamanque, employée de l'entreprise: chèque n° 418.
Avr. 18	Émission du chèque n° 419 de 84,66 $ au journal *L'hebdo* pour une annonce publicitaire.
Avr. 20	Réception de l'état de compte de Pétro-sud ltée portant sur l'achat d'essence pour l'automobile que Gabriel Rolly utilise pour son travail: 245 $. Ce montant est payable dans 10 jours.
Avr. 23	Encaissement de 1 275 $ provenant de Francine Mainville pour des services rendus au cours du mois d'avril.
Avr. 26	Paiement à la réception de la facture d'électricité: 270,90 $. Émission du chèque n° 420 à l'ordre d'Hélio-Québec.
Avr. 28	Facture n° 238 de 580 $ émise au nom de Jacques Allard pour services rendus à crédit.
Avr. 30	Chèque de 1 000 $ reçu de Gabriel Rolly pour un apport supplémentaire et déposé dans le compte bancaire de l'entreprise.
Avr. 30	Paiement du salaire de Julie Lamanque: 882 $. Émission du chèque n° 421.

Travail à faire

Enregistrer dans le journal général les écritures pour comptabiliser les opérations du mois d'avril 20X2 de l'entreprise Gabriel Rolly, conseiller en décoration.

7. Voici les opérations du mois de janvier 20X4 de Mᵉ Élisabeth Beaudoin, notaire:

Janv. 04   Encaissement du solde à recevoir d'une cliente, Danielle Allard, pour des ventes effectuées en décembre: 1450$. Dépôt à la Caisse populaire Vianney.

Janv. 06   Paiement à la réception d'une facture d'électricité d'Hélio-Québec: 141,09$. Émission du chèque n°712.

Janv. 09   Achat à crédit de fournitures de bureau. Facture n°1425 de Pilon inc.: 1826,32$.

Janv. 13   Facture n°7872 de 1450$ émise au nom de Josée Charbonneau pour la rédaction d'un contrat de vente d'immeuble.

Janv. 17   Salaire versé à Patrice Roy, secrétaire du cabinet: 450$. Émission du chèque n°713.

Janv. 20   Paiement par le chèque n°714 du compte de taxes municipales de la Ville de Québec: 3600$. L'entreprise comptabilise ces taxes dans le compte de charge.

Janv. 23   Retrait par Mᵉ Élisabeth Beaudoin de 200$ pour son usage personnel. Émission du chèque n°715.

Janv. 25   Paiement du compte de Pilon inc., soit le montant de la facture n°1425 moins la note de crédit n°165. Émission du chèque n°716. La note de crédit de 471,82$ a été émise le 27 décembre 20X3.

Janv. 28   Chèque de 1000$ reçu de Marie-Ève Saint-François pour des honoraires professionnels relatifs à des services rendus au cours du mois.

Janv. 31   Avis de retrait reçu de la Caisse populaire pour le paiement des intérêts débiteurs sur l'emprunt bancaire: 122$.

Travail à faire

Enregistrer dans le journal général les écritures pour comptabiliser les opérations du mois de janvier 20X4 de Mᵉ Élisabeth Beaudoin, notaire.

8. Voici les opérations du mois de juin 20X3 d'Océane Brière, spécialiste en traitement comptable informatisé:

Juin 01   Encaissement et dépôt à la Banque Nordique de 4500$ correspondant au solde dû le 31 mai par les Entreprises Dynamiques inc.

Juin 03   Achat à crédit de fournitures de bureau chez Pilon inc.; facture n°7172 s'élevant à 1185,19$.

Juin 06   Avis de retrait de 1785$ de la banque relatif au remboursement de l'emprunt hypothécaire. Ce montant comprend des intérêts de 1210$ et un remboursement de l'emprunt hypothécaire de 575$.

Juin 08   Facture n°415 de 1500$ émise au nom de la Quincaillerie Maisonneuve inc. à la suite de la préparation des états financiers de cette entreprise.

Juin 11   Salaires versés aux deux employés de l'entreprise: 1850$. Émission des chèques nᵒˢ 1922 et 1923.

Juin 14   Chèque n°1924 de 1000$ émis à l'ordre d'Océane Brière pour son salaire.

Juin 17   Encaissement d'une somme de 2000$ du Théâtre de la Baie pour des honoraires comptables informatisés relatifs à des services rendus depuis le début du mois.

Juin 19   Facture n°416 de 2325$ émise au nom des Rénovations Deschamps inc. pour des honoraires professionnels relatifs à des services rendus au cours de la semaine.

Juin 21	Réception d'un état de compte totalisant 276,54 $ du garage Ultra pour l'essence du mois. Ce montant est payable dans 10 jours.
Juin 25	Paiement de 1 865 $ en salaires aux employés. Émission des chèques n°s 1925 et 1926.
Juin 25	Retrait par Océane Brière de 1 000 $ du compte bancaire de l'entreprise, chèque n° 1927, pour son usage personnel.
Juin 27	Réception de la facture de télécommunications d'Horizon Télécom : 197,53 $ à payer le 7 juillet.
Juin 29	Réception et paiement de la facture d'électricité du mois : 144,48 $. Émission du chèque n° 1928 à l'ordre d'Hélio-Québec.
Juin 30	Encaissement d'un chèque du montant total de la facture n° 415 émise le 8 juin au nom de la Quincaillerie Maisonneuve inc.

Travail à faire

Enregistrer dans le journal général les écritures pour comptabiliser les opérations d'Océane Brière, comptable, au mois de juin 20X3.

Le cycle comptable et les pièces justificatives

9. **Félix Groleau, un étudiant en comptabilité, a décidé de fonder une entreprise spécialisée dans l'entretien des pelouses sous la raison sociale Service d'entretien Groleau. Il ouvre un compte à la Banque Nordique. Voici, en ordre chronologique, les premières opérations relatives à son entreprise au cours du mois de mai 20X1 :**

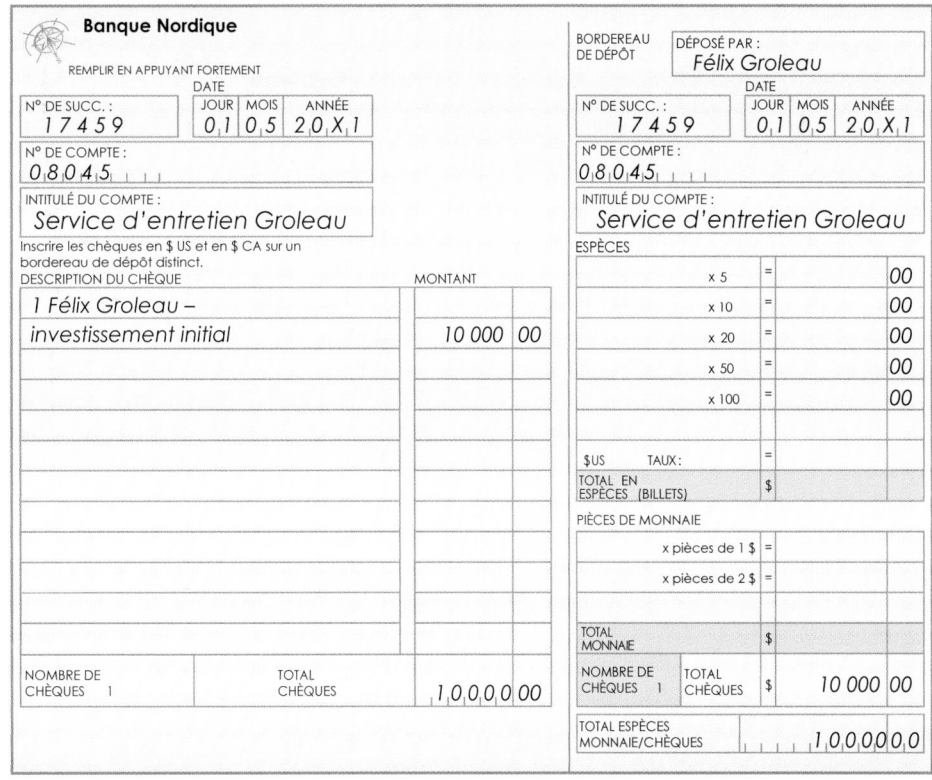

Beaux jardins inc.
Route 235
L'Ange-Gardien (Québec) J0E 3G5
450 535-4627

Facture de vente

Date	Numéro	Crédit	Vendeur
20X1-05-01	JD 14125	Comptant (chèque 1)	Maxim

Facturé à:

Service d'entretien Groleau
1115, rue Principale
Saint-Paul (Québec) J0E 4G7
450 535-4796

Article	Description	Montant
JD-1897	Tracteur autoporteur 20 forces Transmission hydraulique Garantie 5 ans	12 000,00 $

TPS n°: 124678127	TPS 5%	600,00
TVQ n°: 1465231246	TVQ 9,975%	1 197,00
	Total	13 797,00 $
	Payé par chèque n° 1	5 000,00
	Financement Beaux jardins inc. Finance, 36 mois, 3%, remboursement mensuel de 255,93 $	8 797,00 $

Service d'entretien Groleau
1115, rue Principale
Saint-Paul (Québec) J0E 4G7
450 535-4796

Chèque n°: 1

Date: 1er mai 20X1

Payez à l'ordre de ___ Beaux jardins inc. ___ 5 000,00 $

___ Cinq mille ___ 00 / 100 dollars

Banque Nordique
2578, rue Principale,
Saint-Paul (Québec) J0E 4G9

Pour: Facture n° JD 14125

Félix Groleau

Service d'entretien Groleau

|| 08045 || 17459 || 001 ||

Service d'entretien Groleau
1115, rue Principale
Saint-Paul (Québec) J0E 4G7
450 535-4796

Chèque n°: 2

Date: **4 mai 20X1**

Payez à l'ordre de ___ **Viger Assurance** ___ | **600,00** | $

___ **Six cents** ___ **00** / 100 dollars

Banque Nordique
2578, rue Principale,
Saint-Paul (Québec) J0E 4G9

Pour: **Assurances tracteur autoportant**

Félix Groleau

Service d'entretien Groleau

|| 08045 || 17459 || 002 ||

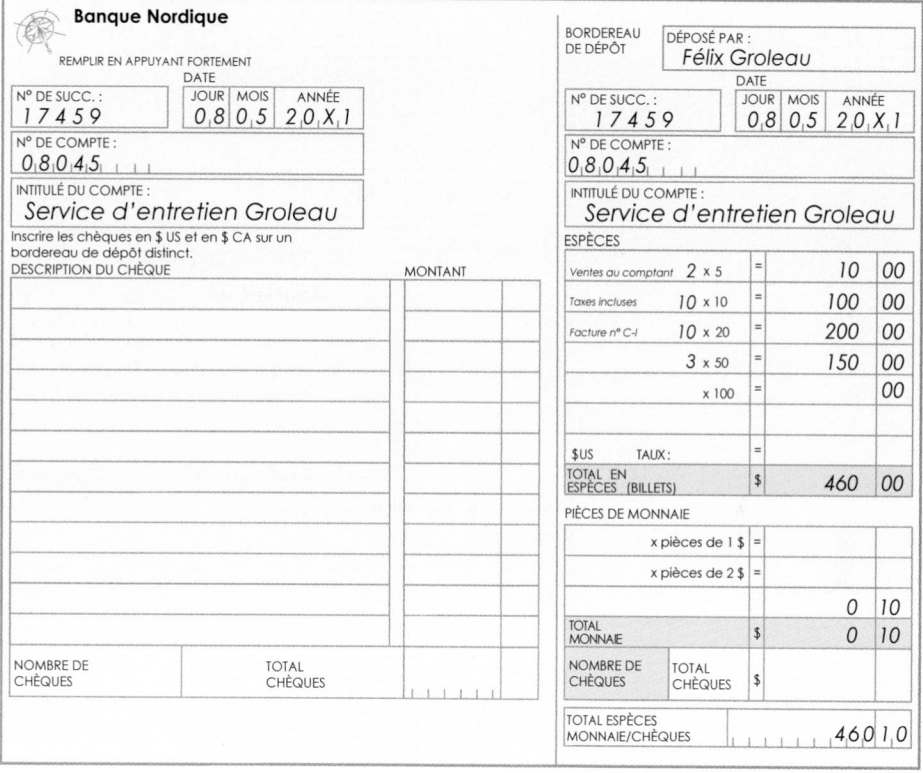

Banque Nordique

REMPLIR EN APPUYANT FORTEMENT

	DATE		
N° DE SUCC. : 17459	JOUR 0,8	MOIS 0,5	ANNÉE 2,0,X,1

N° DE COMPTE : 0,8,0,4,5

INTITULÉ DU COMPTE :
Service d'entretien Groleau

Inscrire les chèques en $ US et en $ CA sur un bordereau de dépôt distinct.

DESCRIPTION DU CHÈQUE	MONTANT
NOMBRE DE CHÈQUES	TOTAL CHÈQUES

BORDEREAU DE DÉPÔT

DÉPOSÉ PAR : *Félix Groleau*

	DATE		
N° DE SUCC. : 17459	JOUR 0,8	MOIS 0,5	ANNÉE 2,0,X,1

N° DE COMPTE : 0,8,0,4,5

INTITULÉ DU COMPTE :
Service d'entretien Groleau

ESPÈCES

Ventes au comptant	2 x 5	=	10 00
Taxes incluses	10 x 10	=	100 00
Facture n° C-I	10 x 20	=	200 00
	3 x 50	=	150 00
	x 100	=	00
$US TAUX :		=	
TOTAL EN ESPÈCES (BILLETS)		$	460 00

PIÈCES DE MONNAIE

x pièces de 1 $	=	
x pièces de 2 $	=	
		0 10
TOTAL MONNAIE	$	0 10

NOMBRE DE CHÈQUES	TOTAL CHÈQUES	$	

TOTAL ESPÈCES MONNAIE/CHÈQUES	4,6,0 1,0

Service d'entretien Groleau
1115, rue Principale
Saint-Paul (Québec) J0E 4G7
450 535-4796

Date
14 mai 20X1

Facture de vente
1001

Facturé à :

Habitation Langlois
55, rue Latour
Saint-Paul (Québec) J0E 4G7
450 535-8524

Travaux sur le terrain de l'immeuble	350,00$
Conditions : Net 30 jours	**Total** 350,00$

Service d'entretien Groleau 1115, rue Principale Saint-Paul (Québec) J0E 4G7	**Facture**

Horizon Télécom	Numéro de compte :	450-535-4796
	Date de facturation :	22 mai 20X1

Sommaire du compte

Précédent		
	Solde antérieur	,00$
	Paiement reçu – Merci	,00
	Rectifications	,00
	Solde reporté	,00$

Courant		
	Services ligne fixe pour le mois d'avril	90,00$
	Frais d'installation et ouverture de dossier	50,00

TPS n° : 100356987	TPS	5 %	7,00
TVQ n° : 1001237654	TVQ	9,975 %	13,97
Montant dû			160,97$

S'il vous plaît, veuillez acquitter ce compte dès réception.
Pour éviter tout supplément de retard, veuillez vous assurer que
votre paiement nous parviendra au plus tard le 8 juin 20X1.

Horizon Télécom	**Numéro de compte**	**Date de facturation**	**Montant dû**	**Montant versé**
	450-535-4796	20X1-05-22	160,97$	

Service d'entretien Groleau
1115, rue Principale
Saint-Paul (Québec) J0E 4G7

Service d'entretien Groleau 1115, rue Principale Saint-Paul (Québec) J0E 4G7 450 535-1804	**Date** 26 mai 20X1		**Facture de vente** 1002

Facturé à :

Hôpital de Saint-Paul
1117, rue de l'Hôpital
Saint-Paul (Québec) J0E 4G7
450 535-1804

Travaux pour le printemps		650,00$
Conditions : 1 mois	**Total**	650,00$

Banque Nordique — Bordereau de dépôt

Banque Nordique	BORDEREAU DE DÉPÔT	DÉPOSÉ PAR : *Félix Groleau*

REMPLIR EN APPUYANT FORTEMENT

Left side:

N° DE SUCC. : 17459	DATE JOUR 28 MOIS 05 ANNÉE 20X1

N° DE COMPTE : 0 8 0 4 5

INTITULÉ DU COMPTE : *Service d'entretien Groleau*

Inscrire les chèques en $ US et en $ CA sur un bordereau de dépôt distinct.

DESCRIPTION DU CHÈQUE	MONTANT	
1 Habitation Langlois facture n° 1001	350	00

NOMBRE DE CHÈQUES	1	TOTAL CHÈQUES	3 5 0	00

Right side:

N° DE SUCC. : 17459	DATE JOUR 28 MOIS 05 ANNÉE 20X1

N° DE COMPTE : 0 8 0 4 5

INTITULÉ DU COMPTE : *Service d'entretien Groleau*

ESPÈCES

x 5	=			00
x 10	=			00
x 20	=			00
x 50	=			00
x 100	=			00

$US	TAUX :	=	
TOTAL EN ESPÈCES (BILLETS)		$	

PIÈCES DE MONNAIE

x pièces de 1 $	=	
x pièces de 2 $	=	

TOTAL MONNAIE	$	

NOMBRE DE CHÈQUES 1	TOTAL CHÈQUES	$	350	00

TOTAL ESPÈCES MONNAIE/CHÈQUES	3 5 0 0 0

Chèque n° 3

Service d'entretien Groleau
Chèque n° : 3

1115, rue Principale
Saint-Paul (Québec) J0E 4G7
450 535-4796

Date: **31 mai 20X1**

Payez à l'ordre de **Lawrence Gravel**   **500,00** $

Cinq cents ———— 00 / 100 dollars

Banque Nordique
2578, rue Principale,
Saint-Paul (Québec) J0E 4G9

Pour : **Salaire de mai 20X1**   *Félix Groleau*
Service d'entretien Groleau

|| 08045 || 17459 || 003 ||

Chèque n° 4

Service d'entretien Groleau
Chèque n° : 4

1115, rue Principale
Saint-Paul (Québec) J0E 4G7
450 535-4796

Date: **1er mai 20X1**

Payez à l'ordre de _____ $

———— 00 / 100 dollars

Banque Nordique
2578, rue Principale,
Saint-Paul (Québec) J0E 4G9

Pour : _____

|| 08045 || 17459 || 004 || **Service d'entretien Groleau**

SPÉCIMEN

Note

Il s'agit d'un spécimen de chèque qui permet à l'entreprise Beaux jardins inc. de faire des avis de retrait pour le remboursement de l'effet à payer de 8 797 $ signé le 1er mai 20X1. Les intérêts du premier mois sont de 21,87 $ et sont inclus dans le paiement préautorisé de fin de mois.

RELEVÉ BANCAIRE

Banque Nordique
2578, rue Principale
Saint-Paul (Québec) J0E 4G9

Service d'entretien Groleau
N° de transit : 08045
N° de compte : 17459
Période : du 1er mai au 31 mai 20X1

Compte : Chèques

Date	Description	Retrait	Dépôt	Solde
Mai 01	Dépôt		10 000,00	10 000,00
Mai 01	Chèque n° 1	5 000,00		5 000,00
Mai 06	Chèque n° 2	600,00		4 400,00
Mai 08	Dépôt		460,10	4 860,10
Mai 28	Dépôt		350,00	5 210,10
Mai 31	Paiement préautorisé	255,93		4 954,17

Travail à faire

a) Enregistrer dans le journal général les écritures pour comptabiliser les opérations du mois de mai 20X1 du Service d'entretien Groleau.

b) Reporter les écritures aux comptes de grand livre.

c) Dresser la balance de vérification du Service d'entretien Groleau au 31 mai 20X1.

d) Préparer l'état des résultats, l'état des capitaux propres ainsi que le bilan du Service d'entretien Groleau au 31 mai 20X1.

10. Émy Collins vient de créer une école de musique sous la raison sociale **Conservatoire Lafontaine**. Elle ouvre un compte de banque à ce nom à la **Banque Loyale**. Voici, en ordre chronologique, les premières opérations de l'entreprise au cours du mois de septembre 20X4 :

Banque Loyale

REMPLIR EN APPUYANT FORTEMENT

DATE

N° DE SUCC. : 0487   JOUR 01 | MOIS 09 | ANNÉE 20X4

N° DE COMPTE : 12125

INTITULÉ DU COMPTE : *Conservatoire Lafontaine*

Inscrire les chèques en $ US et en $ CA sur un bordereau de dépôt distinct.

DESCRIPTION DU CHÈQUE	MONTANT	
1 *Émy Collins –*		
investissement initial	15 000	00

NOMBRE DE CHÈQUES 1 | TOTAL CHÈQUES 1,5,0,0,0 00

BORDEREAU DE DÉPÔT

DÉPOSÉ PAR : *Émy Collins*

DATE

N° DE SUCC. : 0487   JOUR 01 | MOIS 09 | ANNÉE 20X4

N° DE COMPTE : 12125

INTITULÉ DU COMPTE : *Conservatoire Lafontaine*

ESPÈCES

x 5	=		00
x 10	=		00
x 20	=		00
x 50	=		00
x 100	=		00

$US   TAUX :   =

TOTAL EN ESPÈCES (BILLETS) $

PIÈCES DE MONNAIE

| x pièces de 1 $ | = |
| x pièces de 2 $ | = |

TOTAL MONNAIE $

NOMBRE DE CHÈQUES 1 | TOTAL CHÈQUES $ | 15 000 | 00

TOTAL ESPÈCES MONNAIE/CHÈQUES | 1,5,0,0,0,0,0

Mobilart
1289, rue Lafontaine
Montréal (Québec) H5F 4J8
514 876-4561
L'art du meuble au Québec!

Facture de vente 87254

Date	Crédit	Représentant
20X4-09-01	Comptant – sur livraison	Eugène

Client :

Conservatoire Lafontaine,
1417, rue Lacombe,
Montréal (Québec) H5F 4R4
514 878-2691

Article	Description	Montant
B-12	6 tables d'étude	1 800,00 $
	24 chaises Alphago	2 400,00
		4 200,00 $

TPS n° : 124651422		TPS 5%	210,00
TVQ n° : 1237651432		TVQ 9,975%	418,95
		Total	4 828,95 $

Payé par chèque n° 1

Conservatoire Lafontaine
1417, rue Lacombe
Montréal (Québec) H5F 4R4
514 878-2691

Chèque n° : 1

Date : **1er septembre 20X4**

Payez à l'ordre de _____ **Mobilart** _____ | **4 828,95** | $

_____ **Quatre mille huit cent vingt-huit** _____ **95** / 100 dollars

Banque Loyale
2527, rue Sainte-Catherine Est
Montréal (Québec) H6F 4D5

Pour : **Facture n° 87254** _____

Émy Collins
Conservatoire Lafontaine

|| 12125 || 0487 || 0125 || 001 ||

RELEVÉ DES EMPRUNTS HYPOTHÉCAIRES

Banque Loyale
2527, rue Sainte-Catherine Est
Montréal (Québec) H6F 4D5

Conservatoire Lafontaine
N° de compte : 12125
N° de transit : 0487
Période : du 1er septembre au 1er décembre 20X4

Prêt hypothécaire
Taux : 8,5 % **Durée :** 36 mois

Date	Versements mensuels	Remboursement de l'emprunt	Intérêts débiteurs	Solde de l'emprunt
Sept. 01				20 000,00
Sept. 30	630,00	490,78	139,22	19 509,22
Oct. 31	630,00	494,20	135,80	19 015,02
Nov. 30	630,00	497,64	132,36	18 517,38

Piano extra	Date	Facture de vente
9878, boul. Saint-Laurent	1ᵉʳ septembre 20X4	P-7453
Montréal (Québec) H5F 4R8		
514 878-2223		

Facturé à :

Conservatoire Lafontaine
1417, rue Lacombe
Montréal (Québec) H5F 4R4
514 878-2691

Article

5 Pianos AKAY A-1312		23 000,00 $
TPS n° 145123765TP001	TPS 5 %	1 150,00
TVQ n° 1243214564TQ001	TVQ 9,975 %	2 294,25
	Total	**26 444,25 $**

Accord inclus, garantie 5 ans

Livraison incluse, payé par chèque

Conservatoire Lafontaine   Chèque n° : 2
1417, rue Lacombe
Montréal (Québec) H5F 4R4
514 878-2691   Date : 1ᵉʳ septembre 20X4

Payez à
l'ordre de   Piano extra   26 444,25 $

—————— Vingt-six mille quatre cent quarante-quatre —— 25 / 100 dollars

 Banque Loyale
2527, rue Sainte-Catherine Est
Montréal (Québec) H6F 4D5

Pour : Facture n° P-7453   *Émy Collins*
|| 12125 || 0487 || 0125 || 002 || **Conservatoire Lafontaine**

Conservatoire Lafontaine   Chèque n° : 3
1417, rue Lacombe
Montréal (Québec) H5F 4R4
514 878-2691   Date : 5 septembre 20X4

Payez à   Immeubles Michel   1 149,75 $
l'ordre de

————————— Mille cent quarante-neuf ———————— 75 / 100 dollars

 Banque Loyale
2527, rue Sainte-Catherine Est
Montréal (Québec) H6F 4D5

Pour : Loyer de septembre 20X4   *Émy Collins*
|| 12125 || 0487 || 0125 || 003 || **Conservatoire Lafontaine**

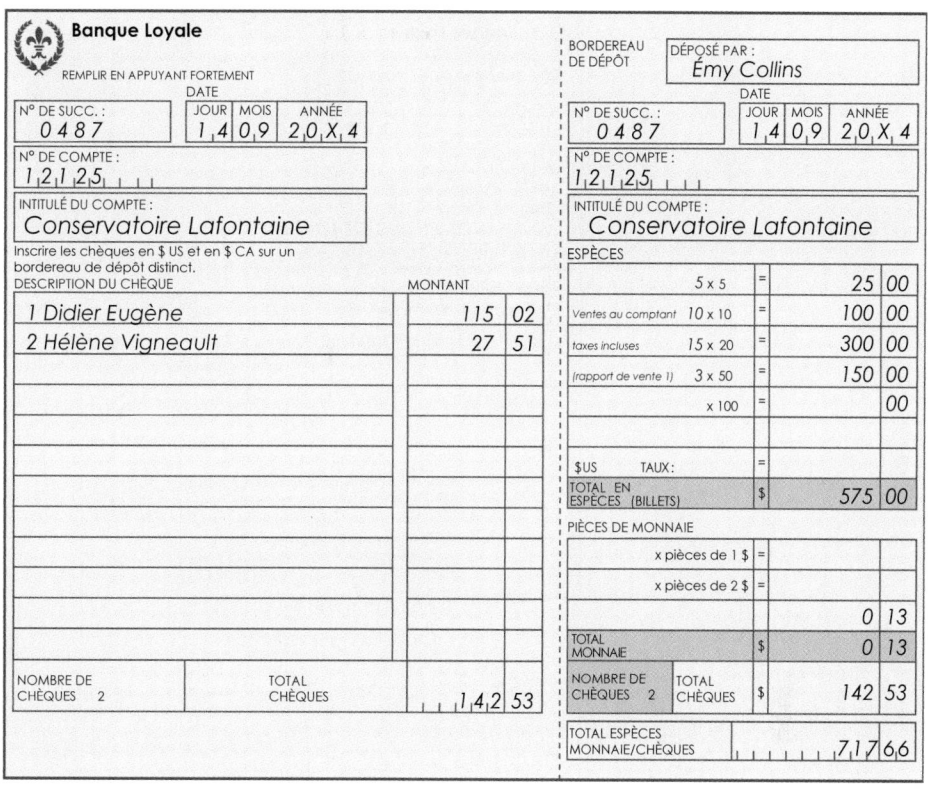

Banque Loyale							BORDEREAU DE DÉPÔT	DÉPOSÉ PAR : *Émy Collins*			
REMPLIR EN APPUYANT FORTEMENT											

Gauche (Bordereau principal)

N° DE SUCC. : 0 4 8 7
DATE — JOUR 1,4 | MOIS 0,9 | ANNÉE 2,0,X,4

N° DE COMPTE : 1,2,1,2,5

INTITULÉ DU COMPTE : *Conservatoire Lafontaine*

Inscrire les chèques en $ US et en $ CA sur un bordereau de dépôt distinct.

DESCRIPTION DU CHÈQUE	MONTANT	
1 Didier Eugène	115	02
2 Hélène Vigneault	27	51

NOMBRE DE CHÈQUES 2	TOTAL CHÈQUES	1,4,2 53

Droite

N° DE SUCC. : 0 4 8 7
DATE — JOUR 1,4 | MOIS 0,9 | ANNÉE 2,0,X,4

N° DE COMPTE : 1,2,1,2,5

INTITULÉ DU COMPTE : *Conservatoire Lafontaine*

ESPÈCES

5 x 5	=	25	00
Ventes au comptant 10 x 10	=	100	00
taxes incluses 15 x 20	=	300	00
(rapport de vente 1) 3 x 50	=	150	00
x 100	=		00
$US TAUX :	=		
TOTAL EN ESPÈCES (BILLETS)	$	575	00

PIÈCES DE MONNAIE

x pièces de 1 $	=		
x pièces de 2 $	=		
		0	13
TOTAL MONNAIE	$	0	13

NOMBRE DE CHÈQUES 2	TOTAL CHÈQUES	$	142	53

TOTAL ESPÈCES MONNAIE/CHÈQUES	7,1,7 66

Conservatoire Lafontaine
1417, rue Lacombe
Montréal (Québec) H5F 4R4
514 878-2691

Date : 24 septembre 20X4

Facture de vente : 1001

Facturé à :

Centre des femmes de Laval
699, rue Ivry
Laval (Québec) H5R 4F5
450 652-4524

Cours de musique et de solfège	850,00 $
Conditions : paiement le 10 octobre 20X4 **Total**	850,00 $

Conservatoire Lafontaine
1417, rue Lacombe
Montréal (Québec) H5F 4R4
514 878-2691

Date : 25 septembre 20X4

Facture de vente : 1002

Facturé à :

École Saint-Alexis
976, rue Côté
Laval (Québec) H5R 4F5
450 652-4524

Cours de musique et de piano	1 250,00 $
Conditions : Net 30 jours **Total**	1 250,00 $

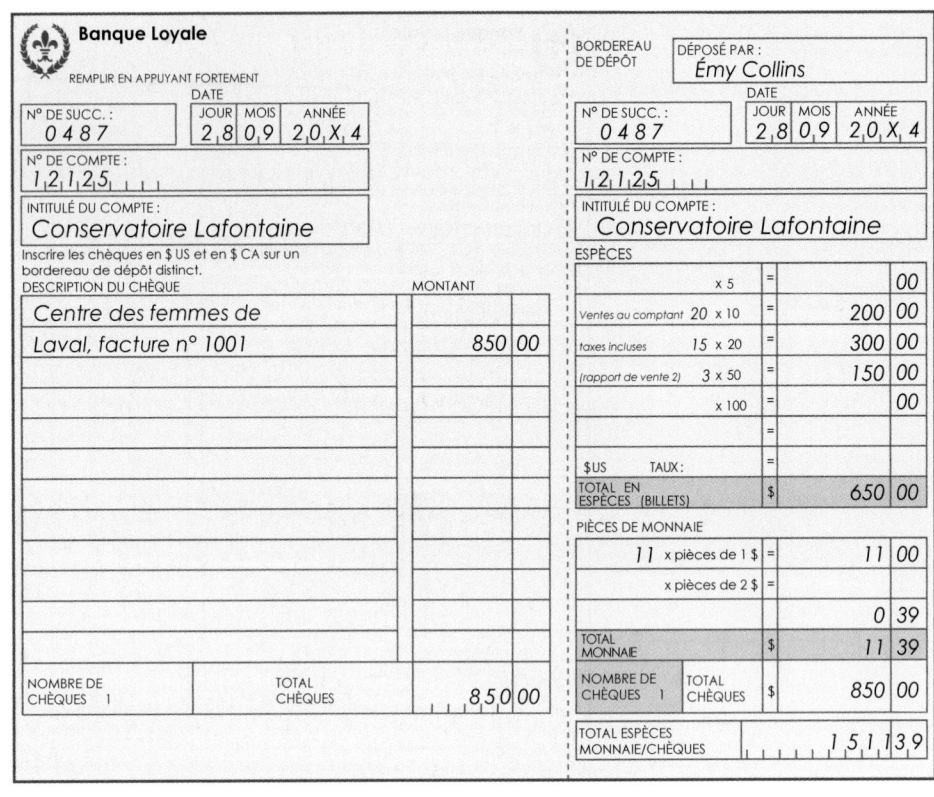

Banque Loyale

REMPLIR EN APPUYANT FORTEMENT

N° DE SUCC. :	DATE JOUR	MOIS	ANNÉE
0 4 8 7	2,8	0,9	2,0,X,4

N° DE COMPTE :
1,2,1,2,5

INTITULÉ DU COMPTE :
Conservatoire Lafontaine

Inscrire les chèques en $ US et en $ CA sur un bordereau de dépôt distinct.

DESCRIPTION DU CHÈQUE	MONTANT
Centre des femmes de Laval, facture n° 1001	850 00

NOMBRE DE CHÈQUES 1	TOTAL CHÈQUES	8,5,0 00

BORDEREAU DE DÉPÔT

DÉPOSÉ PAR :
Émy Collins

N° DE SUCC. :	DATE JOUR	MOIS	ANNÉE
0 4 8 7	2,8	0,9	2,0,X,4

N° DE COMPTE :
1,2,1,2,5

INTITULÉ DU COMPTE :
Conservatoire Lafontaine

ESPÈCES

x 5	=		00
Ventes au comptant 20 x 10	=	200	00
taxes incluses 15 x 20	=	300	00
(rapport de vente 2) 3 x 50	=	150	00
x 100	=		00
	=		
$US TAUX :	=		
TOTAL EN ESPÈCES (BILLETS)	$	650	00

PIÈCES DE MONNAIE

11 x pièces de 1 $	=	11	00
x pièces de 2 $	=		
		0	39
TOTAL MONNAIE	$	11	39

NOMBRE DE CHÈQUES 1	TOTAL CHÈQUES	$	850	00

TOTAL ESPÈCES MONNAIE/CHÈQUES	1,5,1,1 3,9

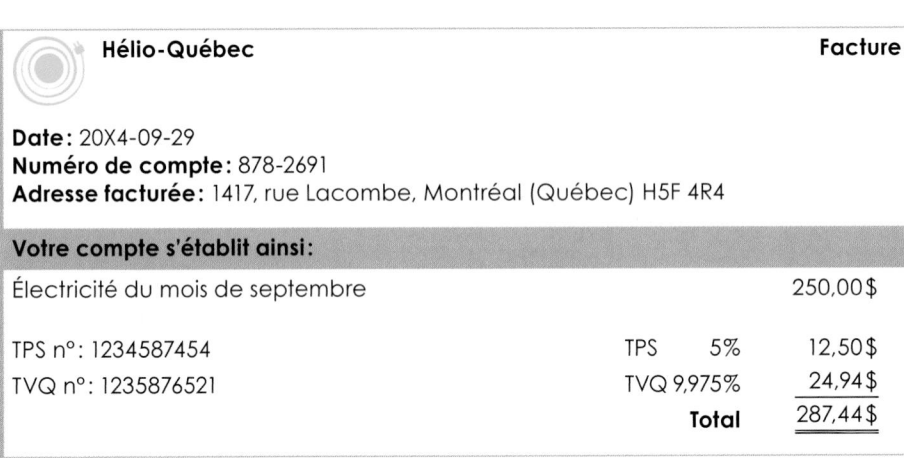

Hélio-Québec   Facture

Date : 20X4-09-29
Numéro de compte : 878-2691
Adresse facturée : 1417, rue Lacombe, Montréal (Québec) H5F 4R4

Votre compte s'établit ainsi :

Électricité du mois de septembre			250,00 $
TPS n° : 1234587454	TPS	5 %	12,50 $
TVQ n° : 1235876521	TVQ	9,975 %	24,94 $
		Total	287,44 $

Conservatoire Lafontaine   Chèque n° : 4
1417, rue Lacombe
Montréal (Québec) H5F 4R4
514 878-2691

Date : **30 septembre 20X4**

Payez à l'ordre de **Simon Nguyen**   **2 000,00** $

_____ **Deux mille** _____ **00** / 100 dollars

Banque Loyale
2527, rue Sainte-Catherine Est
Montréal (Québec) H6F 4D5

Pour : **Salaire de septembre 20X4**

Émy Collins

Conservatoire Lafontaine

|| 12125 || 0487 || 0125 || 004 ||

Conservatoire Lafontaine
1417, rue Lacombe
Montréal (Québec) H5F 4R4
514 878-2691

Chèque n°: 5

Date: **30 septembre 20X4**

Payez à l'ordre de _____ **Émy Collins** _____ **2 000,00** $

_____ **Deux mille** _____ **00** / 100 dollars

Banque Loyale
2527, rue Sainte-Catherine Est
Montréal (Québec) H6F 4D5

Pour: _____

Émy Collins
Conservatoire Lafontaine

|| 12125 || 0487 || 0125 || 005 ||

RELEVÉ BANCAIRE				

Banque Loyale
2527, rue Sainte-Catherine Est
Montréal (Québec) H6F 4D5

Conservatoire Lafontaine
N° de compte: 12125
N° de transit: 0487
Période: du 1er septembre au 30 septembre 20X4

Compte: Chèques

Date	Description	Retrait	Dépôt	Solde
Sept. 01	Dépôt		15 000,00	15 000,00
Sept. 01	Chèque n° 1	4 828,95		10 171,05
Sept. 01	Emprunt hypothécaire		20 000,00	30 171,05
Sept. 01	Chèque n° 2	26 444,25		3 726,80
Sept. 05	Chèque n° 3	1 149,75		2 577,05
Sept. 14	Dépôt		717,66	3 294,71
Sept. 28	Dépôt		1 511,39	4 806,10
Sept. 30	Chèque n° 5	2 000,00		2 806,10
Sept. 30	Remb. emprunt	630,00		2 176,10

Travail à faire

a) Enregistrer dans le journal général les écritures pour comptabiliser les opérations du mois de septembre 20X4 du Conservatoire Lafontaine.

b) Reporter les écritures aux comptes de grand livre.

c) Dresser la balance de vérification du Conservatoire Lafontaine au 30 septembre 20X4.

d) Préparer l'état des résultats, l'état des capitaux propres ainsi que le bilan du Conservatoire Lafontaine au 30 septembre 20X4.

La préparation des états financiers à l'aide d'une balance de vérification

11. Voici la balance de vérification du Service Photo Ryan, propriété de Florence Ryan, au 31 décembre 20X3:

	SERVICE PHOTO RYAN BALANCE DE VÉRIFICATION au 31 décembre 20X3		
Numéro	**Nom du compte**	**Débit**	**Crédit**
1010	Encaisse	21 650,00 $	
1100	Clients	4 340,00	
1190	Fournitures de bureau	2 160,00	
1700	Ameublement de bureau	28 620,00	
2050	Emprunt bancaire		2 500,00 $
2150	Effet à payer (court terme)		6 835,00
2450	Intérêts à payer		110,00
3100	Florence Ryan – capital		30 103,00
3300	Florence Ryan – retraits	36 000,00	
4110	Honoraires professionnels		154 600,00
5300	Salaires	66 524,00	
5410	Loyer	18 000,00	
5630	Entretien et réparations: équipement	1 825,00	
5705	Frais de déplacement	8 649,00	
5730	Électricité	1 460,00	
5740	Assurance	650,00	
5750	Télécommunications	3 615,00	
5780	Charges d'intérêts	655,00	
		194 148,00 $	194 148,00 $

Travail à faire

Préparer l'état des résultats, l'état des capitaux propres ainsi que le bilan du Service Photo Ryan pour l'exercice terminé le 31 décembre 20X3.

12. **Voici la balance de vérification du Théâtre de la Pléiade, propriété de Jade Michaud, au 31 décembre 20X2:**

	THÉÂTRE DE LA PLÉIADE BALANCE DE VÉRIFICATION au 31 décembre 20X2		
Numéro	Nom du compte	Débit	Crédit
1010	Encaisse	5 215,00$	
1200	Fournitures de théâtre	7 620,00	
1210	Assurance payée d'avance	1 251,00	
1500	Équipement de théâtre	25 882,00	
1700	Ameublement de bureau	8 935,00	
1900	Bâtiment	245 000,00	
1960	Terrain	55 000,00	
2050	Emprunt bancaire		15 500,00$
2100	Fournisseurs		5 315,00
2350	Salaires à payer		2 538,00
2450	Intérêts à payer		314,00
2905	Emprunt hypothécaire (biens immeubles)		225 000,00
3100	Jade Michaud – capital		77 682,00
3300	Jade Michaud – retraits	24 000,00	
4180	Billets d'entrée		309 857,00
5300	Salaires	215 827,00	
5420	Publicité	15 662,00	
5630	Entretien et réparations	17 847,00	
5730	Électricité	2 112,00	
5735	Chauffage	4 628,00	
5750	Télécommunications	5 379,00	
5780	Charges d'intérêts	1 848,00	
		636 206,00$	636 206,00$

Travail à faire

Préparer l'état des résultats, l'état des capitaux propres ainsi que le bilan du Théâtre de la Pléiade pour l'exercice terminé le 31 décembre 20X2.

La préparation des états financiers à l'aide d'une liste de comptes

13. **Sophie Savard, comptable, vous soumet la liste alphabétique des comptes de son entreprise, au 31 décembre 20X2:**

Ameublement de bureau	4 850,00 $
Assurance	6 492,59 $
Assurance payée d'avance	1 250,00 $
Charges d'intérêts	562,50 $
Clients	950,00 $
Cotisations professionnelles	875,00 $
Effet à payer (dû le 2 novembre 20X4)	6 000,00 $
Électricité	1 432,67 $
Encaisse	7 495,76 $
Entretien et réparations - équipement de bureau	322,15 $
Équipement de bureau	5 600,00 $
Fournisseurs	1 132,60 $
Fournitures de bureau	145,79 $
Frais de bureau	432,89 $
Frais de déplacement	3 522,76 $
Frais de représentation	995,98 $
Honoraires professionnels	125 260,00 $
Loyer	9 600,00 $
Publicité	4 275,30 $
Publicité payée d'avance	950,00 $
Sophie Savard – apports	2 000,00 $
Sophie Savard – capital	2 783,55 $
Sophie Savard – retraits	84 000,00 $
Télécommunications	3 422,76 $

Travail à faire

Préparer l'état des résultats, l'état des capitaux propres et le bilan de Sophie Savard, comptable, pour l'exercice terminé le 31 décembre 20X2.

14. **Yannick Desmarais vous soumet la liste alphabétique des comptes de son entreprise, Y.D. Info, au 31 décembre 20X8:**

Assurance	2 525,00$
Assurance payée d'avance	750,00$
Clients	12 512,32$
Effet à payer (90 jours)	5 000,00$
Effet à recevoir	6 000,00$
Électricité	2 625,32$
Emprunt bancaire	7 000,00$
Encaisse	5 292,30$
Entretien et réparations – matériel roulant	2 122,59$
Équipement d'atelier	8 250,00$
Équipement de bureau	3 150,00$
Fournisseurs	8 492,59$
Fournitures d'atelier	992,56$
Frais de bureau	452,16$
Frais de déplacement	1 972,89$
Loyer	8 400,00$
Matériel roulant	18 450,00$
Publicité	1 292,43$
Publicité payée d'avance	250,00$
Salaires	18 522,48$
Services rendus	95 525,32$
Télécommunications	2 792,32$
Yannick Desmarais – capital	2 334,46$
Yannick Desmarais – retraits	22 000,00$

Travail à faire

Préparer l'état des résultats, l'état des capitaux propres et le bilan d'Y.D. Info pour l'exercice terminé le 31 décembre 20X8.

CHAPITRE

4

Le cycle comptable des entreprises de service (avec taxes)

Une fois qu'une nouvelle entreprise est lancée, comment peut-on enregistrer les transactions avec les clients, les fournisseurs, etc.? Doit-on percevoir les taxes auprès de nos clients? Y a-t-il une façon plus rapide de préparer les états financiers?

L'étude de ce chapitre permet de comprendre la comptabilisation de la TPS et de la TVQ. Par la suite, nous verrons comment effectuer les opérations comptables dans le journal général et les reporter au grand livre afin de dresser la balance de vérification et de préparer les états financiers.

OBJECTIFS D'APPRENTISSAGE

— Calculer la TPS et la TVQ.

— Saisir le rôle du journal général et son lien avec le grand livre.

— Comptabiliser les écritures au journal général.

— Reporter ces opérations au grand livre et aux grands livres auxiliaires.

— Dresser la balance de vérification.

— Préparer les états financiers.

MISE EN SITUATION

Olivier Hurtubise est un musicien diplômé d'une technique professionnelle de musique et de chanson. Il est particulièrement doué au piano et à la guitare, et il désire transmettre sa passion pour la musique. Il a décidé de fonder son entreprise: Musique Pick & Cordes. Celle-ci offre des cours en privé et en groupe. De plus, Olivier se déplace à l'occasion pour fournir des services de sonorisation pour des spectacles. Les transactions de son exercice financier se terminant le 31 décembre 20X8 serviront à appliquer les étapes du cycle comptable de l'entreprise:

- Comptabilisation des transactions au journal général;
- Report des écritures du journal général au grand livre et aux grands livres auxiliaires;
- Rédaction de la balance de vérification;
- Préparation des états financiers: état des résultats, état des capitaux propres et bilan.

Oliver prévoit que son école de musique réalisera plus de 30 000$ de chiffre d'affaires par année; elle devra donc percevoir la TPS et la TVQ auprès de ses clients et elle pourra réclamer au gouvernement les taxes qu'elle paiera sur ses charges et immobilisations.

Olivier Hurtubise, musicien

Les transactions de l'exercice financier se terminant le 31 décembre 20X8 serviront à appliquer les étapes du cycle comptable de l'entreprise.

4.1 Les taxes (TPS et TVQ)

Les entreprises aussi bien que les particuliers doivent composer quotidiennement avec les taxes à la consommation. Comme ces taxes ont une influence sur la façon de comptabiliser les transactions, il convient ici d'en étudier le principe de fonctionnement.

Une entente intervenue entre les gouvernements du Canada et du Québec fait en sorte que Revenu Québec assume l'administration de la taxe fédérale sur les produits et services (TPS) et celle de la taxe de vente du Québec (TVQ).

Les deux lois – soit la Loi sur la taxe d'accise et la Loi sur la taxe de vente du Québec – sont très complexes, comportant de nombreuses particularités et de multiples exceptions. Dans cette section du chapitre, nous en ferons un rapide survol et énoncerons les principes généraux d'application qui les régissent. L'accent sera surtout mis sur la manière de comptabiliser, de façon générale, les transactions qui doivent tenir compte de ces taxes ainsi que les rapports à remettre au gouvernement. Pour plus de précisions, il faudra consulter les textes de loi.

4.1.1 Les principes d'application

L'entreprise qui vend un bien ou rend un service et qui a un chiffre d'affaires de plus de 30 000 $ ou qui est inscrite est tenue par la loi de percevoir les taxes. Ainsi, elle doit facturer la TPS et la TVQ à l'acheteur et ensuite les remettre aux gouvernements fédéral et provincial, ce que nous verrons un peu plus loin. L'entreprise est en quelque sorte mandataire des gouvernements (provincial et fédéral) pour la perception des taxes.

À l'inverse, l'entreprise qui achète devra payer les taxes sur les achats ou sur les services reçus. Par contre, elle peut en réclamer le plein remboursement, car ce sont des taxes à la consommation. Elles sont ajoutées à chaque étape de la production et de la distribution. Selon le principe des taxes à la consommation, c'est l'utilisateur final qui paie, habituellement le consommateur.

Le terme « taxes à la consommation » veut dire que ce n'est que le dernier acheteur, habituellement un particulier, qui assume seul la TPS et la TVQ. Par exemple, un grossiste paie les taxes lorsqu'il achète un bien d'une entreprise manufacturière, mais il peut déduire celles qu'il a payées contre celles qu'il facture à ses clients lorsqu'il revend ces marchandises. C'est l'acheteur consommateur qui paie finalement les taxes qui sont remises au gouvernement par le vendeur.

4.1.2 Les ventes taxables, détaxées ou exonérées

Il existe trois types de ventes : taxables, détaxées et exonérées. La classification d'une vente dépend de la catégorie de produits ou de services à laquelle elle appartient.

Les ventes taxables

La plupart des entreprises inscrites auprès de Revenu Québec ont des ventes taxables, c'est-à-dire qu'elles perçoivent la TPS et la TVQ sur les services rendus à leurs clients ou sur les ventes de marchandises. Ainsi, la très grande majorité

www.

Loi sur la taxe d'accise
http://lois-laws.justice.gc.ca/fra

Loi sur la taxe de vente du Québec
www2.publicationsduquebec.
gouv.qc.ca

Chiffre d'affaires

Ensemble des produits d'exploitation réalisés par l'entreprise.

Mandataire

Personne ou entreprise qui agit au nom, à la place et pour le compte d'une autre personne physique ou morale.

Vente taxable

Service rendu ou vente de marchandises pour lesquels la TPS ou la TVQ s'appliquent. Les ventes taxables sont constituées de tous les services et ventes effectués pour une activité commerciale.

des services rendus (par exemple : avocats, notaires, agents immobiliers, forfaits de téléphonie cellulaire) et des ventes de marchandises (téléviseurs, grille-pains, motocyclettes, ordinateurs, etc.) sont taxables.

Dans le cas où une entreprise ne vend que des produits et services taxables, elle percevra les taxes de ses clients et pourra recouvrer toutes les taxes payées sur ses charges et ses acquisitions d'actifs par le mécanisme du crédit de taxe sur les intrants, qui sera expliqué plus loin dans ce chapitre.

Les ventes détaxées

Vente détaxée
Vente taxable au taux de 0 % et pour laquelle l'entreprise n'a pas à percevoir la TPS ni la TVQ.

Les ventes détaxées de marchandises ou la prestation de services détaxés concernent les produits et services assujettis à une taxe de taux nul. La figure 4.1 en présente des exemples.

FIGURE 4.1 DES EXEMPLES DE PRODUITS ET SERVICES DÉTAXÉS

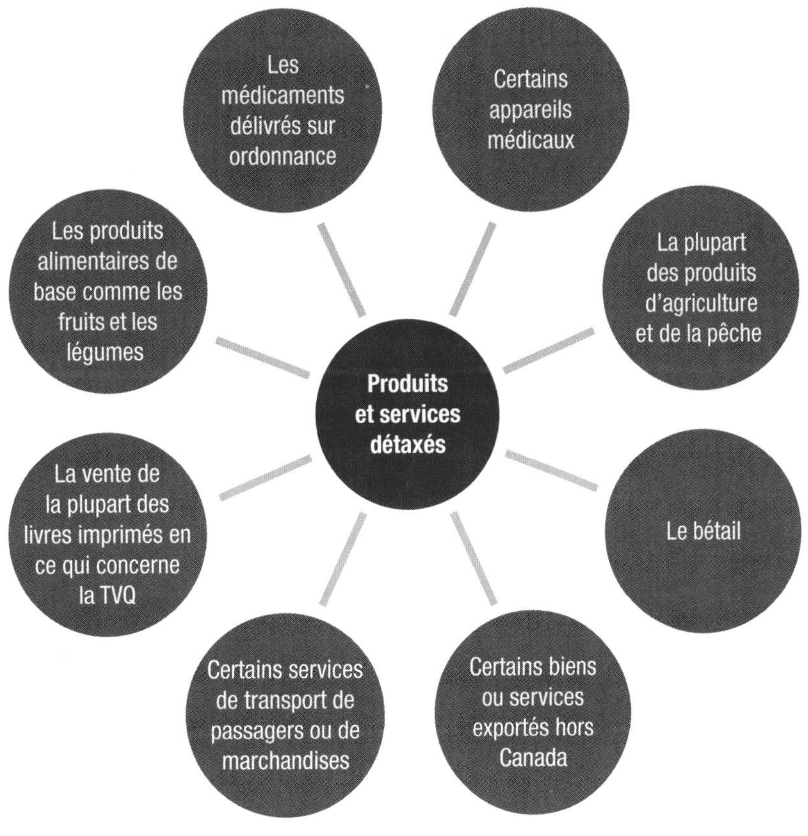

WWW.
Revenu Québec, Taxes pour les entreprises http://revenuquebec.ca/fr/ entreprise/taxes

Dans le cas où une entreprise ne vend que des produits et services détaxés, elle ne perçoit pas de taxes de ses clients. Par contre, elle peut recouvrer toutes les taxes payées sur ses charges et actifs par le mécanisme du crédit de taxe sur les intrants, qui sera expliqué plus loin dans ce chapitre. Il y a plusieurs types de produits détaxés. Pour en savoir davantage sur ce type de vente au taux de taxe de 0 %, visitez le site de Revenu Québec.

Les ventes exonérées

Les **ventes exonérées** de produits et services sont celles sur lesquelles aucune taxe ne s'applique. L'entreprise n'a donc pas à percevoir de taxes sur ce type de vente. La figure 4.2 présente quelques exemples de ventes exonérées.

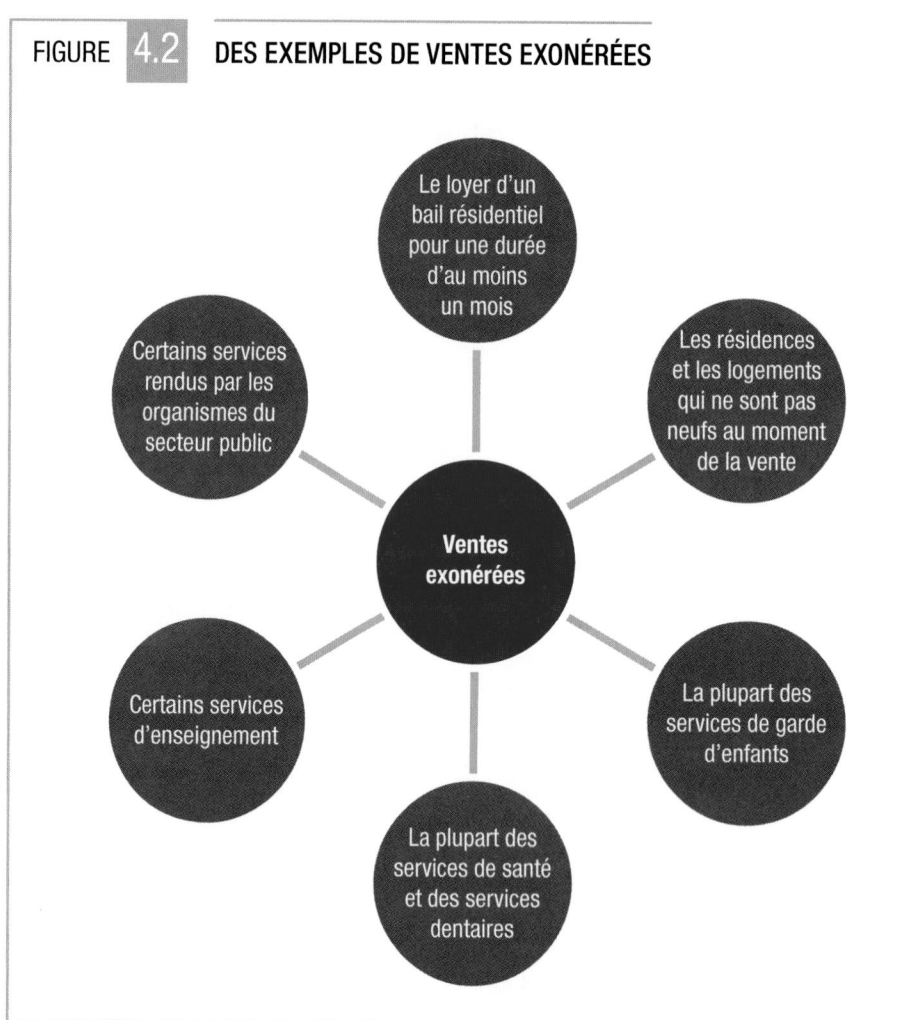

FIGURE 4.2 DES EXEMPLES DE VENTES EXONÉRÉES

Dans le cas des ventes de produits et de services exonérés, une entreprise ne peut réclamer de crédit de taxe sur les intrants (au fédéral) ni de remboursement de la taxe sur les intrants (au provincial) pour les taxes payées sur ses charges et actifs.

4.1.3 Le principe du calcul des taxes

La taxe sur les produits et services (TPS) est de 5 % et elle s'applique à presque toutes les transactions commerciales. C'est la première taxe qui est calculée. Ainsi, lors d'un achat de 100 $, la TPS est de 5 $, soit 100 $ × 5 %.

Pour ce qui est de la taxe de vente du Québec (TVQ), son taux est de 9,975 %, et il est aussi calculé sur le montant de base de la transaction.

Une fois qu'on a calculé la TPS de 5 $, on calcule la TVQ à partir du même montant de base de 100 $. Ce chiffre est multiplié par 9,975 %, ce qui donne une TVQ de 9,975 $, pour un total de 114,975 $ (100 $ + 5 $ + 9,975 $).

Le taux combiné des taxes est donc de 14,975 % (5 % + 9,975 %).

MISE EN SITUATION ▶

 Musique Pick & Cordes   **Facture**
210, rue Laviolette
Trois-Rivières (Québec) G9A 1T9
Tél. : 819 814-7858

Facture : 201
Date : 20X8-01-08
Conditions : Net 30 jours
Client : Cédric Lemay
540, rue Williams
Trois-Rivières (Québec) G9A 3J4

Description				Montant
Service de sonorisation pour le spectacle de Karma du 6 janvier				500,00 $
TPS n° : 122456789TP0001	**1** TPS	5 %		25,00
TVQ n° : 1224567801TQ0001	**2** TVQ	9,975 %		49,88
			Total	574,88 $ **3**

1 Le montant avant taxes est premièrement multiplié par le taux de TPS, soit 5 %.

2 Le même montant de base est ensuite multiplié par le taux de la TVQ de 9,975 %.

3 Le résultat final comprend les trois montants précédents pour un total de 574,88 $. ◀

Veuillez inscrire les montants manquants sur les documents suivants:

Équipement Bureau
2223, rue Morin
Québec (Québec) G3W 1G5

Date: 23 janvier 20X8

Facture n°: 345

Conditions: Net 30 jours
Client: Services comptables sur demande
456, boul. Latreille, Québec
(Québec) G5F 4G5

Expédié à: Même adresse que ci-dessus

Quantité	Description	Prix unitaire		Montant
8	Caisses de papier 8 1/2 x 11	45,00$		360
TPS n°: 127655123TP001		TPS	5%	18
TVQ n°: 1273141576TQ001		TVQ	9,975%	35,91
			Total	413,91

Entretien ménager Boutin

Facture n°: 9897

Date: 20X8-01-23
Conditions de paiement: Net 30 jours

Client		Expédié à		
Services comptables sur demande 456, boul. Latreille Québec (Québec) G5F 4G5		Même adresse		

Quantité	Description	Prix unitaire		Montant
1	Entretien ménager mensuel (décembre 20X7)			191,81
TPS n°: 127655123TP001		TPS	5%	9,59
TVQ n°: 1273141576TQ001		TVQ	9,975%	19,13
			Total	220,53 $

Entretien ménager Boutin – 45, rue du Moulin, Québec (Québec) G3L 7K5

4.1.4 La remise des taxes

Les taxes **perçues** sur les ventes sont appelées **taxes sur les extrants** tandis que celles qui ont été payées sur les charges et les actifs se nomment **taxes sur les intrants.**

La TPS payée est recouvrée au moyen d'un crédit de taxe sur les intrants (CTI), et la TVQ payée est recouvrée au moyen d'un remboursement de la taxe sur les intrants (RTI). **L'entreprise ne remet aux gouvernements que la différence entre les taxes perçues sur ses ventes et les taxes payées sur ses charges et l'acquisition de ses actifs.**

Lorsque l'entreprise produit une demande d'inscription, elle reçoit alors des numéros d'autorisation des gouvernements fédéral et provincial.

L'entreprise doit remplir une déclaration de TPS et de TVQ à la fin de chaque période de déclaration (voir la section Supplément d'information n° 1, figure 4.8). Revenu Québec lui attribue une période de déclaration au moment de son inscription, en fonction du montant annuel estimatif de ses ventes taxables et détaxées effectuées au Canada.

Un supplément d'information, présenté en fin de chapitre, démontrera la façon de procéder pour la remise des taxes.

À VOUS DE JOUER !

À l'aide de la facture suivante, donnez le montant correspondant à ces éléments :

a) Le produit d'exploitation est de _____ *320* _____ $.

b) Le total de la facture est de _____ *367,92* _____ $.

c) La somme à remettre aux gouvernements est de _____ *47,92* _____ $.

Équipement Bureau
2223, rue Morin
Québec (Québec) G3W 1G5

Date : 5 janvier 20X8   **Facture n° :** 879
Conditions : Net 30 jours
Client : Services comptables sur demande
456, boul. Latreille, Québec
(Québec) G5F 4G5

Expédié à : Même adresse que ci-dessus

Quantité	Description	Prix unitaire		Montant
1	Chaise à roulettes	95,00$		95,00$
1	Bureau brun 3 tiroirs	225,00		225,00
		Total partiel		320,00$
TPS n° : 127655123TP001		TPS	5%	16,00
TVQ n° : 1273141576TQ001		TVQ	9,975%	31,92
			Total	367,92$

4.1.5 La notion de petit fournisseur

Il est nécessaire de connaître la notion de «petit fournisseur». En effet, elle est importante pour établir si une personne doit s'inscrire aux fichiers de la TPS et de la TVQ.

Si l'entreprise prévoit que le total annuel de ses ventes taxables ne dépassera pas 30 000 $, celle-ci sera probablement considérée comme un petit fournisseur. Dans ce cas, l'entreprise n'aura pas à percevoir la TPS et la TVQ. Elle n'aura donc pas à s'inscrire.

Si vous avez étudié le chapitre 3, qui traitait des entreprises n'ayant pas à percevoir les taxes auprès de leurs clients, vous avez vu que lors de l'inscription de la transaction d'un achat, les deux taxes (TPS et TVQ) sont considérées comme faisant partie du même compte que celui utilisé pour l'achat. Ainsi, le montant des taxes s'additionne au prix du bien acheté ou au service reçu, et le total devient le coût du bien ou le montant de la charge. Lorsque l'entreprise émet des factures de ventes, elle ne doit pas ajouter les deux taxes (TPS et TVQ) au montant de la vente.

Vous achetez, pour votre entreprise, une pièce d'équipement dont le coût avant taxes est de 20 000 $. À ce montant s'ajoutent des taxes de 2 995 $. Dans un contexte de petit fournisseur, cette somme sera ajoutée à celle de 20 000 $ qui sera normalement inscrite dans un compte d'immobilisations. Le coût d'acquisition de cette pièce d'équipement sera donc de 22 995 $.

Cependant, si le total des ventes taxables vient à dépasser 30 000 $, l'entreprise devra alors percevoir les taxes. Le délai pour s'inscrire variera selon que les ventes auront atteint 30 000 $ au cours des quatre derniers trimestres civils ou dans un seul trimestre.

4.2 Le cycle comptable d'une entreprise individuelle avec les taxes

Nous allons maintenant utiliser le journal général afin de comptabiliser les transactions d'une entreprise en utilisant l'exemple du cycle comptable de Musique Pick & Cordes.

4.2.1 La comptabilisation au journal général

Pour bien maîtriser l'application de la règle de comptabilisation qui permet d'enregistrer les opérations dans le journal général, nous commencerons par l'analyse des transactions à l'aide d'un tableau (voir le tableau 4.1). Nous ferons par la suite les écritures dans le journal général. Notons toutefois qu'après un certain temps, le tableau d'analyse des transactions n'est plus nécessaire; on peut alors passer directement au journal général.

TABLEAU **4.1** ▶ Le tableau d'analyse des transactions

ÉTAPE	ANALYSE
1	Déterminer les comptes touchés par la transaction.
2	Attribuer la catégorie qui est associée à chaque compte de grand livre : • Actif • Passif • Capitaux propres • Produits • Charges
3	Déterminer l'augmentation ou la diminution de chaque compte.
4	Appliquer la règle relative au débit/crédit.

Le journal général est un document comptable où l'on enregistre chronologiquement les opérations financières courantes de l'entreprise. Nous verrons plus tard qu'il existe d'autres journaux que l'on peut utiliser pour enregistrer certaines transactions. Les transactions enregistrées dans le journal général doivent mentionner les éléments suivants :

1 Date de transaction

2 Nom des comptes affectés par la transaction. Une courte explication suit l'écriture

3 Numéro de compte

4 Montants

Voici un exemple de journal général :

JOURNAL GÉNÉRAL				Page : 1
Date	Nom des comptes et explication	Numéro du compte	Débit	Crédit
20X8				
1	**2**	**3**	**4**	**4**

MISE EN SITUATION ▶ Nous allons commencer la comptabilisation des transactions au journal général de Musique Pick & Cordes pour le mois de janvier 20X8. Rappelons cependant au préalable la règle de comptabilisation (voir le tableau 4.2).

TABLEAU **4.2** ▶ La règle de comptabilisation selon le type de compte

TYPE DE COMPTE	LOGIQUE DE CALCUL	SOLDE HABITUEL
Actif	Augmente au débit et diminue au crédit	Débiteur
Passif	Augmente au crédit et diminue au débit	Créditeur
Capitaux propres	Augmente au crédit et diminue au débit	Créditeur
Produits	Augmente au crédit et diminue au débit	Créditeur
Charges	Augmente au débit et diminue au crédit	Débiteur

L'investissement initial : transaction du 1er janvier

Olivier Hurtubise investit l'argent qu'il a amassé afin de lancer sa nouvelle entreprise. Le 1er janvier, il dépose 50 000 $ dans un compte en banque qu'il a ouvert au nom de l'entreprise :

Il faut ensuite faire l'analyse de la transaction et appliquer la règle du débit/crédit pour obtenir le tableau 4.3. Il en est de même pour les tableaux 4.4 à 4.10.

TABLEAU 4.3 ► L'analyse de la transaction du 1er janvier

NOM DES COMPTES	CLASSEMENT	AUGMENTATION ou DIMINUTION	ÉCRITURE
Encaisse	Actif	Augmentation	*Encaisse* – débit de 50 000,00 $
Olivier Hurtubise – capital	Capitaux propres	Augmentation	*Olivier Hurtubise – capital –* crédit de 50 000,00 $

JOURNAL GÉNÉRAL				Page : 1
Date	**Nom des comptes et explication**	**Numéro du compte**	**Débit**	**Crédit**
20X8				
Janv. 01	Encaisse	1010	50 000,00	
	Olivier Hurtubise – capital	3100		50 000,00
	(dépôt à la banque de l'investissement			
	initial du propriétaire)			

L'acquisition d'un immeuble : transaction du 2 janvier

Olivier achète un bâtiment construit en 1978, situé au centre-ville de Trois-Rivières au coût de 400 000 $ afin d'exploiter son entreprise. Il s'agit d'un triplex doté de trois logements et d'un local commercial au rez-de-chaussée. Cela permettra à Olivier d'habiter près de son entreprise et d'encaisser des revenus de location auprès de locataires. Cette acquisition est financée en partie par un emprunt hypothécaire de 365 000 $ et le solde est payé à l'aide du chèque 101 de 35 000 $:

Musique Pick & Cordes   Chèque n° : 101
210, rue Laviolette
Trois-Rivières (Québec)
G9A 1T9   Date : 2 janvier 20X8

Payez à   Jean Brillant, notaire   35 000,00 $
l'ordre de

——————————— Trente-cinq mille ——————————— 00 / 100 dollars

Banque Boréale
324, rue des Forges
Trois-Rivières (Québec) G9A 2G8

Pour :   Achat bâtiment rue Laviolette   *Olivier Hurtubise*

|| 13154 || 07845 || 101 || **Musique Pick & Cordes**

TABLEAU 4.4 ▶ L'analyse de la transaction du 2 janvier

NOM DES COMPTES	CLASSEMENT	AUGMENTATION ou DIMINUTION	ÉCRITURE
Terrain	Actif	Augmentation	*Terrain* – débit de 80 000,00 $
Bâtiment	Actif	Augmentation	*Bâtiment* – débit de 320 000,00 $
Emprunt hypothécaire (biens immeubles)	Passif	Augmentation	*Emprunt hypothécaire (biens immeubles)* – crédit de 365 000 $
Encaisse	Actif	Diminution	*Encaisse* – crédit de 35 000,00 $

JOURNAL GÉNÉRAL				Page : 1
Date	Nom des comptes et explication	Numéro du compte	Débit	Crédit
20X8				
Janv. 02	Terrain	1960	80 000,00	
	Bâtiment	1900	320 000,00	
	Emprunt hypothécaire (biens immeubles)	2905		365 000,00
	Encaisse	1010		35 000,00
	(achat d'un terrain et d'un bâtiment financé			
	en partie par un emprunt hypothécaire)			

SAVIEZ-VOUS QUE... La vente d'un immeuble qui n'est pas neuf au moment de la vente est considérée comme une vente exonérée par Revenu Québec. C'est la raison pour laquelle il n'y a aucune TPS et TVQ sur cette transaction.

Le dépôt des recettes de la semaine : transaction du 5 janvier

L'entreprise d'Olivier dépose à la banque ses recettes de cours de musique pour la semaine, incluant la TPS et la TVQ perçue, soit 689,85 $:

Banque Boréale

REMPLIR EN APPUYANT FORTEMENT

| BORDEREAU DE DÉPÔT | DÉPOSÉ PAR : Olivier Hurtubise |

DATE
N° DE SUCC. : 7845 — JOUR 05 | MOIS 01 | ANNÉE 20X8
N° DE COMPTE : 13154
INTITULÉ DU COMPTE : Musique Pick & Cordes
Inscrire les chèques en $ US et en $ CA sur un bordereau de dépôt distinct.
DESCRIPTION DU CHÈQUE — MONTANT

DATE
N° DE SUCC. : 7845 — JOUR 05 | MOIS 01 | ANNÉE 20X8
N° DE COMPTE : 13154
INTITULÉ DU COMPTE : Musique Pick & Cordes

ESPÈCES

15 x 5	=	75	00
12 x 10	=	120	00
22 x 20	=	440	00
1 x 50	=	50	00
x 100	=		00
$US TAUX :	=		
TOTAL EN ESPÈCES (BILLETS)	$	685	00

PIÈCES DE MONNAIE

4 x pièces de 1 $	=	4	00
x pièces de 2 $	=		
		0	85
TOTAL MONNAIE	$	4	85

NOMBRE DE CHÈQUES	TOTAL CHÈQUES		

NOMBRE DE CHÈQUES | TOTAL CHÈQUES | $

| TOTAL ESPÈCES MONNAIE/CHÈQUES | 689 85 |

TABLEAU 4.5 ▶ L'analyse de la transaction du 5 janvier

NOM DES COMPTES	CLASSEMENT	AUGMENTATION ou DIMINUTION	ÉCRITURE
Encaisse	Actif	Augmentation	*Encaisse* – débit de 689,85 $
Services rendus	Produits	Augmentation	*Services rendus* – crédit de 600,00 $
TPS à payer	Passif	Augmentation	*TPS à payer* – crédit de 30,00 $
TVQ à payer	Passif	Augmentation	*TVQ à payer* – crédit de 59,85 $

JOURNAL GÉNÉRAL				Page : 1
Date	**Nom des comptes et explication**	**Numéro du compte**	**Débit**	**Crédit**
20X8				
Janv. 05	Encaisse	1010	689,85	
	Services rendus	4120		600,00
	TPS à payer	2305		30,00
	TVQ à payer	2310		59,85
	(dépôt à la banque des recettes de services rendus			
	de la semaine)			

Les taxes perçues sont comptabilisées dans les comptes *TPS à payer* et *TVQ à payer,* puisqu'il s'agit de montants de taxes que l'entreprise perçoit au nom de Revenu Québec.

L'émission d'une facture : transaction du 8 janvier

L'entreprise d'Olivier émet une facture à un de ses clients, Cédric Lemay, pour la sonorisation de son spectacle. Il s'agit de la facture n° 201, qui est de 500 $ plus les taxes. Le client fera parvenir son chèque dans quelques jours.

 Musique Pick & Cordes **Facture**
210, rue Laviolette
Trois-Rivières (Québec) G9A 1T9
Tél. : 819 814-7858

Facture : 201
Date : 20X8-01-08
Conditions : Net 30 jours
Client : Cédric Lemay
540, rue Williams
Trois-Rivières (Québec) G9A 3J4

Description			Montant
Service de sonorisation pour le spectacle de Karma du 6 janvier			500,00 $
TPS n° : 122456789TP0001	TPS	5 %	25,00
TVQ n° : 1224567801TQ0001	TVQ	9,975 %	49,88
		Total	574,88 $

TABLEAU 4.6 ▶ L'analyse de la transaction du 8 janvier

NOM DES COMPTES	CLASSEMENT	AUGMENTATION ou DIMINUTION	ÉCRITURE
Clients	Actif	Augmentation	*Clients* – débit de 574,88 $
Services rendus	Produits	Augmentation	*Services rendus* – crédit de 500,00 $
TPS à payer	Passif	Augmentation	*TPS à payer* – crédit de 25,00 $
TVQ à payer	Passif	Augmentation	*TVQ à payer* – crédit de 49,88 $

JOURNAL GÉNÉRAL				Page : 1
Date	Nom des comptes et explication	Numéro du compte	Débit	Crédit
20X8				
Janv. 08	Clients	1100	574,88	
	Services rendus	4120		500,00
	TPS à payer	2305		25,00
	TVQ à payer	2310		49,88
	(facture n° 201 expédiée à Cédric Lemay)			

La réception d'une facture de publicité : transaction du 9 janvier

Le journal local *La Vallée* a fait parvenir la facture n° B-1317, qui est de 125 $ plus les taxes, pour une publicité. Cette facture est payable avant la fin du mois.

La Vallée	**N° de facture :** B-1317
L'hebdo du quartier	**Date :** 20X8-01-09
2200, boul. du Carmel	**Vendeur :** Émond Journault
Trois-Rivières (Québec) G8Z 1V1	**N° de client :** C-944
819 816-4646	
	Musique Pick & Cordes
	210, rue Laviolette, Trois-Rivières
	(Québec) G9A 1T9
Date de livraison :	819 814-7858
Conditions : Net 30 jours	

FACTURE			
Carte annonce hebdo			125,00 $
TPS n° : 123542189TP001		TPS 5 %	6,25
TVQ n° : 1445167122TQ001		TVQ 9,975 %	12,47
		Total	143,72 $

Merci !

TABLEAU 4.7 ▶ L'analyse de la transaction du 9 janvier

NOM DES COMPTES	CLASSEMENT	AUGMENTATION ou DIMINUTION	ÉCRITURE
Publicité	Charges	Augmentation	*Publicité* – débit de 125,00 $
TPS à recevoir	Actif	Augmentation	*TPS à recevoir* – débit de 6,25 $
TVQ à recevoir	Actif	Augmentation	*TVQ à recevoir* – débit de 12,47 $
Fournisseurs	Passif	Augmentation	*Fournisseurs* – crédit de 143,72 $

JOURNAL GÉNÉRAL				Page : 1
Date	Nom des comptes et explication	Numéro du compte	Débit	Crédit
20X8				
Janv. 09	Publicité	5420	125,00	
	TPS à recevoir	1105	6,25	
	TVQ à recevoir	1110	12,47	
	Fournisseurs	2100		143,72
	(facture n° B-1317 reçue du journal *La Vallée*			
	payable avant la fin du mois)			

Les taxes payées par l'entreprise sont comptabilisées dans les comptes *TPS à recevoir* et *TVQ à recevoir* puisqu'il s'agit de taxes que l'entreprise réclamera auprès de Revenu Québec.

MISE EN GARDE

Les taxes qui sont remboursables sont inscrites dans les comptes TPS à recevoir et TVQ à recevoir lorsque la charge est rendue ou facturée à l'entreprise. On n'a pas à attendre que le montant soit déboursé.

L'émission d'un chèque pour l'acquisition d'un piano : transaction du 10 janvier

Olivier procède au paiement par chèque n° 102 de la facture n° 127112 provenant de Brault inc., s'élevant à 5 748,75 $ (taxes incluses), pour l'achat d'un piano pour l'école de musique.

Brault inc.
La Musique pour tous !
835, boul. des Récollets,
bureau 101, Trois-Rivières, G8Z 3W5

Facture de vente

Date	Numéro	Crédit	Représentant(e)
20X8-01-10	127112	Comptant (chèque)	Vanessa

Facturé à :

Musique Pick & Cordes
210, rue Laviolette
Trois-Rivières (Québec) G9A 1T9
819 814-7858

Article	Description		Montant
9227-GB1KFP	Piano à queue Yamaha, livré et accordé Garantie 10 ans		5 000,00 $
TPS n°: 141267123RT0001		TPS 5%	250,00
TVQ n°: 1271121428TQ0001		TVQ 9,975 %	498,75
		Total	5 748,75 $
Conditions : Net 30 jours			

Musique Pick & Cordes
210, rue Laviolette
Trois-Rivières (Québec)
G9A 1T9

Chèque n° : 102

Date : **10 janvier 20X8**

Payez à
l'ordre de **Brault inc.**

5 748,75 $

Cinq mille sept cent quarante-huit **75** / 100 dollars

Banque Boréale
324, rue des Forges
Trois-Rivières (Québec) G9A 2G8

Pour : **Facture n° 127112**

Olivier Hurtubise

Musique Pick & Cordes

|| 13154 || 07845 || 102 ||

 **TABLEAU 4.8** ▶ L'analyse de la transaction du 10 janvier

NOM DES COMPTES	CLASSEMENT	AUGMENTATION ou DIMINUTION	ÉCRITURE
Équipement musical	Actif	Augmentation	*Équipement musical* – débit de 5 000,00 $
TPS à recevoir	Actif	Augmentation	*TPS à recevoir* – débit de 250,00 $
TVQ à recevoir	Actif	Augmentation	*TVQ à recevoir* – débit de 498,75 $
Encaisse	Actif	Diminution	*Encaisse* – crédit de 5 748,75 $

MISE EN GARDE

Les taxes sont également remboursables dans le cas d'acquisition d'actifs.

JOURNAL GÉNÉRAL					Page : 1
Date	Nom des comptes et explication	Numéro du compte	Débit	Crédit	
20X8					
Janv. 10	Équipement musical	1500	5 000,00		
	TPS à recevoir	1105	250,00		
	TVQ à recevoir	1110	498,75		
	Encaisse	1010		5 748,75	
	(chèque n° 102 émis au nom de Brault inc.				
	pour acquitter la facture n° 127112)				

 **SAVIEZ-VOUS QUE...?**

Le compte de grand livre *Équipement* peut avoir différentes appellations selon le type d'entreprise. De façon générale, ce compte désigne une catégorie d'immobilisations qui permet à une entreprise de gagner des produits d'exploitation. Ainsi, une école de musique portera au compte *Équipement musical* les instruments qui lui permettent d'offrir ses cours de musique. Pour une entreprise de forage pétrolier, il s'agira du compte *Équipement de forage* alors qu'un supermarché d'alimentation utilisera *Équipement réfrigéré* pour ses nombreux réfrigérateurs.

L'émission d'un chèque pour payer le déneigement: transaction du 15 janvier

Le chèque n° 103 de 500 $ a été émis pour payer le service de déneigement de l'entrée de l'immeuble.

Déneigement Robert Vigneault
220, boul. des Forges
Trois-Rivières (Québec) G9A 1T9
Tél.: 819 814-7315

Facture : 1793
Date : 20X8-01-07

Conditions: Net 30 jours
Client : Musique Pick & Cordes
210, rue Laviolette
Trois-Rivières (Québec) G9A 1T9

Description	Montant
Service de déneigement de l'entrée de l'immeuble	500,00 $
Total	500,00 $

Merci de nous confier vos travaux

Musique Pick & Cordes   Chèque n°: 103
210, rue Laviolette
Trois-Rivières (Québec)
G9A 1T9   Date: **15 janvier 20X8**

Payez à **Déneigement Robert Vigneault**   **500,00** $
l'ordre de

—— **Cinq cents** —— **00** / 100 dollars

Banque Boréale
324, rue des Forges
Trois-Rivières (Québec) G9A 2G8

Pour: **Facture n° 1793**   *Olivier Hurtubise*

|| 13154 || 07845 || 103 || **Musique Pick & Cordes**

TABLEAU **4.9** ▶ L'analyse de la transaction du 15 janvier

NOM DES COMPTES	CLASSEMENT	AUGMENTATION ou DIMINUTION	ÉCRITURE
Entretien et réparation – bâtiment	Charges	Augmentation	*Entretien et réparation – bâtiment – débit de 500,00 $*
Encaisse	Actif	Diminution	*Encaisse – crédit de 500,00 $*

JOURNAL GÉNÉRAL				Page: 1
Date	Nom des comptes et explication	Numéro du compte	Débit	Crédit
20X8				
Janv. 15	Entretien et réparations – bâtiment	5640	500,00	
	Encaisse	1010		500,00
	(chèque n° 103 émis au nom de			
	Déneigement Robert Vigneault)			

La réception d'une facture d'Horizon Télécom : transaction du 18 janvier

Musique Pick & Cordes a reçu en ce jour la facture de télécommunications n° 522006 d'Horizon Télécom, s'élevant à 670 $ plus les taxes ; la politique de l'entreprise est de payer le mois suivant la réception de la facture :

Musique Pick & Cordes 210, rue Laviolette Trois-Rivières (Québec) G9A 1T9		**Facture** 522006
Horizon Télécom	Numéro de compte : Date de facturation :	819-814-7858 20X8-01-18

Sommaire du compte		
Précédent	Solde antérieur	,00 $
	Paiement reçu – Merci	,00
	Rectifications	,00
	Solde reporté	,00 $
Courant	Installation service de fibre optique super haute vitesse	100,00 $
	Frais d'installation et ouverture de dossier	50,00
	Services ligne fixe entreprise pour le mois de janvier	100,00
	Deuxième ligne, boîte vocale, afficheur	65,00
	Forfait interurbains illimités	55,00
	Téléphonie mobile, forfait affaires plus	70,00
	Boîte vocale, afficheur et messagerie texte illimités	40,00
	Service Internet super haute vitesse	90,00
	Routeur sans fil modèle D-LINK 456656	100,00
	Total avant taxes	670,00 $
	TPS n° : 100356987 TPS 5 %	33,50
	TVQ n° : 1001237654 TVQ 9,975 %	66,83
	Montant dû	770,33 $

S'il vous plaît, veuillez acquitter ce compte dès réception. Pour éviter tout supplément de retard, veuillez vous assurer que votre paiement nous parviendra au plus tard le 28 février 20X8.

Horizon Télécom	Numéro de compte	Date de facturation	Montant dû	Montant versé
	819-814-7858	20X8-01-18	770,33 $	

Musique Pick & Cordes
210, rue Laviolette
Trois-Rivières
(Québec) G9A 1T9

TABLEAU 4.10 ▶ L'analyse de la transaction du 18 janvier

NOM DES COMPTES	CLASSEMENT	AUGMENTATION ou DIMINUTION	ÉCRITURE
Télécommunications	Charges	Augmentation	*Télécommunications* – débit de 670,00 $
TPS à recevoir	Actif	Augmentation	*TPS à recevoir* – débit de 33,50 $
TVQ à recevoir	Actif	Augmentation	*TVQ à recevoir* – débit de 66,83 $
Fournisseurs	Passif	Augmentation	*Fournisseurs* – crédit de 770,33 $

JOURNAL GÉNÉRAL				Page : 1
Date	**Nom des comptes et explication**	**Numéro du compte**	**Débit**	**Crédit**
20X8				
Janv. 18	Télécommunications	5750	670,00	
	TPS à recevoir	1105	33,50	
	TVQ à recevoir	1110	66,83	
	Fournisseurs	2100		770,33
	(facture n° 522006 reçue d'Horizon Télécom)			

À VOUS DE JOUER !

Vous allez maintenant analyser et enregistrer dans le journal général les quatre transactions suivantes. Dans un premier temps, vous devez procéder à leur analyse et les inscrire par la suite dans le journal général. Vous trouverez, après chaque transaction, la démarche que vous devez utiliser pour bien comptabiliser cette transaction au journal général.

L'encaissement d'un chèque d'un client : transaction du 22 janvier

Olivier dépose à la banque le chèque reçu en ce jour pour le paiement de la facture de vente n° 201 de Cédric Lemay :

MISE EN GARDE

Les services rendus ont déjà été enregistrés lors de la comptabilisation de la facture n° 201. Il s'agit plutôt de l'encaissement du montant dû par un client.

NOM DES COMPTES	CLASSEMENT	AUGMENTATION ou DIMINUTION	ÉCRITURE

Note

Le montant du dépôt est crédité au compte de grand livre *Clients*, puisque le produit a été inscrit par la facture n° 201.

JOURNAL GÉNÉRAL					Page : 2
Date	Nom des comptes et explication	Numéro du compte	Débit	Crédit
20X8				
janv. 22	Encaisse		579,88	
	clients			571,88
	(paiement de la facture n°			
	201 par Cédric Lemay)			

Le retrait par le propriétaire : transaction du 25 janvier

Olivier retire 750 $ du compte en banque de l'entreprise pour acquitter le compte de sa carte de crédit personnelle.

NOM DES COMPTES	CLASSEMENT	AUGMENTATION ou DIMINUTION	ÉCRITURE
Olivier H. - Cap. propres		diminution	

JOURNAL GÉNÉRAL					Page : 2
Date	Nom des comptes et explication	Numéro du compte	Débit	Crédit
20X8				
janv. 25	Olivier H. – retraits		750,00	
	Encaisse			750,00
	(retrait de 750 $ par Olivier H.,			
	propriétaire)			

L'émission d'un chèque pour payer un fournisseur : transaction du 30 janvier

La facture de publicité reçue au début du mois devant être payée avant la fin du mois, Olivier fait parvenir en ce jour le chèque n° 104 de 143,72 $ à la publication *La Vallée* :

Musique Pick & Cordes

Chèque n°: 104

210, rue Laviolette
Trois-Rivières (Québec)
G9A 1T9

Date: **30 janvier 20X8**

Payez à l'ordre de **La Vallée**   **143,72** $

————————— Cent quarante-trois ————————— 72 / 100 dollars

Banque Boréale
324, rue des Forges
Trois-Rivières (Québec) G9A 2G8

Pour: **Facture n° B-1317**

Olivier Hurtubise
Musique Pick & Cordes

|| 13154 || 07845 || 104 ||

NOM DES COMPTES	CLASSEMENT	AUGMENTATION ou DIMINUTION	ÉCRITURE

JOURNAL GÉNÉRAL				Page: 2
Date	Nom des comptes et explication	Numéro du compte	Débit	Crédit
20X8				
Janv. 30	Fournisseurs		143,72	
	Encaisse			143,72
	(chèque n° 104 émis au nom			
	du journal la vallée...)			

L'émission d'une facture : transaction du 31 janvier

Olivier envoie la facture de vente n° 202, s'élevant à 450 $ plus les taxes, à Jason Mang pour des cours de solfège aux membres de la chorale de Trois-Rivières :

Musique Pick & Cordes

Facture

210, rue Laviolette
Trois-Rivières (Québec) G9A 1T9
Tél.: 819 814-7858

Facture: 202
Date: 20X8-01-31
Conditions: Net 30 jours
Client: Jason Mang, ref: chorale de Trois-Rivières
1670, rue Champlain
Trois-Rivières (Québec) G9A 4S9

Description			Montant
Cours de solfège à la chorale de Trois-Rivières			450,00 $
TPS n°: 122456789TP0001	TPS	5 %	22,50
TVQ n°: 1224567801TQ0001	TVQ	9,975 %	44,89
		Total	517,39 $

 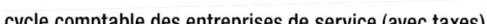

NOM DES COMPTES	CLASSEMENT	AUGMENTATION ou DIMINUTION	ÉCRITURE

JOURNAL GÉNÉRAL				Page : 2
Date	Nom des comptes et explication	Numéro du compte	Débit	Crédit

4.2.2 Le report au grand livre

MISE EN SITUATION ▶

Une fois terminée la première étape du cycle comptable, on peut passer à la deuxième étape, qui consiste à reporter les écritures de journal au grand livre en les regroupant selon leur nature. L'action qui consiste à transcrire dans un grand livre les montants enregistrés dans le journal général se nomme report. Chaque montant de débit ou de crédit qui est inscrit dans le journal général est alors porté au débit ou au crédit d'un compte de grand livre.

Prenons l'écriture enregistrée dans le journal général lorsqu'Olivier Hurtubise a investi 50 000 $ pour fonder son entreprise :

JOURNAL GÉNÉRAL				**2** Page : 1
Date	Nom des comptes et explication	Numéro du compte	Débit	Crédit
20X8	**1** Encaisse	**3** 1010	50 000,00	
Janv. 01	**1** Olivier Hurtubise – capital	**3** 3100		50 000,00
	(investissement initial d'Olivier Hurtubise)			

GRAND LIVRE						
1 Encaisse					**3** N° 1010	
Date	Libellé	Référence	Débit	Crédit	Solde	Dt/Ct
20X8						
Janv. 01	Investissement initial	**2** J.G.1	**2** 50 000,00		**4** 50 000,00	**4** Dt

1 Olivier Hurtubise – capital					**3** N° 3100	
Date	Libellé	Référence	Débit	Crédit	Solde	Dt/Ct
20X8						
Janv. 01	Investissement initial	**2** J.G.1		**2** 50 000,00	**4** 50 000,00	**4** Ct

1 On repère le premier compte de la première opération qui est inscrite dans le journal général et l'on trouve ce compte dans le grand livre (*Encaisse*).

2 On reporte le montant de 50 000 $ au débit du compte *Encaisse* en indiquant:

- la **date** de l'opération;
- le **libellé**;

(Nous pouvons indiquer dans cette colonne des renseignements relatifs à la transaction. Ces renseignements ne sont pas obligatoires, mais sont parfois requis pour certains logiciels.)

- la **référence,** c'est-à-dire la page du journal général d'où vient le montant (par exemple, J.G.1);
- le montant de l'opération.

3 On inscrit dans la colonne «Numéro du compte» du journal général le numéro du compte de grand livre qui vient d'être débité. Ce numéro indique l'endroit où le montant a été reporté et signale que le montant a, en effet, été reporté. Lorsqu'aucun numéro de compte n'apparaît dans la colonne «Numéro du compte» du journal général, on peut conclure que ce montant n'a pas été reporté au grand livre.

Il n'y a pas qu'une façon de faire : certaines entreprises inscrivent immédiatement le numéro de compte de grand livre dans le journal général et, lors du report au grand livre, un crochet ajouté à côté de ce numéro fait foi du report.

4 On calcule le solde du compte de grand livre et on indique si le solde du compte est débiteur ou créditeur.

On répète ces étapes pour tous les comptes pour lesquels des transactions ont été enregistrées dans le journal général.

Nous allons maintenant reporter les transactions inscrites dans le journal général jusqu'à celle du 18 janvier 20X8.

N'oubliez pas d'inscrire le numéro de compte de grand livre dans le journal général, que vous trouverez aux pages précédentes.

GRAND LIVRE

Encaisse N° 1010

Date	Libellé	Référence	Débit	Crédit	Solde	Dt/Ct
20X8						
Janv. 01	Mise de fonds initiale	J.G.1	50 000,00		50 000,00	Dt
Janv. 02	Achat d'un terrain et d'un bâtiment	J.G.1		35 000,00	15 000,00	Dt
Janv. 05	Recettes de la semaine	J.G.1	689,85		15 689,85	Dt
Janv. 10	Brault inc., ch. n° 102	J.G.1		5 748,75	9 941,10	Dt
Janv. 15	Déneigement Robert Vigneault, ch. n° 103	J.G.1		500,00	9 441,10	Dt

Clients N° 1100

Date	Libellé	Référence	Débit	Crédit	Solde	Dt/Ct
20X8						
Janv. 08	Cédric Lemay	J.G.1	574,88		574,88	Dt

TPS à recevoir N° 1105

Date	Libellé	Référence	Débit	Crédit	Solde	Dt/Ct
20X8						
Janv. 09	Journal *La Vallée*	J.G.1	6,25		6,25	Dt
Janv. 10	Brault inc.	J.G.1	250,00		256,25	Dt
Janv. 18	Horizon Télécom	J.G.1	33,50		289,75	Dt

TVQ à recevoir N° 1110

Date	Libellé	Référence	Débit	Crédit	Solde	Dt/Ct
20X8						
Janv. 09	Journal *La Vallée*	J.G.1	12,47		12,47	Dt
Janv. 10	Brault inc.	J.G.1	498,75		511,22	Dt
Janv. 18	Horizon Télécom	J.G.1	66,83		578,05	Dt

Équipement musical N° 1500

Date	Libellé	Référence	Débit	Crédit	Solde	Dt/Ct
20X8						
Janv. 10	Brault inc.	J.G.1	5 000,00		5 000,00	Dt

Bâtiment						N° 1900
Date	**Libellé**	**Référence**	**Débit**	**Crédit**	**Solde**	**Dt/Ct**
20X8						
Janv. 02	Acquisition	J.G.1	320 000,00		320 000,00	Dt

Terrain						N° 1960
Date	**Libellé**	**Référence**	**Débit**	**Crédit**	**Solde**	**Dt/Ct**
20X8						
Janv. 02	Acquisition	J.G.1	80 000,00		80 000,00	Dt

Fournisseurs						N° 2100
Date	**Libellé**	**Référence**	**Débit**	**Crédit**	**Solde**	**Dt/Ct**
20X8						
Janv. 09	Journal *La Vallée*	J.G.1		143,72	143,72	Ct
Janv. 18	Horizon Télécom	J.G.1		770,33	914,05	Ct

TPS à payer						N° 2305
Date	**Libellé**	**Référence**	**Débit**	**Crédit**	**Solde**	**Dt/Ct**
20X8						
Janv. 05	Recettes	J.G.1		30,00	30,00	Ct
Janv. 08	Facture n° 201	J.G.1		25,00	55,00	Ct

TPS à payer						N° 2305
Date	**Libellé**	**Référence**	**Débit**	**Crédit**	**Solde**	**Dt/Ct**
20X8						
Janv. 05	Recettes	J.G.1		59,85	59,85	Ct
Janv. 08	Facture n° 201	J.G.1		49,88	109,73	Ct

Emprunt hypothécaire (biens immeubles)						N° 2905
Date	**Libellé**	**Référence**	**Débit**	**Crédit**	**Solde**	**Dt/Ct**
20X8						
Janv. 02	Banque Boréale	J.G.1		365 000,00	365 000,00	Ct

Olivier Hurtubise – capital					N° 3100	
Date	Libellé	Référence	Débit	Crédit	Solde	Dt/Ct
20X8						
Janv. 01	Investissement initial	J.G.1		50 000,00	50 000,00	Ct

Olivier Hurtubise – retraits					N° 3300	
Date	Libellé	Référence	Débit	Crédit	Solde	Dt/Ct
20X8						

Services rendus					N° 4120	
Date	Libellé	Référence	Débit	Crédit	Solde	Dt/Ct
20X8						
Janv. 05	Recettes	J.G.1		600,00	600,00	Ct
Janv. 08	Facture n° 201	J.G.1		500,00	1 100,00	Ct

Publicité					N° 5420	
Date	Libellé	Référence	Débit	Crédit	Solde	Dt/Ct
20X8						
Janv. 09	Journal *La Vallée*	J.G.1	125,00		125,00	Dt

Entretien et réparations – bâtiment					N° 5640	
Date	Libellé	Référence	Débit	Crédit	Solde	Dt/Ct
20X8						
Janv. 15	Déneigement Robert Vigneault, ch. n° 103	J.G.1	500,00		500,00	Dt

Télécommunications					N° 5750	
Date	Libellé	Référence	Débit	Crédit	Solde	Dt/Ct
20X8						
Janv. 18	Horizon Télécom	J.G.1	670,00		670,00	Dt

4.2.3 Le report aux grands livres auxiliaires

Un grand livre auxiliaire est un ensemble de comptes dont le total correspond au solde d'un compte de grand livre auquel il est rattaché (voir la figure 4.3). Le grand livre auxiliaire est très utile, car il permet de connaître le solde dû par chacun des clients ou le solde à payer à chacun des fournisseurs sans devoir multiplier le nombre de comptes au grand livre.

FIGURE 4.3 LES GRANDS LIVRES AUXILIAIRES

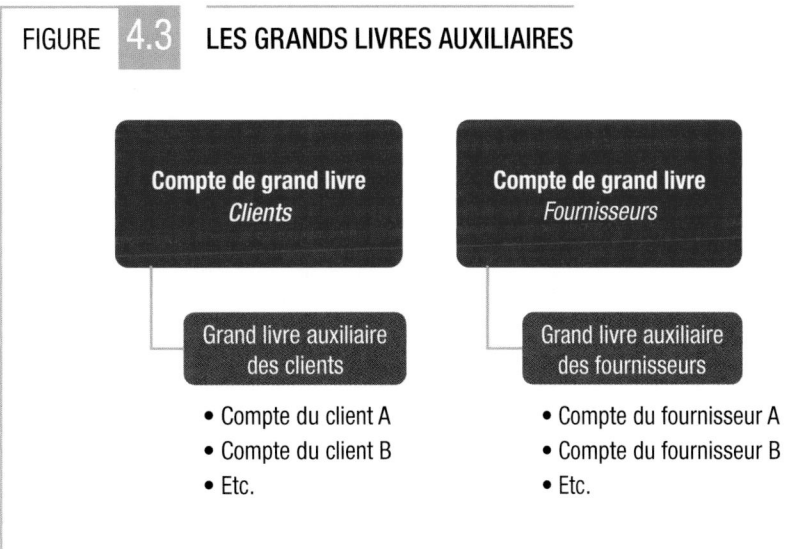

Le grand livre auxiliaire des clients

Grand livre auxiliaire des clients
Grand livre auxiliaire qui renferme les comptes individuels des clients d'une entreprise, dont la somme correspond au solde du compte de contrôle *Clients* au grand livre.

Le grand livre auxiliaire des clients permet d'obtenir en détail les sommes dues par chacun des clients de l'entreprise. Le compte de grand livre *Clients* est qualifié de « compte de contrôle », parce qu'il permet de vérifier si le solde de ce compte au grand livre est égal au total de ce que chaque client doit à l'entreprise. Dans le grand livre auxiliaire des clients, les entrées suivent habituellement l'ordre alphabétique ou l'ordre des numéros de client si l'entreprise utilise ce type de référence. On procède de la même façon pour les fournisseurs.

Voici un exemple partiel de l'utilisation du grand livre auxiliaire des clients.

MISE EN SITUATION

À l'aide de la transaction de Musique Pick & Cordes du 6 janvier, voyons comment inscrire l'information dans ce grand livre auxiliaire.

Musique Pick & Cordes facture les services rendus à Cédric Lemay pour la sonorisation de son spectacle. Il s'agit de la facture n° 201, qui est de 500 $, plus les taxes :

 Musique Pick & Cordes   **Facture**
210, rue Laviolette
Trois-Rivières (Québec) G9A 1T9
Tél. : 819 814-7858

Facture : 201
Date : 20X8-01-08
Conditions : Net 30 jours
Client : Cédric Lemay
540, rue Williams
Trois-Rivières (Québec) G9A 3J4

Description			Montant
Service de sonorisation pour le spectacle de Karma le 6 janvier			500,00 $
TPS n° : 122456789TP0001	TPS	5 %	25,00
TVQ n° : 1224567801TQ0001	TVQ	9,975 %	49,88
		Total	574,88 $

JOURNAL GÉNÉRAL				Page : 1
Date	**Nom des comptes et explication**	**Numéro**	**Débit**	**Crédit**
20X8				
Janv. 08	Clients	1100	574,88	
	Services rendus	4120		500,00
	TPS à payer	2305		25,00
	TVQ à payer	2310		49,88
	(facture n° 201 expédiée à Cédric Lemay)			

GRAND LIVRE AUXILIAIRE DES CLIENTS							
Client : Lemay Cédric						**Conditions : n/30**	
Date	**N° facture**	**Libellé**	**Référence**	**Débit**	**Crédit**	**Solde**	**Dt/Ct**
20X8							
Janv. 08	201		J.G.1	574,88		574,88	Dt

Les parties ombrées représentent les champs à remplir après chaque transaction qui concerne un client. En pratique, la colonne «Libellé» n'est pas souvent utilisée mais on peut parfois s'en servir pour inscrire une remarque. ◄

Le grand livre auxiliaire des clients est utile à l'entreprise parce qu'il permet de maintenir à jour la somme due par chacun des clients et de faire un suivi individualisé du crédit qu'on lui accorde.

Il est essentiel que le grand livre auxiliaire des clients soit à jour. En plus de reporter le montant de la transaction au compte de grand livre *Clients,* le comptable reporte, après chacune des transactions relatives aux comptes des clients, le montant à ce grand livre auxiliaire et indique que le report est fait par une marque de pointage (Ⓟ) dans la colonne «Numéro du compte» du journal général.

L'addition de tous les soldes des clients du grand livre auxiliaire sera égale au solde du compte *Clients* du grand livre.

À VOUS DE JOUER !

MISE EN SITUATION ▶ Vous devez maintenant reporter au grand livre auxiliaire des clients les transactions du 22 janvier 20X8 avec Cédric Lemay et du 31 janvier 20X8 avec Jason Mang que vous avez inscrites dans le journal général (voir la rubrique «À vous de jouer» précédente):

GRAND LIVRE AUXILIAIRE DES CLIENTS							
Client: Lemay Cédric							**Conditions: n/30**
Date	**N° facture**	**Libellé**	**Référence**	**Débit**	**Crédit**	**Solde**	**Dt/Ct**
20X8							
Janv. 08	201		J.G.1	574,88		574,88	Dt

Client: Mang Jason							**Conditions: n/30**
Date	**N° facture**	**Libellé**	**Référence**	**Débit**	**Crédit**	**Solde**	**Dt/Ct**
20X8							

Grand livre auxiliaire des fournisseurs
Grand livre auxiliaire qui renferme les comptes individuels des fournisseurs d'une entreprise, dont la somme correspond au total du compte de contrôle *Fournisseurs* au grand livre.

Le grand livre auxiliaire des fournisseurs

Le grand livre auxiliaire des fournisseurs a la même utilité que le grand livre auxiliaire des clients, mais à l'endroit des fournisseurs à qui l'entreprise doit des sommes. Le principe demeure le même: l'addition de tous les soldes des fournisseurs du grand livre auxiliaire sera égale au solde du compte *Fournisseurs* du grand livre.

Voici un exemple partiel de l'utilisation d'un grand livre auxiliaire des fournisseurs.

MISE EN SITUATION ▶ À l'aide de la transaction du 9 janvier de Musique Pick & Cordes, voyons comment inscrire l'information dans le grand livre auxiliaire.

Le journal local *La Vallée* fait parvenir la facture n° B-1317 à l'entreprise d'Olivier :

La Vallée	**N° de facture :** B-1317
L'hebdo du quartier	**Date :** 20X8-01-09
2200, boul. du Carmel	**Vendeur :** Émond Journault
Trois-Rivières (Québec) G8Z 1V1	**N° de client :** C-944
819 816-4646	Musique Pick & Cordes
	210, rue Laviolette, Trois-Rivières
	(Québec) G9A 1T9
Date de livraison :	819 814-7858
Conditions : Net 30 jours	

FACTURE			
Carte annonce hebdo			125,00 $
TPS n° : 123542189TP001	TPS	5 %	6,25
TVQ n° : 1445167122TQ001	TVQ	9,975 %	12,47
		Total	143,72 $

Merci !

GRAND LIVRE AUXILIAIRE DES FOURNISSEURS							
Fournisseur : Journal *La Vallée*						**Conditions : n/30**	
Date	N° facture	Libellé	Référence	Débit	Crédit	Solde	Dt/Ct
20X8							
Janv. 09	B-1317	Publicité	J.G.1		143,72	143,72	Ct

Le grand livre auxiliaire des fournisseurs est utile à l'entreprise parce qu'il permet de connaître, à tout moment, le solde dû à chacun des fournisseurs. Il facilite ainsi le paiement des créanciers.

L'addition de tous les soldes des fournisseurs du grand livre auxiliaire sera égale au solde du compte *Fournisseurs* du grand livre.

À VOUS DE JOUER !

MISE EN SITUATION ▶ Vous devez maintenant reporter au grand livre auxiliaire des fournisseurs les transactions du 18 janvier 20X8 avec Horizon Télécom et celles du 30 janvier 20X8 avec le journal *La Vallée* inscrites dans le journal général des pages 139 et 141 :

GRAND LIVRE AUXILIAIRE DES FOURNISSEURS							
Fournisseur : Horizon Télécom						**Conditions : n/30**	
Date	N° facture	Libellé	Référence	Débit	Crédit	Solde	Dt/Ct
20X8							

GRAND LIVRE AUXILIAIRE DES FOURNISSEURS							
Fournisseur: Journal *La Vallée*							**Conditions: n/30**
Date	N° facture	Libellé	Référence	Débit	Crédit	Solde	Dt/Ct
20X8							
Janv. 09	B-1317	Publicité	J.G.1		143,72	143,72	Ct

4.2.4 La balance de vérification

Balance de vérification
Document comptable contenant les soldes de tous les comptes du grand livre d'une entreprise, dont l'objet est de vérifier l'exactitude arithmétique des écritures comptables et de faciliter la production des états financiers.

La troisième étape du cycle comptable consiste à dresser une balance de vérification après avoir reporté les transactions au grand livre. Cette opération permet de s'assurer qu'aucune erreur de report ou d'addition n'a été faite et que l'équation comptable est toujours en équilibre. La balance de vérification facilitera également la dernière étape du cycle comptable, soit la production des états financiers.

On doit donc, à l'aide du solde de chacun des comptes de grand livre, dresser la liste des soldes débiteurs et des soldes créditeurs. Le total des soldes débiteurs doit être égal au total des soldes créditeurs puisque, pour chaque écriture, le total des débits est égal au total des crédits. Il est à noter que la balance de vérification contient les comptes de valeurs (actif, passif et capitaux propres) et les comptes de résultats (produits et charges) qui sont présentés dans cet ordre.

MISE EN SITUATION ▶

MUSIQUE PICK & CORDES BALANCE DE VÉRIFICATION au 18 janvier 20X8			
Numéro	**Nom du compte**	**Débit**	**Crédit**
1010	Encaisse	9 441,10 $	
1100	Clients	574,88	
1105	TPS à recevoir	289,75	
1110	TVQ à recevoir	578,05	
1500	Équipement musical	5 000,00	
1900	Bâtiment	320 000,00	
1960	Terrain	80 000,00	
2100	Fournisseurs		914,05 $
2305	TPS à payer		55,00
2310	TVQ à payer		109,73
2905	Emprunt hypothécaire (biens immeubles)		365 000,00
3100	Olivier Hurtubise – capital		50 000,00
4120	Services rendus		1 100,00
5420	Publicité	125,00	
5640	Entretien et réparations – bâtiment	500,00	
5750	Télécommunications	670,00	
		417 178,78 $	417 178,78 $

Vous devez maintenant reporter au grand livre des pages 144 et suivantes les transactions du 22 au 31 janvier 20X8 que vous avez inscrites dans le journal général aux pages 139 à 142. Lorsque vous avez terminé, vous devez dresser la balance de vérification au 31 janvier 20X8. Bravo si vous arrivez au résultat qui suit! Dans le cas contraire, il faut vérifier les éléments suivants:

- les additions de la balance de vérification;

- les écritures dans le journal général;

- les reports des montants du journal général vers les comptes de grand livre;

- les calculs des soldes des comptes de grand livre;

- les reports des soldes du grand livre vers la balance de vérification.

TRUCS ET ASTUCES

Lorsqu'une balance de vérification ne s'équilibre pas, essayez de diviser la différence par deux ou par neuf. Si la différence se divise par deux, il est possible que vous ayez mis dans la colonne «Débit» un montant qui devait être placé au crédit ou vice versa. Une différence qui se divise par neuf indique souvent qu'un nombre a été reporté avec une inversion de chiffres. Par exemple, vous pourriez avoir reporté 196,20 au lieu de 169,20.

MUSIQUE PICK & CORDES BALANCE DE VÉRIFICATION au 31 janvier 20X8			
Numéro	**Nom du compte**	**Débit**	**Crédit**
1010	Encaisse	9 122,26$	
1100	Clients	517,39	
1105	TPS à recevoir	289,75	
1110	TVQ à recevoir	578,05	
1500	Équipement musical	5 000,00	
1900	Bâtiment	320 000,00	
1960	Terrain	80 000,00	
2100	Fournisseurs		770,33$
2305	TPS à payer		77,50
2310	TVQ à payer		154,62
2905	Emprunt hypothécaire (biens immeubles)		365 000,00
3100	Olivier Hurtubise – capital		50 000,00
3300	Olivier Hurtubise – retraits	750,00	
4120	Services rendus		1 550,00
5420	Publicité	125,00	
5640	Entretien et réparations – bâtiment	500,00	
5750	Télécommunications	670,00	
		417 552,45$	417 552,45$

::

4.2.5 Les états financiers

Une fois la balance de vérification complétée et en équilibre, il sera plus facile de préparer les états financiers de l'entreprise. En effet, il est plus commode d'utiliser comme source d'information la balance de vérification que les comptes de grand livre pour effectuer cette opération, puisque tous les comptes se retrouvent sur la même feuille et dans un ordre pratique.

L'état des résultats

Le premier état financier qu'il faut préparer est l'état des résultats, parce qu'on a d'abord besoin du montant du bénéfice net ou de la perte nette pour préparer l'état des capitaux propres et ensuite le bilan. En effet, les capitaux propres augmentent ou diminuent selon que l'entreprise a réalisé un bénéfice ou subi une perte. Il s'agit d'un portrait des résultats d'une période financière.

MISE EN SITUATION ▶

MUSIQUE PICK & CORDES ÉTAT DES RÉSULTATS pour le mois de janvier 20X8		
Produits d'exploitation		
Services rendus		1 550$
Charges d'exploitation		
Publicité	125$	
Entretien et réparations – bâtiment	500	
Télécommunications	670	
Total des charges d'exploitation		1 295
Bénéfice net		255$ ◀

En pratique, les états financiers présentent rarement les décimales afin d'en alléger la lecture.

L'état des capitaux propres

Le bénéfice net déterminé dans l'état des résultats n'est pas le seul élément qui influe sur le total des capitaux propres. Les retraits et les apports doivent aussi être considérés afin de déterminer le solde de fin d'exercice du compte de capital du propriétaire.

MISE EN SITUATION ▶

MUSIQUE PICK & CORDES ÉTAT DES CAPITAUX PROPRES pour le mois de janvier 20X8		
Olivier Hurtubise – capital au 1er janvier 20X8		50 000$
Plus: Bénéfice net	255$	
Moins: Retraits	750	(495)
Olivier Hurtubise – capital au 31 janvier 20X8		49 505$ ◀

Le bilan

Nous avons maintenant toute l'information nécessaire à la préparation du bilan, qui est la représentation de la situation de l'entreprise à une date donnée. Par analogie, on pourrait dire qu'il s'agit de la photographie financière de l'entreprise à cette date.

Avant de préparer le bilan, précisons certains éléments de présentation relatifs à l'actif et au passif, qui doivent être subdivisés.

L'actif se divise en deux parties : l'actif à court terme, qui présente les actifs devant être convertis en argent ou devenir des charges d'exploitation en moins d'un an, et les immobilisations.

L'actif à court terme   Cette section doit présenter les actifs devant être convertis en argent ou devenir des charges d'exploitation dans l'année qui suit la date du bilan. On débute par l'encaisse suivie des actifs qui seront convertis en argent ou en charges au cours de la prochaine année.

La figure 4.4 montre quelques exemples d'éléments d'actif à court terme que l'on retrouve fréquemment dans un bilan.

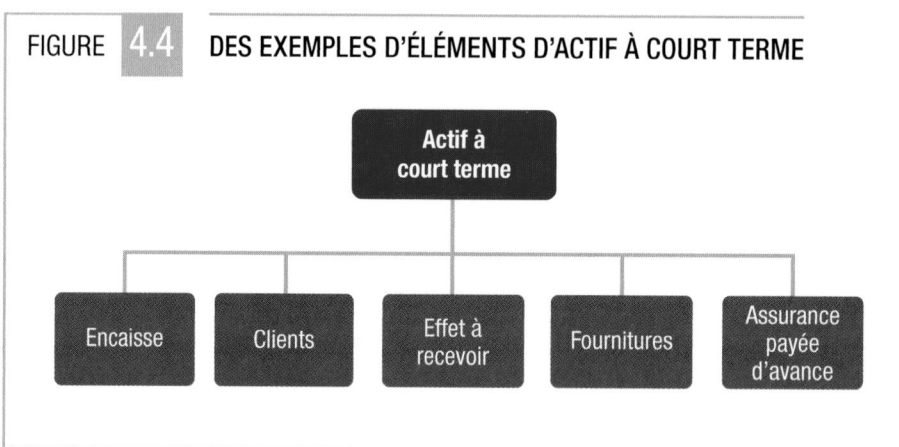

FIGURE 4.4   DES EXEMPLES D'ÉLÉMENTS D'ACTIF À COURT TERME

Les immobilisations   Cette section présente les actifs qui pourront être utilisés pendant plus d'un exercice financier. On débute par celles qui vont servir le moins longtemps, pour finir par le terrain, l'actif qui servira le plus longtemps, puisque sa durée de vie est illimitée.

La figure 4.5 montre quelques exemples d'éléments d'immobilisations que l'on retrouve fréquemment dans un bilan.

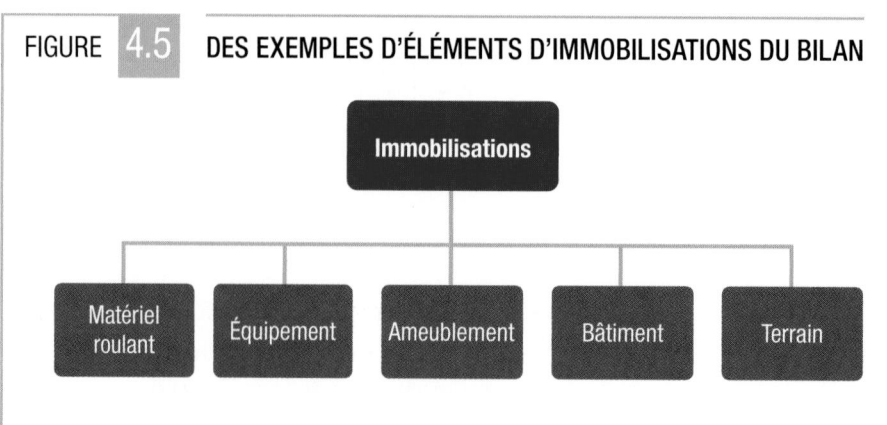

FIGURE 4.5   DES EXEMPLES D'ÉLÉMENTS D'IMMOBILISATIONS DU BILAN

Le passif se divise aussi en deux sections : le passif à court terme et le passif à long terme.

Le passif à court terme On inclut dans le passif à court terme les dettes à rembourser au cours de l'année qui suit la date du bilan. On présente d'abord celles qui devront être remboursées le plus rapidement, pour terminer par celles qui prendront le plus de temps à être remboursées, sans toutefois dépasser un an.

La figure 4.6 présente quelques exemples d'éléments de passif à court terme que l'on retrouve fréquemment dans un bilan.

FIGURE 4.6 DES EXEMPLES D'ÉLÉMENTS DE PASSIF À COURT TERME

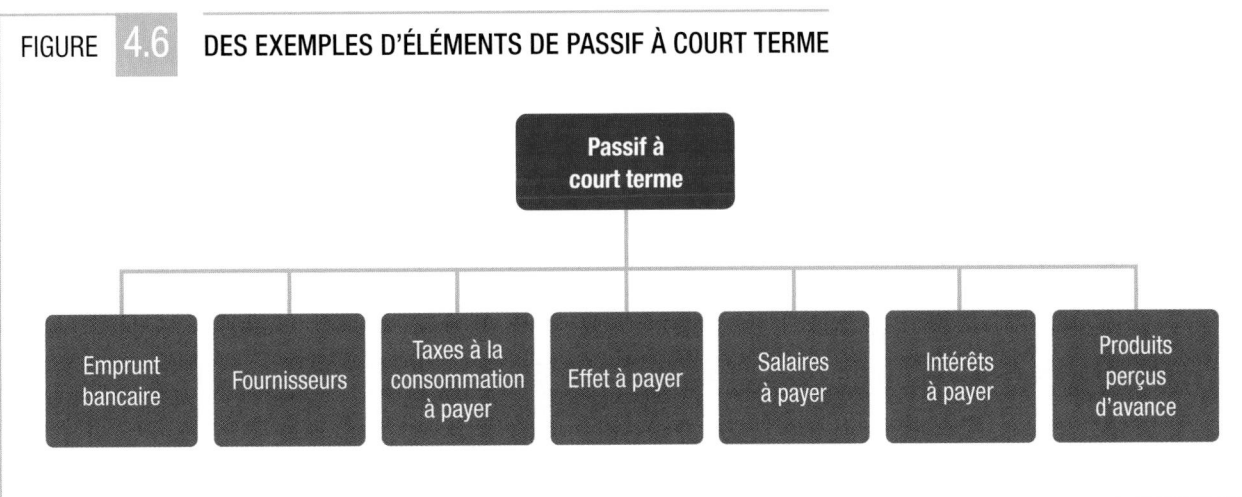

Le passif à long terme Le passif à long terme comprend les dettes que l'entreprise met plus d'un an à payer. On présente donc en premier celles qui sont remboursables dans le plus court délai.

La figure 4.7 présente quelques exemples d'éléments de passif à long terme que l'on retrouve fréquemment dans un bilan.

FIGURE 4.7 DES EXEMPLES D'ÉLÉMENTS DE PASSIF À LONG TERME

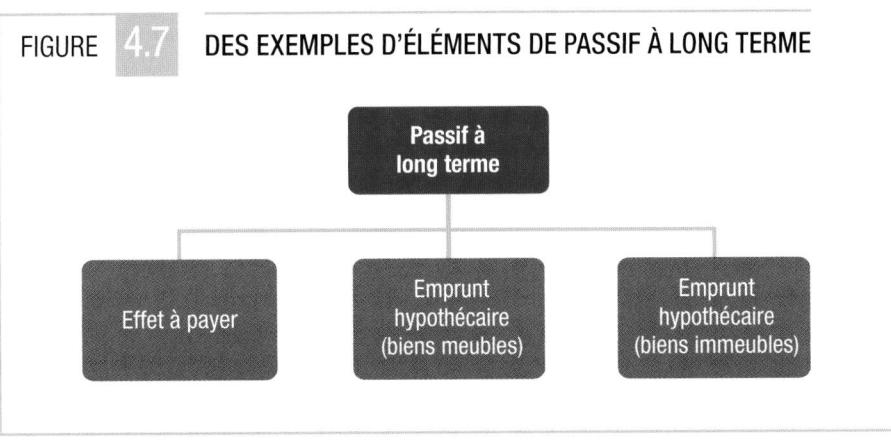

Les capitaux propres On y présente le solde de la fin de l'exercice provenant de l'état des capitaux propres.

MUSIQUE PICK & CORDES BILAN au 31 janvier 20X8				
ACTIF			**PASSIF**	
Actif à court terme			**Passif à court terme**	
Encaisse	9 122$		Fournisseurs	770$
Clients	517			
Taxes à la consommation à recevoir	636		**Passif à long terme**	
Total de l'actif à court terme		10 275$	Emprunt hypothécaire (biens immeubles)	365 000
Immobilisations			Total du passif	365 770$
Équipement musical	5 000$		**CAPITAUX PROPRES**	
Bâtiment	320 000		Olivier Hurtubise–capital	49 505
Terrain	80 000			
Total des immobilisations		405 000		
Total de l'actif		415 275$	**Total du passif et des capitaux propres**	415 275$

Rubrique

Élément d'information d'un état financier visant à expliquer la nature d'un montant y figurant. Une rubrique peut correspondre à un seul compte de grand livre ou à un regroupement de plusieurs comptes.

Le lecteur attentionné remarquera peut-être que les deux comptes de taxes à recevoir ainsi que les deux comptes de taxes à payer du grand livre ont été regroupés sous une seule **rubrique** nommée « Taxes à la consommation à recevoir ». On procède ainsi afin d'alléger la lecture du bilan. Si la somme des comptes de grand livre *TPS à recevoir* et *TVQ à recevoir* est supérieure à la somme des comptes *TPS à payer* et *TVQ à payer*, on placera alors le montant net sous la rubrique « Taxes à la consommation à recevoir » dans l'actif à court terme. Dans le cas contraire, on placera le montant net sous la rubrique « Taxes à la consommation à payer » dans le passif à court terme.

Équation			Rubrique	Section du bilan
TPS à recevoir + TVQ à recevoir	>	TPS à payer + TVQ à payer	Taxes à la consommation à recevoir	Actif à court terme
TPS à payer + TVQ à payer	>	TPS à recevoir + TVQ à recevoir	Taxes à la consommation à payer	Passif à court terme

SAVIEZ-VOUS QUE...?

Dans la grande majorité des situations, le bilan affichera des taxes à la consommation à payer, puisque, dans le cours normal des affaires, les produits étant supérieurs aux charges, l'entreprise aura plus de taxes perçues sur ses ventes que de taxes payées sur ses charges. Cependant, dans certaines situations particulières, les taxes à recevoir seront supérieures aux taxes à payer. C'est le cas, entres autres, des entreprises qui font l'acquisition d'immobilisations sur lesquelles elles auront des taxes à recevoir, ou des entreprises qui ont une majorité de ventes détaxées (comme une pharmacie).

À partir de la balance de vérification, veuillez préparer les états financiers de Services comptables sur mesure pour le mois de janvier 20X8 :

	SERVICES COMPTABLES SUR MESURE BALANCE DE VÉRIFICATION au 31 janvier 20X8		
Numéro	Nom du compte	Débit	Crédit
1010	Encaisse	8 170,94$	
1100	Clients	3 646,40	
1105	TPS à recevoir	125,70	
1110	TVQ à recevoir	250,77	
1500	Équipement informatique	1 150,00	
1700	Ameublement de bureau	320,00	
2100	Fournisseurs		2 022,61$
2305	TPS à payer		360,00
2310	TVQ à payer		718,20
3100	Camille Tremblay – capital		5 000,00
3300	Camille Tremblay – retraits	1 000,00	
4110	Honoraires professionnels		7 200,00
5410	Loyer	300,00	
5420	Publicité	250,00	
5750	Télécommunications	75,00	
5790	Frais bancaires	12,00	
		15 300,81$	15 300,81$

SERVICES COMPTABLES SUR MESURE ÉTAT DES RÉSULTATS

Produits d'exploitation

honoraires professionnels

Charges d'exploitation

Total des charges d'exploitation

Bénéfice net

SERVICES COMPTABLES SUR MESURE ÉTAT DES CAPITAUX PROPRES

Camille Tremblay – capital au 1er janvier 20X8

   Plus :

   Moins :

Camille Tremblay – capital au 31 janvier 20X8

SERVICES COMPTABLES SUR MESURE
BILAN

ACTIF

Actif à court terme

Total de l'actif à court terme

Immobilisations

Total des immobilisations

Total de l'actif

PASSIF

Passif à court terme

Total du passif à court terme

CAPITAUX PROPRES

Total du passif et des capitaux propres

(CONCLUSION)

Dans ce chapitre, nous avons vu comment calculer et traiter la TPS et la TVQ. Nous avons aussi appris à enregistrer les transactions dans le journal général, et ce, à partir de pièces justificatives. Par la suite, nous avons reporté les écritures du journal général au grand livre ainsi qu'aux grands livres auxiliaires et dressé une balance de vérification afin de nous assurer que le total des comptes débiteurs est égal à celui des comptes créditeurs. En dernier lieu, nous avons préparé les états financiers de Musique Pick & Cordes au 31 janvier 20X8.

Voici les étapes du cycle comptable que nous avons suivies jusqu'à maintenant :

1. Les écritures dans le journal général (J.G.) ;
2. Le report au grand livre (G.L.) et aux grands livres auxiliaires (G.L.A.) ;
3. L'établissement de la balance de vérification (B.V.) ;
4. La préparation des états financiers :
   - l'état des résultats,
   - l'état des capitaux propres,
   - le bilan.

Journal Général

	JOURNAL GÉNÉRAL				Page : 1
Date	Nom des comptes et explication	Numéro du compte	Débit	Crédit	
20X8					
Janv. 08	Clients	1010	574,88		
	Services rendus	4120		500,00	
	TPS à payer	2305		25,00	
	TVQ à payer	2310		49,88	
	(facture n° 201 expédiée à Cédric Lemay)				

Grand livre

	GRAND LIVRE						
	Encaisse					N° 1010	
Date	Libellé	Référence	Débit	Crédit	Solde	Dt/Ct	
20X8							
Janv. 01	Mise de fonds initiale	J.G.1	50 000,00		50 000,00	Dt	
Janv. 02	Achat d'un terrain et d'un bâtiment	J.G.1		35 000,00	15 000,00	Dt	
Janv. 05	Recettes de la semaine	J.G.1	689,85		15 689,85	Dt	
Janv. 10	Brault inc., ch. n° 102	J.G.1		5 748,75	9 941,10	Dt	
Janv. 15	Déneigement Robert Vigneault, ch. n° 103	J.G.1		500,00	9 441,10	Dt	
Janv. 22	Cédric Lemay, fact. n° 201	J.G.2	574,88		10 015,98	Dt	
Janv. 22	Retrait Olivier Hurtubise	J.G.2		750,00	9 265,98	Dt	
Janv. 30	Journal *La Vallée*, ch. n° 104	J.G.2		143,72	9 122,26	Dt	

cycle comptable

Grand livre auxiliaire

	GRAND LIVRE AUXILIAIRE DES CLIENTS						
Client: Lemay Cédric					Conditions: n/30		
Date	N° facture	Libellé	Référence	Débit	Crédit	Solde	Dt/Ct
20X8							
Janv. 08	201		J.G.1	574,88		574,88	Dt
Janv. 22	201		J.G.2		574,88	Ø	

	GRAND LIVRE AUXILIAIRE DES FOURNISSEURS						
Fournisseur: Journal *La Vallée*					Conditions: n/30		
Date	N° facture	Libellé	Référence	Débit	Crédit	Solde	Dt/Ct
20X8							
Janv. 09	B-1317	Publicité	J.G.1		143,72	143,72	Ct
Janv. 30	B-1317	Chèque n° 104	J.G.2	143,71		Ø	

Balance de vérification

MUSIQUE PICK & CORDES
BALANCE DE VÉRIFICATION
au 31 janvier 20X8

Numéro	Nom du compte	Débit	Crédit
1010	Encaisse	9 122.26$	
1100	Clients	517,39	
1105	TPS à recevoir	289,75	
1110	TVQ à recevoir	578.05	
1500	Équipement musical	5 000,00	
1900	Bâtiment	320 000,00	
1960	Terrain	80 000,00	
2100	Fournisseurs		770,33$
2305	TPS à payer		77,50
2310	TVQ à payer		154,62
2905	Emprunt hypothécaire (biens immeubles)		365 000,00
3100	Olivier Hurtubise – capital		50 000,00
3300	Olivier Hurtubise – retraits	725,00	
4120	Services rendus		1 550,00
5420	Publicité	125,00	
5640	Entretien et réparations – bâtiment	500,00	
5750	Télécommunications	670,00	
		417 552.45$	417 552.45$

État des résultats

MUSIQUE PICK & CORDES
ÉTAT DES RÉSULTATS
pour le mois de janvier 20X8

Produits d'exploitation		
Services rendus		1 550$
Charges d'exploitation		
Publicité	125$	
Entretien et réparations – bâtiment	500	
Télécommunications	670	
Total des charges d'exploitation		1 295
Bénéfice net		255$

État des capitaux propres

MUSIQUE PICK & CORDES
ÉTAT DES CAPITAUX PROPRES
pour le mois de janvier 20X8

Olivier Hurtubise – capital au 1er janvier 20X8		50 000$
Plus: Bénéfice net	255$	
Moins: Retraits	750	(495)
Olivier Hurtubise – capital au 31 janvier 20X8		49 505$

Bilan

MUSIQUE PICK & CORDES
BILAN
au 31 janvier 20X8

ACTIF			PASSIF		
Actif à court terme			**Passif à court terme**		
Encaisse	9 122$		Fournisseurs		770$
Clients	517				
Taxes à consommation à recevoir	636		**Passif à long terme**		
Total de l'actif à court terme		10 275$	Emprunt hypothécaire (biens immeubles)		365 000
Immobilisations			Total du passif		365 770$
Équipement musical	5 000$		**CAPITAUX PROPRES**		
Bâtiment	320 000		Olivier Hurtubise – capital		49 505
Terrain	80 000				
Total des immobilisations		405 749			
Total de l'actif		415 275$	**Total du passif et des capitaux propres**		415 275$

(TESTEZ VOS CONNAISSANCES)

1. Quel est, au bilan, le total de l'actif à court terme de Musique Pick & Cordes au 31 janvier 20X8?

_____

2. Quel est, au bilan, le total des immobilisations de Musique Pick & Cordes au 31 janvier 20X8?

_____

3. Quel a été le prix payé pour le terrain et le bâtiment?

_____

4. Quelle somme est due aux fournisseurs à la fin du mois de janvier?

_____

5. Quelle somme Musique Pick & Cordes devra-t-elle payer aux gouvernements ou recevoir de ceux-ci en préparant son rapport de taxes en date du 31 janvier 20X8?

_____

6. Y a-t-il un client qui n'a pas encore payé son compte au 31 janvier?

_____

7. Si oui, quelle somme doit-il à l'entreprise?

_____

8. Que signifie la référence que l'on retrouve dans le grand livre?

_____

_____

(TERMINOLOGIE)

$\left(\text{PROBLÈMES}\right)$ NIVEAUX: FACILE ● INTERMÉDIAIRE ▪ DIFFICILE ◆

L'enregistrement des transactions dans le journal général au moment de l'ouverture de l'entreprise

● **1. Annie Figueroa a décidé de fonder une entreprise spécialisée dans la conception d'images informatisées sous la raison sociale Conception Figueroa.**

Annie amorce l'exploitation de son entreprise à domicile. Elle prévoit louer un bureau lorsque le chiffre d'affaires de son entreprise sera plus important. Elle ouvre un compte à la Banque Boréale.

Voici les opérations du mois de septembre 20X6 pour l'ouverture de son entreprise:

Sept. 01 Dépôt à la Banque Boréale de 10000$, ce montant représentant un investissement personnel.

Sept. 02 Paiement de 750$ plus les taxes, par le chèque n° 1, à l'ordre de Club Info, pour l'achat de fournitures de bureau.

Sept. 03 Chèque n° 2 de 3350$ plus les taxes à Bureau informatique pour l'acquisition d'un système informatique. L'entreprise comptabilise l'équipement informatique dans le compte *Équipement informatique*.

Sept. 04 Paiement de 465$ plus les taxes, par carte de débit, celle de l'entreprise, aux Meubles Danfousse pour l'acquisition d'ameublement de bureau pour son entreprise.

Travail à faire

a) Enregistrer dans le journal général les écritures pour comptabiliser les opérations d'ouverture de Conception Figueroa.

b) Reporter les écritures aux comptes de grand livre suivants: *Encaisse, Fournitures de bureau, Équipement informatique, Ameublement de bureau* et *Annie Figueroa – capital*.

c) Préparer le bilan d'ouverture de Conception Figueroa au 4 septembre 20X6.

▪ **2. Chloé Mathieu vient de mettre sur pied un service de fiscalité. Elle désire produire les déclarations de revenus de particuliers et de petites entreprises agricoles et**

leur offrir des services de consultation. Elle ouvre un compte à la Caisse populaire de Roxton Pond au nom de son entreprise: Chloé Mathieu, fiscaliste.

Voici les opérations du mois de février 20X7 pour l'ouverture de son entreprise:

Févr. 01   Transfert de 9000$ de son compte d'épargne personnel au compte de Chloé Mathieu, fiscaliste.

Févr. 01   Dépôt de 5000$ à la suite d'un emprunt sur marge de crédit.

Févr. 02   Signature d'un bail de deux ans et paiement par chèque n° 1001 de 750$ plus les taxes pour le premier mois de loyer à Gestion Lamoureux inc. (Utilisez le compte *Loyer payé d'avance.*)

Févr. 02   Chèque n° 1002 de 7530,86$ taxes comprises à Bureau Beauregard pour l'acquisition d'équipement informatique.

Févr. 02   Chèque n° 1003 de 3851,66$ taxes comprises à Ameublement Cordeau pour l'acquisition d'ameublement de bureau.

Févr. 02   Embauche de Simon Carle comme secrétaire de l'entreprise au salaire hebdomadaire de 750$. Sa première journée de travail sera le 3 février.

Travail à faire

a) Enregistrer dans le journal général les écritures pour comptabiliser les opérations d'ouverture de Chloé Mathieu, fiscaliste.

b) Reporter les écritures aux comptes de grand livre

c) Préparer le bilan d'ouverture de Chloé Mathieu, fiscaliste, au 2 février 20X7.

L'enregistrement de pièces justificatives (transactions) dans le journal général

3. **Samuel Kenney vient d'inaugurer un service d'entretien électrique sous la raison sociale Services Kenney. Il ouvre un compte à la Banque Nordique, sur lequel il bénéficie d'une marge de crédit de 10 000$. Voici, en ordre chronologique, les premières opérations de son entreprise au cours du mois d'avril 20X8:**

Tradco			**Facture de vente**

45, rue Foster
Waterloo (Québec) J0B 2F0
450 539-7885

Date	**Numéro**	**Crédit**	**Vendeur**
1er avril 20X8	TRA-45256	Comptant	Roch

Facturé à :

Services Kenney
225, route 243
Waterloo (Québec) J0B 2G0
450 539-8877

Article	**Description (voir liste jointe)**		**Montant**
	Équipement électrique		8 750,00 $

TPS n° : 124215762		TPS	5 %	437,50
TVQ n° : 1415268913		TVQ 9,975 %		872,81
Conditions de crédit : 2/10, n/30		**Total**		10 060,31 $

Payé par le chèque n° 101

Services Kenney   Chèque n° : 101

225, route 243
Waterloo (Québec) J0B 2G0
450 539-8877

Date : 1er avril 20X8

Payez à l'ordre de   Tradco   10 060,31 $

Dix mille soixante ——— 31 / 100 dollars

Banque Nordique
2527, rue Foster,
Waterloo (Québec) J0B 2F0

Pour : Facture n° 45256

Samuel Kenney
Services Kenney

|| 11225 || 18574 || 101 ||

Les Autos Camirand			Facture de vente

1215, rue Principale
Granby (Québec) J0B 2G0
450 777-3352

Date	**Numéro**	**Crédit**	**Vendeur**
2 avril 20X8	AC-198253	Prêt	Gaétan

Facturé à :

Services Kenney
225, route 243
Waterloo (Québec) J0B 2G0
450 539-8877

Article	**Description**		**Montant**
S12972535	Camion Ford 150		38 500,00 $
TPS n° : 152618917		TPS	5 %	1 925,00
TVQ n° : 1213478278		TVQ 9,975 %		3 840,38
		Total		44 265,38 $
		Chèque n° 102		5 765,38
Conditions de crédit : 2/10, n/30		Effet à payer, 8,5 %, 5 ans		38 500,00 $

Services Kenney
225, route 243
Waterloo (Québec) J0B 2G0
450 539-8877

Chèque n° : 102

Date : 2 avril 20X8

Payez à
l'ordre de _____ Les Autos Camirand _____   5 765,38 $

_____ Cinq mille sept cent soixante-cinq _____ 38 / 100 dollars

Banque Nordique
2527, rue Foster
Waterloo (Québec) J0B 2F0

Pour : Facture n° AC-198253

Samuel Kenney

Services Kenney

|| 11225 || 18574 || 102 ||

Travail à faire

a) Enregistrer dans le journal général les écritures pour comptabiliser les opérations d'ouverture des Services Kenney considérant que le compte de grand livre utilisé pour l'achat de l'équipement électrique est *Équipement électrique* et le compte de grand livre utilisé pour l'achat du camion est *Matériel roulant*.

b) Reporter les écritures aux comptes de grand livre.

c) Préparer le bilan d'ouverture des Services Kenney au 2 avril 20X8.

4. Saku Desrochers désire offrir des leçons de hockey et de patinage, sous la raison sociale Hockey Saku. Il ouvre un compte à la Banque Loyale. Voici, en ordre chronologique, les premières opérations de son entreprise au cours du mois de mars 20X7 :

Banque Loyale

REMPLIR EN APPUYANT FORTEMENT

BORDEREAU DE DÉPÔT

DÉPOSÉ PAR : *Saku Desrochers*

N° DE SUCC. : 1 1 2 5 0	DATE JOUR 0 1	MOIS 0 3	ANNÉE 2 0 X 7

N° DE COMPTE : 1 2 5 4 6 5

INTITULÉ DU COMPTE : *Hockey Saku*

Inscrire les chèques en $ US et en $ CA sur un bordereau de dépôt distinct.

DESCRIPTION DU CHÈQUE	MONTANT	
1001 Saku Desrochers		
investissement initial	10 000	00

NOMBRE DE CHÈQUES 1	TOTAL CHÈQUES	1 0 0 0 0 00

N° DE SUCC. : 1 1 2 5 0	DATE JOUR 0 1	MOIS 0 3	ANNÉE 2 0 X 7

N° DE COMPTE : 1 2 5 4 6 5

INTITULÉ DU COMPTE : *Hockey Saku*

ESPÈCES

x 5	=	00
x 10	=	00
x 20	=	00
x 50	=	00
x 100	=	00

$US TAUX :	=	

TOTAL EN ESPÈCES (BILLETS) $

PIÈCES DE MONNAIE

x pièces de 1 $	=
x pièces de 2 $	=

TOTAL MONNAIE $

NOMBRE DE CHÈQUES 1	TOTAL CHÈQUES	$ 10 000 00

TOTAL ESPÈCES MONNAIE/CHÈQUES   1 0 0 0 0 0 0

Hockey Saku

2564, boul. LaSalle
LaSalle (Québec) H8R 2M9

Chèque n° : 1001

Date : 1er mars 20X7

Payez à
l'ordre de   Patinoire Hétu   2 299,50 $

Deux mille deux cent quatre-vingt-dix-neuf —— 50 / 100 dollars

Banque Loyale
2515, rue Desormeaux,
LaSalle (Québec) H8R 2N7

Pour : Loyer de mars payé d'avance : 2 000 $ plus taxes

Saku Desrochers
Hockey Saku

|| 11225 || 18574 || 1001 ||

Note

Utiliser le compte *Loyer payé d'avance*.

Breault et Marchand   **Facture de vente**

785, rue Lazure
Montréal (Québec) H5R 4G8
514 288-4580

Date	Numéro	Crédit	Vendeur
2 mars 20X7	BM-1857850	Comptant	Gaétan

Facturé à :

Hockey Saku
2564, boul. LaSalle
LaSalle (Québec) H8R 2M9
514 366-2566

Article	Description	Montant
	Table, chaises et bureau Azura	4 540,00$

TPS n° : 124514642TP001		TPS 5 %	227,00
TVQ n° : 1235124687TQ001		TVQ 9,975 %	452,87
Conditions de crédit : 2/10, n/30		**Total**	5 219,87$

Chèque n° 1002

Hockey Saku

2564, boul. LaSalle
LaSalle (Québec) H8R 2M9

Chèque n° : 1002

Date : 2 mars 20X7

Payez à
l'ordre de   Breault et Marchand   5 219,87 $

Cinq mille deux cent dix-neuf —— 87 / 100 dollars

Banque Loyale
2515, rue Desormeaux,
LaSalle (Québec) H8R 2N7

Pour : Facture n° BM-1857850

Saku Desrochers
Hockey Saku

|| 11225 || 18574 || 1002 ||

Info GTS inc.			Facture de vente
990, rue Melville			
Montréal (Québec) H5R 2E2			
514 878-2692			

Date	Numéro	Crédit	Vendeur
3 mars 20X7	GTS-158745	Net 30 jours	Luc

Facturé à :

Hockey Saku
2564, boul. LaSalle
LaSalle (Québec) H8R 2M9
514 366-2566

Article	Description		Montant
	Système informatique IBM-XT432		3 725,00$
TPS n° : 123765412TP001		TPS 5%	186,25
TVQ n° : 1412564678TQ001		TVQ 9,975%	371,57
		Total	4 282,82$
		Payable le 2 avril 20X7	

Travail à faire

a) Enregistrer dans le journal général les écritures pour comptabiliser les opérations d'ouverture de Hockey Saku.

b) Reporter les écritures aux comptes de grand livre.

c) Préparer le bilan d'ouverture de Hockey Saku au 3 mars 20X7.

L'enregistrement des transactions dans le journal général

5. Olivier Malette, propriétaire de l'entreprise Extermination sans problème, a effectué les opérations suivantes au cours du mois de mai 20X2:

Mai 01 Émission du chèque n° 172 de la Banque Loyale de 1 400$ plus les taxes à l'ordre des Immeubles Clara ltée en paiement du loyer du mois de mai.

Note
Comme un loyer est dû au début de chaque mois, on le considère immédiatement comme une charge d'exploitation.

Mai 03 Encaissement de la facture émise au restaurant Le Lotus bleu pour le mois d'avril: 450$. Cette facture a été originellement comptabilisée dans le compte *Clients.*

Mai 05 Facture n° 3423 de 375$ plus les taxes émises au nom de Résidences des prairies pour un travail de fumigation. Cette facture est payable par le client dans 30 jours.

Mai 12 Achat à crédit de fournitures de bureau pour 1 560$ plus les taxes chez Ferlac (facture n° 6421). Cette facture est payable dans 30 jours. (Utiliser le compte *Frais de bureau*).

Mai 15 Chèque de salaire n° 173 de 950$ émis à l'ordre de Jacques Latreille, l'employé de l'entreprise. Le compte de grand livre utilisé est le compte *Salaires.*

Mai 17 Émission du chèque n° 174 de 225$ en paiement de la facture d'assurance responsabilité à Viger, Deniger Assurances. Vous considérez ce déboursé comme étant une charge d'exploitation.

Mai 19	Dépôt au compte bancaire de l'entreprise de 2 845 $ plus les taxes pour divers travaux d'extermination effectués au comptant. Le compte de grand livre utilisé est le compte *Revenus d'extermination*.
Mai 21	Chèque n° 175 de 800 $ émis à l'ordre d'Olivier Malette pour ses dépenses personnelles.
Mai 24	Réception de la facture n° 98732 s'élevant à 350 $ plus les taxes du journal *Rive-Sud* pour une annonce publicitaire parue au cours de la semaine. Cette facture est payable dans 30 jours.
Mai 27	Émission du chèque n° 176 de 644 $ en paiement partiel d'un compte *Fournisseurs*.
Mai 30	Paiement du salaire de Samuel Latreille : 950 $. Émission du chèque n° 177.

Travail à faire

Enregistrer dans le journal général les écritures pour comptabiliser les opérations d'Extermination sans problème au cours du mois de mai 20X2.

6. Gabriel Rolly, conseiller en décoration, a effectué les opérations suivantes au cours du mois d'avril 20X2 :

Avr. 01	Paiement du loyer du mois d'avril : chèque n° 415 de la Banque Nordique de 1 667,14 $ taxes comprises à Mme Isabelle Desmarais.
	Note
	Comme un loyer est dû au début de chaque mois, on le considère immédiatement comme une charge d'exploitation.
Avr. 03	Achat par chèque d'ameublement de bureau chez Orebro : chèque n° 416 de 4 024,13 $ taxes comprises (facture n° 7142).
Avr. 05	Émission et encaissement de la facture n° 236 s'élevant à 977,29 $ taxes comprises pour des services rendus entre le 2 et le 5 avril à la Clinique médicale de l'Est.
Avr. 07	Chèque n° 417 de 190 $ émis à l'ordre du Fleuriste Melrose pour l'envoi de fleurs à la mère de Gabriel à l'occasion de son anniversaire.
Avr. 12	Facture n° 237 de 2 799,64 $ taxes comprises émise au nom de José Leblanc pour services rendus à crédit.
Avr. 15	Encaissement de 4 599 $ taxes comprises provenant de la boutique Tournesol pour des services rendus au cours du mois.
Avr. 16	Salaire de 882 $ versé à Julie Lamanque, employée de l'entreprise : chèque n° 418.
Avr. 18	Émission du chèque n° 419 de 86,23 $ taxes comprises au journal *L'hebdo* pour une annonce publicitaire.
Avr. 20	Réception de l'état de compte de Pétro-sud ltée portant sur l'achat d'essence pour l'automobile que Gabriel Rolly utilise pour son travail : 245 $ taxes incluses. Ce montant est payable dans 10 jours.
Avr. 23	Encaissement de 1 465,93 $ taxes comprises provenant de Francine Mainville pour des services rendus au cours du mois d'avril.
Avr. 26	Paiement à la réception de la facture d'électricité : 275,94 $ taxes comprises. Émission du chèque n° 420 à l'ordre d'Hélio-Québec.
Avr. 28	Facture n° 238 de 666,86 $ taxes comprises émise au nom de Jacques Allard pour services rendus à crédit.
Avr. 30	Chèque de 1 000 $ reçu de Gabriel Rolly pour un apport supplémentaire et déposé dans le compte bancaire de l'entreprise.
Avr. 30	Paiement du salaire de Julie Lamanque : 882 $. Émission du chèque n° 421.

Enregistrer dans le journal général les écritures pour comptabiliser les opérations du mois d'avril 20X2 de l'entreprise Gabriel Rolly, conseiller en décoration.

7. Voici les opérations du mois de janvier 20X4 de Me Élisabeth Beaudoin, notaire:

Janv. 04 Encaissement du solde à recevoir d'une cliente, Danielle Allard, pour des ventes effectuées en décembre: 1450$. Dépôt à la Caisse populaire Vianney.

Janv. 06 Paiement à la réception d'une facture d'électricité d'Hélio-Québec: 143,72$ taxes comprises. Émission du chèque n° 712.

Janv. 09 Achat à crédit de fournitures de bureau. Facture n° 1425 de Pilon inc.: 1860,30$ taxes comprises.

Janv. 13 Facture n° 7872 de 1667,14$ taxes comprises émise au nom de Josée Charbonneau pour la rédaction d'un contrat de vente d'immeuble.

Janv. 17 Salaire versé à Patrice Roy, secrétaire du cabinet: 450$. Émission du chèque n° 713.

Janv. 20 Paiement par le chèque n° 714 du compte de taxes municipales de la Ville de Québec: 3600$. L'entreprise comptabilise ces taxes dans le compte de charge.

Janv. 23 Retrait de Me Élisabeth Beaudoin de 200$ pour son usage personnel. Émission du chèque n° 715.

Janv. 25 Paiement du compte de Pilon inc., soit le montant de la facture n° 1425 moins la note de crédit n° 165. Émission du chèque n° 716. La note de crédit de 471,82$ a été émise le 27 décembre 20X3.

Janv. 28 Chèque de 1149,75$ taxes comprises reçu de Marie-Ève Saint-François pour des honoraires professionnels relatifs à des services rendus au cours du mois.

Janv. 31 Avis de retrait reçu de la Caisse populaire pour le paiement des intérêts débiteurs sur l'emprunt bancaire: 122$.

Enregistrer dans le journal général les écritures pour comptabiliser les opérations du mois de janvier 20X4 de Me Élisabeth Beaudoin, notaire.

8. Voici les opérations du mois de juin 20X3 d'Océane Brière, spécialiste en traitement comptable informatisé:

Juin 01 Encaissement et dépôt à la Banque Nordique de 4500$ correspondant au solde dû le 31 mai par les Entreprises Dynamiques inc.

Juin 03 Achat à crédit de fournitures de bureau chez Pilon inc.; facture n° 7172 s'élevant à 1207,24$ taxes comprises.

Juin 06 Avis de retrait de 1785$ de la banque relatif au remboursement de l'emprunt hypothécaire. Ce montant comprend des intérêts de 1210$ et un remboursement de l'emprunt hypothécaire de 575$.

Juin 08 Facture n° 415 de 1724,63$ taxes comprises émise au nom de la Quincaillerie Maisonneuve inc. à la suite de la préparation des états financiers de cette entreprise.

Juin 11 Salaires versés aux deux employés de l'entreprise: 1 850$. Émission des chèques n°s 1922 et 1923.

Juin 14 Chèque n° 1924 de 1000$ émis à l'ordre d'Océane Brière pour son salaire.

Juin 17 Encaissement d'une somme de 2299,50$ taxes comprises du Théâtre de la Baie pour des honoraires comptables informatisés relatifs à des services rendus depuis le début du mois.

Juin 19	Facture n° 416 de 2 673,17 $ taxes comprises émise au nom des Rénovations Deschamps inc. pour des honoraires professionnels relatifs à des services rendus au cours de la semaine.
Juin 21	Réception d'un état de compte totalisant 317,95 $ taxes comprises du garage Ultra pour l'essence du mois. Ce montant est payable dans 10 jours.
Juin 25	Paiement de 1 865 $ en salaires aux employés. Émission des chèques n°s 1925 et 1926.
Juin 25	Retrait par Océane Brière de 1 000 $ du compte bancaire de l'entreprise, chèque n° 1927 pour son usage personnel
Juin 27	Réception de la facture de télécommunications de Horizon Télécom: 201,21 $ taxes comprises à payer le 7 juillet.
Juin 29	Réception et paiement de la facture d'électricité du mois: 147,17 $ taxes comprises. Émission du chèque n° 1928 à l'ordre d'Hélio-Québec.
Juin 30	Encaissement d'un chèque du montant total de la facture n° 415 émise le 8 juin au nom de la Quincaillerie Maisonneuve inc.

Travail à faire

Enregistrer dans le journal général les écritures pour comptabiliser les opérations d'Océane Brière, comptable, au mois de juin 20X3.

Le cycle comptable et les pièces justificatives

9. Félix Groleau, un étudiant en comptabilité, a décidé de fonder une entreprise spécialisée dans l'entretien des pelouses sous la raison sociale Service d'entretien Groleau. Il ouvre un compte à la Banque Nordique. Voici, en ordre chronologique, les premières opérations relatives à son entreprise au cours du mois de mai 20X1:

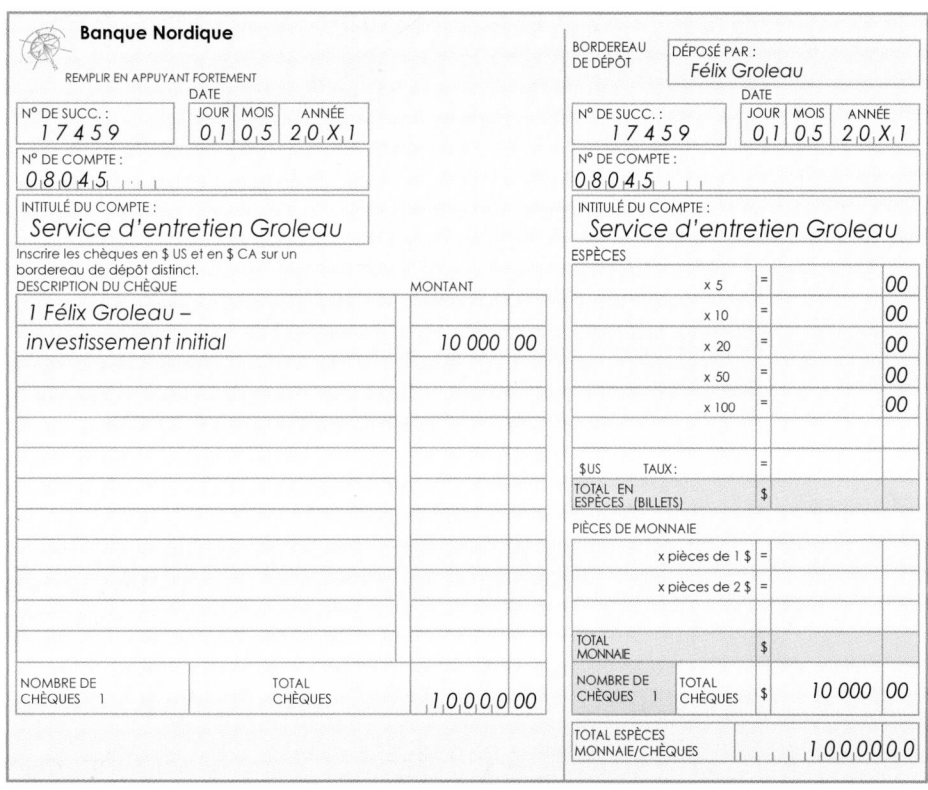

Beaux jardins inc.
Route 235
L'Ange-Gardien (Québec) J0E 3G5
450 535-4627

Facture de vente

Date	Numéro	Crédit	Vendeur
20X1-05-01	JD 14125	Comptant (chèque 1)	Maxim

Facturé à:

Service d'entretien Groleau
1115, rue Principale
Saint-Paul (Québec) J0E 4G7
450 535-4796

Article	Description		Montant
JD-1897	Tracteur autoporteur 20 forces Transmission hydraulique Garantie 5 ans		12 000,00 $
TPS n°: 124678127		TPS 5%	600,00
TVQ n°: 1465231246		TVQ 9,975%	1 197,00
		Total	13 797,00 $
		Payé par chèque n° 1	5 000,00
		Financement Beaux jardins inc. Finance, 36 mois, 3%, remboursement mensuel de 255,93 $	8 797,00 $

Service d'entretien Groleau
1115, rue Principale
Saint-Paul (Québec) J0E 4G7
450 535-4796

Chèque n°: 1

Date: 1er mai 20X1

Payez à l'ordre de ___ Beaux jardins inc. ___   5 000,00 $

___ Cinq mille ___ 00 / 100 dollars

Banque Nordique
2578, rue Principale,
Saint-Paul (Québec) J0E 4G9

Pour: Facture n° JD 14125

Félix Groleau

Service d'entretien Groleau

|| 08045 || 17459 || 001 ||

Service d'entretien Groleau
1115, rue Principale
Saint-Paul (Québec) J0E 4G7
450 535-4796

Chèque n°: 2

Date: 4 mai 20X1

Payez à l'ordre de ___ Viger Assurance ___   600,00 $

___ Six cents ___ 00 / 100 dollars

Banque Nordique
2578, rue Principale,
Saint-Paul (Québec) J0E 4G9

Pour: Assurances tracteur autoportant

Félix Groleau

Service d'entretien Groleau

|| 08045 || 17459 || 002 ||

Banque Nordique							BORDEREAU DE DÉPÔT	DÉPOSÉ PAR : Félix Groleau		
REMPLIR EN APPUYANT FORTEMENT										

N° DE SUCC. : *17459*

DATE — JOUR *0,8* | MOIS *0,5* | ANNÉE *2,0,X,1*

N° DE COMPTE : *0,8,0,4,5*

INTITULÉ DU COMPTE : *Service d'entretien Groleau*

Inscrire les chèques en $ US et en $ CA sur un bordereau de dépôt distinct.

DESCRIPTION DU CHÈQUE	MONTANT	

NOMBRE DE CHÈQUES	TOTAL CHÈQUES	

Colonne de droite

N° DE SUCC. : *17459*

DATE — JOUR *0,8* | MOIS *0,5* | ANNÉE *2,0,X,1*

N° DE COMPTE : *0,8,0,4,5*

INTITULÉ DU COMPTE : *Service d'entretien Groleau*

ESPÈCES

			MONTANT	
Ventes au comptant	2 x 5	=	10	00
Taxes incluses	10 x 10	=	100	00
Facture n° C-1	10 x 20	=	200	00
	3 x 50	=	150	00
	x 100	=		00
$US TAUX :		=		
TOTAL EN ESPÈCES (BILLETS)		$	460	00

PIÈCES DE MONNAIE

x pièces de 1 $		=		
x pièces de 2 $		=		
			0	10
TOTAL MONNAIE		$	0	10
NOMBRE DE CHÈQUES	TOTAL CHÈQUES	$		
TOTAL ESPÈCES MONNAIE/CHÈQUES			460	1,0

Service d'entretien Groleau

1115, rue Principale
Saint-Paul (Québec) J0E 4G7
450 535-4796

Date
14 mai 20X1

Facture de vente
1001

Facturé à :

Habitation Langlois
55, rue Latour
Saint-Paul (Québec) J0E 4G7
450 535-8524

Travaux sur le terrain de l'immeuble			350,00$
TPS n° : 145126186	TPS	5 %	17,50
TPS n° : 1243147592	TVQ	9,975 %	34,91
Conditions : Net 30 jours	**Total**		402,41 $

Service d'entretien Groleau
1115, rue Principale
Saint-Paul (Québec) J0E 4G7

Facture

Horizon Télécom

Numéro de compte :	450-535-4796
Date de facturation :	22 mai 20X1

Sommaire du compte

Précédent

Solde antérieur	,00$
Paiement reçu – Merci	,00
Rectifications	,00
Solde reporté	,00$

Courant

Services ligne fixe pour le mois d'avril	90,00$
Frais d'installation et ouverture de dossier	50,00

TPS n° : 100356987	TPS 5 %	7,00
TVQ n° : 1001237654	TVQ 9,975 %	13,97
Montant dû		160,97$

S'il vous plaît, veuillez acquitter ce compte dès réception.
Pour éviter tout supplément de retard, veuillez vous assurer que
votre paiement nous parviendra au plus tard le 8 juin 20X1.

Horizon Télécom

Numéro de compte	Date de facturation	Montant dû	Montant versé
450-535-4796	20X1-05-22	160,97$	

Service d'entretien Groleau
1115, rue Principale
Saint-Paul (Québec) J0E 4G7

Service d'entretien Groleau
1115, rue Principale
Saint-Paul (Québec) J0E 4G7
450 535-1804

Date	Facture de vente
26 mai 20X1	1002

Facturé à :

Hôpital de Saint-Paul
1117, rue de l'Hôpital
Saint-Paul (Québec) J0E 4G7
450 535-1804

Travaux pour le printemps		650,00$
TPS n° : 145126186	TPS 5 %	32,50
TVQ n° : 1243147592	TVQ 9,975 %	64,84
Conditions : 1 mois	**Total**	747,34$

Banque Nordique

REMPLIR EN APPUYANT FORTEMENT

	DATE		
	JOUR	MOIS	ANNÉE

N° DE SUCC. : 17459   2 8 | 0 5 | 2 0 X 1

N° DE COMPTE : 0 8 0 4 5

INTITULÉ DU COMPTE : *Service d'entretien Groleau*

Inscrire les chèques en $ US et en $ CA sur un bordereau de dépôt distinct.

DESCRIPTION DU CHÈQUE	MONTANT	
1 *Habitation Langlois fact. 1001*	402	41

NOMBRE DE CHÈQUES 1	TOTAL CHÈQUES	4 0 2 41

BORDEREAU DE DÉPÔT   DÉPOSÉ PAR : *Félix Groleau*

	DATE		
	JOUR	MOIS	ANNÉE

N° DE SUCC. : 17459   2 8 | 0 5 | 2 0 X 1

N° DE COMPTE : 0 8 0 4 5

INTITULÉ DU COMPTE : *Service d'entretien Groleau*

ESPÈCES

		=		
	x 5	=		00
	x 10	=		00
	x 20	=		00
	x 50	=		00
	x 100	=		00
$US TAUX :		=		
TOTAL EN ESPÈCES (BILLETS)			$	

PIÈCES DE MONNAIE

		=	
x pièces de 1 $	=		
x pièces de 2 $	=		
TOTAL MONNAIE		$	

NOMBRE DE CHÈQUES 1	TOTAL CHÈQUES	$	402	41

TOTAL ESPÈCES MONNAIE/CHÈQUES		4 0 2 41

Service d'entretien Groleau

Chèque n°: 3

1115, rue Principale
Saint-Paul (Québec) J0E 4G7
450 535-4796

Date: **31 mai 20X1**

Payez à l'ordre de   **Lawrence Gravel**   **500,00** $

———— **Cinq cents** ———— **00** / 100 dollars

Banque Nordique
2578, rue Principale,
Saint-Paul (Québec) J0E 4G9

Pour: **Salaire de mai 20X1**   *Félix Groleau*

|| 08045 || 17459 || 003 ||

Service d'entretien Groleau

Service d'entretien Groleau

Chèque n°: 4

1115, rue Principale
Saint-Paul (Québec) J0E 4G7
450 535-4796

Date: **1ᵉʳ mai 20X1**

Payez à l'ordre de $

———— **00** / 100 dollars

Banque Nordique
2578, rue Principale,
Saint-Paul (Québec) J0E 4G9

Pour:

|| 08045 || 17459 || 004 ||

Service d'entretien Groleau

Note

Il s'agit d'un spécimen de chèque qui permet à l'entreprise Beaux jardins inc. de faire des avis de retrait pour le remboursement de l'effet à payer de 8 797 $ signé le 1ᵉʳ mai 20X1. Les intérêts du premier mois sont de 21,87 $ et sont inclus dans le paiement préautorisé de fin de mois.

RELEVÉ BANCAIRE

Banque Nordique
2578, rue Principale
Saint-Paul (Québec) JOE 4G9

Service d'entretien Groleau
N° de transit: 08045
N° de compte: 17459
Période: du 1er mai au 31 mai 20X1

Compte: Chèques

Date	Description	Retrait	Dépôt	Solde
Mai 01	Dépôt		10 000,00	10 000,00
Mai 01	Chèque n° 1	5 000,00		5 000,00
Mai 06	Chèque n° 2	600,00		4 400,00
Mai 08	Dépôt		460,10	4 860,10
Mai 28	Dépôt		402,41	5 262,51
Mai 31	Paiement préautorisé	255,93		5 006,58

Travail à faire

a) Enregistrer dans le journal général les écritures pour comptabiliser les opérations du mois de mai 20X1 du Service d'entretien Groleau.

b) Reporter les écritures aux comptes de grand livre.

c) Dresser la balance de vérification du Service d'entretien Groleau au 31 mai 20X1.

d) Préparer l'état des résultats, l'état des capitaux propres ainsi que le bilan du Service d'entretien Groleau au 31 mai 20X1.

10. **Émy Collins vient de créer une école de musique sous la raison sociale Conservatoire Lafontaine. Elle ouvre un compte de banque à ce nom à la Banque Loyale. Voici, en ordre chronologique, les premières opérations de l'entreprise au cours du mois de septembre 20X4:**

Banque Loyale

REMPLIR EN APPUYANT FORTEMENT

DATE

N° DE SUCC.: 0 4 8 7   JOUR 0 1 | MOIS 0 9 | ANNÉE 2 0 X 4

N° DE COMPTE: 1 2 1 2 5

INTITULÉ DU COMPTE: *Conservatoire Lafontaine*

Inscrire les chèques en $ US et en $ CA sur un bordereau de dépôt distinct.

DESCRIPTION DU CHÈQUE	MONTANT	
1 *Émy Collins –*		
investissement initial	15 000	00

NOMBRE DE CHÈQUES 1   TOTAL CHÈQUES 1,5,0,0,0 00

BORDEREAU DE DÉPÔT   DÉPOSÉ PAR: *Émy Collins*

DATE

N° DE SUCC.: 0 4 8 7   JOUR 0 1 | MOIS 0 9 | ANNÉE 2 0 X 4

N° DE COMPTE: 1 2 1 2 5

INTITULÉ DU COMPTE: *Conservatoire Lafontaine*

ESPÈCES

x 5 =		00
x 10 =		00
x 20 =		00
x 50 =		00
x 100 =		00

$US   TAUX: =

TOTAL EN ESPÈCES (BILLETS) $

PIÈCES DE MONNAIE

x pièces de 1 $ =

x pièces de 2 $ =

TOTAL MONNAIE $

NOMBRE DE CHÈQUES 1   TOTAL CHÈQUES $ 15 000 00

TOTAL ESPÈCES MONNAIE/CHÈQUES 1,5,0,0,0,0

Mobilart
1289, rue Lafontaine
Montréal (Québec) H5F 4J8
514 876-4561
L'art du meuble au Québec!

Facture de vente 87254

Date	Crédit	Représentant
20X4-09-01	Comptant – sur livraison	Eugène

Client:

Conservatoire Lafontaine,
1417, rue Lacombe,
Montréal (Québec) H5F 4R4
514 878-2691

Article	Description	Montant
B-12	6 tables d'étude	1 800,00$
	24 chaises Alphago	2 400,00
		4 200,00$

TPS n°: 124651422		TPS	5%	210,00
TVQ n°: 1237651432		TVQ	9,975%	418,95
			Total	4 828,95$

Payé par chèque n° 1

Conservatoire Lafontaine
1417, rue Lacombe
Montréal (Québec) H5F 4R4
514 878-2691

Chèque n°: 1

Date: 1er septembre 20X4

Payez à l'ordre de ___ Mobilart ___ | 4 828,95 | $

___ Quatre mille huit cent vingt-huit ___ 95 / 100 dollars

Banque Loyale
2527, rue Sainte-Catherine Est
Montréal (Québec) H6F 4D5

Pour: Facture n° 87254

Émy Collins

Conservatoire Lafontaine

|| 12125 || 0487 || 0125 || 001 ||

RELEVÉ DES EMPRUNTS HYPOTHÉCAIRES

Banque Loyale
2527, rue Sainte-Catherine Est
Montréal (Québec) H6F 4D5

Conservatoire Lafontaine
N° de compte: 12125
N° de transit: 0487
Période: du 1er septembre au 1er décembre 20X4

Prêt hypothécaire
Taux: 8,5 % **Durée:** 36 mois

Date	Versements mensuels	Remboursement de l'emprunt	Intérêts débiteurs	Solde de l'emprunt
Sept. 01				20 000,00
Sept. 30	630,00	490,78	139,22	19 509,22
Oct. 31	630,00	494,20	135,80	19 015,02
Nov.30	630,00	497,64	132,36	18 517,38

Piano extra	Date	Facture de vente
9878, boul. Saint-Laurent	1er septembre 20X4	P-7453
Montréal (Québec) H5F 4R8		
514 878-2223		

Facturé à :

Conservatoire Lafontaine
1417, rue Lacombe
Montréal (Québec) H5F 4R4
514 878-2691

Article

5 Pianos AKAY A-1312			23 000,00 $
TPS n° 145123765TP001	TPS	5 %	1 150,00
TVQ n° 1243214564TQ001	TVQ	9,975 %	2 294,25
		Total	26 444,25 $

Accord inclus, garantie 5 ans

Livraison incluse, payé par chèque

Conservatoire Lafontaine   Chèque n° : 2
1417, rue Lacombe
Montréal (Québec) H5F 4R4
514 878-2691   Date : 1er septembre 20X4

Payez à   Piano extra   26 444,25 $
l'ordre de

———— Vingt-six mille quatre cent quarante-quatre ———— 25 / 100 dollars

 Banque Loyale
2527, rue Sainte-Catherine Est
Montréal (Québec) H6F 4D5

Pour : Facture n° P-7453   *Émy Collins*

|| 12125 || 0487 || 0125 || 002 || **Conservatoire Lafontaine**

Conservatoire Lafontaine   Chèque n° : 3
1417, rue Lacombe
Montréal (Québec) H5F 4R4
514 878-2691   Date : 5 septembre 20X4

Payez à   Immeubles Michel   1 149,75 $
l'ordre de

———————— Mille cent quarante-neuf ———————— 75 / 100 dollars

 Banque Loyale
2527, rue Sainte-Catherine Est
Montréal (Québec) H6F 4D5

Pour : Loyer de septembre 20X4   *Émy Collins*

|| 12125 || 0487 || 0125 || 003 || **Conservatoire Lafontaine**

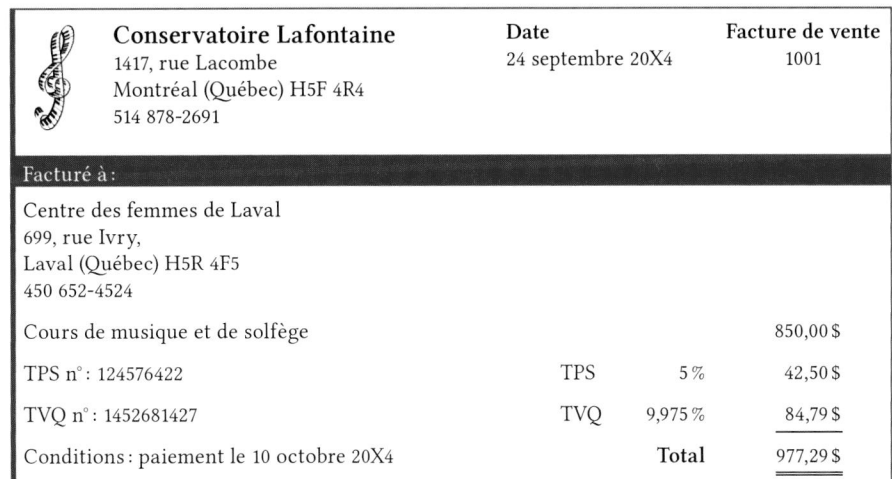

Banque Loyale

REMPLIR EN APPUYANT FORTEMENT

N° DE SUCC. : 0 4 8 7	DATE — JOUR 1 4 | MOIS 0 9 | ANNÉE 2 0 X 4

N° DE COMPTE :
1 2 1 2 5

INTITULÉ DU COMPTE :
Conservatoire Lafontaine

Inscrire les chèques en $ US et en $ CA sur un
bordereau de dépôt distinct.

DESCRIPTION DU CHÈQUE	MONTANT	
1 Didier Eugène	115	02
2 Hélène Vigneault	27	51

NOMBRE DE CHÈQUES 2	TOTAL CHÈQUES	1 4 2 53

BORDEREAU DE DÉPÔT	DÉPOSÉ PAR : *Émy Collins*

N° DE SUCC. : 0 4 8 7	DATE — JOUR 1 4 | MOIS 0 9 | ANNÉE 2 0 X 4

N° DE COMPTE :
1 2 1 2 5

INTITULÉ DU COMPTE :
Conservatoire Lafontaine

ESPÈCES

	5 × 5 =	25	00
Ventes au comptant	10 × 10 =	100	00
taxes incluses	15 × 20 =	300	00
(Rapport de vente 1)	3 × 50 =	150	00
	× 100 =		00
$US TAUX :	=		
TOTAL EN ESPÈCES (BILLETS)	$	575	00

PIÈCES DE MONNAIE

× pièces de 1 $ =			
× pièces de 2 $ =			
		0	13
TOTAL MONNAIE	$	0	13

NOMBRE DE CHÈQUES 2	TOTAL CHÈQUES	$	142	53

TOTAL ESPÈCES MONNAIE/CHÈQUES	7 1 7 66

Conservatoire Lafontaine

1417, rue Lacombe
Montréal (Québec) H5F 4R4
514 878-2691

Date	Facture de vente
24 septembre 20X4	1001

Facturé à :

Centre des femmes de Laval
699, rue Ivry,
Laval (Québec) H5R 4F5
450 652-4524

Cours de musique et de solfège			850,00 $
TPS n° : 124576422	TPS	5 %	42,50 $
TVQ n° : 1452681427	TVQ	9,975 %	84,79 $
Conditions : paiement le 10 octobre 20X4		**Total**	977,29 $

Conservatoire Lafontaine
1417, rue Lacombe
Montréal (Québec) H5F 4R4
514 878-2691

Date	Facture de vente
25 septembre 20X4	1002

Facturé à :

École Saint-Alexis
976, rue Côté
Laval (Québec) H5R 4F5
450 652-4524

Cours de musique et de piano			1 250,00 $
TPS n° : 124576422	TPS	5 %	62,50 $
TVQ n° : 1452681427	TVQ	9,975 %	124,69 $
Conditions : Net 30 jours		**Total**	1437,19 $

Banque Loyale

REMPLIR EN APPUYANT FORTEMENT

	DATE		
N° DE SUCC. : 0487	JOUR 2,8	MOIS 0,9	ANNÉE 2,0 X,4

N° DE COMPTE : 1,2,1,2,5

INTITULÉ DU COMPTE : *Conservatoire Lafontaine*

Inscrire les chèques en $ US et en $ CA sur un bordereau de dépôt distinct.

DESCRIPTION DU CHÈQUE	MONTANT	
Centre des femmes de Laval, facture n° 1001	977	29

NOMBRE DE CHÈQUES 1	TOTAL CHÈQUES	,9,7,7 29

BORDEREAU DE DÉPÔT	DÉPOSÉ PAR : *Émy Collins*

	DATE		
N° DE SUCC. : 0487	JOUR 2,8	MOIS 0,9	ANNÉE 2,0 X,4

N° DE COMPTE : 1,2,1,2,5

INTITULÉ DU COMPTE : *Conservatoire Lafontaine*

ESPÈCES

Ventes au comptant	x 5 =		00
taxes incluses	20 x 10 =	200	00
(Rapport de vente 2)	15 x 20 =	300	00
	3 x 50 =	150	00
	x 100 =		00
$US TAUX :	=		
TOTAL EN ESPÈCES (BILLETS)	$	650	00

PIÈCES DE MONNAIE

11 x pièces de 1 $ =		11	00
x pièces de 2 $ =		0	39
TOTAL MONNAIE	$	11	39

NOMBRE DE CHÈQUES 1	TOTAL CHÈQUES	$ 977	29

TOTAL ESPÈCES MONNAIE/CHÈQUES	1,6,3,8,6,8

Hélio-Québec

Date : 20X4-09-29
Numéro de compte : 878-2691
Adresse facturée : 1417, rue Lacombe, Montréal (Québec) H5F 4R4

Votre compte s'établit ainsi :

Électricité du mois de septembre			250,00 $
TPS n° : 1234587454	TPS	5 %	12,50 $
TVQ n° : 1235876521	TVQ	9,975 %	24,94 $
		Total	287,44 $

Chèque n° 4

Conservatoire Lafontaine
1417, rue Lacombe
Montréal (Québec) H5F 4R4
514 878-2691

Chèque n° : 4

Date : **30 septembre 20X4**

Payez à l'ordre de : **Simon Nguyen**   **2 000,00** $

———————————— **Deux mille** ———————————— **00** / 100 dollars

Banque Loyale
2527, rue Sainte-Catherine Est
Montréal (Québec) H6F 4D5

Pour : **Salaire de septembre 20X4**

Émy Collins
Conservatoire Lafontaine

|| 12125 || 0487 || 0125 || 004 ||

Chèque n° 5

Conservatoire Lafontaine
1417, rue Lacombe
Montréal (Québec) H5F 4R4
514 878-2691

Chèque n° : 5

Date : **30 septembre 20X4**

Payez à l'ordre de : **Émy Collins**   **2 000,00** $

———————————— **Deux mille** ———————————— **00** / 100 dollars

Banque Loyale
2527, rue Sainte-Catherine Est
Montréal (Québec) H6F 4D5

Pour : _____

Émy Collins
Conservatoire Lafontaine

|| 12125 || 0487 || 0125 || 005 ||

RELEVÉ BANCAIRE

Banque Loyale 2527, rue Sainte-Catherine Est **Montréal (Québec) H6F 4D5**	**Conservatoire Lafontaine** N° de compte : 12125 N° de transit : 0487 **Période :** du 1er septembre au 30 septembre 20X4

Compte : Chèques

Date	Description	Retrait	Dépôt	Solde
Sept. 01	Dépôt		15 000,00	15 000,00
Sept. 01	Chèque n° 1	4 828,95		10 171,05
Sept. 01	Emprunt hypothécaire		20 000,00	30 171,05
Sept. 01	Chèque n° 2	26 444,25		3 726,80
Sept. 05	Chèque n° 3	1 149,75		2 577,05
Sept. 14	Dépôt		717,66	3 294,71
Sept. 28	Dépôt		1 638,68	4 933,39
Sept. 30	Chèque n° 5	2 000,00		2 933,39
Sept. 30	Remb. emprunt	630,00		2 303,39

Travail à faire

a) Enregistrer dans le journal général les écritures pour comptabiliser les opérations du mois de septembre 20X4 du Conservatoire Lafontaine.

b) Reporter les écritures aux comptes de grand livre

c) Dresser la balance de vérification du Conservatoire Lafontaine au 30 septembre 20X4.

d) Préparer l'état des résultats, l'état des capitaux propres ainsi que le bilan du Conservatoire Lafontaine au 30 septembre 20X4.

La préparation des états financiers à l'aide d'une balance de vérification

11. Voici la balance de vérification du Service Photo Ryan, propriété de Florence Ryan, au 31 décembre 20X3 :

	SERVICE PHOTO RYAN BALANCE DE VÉRIFICATION au 31 décembre 20X3		
Numéro	**Nom du compte**	**Débit**	**Crédit**
1010	Encaisse	22 450,00$	
1100	Clients	4 340,00	
1105	TPS à recevoir	1 100,00	
1110	TVQ à recevoir	1 200,00	
1190	Fournitures de bureau	2 160,00	
1700	Ameublement de bureau	28 620,00	
2050	Emprunt bancaire		2 500,00$
2150	Effet à payer (court terme)		6 835,00
2305	TPS à payer		1 500,00
2310	TVQ à payer		1 600,00
2450	Intérêts à payer		110,00
3100	Florence Ryan – capital		30 103,00
3300	Florence Ryan – retraits	36 000,00	
4110	Honoraires professionnels		154 600,00
5300	Salaires	66 524,00	
5410	Loyer	18 000,00	
5630	Entretien et réparations – équipement	1 825,00	
5705	Frais de déplacement	8 649,00	
5730	Électricité	1 460,00	
5740	Assurance	650,00	
5750	Télécommunications	3 615,00	
5780	Charges d'intérêts	655,00	
		197 248,00$	197 248,00$

Travail à faire

Préparer l'état des résultats, l'état des capitaux propres ainsi que le bilan de Service Photo Ryan pour l'exercice terminé le 31 décembre 20X3.

12. **Voici la balance de vérification du Théâtre de la Pléiade, propriété de Jade Michaud, au 31 décembre 20X2:**

	THÉÂTRE DE LA PLÉIADE BALANCE DE VÉRIFICATION au 31 décembre 20X2		
Numéro	**Nom du compte**	**Débit**	**Crédit**
1010	Encaisse	8 215,00$	
1105	TPS à recevoir	3 000,00	
1110	TVQ à recevoir	3 300,00	
1200	Fournitures de théâtre	7 620,00	
1210	Assurance payée d'avance	1 251,00	
1500	Équipement de théâtre	25 882,00	
1700	Ameublement de bureau	8 935,00	
1900	Bâtiment	245 000,00	
1960	Terrain	55 000,00	
2050	Emprunt bancaire		15 500,00$
2100	Fournisseurs		5 315,00
2305	TPS à payer		4 500,00
2310	TVQ à payer		4 800,00
2350	Salaires à payer		2 538,00
2450	Intérêts à payer		314,00
2905	Emprunt hypothécaire (biens immeubles)		225 000,00
3100	Jade Michaud – capital		77 682,00
3300	Jade Michaud – retraits	24 000,00	
4180	Billets d'entrée		309 857,00
5300	Salaires	215 827,00	
5420	Publicité	15 662,00	
5630	Entretien et réparations	17 847,00	
5730	Électricité	2 112,00	
5735	Chauffage	4 628,00	
5750	Télécommunications	5 379,00	
5780	Charges d'intérêts	1 848,00	
		645 506,00$	645 506,00$

Travail à faire

Préparer l'état des résultats, l'état des capitaux propres ainsi que le bilan du Théâtre de la Pléiade pour l'exercice terminé le 31 décembre 20X2.

La préparation des états financiers à l'aide d'une liste de comptes

13. Sophie Savard, comptable, vous soumet la liste alphabétique des comptes de son entreprise, au 31 décembre 20X2:

Ameublement de bureau *Imm.*	4 850,00$
Assurance *CE*	6 492,59$
Assurance payée d'avance	1 250,00$
Charges d'intérêts	562,50$
Clients *ACT*	950,00$
Cotisations professionnelles *CE*	875,00$
Effet à payer (dû le 2 novembre 20X4)	6 000,00$
Électricité *CE*	1 432,67$
Encaisse *ACT*	9 301,46$
Entretien et réparations – équipement de bureau	322,15$
Équipement de bureau	5 600,00$
Fournisseurs *P CT*	1 132,60$
Fournitures de bureau *Imm*	145,79$
Frais de bureau *CE*	432,89$
Frais de déplacement *CE*	3 522,76$
Frais de représentation	995,98$
Honoraires professionnels *PE*	125 260,00$
Loyer *CE*	9 600,00$
Publicité *CE*	4 275,30$
Publicité payée d'avance *Encaisse*	950,00$
Sophie Savard – apports	2 000,00$
Sophie Savard – capital *CP*	2 783,55$
Sophie Savard – retraits *CP*	84 000,00$
Télécommunications	3 422,76$
TPS à payer *PCT*	2 100,50$
TPS à recevoir *ACT*	1 220,20$
TVQ à payer *P CT*	2 250,50$
TVQ à recevoir *ACT*	1 325,10$

Travail à faire

Préparer l'état des résultats, l'état des capitaux propres et le bilan de Sophie Savard, comptable, pour l'exercice terminé le 31 décembre 20X2.

◆ 14. **Yannick Desmarais vous soumet la liste alphabétique des comptes de son entreprise, Y.D. Info, au 31 décembre 20X8:**

Assurance	2 525,00 $
Assurance payée d'avance	750,00 $
Clients	12 512,32 $
Effet à payer (90 jours)	5 000,00 $
Effet à recevoir	6 000,00 $
Électricité	2 625,32 $
Emprunt bancaire	7 000,00 $
Encaisse	6 928,74 $
Entretien et réparations – matériel roulant	2 122,59 $
Équipement d'atelier	8 250,00 $
Équipement de bureau	3 150,00 $
Fournisseurs	8 492,59 $
Fournitures d'atelier	992,56 $
Frais de bureau	452,16 $
Frais de déplacement	1 972,89 $
Loyer	8 400,00 $
Matériel roulant	18 450,00 $
Publicité	1 292,43 $
Publicité payée d'avance	250,00 $
Salaires	18 522,48 $
Services rendus	95 525,32 $
Télécommunications	2 792,32 $
TPS à payer	1 300,50 $
TPS à recevoir	510,50 $
TVQ à payer	1 393,40 $
TVQ à recevoir	546,96 $
Yannick Desmarais – capital	2 334,46 $
Yannick Desmarais – retraits	22 000,00 $

Travail à faire

Préparer l'état des résultats, l'état des capitaux propres et le bilan d'Y.D. Info pour l'exercice terminé le 31 décembre 20X8.

(SUPPLÉMENT D'INFORMATION N° 1)

La remise des taxes

Comme il a été mentionné à la section 4.1.4, les taxes **perçues** sur les ventes sont appelées **taxes sur les extrants,** tandis que celles qui ont été payées sur les charges et les actifs se nomment **taxes sur les intrants**. L'entreprise ne remet aux gouvernements que la différence entre les taxes perçues sur ses ventes et les taxes payées sur ses charges et l'acquisition de ses actifs.

Les équations suivantes résument cette logique :

$$\text{TPS perçue} \quad - \quad \text{TPS payée} \quad = \quad \text{TPS à remettre}$$
$$\text{TVQ perçue} \quad - \quad \text{TVQ payée} \quad = \quad \text{TVQ à remettre}$$

Il peut arriver que les taxes payées par l'entreprise soient plus élevées que celles qu'elle a perçues sur ses ventes au cours d'une période donnée. C'est le cas, par exemple, d'une entreprise saisonnière qui investit dans du nouvel équipement durant la période de ralentissement de ses activités. En pareil cas, le gouvernement rembourse la différence.

Les équations suivantes illustrent cette nouvelle situation :

$$\text{TPS payée} \quad - \quad \text{TPS perçue} \quad = \quad \text{TPS remboursée}$$
$$\text{TVQ payée} \quad - \quad \text{TVQ perçue} \quad = \quad \text{TVQ remboursée}$$

La période de déclaration peut être mensuelle, trimestrielle ou annuelle. L'entreprise peut toutefois choisir une autre période de déclaration si le montant de ses ventes le permet (voir le tableau 4.11).

TABLEAU 4.11 ▶ Les périodes de déclaration

VENTES TAXABLES ANNUELLES	PÉRIODE DE DÉCLARATION ATTRIBUÉE	AUTRE PÉRIODE POSSIBLE
1 500 000$ ou moins	Annuelle	Mensuelle ou trimestrielle
De 1 500 001$ à 6 000 000$	Trimestrielle	Mensuelle
Plus de 6 000 000$	Mensuelle	Aucune

L'entreprise doit produire sa déclaration au plus tard un mois après le dernier jour de la période visée si sa période de déclaration est mensuelle ou trimestrielle. Si la période de déclaration de l'entreprise est annuelle, la déclaration doit être transmise au plus tard trois mois après la fin de son exercice financier.

Si l'entreprise a droit à un remboursement, elle recevra un versement de la part de Revenu Québec (normalement dans les 21 jours suivants).

 **PAR EXEMPLE** ▶ Prenons l'exemple d'une entreprise qui doit produire sa déclaration de TPS/TVQ mensuellement. Les ventes taxables du mois se sont élevées à 50 000,00$. Voici les comptes de grand livre relatifs aux taxes perçues et payées au 31 janvier 20X8 :

TPS à recevoir						N° 1105
Date	Libellé	Référence	Débit	Crédit	Solde	Dt/Ct
20X8						
Janv. 31	Report	J.A.1	750,00		750,00	Dt

TVQ à recevoir						N° 1110
Date	Libellé	Référence	Débit	Crédit	Solde	Dt/Ct
20X8						
Janv. 31	Report	J.A.1	1 496,25		1 496,25	Dt

TPS à payer						N° 2305
Date	Libellé	Référence	Débit	Crédit	Solde	Dt/Ct
20X8						
Janv. 31	Report	J.V.1		2 500,00	2 500,00	Ct

TVQ à payer						N° 2305
Date	Libellé	Référence	Débit	Crédit	Solde	Dt/Ct
20X8						
Janv. 31	Report	J.V.1		4 987,50	4 987,50	Ct

Vous remarquerez que les taxes perçues sont supérieures aux taxes payées. L'entreprise devra donc remettre 1 750,00 $ de TPS et 3 491,25 $ de TVQ pour un total de 5 241,25 $, comme le démontre le tableau suivant :

Taxe	Perçue	Payée	Différence (perçue – payée)
TPS	2 500,00	750,00	1 750,00
TVQ	4 987,50	1 496,25	3 491,25
Total	7 487,50	2 246,25	5 241,25

Dans ce cas-ci, l'entreprise paiera la somme due au plus tard le 28 février. À ce moment, elle effectuera l'écriture suivante :

JOURNAL GÉNÉRAL				Page : 1
Date	Nom des comptes et explication	Numéro du compte	Débit	Crédit
20X8				
Févr. 28	TPS à payer		2 500,00	
	TVQ à payer		4 987,50	
	TPS à recevoir			750,00
	TVQ à recevoir			1 496,25
	Encaisse			5 241,25
	(pour enregistrer la remise des taxes de janvier par virement bancaire à Revenu Québec)			

Cette écriture poursuit deux objectifs. D'abord, elle enregistre le versement de la somme due à Revenu Québec en diminuant le compte *Encaisse* au crédit. De plus, elle débite les comptes de taxes créditeurs et crédite les comptes de taxes débiteurs afin de les remettre à zéro. Ainsi, lorsque le report des montants relatifs aux taxes du mois de février sera effectué, les soldes de ses comptes représenteront les taxes du mois de février seulement, les montants relatifs à janvier ayant été éliminés.

Finalement, au moment d'effectuer la remise des taxes, l'entreprise doit remplir le formulaire suivant (voir la figure 4.8). Habituellement, la déclaration se fait en ligne, mais les petites entreprises qui répondent à certaines conditions peuvent encore faire parvenir un formulaire en version papier par la poste à Revenu Québec.

FIGURE 4.8 **LE FORMULAIRE TAXE SUR LES PRODUITS ET SERVICES, TAXE DE VENTE HARMONISÉE ET TAXE DE VENTE DU QUÉBEC**

Taxe sur les produits et services, taxe de vente harmonisée et taxe de vente du Québec

Agence du revenu du Canada   Canada Revenue Agency

Calculs détaillés

Numéro de compte TPS
`1,2,2,4,5,6,8,8,9,T,Q,0,0,0,1`

Numéro d'entreprise du Québec (NEQ)
`0,0,0,0,0,0,0,0,0,0`

Numéro d'identification
`0,0,0,0,0,0,0,0,0,0`

Dossier
`T,Q,0,0,0,1`

Nom
| Entreprise Exemple |

Période de déclaration TPS/TVH
du `2,0 A X,8,0 M 1,0 J 1`
au `2,0 A X,8,0 M 1,3 J 1`

Période de déclaration TVQ
du `2,0 A X,8,0 M 1,0 J 1`
au `2,0 A X,8,0 M 1,3 J 1`

Après avoir effectué les calculs détaillés, reportez les montants inscrits aux cases grisées à celles correspondantes du bordereau de paiement de votre formulaire de déclaration. **Consultez les renseignements généraux et les notes explicatives aux pages suivantes.**

Total des fournitures (chiffre d'affaires)   `50 000 | 00` 101

Calcul des taxes

	TPS/TVH		TVQ	
TPS/TVH exigible – TVQ exigible	2 500 00	103	4 987 50	203
Redressements de TPS/TVH[1] – Redressements de TVQ[1] +		104		204
Total de la TPS/TVH exigible et des redressements : additionnez les montants des cases 103 et 104. **Total de la TVQ exigible et des redressements** : additionnez les montants des cases 203 et 204. =	2 500 00	105	4 987 50	205
Crédits de taxe sur les intrants (CTI) – Remboursements de la taxe sur les intrants (RTI)	750 00	106	1 496 25	206
Redressements de CTI et autres redressements[1] – Redressements de RTI et autres redressements[1] +		107		207
Total des CTI et des redressements : additionnez les montants des cases 106 et 107. **Total des RTI et des redressements** : additionnez les montants des cases 206 et 207. =	750 00	108	1 496 25	208
TPS/TVH nette : montant de la case 105 moins celui de la case 108. **TVQ nette** : montant de la case 205 moins celui de la case 208. =	1 750 00	109	3 491 25	209
Autres remboursements de TPS/TVH – Autres remboursements de TVQ –		111		211

TPS/TVH à remettre ou remboursement : montant de la case 109 moins celui de la case 111.
TVQ à remettre ou remboursement : montant de la case 209 moins celui de la case 211.

Si vous remplissez la déclaration à la page suivante, reportez-y les montants des cases 113 et 213 et effectuez les calculs demandés.

Si vous ne remplissez pas la déclaration à la page suivante, reportez les montants des cases 113 et 213 aux cases correspondantes du bordereau de paiement du formulaire de déclaration. Additionnez-les en tenant compte des signes « - ». Si le résultat est positif, inscrivez-le à la case « Solde à remettre » du bordereau de paiement; si le résultat est négatif, inscrivez-le à la case « Remboursement demandé ».   =

`1 750 | 00` 113   `3491 | 25` 213

1. Voyez la page suivante si vous faites une déclaration concernant un immeuble ou des fournitures importées.

Vous ne devez pas retourner ce formulaire, sauf si vous remplissez la partie
« Déclaration concernant un immeuble ou des fournitures importées » à la page suivante.

FP-500 (2012-05) page 1 de 4

FP-500 (2012-05)
page 2 de 4

Déclaration concernant un immeuble ou des fournitures importées

Si vous avez acquis un immeuble taxable en vue de l'utiliser ou de le fournir **principalement** dans le cadre de vos activités commerciales, vous devez inscrire le montant de la TPS/TVH payable à la case 114 et le montant de la TVQ payable à la case 214. De plus, vous devez inscrire à la page 1 de ce formulaire les montants auxquels vous avez droit pour l'acquisition d'immeubles : le montant de CTI à la case 107 et celui du RTI à la case 207.

Si vous avez importé une fourniture taxable, soit un service ou un bien meuble incorporel acquis à l'étranger **autrement qu'exclusivement** pour la consommation, l'utilisation ou la fourniture dans le cadre d'activités commerciales, vous devez déclarer la taxe payable (TPS/TVH) à la case 115.

Si vous devez établir une autocotisation de la TPS/TVH et de la TVQ pour un immeuble d'habitation (fourniture à soi-même), vous devez déclarer à la page 1 de ce formulaire, la TPS/TVH à la case 104 et la TVQ à la case 204.

Vous devez joindre ce formulaire à votre *déclaration de la TPS/TVH et de la TVQ* (FPZ-500), car un inscrit est tenu de déclarer cette taxe au moment où il produit sa déclaration. Si vous produisez votre déclaration par voie électronique ou si vous effectuez votre paiement à une institution financière, veuillez transmettre ce formulaire à Revenu Québec.

	TPS/TVH		TVQ	
Montant de la case 113 de la page 1 – Montant de la case 213 de la page 1	1750	00 113	3491	25 213
TPS/TVH payable à l'égard d'un immeuble – TVQ payable à l'égard d'un immeuble +		114		214
TPS/TVH payable à l'égard des fournitures importées +		115		

TPS/TVH à remettre ou remboursement : additionnez les montants des cases 113, 114 et 115.
TVQ à remettre ou remboursement : additionnez les montants des cases 213 et 214.
Inscrivez les résultats en tenant compte des signes « - ».
Reportez les montants des cases 116 et 216 aux cases 113 et 213 du **bordereau de paiement du formulaire de déclaration**. Additionnez les montants des cases 113 et 213 du bordereau de paiement. Si le résultat est positif, inscrivez-le à la case « Solde à remettre »; si le résultat est négatif, inscrivez-le à la case « Remboursement demandé ».

= | 1750 | 00 | 116   3491 | 25 | 216

Signature

Je déclare que les renseignements fournis dans ce formulaire sont exacts et complets.

Joseph Arthur	20X8/02/28	514	321-1234
Signature	Date	Ind. rég.	Téléphone

Si vous avez rempli cette partie, vous devez joindre ce formulaire à votre
déclaration de la TPS/TVH et de la TVQ (FPZ-500).

Cette partie du formulaire est prescrite par le président-directeur général.

Les sociétés par actions

Il y a peu de différences entre les systèmes comptables des sociétés par actions et ceux des entreprises à propriétaire unique. En effet, l'équation comptable est la même pour toutes les formes juridiques d'entreprises à but lucratif. Les seules différences se situent dans les capitaux propres, où l'on trouve les comptes liés à cette forme légale de propriété:

$$\text{ACTIF} \ = \ \text{PASSIF} \ + \ \text{CAPITAUX PROPRES (À LA FIN)}$$

$$\underbrace{\text{Capitaux propres au début} \ + \ \text{produits} \ - \ \text{charges} \ + \ \text{émissions d'actions} \ - \ \text{dividendes}}$$

Ainsi, les comptes des capitaux propres comprennent les comptes suivants:

Le capital-actions ordinaire

Ce compte n'est crédité que lorsque les actionnaires font l'acquisition de nouvelles actions émises par la société par actions.

Les bénéfices non répartis

Ce compte représente les soldes des bénéfices générés, moins les pertes de l'entreprise depuis la création de celle-ci, qui n'ont pas été remis aux actionnaires sous forme de dividendes. Lorsque ce compte est négatif, donc débiteur, les pertes sont supérieures aux bénéfices.

$$\text{Bénéfices non répartis à la fin} \ = \ \text{Bénéfices non répartis au début} \ + \ \text{Bénéfice net} \ - \ \text{Perte nette} \ - \ \text{Dividendes}$$

Les écritures comptables

Si Musique Pick & Cordes avait été une société par actions dont l'actionnaire était monsieur Olivier Hurtubise, il n'y aurait eu que trois écritures comptables différentes en ce qui concerne les transactions du mois de janvier, soit l'investissement du propriétaire, le retrait et l'impôt sur le revenu. Toutes les autres transactions seraient identiques.

L'émission de capital-actions ordinaire

Actionnaire
Personne titulaire d'une ou de plusieurs actions émises par une société par actions.

Dans une société par actions, le ou les propriétaires se nomment **actionnaires**, du fait que lorsqu'un individu désire investir dans ce type d'entreprise, celle-ci doit lui émettre des actions. Plutôt qu'un simple dépôt dans un compte bancaire de l'entreprise comme c'est le cas pour les entreprises à propriétaire unique, l'émission d'action implique l'émission d'un document légal, une action, qui confère certains droits à son détenteur, l'actionnaire. Il peut s'agir, par exemple, d'un droit de vote ou d'un droit de recevoir un dividende fixe.

Prenons l'exemple d'une société qui émet des actions totalisant 50 000$:

JOURNAL GÉNÉRAL				Page: 1
Date	Nom des comptes et explication	Numéro du compte	Débit	Crédit
20X8				
Janv. 01	Encaisse	1010	50 000,00	
	Capital-actions ordinaire	3400		50 000,00
	(émission d'actions au comptant: bordereau de dépôt n° 01-01)			

L'émission d'action est créditée dans le compte *Capital-actions ordinaire.* Il y a plusieurs catégories de capital-actions et elles seront examinées en détail dans le manuel *Comptabilité 2.* Dans ce volume, nous n'utiliserons que le compte *Capital-actions ordinaire.*

Le versement de dividendes

Nous avons déjà mentionné dans ce livre qu'une entreprise à propriétaire unique ne peut verser de salaire à son propriétaire, car, légalement, il n'y a pas de distinction entre l'entreprise et son propriétaire. Celui-ci doit donc effectuer des retraits pour payer ses dépenses personnelles. Dans une société par actions, un actionnaire qui travaille dans l'entreprise peut se faire payer un salaire. La notion de retrait ne s'applique donc pas dans ce type d'entreprise. Cependant, afin de leur procurer un rendement sur leur investissement, la société par actions peut verser un montant à ses actionnaires. Il s'agit alors d'un dividende. Celui-ci doit être officiellement déclaré par le conseil d'administration de la société.

Le dividende n'est pas une charge pour l'entreprise. Il diminue les bénéfices non répartis. Prenons l'exemple d'une société qui verse un dividende de 100$ à ses actionnaires ordinaires:

JOURNAL GÉNÉRAL				Page: 1
Date	Nom des comptes et explication	Numéro du compte	Débit	Crédit
20X8				
Janv. 25	Dividendes sur actions ordinaires	3485	100,00	
	Encaisse	1010		100,00
	(dividendes déclarés et versés)			

Les impôts sur le revenu

Les entreprises à propriétaire unique ne produisent pas de déclarations fiscales. Les bénéfices ou les pertes sont déclarés dans les déclarations de revenus du propriétaire. Cependant, les sociétés par actions sont des personnes morales, indépendantes de leurs actionnaires. Elles doivent donc produire leurs propres déclarations fiscales. Celles-ci sont très différentes de celles des personnes physiques. En général, on peut dire que pour les petites entreprises, le taux d'imposition est d'environ 22%, ce qui comprend l'impôt fédéral et l'impôt provincial. Il faut ainsi inscrire une charge d'impôts sur le revenu à l'état des résultats et des impôts à payer ou à recevoir au bilan. Cette charge d'impôts, on ne la trouve jamais dans les états financiers des entreprises à propriétaire unique. Dans l'exemple de Musique Pick & Cordes inc., les impôts à payer sur le bénéfice du mois de janvier 20X8 seraient de 56,10$, soit 22% du bénéfice avant impôt de 255$:

JOURNAL GÉNÉRAL				Page : 1
Date	Nom des comptes et explication	Numéro du compte	Débit	Crédit
20X8				
Janv. 31	Impôts sur le revenu	5995	56,10	
	Impôts sur le revenu à payer	2490		56,10
	(pour inscrire l'impôt sur le revenu)			

Les états financiers

Tout comme pour une entreprise à propriétaire unique, les états financiers d'une société par actions incluent l'état des résultats et un bilan. Cependant, l'état des capitaux propres est remplacé par un état des bénéfices non répartis.

L'état des résultats

La seule différence en ce qui concerne l'état des résultats est l'ajout d'une charge d'impôt sur le revenu :

MISE EN SITUATION ▶

MUSIQUE PICK & CORDES INC. ÉTAT DES RÉSULTATS pour le mois de janvier 20X8		
Produits d'exploitation		
Services rendus		1 550$
Charges d'exploitation		
Salaires	500$	
Publicité	125	
Télécommunications	670	
Total des charges d'exploitation		1 295
Bénéfice avant impôts sur le revenu		255$
Impôts sur le revenu		56
Bénéfice net		199$ ◀

Bénéfices non répartis
Compte de grand livre et poste des états financiers, faisant partie des capitaux propres, qui regroupe l'ensemble des bénéfices générés par une société par actions qui n'ont pas été redistribués aux actionnaires sous forme de dividende.

L'état des bénéfices non répartis

Cet état remplace l'état des capitaux propres que nous avons préparé pour l'entreprise lorsque celle-ci était considérée comme une entreprise à propriétaire unique. Dans le cas d'une société par actions, il faut démontrer, à l'aide de l'état des **bénéfices non répartis**, la variation du compte de grand livre *Bénéfices non répartis* :

MISE EN SITUATION ▶

MUSIQUE PICK & CORDES INC. ÉTAT DES BÉNÉFICES NON RÉPARTIS pour le mois de janvier 20X8		
Bénéfices non répartis au 1er janvier 20X8		0$
Plus : Bénéfice net	199$	
Moins : Dividendes	100	99
Bénéfices non répartis au 31 janvier 20X8		99$ ◀

Le bilan

L'objectif du bilan d'une société par actions est le même que celui d'une entreprise à propriétaire unique, soit de présenter les actifs, les passifs et les capitaux propres de la société à une date donnée :

MISE EN SITUATION ▶

MUSIQUE PICK & CORDES INC. BILAN au 31 janvier 20X8					
ACTIF			**PASSIF**		
Actif à court terme			**Passif à court terme**		
Encaisse	9 772$		Fournisseurs	770$	
Clients	517		Impôt à payer	56	
Taxes à la consommation à recevoir	636		Total du passif à court terme		826$
Total de l'actif à court terme		10 925$	**Passif à long terme**		
Immobilisations			Emprunt hypothécaire (biens immeubles)	365 000	
Équipement de climatisation	5 000$		Total du passif		365 826$
Bâtiment	320 000		**CAPITAUX PROPRES**		
Terrain	80 000		Capital-actions ordinaire	50 000$	
Total des immobilisations		405 000	Bénéfices non répartis	99	
			Total des capitaux propres		50 099
Total de l'actif		415 925$	**Total du passif et des capitaux propres**		415 925$ ◀

Note

Le bénéfice net d'une société par actions est normalement moins élevé que celui d'une entreprise à propriétaire unique, puisqu'on y retranche l'impôt sur le revenu.

SAVIEZ-VOUS QUE... ?

Le présent supplément d'information est valide dans le cas d'une société par actions à capital fermé qui est assujettie aux normes comptables pour entreprises à capital fermé. Les sociétés par actions à capital ouvert (aussi appelées « sociétés cotées ») sont assujetties aux normes IFRS. Elles utilisent une terminologie différente et les états financiers ont une présentation distincte.

CAS ÉVOLUTIF

Novembre 20X6

Passionné de golf, Carl-Alexandre Michaud décide de créer sa propre entreprise. Au début du mois de novembre 20X6, après avoir reçu son accréditation de l'Association des golfeurs professionnels du Québec, il se rend au palais de justice de son district et dépose une déclaration d'immatriculation pour une entreprise à propriétaire unique, sous le nom d'Intergolf, une école spécialisée dans l'enseignement des techniques de ce sport. Carl-Alexandre veut mettre sur pied son école de golf au cours du mois de novembre afin d'être prêt à offrir les premières leçons au début de décembre. Il réserve une partie du gymnase du Collège du Nord, trois soirs par semaine, de 19 heures à 21 heures, au taux de 50$ l'heure. Si les affaires vont bien, il réservera également des heures pendant les week-ends, puisque le gymnase du collège est moins occupé durant cette période.

Le 12 novembre, Carl-Alexandre se rend à sa succursale de la Banque Nordique afin d'ouvrir un compte au nom d'Intergolf. Il remet au conseiller financier de l'établissement une copie de la déclaration d'immatriculation de son entreprise et fait transférer une somme de 8 000$ de son compte d'épargne personnel au compte courant de l'école. La journée même, Carl-Alexandre se rend à l'Imprimerie Cartier. Il commande des cartes professionnelles, des factures, du papier à en-tête et d'autres fournitures de bureau nécessaires à l'exploitation de son entreprise. Il débourse immédiatement de sa poche la somme de 600$ plus les taxes pour payer la totalité de la facture. L'Imprimerie Cartier s'engage à livrer la marchandise directement chez lui avant la fin de la semaine (comptabiliser cette facture dans le compte d'actif *Fournitures de bureau*).

Le 19 novembre, Carl-Alexandre Michaud émet le premier chèque du compte de l'entreprise. Ce chèque de 3 679,20$ porte le n° 1 et est libellé à l'ordre de Compucentre inc., en paiement de la facture n° C-4356 pour l'achat d'un ordinateur portable et d'une imprimante couleur multifonctions, taxes incluses. Carl-Alexandre entend bien rentabiliser cet investissement qui facilitera la préparation des leçons et la tenue des fichiers de ses clients.

Le 21 novembre, Carl-Alexandre se rend à l'encan de la curatelle publique du Québec dans le but d'acheter de l'ameublement pour son bureau. Il remet au commissaire-priseur le chèque n° 2 de 1 200$ plus les taxes pour l'acquisition d'un bureau, d'une chaise, d'une table de travail ainsi que d'une bibliothèque en noyer massif: il s'agit d'une aubaine incroyable. Carl-Alexandre avait vu le même ameublement de bureau dans une boutique spécialisée: on en demandait 4 500$.

Le 22 novembre, Carl-Alexandre se rend chez Hélène Vallée, une amie qui est propriétaire de la boutique Sports Vallée inc., dans le but de faire l'acquisition de bâtons, de balles et d'autres pièces d'équipement de golf pour ses futurs élèves. Hélène accorde une limite de crédit de 2 000$ à Intergolf. Cependant, les factures impayées devront être acquittées dans les 15 jours suivant la réception d'un état de compte. Carl-Alexandre signe la facture n° V-9746 de 800$ plus les taxes de Sports Vallée inc. pour l'achat d'équipement de golf. Cette facture sera payable vers le 15 décembre.

Le 23 novembre, Carl-Alexandre fait l'acquisition, pour son entreprise, d'une voiture utilitaire d'occasion 20X5 chez Tremblay Ford. Il prévoit s'en servir exclusivement pour les courses habituelles reliées à l'entreprise et pour transporter les clients pour des leçons de groupe sur les terrains de golf, dès le printemps prochain. Il émet un chèque personnel de 7 246,25$

à l'ordre de Tremblay Ford, en paiement partiel du contrat de vente n° TF-6383 qui s'élève à 15 000$ plus les taxes. Le solde du contrat est financé par un emprunt d'Intergolf à la Banque Nordique, au taux de 8%, remboursable en 36 versements mensuels de 313$ à partir du 23 décembre 20X6.

Le relevé bancaire du compte courant d'Intergolf au 30 novembre 20X6 indique un solde de 2 461,10$. En effet, en plus des chèques n°s 1 et 2, le relevé contient aussi le chèque n° 3 de 480$ que l'entreprise a émis le 28 novembre à l'ordre des Assurances Nguyen, relativement à une assurance commerciale entrant en vigueur le 1er décembre 20X6 (enregistrer dans le compte d'actif *Assurance payée d'avance*).

Décembre 20X6

La facturation

L'entreprise commence ses activités au début de décembre 20X6. Dès le départ, les leçons offertes par Intergolf connaissent du succès. En plus d'enregistrer des abonnements individuels payés au comptant chaque semaine, Carl-Alexandre conclut des ententes de groupe avec certaines associations et divers clubs privés. Ainsi, Intergolf a signé un premier contrat avec le Club social des employés de la succursale 1435 de la Banque Nordique. Intergolf émet la facture n° 101 pour des leçons d'une heure par semaine au coût de 600$ plus les taxes pour le mois. Les leçons commencent au début du mois de décembre. Le 15 décembre, Intergolf émet la facture n° 102 s'élevant à 700$ plus les taxes et l'adresse au groupe des scouts de Notre-Dame-de-Lourdes. Le paiement de ce client n'est pas encaissé à la fin du mois.

Les dépôts

Le 10 décembre, Intergolf encaisse et dépose la somme relative aux clients du Club social des employés de la succursale 1435. De plus, chaque semaine, Carl-Alexandre remet des reçus numérotés et dépose toutes les recettes dans le compte bancaire de l'entreprise à la Banque Nordique. Le livre des dépôts indique quatre dépôts qui comprennent les taxes (977,29$ + 1 063,52$ + 862,31$ et 1 868,34$) datés respectivement du 13, du 17, du 21 et du 28 décembre.

Les charges

Les fichiers des fournisseurs contiennent les renseignements qui suivent:

Fournisseur	Date	Numéro de facture	Montant avant taxes	Explication
Horizon Télécom	Déc. 13	514-362-2568	165$	Installation du téléphone
Collège du Nord	Déc. 06	n° 1740	300$	Location du gymnase
	Déc. 13	n° 1810	300$	Location du gymnase
	Déc. 20	n° 1920	300$	Location du gymnase
	Déc. 27	n° 2012	300$	Location du gymnase
Garage Bijou	Déc. 15	n° 8761	152$	Pneus d'hiver
Journal *L'Écho*	Déc. 08	n° E-5464	250$	Annonces publicitaires dans le journal
Sports Vallée inc.	Déc. 01	n° V-9907	400$	Balles et bâtons

Les chèques

Le livre des chèques contient les chèques suivants:

Date	Numéro	Bénéficiaire	Montant	Explication
Déc. 07	4	Collège du Nord	344,93 $	Facture n° 1740
Déc. 10	5	Sports Vallée inc.	919,80 $	Facture n° V-9746
Déc. 11	6	Journal L'Écho	287,44 $	Facture n° 4710
Déc. 13	7	Julie Daho	200,00 $	Salaire – réceptionniste
Déc. 14	8	Collège du Nord	344,93 $	Facture n° 1810
Déc. 17	9	Horizon Télécom	189,71 $	Frais d'installation
Déc. 18	10	Garage Bijou	174,76 $	Facture n° 8761
Déc. 21	11	Collège du Nord	344,93 $	Facture n° 1920
Déc. 27	12	Julie Daho	200,00 $	Salaire – réceptionniste
Déc. 31	13	Carl-Alexandre Michaud	400,00 $	Retrait du propriétaire
Déc. 31	14	Hélio-Québec	137,97 $	Électricité

Le relevé de la Banque Nordique indique, en outre, deux avis de retrait. Le 15 décembre, la succursale bancaire a prélevé 22 $ dans le compte d'Intergolf pour couvrir les frais bancaires. Le 23 décembre, le premier versement sur l'effet à payer a été prélevé. La somme comprend 67 $ d'intérêts. Le solde représente le remboursement partiel de l'emprunt.

Le dossier «Factures payées par Carl-Alexandre Michaud» contient trois pièces:

La première facture, de L'épicerie du Nord, date du 15 décembre et se chiffre à 89 $ plus les taxes. Elle couvre des achats de produits nettoyants et des articles de bureau. La deuxième facture, de 126 $ plus les taxes, a trait à un achat de fleurs à la boutique Le Jardin d'Éden pour la mère de Carl-Alexandre à l'occasion de Noël. La dernière facture est datée du 29 décembre. Elle totalise 93,22 $, taxes incluses, et couvre les pleins d'essence effectués au cours du mois au Garage Crevier de la rue Principale.

Voici le relevé bancaire de l'entreprise, du 1er novembre 20X6 au 31 janvier 20X7:

RELEVÉ BANCAIRE

Banque Nordique
2517, rue Lafleur
LaSalle (Québec) H4F 6R

Intergolf
N° de compte: 1112545
N° de transit: 08496
Période: du 1er novembre 20X6 au 31 janvier 20X7

Compte: Chèques

Date	Description	Retrait	Dépôt	Solde
Nov. 12	Dépôt		8 000,00	8 000,00
Nov. 20	Chèque n° 1	3 679,20		4 320,80
Nov. 22	Chèque n° 2	1 379,70		2 941,10
Nov. 30	Chèque n° 3	480,00		2 461,10
Déc. 06	Dépôt		689,85	3 150,95
Déc. 07	Chèque n° 4	344,93		2 806,02
Déc. 10	Chèque n° 5	919,80		1 886,22
Déc. 11	Chèque n° 6	287,44		1 598,78
Déc. 13	Dépôt		977,29	2 576,07

	RELEVÉ BANCAIRE (*suite*)			

Banque Nordique
2517, rue Lafleur
LaSalle (Québec) H4F 6R

Intergolf
N° de compte: 1112545
N° de transit: 08496
Période: du 1er novembre 20X6 au 31 janvier 20X7

Compte: Chèques

Date	Description	Retrait	Dépôt	Solde
Déc. 13	Chèque n° 7	200,00		2 376,07
Déc. 14	Chèque n° 8	344,93		2 031,14
Déc. 15	Frais bancaires	22,00		2 009,14
Déc. 17	Dépôt		1063,52	3 072,66
Déc. 17	Chèque n° 9	189,71		2 882,95
Déc. 18	Chèque n° 10	174,76		2 708,19
Déc. 21	Dépôt		862,31	3 570,50
Déc. 21	Chèque n° 11	344,93		3 225,57
Déc. 23	Remboursement effet	313,00		2 912,57
Déc. 28	Dépôt		1 868,34	4 780,91
Déc. 31	Chèque n° 13	400,00		4 380,91
20X7				
Janv. 03	Chèque n° 12	200,00		4 180,91
Janv. 05	Chèque n° 14	137,97		4 042,94

Travail à faire

a) Enregistrer dans le journal général les écritures pour comptabiliser les premières opérations d'Intergolf au mois de novembre 20X6.

b) Reporter les écritures au grand livre.

c) Dresser la balance de vérification d'Intergolf au 30 novembre 20X6.

d) Préparer le bilan d'ouverture d'Intergolf au 30 novembre 20X6.

e) Enregistrer dans le journal général les écritures pour comptabiliser les opérations d'Intergolf du mois de décembre 20X6 (à enregistrer dans l'ordre suivant: ventes, encaissements, charges, décaissements, avis de retrait et factures payées par Carl-Alexandre Michaud).

f) Reporter les écritures au grand livre.

g) Dresser la balance de vérification d'Intergolf au 31 décembre 20X6.

h) Préparer les états financiers d'Intergolf pour le premier exercice d'un mois terminé le 31 décembre 20X6.

i) Pour aller plus loin, préparer le rapprochement bancaire, la liste des clients, la liste des fournisseurs et le rapport des taxes.

CHAPITRE **5**

Les régularisations

Une fois que les transactions ont été enregistrées et reportées au grand livre, on doit dresser la balance de vérification et préparer les états financiers. Cependant, comment s'assurer que les états financiers sont les plus exacts possible? Existe-t-il d'autres écritures à enregistrer dans le journal général?

Dans ce chapitre, nous apprendrons à ajuster ou à corriger certains comptes de bilan et de l'état des résultats, et donc à rédiger des états financiers qui reflètent la réalité. C'est ce qu'on appelle les « écritures de régularisation ».

OBJECTIFS D'APPRENTISSAGE

— Analyser les transactions enregistrées par le technicien comptable.

— Déterminer les ajustements à effectuer dans certains comptes.

— Rédiger les écritures de régularisation.

— Dresser une balance de vérification régularisée.

— Appliquer le cycle comptable étendu.

MISE EN SITUATION

Amélie Hamelin, propriétaire de Tennis Intérieur Knowlton

Tennis Intérieur Knowlton (TIK) est en activité depuis 20X2. Cette entreprise loue des terrains de tennis et de badminton et offre des cours aux joueurs. Elle rentabilise aussi l'utilisation de sa bâtisse en offrant en location des locaux qu'elle n'utilise pas. Amélie Hamelin en est la seule propriétaire. Elle a elle-même comptabilisé les transactions qui font partie de ses opérations. Par contre, elle a besoin de votre aide afin de déterminer quelles sont les régularisations nécessaires, de les calculer et de les enregistrer. Vous établissez avec elle qu'il faudra calculer les amortissements de ses actifs immobilisés en plus d'enregistrer les charges à payer et les produits à recevoir qui ne l'ont pas été en raison du fait que ces sommes ne sont pas légalement dues ou à recevoir. Enfin, vous aurez à tenir compte de l'ajustement des charges payées d'avance et des produits perçus d'avance.

Tennis Intérieur Knowlton réalise plus de 30 000 $ de chiffre d'affaires par année et doit ainsi percevoir les taxes auprès de ses clients. De plus, cette entreprise réalise des ventes taxables et a donc droit au CTI et au RTI, comme expliqué dans le chapitre précédent.

Nous allons utiliser les données de cette entreprise afin de faciliter l'intégration des différentes notions abordées dans ce chapitre. ◀

> Amélie a besoin de votre aide afin de déterminer quelles sont les régularisations nécessaires, de les calculer et de les enregistrer.

5.1 Introduction aux régularisations

L'objectif premier de la comptabilité est d'enregistrer les opérations financières et de préparer des états financiers. Ainsi, la qualité de l'information qui y est contenue dépend de l'exactitude des soldes des comptes du grand livre. Si certaines données sont inexactes, par exemple le solde du compte *Services rendus,* le bénéfice net présenté à l'état des résultats sera faussé, et le propriétaire de l'entreprise prendra des décisions en se basant sur une information erronée. Il est donc essentiel de s'assurer que les sommes apparaissant dans la balance de vérification reflètent la réalité afin que la gestion de la société s'effectue à partir de rapports financiers exacts.

La balance de vérification ne contient pas nécessairement d'erreurs comptables. Le traitement d'une opération commerciale qui était correct au moment de son inscription peut se révéler inexact avec le temps. Par exemple, si, au milieu d'un exercice, le paiement de la prime annuelle d'assurance a été inscrit dans le compte de charge *Assurance,* à la fin de l'exercice, c'est-à-dire six mois plus tard, le compte *Assurance* sera trop élevé, car il contiendra six mois de prime payée d'avance qui s'applique à l'exercice suivant. On devra donc corriger le solde du compte *Assurance* à l'aide d'une écriture d'ajustement qui se nomme régularisation.

Une fois les transactions courantes reportées au grand livre et la balance de vérification dressée, on procède fréquemment à l'enregistrement d'écritures de régularisation, c'est-à-dire qu'on corrige certains comptes. Lorsque les régularisations seront inscrites dans le journal général et reportées au grand livre, on dressera une balance de vérification régularisée afin de préparer les états financiers les plus exacts possible, qui respecteront davantage les règles dictées par l'ICCA.

L'Institut Canadien des Comptables Agréés (ICCA) est l'organisme qui publie et maintient à jour le *Manuel de l'ICCA.* Celui-ci contient l'ensemble des règles basées sur les principes comptables généralement reconnus (PCGR).

5.1.1 Le principe du rattachement des charges aux produits

La préparation des états financiers et la détermination du résultat net exigent qu'on divise la durée de vie d'une entreprise en parties égales. Ainsi, le comptable pourra préparer des états financiers à la fin d'une période (par exemple, un mois) ou à la fin d'un exercice financier.

Afin que ceux-ci soient les plus exacts possible, on devra respecter certains principes, dont le principe du rattachement des charges aux produits.

Ce principe exige que les charges enregistrées à l'intérieur d'une période ou d'un exercice soient celles, et seulement celles, qui ont permis de générer les produits d'exploitation de la période ou de l'exercice (voir la figure 5.1).

Régularisation
Écriture comptable habituellement inscrite en fin de période ou en fin d'exercice en vue de respecter certains principes comptables et ainsi d'améliorer la précision des états financiers.

Principe du rattachement des charges aux produits
Principe comptable en vertu duquel les charges sont comptabilisées dans la même période que les produits auxquels elles se rapportent. Les produits et les charges sont alors pris en compte dans le calcul des résultats au cours de la même période, contribuant à une mesure plus appropriée du résultat net de la période.

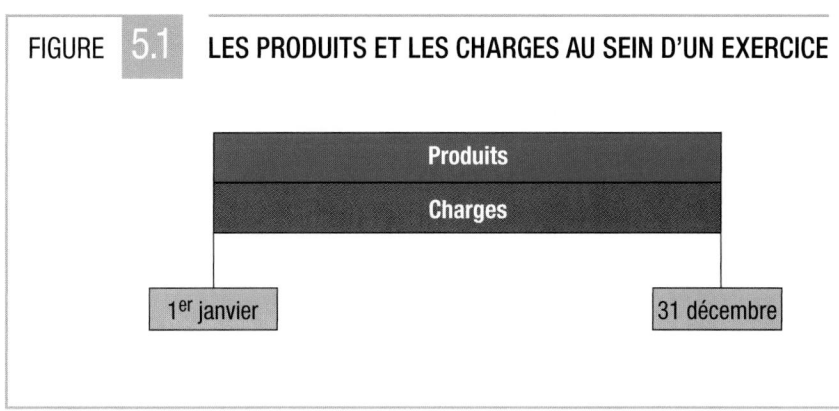

FIGURE 5.1 LES PRODUITS ET LES CHARGES AU SEIN D'UN EXERCICE

Prenons l'exemple d'un comptable qui doit préparer des états financiers pour un exercice financier. À la fin de l'exercice, il doit s'assurer que les comptes de produits et de charges contiennent uniquement les informations financières qui se rapportent à l'exercice en cours. Ainsi, lorsque des opérations qui concernent les produits ou les charges s'étendent sur plus d'un exercice, il doit les distribuer entre les différents exercices en cause. Cette opération, que nous avons nommée plus tôt, est la régularisation. En corrigeant certains comptes qui ne reflètent pas la réalité, on peut déterminer le résultat net le plus exact possible pour l'exercice courant et aussi ajuster les comptes du bilan.

Ces écritures de régularisation ne sont pas le résultat d'un document qui provient de l'extérieur de l'entreprise et leur nombre n'est pas établi d'avance; tout dépend de la situation de l'entreprise, du nombre et de la complexité de ses activités. Nous allons étudier cinq grandes catégories de régularisations; cependant, aucune d'elles n'est obligatoire. De plus, on ne procédera pas à la correction d'une somme minime, parce qu'elle n'apporte pas une modification assez substantielle pour influencer la décision d'un lecteur averti. Par exemple, il ne vaut pas la peine d'effectuer une régularisation pour une somme de 5 $.

Il importe de souligner que chaque régularisation effectuée doit toujours ajuster un compte de bilan et un compte de résultat. Cela signifie qu'une telle écriture permet d'enregistrer ou de modifier soit une charge, soit un produit, tout en corrigeant un compte de bilan. Ainsi, une régularisation touche toujours deux comptes qui ont un lien de parenté; on les qualifie de comptes liés.

Une écriture de journal général peut parfois corriger une mauvaise affectation. Par exemple, on peut corriger l'inscription de l'acquisition d'ameublement dans un autre compte d'actif que le compte *Ameublement*. Dans ce cas, on parlera d'une écriture de correction et non pas d'une écriture de régularisation.

Il y a cinq catégories de régularisations:

1. les amortissements;
2. les charges à payer;
3. les produits à recevoir;
4. les charges payées d'avance;
5. les produits perçus d'avance.

RAPPEL

Selon le principe du rattachement des charges aux produits, les coûts engagés pour gagner des produits doivent être enregistrés au cours du même exercice.

5.2 La répartition du coût des immobilisations : l'amortissement

Amortissement

Processus comptable par lequel le coût d'utilisation d'une immobilisation est réparti sur toute sa durée de vie utile d'une manière systématique et rationnelle grâce à une passation progressive de ce coût d'utilisation en charge.

Durée de vie utile

Période pendant laquelle l'entreprise s'attend à utiliser l'actif, ou encore le nombre d'unités que l'entreprise s'attend à tirer de l'actif dans le cas d'un équipement de production, par exemple.

Pour poursuive ses activités, l'entreprise doit posséder des immobilisations, comme un bâtiment, de l'équipement ou de l'ameublement de bureau. Ces actifs lui sont utiles durant plusieurs années. Cependant, comme le coût d'une immobilisation est comptabilisé dans un compte d'actif, il n'y a aucune charge à l'état des résultats qui reflète l'utilisation de cet actif. Le comptable tient compte de cette charge d'utilisation grâce à l'amortissement, un procédé qui consiste à répartir le coût d'un bien sur sa durée de vie utile.

Les actifs que possède l'entreprise vont lui permettre de réaliser des produits d'exploitation. En vertu du principe du rattachement des charges aux produits, il faut considérer une partie du coût de ces actifs comme une charge d'exploitation. Puisque la plupart des entreprises préparent des états financiers mensuels, une proportion du coût de chaque immobilisation doit donc être enregistrée chaque mois comme une charge d'exploitation, sauf en ce qui a trait au terrain, lequel a une durée indéfinie et n'est pas amortissable.

MISE EN GARDE

Pourquoi ne considère-t-on pas le coût de l'immobilisation comme une charge lors de l'achat ?

Comme elle permet de réaliser des produits sur plusieurs exercices, il serait illogique d'en considérer le coût comme une charge pour une seule période. Cette façon de faire sous-évaluerait le bénéfice lors de la période où l'acquisition a été faite et surévaluerait le bénéfice des exercices subséquents. De plus, procéder ainsi fausserait l'actif inscrit au bilan.

MISE EN SITUATION ▶

Le 1er octobre 20X3, TIK a acheté de l'ameublement de bureau. Le coût d'achat de cet actif est de 21 000 $ (avant taxes). L'entreprise prévoit l'utiliser pendant cinq ans. À la fin de cette période, l'ameublement pourra probablement être revendu 1 000 $. L'écriture qui a enregistré cette acquisition est la suivante :

JOURNAL GÉNÉRAL				Page : 5
Date	Nom des comptes et explication	Numéro du compte	Débit	Crédit
20X3				
Oct. 01	Ameublement de bureau	1700	21 000,00	
	TPS à recevoir	1105	1 050,00	
	TVQ à recevoir	1110	2 094,75	
	Encaisse	1010		24 144,75
	(acquisition d'ameublement de bureau)			

Montant amortissable
Montant égal au coût d'acquisition d'une immobilisation moins sa valeur résiduelle estimée à la fin de sa durée de vie utile.

Valeur résiduelle
Montant estimatif d'un actif à la fin de sa durée de vie utile pour l'entreprise.

Ainsi, au cours de la durée de vie utile de cinq ans pendant laquelle l'actif sera utilisé, on devra l'amortir de 20 000 $. Ce montant se nomme montant amortissable et correspond au coût moins sa valeur résiduelle estimée lorsque l'entreprise décidera de ne plus l'utiliser. Elle procédera alors à sa vente ou l'échangera pour un ameublement plus récent. Il faut bien noter que les taxes sont récupérées lors de la production du rapport de taxes et qu'elles ne font ainsi pas partie du coût des immobilisations. ◄

Trois méthodes d'amortissement seront utilisées dans cet ouvrage:

1. la méthode de l'amortissement linéaire;
2. la méthode de l'amortissement proportionnel à l'utilisation;
3. la méthode de l'amortissement dégressif à taux constant.

5.2.1 L'amortissement linéaire

L'amortissement linéaire, qu'on nomme aussi «amortissement en ligne droite», signifie que l'amortissement au cours d'exercices financiers égaux sera toujours de même valeur. Il correspond à la méthode de calcul suivante:

$$\frac{\text{COÛT} - \text{VALEUR RÉSIDUELLE}}{\text{DURÉE DE VIE UTILE}} = \text{CHARGE D'AMORTISSEMENT ANNUELLE}$$

Dans l'exemple de Tennis Intérieur Knowlton, l'ameublement de bureau a été acheté en cours d'exercice, soit le 1er octobre 20X3. Comme il n'a pas servi à l'entreprise pour réaliser des produits durant tout l'exercice, on doit l'amortir pour une partie de l'année seulement. Cette immobilisation n'ayant été utilisée que durant trois mois, l'amortissement n'est alors que de 1 000 $, soit :

$$4\,000\,\$ \quad \times \quad (3 \text{ mois} / 12 \text{ mois}) \quad = \quad 1\,000\,\$$$

En suivant un processus simple, on arrive facilement à rédiger l'écriture de régularisation en date du 31 décembre 20X3. Voici un résumé des étapes de calcul et de comptabilisation de l'amortissement linéaire de l'ameublement de bureau de TIK pour l'exercice terminé le 31 décembre 20X3 :

Étape 1 : Le calcul du montant amortissable

Coût d'acquisition moins la valeur résiduelle :

$$21\,000\,\$ \quad - \quad 1\,000\,\$ \quad = \quad 20\,000\,\$$$

Étape 2 : Le calcul de l'amortissement annuel

Montant amortissable divisé par la durée de vie utile :

$$20\,000\,\$ / 5 \text{ ans} \quad = \quad 4\,000\,\$ \text{ par année}$$

Étape 3 : Le calcul de l'amortissement de la période

Amortissement annuel multiplié par le nombre de mois d'utilisation divisé par 12 mois :

$$4\,000\,\$ \quad \times \quad 3 \text{ mois} / 12 \text{ mois (octobre à décembre)} \quad = \quad 1\,000\,\$$$

Étape 4 : L'écriture de régularisation dans le journal général

Voici l'écriture que le comptable enregistre dans le journal général à la date de fin de période ou de fin d'exercice de l'entreprise :

JOURNAL GÉNÉRAL				Page : 6
Date	Nom des comptes et explication	Numéro du compte	Débit	Crédit
20X3				
Déc. 31	Amortissement – ameublement de bureau	5960	1 000,00	
	Amortissement cumulé – ameublement de bureau	1710		1 000,00
	(pour inscrire l'amortissement de l'ameublement			
	de bureau acheté le 1er octobre 20X3 :			
	21 000 $ – 1 000 $ / 5 ans = 4 000 $ par			
	année × 3 mois / 12 mois)			

L'amortissement étant la répartition sur plusieurs exercices du coût d'un actif, il provoque la diminution de sa valeur comptable. On est donc porté à croire que le crédit doit être comptabilisé dans le compte *Ameublement de bureau*. Si l'on procède de cette manière, le lecteur des états financiers perd une information précieuse. En effet, le solde du compte ne lui permet pas d'évaluer l'âge de l'immobilisation ou la période pendant laquelle cet actif peut encore être utile à l'entreprise. De plus, le principe du coût d'acquisition n'est pas respecté.

C'est pourquoi nous allons utiliser un nouveau type de compte, le compte de contrepartie, qu'on peut définir comme un compte qui se soustrait d'un autre pour permettre la présentation d'une somme brute et d'une somme nette. Ainsi, le solde du compte *Ameublement de bureau* représentera toujours le coût d'achat de l'ameublement que l'entreprise possède. Le compte *Amortissement cumulé*, le compte de contrepartie, vient se soustraire du compte d'actif pour présenter la valeur comptable au bilan. En effet, le compte *Amortissement cumulé* représente la portion des immobilisations qui ont été amorties depuis leur acquisition.

Compte de contrepartie
Compte dans lequel on inscrit les sommes à soustraire du solde d'un compte correspondant, par exemple le compte *Amortissement cumulé* (par rapport à un compte d'immobilisations).

Nous avons vu que, dans tout type de régularisation, l'écriture comporte toujours un compte de bilan et un compte de résultats, soit des comptes liés. Par exemple, dans le cas d'une régularisation affectant un bâtiment, les deux comptes suivants feront toujours partie de l'écriture : le compte *Amortissement – ameublement de bureau*, qui est un compte de charge, et le compte *Amortissement cumulé – ameublement de bureau*, qui est un compte de contrepartie d'actif.

Voici comment on présente l'ameublement de bureau au bilan de l'entreprise :

Immobilisations

Ameublement de bureau	21 000$	
Moins : Amortissement cumulé	1 000	20 000$

Valeur comptable
Partie du coût d'acquisition d'un actif non encore comptabilisé en charge d'amortissement, aussi appelée « coût non amorti ». Cette valeur est égale au coût d'une immobilisation diminué de son amortissement cumulé.

Le lecteur du bilan peut alors conclure que l'actif a coûté 21 000$ et qu'il a encore une valeur comptable de 20 000$. Cela peut vouloir dire, entre autres, que l'entreprise n'aura pas à débourser d'argent dans un avenir rapproché pour acquérir un nouvel actif, puisque cet ameublement est presque neuf ; une petite partie seulement de son coût a été amortie, c'est-à-dire considérée comme une charge d'exploitation.

La valeur comptable ne représente pas la valeur marchande des immobilisations. L'amortissement n'est qu'un processus de répartition du coût sur toute la durée prévue d'utilisation de l'actif. La valeur comptable apparaissant au bilan représente le coût non amorti des immobilisations.

À la fin de l'exercice financier suivant de Tennis Intérieur Knowlton (20X4), la régularisation pour comptabiliser l'amortissement de l'ameublement de bureau tiendra compte d'une période d'utilisation d'un an, soit 4 000$.

JOURNAL GÉNÉRAL				Page : 12
Date	**Nom des comptes et explication**	**Numéro du compte**	**Débit**	**Crédit**
20X4				
Déc. 31	Amortissement – ameublement de bureau	5960	4 000,00	
	Amortissement cumulé – ameublement de bureau	1710		4 000,00
	(pour inscrire l'amortissement de l'ameu-			
	blement de bureau pour l'exercice :			
	21 000$ – 1 000$ / 5 ans = 4 000$)			

Au 31 décembre 20X4, le compte de grand livre *Amortissement cumulé – ameublement de bureau* aura un solde de 5 000 $, qu'on représentera au bilan de la manière suivante :

Immobilisations corporelles

Ameublement de bureau	21 000 $	
Moins : Amortissement cumulé	5 000	16 000 $

On trouvera les comptes suivants au grand livre :

Ameublement de bureau						N° 1700
Date	**Libellé**	**Référence**	**Débit**	**Crédit**	**Solde**	**Dt/Ct**
20X3						
Oct. 01	Acquisition d'ameublement de bureau	J.G.5	21 000,00		21 000,00	Dt

Amortissement cumulé – ameublement de bureau						N° 1710
Date	**Libellé**	**Référence**	**Débit**	**Crédit**	**Solde**	**Dt/Ct**
20X3						
Déc. 31	Régularisation	J.G.6		1 000,00	1 000,00	Ct
20X4						
Déc. 31	Régularisation	J.G.12		4 000,00	5 000,00	Ct

Lorsqu'on reporte une régularisation au grand livre, on doit indiquer dans la section «Libellé» que ce report provient d'une écriture de régularisation et, dans la section «Référence», la page du journal général (par exemple J.G.6) d'où vient ce report.

Doit-il y avoir un compte d'amortissement et un compte d'amortissement cumulé pour chaque immobilisation ?

Chaque catégorie d'immobilisation identifiée dans le plan comptable devra avoir son compte de charge *Amortissement* et son compte de contrepartie *Amortissement cumulé,* sauf pour ce qui est du terrain.

À VOUS DE JOUER !

À partir des données suivantes tirées de la balance de vérification de l'entreprise Grafitek, veuillez enregistrer dans le journal général l'écriture de régularisation concernant l'amortissement du bâtiment pour l'exercice terminé le 31 décembre 20X8 en utilisant la méthode de l'amortissement linéaire.

Description de l'immobilisation	Date d'acquisition	Coût	Valeur résiduelle	Durée de vie utile
Bâtiment	01 avr. 20X8	300 000 $	65 000 $	40 ans

Bâtiment

Étape 1 : Le calcul du montant amortissable

Coût moins la valeur résiduelle :

235 000 $

Étape 2 : Le calcul de l'amortissement annuel

Montant amortissable divisé par la durée de vie utile :

5 875 $

Étape 3 : Le calcul de l'amortissement de la période

Amortissement annuel multiplié par le nombre de mois d'utilisation divisé par 12 mois :

4 406,25

Étape 4 : L'écriture de régularisation dans le journal général

Date	Nom des comptes et explication	Numéro du compte	Débit	Crédit
20X8				

JOURNAL GÉNÉRAL — Page : 1

SAVIEZ-VOUS QUE...? Le calcul de la charge d'amortissement n'arrive pas toujours à un montant sans décimales. Par exemple, on pourrait obtenir une charge de 1 832,65 $. Cependant, dans certaines entreprises et dans la plupart des cabinets comptables, on arrondit habituellement au dollar près les régularisations d'amortissement lors de l'écriture dans le journal général, car un tel degré de précision n'est parfois pas jugé essentiel étant donné qu'une telle régularisation est basée sur une estimation et non sur une transaction réelle. Cependant, aucune règle n'est prévue à cet effet dans le *Manuel de l'ICCA*. Le fait d'en arrondir ou non le calcul est donc laissé à la discrétion du comptable. Dans cet ouvrage, nous avons choisi de conserver deux décimales.

5.2.2 L'amortissement proportionnel à l'utilisation

La méthode de l'amortissement linéaire n'est pas la seule méthode utilisée par les comptables pour calculer l'amortissement. Lorsqu'un actif n'est pas utilisé de façon continue, on peut l'amortir en fonction de son utilisation. Il s'agit d'exprimer son utilisation totale en fonction du nombre d'unités que peut produire cet actif, en fonction du nombre de kilomètres qu'il peut parcourir, selon le nombre prévu d'heures d'utilisation ou selon le nombre de pièces qu'il peut fabriquer.

MISE EN SITUATION ▶ Le 6 juin 20X3, TIK a acheté un camion pour effectuer ses livraisons. Le coût d'achat du véhicule est de 45 000 $ plus les taxes et la valeur résiduelle est de 5 000 $.

On prévoit parcourir 400 000 kilomètres avant de le remplacer.

$$\frac{45\,000\$ \quad - \quad 5\,000\$}{400\,000\ \text{km}} \quad = \quad 0{,}10\$/\text{km}$$

Ainsi, pour chaque kilomètre parcouru, on comptabilisera une charge d'amortissement de 0,10 $. Au 31 décembre 20X3, le camion a parcouru 12 000 kilomètres. La charge d'amortissement de cet actif pour l'exercice terminé le 31 décembre 20X3 sera donc de 1 200 $ (12 000 km × 0,10 $). Le montant de l'amortissement est déterminé en fonction de la distance parcourue, plutôt qu'en fonction des mois de l'année.

En suivant un processus simple, on arrive facilement à rédiger l'écriture de régularisation en date du 31 décembre 20X3. Voici un résumé des étapes de calcul et de comptabilisation de l'amortissement du matériel roulant de TIK, selon la méthode de l'amortissement proportionnel à l'utilisation, pour l'exercice terminé le 31 décembre 20X3 :

Le camion a parcouru 12 000 km durant cette année.

Étape 1 : Le calcul du montant amortissable

Coût moins la valeur résiduelle :

$$45\,000\$ \quad - \quad 5\,000\$ \quad = \quad 40\,000\$$$

Étape 2 : Le calcul de l'amortissement par kilomètre

Montant amortissable divisé par l'utilisation prévue :

$$40\,000\$\,/\,400\,000\ \text{km} \quad = \quad 0{,}10\$\ \text{par km}$$

Étape 3 : Le calcul de l'amortissement pour 20X3

Amortissement par kilomètre multiplié par le nombre de kilomètres parcourus en 20X3 :

$$0{,}10\$ \quad \times \quad 12\,000\ \text{km} \quad = \quad 1\,200\$$$

Étape 4 : L'écriture de régularisation dans le journal général

JOURNAL GÉNÉRAL				Page : 6
Date	Nom des comptes et explication	Numéro du compte	Débit	Crédit
20X3				
Déc. 31	Amortissement – matériel roulant		1 200,00	
	Amortissement cumulé – matériel roulant			1 200,00
	(pour inscrire l'amortissement du camion de			
	livraison pour l'exercice : 12 000 km × 0,10 $)			

MISE EN GARDE

Avec cette méthode, il n'est pas nécessaire de calculer la proportion de l'année pendant laquelle l'actif a été utilisé. Le nombre de kilomètres parcourus en tient compte. Si l'entreprise avait utilisé cet actif à partir du 1er janvier, le véhicule aurait sans doute parcouru plus de kilomètres et la charge aurait été plus élevée.

À partir des données suivantes tirées de la balance de vérification de l'entreprise Grafitek, veuillez enregistrer dans le journal général l'écriture de régularisation pour l'amortissement du matériel roulant pour l'exercice terminé le 31 décembre 20X8, en utilisant la méthode de l'amortissement proportionnel à l'utilisation.

Description de l'immobilisation	Date d'acquisition	Coût	Valeur résiduelle	Utilisation prévue
Matériel roulant	01 mars 20X8	80 400 $	10 000 $	320 000 km

Le camion a parcouru 78 000 km durant cette année.

Étape 1 : Le calcul du montant amortissable

_____

_____

Étape 2 : Le calcul de l'amortissement par kilomètre

_____

_____

Étape 3 : Le calcul de l'amortissement pour 20X8

_____

_____

Étape 4 : L'écriture de régularisation dans le journal général

JOURNAL GÉNÉRAL				Page : 1
Date	Nom des comptes et explication	Numéro du compte	Débit	Crédit
20X8				

5.2.3 L'amortissement dégressif à taux constant

La méthode de l'amortissement dégressif à taux constant entraîne des charges d'amortissement décroissantes d'un exercice à l'autre. Le taux utilisé lors de l'application de cette méthode est fixé par l'entreprise ou le gouvernement.

Cette méthode est préconisée par Revenu Québec et par l'Agence du revenu du Canada pour le calcul de l'amortissement des immobilisations corporelles aux fins du calcul du revenu imposable des particuliers en affaires et des entreprises.

Théoriquement, cette méthode produit le meilleur rattachement des charges aux produits, parce que les charges d'amortissement décroissent à mesure que l'actif vieillit. Ainsi, avec l'âge, un actif devient souvent moins productif, et il est normal d'imputer une charge plus grande aux produits des premiers exercices.

MISE EN SITUATION ▶

Le 1er juillet 20X3, TIK a acheté de l'équipement au coût de 60 000 $ plus les taxes. La valeur résiduelle est de 7 000 $ après cinq ans. L'amortissement sur le solde dégressif est de 40 %, et la charge d'amortissement pour chaque exercice est calculée de la façon suivante :

Exercice	Calcul de l'amortissement annuel	Amortissement annuel	Valeur comptable à la fin de chaque exercice
20X3	60 000 $ × 40 % × 6 mois / 12 mois	12 000 $	48 000 $
20X4	48 000 $ × 40 %	19 200 $	28 800 $
20X5	28 800 $ × 40 %	11 520 $	17 280 $
20X6	17 280 $ × 40 %	6 912 $	10 368 $
20X7	10 368 $ – 7 000 $	3 368 $*	7 000 $

* Voir Mise en garde ci-dessous.

Comme la valeur comptable ne doit jamais être inférieure à la valeur résiduelle prévue, l'amortissement maximal pour l'exercice 20X7 doit être calculé de la façon suivante :

Valeur comptable nette à la fin de l'exercice 20X6	10 368 $
Moins : Valeur résiduelle prévue	7 000
Égale : Amortissement annuel de l'exercice 20X7	3 368 $

En suivant le processus suivant, on arrive facilement à rédiger l'écriture de régularisation en date du 31 décembre 20X3. Voici un résumé des étapes de calcul et de comptabilisation de l'amortissement de l'équipement de TIK, en utilisant la méthode de l'amortissement dégressif à taux constant, pour l'exercice terminé le 31 décembre 20X3 :

Avec cette méthode, il ne faut pas soustraire la valeur résiduelle du montant amortissable de l'actif ; par contre, la valeur nette de l'actif ne doit pas être inférieure à sa valeur résiduelle.

Étape 1 : Le calcul du montant amortissable

Coût : 60 000 $

Étape 2 : Le calcul de l'amortissement annuel

Coût d'acquisition multiplié par le taux :

60 000 $ × 40 % = 24 000 $ par année

Étape 3 : Le calcul de l'amortissement de la période

Amortissement annuel multiplié par le nombre de mois utilisés divisé par 12 mois :

24 000$ × 6 mois / 12 mois (juillet à décembre) = 12 000$

Étape 4 : L'écriture de régularisation dans le journal général

JOURNAL GÉNÉRAL				Page : 6
Date	Nom des comptes et explication	Numéro du compte	Débit	Crédit
20X3				
Déc. 31	Amortissement – équipement		12 000,00	
	Amortissement cumulé – équipement			12 000,00
	(pour inscrire l'amortissement de l'équipement			
	acheté le 1er juillet 20X3 :			
	60 000$ × 40% = 24 000$ par			
	année × 6 mois / 12 mois)			

Dans le cas où l'amortissement est enregistré mensuellement, il faut calculer l'amortissement sur une base annuelle, soit sur 12 mois, et ensuite multiplier par le nombre de mois où l'actif a été utilisé, puis diviser par 12. Ainsi, dans l'exemple précédent, pour calculer l'amortissement d'un mois, il aurait fallu multiplier la charge annuelle de 24 000$ par 1 mois et diviser par 12 pour obtenir la charge d'amortissement mensuelle de 2 000$.

À VOUS DE JOUER !

À partir des données suivantes tirées de la balance de vérification de l'entreprise Grafitek, veuillez enregistrer dans le journal général les écritures de régularisation pour l'amortissement de l'équipement de bureau pour l'exercice terminé le 31 décembre 20X8, en utilisant cette fois la méthode d'amortissement dégressif à taux constant.

Description de l'immobilisation	Date d'acquisition	Coût	Valeur résiduelle	Taux d'amortissement
Équipement de bureau	01 mai 20X8	15 450$	1 200$	10%

Équipement de bureau

Étape 1 : Le calcul du montant amortissable

_____

Étape 2 : Le calcul de l'amortissement annuel

_____

_____

Étape 3 : Le calcul de l'amortissement de la période

_____

_____

_____

Étape 4 : L'écriture de régularisation dans le journal général

JOURNAL GÉNÉRAL				Page : 1
Date	Nom des comptes et explication	Numéro du compte	Débit	Crédit
20X8				

La méthode de l'amortissement dégressif à taux constant est souvent utilisée par les petites entreprises, car c'est la seule méthode d'amortissement qui est acceptée à des fins fiscales. Cela évitera au comptable d'avoir à calculer les amortissements deux fois, selon une méthode comptable et une méthode fiscale. Sachez cependant que l'ICCA recommande de choisir la méthode qui reflète le plus précisément possible le coût d'utilisation de l'actif même si elle diffère de la méthode fiscale.

5.3 Les charges à payer

Habituellement, une charge d'exploitation est comptabilisée au moment de la réception de la facture qu'on peut payer au comptant ou enregistrer dans un compte fournisseur.

Cependant, à la fin d'un exercice, certaines charges sont engagées, mais ne sont pas dues légalement. Cela veut dire que l'entreprise n'a pas encore reçu la facture ou que, selon le contrat, celle-ci n'est pas obligée de payer le montant immédiatement.

Pour respecter le principe du rattachement des charges aux produits, l'entreprise doit comptabiliser la charge qui est engagée même si, légalement, elle n'est pas tenue de la payer avant la fin de la période comptable ou de l'exercice financier.

En effet, par ce principe, on affirme que l'entreprise doit appliquer aux produits d'exploitation toutes les charges engagées en vue de les générer.

Le plus souvent, les charges qui sont engagées sans être légalement dues concernent les salaires et les intérêts. Dans ce type de régularisation, on enregistre une charge nouvelle ou supplémentaire, et l'on comptabilise un passif. Avant de voir un exemple pour illustrer chacun des cas, examinons les charges liées à un passif (voir le tableau 5.1).

TABLEAU **5.1** ► Les charges liées à un passif

CHARGE (ÉTAT DES RÉSULTATS)			PASSIF (BILAN)
Débit			**Crédit**
Salaires ....►			Salaires à payer
Charges d'intérêts ....►			Intérêts à payer
Télécommunications ....►			Fournisseurs

5.3.1 Les salaires à payer

Lorsqu'un employé travaille pour une entreprise, un contrat est établi entre eux. L'employé s'engage à accomplir certaines tâches et, en échange, celle-ci lui verse un salaire. Selon les entreprises, le salaire peut être payé, entre autres, toutes les semaines ou toutes les deux semaines.

MISE EN SITUATION ► Chez TIK, les employés travaillent du lundi au vendredi et ils sont payés tous les vendredis pour le salaire gagné jusqu'au vendredi précédent. On ne peut contrevenir à cette entente entre l'employeur et les employés. Ainsi, même si un employé quitte son emploi, il ne peut exiger d'être payé avant la date convenue. À la date des états financiers, il existe donc des charges de salaires engagées dont le montant n'est pas encore dû aux employés.

Le 26 décembre 20X3, les employés ont reçu le salaire qu'ils avaient gagné en date du 19 décembre. L'entreprise, qui a quatre employés à temps partiel, recevant chacun un salaire de 60 $ par jour pour cette période, comptabilise les chèques de paie émis le 26 décembre dans le journal général de la façon suivante :

JOURNAL GÉNÉRAL					Page : 6
Date	Nom des comptes et explication	Numéro du compte	Débit	Crédit	
20X3					
Déc. 26	Salaires	5300	1 200,00		
	Encaisse	1010		1 200,00	
	(paiement des salaires gagnés durant la				
	semaine se terminant le 19 décembre :				
	4 × 60 $ × 5 jours ouvrables)				

Remarquons que cet exemple ne tient pas compte des retenues salariales, sujet que nous verrons en détail dans le chapitre 9. À noter toutefois que le fait de ne pas les enregistrer ne change rien aux charges et n'a pas d'incidence globale sur le bilan, puisque les retenues à payer sont des passifs qui viendront diminuer l'encaisse lors de leur paiement.

MISE EN SITUATION ► Au 31 décembre 20X3, il faut comptabiliser, grâce à une régularisation, les salaires qui ont été gagnés par les employés et que l'entreprise n'aura à payer qu'en 20X4. Ces salaires font partie des charges d'exploitation qui ont permis de réaliser des produits d'exploitation en 20X3. Afin de respecter le principe du rattachement des charges aux produits, il faut comptabiliser ces charges dans cet exercice, même si ces salaires ne seront payés qu'au cours de l'exercice suivant.

Les employés ont travaillé durant toute la semaine qui s'est terminée le 26 décembre 20X3 (payable le 2 janvier 20X4), soit cinq jours. À cela, il faut ajouter les 29, 30 et 31 décembre (payables le 9 janvier 20X4), pour un total de huit jours ouvrables. Afin de faciliter le travail de régularisation, regardons le calendrier suivant, où les jours faisant l'objet de la régularisation sont mis en relief:

DÉCEMBRE 20X3						
Dimanche	Lundi	Mardi	Mercredi	Jeudi	Vendredi	Samedi
14	15	16	17	18	19	20
21	22	23	24	25	26	27
28	29	30	31			
JANVIER 20X4						
Dimanche	Lundi	Mardi	Mercredi	Jeudi	Vendredi	Samedi
				1	2	3
4	5	6	7	8	9	10

Voici, de façon détaillée, le calcul nécessaire à la régularisation:

Charge de 20X3 versée le 2 janvier 20X4

Semaine se terminant le 26 décembre:

$$5 \text{ jours} \quad \times \quad 4 \text{ employés} \quad \times \quad 60\$ \text{ par jour} \quad = \quad 1\,200\$$$

Autre somme relative à 20X3

Nombres de jours relatifs à 20X3 qui seront inclus dans la paie qui sera versée le 9 janvier 20X4:

$$29, 30 \text{ et } 31 \text{ décembre} \quad = \quad 3 \text{ jours} \quad \times \quad 4 \text{ employés} \quad \times \quad 60\$ \text{ par jour} \quad = \quad 720\$$$

Total relatif à 20X3

$$1\,200\$ \quad + \quad 720\$ \quad = \quad 1\,920\$$$

La régularisation est alors la suivante:

JOURNAL GÉNÉRAL				Page: 6
Date	Nom des comptes et explication	Numéro du compte	Débit	Crédit
20X3				
Déc. 31	Salaires	5300	1 920,00	
	Salaires à payer	2350		1 920,00
	(régularisation pour enregistrer les salaires			
	gagnés par les employés, somme qui sera payée			
	en 20X4: 4 × 60$ × 8 jours ouvrables)			

Le compte *Salaires à payer* est une dette pour l'entreprise et il est présenté au passif à court terme du bilan dans un compte particulier. Habituellement, on n'intègre pas ces sommes dans le compte *Fournisseurs,* lesquelles représentent des sommes légalement dues à des tiers pour des biens et services livrés ou rendus à l'entreprise.

RAPPEL Les comptes *Salaires* et *Salaires à payer* sont des comptes liés ; ce sont toujours les deux mêmes comptes qui composent ce type de régularisation.

MISE EN SITUATION ▶ Examinons le compte de charge *Salaires* et le compte de passif *Salaires à payer* :

CHARGE (ÉTAT DES RÉSULTATS)

Salaires   N° 5300

	Débit	Crédit
20X3		
Solde au 31 déc.	36 000,00	
Déc. 19	1 250,00	
Déc. 26	1 200,00	
	38 450,00	
Régularisation	1 920,00	
Solde régularisé	40 370,00	

PASSIF (BILAN)

Salaires à payer   N° 2350

	Débit	Crédit	
20X3			
		Ø	Solde au 31 déc.
		1920,00	Régularisation
		1920,00	Solde régularisé

En 20X4, on devra être attentif lors de la comptabilisation des premières paies de janvier, car on devra tenir compte de la régularisation du 31 décembre 20X3. En effet, celle-ci a inscrit un montant de 1 920 $ au crédit du compte *Salaires à payer*, lequel représente des sommes qui seront versées en 20X4. Comme la charge relative aux salaires a été enregistrée en 20X3, il faut faire attention de ne pas comptabiliser dans les charges de 20X4 celles qui ont déjà été enregistrées en 20X3. Ainsi, la paie versée le 2 janvier comporte les salaires de la semaine se terminant le 26 décembre : 5 jours × 4 employés × 60 $ par jour = 1 200 $. Comme cette somme a été inscrite dans le compte *Salaires à payer* le 31 décembre 20X3, on doit débiter ce compte plutôt le compte de charge *Salaires*.

JOURNAL GÉNÉRAL				Page : 6
Date	Nom des comptes et explication	Numéro du compte	Débit	Crédit
20X4				
Janv. 02	Salaires à payer	2350	1 200,00	
	Encaisse	1010		1 200,00
	(paiement des salaires gagnés durant la			
	semaine se terminant le 26 décembre :			
	4 × 60 $ × 5 jours ouvrables)			

Salaires à payer   N° 2350

	Débit	Crédit	
		Ø	Solde au 31 déc. 20X3
		1 920,00	Régularisation
		1 920,00	Solde régularisé
Comptabilisation de la paie le 2 janv. 20X4	1 200,00		
		720,00	Solde au 2 janv. 20X4

À la suite de la comptabilisation de cette paie, il reste 720 $ au compte *Salaires à payer*, ce qui représente les salaires gagnés les 29, 30 et 31 décembre 20X3, lesquels seront versés le 9 janvier 20X4. Lors du versement du 9 janvier, on devra débiter ce qui reste dans le compte *Salaires à payer* (salaires des 29, 30 et 31 décembre) en plus de comptabiliser dans le compte *Salaires* la charge des 1er et 2 janvier 20X4.

JOURNAL GÉNÉRAL				Page : 6
Date	Nom des comptes et explication	Numéro du compte	Débit	Crédit
20X4				
Janv. 09	Salaires à payer	2350	720,00	
	Salaires	5300	480,00	
	Encaisse	1010		1 200,00
	(paiement des salaires gagnés durant la			
	semaine se terminant le 2 janvier 20X4 :			
	4 × 60 $ × 5 jours ouvrables)			

Salaires à payer   N° 2350

	Débit	Crédit	
		Ø	Solde au 31 déc. 20X3
		1 920,00	Régularisation
		1 920,00	Solde régularisé
Comptabilisation de la paie le 2 janv. 20X4	1 200,00		
		720,00	Solde au 2 janv. 20X4
Comptabilisation de la paie le 9 janv. 20X4	720,00		
		Ø	Solde au 9 janv. 20X4

À VOUS DE JOUER !

Le 2 janvier 20X9, Grafitek a payé un montant de 5 500 $ à ses employés, représentant les salaires pour la période du 22 décembre au 26 décembre 20X8.

Les employés travaillent du lundi au vendredi. L'entreprise paie ses employés chaque vendredi pour le salaire gagné durant la semaine se terminant le vendredi précédent. Le total des salaires est de 6 100 $ pour la semaine se terminant le 2 janvier 20X9. On vous demande de rédiger l'écriture de régularisation du 31 décembre 20X8 et celle du versement de la paie le 2 janvier et le 9 janvier 20X9.

Note
Ne pas tenir compte des retenues salariales.

Régularisation du 31 décembre 20X8

JOURNAL GÉNÉRAL				Page : 1
Date	Nom des comptes et explication	Numéro du compte	Débit	Crédit
20X8				

Versement de la paie du 2 janvier 20X9

JOURNAL GÉNÉRAL					Page : 1
Date	Nom des comptes et explication	Numéro du compte	Débit	Crédit	
20X9					

Calcul du salaire à payer

Total versé le 2 janvier 20X9 : _____

Nombre de jours relatif à 20X8 : _____

Total relatif à 20X8 : _____

Versement de la paie du 9 janvier 20X9

JOURNAL GÉNÉRAL					Page : 1
Date	Nom des comptes et explication	Numéro du compte	Débit	Crédit	
20X9					

5.3.2 Les intérêts à payer sur les emprunts à court terme

Souvent, une entreprise emprunte temporairement de l'argent pour financer certaines acquisitions. Comme les versements sur ces emprunts ne correspondent pas toujours aux dates de fin d'exercice, une régularisation peut être nécessaire afin d'enregistrer une charge d'intérêts ainsi que le passif qui y est relié.

MISE EN SITUATION ▶ TIK a signé, le 1er décembre 20X3, un emprunt sur marge de crédit pour acquérir un lot de six ordinateurs, dont le coût avant taxes est de 6 958,03 $. L'emprunt sur marge est remboursable dans six mois, à mesure que l'entreprise a des fonds disponibles, et porte un intérêt de 8 % par année. Les intérêts sont payables dans six mois, au moment du remboursement de l'emprunt.

Au moment de l'acquisition des ordinateurs, on effectue l'écriture suivante :

JOURNAL GÉNÉRAL				Page : 6
Date	Nom des comptes et explication	Numéro du compte	Débit	Crédit
20X3				
Déc. 01	Équipement de bureau		6 958,03	
	TPS à recevoir		347,90	
	TVQ à recevoir		694,07	
	Emprunt bancaire			8 000,00
	(acquisition d'un lot d'ordinateurs, emprunt sur			
	marge de crédit et intérêts à 8 % payables			
	le 1er de chaque mois)			

Au 31 décembre 20X3, ce qui correspond à la fin de l'exercice financier de l'entreprise, une partie des intérêts payables doit être considérée comme une charge d'exploitation, en vertu du principe du rattachement des charges aux produits. Une régularisation permet de comptabiliser cette charge ainsi que le passif qui s'y rattache.

Les intérêts sont calculés selon la formule suivante, puisqu'aucun montant n'avait alors été remboursé sur l'emprunt de 8 000 $:

Charges d'intérêts	=	emprunt	×	taux d'intérêts	×	période de temps
53,33 $	=	8 000 $	×	8 %	×	(1 mois / 12 mois)

SAVIEZ-VOUS QUE...? À moins d'avis contraire, un taux d'intérêt est toujours exprimé sur une base annuelle.

La charge d'intérêts due au 31 décembre 20X3 est de 53,33 $. Selon le contrat d'emprunt, l'intérêt ne doit être payé qu'après la période de six mois, au moment où l'emprunt sur marge sera remboursable. Par contre, cet emprunt a permis à l'entreprise de fonctionner, donc de réaliser des produits d'exploitation. Ainsi, la charge d'intérêts pour le mois de décembre sera ajoutée, dans l'état des résultats, aux autres charges d'exploitation qui seront soustraites des produits d'exploitation, afin de déterminer le bénéfice net de l'exercice.

La régularisation suivante permet de comptabiliser la charge d'intérêts dans le compte *Charges d'intérêts* ainsi que l'élément de passif à court terme dans le compte *Intérêts à payer* qui y est rattaché :

JOURNAL GÉNÉRAL				Page : 6
Date	Nom des comptes et explication	Numéro du compte	Débit	Crédit
20X3				
Déc. 31	Charges d'intérêts		53,33	
	Intérêts à payer			53,33
	(intérêts d'un mois sur l'emprunt bancaire			
	de 8 000 $ pour l'achat des ordinateurs,			
	le taux d'intérêt annuel étant de 8 % :			
	8 000 $ × 8 % × 1 mois = 53,33 $)			

Ainsi, la charge d'intérêts est répartie entre deux exercices financiers. Un mois a été considéré comme une charge en 20X3, les autres le seront en 20X4.

Notons que la somme de 53,33 $ de charge d'intérêts, comptabilisée à l'aide de la régularisation du 31 décembre 20X3, vient s'ajouter aux autres charges d'intérêts qui ont pu être enregistrées dans le compte *Charges d'intérêts* au cours de l'exercice financier ou de la période comptable se terminant le 31 décembre 20X3. ◄

5.3.3 Les intérêts à payer sur les emprunts hypothécaires

Les emprunts hypothécaires servent à financer l'acquisition d'immobilisations, que ce soit des biens meubles ou des biens immeubles. Les intérêts payés sur un emprunt représentent, dans certains cas, des sommes très élevées. C'est pourquoi l'état des résultats doit inclure toute la charge d'intérêts engagée pour la période ou l'exercice complet, même si celle-ci n'est pas entièrement payée.

Selon le principe du rattachement des charges aux produits, les intérêts qui sont engagés en fonction du temps écoulé doivent être comptabilisés, qu'ils soient payés ou non. Dans le cas d'une entreprise qui rembourse mensuellement son emprunt hypothécaire, la somme payée comprend une portion d'intérêts et une portion de remboursement du capital.

Pour financer l'achat du bâtiment, TIK a procédé à un emprunt de 150 000 $ au taux de 6 %, qui est remboursé par des paiements mensuels de 1 526 $ comprenant le capital et les intérêts ; les paiements sont versés le premier de chaque mois, et le remboursement s'étend sur une période de 25 ans.

Ainsi, le 31 décembre 20X3, la balance de vérification ne comprend que les intérêts payés durant l'année. Elle n'inclut donc pas les intérêts du mois de décembre, qui seront payés le 1er janvier 20X4. Les intérêts impayés sont calculés à l'aide de la formule suivante :

Solde de l'emprunt au dernier versement	×	Taux d'intérêt	×	Nombre de mois impayés	=	Intérêts impayés
142 500 $	×	6 %	×	(1 mois / 12 mois)	=	712,50 $

JOURNAL GÉNÉRAL					Page : 6
Date	**Nom des comptes et explication**	**Numéro du compte**	**Débit**	**Crédit**	
20X3					
Déc. 31	Charges d'intérêts	5780	712,50		
	Intérêts à payer	2450		712,50	
	(régularisation pour enregistrer les intérêts à				
	payer : 142 500 $ × 6 % × 1 mois / 12 mois)				

Examinons les deux comptes qui sont liés à l'écriture de régularisation. Le compte *Charges d'intérêts* augmente au débit de 712,50 $, ce qui s'ajoute aux charges d'intérêts comptabilisées jusqu'au 1er décembre 20X3, lesquelles totalisent 11 225 $. Le total des intérêts pour l'exercice est donc de 11 937,50 $. Le compte de passif à court terme *Intérêts à payer* est crédité de 712,50 $. Il représente les intérêts

Capital
Somme prêtée ou empruntée, habituellement dans le but de financer une acquisition, sur laquelle des intérêts seront applicables.

MISE EN SITUATION ▶

impayés au 31 décembre 20X3 dans le bilan de l'entreprise. Le solde du compte de passif à long terme *Emprunt hypothécaire – biens immeubles* n'a pas changé, puisqu'il ne s'agit pas d'un remboursement sur le capital. Il demeure le même que celui qui apparaît à la balance de vérification, soit 142 500 $.

CHARGE (ÉTAT DES RÉSULTATS)			PASSIF (BILAN)		
Charges d'intérêts		N° 5780	Intérêts à payer		N° 2450
Débit	**Crédit**		**Débit**	**Crédit**	
20X3					20X3
Solde au 31 déc. 11 225,00				Ø	Solde au 31 déc.
Régularisation 712,50				712,50	Régularisation
Solde régularisé 11 937,50				712,50	Solde régularisé

À VOUS DE JOUER !

Grafitek présente les deux comptes de passif suivants dans sa balance de vérification au 31 décembre 20X8 :

Emprunt bancaire	12 000 $
Emprunt hypothécaire (biens immeubles)	200 000 $

Le taux d'intérêt annuel sur l'emprunt bancaire est de 6 % tandis que celui de l'emprunt hypothécaire (biens immeubles) est de 4,5 %. L'emprunt bancaire a été contracté le 15 novembre 20X8 et sera remboursable le 30 juin 20X9. Le 1er janvier 20X9, le versement sur l'emprunt hypothécaire (biens immeubles) couvrant le mois de décembre, intérêts et capital, sera effectué. Tous les autres versements mensuels ont été effectués et comptabilisés. Veuillez enregistrer dans le journal général les régularisations du 31 décembre 20X8 concernant ces deux emprunts.

Régularisation du 31 décembre 20X8 des intérêts sur l'emprunt bancaire

JOURNAL GÉNÉRAL					Page : 1
Date	Nom des comptes et explication	Numéro du compte	Débit	Crédit	
20X8					

Calcul de l'intérêt à payer sur l'emprunt bancaire

Nombre de mois total de l'emprunt : _____

Intérêts totaux sur cet emprunt : _____

Total relatif à 20X8 : _____

Régularisation du 31 décembre 20X8 des intérêts sur l'emprunt hypothécaire

	JOURNAL GÉNÉRAL			Page: 1
Date	Nom des comptes et explication	Numéro du compte	Débit	Crédit
20X8				

Calcul de l'intérêt à payer sur l'hypothèque

Solde de l'emprunt au 31 décembre : _____

Intérêt annuel sur ce solde : _____

Intérêt pour 1 mois : _____

5.4 Les produits à recevoir

Dans certains cas, une entreprise a gagné des produits d'exploitation, mais elle n'en a pas encore reçu le paiement parce qu'elle ne peut émettre la facture immédiatement. C'est, par exemple, le cas des avocats dont les causes n'ont pas encore été entendues, des comptables dont le mandat n'est pas entièrement terminé. Ceux-ci n'ont peut-être pas encore facturé leurs services aux clients.

5.4.1 Les honoraires à recevoir

MISE EN SITUATION ▶

Le 1er décembre 20X3, TIK accepte de gérer la carrière d'un de ses élèves, un jeune joueur de tennis très prometteur qui participe à des tournois internationaux. Il s'agit de répondre aux demandes d'entrevue, d'organiser ses déplacements, de réserver les hôtels et de payer les comptes relatifs à ses dépenses. Le contrat stipule que les coûts de gestion seront de 500 $ par mois et que le client paiera tous les deux mois.

Au moment de la signature du contrat, le 1er décembre, il n'y a aucune écriture à effectuer. Par contre, le 31 décembre, l'entreprise a géré la carrière du joueur durant un mois. Elle a donc gagné 500 $ mais, légalement, elle ne peut en exiger le paiement immédiatement, étant donné qu'elle a accepté que son client paie tous les deux mois. Une régularisation permet de comptabiliser le produit gagné, lequel s'ajoute aux autres produits déjà comptabilisés dans ce compte.

	JOURNAL GÉNÉRAL			Page: 6
Date	Nom des comptes et explication	Numéro du compte	Débit	Crédit
20X3				
Déc. 31	Honoraires de gestion à recevoir	1125	500,00	
	Honoraires de gestion	4130		500,00
	(pour inscrire les honoraires de gestion gagnés			
	durant le mois de décembre et qui seront			
	facturés et encaissables à la fin de janvier 20X4)			

Les deux comptes liés sont un compte de produit, soit *Honoraires de gestion,* et un compte d'actif, soit *Honoraires de gestion à recevoir.*

ACTIF (BILAN)		
Honoraires de gestion à recevoir		**N° 1125**
	Débit	**Crédit**
20X3		
Solde au 31 déc.	Ø	
Régularisation au 31 déc.	500,00	
Solde au 31 déc.	500,00	

PRODUIT (ÉTAT DES RÉSULTATS)		
Honoraires de gestion		**N° 4130**
Débit	**Crédit**	
		20X3
	26 400,00	Solde au 31 déc.
	500,00	Régularisation au 31 déc.
	26 900,00	Solde au 31 déc.

Si l'on observe cette écriture, on note que les taxes ne sont pas comptabilisées ; elles ne sont donc pas dues aux gouvernements tant que la facture n'a pas été émise. Ainsi, lors d'une telle régularisation, il n'y a pas lieu de comptabiliser les taxes, comme dans le cas des salaires où on ne tient pas compte immédiatement des retenues salariales.

À VOUS DE JOUER !

Grafitek permet exceptionnellement à l'un de ses locataires un paiement à tous les trois mois. Les loyers seront donc payables à la fin de chaque trimestre. Le dernier versement de 3 000 $ plus les taxes applicables a été reçu le 31 octobre 20X8. On vous demande de rédiger l'écriture de régularisation au 31 décembre 20X8.

Régularisation du 31 décembre 20X8 des revenus de loyer à recevoir

JOURNAL GÉNÉRAL				Page : 1
Date	**Nom des comptes et explication**	**Numéro du compte**	**Débit**	**Crédit**
20X8				

Calcul

Dernier versement reçu : _____

Prochain versement à recevoir : _____

Nombre de mois dont les revenus de loyer sont considérés comme gagnés :

_____

Sommes considérées comme gagnées : _____

5.4.2 Les intérêts à recevoir

Une entreprise peut investir les sommes d'argent contenues dans le compte de banque en acquérant des placements pour bénéficier de produits d'intérêts.

MISE EN SITUATION ▶

À partir du 1er novembre 20X3 et pour une période de trois mois, TIK a investi 20 000 $ dans un dépôt à terme au taux de 2 %. Au 31 décembre 20X3, deux mois de produits d'intérêts doivent être ajoutés aux produits d'exploitation. Même si les intérêts ne seront encaissés qu'en 20X4, ils sont réalisés en partie durant l'exercice terminé le 31 décembre 20X3.

JOURNAL GÉNÉRAL				Page : 6
Date	Nom des comptes et explication	Numéro du compte	Débit	Crédit
20X3				
Déc. 31	Intérêts à recevoir	1115	66,67	
	Produits d'intérêts	4290		66,67
	(régularisation des intérêts à recevoir :			
	20 000 $ × 2 % × 2 mois / 12 mois)			

Examinons les deux comptes qui sont liés à l'écriture de régularisation. Le compte *Produits d'intérêts* est crédité de 66,67 $. Cette somme s'ajoute aux 1 120 $ perçus durant l'année, que vous retrouvez dans le compte en T *Produits d'intérêts* qui suit. Le total des produits d'intérêts pour l'exercice est donc de 1 186,67 $. Le compte de l'actif à court terme *Intérêts à recevoir* est débité de 66,67 $. Cette somme sera inscrite au bilan de l'entreprise.

ACTIF (BILAN)

Intérêts à recevoir			N° 1115
	Débit	Crédit	
20X3			
Solde au 31 déc.	0		
Régularisation	66,67		
Solde régularisé	66,67		

PRODUIT (ÉTAT DES RÉSULTATS)

Produits d'intérêts			N° 4290
	Débit	Crédit	
			20X3
		1 120,00	Solde au 31 déc.
		66,67	Régularisation
		1 186,67	Solde régularisé

À VOUS DE JOUER ! ::

Grafitek a un dépôt à terme de 50 000 $. Le taux d'intérêt annuel est de 5 %. La date d'émission est le 1er septembre 20X8, et le premier versement est dû le 28 février 20X9. Régularisez au 31 décembre 20X8 les intérêts à recevoir relatifs à cet emprunt.

JOURNAL GÉNÉRAL				Page : 1
Date	Nom des comptes et explication	Numéro du compte	Débit	Crédit
20X8				

Calcul de l'intérêt à recevoir sur l'emprunt bancaire

Nombre de mois couverts par l'intérêt : _____

Intérêts totaux : _____

Nombre de mois relatifs à 20X8 : _____

Intérêts relatifs à 20X8 : _____

5.5 Les charges payées d'avance

Lorsque le comptable régularise les comptes de grand livre afin de préparer des états financiers, il doit fréquemment répartir les sommes payées durant l'exercice entre la charge engagée et la portion payée d'avance. Théoriquement, toute charge pourrait, à un certain moment, être payée d'avance.

Dans certains cas, l'entreprise effectue un débours avant de bénéficier du service ou des biens achetés. Il peut s'agir, entre autres :

- de l'achat de fournitures de bureau ;
- d'un paiement pour de la publicité à venir ;
- du loyer payé d'avance pour un certain nombre de mois ;
- du paiement d'une prime annuelle d'assurance ;
- du paiement des taxes municipales et scolaires pour l'année.

Le tableau 5.2 montre les comptes à utiliser pour les différentes charges payées d'avance.

TABLEAU 5.2 ▶ Les charges liées à un actif

ACTIF (BILAN)		CHARGE (ÉTAT DES RÉSULTATS)	
Débit		**Débit**	
Assurance payée d'avance ·············	⟶	Assurance	
Loyer payé d'avance ·············	⟶	Loyer	
Publicité payée d'avance ·············	⟶	Publicité	
Taxes (municipales et scolaires) payées d'avance ·············	⟶	Taxes (municipales et scolaires)	
Fournitures de bureau ·············	⟶	Frais de bureau	

MISE EN GARDE

La personne qui enregistre ces transactions lorsqu'elle reçoit une facture les comptabilise habituellement comme une charge d'exploitation, et c'est la façon que nous allons privilégier dans ce volume.

5.5.1 Les fournitures de bureau

MISE EN SITUATION

Au cours de l'exercice financier se terminant le 31 décembre 20X3, TIK a acquis des fournitures de bureau pour des montants avant taxes de 1 200 $, 950 $ et 350 $.

Comme nous l'avons mentionné précédemment, au moment de l'achat, le technicien à la comptabilité a débité le compte de charge *Frais de bureau* et crédité le compte *Encaisse*. Voici l'enregistrement du premier achat de 1 200 $:

JOURNAL GÉNÉRAL					Page : 10
Date	Nom des comptes et explication	Numéro du compte	Débit	Crédit	
20X3					
Août 12	Frais de bureau	5500	1 200,00		
	TPS à recevoir	1105	60,00		
	TVQ à recevoir	1110	119,70		
	Encaisse	1010		1 379,70	
	(pour l'achat de fournitures de bureau,				
	paiement de 1 200 $ effectué le 12 août)				

L'effet des trois acquisitions de fournitures de bureau est représenté dans les deux comptes liés de grand livre. Il faut noter qu'au début de l'exercice, l'entreprise possédait pour 200 $ **1** de fournitures, laquelle somme était présentée comme un actif à court terme dans le compte *Fournitures de bureau* au bilan du 31 décembre 20X2.

ACTIF (BILAN)

Fournitures de bureau			N° 1190
	Débit	Crédit	
20X2			
Solde au 31 déc.	**1** 200,00		

CHARGE (ÉTAT DES RÉSULTATS)

Frais de bureau			N° 5500
	Débit	Crédit	
20X3			
Août 12	1 200,00		
Août 25	950,00		
Déc. 08	350,00		
	2 2 500,00		

Les achats de fournitures ont été comptabilisés dans le compte de charge *Frais de bureau*. Le solde de ce compte était nul au début de l'exercice financier. Ainsi, l'entreprise a acquis pour 2 500 $ **2** de fournitures de bureau au cours de l'exercice 20X3.

Une question importante à se poser ici : le compte de charge *Frais de bureau* de l'exercice financier se terminant le 31 décembre 20X3 s'élève-t-il vraiment à 2 500 $?

À la fin de l'exercice financier, après avoir fait un inventaire des stocks de fournitures, on constate qu'il y en a pour 800 $. On doit donc avoir un solde de 800 $ dans le compte d'actif *Fournitures de bureau*. Comme le solde du compte est présentement de 200 $ **1**, il faut donc l'augmenter de 600 $ pour obtenir le solde réel en date du 31 décembre 20X3, soit 800 $.

ACTIF (BILAN)		
Fournitures de bureau		N° 1190
	Débit	Crédit
20X2		
Solde au 31 déc.	**1** 200,00	
20X3		
Déc. 31		
Régularisation	**2** 600,00	
Solde régularisé	800,00	

CHARGE (ÉTAT DES RÉSULTATS)		
Frais de bureau		N° 5500
	Débit	Crédit
20X3		
Août 12	1 200,00	
Août 25	950,00	
Déc. 08	350,00	
Solde au 31 déc.	2 500,00	
		3 600,00 Régularisation
Solde régularisé	1 900,00	

Dans ce cas, il faut ajuster le compte d'actif *Fournitures de bureau* en l'augmentant de 600 $ **2** et diminuer de 600 $ **3** la charge *Frais de bureau* qui n'est pas encore engagée. La charge réelle pour l'exercice terminé le 31 décembre 20X3 est donc de 1 900 $, soit 2 500 $ d'achats moins la régularisation de 600 $.

JOURNAL GÉNÉRAL					Page : 6
Date	Nom des comptes et explication		Numéro du compte	Débit	Crédit
20X3					
Déc. 13	Fournitures de bureau		1190	600,00 **3**	
	Frais de bureau		5500		600,00
	(pour régulariser les fournitures de				
	bureau au 31 décembre 20X3)				

RAPPEL

Dans tout type de régularisation, l'écriture comporte **toujours** un compte de bilan et un compte de résultats. Rappelez-vous que ces deux comptes se nomment « comptes liés ». Dans ce cas-ci, le compte de bilan est *Fournitures de bureau* et le compte de charge est *Frais de bureau*.

Voici la balance de vérification partielle de Grafitek au 31 décembre 20X8. Après un décompte physique, sachant que l'entreprise a pour 550 $ de fournitures de bureau en stock, veuillez enregistrer la régularisation relative aux fournitures de bureau au 31 décembre 20X8.

	GRAFITEK BALANCE DE VÉRIFICATION PARTIELLE au 31 décembre 20X8		
Numéro	Nom du compte	Débit	Crédit
1010	Encaisse	6 875,00 $	
1100	Clients	8 555,00	
1190	Fournitures de bureau	375,00	
1210	Assurance payée d'avance	275,00	
1220	Loyer payé d'avance	800,00	
1240	Taxes scolaires payées d'avance	880,00	
1250	Publicité payée d'avance	367,00	
1400	Équipement de bureau	15 450,00	
2100	Fournisseurs		5 541,00 $
5410	Loyer	10 200,00	
5500	Frais de bureau	1 200,00	
5420	Publicité	897,00	
5740	Assurance	1 175,00	

TRUCS ET ASTUCES

N'oubliez pas que l'entreprise comptabilise ses factures directement dans le compte de charge *Frais de bureau*; le compte d'actif *Fournitures de bureau* n'est donc ajusté qu'une seule fois, à la fin de l'exercice financier, après le décompte physique.

Fournitures de bureau		N° 1190
	Débit	Crédit
20X8		
Solde au 31 déc.	375,00	
Régularisation		Régularisation
Solde régularisé		Solde régularisé

Frais de bureau		N° 5500
	Débit	Crédit
20X8		
Achats de l'exercice	1 200,00	
Solde au 31 déc.	1 200,00	
Régularisation		Régularisation
Solde régularisé		Solde régularisé

JOURNAL GÉNÉRAL				Page : 1
Date	Nom des comptes et explication	Numéro du compte	Débit	Crédit
20X8				

5.5.2 La publicité payée d'avance

MISE EN SITUATION ▶ TIK a payé au cours du mois de décembre 20X3 une annonce publicitaire qui ne paraîtra qu'en janvier 20X4. Voici la facture reçue du fournisseur:

 Universel Design
120, rue des Cèdres,
Saint-Augustin-de-Mirabel (Québec) J2T 4K9
Téléphone: 450 878-5884
Télécopieur: 450 878-5886
Sans frais: 1 877 878-5884
Courriel: universeldesign@videotron.ca

FACTURE 13214
Date: 20X3-12-12

Vendu à:

Tennis Intérieur Knowlton
224, chemin des Lilas, Knowlton (Québec) J0T 1Y9

Description	Quantité	Prix unitaire	Montant
Annonce publicitaire dans *La Vallée* à paraître le 10 janvier 20X4	1	680,00$	680,00$
N° de TPS: 146879524		TPS 5%	34,00
N° de TVQ: 1158457810		TVQ 9,975%	67,83
		Total	781,83$
Conditions: comptant			

L'écriture suivante est alors enregistrée dans les livres de l'entreprise:

JOURNAL GÉNÉRAL					Page: 6
Date	Nom des comptes et explication	Numéro du compte	Débit	Crédit	
20X3					
Déc. 12	Publicité		680,00		
	TPS à recevoir		34,00		
	TVQ à recevoir		67,83		
	Encaisse			781,83	
	(paiement d'une facture de publicité d'Universel				
	Design, facture n° 13214)				

Dans tout type de régularisation, l'écriture comporte toujours un compte de résultat et un compte de bilan, ce qui fait que dans ce cas-ci, on rencontre les deux comptes liés suivants: *Publicité* et *Publicité payée d'avance*.

Voici donc l'écriture de régularisation à effectuer le 31 décembre 20X3, compte tenu du fait que la charge d'exploitation ne sera engagée qu'en 20X4:

JOURNAL GÉNÉRAL					Page : 6
Date	Nom des comptes et explication	Numéro du compte	Débit		Crédit
20X3					
Déc. 31	Publicité payée d'avance		680,00		
	Publicité				680,00
	(pour inscrire la publicité payée d'avance				
	en fin d'exercice et diminuer la charge de				
	publicité, puisqu'elle ne sera engagée				
	que lors du prochain exercice)				

À VOUS DE JOUER !

En vous référant à la balance de vérification partielle de Grafitek que vous avez utilisée dans la rubrique « À vous de jouer » de la section 5.5.1, veuillez enregistrer dans le journal général l'écriture de régularisation relative aux charges payées d'avance.

Sachant que Grafitek n'a comptabilisé qu'une seule facture relative à la publicité en 20X8 et que, selon la description de celle-ci, la publicité s'étend du 1er juillet 20X8 au 30 juin 20X9, veuillez inscrire dans le journal général la régularisation au 31 décembre 20X8 pour ajuster la publicité payée d'avance.

RAPPEL

N'oubliez pas que l'entreprise comptabilise ses factures directement dans le compte de charge *Publicité*; le compte d'actif *Publicité payée d'avance* n'est donc ajusté qu'une seule fois, à la fin de l'exercice financier.

Calcul de la charge de publicité payée d'avance

Montant total de la facture comptabilisée dans le compte de charge :	897,00 $
Montant mensuel de la charge : (897,00 $ / 12 mois)	74,75 $
Nombre de mois non admissibles à la charge : (janvier à juin 20X9)	6 mois
Montant total de la publicité payée d'avance : _____	

Publicité payée d'avance		N° 1250
	Débit	Crédit
20X8		
Solde au 31 déc.		Solde au 31 déc.
Régularisation		Régularisation
Solde régularisé		Solde régularisé

Publicité		N° 5420
	Débit	Crédit
20X8		
Achats de l'exercice	897,00	
Solde au 31 déc.		Solde au 31 déc.
Régularisation		Régularisation
Solde régularisé		Solde régularisé

JOURNAL GÉNÉRAL				Page : 1
Date	Nom des comptes et explication	Numéro du compte	Débit	Crédit
20X8				

5.5.3 Le loyer payé d'avance

Lors de la comptabilisation de l'émission d'un chèque pour payer un loyer, on débite le compte de charge *Loyer,* et on crédite le compte *Encaisse.* À la fin de l'exercice financier, nous enregistrerons une écriture afin de régulariser les deux comptes liés, soit le compte de charge *Loyer* et le compte d'actif *Loyer payé d'avance.*

MISE EN SITUATION ▶

TIK loue un petit entrepôt à quelques rues de son entreprise. Au moment du débours, elle comptabilise une diminution de l'encaisse et une charge d'exploitation dans le compte *Loyer.* Le 1er décembre 20X3, l'entreprise paie d'avance le loyer de son entrepôt pour les trois mois à venir, soit décembre, janvier et février, à raison de 1 500 $ par mois, et émet le chèque n° 3456. Il faut noter ici que le chèque ne sera pas de 4 500 $, puisqu'il faut ajouter les taxes, un loyer commercial étant taxable, à la différence d'un loyer résidentiel qui ne l'est pas.

JOURNAL GÉNÉRAL				Page : 6
Date	Nom des comptes et explication	Numéro du compte	Débit	Crédit
20X3				
Déc. 01	Loyer	5410	4 500,00	
	TPS à recevoir	1105	225,00	
	TVQ à recevoir	1110	448,88	
	Encaisse	1010		5 173,88
	(paiement du loyer de l'entrepôt des mois			
	de décembre, janvier et février)			

L'entreprise a enregistré une charge de trois mois de loyer, mais elle n'a pas encore utilisé l'espace pour lequel elle a payé 1 500 $ par mois. La somme de 4 500 $ ne deviendra une charge d'exploitation qu'à la fin du mois de février. Entre-temps, l'entreprise possède un actif : un loyer payé d'avance.

Au 31 décembre, le comptable procédera donc à une régularisation pour enregistrer l'actif *Loyer payé d'avance* et diminuer la charge d'exploitation qui n'est pas encore engagée, soit deux mois de loyer à raison de 1 500 $ par mois :

JOURNAL GÉNÉRAL				Page : 6
Date	Nom des comptes et explication	Numéro du compte	Débit	Crédit
20X3				
Déc. 31	Loyer payé d'avance	1220	3 000,00	
	Loyer	5410		3 000,00
	(pour diminuer la charge de loyer et			
	enregistrer 2 mois de loyer qui ne			
	sont pas encore engagés)			

Voici l'effet de la régularisation des comptes *Loyer payé d'avance* et *Loyer,* qui sont les comptes liés relatifs à cette régularisation (voir la figure 5.2). On enregistre deux mois de loyer comme un actif dans le compte *Loyer payé d'avance.*

FIGURE 5.2   L'EFFET DE LA RÉGULARISATION DES COMPTES

Loyer (charge)	N° 5410
Émission d'un chèque (3 mois) Déc. 01 4 500,00	Diminution de la charge (2 mois) 3 000,00
Solde régularisé 1 500,00	

Loyer payé d'avance (actif)	N° 1220
Augmentation de l'actif (2 mois) Déc. 31 3 000,00	
Solde régularisé 3 000,00	

TRUCS ET ASTUCES

N'oubliez pas que l'entreprise comptabilise ses factures directement dans le compte de charge *Loyer*; le compte d'actif *Loyer payé d'avance* n'est donc ajusté qu'une seule fois, à la fin de l'exercice financier.

À VOUS DE JOUER!

Grafitek loue un mini entrepôt pour stocker des affiches grand format qu'elle réalise pour certains clients. À l'aide de la balance de vérification partielle de Grafitek au 31 décembre 20X8, veuillez enregistrer dans le journal général l'écriture de régularisation relative au loyer.

GRAFITEK BALANCE DE VÉRIFICATION PARTIELLE au 31 décembre 20X8			
Numéro	**Nom du compte**	**Débit**	**Crédit**
1010	Encaisse	6 875,00 $	
1100	Clients	8 555,00	
1190	Fournitures de bureau	375,00	
1210	Assurance payée d'avance	275,00	
1220	Loyer payé d'avance	800,00	
1240	Taxes scolaires payées d'avance	880,00	
1250	Publicité payée d'avance	367,00	
1400	Équipement de bureau	15 450,00	
2100	Fournisseurs		5 541,00 $
5410	Loyer	10 200,00	
5500	Frais de bureau	1 200,00	
5420	Publicité	897,00	
5740	Assurance	1 175,00	

Sachant que l'entreprise, après une augmentation du loyer, a émis un chèque de 2 529,45 $ (2 200 $ + TPS de 110 $ et TVQ de 219,45 $) le 1er décembre 20X8 pour les loyers de décembre 20X8 (1 100 $) et de janvier 20X9 (1 100 $), veuillez inscrire dans le journal la régularisation au 31 décembre 20X8 pour ajuster le loyer payé d'avance.

Le calcul de la charge de loyer payé d'avance

Montant total du loyer payé le 1er décembre et comptabilisé au compte loyer :	2 200 $
Montant mensuel de la charge :	1 100 $
Nombre de mois non admissibles à la charge (janvier 20X9) :	1 mois
Montant total du loyer payé d'avance :	_____

Loyer payé d'avance		N° 1220
Débit	**Crédit**	
20X8		
Solde au 31 déc.		
Régularisation		Régularisation
Solde régularisé		Solde régularisé

Loyer		N° 5410
Débit	**Crédit**	
20X8		
Solde au 31 déc.		
Déc. 01		
Régularisation		Régularisation
Solde régularisé		Solde régularisé

JOURNAL GÉNÉRAL				Page : 1
Date	Nom des comptes et explication	Numéro du compte	Débit	Crédit
20X8				

5.5.4 L'assurance payée d'avance

MISE EN SITUATION ▶ Le 1er octobre 20X3, au moment de l'achat d'une automobile, TIK a souscrit une police d'assurance. La prime payée ce jour-là s'élevait à 1 200 $, incluant la taxe ; la police d'assurance est valable pour une période d'un an. Il faut noter ici que la TPS de 5 % et la TVQ de 9,975 % ne s'appliquent pas sur les polices d'assurance.

  Le taux de taxe pour l'assurance automobile est de 5 %, tandis qu'il est de 9 % pour l'assurance habitation. Ainsi, le coût de l'assurance comprend le coût de la couverture plus cette taxe de 5 % ou de 9 %. Ces taxes ne sont pas récupérables comme le sont la TPS et la TVQ.

Comme nous l'avons vu dans le cas des comptes *Loyer* et *Loyer payé d'avance*, et dans celui des comptes *Fournitures de bureau* et *Frais de bureau*, le débours a été comptabilisé comme une charge d'exploitation lors du versement de la prime d'assurance dans le compte *Assurance* comme ceci :

JOURNAL GÉNÉRAL					Page : 5
Date	Nom des comptes et explication	Numéro du compte	Débit	Crédit	
20X3					
Oct. 01	Assurance	5740	1 200,00		
	Encaisse	1010		1 200,00	
	(paiement de la prime d'assurance de 1 142,86 $				
	plus la taxe de 5 % pour la période				
	du 1er octobre 20X3 au 30 septembre 20X4)				

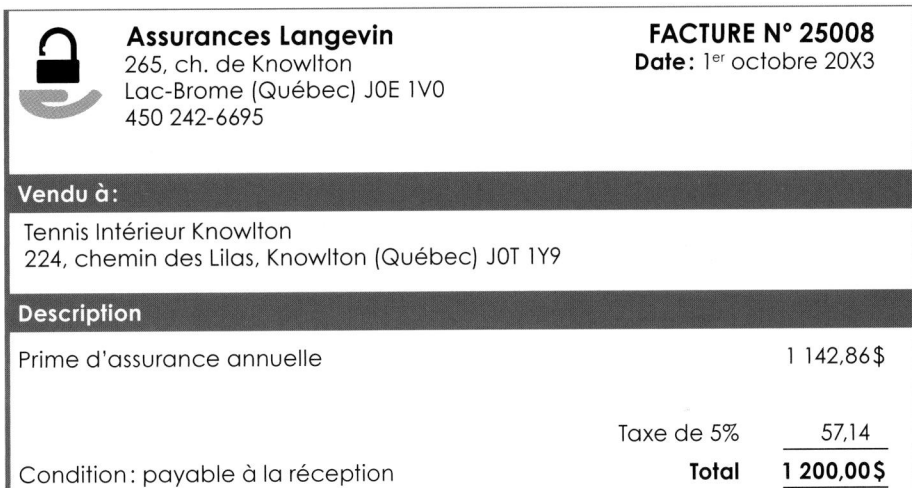

Assurances Langevin
265, ch. de Knowlton
Lac-Brome (Québec) J0E 1V0
450 242-6695

FACTURE N° 25008
Date : 1er octobre 20X3

Vendu à :

Tennis Intérieur Knowlton
224, chemin des Lilas, Knowlton (Québec) J0T 1Y9

Description

Prime d'assurance annuelle	1 142,86 $
	Taxe de 5% 57,14
Condition : payable à la réception **Total**	**1 200,00 $**

Cependant, à la fin de l'exercice, au 31 décembre 20X3, une portion seulement de la prime de 1 200 $ peut être considérée comme une charge. La somme qui représente la couverture d'assurance pour les mois d'octobre, novembre et décembre représente une charge alors que la couverture d'assurance de janvier 20X4 à septembre 20X4 représente un actif nommé « Assurance payée d'avance ». Au 31 décembre 20X3, il faut donc procéder à une écriture de régularisation, car le compte de charge *Assurance* est surévalué à cette date.

En suivant un processus simple, on arrive facilement à rédiger l'écriture de régularisation en date du 31 décembre 20X3.

Étape 1 : Déterminer les dates de couverture de la police d'assurance et les dates de fin d'exercice

Il faut déterminer, à l'aide d'un schéma si nécessaire, la portion de l'assurance qui est payée d'avance et la portion qui représente une charge à la date de fin d'exercice, soit au 31 décembre 20X3 (voir la figure 5.3).

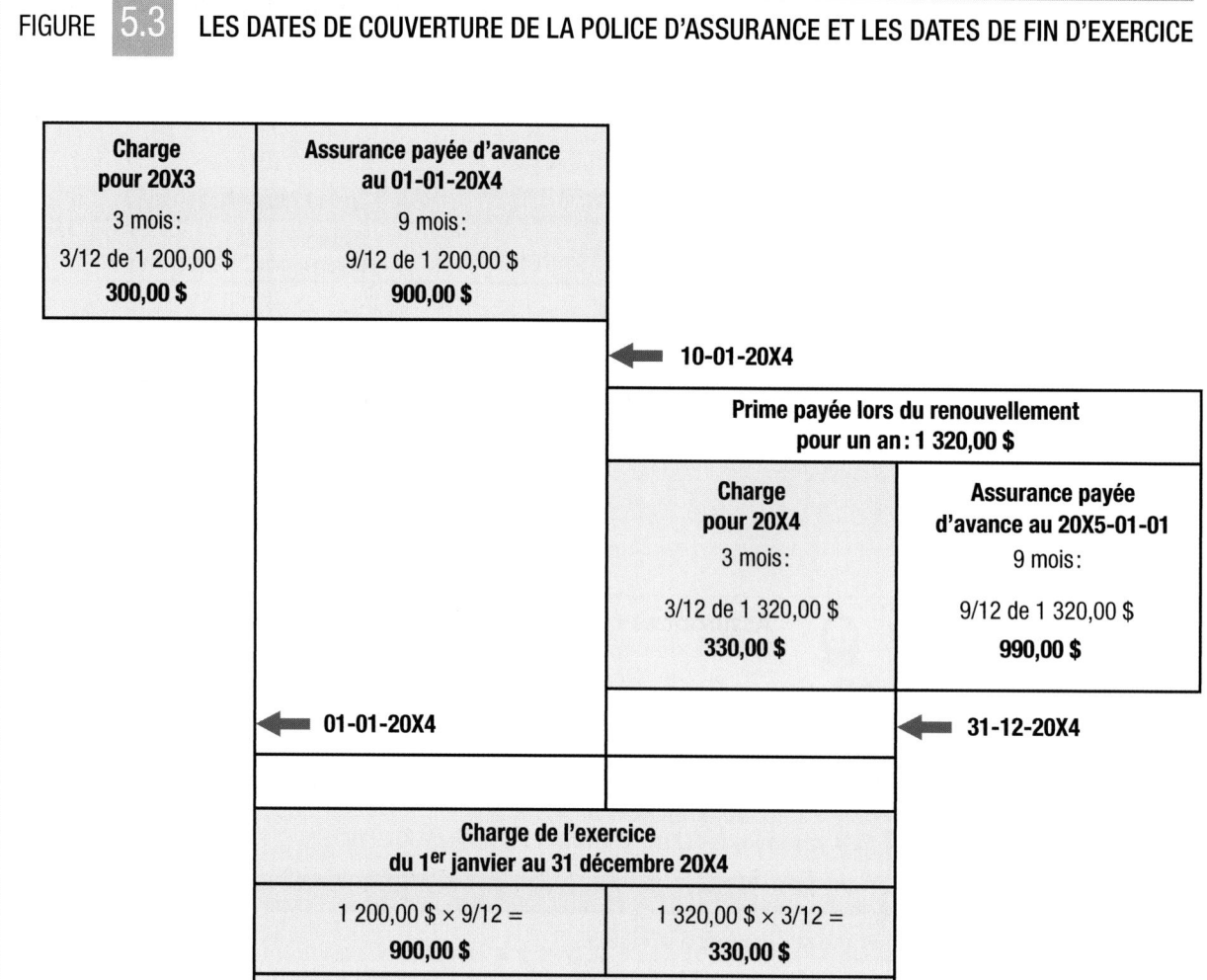

Étape 2 : Calculer la portion de la prime d'assurance qui représente l'assurance payée d'avance à la date de fin d'exercice

À l'aide du schéma, on constate que la couverture de la police d'assurance chevauche deux exercices, car elle couvre la période du 1er octobre 20X3 au 30 septembre 20X4. Comme l'exercice se termine le 31 décembre 20X3, il reste neuf mois de couverture d'assurance, qui seront applicables au prochain exercice. La portion payée d'avance à la date de fin d'exercice représente donc 900 $, soit 1 200 $ × 9 mois/12 mois. Le compte d'actif à court terme *Assurance payée d'avance* doit donc avoir un solde de 900 $ au 31 décembre 20X3. Le détail du calcul peut se présenter comme suit :

Montant total de la facture comptabilisée à la charge : 1 200 $

Portion payée d'avance à la date de fin d'exercice : 9 mois / 12 mois

Solde du compte *Assurance payée d'avance* à obtenir : 1 200 $ × 9/12 = 900 $

Étape 3: Rédiger l'écriture de régularisation, compte tenu des soldes existant dans le grand livre

En date du 31 décembre 20X3, le solde du compte *Assurance payée d'avance* est de 0 $, puisque c'est la première fois que l'entreprise souscrit à une police d'assurance. À l'étape précédente, nous avons déterminé que le solde de ce compte doit être de 900 $. Il faut rédiger une écriture pour régulariser ce compte afin que son solde soit de 900 $ au lieu de 0 $. Nous devons donc débiter le compte *Assurance payée d'avance* de 900 $ afin d'obtenir le solde désiré et créditer le compte de charge *Assurance* de la même somme.

JOURNAL GÉNÉRAL				Page: 6
Date	Nom des comptes et explication	Numéro du compte	Débit	Crédit
20X3				
Déc. 31	Assurance payée d'avance	1210	900,00	
	Assurance	5740		900,00
	(pour régulariser les comptes *Assurance*			
	et *Assurance payée d'avance*)			

Le solde du compte *Assurance payée d'avance* est maintenant de 900 $ **1**, comme désiré:

Assurance			N° 5740
	Débit	Crédit	
20X3			
Solde au 1er janv.	Ø		
Oct. 01	1 200,00		
		900,00	Régularisation au 31 déc.
Solde au 31 déc.	300,00		

Assurance payée d'avance			N° 1210
	Débit	Crédit	
20X3			
Solde au 1er janv.	Ø		
Régularisation au 31 déc.	900,00		
Solde au 31 déc.	**1** 900,00		

Le 1er octobre 20X4, lors du renouvellement de la police d'assurance couvrant l'automobile de l'entreprise, le comptable enregistrera le paiement de la prime de 1 320 $ (1 257,14 $ × 1,05 %) de la même façon qu'il l'a fait le 1er octobre 20X3:

JOURNAL GÉNÉRAL				Page: 11
Date	Nom des comptes et explication	Numéro du compte	Débit	Crédit
20X4				
Oct. 01	Assurance	5740	1 320,00	
	Encaisse	1010		1 320,00
	(pour le paiement du renouvellement de la prime			
	d'assurance automobile; cette somme inclut la			
	taxe provinciale de 5%, non récupérable)			

Cependant, à la fin de l'exercice, au 31 décembre 20X4, une portion seulement de la prime de 1 320 $ peut être considérée comme une charge. La somme qui couvre l'assurance pour les mois d'octobre, novembre et décembre représente une charge, alors que la couverture d'assurance de janvier 20X5 à septembre 20X5 représente un actif (*Assurance payée d'avance*). Au 31 décembre 20X4, il faut donc procéder à une écriture de régularisation, car le compte de charge *Assurance* est surévalué à cette date.

En suivant un processus simple, on arrive facilement à rédiger l'écriture de régularisation en date du 31 décembre 20X4.

Étape 1 : Déterminer les dates de couverture de la police d'assurance et les dates de fin d'exercice

Il faut déterminer, à l'aide d'un schéma si nécessaire, la portion de l'assurance qui est payée d'avance et la portion qui représente une charge à la date de fin d'exercice, soit au 31 décembre 20X4 (voir la figure 5.3, page 232).

Étape 2 : Calculer la portion de la prime d'assurance qui représente l'assurance payée d'avance à la date de fin d'exercice

À l'aide du schéma, on constate que la couverture de la police d'assurance chevauche deux exercices, car elle couvre la période du 1er octobre 20X4 au 30 septembre 20X5. Comme l'exercice se termine le 31 décembre 20X4, il reste neuf mois de couverture d'assurance, qui seront applicables au prochain exercice. La portion payée d'avance à la date de fin d'exercice représente donc 990 $, soit 1 320 $ × 9 mois / 12 mois. Le solde du compte d'actif à court terme *Assurance payée d'avance* doit donc être de 990 $ au 31 décembre 20X4. Le détail du calcul peut se présenter comme suit :

Montant total de la facture comptabilisée à la charge : 1 320 $

Portion payée d'avance à la date de fin d'exercice : 9 mois / 12 mois

Solde du compte *Assurance payée d'avance* à obtenir : 1 320 $ × 9/12 = 990 $

Étape 3 : Rédiger l'écriture de régularisation, compte tenu des soldes existant dans le grand livre

En date du 31 décembre 20X4, le solde du compte *Assurance payée d'avance* est de 900 $. Ce solde représente la somme qui était payée d'avance lors de l'exercice précédent et ne reflète plus la réalité. À l'étape précédente, nous avons déterminé que le solde de ce compte doit être de 990 $. Il faut rédiger une écriture pour régulariser ce compte afin que son solde soit de 990 $ au lieu de 900 $. Nous devons donc débiter le compte *Assurance payée d'avance* de 90 $ afin d'obtenir le solde désiré et créditer le compte de charge *Assurance* de la même somme :

JOURNAL GÉNÉRAL				Page : 12
Date	Nom des comptes et explication	Numéro du compte	Débit	Crédit
20X4				
Déc. 31	Assurance payée d'avance	1210	90,00	
	Assurance	5740		90,00
	(pour régulariser les comptes *Assurance* et			
	Assurance payée d'avance)			

Le solde du compte *Assurance payée d'avance* est maintenant de 990 $, comme désiré :

Assurance	Débit	Crédit		N° 5740
20X4				
Solde au 1er janv.	Ø			
Oct. 01	1 320,00			
		90,00	Régularisation au 31 déc.	
Solde au 31 déc.	1 230,00			

Assurance payée d'avance	Débit	Crédit	N° 1210
20X4			
Solde au 1er janv.	900,00		
Régularisation au 31 déc.	90,00		
Solde au 31 déc.	990,00		

Note
Consultez la figure 5.3 afin de bien comprendre le montant de la charge d'assurance pour 20X4. ◄

À VOUS DE JOUER!

En vous référant à la balance de vérification partielle que vous avez utilisée dans la rubrique « À vous de jouer » de la section 5.5.3, veuillez enregistrer dans le journal général l'écriture de régularisation relative aux charges payées d'avance.

Sachant que l'entreprise a émis un chèque de 1 175 $ (1 119,05 $ × 5 %) le 1er juin 20X8 pour l'assurance générale couvrant la période du 1er juin 20X8 au 31 mai 20X9, veuillez inscrire dans le journal la régularisation au 31 décembre 20X8 pour ajuster l'assurance payée d'avance.

RAPPEL

N'oubliez pas que l'entreprise comptabilise ses factures directement dans le compte de charge *Assurance*; le compte d'actif *Assurance payée d'avance* n'est donc ajusté qu'une seule fois, à la fin de l'exercice financier.

Étape 1 : Déterminer les dates de couverture de la police d'assurance et les dates de fin d'exercice

Date d'acquisition de la police d'assurance : _____

Date d'échéance de la police d'assurance : _____

Date du début de l'exercice financier : _____

Date de fin de l'exercice financier : _____

Étape 2 : Calculer la portion de la prime d'assurance qui représente l'assurance payée d'avance à la date de fin d'exercice

Montant total de la facture comptabilisée à la charge : _____ $

Portion payée d'avance à la date de fin d'exercice : _____ mois / 12 mois

Solde du compte *Assurance payée d'avance* à obtenir : _____ $ × _____ /12 = _____ $

Étape 3: Rédiger l'écriture de régularisation, compte tenu des soldes existant dans le grand livre

JOURNAL GÉNÉRAL				Page : 1
Date	Nom des comptes et explication	Numéro du compte	Débit	Crédit
20X8				

Assurance payée d'avance	N° 1210		Assurance	N° 5740
20X8			20X8	
Solde au 31 déc.			Juin 01	
Régularisation	Régularisation		Régularisation	Régularisation
Solde régularisé	Solde régularisé		Solde régularisé	Solde régularisé

5.6 Les produits perçus d'avance

Il arrive qu'un client paie à l'avance pour un service qu'il recevra plus tard. Lorsque l'entreprise reçoit l'argent, elle a une dette envers ce client tant que le service ne lui a pas été rendu. Cette situation peut se produire dans les cas suivants :

- le paiement d'un abonnement à un magazine perçu, par exemple, pour trois mois, six mois ou un an;
- le paiement des services d'un club de santé;
- des honoraires perçus d'avance;
- des commissions perçues d'avance;
- le paiement d'un abonnement pour assister aux matchs d'un club sportif perçu pour la saison entière;
- le paiement de cours perçu pour un trimestre entier.

La personne qui enregistre habituellement la transaction comptabilise la somme comme un produit d'exploitation. Selon le principe de la constatation des produits, ces sommes ne sont pas gagnées et devraient être comptabilisées dans un compte de passif à court terme aussi longtemps que les services ne sont pas rendus.

Le comptable doit donc, en fin de période ou d'exercice, corriger le compte de produit et enregistrer un passif en fonction de la situation représentée dans le grand livre. Puisque la recette a été enregistrée comme un produit d'exploitation et qu'une partie de ce produit n'est pas encore réalisée, il faut diminuer ce compte et comptabiliser la dette correspondante dans un compte de produits perçus d'avance.

Nous avons vu précédemment que lorsque que l'on débourse une somme d'argent liée à une charge payée d'avance, on comptabilise cette sortie d'argent dans un compte de charge. Il en est de même lorsque l'on reçoit d'avance de l'argent pour un service qui ne sera rendu que plus tard; on enregistre alors la transaction dans un compte de produit.

Un exemple relatif à des abonnements perçus d'avance est présenté ci-dessous, où les sommes reçues sont créditées dans le compte *Produits d'abonnements gagnés*, même si l'on sait qu'en fin d'exercice, la somme reçue n'aura pas été gagnée en entier.

 **MISE EN GARDE** Les deux comptes liés sont un compte de produit, soit *Produits d'abonnements gagnés,* et un compte de passif au bilan, soit *Abonnements perçus d'avance.*

5.6.1 L'abonnement perçu d'avance

MISE EN SITUATION ▶

Au cours de l'exercice terminée le 31 décembre 20X3, TIK a reçu des sommes d'argent de la part de ses clients pour des abonnements d'un an.

À la réception de l'argent, l'entreprise enregistre un produit d'exploitation qui sera gagné à mesure que les mois s'écouleront et que les membres bénéficieront de leurs abonnements. Le technicien comptable crédite alors le compte *Produits d'abonnements gagnés*. Au 31 décembre 20X3, le total des abonnements perçus pour l'exercice est de 37 800 $.

À la fin de l'exercice, l'entreprise n'a réalisé qu'une partie des produits d'exploitation par rapport aux sommes perçues durant l'année (37 800 $), et elle a une dette qui correspond aux services non encore rendus à ses membres.

Une liste des abonnements révèle qu'il ne reste qu'un total de 3 600 $ quant aux abonnements qui se rapportent au prochain exercice. Un produit de 34 200 $, soit 37 800 $ - 3 600 $, est donc réalisé. La comptabilisation des produits perçus d'avance s'effectue par l'écriture de régularisation suivante :

JOURNAL GÉNÉRAL				Page : 6
Date	Nom des comptes et explication	Numéro du compte	Débit	Crédit
20X3				
Déc. 31	Produits d'abonnements gagnés		3 600,00	
	Abonnements perçus d'avance			3 600,00
	(pour enregistrer la dette de l'entreprise relative			
	aux abonnements encore valides)			

Grafitek encaisse ses abonnements le 1er septembre, pour la période de huit mois s'étendant du 1er septembre au 30 avril de chaque année. Le total des sommes encaissées pour la saison 20X8-20X9 est de 15 750$ et a été comptabilisé dans le compte *Produits d'abonnements gagnés*. Veuillez inscrire dans le journal général en date du 31 décembre 20X8 la régularisation qui permet de considérer une partie des encaissements comme perçue d'avance. Tenez pour acquis que le montant mensuel des abonnements est le même chaque mois.

JOURNAL GÉNÉRAL				Page : 1
Date	Nom des comptes et explication	Numéro du compte	Débit	Crédit
20X8				

Calcul des abonnements perçus d'avance

Nombre de mois couverts par l'encaissement : _____

Montant mensuel des abonnements : _____

Nombre de mois relatifs à 20X8 : _____

Montant des abonnements relatifs à 20X9 : _____

5.7 Le cycle comptable étendu

Dans le chapitre précédent, nous avons appris la notion de cycle comptable. En effet, le rôle de la comptabilité est d'enregistrer les opérations courantes de l'entreprise, d'effectuer les reports au grand livre et aux grands livres auxiliaires, de dresser une balance de vérification et ensuite de préparer les états financiers. Cependant, nous allons maintenant intégrer les régularisations dans ce cycle.

Balance de vérification régularisée
Document comptable contenant les soldes régularisés de tous les comptes du grand livre d'une entreprise dont l'objet est de vérifier l'exactitude arithmétique des écritures comptables et de faciliter la production des états financiers.

À la fin d'un exercice ou d'une période comptable, il arrive souvent que certains comptes du grand livre nécessitent un ajustement. Le comptable devra examiner attentivement les comptes et enregistrer des régularisations. Une fois les régularisations comptabilisées dans le journal général, il reporte ces écritures aux comptes de grand livre affectés et il dresse ensuite une balance de vérification régularisée. C'est à partir de cette balance de vérification régularisée qu'il pourra préparer les états financiers. C'est ce qu'on appelle dans ce volume le «cycle comptable étendu», comme démontré à la figure 5.4.

FIGURE **5.4** **LE CYCLE COMPTABLE ÉTENDU**

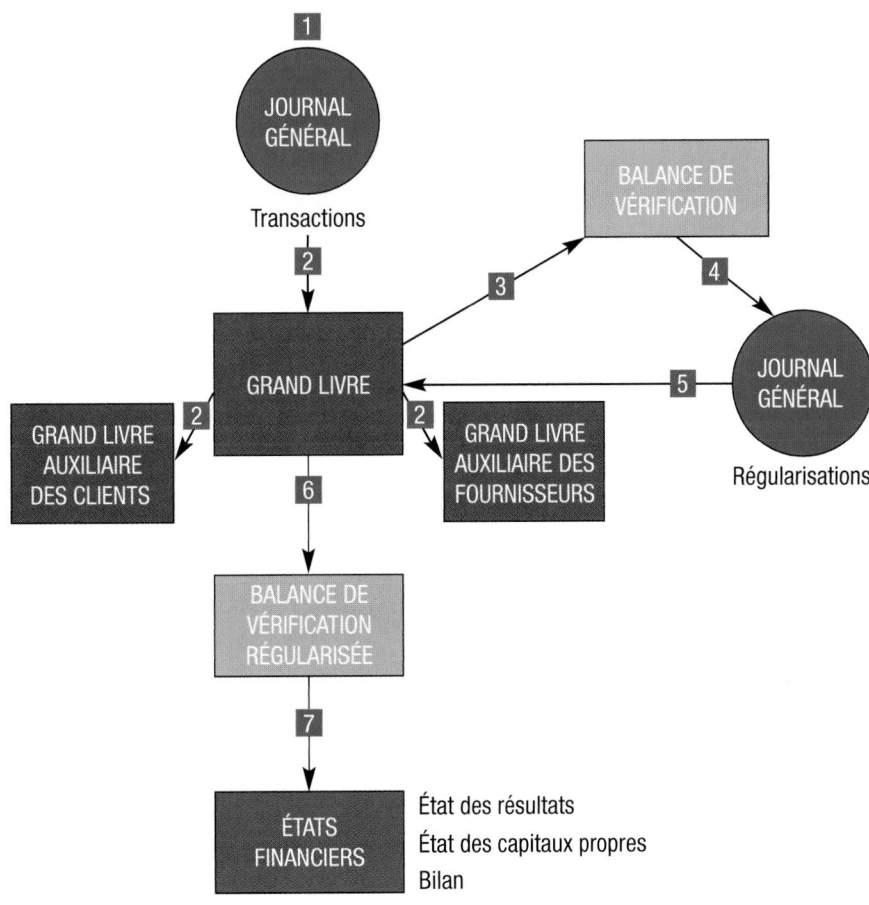

1 L'enregistrement des opérations dans le journal général

2 Le report aux comptes du grand livre et aux grands livres auxiliaires des clients et des fournisseurs

3 La balance de vérification

4 L'enregistrement des régularisations dans le journal général

5 Le report des écritures de régularisation au grand livre

6 La balance de vérification régularisée

7 La préparation des états financiers
- l'état des résultats
- l'état des capitaux propres
- le bilan

5.7.1 Un exemple de cycle comptable étendu

MISE EN SITUATION ▶

Le nouvel exercice financier de Tennis Intérieur Knowlton vient de se terminer le 31 décembre 20X4. La technicienne comptable a enregistré toutes les transactions et dressé la balance de vérification suivante :

	TENNIS INTÉRIEUR KNOWLTON BALANCE DE VÉRIFICATION au 31 décembre 20X4		
Numéro	**Nom du compte**	**Débit**	**Crédit**
1010	Encaisse	6 563,05$	
1100	Clients	9 585,25	
1105	TPS à recevoir	478,75	
1110	TVQ à recevoir	955,11	
1115	Intérêts à recevoir	66,67	
1125	Honoraires de gestion à recevoir	500,00	
1190	Fournitures de bureau	800,00	
1210	Assurance payée d'avance	900,00	
1220	Loyer payé d'avance	3 000,00	
1250	Publicité payée d'avance	680,00	
1300	Matériel roulant	45 000,00	
1310	Amortissement cumulé – matériel roulant		1 200,00$
1500	Équipement	60 000,00	
1510	Amortissement cumulé – équipement		12 000,00
1700	Ameublement de bureau	21 000,00	
1710	Amortissement cumulé – ameublement de bureau		1 000,00
1900	Bâtiment	450 000,00	
1910	Amortissement cumulé – bâtiment		33 500,00
1960	Terrain	30 000,00	
2100	Fournisseurs		51 055,92
2305	TPS à payer		3 187,50
2310	TVQ à payer		6 359,06
2350	Salaires à payer		1 920,00
2450	Intérêts à payer		739,17
2465	Abonnements perçus d'avance		3 600,00
2905	Emprunt hypothécaire (biens immeubles)		121 811,10
3100	Amélie Hamelin – capital		200 000,00
3300	Amélie Hamelin – retraits	12 000,00	
4120	Services rendus		282 258,99
4130	Honoraires de gestion		15 500,00
4250	Produits d'abonnements gagnés		37 650,00
4290	Produits d'intérêts		66,67
5300	Salaires	65 000,00	
5410	Loyer	19 200,00	
5420	Publicité	12 749,25	
5500	Frais de bureau	9 081,50	
5730	Électricité	10 540,17	
5740	Assurance	1 320,00	
5750	Télécommunications	3 736,69	
5780	Charges d'intérêts	8 691,97	
		771 848,41$	771 848,41$

Voici quelques renseignements relatifs aux régularisations :

- Les achats de fournitures ont été portés au débit du compte *Frais de bureau* durant l'exercice. Un inventaire a permis d'établir qu'il restait pour 1 640 $ de fournitures le 31 décembre 20X4.

- Le solde du compte *Assurance payée d'avance* représente le solde de ce qui avait été payé d'avance le 31 décembre 20X3. Lors du renouvellement de la prime le 1er octobre 20X4, la technicienne a débité le compte *Assurance* au montant de 1 320 $. Cette prime couvre la période du 1er octobre 20X4 au 30 septembre 20X5. Au 31 décembre 20X4, l'assurance est encore valide pour neuf mois.

- Au 31 décembre 20X4, TIK n'a aucun emprunt à court terme.

- Au 31 décembre 20X4, la balance de vérification ne comprend pas les intérêts sur l'emprunt hypothécaire du mois de décembre qui seront payés le 1er janvier 20X5. Le solde de l'emprunt hypothécaire après le versement du 1er décembre est de 132 465,02 $ et le taux d'intérêt est de 6 %.

- Durant l'exercice terminé le 31 décembre 20X4, TIK a entrepris la gestion de la carrière sportive de plusieurs athlètes. En raison de la particularité de certains contrats, les honoraires de gestion à recevoir au 31 décembre 20X4 sont de 1 780 $.

- Les intérêts à recevoir de 66,67 $ en date du 31 décembre 20X3 ont été encaissés au cours de l'année 20X4 et le placement a été liquidé. Au 31 décembre 20X4, TIK n'a aucune somme placée. Il n'y a donc aucun produit d'intérêts à recevoir à cette date.

- Au 31 décembre 20X4, TIK n'a aucune publicité payée d'avance.

- Le 1er décembre 20X4, TIK a payé d'avance le loyer de son entrepôt pour les trois mois à venir, soit décembre 20X4, janvier 20X5 et février 20X5, à raison de 1 600 $ par mois pour un total de 4 800 $.

- Au 31 décembre 20X4, une liste des abonnements révèle qu'il reste un total de 4 230 $ quant aux abonnements qui se rapportent au prochain exercice.

- L'entreprise amortit son matériel roulant en suivant la méthode de l'amortissement proportionnel à l'utilisation. L'unique camion a parcouru 20 000 km en 20X4. Pour toutes les autres immobilisations, voici les renseignements utiles :

Description de l'immobilisation	Méthode d'amortissement	Date d'acquisition	Coût d'acquisition	Valeur résiduelle	Durée de vie utile / utilisation prévue
Matériel roulant	Proportionnel à l'utilisation	06 juin 20X3	45 000 $	5 000 $	400 000 km
Équipement	Dégressif (40 %)	01 juill. 20X3	60 000 $	7 000 $	5 ans
Ameublement de bureau	Linéaire	01 oct. 20X3	21 000 $	1 000 $	5 ans
Bâtiment	Linéaire	31 janv. 20X2	450 000 $	100 000 $	20 ans

- Au 31 décembre 20X4, le salaire des neuf derniers jours de l'exercice n'a pas été versé aux employés. L'entreprise a quatre employés recevant chacun un salaire de 65 $ par jour.

L'enregistrement des régularisations

Les fournitures de bureau   À la fin de l'exercice financier, après avoir fait un inventaire des stocks de fournitures, on constate qu'il y en a pour 1 640 $. On doit donc avoir un solde de 1 640 $ dans le compte d'actif *Fournitures de bureau*.

Comme le solde du compte est présentement de 800 $, il faut l'augmenter de 840 $ pour obtenir le solde réel en date du 31 décembre 20X4, soit 1 640 $.

Dans ce cas, il faut ajuster le compte d'actif *Fournitures de bureau* en l'augmentant de 840 $, et diminuer de 840 $ la charge *Frais de bureau* qui n'est pas encore engagée. La charge réelle pour l'exercice terminé le 31 décembre 20X4 est donc de 8 241,50 $, soit 9 081,50 $ d'achats moins la régularisation de 840 $.

JOURNAL GÉNÉRAL				Page : 12
Date	Nom des comptes et explication	Numéro du compte	Débit	Crédit
20X4				
Déc. 13	Fournitures de bureau	1190	840,00	
	Frais de bureau	5500		840,00
	(pour régulariser les fournitures			
	de bureau au 31 décembre 20X4)			

L'assurance payée d'avance En date du 31 décembre 20X4, le solde du compte *Assurance payée d'avance* est de 900 $, ce qui représente le solde qui était payé d'avance au 31 décembre 20X3. Lorsque l'entreprise a renouvelé sa police d'assurance générale le 1er octobre 20X4, la technicienne a débité le débours de 1 320 $ au compte de charge *Assurance*.

Calculons maintenant le solde requis au compte d'actif *Assurance payée d'avance* :

Le débours de 1 320 $ qui a été enregistré le 1er octobre 20X4 représente la prime annuelle qui couvre la période du 1er octobre 20X4 au 30 septembre 20X5. Au 31 décembre 20X4, une portion seulement de la prime de 1 320 $, soit les mois d'octobre à décembre, peut être considérée comme une charge. La période du 1er janvier au 30 septembre 20X5 constitue de l'assurance payée d'avance. Le solde du compte *Assurance payée d'avance* doit donc correspondre à 1 320 $ × 9/12 = 990 $. Comme le solde est actuellement débiteur de 900 $, il faudra l'augmenter, au débit, de 90 $ afin d'atteindre le solde désiré de 990 $:

JOURNAL GÉNÉRAL				Page : 12
Date	Nom des comptes et explication	Numéro du compte	Débit	Crédit
20X4				
Déc. 31	Assurance payée d'avance	1210	90,00	
	Assurance	5740		90,00
	(pour régulariser les comptes *Assurance* et			
	Assurance payée d'avance)			

Le solde du compte *Assurance payée d'avance* est maintenant de 990 $, comme désiré.

Les intérêts sur l'emprunt hypothécaire Au 31 décembre 20X4, le solde du compte *Charges d'intérêts* ne comprend pas les intérêts sur l'emprunt hypothécaire du mois de décembre qui seront payés le 1er janvier 20X5. Le solde de l'emprunt hypothécaire après le versement du 1er décembre est de 132 465,02 $ et le taux d'intérêt est de 6 %. La charge d'intérêts à enregistrer correspond donc à :

Solde de l'emprunt au dernier versement	×	Taux d'intérêt	×	Nombre de mois impayés	=	Intérêts impayés
132 465,02 $	×	6 %	×	(1 mois / 12 mois)	=	662,33 $

De plus, le compte *Intérêts à payer* affiche un solde de 739,17 $ dans la balance de vérification au 31 décembre 20X4. Ce montant correspond aux intérêts à payer sur l'emprunt à court terme (26,67 $) et aux intérêts à payer sur l'emprunt hypothécaire (712,50 $) qui ont été enregistrés lors des régularisations au 31 décembre 20X3. Nous devons donc diminuer le solde du compte *Intérêts à payer* de 76,84 $ (739,17 $ - 662,33 $) afin qu'il soit à 662,33 $:

JOURNAL GÉNÉRAL				Page : 12
Date	**Nom des comptes et explication**	**Numéro du compte**	**Débit**	**Crédit**
20X4				
Déc. 31	Intérêts à payer	2450	76,84	
	Charges d'intérêts	5780		76,84
	(régularisation pour corriger le solde du compte			
	Intérêts à payer afin de refléter ce qui est			
	réellement dû au 31 décembre 20X4 : 739,17 $)			

Les honoraires de gestion à recevoir Au 31 décembre 20X4, TIK a légalement gagné des honoraires de gestion de 1 780 $ mais elle ne peut en exiger le paiement immédiatement, étant donné les modalités de certains contrats. Cependant, le solde du compte *Honoraires de gestion à recevoir* affiche un solde de 500 $ dans la balance de vérification au 31 décembre 20X4. Il s'agit du montant des honoraires de gestion à recevoir qui ont été régularisés au 31 décembre 20X3. Afin d'obtenir le solde désiré de 1 780 $ dans le compte *Honoraires de gestion à recevoir*, nous devons le débiter de 1 280 $ (1 780 $ – 500 $) au 31 décembre 20X4 :

JOURNAL GÉNÉRAL				Page : 12
Date	**Nom des comptes et explication**	**Numéro du compte**	**Débit**	**Crédit**
20X4				
Déc. 31	Honoraires de gestion à recevoir	1125	1 280,00	
	Honoraires de gestion	4130		1 280,00
	(pour corriger le compte *Honoraires de gestion*			
	à recevoir et refléter les honoraires de gestion			
	gagnés durant 20X4 qui seront facturés et			
	encaissables en 20X5)			

Les produits d'intérêts à recevoir   Même si l'entreprise n'a aucun produit d'intérêts à recevoir au 31 décembre 20X4, il faut quand même s'assurer que le solde du compte *Intérêts à recevoir* correspond à cette réalité. Or, en examinant la balance de vérification au 31 décembre 20X4, on constate que les intérêts à recevoir de 66,67 $ qui ont été régularisés au 31 décembre 20X3 y sont toujours. Il faut donc éliminer cette somme de ce compte, puisque ces intérêts ont été encaissés au cours de l'année 20X4 :

JOURNAL GÉNÉRAL				Page : 12
Date	Nom des comptes et explication	Numéro du compte	Débit	Crédit
20X4				
Déc. 31	Produits d'intérêts	4290	66,67	
	Intérêts à recevoir	1115		66,67
	(pour éliminer les intérêts à recevoir du			
	31 décembre 20X3 qui ont été encaissés depuis)			

La publicité payée d'avance   Les informations qui nous ont été transmises nous indiquent qu'il n'y a aucune publicité payée d'avance au 31 décembre 20X4. Pourtant, la balance de vérification indique un solde de 680 $ au compte d'actif *Publicité payée d'avance*. Il s'agit du montant de la régularisation de 20X3 qui apparaît toujours. Il faut donc éliminer ce montant du compte d'actif et l'ajouter à la charge, puisque cette publicité qui était payée d'avance au 31 décembre 20X3 est devenue une charge dans l'année 20X4. Voici la régularisation :

JOURNAL GÉNÉRAL				Page : 12
Date	Nom des comptes et explication	Numéro du compte	Débit	Crédit
20X4				
Déc. 31	Publicité	5420	680,00	
	Publicité payée d'avance	1250		680,00
	(pour éliminer la publicité payée d'avance et			
	l'inscrire à la charge qui a été engagée en 20X4)			

Le loyer payé d'avance   Le 1er décembre 20X4, TIK a payé d'avance le loyer de son entrepôt pour les trois mois à venir, soit décembre 20X4, janvier 20X5 et février 20X5, à raison de 1 600 $ par mois pour un total de 4 800 $. Au 31 décembre 20X4, les loyers pour janvier et février sont payés d'avance, ce qui représente 3 200 $ (1 600 $ × 2 mois). Nous devons donc nous assurer que le compte *Loyer payé d'avance* affiche un solde débiteur de 3 200 $ au 31 décembre 20X4. Comme il affiche un solde de 3 000 $ à la suite de la régularisation du dernier exercice, nous devons le débiter d'un montant de 200 $ (3 200 $ – 3 000 $) afin qu'il affiche le solde désiré de 3 200 $.

JOURNAL GÉNÉRAL				Page: 12
Date	Nom des comptes et explication	Numéro du compte	Débit	Crédit
20X4				
Déc. 31	Loyer payé d'avance	1220	200,00	
	Loyer	5410		200,00
	(pour diminuer la charge de loyer et corriger			
	le solde du compte *Loyer payé d'avance* afin			
	de refléter les 2 mois de loyer qui ne sont pas			
	encore engagés)			

Les abonnements perçus d'avance   Au 31 décembre 20X4, une liste des abonnements révèle qu'il reste un total de 4 230 $ quant aux abonnements qui se rapportent au prochain exercice. Cependant, le solde actuel du compte *Abonnements perçus d'avance* affiche 3 600 $, ce qui représente les abonnements perçus d'avance au 31 décembre 20X3. Par conséquent, il faut augmenter ce compte de 630 $ (4 230 $ – 3 600 $) afin qu'il affiche le solde désiré de 4 230 $:

JOURNAL GÉNÉRAL				Page: 12
Date	Nom des comptes et explication	Numéro du compte	Débit	Crédit
20X4				
Déc. 31	Produits d'abonnements gagnés	4250	630,00	
	Abonnements perçus d'avance	2465		630,00
	(pour corriger la dette de l'entreprise relative			
	aux abonnements encore valides			
	réellement dûs au 31 décembre 20X4)			

L'amortissement   À la fin de l'exercice financier terminé le 31 décembre 20X4, on doit enregistrer les charges d'amortissement de toutes les catégories d'immobilisations. Voici les écritures de journal général pour les deux premières catégories, soit le matériel roulant et l'équipement :

JOURNAL GÉNÉRAL				Page: 12
Date	Nom des comptes et explication	Numéro du compte	Débit	Crédit
20X4				
Déc. 31	Amortissement – matériel roulant	5900	2 000,00	
	Amortissement cumulé – matériel roulant	1310		2 000,00
	(pour inscrire l'amortissement du matériel			
	roulant au 31 décembre 20X4 :			
	45 000 $ – 5 000 $ / 400 000 km = 0,10/km			
	0,10 $ × 20 000 km = 2 000 $)			

JOURNAL GÉNÉRAL				Page: 12
Date	Nom des comptes et explication	Numéro du compte	Débit	Crédit
20X4				
Déc. 31	Amortissement – équipement	5930	19 200,00	
	Amortissement cumulé – équipement	1510		19 200,00
	(pour inscrire l'amortissement de l'équipement :			
	[60 000 $ – (60 000 $ × 40 % × 6/12)] × 40 %			
	= 19 200 $)			

À VOUS DE JOUER!

À partir des données contenues dans le tableau de la page 241, veuillez enregistrer dans le journal général les écritures de régularisation pour l'amortissement de l'ameublement de bureau et du bâtiment au 31 décembre 20X4. Veuillez également régulariser les salaires à payer au 31 décembre 20X4.

JOURNAL GÉNÉRAL				Page: 12
Date	Nom des comptes et explication	Numéro du compte	Débit	Crédit
20X4				

JOURNAL GÉNÉRAL				Page: 12
Date	Nom des comptes et explication	Numéro du compte	Débit	Crédit
20X4				

JOURNAL GÉNÉRAL				Page: 12
Date	Nom des comptes et explication	Numéro du compte	Débit	Crédit
20X4				

Le report des régularisations aux comptes concernés

Voici les comptes qui ont été affectés par les régularisations. Les reports des régularisations ont été effectués. Pour les autres comptes, leur solde correspondra aux soldes inscrits dans la balance de vérification de la page 240.

Honoraires de gestion à recevoir — N° 1125

	Débit	Crédit
20X4		
Solde au 31 déc.	500,00	
Régularisation au 31 déc.	1 280,00	
Solde régularisé au 31 déc.	1 780,00	

Fournitures de bureau — N° 1190

	Débit	Crédit
20X4		
Solde au 31 déc.	800,00	
Régularisation au 31 déc.	840,00	
Solde régularisé au 31 déc.	1 640,00	

Assurance payée d'avance — N° 1210

	Débit	Crédit
20X4		
Solde au 31 déc.	900,00	
Régularisation au 31 déc.	90,00	
Solde régularisé au 31 déc.	990,00	

Loyer payé d'avance — N° 1220

	Débit	Crédit
20X4		
Solde au 31 déc.	3 000,00	
Régularisation au 31 déc.	200,00	
Solde régularisé au 31 déc.	3 200,00	

Publicité payée d'avance — N° 1250

	Débit	Crédit	
20X4			
Solde au 31 déc.	680,00		
		680,00	Régularisation au 31 déc.
Solde régularisé au 31 déc.	Ø		

Amortissement cumulé – matériel roulant — N° 1310

Débit	Crédit	
		20X4
	1 200,00	Solde au 31 déc.
	2 000,00	Régularisation au 31 déc.
	3 200,00	Solde régularisé au 31 déc.

Amortissement cumulé – équipement — N° 1510

Débit	Crédit	
		20X4
	12 000,00	Solde au 31 déc.
	19 200,00	Régularisation au 31 déc.
	31 200,00	Solde régularisé au 31 déc.

Amortissement cumulé – ameublement de bureau — N° 1710

Débit	Crédit	
		20X4
	1 000,00	Solde au 31 déc.
		Régularisation au 31 déc.
		Solde régularisé au 31 déc.

Amortissement cumulé – bâtiment — N° 1910

Débit	Crédit	
		20X4
	33 500,00	Solde au 31 déc.
		Régularisation au 31 déc.
		Solde régularisé au 31 déc.

Salaires à payer — N° 2350

Débit	Crédit	
		20X4
	1 920,00	Solde au 31 déc.
		Régularisation au 31 déc.
		Solde régularisé au 31 déc.

Intérêts à payer — N° 2450

	Débit	Crédit	
			20X4
		739,17	Solde au 31 déc.
Régularisation au 31 déc.	76,84		
		662,33	Solde régularisé au 31 déc.

Abonnements perçus d'avance — N° 2465

Débit	Crédit	
		20X4
	3 600,00	Solde au 31 déc.
	630,00	Régularisation au 31 déc.
	4 230,00	Solde régularisé au 31 déc.

Honoraires de gestion — N° 4130

	Débit	Crédit	
			20X4
		15 000,00	Solde au 31 déc.
		1 780,00	Régularisation au 31 déc.
		16 780,00	Solde régularisé au 31 déc.

Produits d'abonnements gagnés — N° 4250

	Débit	Crédit	
			20X4
		37 650,00	Solde au 31 déc.
Régularisation au 31 déc.	630,00		
		37 020,00	Solde régularisé au 31 déc.

Salaires — N° 5300

	Débit	Crédit
20X4		
Solde au 31 déc.	65 000,00	
Régularisation au 31 déc.		
Solde régularisé au 31 déc.		

Loyer — N° 5410

	Débit	Crédit	
20X4			
Solde au 31 déc.	19 200,00		
		200,00	Régularisation au 31 déc.
Solde régularisé au 31 déc.	19 000,00		

Publicité — N° 5420

	Débit	Crédit
20X4		
Solde au 31 déc.	12 749,25	
Régularisation au 31 déc.	680,00	
Solde régularisé au 31 déc.	13 429,25	

Frais de bureau — N° 5500

	Débit	Crédit	
20X4			
Solde au 31 déc.	9 081,50		
		840,00	Régularisation au 31 déc.
Solde régularisé au 31 déc.	8 241,50		

Assurance — N° 5740

	Débit	Crédit	
20X4			
Solde au 31 déc.	1 320,00		
		90,00	Régularisation au 31 déc.
Solde régularisé au 31 déc.	1 230,00		

Charges d'intérêts — N° 5780

	Débit	Crédit	
20X4			
Solde au 31 déc.	8 691,97		
		76,84	Régularisation au 31 déc.
Solde régularisé au 31 déc.	8 615,13		

Amortissement – matériel roulant — N° 5900

	Débit	Crédit
20X4		
Solde au 31 déc.	Ø	
Régularisation au 31 déc.	2 000,00	
Solde régularisé au 31 déc.	2 000,00	

Amortissement – équipement — N° 5930

	Débit	Crédit
20X4		
Solde au 31 déc.	Ø	
Régularisation au 31 déc.	19 200,00	
Solde régularisé au 31 déc.	19 200,00	

Amortissement – ameublement de bureau — N° 5960

	Débit	Crédit
20X4		
Solde au 31 déc.	Ø	
Régularisation au 31 déc.		
Solde régularisé au 31 déc.		

Amortissement – bâtiment — N° 5980

	Débit	Crédit
20X4		
Solde au 31 déc.	Ø	
Régularisation au 31 déc.		
Solde régularisé au 31 déc.		

Reportez aux comptes en T qui précèdent (pages 247 et 248) les écritures de régularisation pour l'amortissement de l'ameublement de bureau et du bâtiment au 31 décembre 20X4 que vous avez inscrites dans la rubrique « À vous de jouer » à la page 246.

La balance de vérification régularisée

MISE EN SITUATION ▶ Nous allons maintenant dresser la balance de vérification régularisée qui contiendra tous les soldes régularisés des comptes de grand livre. C'est cette balance de vérification régularisée qui nous servira à préparer les états financiers à l'étape suivante.

À cette étape, il faut être attentif afin de ne pas faire d'erreurs. Les comptes qui n'ont pas été affectés par les écritures de régularisation auront exactement le même solde que ceux de la balance de vérification de départ. Pour les comptes qui ont fait l'objet d'une régularisation, il faudra utiliser les soldes régularisés de l'étape précédente, incluant la rubrique « À vous de jouer » qui précède. Si vous obtenez la balance de vérification régularisée qui suit, bravo! Sinon, il vous faudra vérifier vos reports.

	TENNIS INTÉRIEUR KNOWLTON BALANCE DE VÉRIFICATION RÉGULARISÉE au 31 décembre 20X4		
Numéro	**Nom du compte**	**Débit**	**Crédit**
1010	Encaisse	6 563,05$	
1100	Clients	9 585,25	
1105	TPS à recevoir	478,75	
1110	TVQ à recevoir	955,11	
1125	Honoraires de gestion à recevoir	1 780,00	
1190	Fournitures de bureau	1 640,00	
1210	Assurance payée d'avance	990,00	
1220	Loyer payé d'avance	3 200,00	
1300	Matériel roulant	45 000,00	
1310	Amortissement cumulé – matériel roulant		3 200,00$
1500	Équipement	60 000,00	
1510	Amortissement cumulé – équipement		31 200,00
1700	Ameublement de bureau	21 000,00	
1710	Amortissement cumulé – ameublement de bureau		5 000,00
1900	Bâtiment	450 000,00	
1910	Amortissement cumulé – bâtiment		51 000,00
1960	Terrain	30 000,00	
2100	Fournisseurs		51 055,92
2305	TPS à payer		3 187,50
2310	TVQ à payer		6 359,06
2350	Salaires à payer		2 340,00
2450	Intérêts à payer		662,33
2465	Abonnements perçus d'avance		4 230,00
2905	Emprunt hypothécaire (biens immeubles)		121 811,10
3100	Amélie Hamelin – capital		200 000,00

Numéro	Nom du compte	Débit	Crédit
	TENNIS INTÉRIEUR KNOWLTON (*suite*) **BALANCE DE VÉRIFICATION RÉGULARISÉE** au 31 décembre 20X4		
3300	Amélie Hamelin – retraits	12 000,00	
4120	Services rendus		282 258,99
4130	Honoraires de gestion		16 780,00
4250	Produits d'abonnements gagnés		37 020,00
5300	Salaires	65 420,00	
5410	Loyer	19 000,00	
5420	Publicité	13 429,25	
5500	Frais de bureau	8 241,50	
5730	Électricité	10 540,17	
5740	Assurance	1 230,00	
5750	Télécommunications	3 736,69	
5780	Charges d'intérêts	8 615,13	
5900	Amortissement – matériel roulant	2 000,00	
5930	Amortissement – équipement	19 200,00	
5960	Amortissement – ameublement de bureau	4 000,00	
5980	Amortissement – bâtiment	17 500,00	
		816 104,90 $	816 104,90 $

Les états financiers

La dernière étape du cycle comptable étendu consiste à rédiger les trois états financiers à partir de la balance de vérification régularisée, soit l'état des résultats, l'état des capitaux propres et le bilan.

L'état des résultats Le premier état financier à rédiger est l'état des résultats. Celui-ci déterminera le bénéfice net de l'exercice.

TENNIS INTÉRIEUR KNOWLTON **ÉTAT DES RÉSULTATS** pour l'exercice terminé le 31 décembre 20X4		
Produits d'exploitation		
Services rendus	282 259 $	
Honoraires de gestion	16 780	
Produits d'abonnements gagnés	37 020	
Total des produits d'exploitation		336 059 $
Charges d'exploitation		
Salaires	65 420 $	
Loyer	19 000	
Publicité	13 429	
Frais de bureau	8 242	
Électricité	10 540	
Assurance	1 230	
Télécommunications	3 737	
Charges d'intérêts	8 615	
Amortissement – matériel roulant	2 000	
Amortissement – équipement	19 200	
Amortissement – ameublement de bureau	4 000	
Amortissement – bâtiment	17 500	
Total des charges d'exploitation		172 913
Bénéfice net		163 146 $

L'état des capitaux propres   Cet état contient le bénéfice net que nous avons calculé dans l'état précédent. Il permettra de déterminer les capitaux propres de la fin.

TENNIS INTÉRIEUR KNOWLTON ÉTAT DES CAPITAUX PROPRES pour l'exercice terminé le 31 décembre 20X4		
Amélie Hamelin – capital au 1er janvier 20X4		200 000$
Plus : Bénéfice net	163 146$	
Moins : Retraits	12 000	151 146
Amélie Hamelin – capital au 31 décembre 20X4		351 146$

Le bilan   Finalement, le bilan nous permettra d'obtenir une image des actifs, des passifs et des capitaux propres de l'entreprise à la date de fin d'exercice.

À VOUS DE JOUER !

À partir des renseignements contenus dans la balance de vérification régularisée ainsi que dans l'état des résultats et l'état des capitaux propres, préparez le bilan de Tennis Intérieur Knowlton au 31 décembre 20X4.

TENNIS INTÉRIEUR KNOWLTON BILAN au 31 décembre 20X4	
ACTIF	**PASSIF**
Total de l'actif 539 358$	Total du passif et des capitaux propres 539 358$ ◄

(CONCLUSION)

Dans ce chapitre, nous avons examiné la façon d'appliquer le principe du ratta-chement des charges aux produits et celui de la constatation des produits, c'est-à-dire l'enregistrement des écritures de régularisation des entreprises de service. Finalement, nous avons appris la notion de cycle comptable étendu. Il s'agit d'intégrer les régularisations au cycle comptable que nous avons appliqué dans les chapitres précédents pour ainsi préparer des états financiers à partir des soldes régularisés qui seront plus fidèles à la réalité.

(TESTEZ VOS CONNAISSANCES)

1. **Quel serait l'amortissement de l'ameublement de bureau de Tennis Intérieur Knowlton (TIK) en 20X3 si cet actif avait été utilisé durant les 12 mois de l'exercice?** _____

2. **Quelle méthode d'amortissement choisiriez-vous pour une machine pouvant produire 1 000 000 de pièces durant sa vie utile?** _____

3. **Lequel des postes suivants, *Frais de bureau* ou *Fournitures de bureau*, est présenté au bilan:** _____

4. **Vrai ou faux?**

		Vrai	Faux
a)	Le compte *Charges d'intérêts* est utilisé pour une dette à court terme, alors que le compte *Produits d'intérêts* est utilisé pour une dette à long terme.	☐	☐
b)	L'intérêt payé sur un emprunt bancaire est toujours comptabilisé dans le compte *Charges d'intérêts*.	☐	☐
c)	Un produit gagné est automatiquement encaissé immédiatement.	☐	☐
d)	Une charge payée d'avance est présentée à l'état des résultats.	☐	☐

(TERMINOLOGIE)

(PROBLÈMES)

NIVEAUX: FACILE ● INTERMÉDIAIRE ■ DIFFICILE ◆

Le calcul et l'enregistrement de l'amortissement basés sur une facture d'achat

1. Ferlac a acquis deux ordinateurs chez Services informatiques du Village. On vous fournit les trois informations suivantes:

- la durée de vie utile prévue est de 3 ans;
- la valeur résiduelle sera égale à 375$;
- l'entreprise utilise la méthode de l'amortissement linéaire.

 Services informatiques du Village
120, rue Amsterdam
Saint-Augustin-de-Desmaures (Québec) G3A 1V9
Téléphone : 418 878-5884
Télécopieur : 418 878-5886
Sans frais : 1 877 878-5884
Courriel : servinfo@sympatico.ca

FACTURE 12640
Date : 20X7-08-01

Vendu à :

Ferlac
350, rue de la Gare
Saint-Sauveur (Québec) J0T 2K8

Quantité	Prix unitaire	Montant
2 ordinateurs	1 247,50 $	2 495,00 $

N° de TPS : 146879525	TPS	5 %	124,75
N° de TVQ : 1158457812	TVQ	9,975 %	248,88
Conditions : FOB Ferlac		**Total**	**2 868,63 $**
Via : Delrav transport			

Travail à faire

a) Utiliser la facture de Services informatiques du Village pour comptabiliser dans le journal général l'achat de l'ordinateur.

b) Enregistrer dans le journal général les régularisations relatives aux amortissements en date du 31 décembre 20X7, du 31 décembre 20X8 et du 31 décembre 20X9.

c) Présenter le bilan partiel relatif aux immobilisations au 31 décembre 20X9.

2. Gestion Damipro a acquis un photocopieur chez Xarcom. On vous fournit les trois informations suivantes:

- la durée de vie utile prévue est de 5 ans;
- la valeur résiduelle sera égale à 5 % de son coût d'acquisition;
- l'entreprise utilise la méthode de l'amortissement linéaire.

---

 arcom
97, rue Provost, Lachine (Québec) H8T 3J1
Téléphone : 514 456-6789
Sans frais : 1 800 XARCOM4

FACTURE 136234
Date : 20X3-04-01

Vendu à :

Gestion Damipro
547, rue Berlioz
Île-des-Soeurs (Québec) H2K 9Z9

Description	Quantité	Prix unitaire	Montant
Photocopieur Xarcom XM-456-HPL	1	1 942,00 $	1 942,00 $
N° de TPS : 146879525		TPS 5 %	97,10
N° de TVQ : 1158457812		TVQ 9,975 %	193,71
Conditions : 2/10, net/30 avant le calcul de taxes FOB Gestion Damipro		**Total**	**2 232,81 $**

Travail à faire

a) Utiliser la facture de Xarcom pour comptabiliser dans le journal général l'achat du photocopieur.

b) Enregistrer dans le journal général les régularisations relatives aux amortissements en date du 31 décembre 20X3, du 31 décembre 20X4 et du 31 décembre 20X5.

c) Présenter le bilan partiel relatif aux immobilisations au 31 décembre 20X5.

La régularisation de l'amortissement basée sur une balance de vérification partielle

3. Voici la balance de vérification partielle de Déménagement PCV, dont l'exercice financier se termine le 31 décembre 20X6 :

	DÉMÉNAGEMENT PCV BALANCE DE VÉRIFICATION PARTIELLE au 31 décembre 20X6		
Numéro	**Nom du compte**	**Débit**	**Crédit**
1010	Encaisse	12 456,25 $	
1100	Clients	6 567,89	
1210	Assurance payée d'avance	1 250,00	
1300	Matériel roulant	202 350,00	
1400	Équipement de bureau	12 375,00	
1700	Ameublement de bureau	32 324,00	
2100	Fournisseurs		42 345,67 $

Les immobilisations sont amorties en fonction des renseignements suivants :

Description des immobilisations	Date d'acquisition	Coût	Valeur résiduelle	Durée de vie utile / Utilisation prévue
Matériel roulant	01 sept. 20X6	202 350 $	22 350 $	300 000 km
Équipement de bureau	01 mai 20X6	12 375 $	1 875 $	7 ans
Ameublement de bureau	01 juin 20X6	32 324 $	1 644 $	10 ans

Les odomètres des camions indiquent qu'ils ont parcouru 40 000 km entre le 1er septembre et le 31 décembre 20X6.

Travail à faire

Enregistrer dans le journal général les écritures de régularisation relatives aux amortissements des trois actifs de Déménagement PCV au 31 décembre 20X6.

4. **Voici la balance de vérification partielle de Transport Lévesque, dont l'exercice financier se termine le 31 décembre 20X3 :**

	TRANSPORT LÉVESQUE BALANCE DE VÉRIFICATION PARTIELLE au 31 décembre 20X3			
Numéro	**Nom du compte**		**Débit**	**Crédit**
1010	Encaisse		23 456,78 $	
1100	Clients		8 907,65	
1210	Assurance payée d'avance		1 450,00	
1300	Matériel roulant		345 675,00	
1400	Équipement de bureau		22 490,00	
1700	Ameublement de bureau		25 675,00	
2100	Fournisseurs			23 567,89 $

Les immobilisations sont amorties en fonction des renseignements suivants :

Description des immobilisations	Date d'acquisition	Coût	Valeur résiduelle	Durée de vie utile / Utilisation prévue
Matériel roulant	01 sept. 20X3	345 675 $	25 675 $	320 000 km
Équipement de bureau	01 mai 20X3	22 490 $	2 490 $	10 ans
Ameublement de bureau	01 juin 20X3	25 675 $	1 675 $	12 ans

Les odomètres des camions indiquent qu'ils ont parcouru 11 % du kilométrage estimatif depuis leur acquisition jusqu'au 31 décembre 20X3.

Travail à faire

Enregistrer dans le journal général les écritures de régularisation relatives aux amortissements des trois actifs de Transport Lévesque au 31 décembre 20X3.

5. **Voici la balance de vérification partielle de Livraison Amid, dont l'exercice financier se termine le 31 décembre 20X3 :**

	LIVRAISON AMID		
	BALANCE DE VÉRIFICATION PARTIELLE		
	au 31 décembre 20X3		
Numéro	Nom du compte	Débit	Crédit
1010	Encaisse	17 567,89$	
1100	Clients	9 765,41	
1210	Assurance payée d'avance	2 450,00	
1300	Matériel roulant	90 000,00	
1310	Amortissement cumulé – matériel roulant		56 250,00$
1400	Équipement de bureau	50 000,00	
1410	Amortissement cumulé – équipement de bureau		7 125,00
1700	Ameublement de bureau	70 000,00	
1710	Amortissement cumulé – ameublement de bureau		8 750,00
1900	Bâtiment	160 000,00	
1910	Amortissement cumulé – bâtiment		8 000,00
1960	Terrain	30 000,00	
2100	Fournisseurs		23 567,89

Les immobilisations sont amorties en fonction des renseignements suivants:

Description des Immobilisations	Date d'acquisition	Coût	Valeur résiduelle	Durée de vie utile/ méthode
Matériel roulant	01 juill. 20X1	90 000$	10 000$	Dégressif à 50%
Équipement de bureau	01 juin 20X1	50 000$	5 000$	10 ans (linéaire)
Ameublement de bureau	01 avr. 20X1	70 000$	20 000$	10 ans (linéaire)
Bâtiment	01 janv. 20X1	160 000$	Ø	40 ans (linéaire)
Terrain	01 janv. 20X1	30 000$		

Travail à faire

a) Enregistrer dans le journal général les écritures de régularisation relatives à l'amortissement des immobilisations de Livraison Amid, pour les exercices 20X1, 20X2 et 20X3.

b) Présenter la section «Immobilisations» au bilan de Livraison Amid, à la fin de chacun des exercices financiers.

6. **Voici la balance de vérification partielle de Plomberie Marc-Antoine, dont l'exercice financier se termine le 31 décembre 20X7:**

	PLOMBERIE MARC-ANTOINE		
	BALANCE DE VÉRIFICATION PARTIELLE		
	au 31 décembre 20X7		
Numéro	Nom du compte	Débit	Crédit
1010	Encaisse	5 678,91$	
1100	Clients	3 456,79	
1210	Assurance payée d'avance	1 050,00	
1300	Matériel roulant	55 000,00	
1310	Amortissement cumulé – matériel roulant		28 600,00$
1400	Équipement de bureau	30 000,00	
1410	Amortissement cumulé – équipement de bureau		3 167,00
1700	Ameublement de bureau	40 000,00	
1710	Amortissement cumulé – ameublement de bureau		3 750,00
1900	Bâtiment	200 000,00	
1910	Amortissement cumulé – bâtiment		9 000,00
1960	Terrain	40 000,00	
2100	Fournisseurs		12 458,23

Les immobilisations sont amorties en fonction des renseignements suivants :

Description des Immobilisations	Date d'acquisition	Coût	Valeur résiduelle	Durée de vie utile/ méthode
Matériel roulant	01 juill. 20X5	55 000 $	5 000 $	Dégressif à 40 %
Équipement de bureau	01 juin 20X5	25 000 $	5 000 $	10 ans (linéaire)
	01 janv. 20X7	5 000 $	1 000 $	
Ameublement de bureau	01 oct. 20X5	40 000 $	10 000 $	10 ans (linéaire)
Bâtiment	01 oct. 20X5	200 000 $	20 000 $	40 ans (linéaire)
Terrain	01 janv. 20X5	40 000 $		

Travail à faire

a) Enregistrer dans le journal général les écritures de régularisation relatives à l'amortissement des immobilisations de Plomberie Marc-Antoine, pour les exercices 20X5, 20X6 et 20X7.

b) Présenter la section «Immobilisations» au bilan de Plomberie Marc-Antoine, à la fin de chacun des exercices financiers.

La régularisation des salaires à payer

7. La date de fin d'exercice de Florimont est le mercredi 31 décembre 20X3.

Travail à faire

Régulariser les salaires à payer dans chacun des cas suivants en se référant au calendrier ci-dessous :

Décembre 20X3						
Dimanche	Lundi	Mardi	Mercredi	Jeudi	Vendredi	Samedi
	1	2	3	4	5	6
7	8	9	10	11	12	13
14	15	16	17	18	19	20
21	22	23	24	25	26	27
28	29	30	31			

Janvier 20X4						
Dimanche	Lundi	Mardi	Mercredi	Jeudi	Vendredi	Samedi
				1	2	3
4	5	6	7	8	9	10
11	12	13	14	15	16	17
18	19	20	21	22	23	24
25	26	27	28	29	30	31

a) Les trois employés sont payés le vendredi de chaque semaine pour la semaine de cinq jours finissant le même vendredi. Le total des salaires quotidiens moyens des trois employés réunis est de 350 $.

b) La paie hebdomadaire est versée le jeudi suivant pour la semaine terminée le vendredi. Les trois employés sont payés au taux horaire de 12 $ et travaillent le même nombre d'heures chaque semaine.

	Lundi	Mardi	Mercredi	Jeudi	Vendredi
Maryse	6 h	6 h	8 h	6 h	8 h
Jean-Pierre	6 h	4 h	8 h	4 h	8 h
Lionel	8 h	3 h	8 h	5 h	8 h

c) Les employés sont payés toutes les deux semaines, soit le vendredi suivant, pour la période de 10 jours écoulée. Le salaire versé le 9 janvier (pour la période de paie du 22 décembre au 2 janvier) est de 5 040 $.

d) Les vendeurs ont droit à une commission de 6 % sur toutes les ventes du mois. Cette commission est payable le 15ᵉ jour du mois suivant. Les ventes du mois de décembre ont été de 45 310 $.

8. La date de fin d'exercice de Livraison Express est le lundi 31 décembre 20X2. Les employés travaillent du lundi au vendredi. L'entreprise est fermée les week-ends.

Travail à faire

Régulariser les salaires à payer dans chacun des cas suivants en se référant au calendrier ci-dessous:

Décembre 20X2						
Dimanche	Lundi	Mardi	Mercredi	Jeudi	Vendredi	Samedi
						1
2	3	4	5	6	7	8
9	10	11	12	13	14	15
16	17	18	19	20	21	22
23	24	25	26	27	28	29
30	31					

Janvier 20X3						
Dimanche	Lundi	Mardi	Mercredi	Jeudi	Vendredi	Samedi
		1	2	3	4	5
6	7	8	9	10	11	12
13	14	15	16	17	18	19
20	21	22	23	24	25	26
27	28	29	30	31		

a) Les employés sont payés le jeudi de la même semaine pour la semaine de cinq jours terminée le vendredi. Le total des salaires quotidiens des quatre employés est de 400 $.

b) La paie est versée tous les vendredis pour le travail effectué jusqu'à ce jour. Chacun des quatre employés reçoit un salaire quotidien de 100 $.

c) Les vendeurs ont droit à une commission de 4 % sur les ventes du mois; cette commission est versée le 15 du mois suivant. Les ventes du mois de décembre ont été de 144 236,14 $ taxes incluses.

d) Les quatre employés sont payés le mercredi suivant pour la semaine terminée le vendredi. Chacun gagne en moyenne 625 $ pour une semaine de travail de cinq jours.

La régularisation des intérêts à payer basée sur une balance de vérification partielle

9. Voici la balance de vérification partielle de Courrier Rapido, dont l'exercice financier se termine le 31 décembre 20X6 :

	COURRIER RAPIDO BALANCE DE VÉRIFICATION PARTIELLE au 31 décembre 20X6		
Numéro	**Nom du compte**	**Débit**	**Crédit**
1010	Encaisse	12 456,25$	
1100	Clients	6 567,89	
1210	Assurance payée d'avance	2 600,00	
1190	Fournitures de bureau	450,00	
1300	Matériel roulant	202 350,00	
1400	Équipement de bureau	12 375,00	
1700	Ameublement de bureau	32 324,00	
2050	Emprunt bancaire		12 450,00$
2100	Fournisseurs		42 345,67
2900	Emprunt hypothécaire (biens meubles)		60 000,00
5300	Salaires	55 467,00	
5410	Loyer	10 000,00	
5500	Frais de bureau	3 450,00	
5740	Assurance	8 040,00	
5780	Charges d'intérêts	5 391,27	

- Les intérêts au taux de 9 % relatifs à l'emprunt bancaire n'ont pas été versés depuis le 15 novembre (un mois et demi).

- Depuis le 1er novembre, date du dernier versement effectué sur l'emprunt hypothécaire, l'entreprise n'a versé aucun intérêt. Le comptable étant malade, le versement n'a pas été effectué pour les mois de novembre et décembre. Le taux à payer sur l'emprunt hypothécaire est de 6,75 % (deux mois).

Travail à faire

Enregistrer dans le journal général les écritures de régularisation relatives aux charges d'intérêts de Courrier Rapido au 31 décembre 20X6. Les comptes de grand livre utilisés sont *Charges d'intérêts*, *Intérêts à payer sur emprunt bancaire* et *Intérêts à payer sur emprunt hypothécaire*. Calculer les charges d'intérêts en mois.

10. **Voici la balance de vérification partielle de Distribution Veillette, dont l'exercice financier se termine le 31 décembre 20X3:**

	DISTRIBUTION VEILLETTE BALANCE DE VÉRIFICATION PARTIELLE au 31 décembre 20X3		
Numéro	**Nom du compte**	**Débit**	**Crédit**
1010	Encaisse	23 456,78 $	
1100	Clients	8 907,65	
1190	Fournitures de bureau	750,00	
1210	Assurance payée d'avance	2 560,00	
1300	Matériel roulant	345 675,00	
1400	Équipement de bureau	22 490,00	
1700	Ameublement de bureau	25 675,00	
2050	Emprunt bancaire		9 850,00 $
2100	Fournisseurs		23 567,89
2900	Emprunt hypothécaire (biens meubles)		42 358,00
5300	Salaires	64 578,49	
5410	Loyer	7 200,00	
5500	Frais de bureau	2 345,00	
5740	Assurance	3 660,00	
5780	Charges d'intérêts	4 360,54	

- Les intérêts au taux annuel de 8,75 % relatifs à l'emprunt bancaire n'ont pas été versés depuis le 4 novembre.
- Depuis le 1er octobre, date du dernier versement effectué sur l'emprunt hypothécaire, l'entreprise n'a versé aucun intérêt. Le taux à payer sur l'emprunt hypothécaire est de 7,25 % annuel.

Travail à faire

Enregistrer dans le journal général les écritures de régularisation relatives à la charge d'intérêts de Distribution Veillette au 31 décembre 20X3. Calculer les charges d'intérêts en jours.

La régularisation des produits à recevoir

11. a) Régulariser, au 31 décembre 20X3, les intérêts à recevoir relatifs à un effet à recevoir de 50 000 $. Calculer les produits d'intérêts en mois.

	Taux d'intérêt annuel	Date du dernier encaissement
1)	5 %	31 déc. 20X2
2)	8 %	15 févr. 20X3
3)	10 %	01 avr. 20X3
4)	12 %	15 janv. 20X3

b) L'entreprise Les Immeubles du royaume inc., propriétaire d'un centre commercial, a loué un local à la boutique Le Donjon. Le bail stipule que le locataire doit verser aux Immeubles du royaume inc. un loyer minimal mensuel de 1 500 $ ou un loyer équivalant à 5 % des ventes, montant calculé à la fin de l'année. Au 31 décembre 20X4, les propriétaires avaient reçu les douze versements prévus (montant minimal) de la boutique Le Donjon. Régulariser le loyer à recevoir dans chacun des cas suivants :

1) Ventes de 540 000 $.

2) Ventes de 380 000 $.

3) Ventes de 340 000 $.

c) Gestion immobilière Marcoux est une entreprise spécialisée dans l'administration d'immeubles locatifs. Le 1er février 20X4, l'entreprise a signé un contrat de gestion avec Jonathan Leblond. Ce contrat stipule que Gestion immobilière Marcoux s'occupera de l'administration de l'immeuble appartenant à Jonathan Leblond, moyennant des honoraires de 600 $ par trimestre payables à la fin de chaque trimestre. Régulariser les honoraires de gestion à recevoir au 31 mars 20X4 (fin du premier trimestre).

◆ **12.** a) Régulariser, au 31 mai 20X5, les intérêts à recevoir sur un effet à recevoir de 75 000 $. Calculer les produits d'intérêts en jours.

	Taux d'intérêt annuel	Date du dernier encaissement
1)	4 %	08 janv. 20X5
2)	6 %	21 oct. 20X5
3)	10 %	18 févr. 20X5
4)	2 %	30 avr. 20X5

b) Me Hugues Charbonneau n'a pas encore facturé ses services à trois de ses clients, puisque les causes n'ont pas encore été entendues. Le taux de facturation est de 180 $ l'heure. Les heures à facturer sont les suivantes : Nathan Allard, 12 heures ; Vanessa Grenier, 14,5 heures ; Francis Roy, 16 heures. Régulariser le montant des honoraires à recevoir.

c) Julie-Anne Pelletier est propriétaire d'une agence de vente des Produits Myra inc. Dans le contrat d'association, il est prévu que l'agence a droit à des commissions minimales de 2 000 $ par mois ou équivalant à 4 % des ventes de l'exercice, calculé à la fin de l'année. Au 31 mai 20X5, Julie-Anne Pelletier avait reçu les 12 versements minimaux des Produits Myra inc. Régulariser les commissions à recevoir dans chacun des cas suivants :

1) Ventes de l'année de 919 800 $ taxes incluses.

2) Ventes de l'année de 620 000 $ avant taxes.

3) Ventes de l'année de 528 885 $ taxes incluses.

La régularisation des frais de bureau basée sur une balance de vérification partielle

13. Voici la balance de vérification partielle de Services fiscaux Savard, dont l'exercice financier se termine le 31 décembre 20X6:

	SERVICES FISCAUX SAVARD BALANCE DE VÉRIFICATION PARTIELLE au 31 décembre 20X6		
Numéro	**Nom du compte**	**Débit**	**Crédit**
1010	Encaisse	12 456,25$	
1100	Clients	6 567,89	
1210	Assurance payée d'avance	1 250,00	
1190	Fournitures de bureau	450,00	
1300	Matériel roulant	202 350,00	
1400	Équipement de bureau	12 375,00	
1700	Ameublement de bureau	32 324,00	
2100	Fournisseurs		42 345,67$
5300	Salaires	55 467,00	
5410	Loyer	10 000,00	
5500	Frais de bureau	3 450,00	

L'inventaire des fournitures de bureau en fin d'exercice indique que l'entreprise a en main pour 600$ de fournitures.

Travail à faire

Enregistrer dans le journal général l'écriture de régularisation relative aux fournitures de bureau de Services fiscaux Savard au 31 décembre 20X6.

14. Voici la balance de vérification partielle d'Assure-toit, dont l'exercice financier se termine le 31 décembre 20X3:

	ASSURE-TOIT BALANCE DE VÉRIFICATION PARTIELLE au 31 décembre 20X3		
Numéro	**Nom du compte**	**Débit**	**Crédit**
1010	Encaisse	23 456,78$	
1100	Clients	8 907,65	
1210	Assurance payée d'avance	1 450,00	
1190	Fournitures de bureau	750,00	
1300	Matériel roulant	345 675,00	
1400	Équipement de bureau	22 490,00	
1700	Ameublement de bureau	25 675,00	
2100	Fournisseurs		23 567,89$
5300	Salaires	64 578,49	
5410	Loyer	7 200,00	
5500	Frais de bureau	2 345,00	
5740	Assurance	3 456,00	

L'inventaire des fournitures de bureau en fin d'exercice indique que l'entreprise a en main pour 517,39$ (incluant les taxes) de fournitures.

Travail à faire

Enregistrer dans le journal général l'écriture de régularisation relative aux fournitures de bureau d'Assure-toit au 31 décembre 20X3.

La régularisation de l'assurance payée d'avance basée sur une balance de vérification partielle

15. **Voici la balance de vérification partielle d'Aménagement Plus, dont l'exercice financier se termine le 31 décembre 20X6:**

	AMÉNAGEMENT PLUS BALANCE DE VÉRIFICATION PARTIELLE au 31 décembre 20X6		
Numéro	**Nom du compte**	**Débit**	**Crédit**
1010	Encaisse	12 456,25 $	
1100	Clients	6 567,89	
1210	Assurance payée d'avance	1 250,00	
1190	Fournitures de bureau	450,00	
1300	Matériel roulant	202 350,00	
1400	Équipement de bureau	12 375,00	
1700	Ameublement de bureau	32 324,00	
2100	Fournisseurs		42 345,67 $
5300	Salaires	55 467,00	
5410	Loyer	10 000,00	
5500	Frais de bureau	3 450,00	
5740	Assurance	8 040,00	

Voici la facture reçue du courtier d'assurances:

Viger, Deniger et associés
124, rue Saint-Charles
Longueuil (Québec) H3A 9V0
Téléphone: 450 678-5984
Télécopieur: 450 678-5886
Sans frais: 1 877 678-5678
Courriel: vigerdeniger@sympatico.ca

FACTURE 13567
Date: 20X6-05-01

Vendu à:

Aménagement Plus
315, rue des Ormes
Saint-Sauveur (Québec) J0T 2Z3

Description	Montant
Assurance, feu, vol	7 376,15 $
Assurance responsabilité civile	
Prime annuelle, échéance le 30 avril 20X7	
Taxe de 9 %	663,85
Total de la facture	**8 040,00 $**

Payable à la réception

Enregistrer dans le journal général l'écriture de régularisation d'Aménagement Plus au 31 décembre 20X6. Ne pas oublier que les taxes de vente de 9 % ne sont pas récupérables.

16. **Voici la balance de vérification partielle de Photos de nuit, dont l'exercice financier se termine le 31 décembre 20X3:**

	PHOTOS DE NUIT BALANCE DE VÉRIFICATION PARTIELLE de l'exercice financier se terminant le 31 décembre 20X3		
Numéro	**Nom du compte**	**Débit**	**Crédit**
1010	Encaisse	23 456,78 $	
1100	Clients	8 907,65	
1210	Assurance payée d'avance	2 560,00	
1190	Fournitures de bureau	750,00	
1300	Matériel roulant	345 675,00	
1400	Équipement de bureau	22 490,00	
1700	Ameublement de bureau	25 675,00	
2100	Fournisseurs		23 567,89 $
5300	Salaires	64 578,49	
5410	Loyer	7 200,00	
5500	Frais de bureau	2 345,00	
5740	Assurance	3 660,00	

Voici la facture reçue du courtier d'assurances:

Laplante, Berger et associés
124, rue Bélanger
Saint-Jérôme (Québec) J3A 9V0
Téléphone : 450 438-1234
Télécopieur : 450 438-4321
Sans frais : 1 877 438-5678
Courriel : laplanteberger@cgocable.ca

FACTURE 13567
Date : 20X3-09-01

Vendu à :

Photos de nuit
4567, rue des Bouleaux
Saint-Jérôme (Québec) J0T 1Y4

Description	Montant
Assurance, matériel roulant Prime annuelle, échéance le 31 août 20X4	3 485,71 $
Taxe de 5 %	174,29
Total de la facture	3 660,00 $

Payable à la réception

Enregistrer dans le journal général l'écriture de régularisation de Photos de nuit au 31 décembre 20X3.

Calcul de l'assurance payée d'avance au 31 décembre 20X3

Police ADF-14 (renouvellement du 01 juin 20X3 au 31 mai 20X4) : 1 200 $ × 5/12 = 500 $
Police CHL-57 (renouvellement du 01 sept. 20X3 au 31 août 20X4) : 1 920 $ × 8/12 = 1 280 $

Assurance payée d'avance au 31 décembre 20X3 = 500 $ + 1 280 $ = 1 780 $

Solde actuel du compte 1210 : 1 650 $
Régularisation : 1 780 $ − 1 650 $ = 130 $

Date	Nom du compte	Débit	Crédit
20X3-12-31	Assurance payée d'avance (1210)	130,00 $	
	Assurance (5740)		130,00 $

18. Voici la balance de vérification partielle de Travaux Gauthier, dont l'exercice financier se termine le 31 décembre 20X7:

	TRAVAUX GAUTHIER BALANCE DE VÉRIFICATION PARTIELLE au 31 décembre 20X7		
Numéro	**Nom du compte**	**Débit**	**Crédit**
1010	Encaisse	5 678,91 $	
1100	Clients	3 456,79	
1210	Assurance payée d'avance	2 620,00	
1300	Matériel roulant	55 000,00	
1310	Amortissement cumulé – matériel roulant		20 400,00 $
1400	Équipement de bureau	25 000,00	
1410	Amortissement cumulé – équipement de bureau		3 000,00
1700	Ameublement de bureau	40 000,00	
1710	Amortissement cumulé – ameublement de bureau		3 750,00
1900	Bâtiment	200 000,00	
1910	Amortissement cumulé – bâtiment		9 000,00
2100	Fournisseurs		12 458,23
5300	Salaires	67 345,89	
5500	Frais de bureau	1 245,00	
5740	Assurance	7 200,00	

Voici le détail des polices d'assurance de l'entreprise Travaux Gauthier relatives à l'exercice terminé le 31 décembre 20X7:

Numéro de la police	Durée	Assurance payée d'avance au 1er janvier 20X3	Primes payées (renouvellements)
JMJ-14	01 mars 20X7 au 28 févr. 20X8	520 $	3 360 $
ADN-24	01 août 20X7 au 31 juill. 20X8	2 100	3 840
		2 620 $	7 200 $

Travail à faire

Enregistrer dans le journal général les écritures de régularisation de Travaux Gauthier, au 31 décembre 20X7.

La régularisation des produits perçus d'avance basée sur une balance de vérification partielle

19. Voici la balance de vérification partielle de Déménagement PCV, dont l'exercice financier se termine le 31 décembre 20X6:

Numéro	Nom du compte	Débit	Crédit
	DÉMÉNAGEMENT PCV **BALANCE DE VÉRIFICATION PARTIELLE** **au 31 décembre 20X6**		
1010	Encaisse	12 456,25$	
1100	Clients	6 567,89	
1210	Assurance payée d'avance	2 600,00	
1190	Fournitures de bureau	450,00	
1300	Matériel roulant	202 350,00	
1400	Équipement de bureau	12 375,00	
1700	Ameublement de bureau	32 324,00	
2050	Emprunt bancaire		12 450,00$
2100	Fournisseurs		42 345,67
2480	Produits de services perçus d'avance		2 450,00
2900	Emprunt hypothécaire (biens meubles)		60 000,00
4120	Services rendus		450 678,90
5300	Salaires	55 467,00	
5410	Loyer	10 000,00	
5500	Frais de bureau	3 450,00	
5740	Assurance	8 040,00	
5780	Charges d'intérêts	5 391,27	

Situation 1

Voici, en date du 31 décembre 20X6, la soumission émise à un client dont le déménagement doit avoir lieu le 15 janvier 20X7. L'entreprise a comptabilisé le montant d'acompte dans le compte de produit *Services rendus*.

Déménagement PCV 235, rue Lalumière Saint-Antoine-de-Tilly (Québec) S4V 7V9 Téléphone: 418 453-7851 Télécopieur: 418 453-1578 Courriel: PCV@videotron.ca	**SOUMISSION 12640** **Date:** 20X6-12-21

Client

Ferlac
350, rue de la Gare
Saint-Sauveur (Québec) J0T 2K8

Description			Montant
Déménagement de Saint-Sauveur à Mont-Laurier. Le déménagement devra être effectué le 15 janvier 20X7.			4 500,00$
N° de TPS: 125435875	TPS	5%	225,00
N° de TVQ: 1256842353	TVQ	9,975%	448,88
		Total	5 173,88$
		Moins acompte	2 000,00
		Solde à payer à Mont-Laurier	**3 173,88$**

Payable à la réception

Situation 2

Voici, en date du 31 décembre 20X6, la soumission émise à un client dont le déménagement doit avoir lieu le 23 janvier 20X7. L'entreprise a comptabilisé le montant d'acompte dans le compte de produit *Services rendus*.

Déménagement PCV 235, rue Lalumière Saint-Antoine-de-Tilly (Québec) S4V 7V9 Téléphone : 418 453-7851 Télécopieur : 418 453-1578 Courriel : PCV@videotron.ca	**SOUMISSION 12646** **Date :** 20X6-12-23

Client :

Jean-Joseph Tremblay
345, boul. Sacré-Coeur
Saint-Félicien (Québec) G8K 2K7

Description			Montant
Déménagement de Saint-Félicien à Saint-Jérôme. Le déménagement devra être effectué le 23 janvier 20X7 à compter de 7 heures.			3 250,00 $
N° de TPS : 125435875	TPS	5 %	162,50
N° de TVQ : 1256842353	TVQ	9,975 %	324,19
		Total	3 736,69 $
		Moins acompte	1 500,00
		Solde à payer à Saint-Jérôme	**2 236,69 $**

Travail à faire

Enregistrer dans le journal général les écritures de régularisation de Déménagement PCV au 31 décembre 20X6, en fonction de chacune des deux situations précédentes, qui sont indépendantes l'une de l'autre, en notant bien que les sommes perçues d'avance au début de l'exercice sont maintenant gagnées.

20. **Voici la balance de vérification partielle de Transport Trans-Canada, dont l'exercice financier se termine le 31 décembre 20X3 :**

TRANSPORT TRANS-CANADA BALANCE DE VÉRIFICATION PARTIELLE au 31 décembre 20X3			
Numéro	Nom du compte	Débit	Crédit
1010	Encaisse	23 456,78 $	
1100	Clients	8 907,65	
1210	Assurance payée d'avance	2 560,00	
1190	Fournitures de bureau	750,00	
1300	Matériel roulant	345 675,00	
1400	Équipement de bureau	22 490,00	
1700	Ameublement de bureau	25 675,00	
2050	Emprunt bancaire		9 850,00 $
2100	Fournisseurs		23 567,89
2480	Produits de services perçus d'avance		875,00
2900	Emprunt hypothécaire (biens meubles)		42 358,00
4120	Services rendus		654 875,00
5300	Salaires	64 578,49	
5410	Loyer	7 200,00	
5500	Frais de bureau	2 345,00	
5740	Assurance	3 660,00	
5780	Charges d'intérêts	4 360,54	

Situation 1

Voici, en date du 31 décembre 20X3, la soumission émise à un client dont les colis doivent être transportés en janvier 20X4 :

 TRANSPORT TRANS-CANADA
6789, rue Mont-Royal
Montréal (Québec) H2V 5X7
Téléphone : 514 424-6789
Télécopieur : 514 424-7851
Courriel : trans-canada@videotron.ca

Soumission 48294
Date : 20X3-12-19

Client

Rona – Saint-Félicien
789, boul. Gagnon
Saint-Félicien (Québec) G8K 2J7

Description			Montant
Contrat de transport de marchandises de Montréal à Saint-Félicien 5 000 $ pour le mois de janvier 20X4 (5 000 kilos de marchandises)			5 000,00 $
N° de TPS : 125435870	TPS	5 %	250,00
N° de TVQ : 1256842350	TVQ	9,975 %	498,75
		Total	5 748,75 $
		Moins acompte	1 400,00
		Solde à payer le 15 janvier 20X4	**4 348,75 $**

Situation 2

En date du 31 décembre 20X3, aucun client n'avait payé d'avance une partie du coût du transport de ses marchandises.

Travail à faire

Enregistrer dans le journal général les écritures de régularisation de Transport Trans-Canada au 31 décembre 20X3, en fonction de chacune des deux situations précédentes, qui sont indépendantes l'une de l'autre. Notez bien que les montants perçus d'avance au début de l'exercice sont maintenant gagnés.

Les régularisations relatives à des charges à payer et à des charges payées d'avance, basées sur une balance de vérification complète

21. Marie-Pier Beaulieu, infographiste, vous remet la balance de vérification de son entreprise au 31 décembre 20X4:

	MARIE-PIER BEAULIEU, INFOGRAPHISTE BALANCE DE VÉRIFICATION au 31 décembre 20X4		
Numéro	**Nom du compte**	**Débit**	**Crédit**
1010	Encaisse	5 834,12$	
1100	Clients	2 759,40	
1105	TPS à recevoir	383,00	
1110	TVQ à recevoir	764,09	
1190	Fournitures de bureau	875,00	
1210	Assurance payée d'avance	270,00	
1300	Matériel roulant	15 000,00	
1310	Amortissement cumulé – matériel roulant		1 333,33$
1500	Équipement	22 000,00	
1510	Amortissement cumulé – équipement		2 500,00
2100	Fournisseurs		1 724,63
2305	TPS à payer		645,00
2310	TVQ à payer		1 286,78
3100	Marie-Pier Beaulieu – capital		41 110,67
3300	Marie-Pier Beaulieu – retraits	12 000,00	
4110	Honoraires professionnels		44 000,00
5300	Salaires	12 500,85	
5410	Loyer	6 000,00	
5420	Publicité	2 759,40	
5500	Frais de bureau	7 265,20	
5740	Assurance	1 200,00	
5750	Télécommunications	2 989,35	
		92 600,41$	92 600,41$

Voici les renseignements relatifs à son entreprise :

- Les achats de fournitures ont été portés au débit du compte *Frais de bureau* durant l'exercice. Un inventaire a permis d'établir qu'il restait pour 1 640$ de fournitures le 31 décembre 20X4.

- Le compte *Assurance payée d'avance* de 270$ représente le solde de ce qui avait été payé d'avance le 1er janvier 20X4. Marie-Pier Beaulieu a débité le compte *Assurance* pour enregistrer le renouvellement de la prime (1 200$). Cette prime couvre la période du 1er avril 20X4 au 31 mars 20X5. Au 31 décembre 20X4, l'assurance est encore valide pour trois mois.

- Marie-Pier Beaulieu amortit ses immobilisations en suivant la méthode de l'amortissement linéaire, en fonction des renseignements suivants :

Description des Immobilisations	Date d'acquisition	Coût d'acquisition	Valeur résiduelle	Durée de vie utile
Matériel roulant	01 mai 20X4	15 000$	5 000$	5 ans
Équipement	01 juill. 20X4	22 000$	7 000$	3 ans

- Le salaire des trois derniers jours de l'exercice n'a pas été versé à Sandrine Villeneuve, l'employée à temps partiel. Celle-ci reçoit normalement 80$ par jour.

- Le compte *Publicité* représente le paiement de 2 400$ remis à la revue *Édition Québec* pour des annonces à paraître du 1er juillet 20X4 au 3 juin 20X5.

Travail à faire

Enregistrer dans le journal général les écritures de régularisation de Marie-Pier Beaulieu, infographiste, au 31 décembre 20X4.

◆ **22. Philippe Tremblay, photographe, vous remet la balance de vérification de son entreprise au 31 décembre 20X3:**

	PHILIPPE TREMBLAY, PHOTOGRAPHE BALANCE DE VÉRIFICATION au 31 décembre 20X3		
Numéro	**Nom du compte**	**Débit**	**Crédit**
1010	Encaisse	4 679,02$	
1105	TPS à recevoir	476,00	
1110	TVQ à recevoir	949,62	
1200	Fournitures d'atelier	2 400,00	
1210	Assurance payée d'avance	1 600,00	
1300	Matériel roulant	18 500,00	
1310	Amortissement cumulé – matériel roulant		3 450,00$
1500	Équipement de photographie	45 000,00	
1510	Amortissement cumulé – équipement de photographie		10 000,00
1700	Ameublement de bureau	7 200,00	
1710	Amortissement cumulé – ameublement de bureau		525,00
2050	Emprunt bancaire		5 300,00
2100	Fournisseurs		1 839,60
2305	TPS à payer		825,00
2310	TVQ à payer		1 645,88
3100	Philippe Tremblay – capital		65 124,00
3300	Philippe Tremblay – retraits	32 000,00	
4110	Honoraires professionnels		78 250,00
5300	Salaires	22 500,00	
5410	Loyer	11 000,00	
5420	Publicité	1 609,65	
5540	Frais de fournitures d'atelier	14 394,87	
5740	Assurance	1 200,00	
5750	Télécommunications	2 640,32	
5780	Charges d'intérêts	810,00	
		166 959,48$	166 959,48$

Voici les renseignements relatifs à son entreprise:

- Les achats de fournitures ont été portés au débit du compte *Frais d'atelier* durant l'exercice. Un inventaire des fournitures d'atelier a permis d'établir qu'il en restait pour 4 771,46$ taxes incluses, le 31 décembre 20X3.

- Les assurances ont été renouvelées le 1er mai 20X3 pour une année. La prime payée est comptabilisée dans le compte *Assurance*.

- Philippe Tremblay amortit ses immobilisations en fonction des renseignements suivants:

Description des Immobilisations	Date d'acquisition	Coût	Valeur résiduelle	Durée ou kilométrage estimatifs
Matériel roulant	01 août 20X1	18 500$	5 000$	100 000 km
Équipement de photographie	01 mai 20X1	45 000$	15 000$	5 ans
Ameublement de bureau	01 oct. 20X1	4 200$	Ø	10 ans
Ameublement de bureau	01 juill. 20X3	3 000$	Ø	10 ans

Le camion a parcouru 22 500 kilomètres au cours de l'exercice financier.

- La secrétaire n'a pas été payée pour la dernière semaine de décembre. Elle a travaillé 35 heures au taux horaire de 12$.

- Le compte *Publicité* comprend une facture de 250$ payée le 28 décembre 20X3 au journal *Éclair* pour une annonce à paraître en janvier 20X4.

- Le loyer mensuel est de 1 000$ depuis la fondation de l'entreprise, en 20X1.

Travail à faire

Enregistrer dans le journal général les écritures de régularisation de Philippe Tremblay, photographe, au 31 décembre 20X3.

Les régularisations relatives à des produits à recevoir et à des produits perçus d'avance, basées sur une balance de vérification complète

23. **Mélodie Toulouse, comptable, vous remet la balance de vérification de son entreprise au 31 décembre 20X2:**

	MÉLODIE TOULOUSE, COMPTABLE BALANCE DE VÉRIFICATION au 31 décembre 20X2		
Numéro	**Nom du compte**	**Débit**	**Crédit**
1010	Encaisse	7 108,24$	
1100	Clients	7 070,96	
1105	TPS à recevoir	422,00	
1110	TVQ à recevoir	841,89	
1160	Effet à recevoir	25 000,00	
1210	Assurance payée d'avance	310,00	
1400	Équipement de bureau	25 300,00	
1410	Amortissement cumulé – équipement de bureau		8 800,00$
2100	Fournisseurs		3 610,22
2305	TPS à payer		723,00
2310	TVQ à payer		1 442,39
3100	Mélodie Toulouse – capital		56 393,00
3300	Mélodie Toulouse – retraits	31 000,00	
4110	Honoraires professionnels		96 800,00
4290	Produits d'intérêts		2 120,00
5300	Salaires	32 000,00	
5410	Loyer	24 000,00	
5500	Frais de bureau	6 150,20	
5740	Assurance	1 290,00	
5750	Télécommunications	5 295,32	
5920	Amortissement – équipement de bureau	4 100,00	
		169 888,61$	169 888,61$

Voici les renseignements relatifs à son entreprise:

- Le compte *Effet à recevoir* représente un prêt de 25 000$ accordé à Jean-Paul Allard le 1er septembre 20X2, pour une durée de six mois, au taux de 7%. Aucun intérêt n'a été encaissé relativement à ce prêt.

- Mélodie Toulouse vous remet une liste du nombre d'heures de travail qui n'ont pas encore été facturées aux clients. La liste indique un total de 70 heures, au taux horaire de 50$ (il faudra débiter le compte *Honoraires à recevoir*).

- Le 12 décembre 20X2, la Caisse de Drummondville a remis une avance de 4 000$ à Mélodie Toulouse pour des services qui seront rendus en janvier 20X3. Mélodie Toulouse a crédité le compte *Honoraires professionnels* de la totalité de la recette.

- Le 15 décembre, un autre client, Auto Riverain, a remis 5 000$ à Mélodie Toulouse, soit la totalité des honoraires d'un contrat qui couvre les mois de décembre 20X2 et de janvier 20X3. Ce dépôt a également été porté au crédit du compte *Honoraires professionnels*.

Travail à faire

Enregistrer dans le journal général les écritures de régularisation de Mélodie Toulouse, comptable, au 31 décembre 20X2.

◆ **24. Luis Fernandez, propriétaire de l'école d'informatique Technart, vous remet la balance de vérification de son entreprise au 31 décembre 20X5:**

	TECHNART BALANCE DE VÉRIFICATION au 31 décembre 20X5		
Numéro	**Nom du compte**	**Débit**	**Crédit**
1010	Encaisse	39 380,57$	
1105	TPS à recevoir	1 222,00	
1110	TVQ à recevoir	2 437,89	
1120	Revenus de cours à recevoir	8 060,00	
1160	Effet à recevoir	25 000,00	
1190	Fournitures de bureau	845,45	
1500	Équipement	245 000,00	
1510	Amortissement cumulé – équipement		61 400,00$
2100	Fournisseurs		9 312,98
2305	TPS à payer		1 659,00
2310	TVQ à payer		3 309,71
2485	Revenus de cours perçus d'avance		15 100,00
3100	Luis Fernandez – capital		201 760,00
3300	Luis Fernandez – retraits	41 000,00	
4270	Revenus de cours		260 400,00
4290	Produits d'intérêts		5 000,00
5300	Salaires	102 600,00	
5410	Loyer	60 000,00	
5500	Frais de bureau	2 295,78	
5930	Amortissement – équipement	30 100,00	
		557 941,69$	557 941,69$

Voici les renseignements relatifs à son entreprise:

- Le compte *Effet à recevoir* représente un prêt de 25 000$ accordé à Claude Boutin le 1er octobre 20X5, pour une durée de six mois, au taux de 6%. Aucun intérêt n'a été encaissé relativement à ce prêt.

- Le solde du compte *Revenus de cours à recevoir* correspond aux sommes à recevoir des élèves, au 31 décembre 20X4. Luis Fernandez vous remet une liste des élèves qui n'ont pas payé tous leurs frais de cours. Cette liste indique un total de 9 250$ pour cette année.

- Le solde du compte *Revenus de cours perçus d'avance* représente les sommes perçues d'avance au 31 décembre 20X4. Cette année, les cours payés d'avance pour le trimestre d'hiver 20X6 totalisent 19 750$.

- Le 15 décembre 20X5, la Caisse populaire de LaSalle a remis une avance de 7 000$ à Technart pour une formation que les employés de la caisse recevront en janvier 20X6. Cette somme n'est pas incluse dans la liste précédente relative aux sommes perçues d'avance. Luis Fernandez a crédité le compte *Revenus de cours* de la totalité de l'encaissement.

- Au cours du mois de décembre 20X5, Technart a donné une formation durant une fin de semaine aux cinq employés de la société Jacquet inc. Technart n'a pas encore envoyé de facture à son client. Les frais de 500$ par employé ne sont pas inclus dans la liste précédente des sommes à recevoir.

Travail à faire

Enregistrer dans le journal général les écritures de régularisation de Technart au 31 décembre 20X5.

Le cycle comptable étendu

25. **Jasmine Laberge vous remet la balance de vérification de son entreprise (voir la page suivante), l'École de conduite JL, au 31 décembre 20X4 avant régularisations.**

Voici les renseignements relatifs à son entreprise:

- Le solde de 287,44$ du compte *Revenus de cours à recevoir* représente les sommes à recevoir des élèves, au 31 décembre 20X5. Jasmine Laberge vous remet une liste des élèves qui n'ont pas payé tous leurs cours de conduite. Cette liste indique un total de 397,44$ pour cette année.

- Un inventaire des fournitures de bureau a permis d'établir qu'il en restait pour 620$, le 31 décembre 20X5.

- Le renouvellement de l'assurance annuelle de 4 980$ couvre la période du 1er avril 20X5 au 31 mars 20X6.

- L'École de conduite JL amortit ses immobilisations en fonction des renseignements suivants:

Description des immobilisations	Date d'acquisition	Valeur résiduelle	Durée de vie utile / Utilisation prévue
Matériel roulant	01 sept. 20X4	45 600$	320 000 km
Équipement de bureau	01 nov. 20X3	1 240$	4 ans
Ameublement de bureau	01 nov. 20X3	0	10 ans

Le matériel roulant a parcouru 71 260 km au cours de l'exercice.

- Les cours perçus d'avance pour le prochain trimestre totalisent 1 240$.

- Le loyer annuel correspond à 10% des revenus de cours. Cependant, le bail fixe un loyer mensuel minimal de 1 000$. L'excédent, s'il y a lieu, devra être versé au propriétaire de l'immeuble avant le 31 janvier 20X6.

	ÉCOLE DE CONDUITE JL BALANCE DE VÉRIFICATION au 31 décembre 20X5		
Numéro	**Nom du compte**	**Débit**	**Crédit**
1010	Encaisse	12 420,41 $	
1105	TPS à recevoir	512,00	
1110	TVQ à recevoir	1 021,44	
1120	Revenus de cours à recevoir	287,44	
1190	Fournitures de bureau	155,00	
1210	Assurance payée d'avance	1 220,00	
1300	Matériel roulant	84 000,00	
1310	Amortissement cumulé – matériel roulant		3 120,00 $
1400	Équipement de bureau	8 200,00	
1410	Amortissement cumulé – équipement de bureau		2 030,00
1700	Ameublement de bureau	4 200,00	
1710	Amortissement cumulé – ameublement de bureau		490,00
2305	TPS à payer		998,00
2310	TVQ à payer		1 991,01
2850	Effet à payer (long terme)		51 455,00
3100	Jasmine Laberge – capital		13 020,00
3300	Jasmine Laberge – retraits	24 000,00	
4270	Revenus de cours		126 400,00
5300	Salaires	21 800,80	
5410	Loyer	12 000,00	
5420	Publicité	6 500,00	
5500	Frais de bureau	655,45	
5600	Entretien et réparations – matériel roulant	9 180,82	
5740	Assurance	4 980,00	
5750	Télécommunications	4 120,65	
5780	Charges d'intérêts	4 250,00	
		199 504,01 $	199 504,01 $

- Le compte *Publicité* comprend une facture de 3 000 $ payée le 1er décembre 20X5 au journal *Voir,* pour des annonces à paraître en décembre, janvier et février.
- L'effet à payer est remboursable le premier de chaque mois. Le taux d'intérêt est de 8 %. Les intérêts n'ont pas été payés au cours du mois de décembre.

Travail à faire

a) Enregistrer dans le journal général les écritures de régularisation de l'École de conduite JL au 31 décembre 20X5.

b) Reporter les régularisations aux comptes en T appropriés.

c) Dresser la balance de vérification régularisée au 31 décembre 20X5.

d) Préparer l'état des résultats, l'état des capitaux propres et le bilan au 31 décembre 20X5.

26. Xavier Brien vous remet la balance de vérification de son entreprise, Eurogym, au 31 décembre 20X7 :

	EUROGYM BALANCE DE VÉRIFICATION au 31 décembre 20X7		
Numéro	Nom du compte	Débit	Crédit
1010	Encaisse	4 362,59 $	
1105	TPS à recevoir	1 345,00	
1110	TVQ à recevoir	2 683,28	
1140	Abonnements à recevoir	977,29	
1160	Effet à recevoir	20 000,00	
1190	Fournitures de bureau	560,00	
1200	Fournitures de gymnase	8 870,00	
1210	Assurance payée d'avance	3 210,00	
1240	Taxes scolaires payées d'avance	420,00	
1400	Équipement de bureau	17 380,00	
1410	Amortissement cumulé – équipement de bureau		3 100,00 $
1500	Équipement de gymnase	78 300,00	
1510	Amortissement cumulé – équipement de gymnase		15 100,00
1900	Bâtiment	175 000,00	
1910	Amortissement cumulé – bâtiment		9 580,00
1960	Terrain	25 000,00	
2100	Fournisseurs		5 530,30
2305	TPS à payer		2 112,00
2310	TVQ à payer		4 213,44
2465	Abonnements perçus d'avance		21 310,00
2905	Emprunt hypothécaire (biens immeubles)		110 000,00
3100	Xavier Brien – capital		122 812,00
3300	Xavier Brien – retraits	36 000,00	
4250	Produits d'abonnements gagnés		268 400,75
4290	Produits d'intérêts		2 150,32
5300	Salaires	141 100,00	
5420	Publicité	14 800,00	
5500	Frais de bureau	2 580,00	
5565	Frais de fournitures de gymnase	5 660,00	
5660	Taxes municipales	4 210,00	
5670	Taxes scolaires	940,00	
5730	Électricité	8 720,20	
5740	Assurance	4 920,00	
5750	Télécommunications	3 670,45	
5780	Charges d'intérêts	3 600,00	
		564 308,81 $	564 308,81 $

Voici les renseignements relatifs à son entreprise :

- Le solde de 977,29 $ du compte *Abonnements à recevoir* représente les sommes à recevoir des membres, au 31 décembre 20X6. Xavier Brien vous remet une liste des membres qui n'ont pas payé leur abonnement. Cette liste indique un total de 925 $ pour cette année.

- Un inventaire a permis d'établir qu'il restait pour 610$ de fournitures de bureau et pour 3 040$ de fournitures de gymnase, au 31 décembre 20X7.

- Le renouvellement de l'assurance annuelle couvrant la période du 1er septembre 20X7 au 31 août 20X8 est de 4 920$.

- Le compte de taxes municipales de 4 210$ couvre l'exercice financier. Quant aux taxes scolaires de 940$, elles couvrent la période du 1er juillet 20X7 au 30 juin 20X8.

- Eurogym amortit ses immobilisations en suivant la méthode de l'amortissement linéaire, en fonction des valeurs et des durées suivantes (aucune acquisition n'a été faite durant l'exercice):

Description des immobilisations	Valeur résiduelle	Durée de vie utile
Équipement de bureau	3 380$	4 ans
Équipement de gymnase	18 300$	6 ans
Bâtiment	0	40 ans

- Le solde du compte *Abonnements perçus d'avance* représente les sommes perçues d'avance au 31 décembre 20X6. Cette année, les abonnements payés d'avance pour la prochaine saison totalisent 18 300$.

- L'emprunt hypothécaire est remboursable par tranches annuelles de 10 000$ plus les intérêts au taux de 6%, le 1er juillet de chaque année. Aucun autre versement n'a été fait depuis le 1er juillet 20X7.

- Les salaires sont versés le vendredi pour les deux semaines de sept jours écoulées. Le 31 décembre 20X7 est un mercredi. La dernière paie date du vendredi 26 décembre. Il s'agissait d'une paie normale de 2 800$.

- Le compte *Effet à recevoir* représente un prêt de 20 000$ accordé à Claude Beaudoin le 1er octobre 20X7, au taux de 4%. L'entreprise n'a encaissé aucun intérêt relativement à ce prêt.

Travail à faire

a) Enregistrer dans le journal général les écritures de régularisation d'Eurogym, au 31 décembre 20X7.

b) Reporter les régularisations aux comptes en T appropriés.

c) Dresser la balance de vérification régularisée au 31 décembre 20X7.

d) Préparer l'état des résultats, l'état des capitaux propres et le bilan au 31 décembre 20X7.

◆ **27. Simon Gravel est propriétaire de l'agence de marketing Marketem.**

Il vous soumet la balance de vérification de son entreprise à la fin de l'exercice, le 31 décembre 20X7:

	MARKETEM BALANCE DE VÉRIFICATION au 31 décembre 20X7			
Numéro	Nom du compte	Débit	Crédit
1010	Encaisse	29 347,74 $	
1100	Clients	28 422,97	
1105	TPS à recevoir	1 235,00	
1110	TVQ à recevoir	2 463,83	
1190	Fournitures de bureau	412,00	
1210	Assurance payée d'avance	780,00	
1300	Matériel roulant	18 500,00	
1310	Amortissement cumulé – matériel roulant		2 250,00 $
1400	Équipement de bureau	51 195,00	
1410	Amortissement cumulé – équipement de bureau		14 349,00
1900	Bâtiment	125 000,00	
1910	Amortissement cumulé – bâtiment		6 250,00
1960	Terrain	25 000,00	
2305	TPS à payer		2 045,00
2310	TVQ à payer		4 079,78
2905	Emprunt hypothécaire (biens immeubles)		85 000,00
3100	Simon Gravel – capital		129 746,00
3300	Simon Gravel – retraits	36 000,00	
4230	Honoraires de consultation		226 744,00
5300	Salaires	123 612,00	
5420	Publicité	3 479,00	
5500	Frais de bureau	3 538,96	
5600	Entretien et réparations – matériel roulant	650,00	
5620	Entretien et réparations – équipement de bureau	844,00	
5660	Taxes municipales	1 858,00	
5670	Taxes scolaires	554,00	
5705	Frais de déplacement	1 762,00	
5710	Frais de représentation	4 285,00	
5730	Électricité	3 620,82	
5740	Assurance	2 520,00	
5750	Télécommunications	2 083,46	
5780	Charges d'intérêts	3 300,00	
		470 463,78 $	470 463,78 $

Voici les renseignements relatifs à son entreprise:

- Des travaux de consultation ont été effectués pour une somme de 6 036,19 $ taxes incluses, mais ils n'ont pas encore été facturés aux Éditions du Nouvel Âge inc.

- Un inventaire des stocks a permis d'établir à 753,09 $ taxes incluses le solde des fournitures en main au 31 décembre 20X7.

- Le solde du compte *Assurance* de 2 520 $ représente le renouvellement de la prime d'assurance annuelle le 1er juin 20X7.

- Marketem amortit ses immobilisations en suivant la méthode d'amortissement linéaire, en fonction des durées et des valeurs résiduelles suivantes:

Description des immobilisations	Valeur résiduelle	Durée de vie utile
Matériel roulant	9 000 $	3 ans
Équipement de bureau	8 145 $	6 ans
Bâtiment	Ø	40 ans

- L'emprunt hypothécaire est remboursable par tranches de 5 000$, le 30 avril de chaque année. Les intérêts, calculés au taux de 11 %, sont payables au même moment.

- Le compte *Honoraires de consultation* comprend une somme de 5 000$ reçue le 23 décembre 20X7 du Laboratoire pharmaceutique Richard inc.; il s'agit d'une avance sur des travaux qui seront effectués au mois de février 20X8.

- Le solde du compte *Taxes scolaires* de 554$ représente le paiement des taxes couvrant la période du 1er juillet 20X7 au 30 juin 20X8.

Travail à faire

a) Enregistrer dans le journal général les écritures de régularisation de Marketem, au 31 décembre 20X7.

b) Reporter les régularisations aux comptes en T appropriés.

c) Dresser la balance de vérification régularisée au 31 décembre 20X7.

d) Préparer l'état des résultats, l'état des capitaux propres et le bilan au 31 décembre 20X7.

28. Alexandre Gauthier vous remet la balance de vérification de son entreprise, Immeubles modernes, au 31 décembre 20X6:

	IMMEUBLES MODERNES BALANCE DE VÉRIFICATION au 31 décembre 20X6		
Numéro	**Nom du compte**	**Débit**	**Crédit**
1010	Encaisse	239 332,34$	
1105	TPS à recevoir	1 678,00	
1110	TVQ à recevoir	3 347,61	
1200	Fournitures d'entretien	1 865,00	
1210	Assurance payée d'avance	1 100,00	
1500	Équipement	5 640,00	
1510	Amortissement cumulé – équipement		1 692,00$
1600	Ameublement	32 880,00	
1610	Amortissement cumulé – ameublement		17 755,00
1900	Bâtiment	2 152 400,00	
1910	Amortissement cumulé – bâtiment		161 430,00
1960	Terrain	352 700,00	
2305	TPS à payer		2 989,00
2310	TVQ à payer		5 963,06
2905	Emprunt hypothécaire (biens immeubles)		1 410 500,00
3100	Alexandre Gauthier – capital		922 711,00
3300	Alexandre Gauthier– retraits	6 000,00	
4140	Loyers gagnés		345 500,00
5300	Salaires	22 000,00	
5420	Publicité	1 432,00	
5550	Frais de fournitures d'entretien	1 300,45	
5640	Entretien et réparations – bâtiment	3 610,26	
5660	Taxes municipales	32 400,00	
5705	Frais de déplacement	2 414,00	
5740	Assurance	6 720,00	
5750	Télécommunications	1 720,40	
		2 868 540,06$	2 868 540,06$

Voici les renseignements relatifs à son entreprise:

- Une analyse du compte *Entretien et réparations – bâtiment* révèle qu'un chèque de 2 000$ émis à l'ordre d'un entrepreneur pour des travaux effectués à la résidence personnelle d'Alexandre Gauthier a été inscrit par erreur au débit de ce compte.

- Alexandre Gauthier vous remet une liste des locataires qui n'ont pas encore payé leur loyer du mois de décembre. Cette liste permet d'évaluer la somme à recevoir à 2 874,38$ taxes incluses.

- Un inventaire des stocks indique qu'il y a pour 1 799,36$ taxes incluses de fournitures non utilisées au 31 décembre 20X6.

- Le solde du compte *Assurance* représente le paiement de la prime d'assurance de l'immeuble; cette police couvre la période du 1er mars 20X6 au 28 février 20X7. Le solde du compte *Assurance payée d'avance* représente la portion non échue de la police d'assurance en vigueur au 31 décembre 20X5.

- Le compte *Taxes municipales* de 32 400$ représente le paiement des taxes municipales applicables à l'exercice en cours.

- L'entreprise amortit ses immobilisations en suivant la méthode d'amortissement linéaire, en fonction des estimations suivantes:

	Valeur résiduelle	Linéaire
Équipement	0%	10 ans
Ameublement	10%	5 ans
Bâtiment	0%	40 ans

- L'emprunt hypothécaire est remboursable le 1er janvier de chaque année de la façon suivante:

Remboursement du capital	55 000$
Taux d'intérêt	5% annuel

Travail à faire

a) Enregistrer dans le journal général les écritures de régularisation des Immeubles modernes au 31 décembre 20X6.

b) Reporter les régularisations aux comptes en T appropriés.

c) Dresser la balance de vérification régularisée au 31 décembre 20X6.

d) Préparer l'état des résultats, l'état des capitaux propres et le bilan au 31 décembre 20X6.

29. **Éva Legrand vous remet la balance de vérification de son entreprise (voir page suivante), l'Institut linguistique Legrand, à la fin de son exercice, le 31 décembre 20X4.**

Voici les renseignements relatifs à son entreprise:

- Certains élèves n'ont pas acquitté les frais relatifs à leurs cours pour le dernier trimestre. Les frais de cours à recevoir s'élèvent à 2 255$.

- Une facture de télécommunications de 534,63$ taxes incluses, reçue à la fin de décembre, n'a pas été comptabilisée.

- Il reste en stock pour 2 661,67$ taxes incluses de fournitures de bureau.

- L'Institut linguistique Legrand amortit l'équipement en suivant la méthode de l'amortissement linéaire, en utilisant une durée de vie de 8 ans. Une valeur résiduelle de 6 000$ a été prévue.

- La valeur résiduelle de l'ameublement de bureau est estimée à 2 500$, et l'entreprise utilise la méthode d'amortissement linéaire sur une période de 10 ans.
- Le bâtiment est amorti en utilisant une durée de 40 ans; on utilise l'amortissement linéaire en tenant compte d'une valeur résiduelle de 12 600$.
- Le compte *Publicité payée d'avance* correspond au solde au début de l'exercice et doit être imputé aux charges. De plus, au 31 décembre 20X4, une facture de 4 024,13$ taxes incluses relative à la promotion des cours du trimestre d'automne n'a pas été comptabilisée.

Numéro	Nom du compte	Débit	Crédit
	INSTITUT LINGUISTIQUE LEGRAND **BALANCE DE VÉRIFICATION** **au 31 décembre 20X4**		
1010	Encaisse	43 204,32$	
1105	TPS à recevoir	1 345,00	
1110	TVQ à recevoir	2 683,28	
1190	Fournitures de bureau	2 345,45	
1210	Assurance payée d'avance	4 400,00	
1250	Publicité payée d'avance	2 000,00	
1500	Équipement	85 475,00	
1510	Amortissement cumulé – équipement		13 460,00$
1700	Ameublement de bureau	52 500,00	
1710	Amortissement cumulé – ameublement de bureau		15 000,00
1900	Bâtiment	292 600,00	
1910	Amortissement cumulé – bâtiment		21 000,00
1960	Terrain	64 000,00	
2305	TPS à payer		2 149,00
2310	TVQ à payer		4 287,26
2905	Emprunt hypothécaire (biens immeubles)		160 000,00
3100	Éva Legrand – capital		258 213,00
3200	Éva Legrand – apports		10 000,00
3300	Éva Legrand – retraits	20 000,00	
4270	Revenus de cours		256 465,00
5300	Salaires	116 500,00	
5420	Publicité	13 965,20	
5500	Frais de bureau	2 105,48	
5640	Entretien et réparations – bâtiment	6 921,95	
5660	Taxes municipales	3 785,00	
5670	Taxes scolaires	630,00	
5730	Électricité	4 367,00	
5740	Assurance	5 520,00	
5750	Télécommunications	7 726,26	
5780	Charges d'intérêts	8 500,32	
		740 574,26$	740 574,26$

- Au 31 décembre 20X4, des frais de cours de 7 300,91$ taxes incluses pour le trimestre d'hiver 20X5 ont été encaissés et portés au crédit du compte *Revenus de cours*.
- Le compte *Assurance* correspond au paiement de la prime d'assurance couvrant la période du 1er décembre 20X4 au 30 novembre 20X5.
- Le compte *Taxes scolaires* de 630$ représente le paiement des taxes scolaires pour la période allant du 1er juillet 20X4 au 30 juin 20X5.

Travail à faire

a) Enregistrer dans le journal général les écritures de régularisation de l'Institut linguistique Legrand au 31 décembre 20X4.

b) Reporter les régularisations aux comptes en T appropriés.

c) Dresser la balance de vérification régularisée au 31 décembre 20X4.

d) Préparer l'état des résultats, l'état des capitaux propres et le bilan au 31 décembre 20X4.

◆ **30.** **Karine Côté vous soumet la balance de vérification de son entreprise, Excavations Karine, à la fin de son exercice, le 31 décembre 20X5. Le comptable de l'entreprise régularise mensuellement certains comptes du grand livre.**

	EXCAVATIONS KARINE BALANCE DE VÉRIFICATION au 31 décembre 20X5		
Numéro	**Nom du compte**	**Débit**	**Crédit**
1010	Encaisse	63 104,09$	
1100	Clients	19 143,34	
1105	TPS à recevoir	897,00	
1110	TVQ à recevoir	1 789,52	
1200	Fournitures d'atelier	1 812,00	
1210	Assurance payée d'avance	2 480,00	
1300	Matériel roulant	255 428,00	
1310	Amortissement cumulé – matériel roulant		65 460,00$
1500	Équipement d'atelier	43 200,00	
1510	Amortissement cumulé – équipement d'atelier		14 175,00
1700	Ameublement de bureau	5 360,00	
1710	Amortissement cumulé – ameublement de bureau		2 635,00
1900	Bâtiment	176 000,00	
1910	Amortissement cumulé – bâtiment		12 833,00
1960	Terrain	24 000,00	
2100	Fournisseurs		7 262,97
2305	TPS à payer		1 225,00
2310	TVQ à payer		2 443,88
2850	Effet à payer (long terme)		120 000,00
2905	Emprunt hypothécaire (biens immeubles)		80 000,00
3100	Karine Côté – capital		293 349,00
3300	Karine Côté – retraits	14 500,00	
4200	Travaux d'excavation		143 621,00
5300	Salaires	64 243,00	
5420	Publicité	1 683,00	
5540	Frais de fournitures d'atelier	13 023,00	
5600	Entretien et réparations – matériel roulant	10 237,00	
5660	Taxes municipales	1 266,00	
5730	Électricité	2 495,00	
5740	Assurance	3 150,00	
5750	Télécommunications	1 224,78	
5780	Charges d'intérêts	4 950,12	
5900	Amortissement – matériel roulant	24 040,00	
5930	Amortissement – équipement d'atelier	4 455,00	
5960	Amortissement – ameublement de bureau	491,00	
5980	Amortissement – bâtiment	4 033,00	
		743 004,85$	743 004,85$

Voici les renseignements relatifs à son entreprise:

- Il reste, en stock, des fournitures d'atelier pour une somme de 2 466,21$ taxes comprises.

- Une prime d'assurance de 3 150$ couvre la période du 1er août 20X5 au 31 juillet 20X6.

Excavations Karine amortit ses immobilisations à l'aide des prévisions suivantes:

Description des immobilisations	Valeur résiduelle	Durée de vie utile
Matériel roulant	15 428$	30 000 heures
Ameublement de bureau	Ø	10 ans
Équipement d'atelier	10%	8 ans
Bâtiment	Ø	40 ans

- Le matériel roulant a été utilisé pour un total de 3 480 heures au cours de l'exercice.

- Une somme de 30 000$ est remboursable sur l'effet à payer le 1er janvier de chaque année. Les intérêts au taux de 13% sont payables à la même date.

- L'emprunt hypothécaire est remboursable pendant 10 ans, le 1er juillet de chaque exercice, par tranches de 10 000$ plus les intérêts, calculés au taux de 11%.

- Les taxes municipales de 1 266$ ont été versées pour l'année 20X5.

- Le 29 décembre 20X5, Karine Côté a crédité le compte *Travaux d'excavation* d'une somme de 1 200$ reçue d'un client pour des travaux qui seront exécutés au mois de janvier 20X6.

- Les salaires sont versés tous les deux vendredis pour la période de 10 jours écoulée. Le 31 décembre 20X5 est un mardi. La paie du 3 janvier 20X6 s'élève à 2 500$. Les employés ne travaillent pas le samedi et le dimanche.

Travail à faire

a) Rédiger les écritures de régularisation d'Excavations Karine au 31 décembre 20X5.

b) Reporter les régularisations aux comptes en T appropriés.

c) Dresser la balance de vérification régularisée au 31 décembre 20X5.

d) Préparer l'état des résultats, l'état des capitaux propres et le bilan au 31 décembre 20X5.

(SUPPLÉMENT D'INFORMATION)

La régularisation des payés et des perçus d'avance

Dans le cadre de ce chapitre, nous avons établi que, dans la plupart des cas, une facture reçue est comptabilisée comme une charge d'exploitation même si, en fin de période ou d'exercice, une partie devra être considérée comme un actif, c'est-à-dire un élément payé d'avance. La même chose se produit pour les sommes perçues d'avance qui sont comptabilisées comme un produit d'exploitation: en fin de période ou d'exercice, on procède alors à l'enregistrement de la dette.

Nous allons donc revoir ici les régularisations à rédiger lorsque la facture reçue et payée a été comptabilisée comme un actif et lorsque la facture émise et encaissée l'a été comme une somme perçue d'avance.

Le loyer payé d'avance

On peut, au moment du débours, comptabiliser une diminution de l'encaisse et une augmentation d'un actif. L'entreprise paie d'avance le loyer de son bureau pour les trois mois à venir, soit décembre, janvier et février, à raison de 1 500 $ par mois. Si le technicien comptable le désire, il peut enregistrer cette transaction en considérant les trois mois de loyer comme un actif, et non comme une charge. L'écriture dans ce cas sera la suivante :

JOURNAL GÉNÉRAL				Page : 15
Date	Nom des comptes et explication	Numéro du compte	Débit	Crédit
20X3				
Déc. 01	Loyer payé d'avance	1220	4 500,00	
	TPS à recevoir	1105	225,00	
	TVQ à recevoir	1110	448,88	
	Encaisse	1010		5 173,88
	(paiement du loyer des mois de décembre,			
	janvier et février)			

L'entreprise possède un actif qui correspond à la possibilité d'utiliser un espace pendant trois mois. À la fin de chaque mois, une partie du loyer payé d'avance qui a permis de réaliser un produit devient une charge. Si l'entreprise ne régularise pas les comptes d'actifs payés d'avance, elle surévalue les actifs qu'elle possède, de même que son bénéfice net.

Le 31 décembre 20X3, le comptable procédera donc à une régularisation pour enregistrer la diminution de valeur de l'actif et comptabiliser la charge qui est maintenant engagée :

JOURNAL GÉNÉRAL				Page : 5
Date	Nom des comptes et explication	Numéro du compte	Débit	Crédit
20X3				
Déc. 31	Loyer	5410	1 500,00	
	Loyer payé d'avance	1220		1 500,00
	(pour enregistrer la charge de loyer pour			
	décembre)			

Voici l'effet de la régularisation des comptes *Loyer payé d'avance* et *Loyer* au 31 décembre 20X3 :

Loyer payé d'avance (actif) N° 1220		Loyer (charge) N° 5410	
Débit	**Crédit**	**Débit**	**Crédit**
Émission d'un chèque (3 mois)		Augmentation de la charge (1 mois)	
1er déc. 4 500,00		31 déc. 1 500,00	
	Diminution de l'actif (1 mois) 1 500,00		
Solde régularisé 3 000,00		Solde régularisé 1 500,00	

Les fournitures de bureau

Le commis comptable peut enregistrer les achats de fournitures dans le compte d'actif *Fournitures de bureau*. À la fin de l'exercice, après avoir fait un inventaire des stocks, on constate qu'il n'y en a plus que pour 800$. Or, la balance de vérification indique une somme débitrice de 2 500$. La différence, soit 1 700$, représente des fournitures qui ont été utilisées par les employés : crayons, papier, cartouches d'encre, correcteurs, etc.

Le 31 décembre 20X3, la régularisation suivante tient compte de cette situation en créditant l'actif *Fournitures de bureau* et en débitant la charge *Frais de bureau* :

JOURNAL GÉNÉRAL				Page : 5
Date	**Nom des comptes et explication**	**Numéro du compte**	**Débit**	**Crédit**
20X3				
Déc. 31	Frais de bureau	5500	1 700,00	
	Fournitures de bureau	1190		1 700,00
	(à la suite de l'inventaire des fournitures de			
	bureau, on constate qu'il n'y en a plus que			
	pour 800$)			

L'actif *Fournitures de bureau* diminue au crédit de 1 700$. Cette somme est transférée au débit, dans le compte de charge *Frais de bureau*. On remarque que la somme des deux comptes n'a pas changé à la suite de cette écriture de régularisation, puisqu'il s'agit d'un transfert d'argent entre deux comptes :

	Fournitures de bureau (actif)	Frais de bureau (charge)	Somme des deux comptes
Somme avant régularisation	2 500$	Ø	2 500$
Somme après régularisation	800$	1 700$	2 500$

ACTIF (BILAN)

Fournitures de bureau   N° 1190

	Débit	Crédit	
20X3			
Mai 12	1 200,00		
Août 25	950,00		
Août 12	350,00		
Solde	2 500,00	1 700,00	Régularisation
Solde au 31 déc.	800,00		

CHARGE (ÉTAT DES RÉSULTATS)

Frais de bureau   N° 5500

	Débit	Crédit
20X3		
Solde au 31 déc.	Ø	
Régularisation	1 700,00	
Solde au 31 déc.	1 700,00	

L'assurance payée d'avance

Le 1er octobre 20X3, au moment de l'achat d'une automobile, l'entreprise a souscrit une police d'assurance. La prime payée ce jour-là s'élevait à 1 200$ incluant la taxe (1 142,86$ × 1,05 %) ; la police d'assurance est valable pour une période d'un an. La prime payée a été enregistrée dans le compte *Assurance payée d'avance*.

Voici l'écriture rédigée alors par le comptable :

JOURNAL GÉNÉRAL					Page : 4
Date	Nom des comptes et explication	Numéro du compte	Débit	Crédit
20X3				
Oct. 01	Assurance payée d'avance	1210	1 200,00	
	Encaisse	1010		1 200,00
	(paiement de la prime d'assurance pour la période			
	du 1er octobre 20X3 au 30 septembre 20X4)			

Cependant, à la fin de l'exercice, au 31 décembre 20X3, une portion seulement de la prime de 1 200 $ doit être considérée comme une charge. La somme qui représente la couverture d'assurance pour les mois d'octobre, novembre et décembre est devenue une charge alors que la couverture d'assurance de janvier 20X4 à septembre 20X4 demeure un actif : *Assurance payée d'avance.* Au 31 décembre 20X3, il faut donc procéder à une écriture de régularisation, car le compte d'actif *Assurance payée d'avance* est surévalué à cette date.

En suivant un processus simple, on arrive facilement à rédiger l'écriture de régularisation en date du 31 décembre 20X3.

Étape 1 : Déterminer les dates de couverture de la police d'assurance et les dates de fin d'exercice

Il faut déterminer, à l'aide d'un schéma si nécessaire, la portion de l'assurance qui est payée d'avance et la portion qui représente une charge à la date de fin d'exercice, soit au 31 décembre 20X3 :

Charge pour 20X3	Assurance payée d'avance au 01-01-20X4
3 mois :	9 mois :
3/12 de 1 200,00 $	9/12 de 1 200,00 $
300,00 $	**900,00 $**

← **10-01-20X4**

Prime payée lors du renouvellement pour un an : 1 320,00 $	
Charge pour 20X4	Assurance payée d'avance au 20X5-01-01
3 mois :	9 mois :
3/12 de 1 320,00 $	9/12 de 1 320,00 $
330,00 $	**990,00 $**

← **01-01-20X4**   ← **31-12-20X4**

Charge de l'exercice du 1er janvier au 31 décembre 20X4	
1 200,00 $ × 9/12 = **900,00 $**	1 320,00 $ × 3/12 = **330,00 $**

1 230,00 $

Étape 2: Calculer la portion de la prime d'assurance qui représente l'assurance payée d'avance à la date de fin d'exercice

À l'aide du schéma, on constate que la couverture de la police d'assurance chevauche deux exercices, car elle couvre la période du 1er octobre 20X3 au 30 septembre 20X4. Comme l'exercice se termine le 31 décembre 20X3, il reste neuf mois de couverture d'assurance, qui seront applicables au prochain exercice. La portion payée d'avance à la date de fin d'exercice représente donc 900$, soit 1 200$ × 9 mois / 12 mois. Le solde du compte d'actif à court terme *Assurance payée d'avance* doit donc être de 900$ au 31 décembre 20X3. Le détail du calcul peut se présenter comme suit:

Montant total de la facture comptabilisée à la charge	1 200$
Portion payée d'avance à la date de fin d'exercice	9 mois / 12 mois
Solde du compte *Assurance payée d'avance* à obtenir	1 200$ × 9/12 = 900$

Étape 3: Rédiger l'écriture de régularisation, compte tenu des soldes existant dans le grand livre

En date du 31 décembre 20X3, le solde du compte *Assurance payée d'avance* est de 1 200$. À l'étape précédente, nous avons déterminé que le solde de ce compte doit être de 900$. Il faut rédiger une écriture pour régulariser ce compte afin que son solde soit de 900$ au lieu de 1 200$. Nous devons donc débiter le compte *Assurance* de 300$ et créditer le compte *Assurance payée d'avance* de la même somme afin d'obtenir le solde désiré:

JOURNAL GÉNÉRAL				Page: 5
Date	**Nom des comptes et explication**	**Numéro du compte**	**Débit**	**Crédit**
20X3				
Déc. 31	Assurance	5740	300,00	
	Assurance payée d'avance	1210		300,00
	(pour régulariser les comptes *Assurance*			
	et *Assurance payée d'avance*)			

Le solde du compte *Assurance payée d'avance* est maintenant de 900$ **1**, comme désiré:

Assurance		**N° 5740**
	Débit	**Crédit**
20X3		
Régularisation	300,00	
Solde régularisé	300,00	

Assurance payée d'avance		**N° 1210**
	Débit	**Crédit**
20X3		
1er oct.	1 200,00	
	1 200,00	
		300,00 Régularisation
Solde régularisé	**1** 900,00	

Le 1er octobre 20X4, lors du renouvellement de la police d'assurance couvrant l'automobile de l'entreprise, le comptable enregistre le paiement de la prime de 1 320$ (1 257,14$ × 1,05 %) de la même façon qu'il l'a fait le 1er octobre 20X3:

JOURNAL GÉNÉRAL				Page : 11
Date	Nom des comptes et explication	Numéro du compte	Débit	Crédit
20X4				
Oct. 01	Assurance payée d'avance	1210	1 320,00	
	Encaisse	1010		1 320,00
	(pour enregistrer le paiement du renouvelle-			
	ment de la prime d'assurance automobile;			
	cette somme inclut la taxe provinciale de 5%			
	qui est non récupérable)			

Cependant, à la fin de l'exercice, au 31 décembre 20X4, une portion seulement de la prime de 1 320$ peut être considérée comme un payé d'avance. À cette date, neuf mois de couverture d'assurance ne seront pas encore engagés, du 1er janvier au 1er octobre, soit 1 320$ × 9 mois / 12 mois, ce qui représente 990$. C'est donc le montant d'assurance payé d'avance que nous devrons avoir dans ce compte au 31 décembre 20X4.

En suivant un processus simple, on arrive facilement à rédiger l'écriture de régularisation en date du 31 décembre 20X4.

Étape 1 : Déterminer les dates de couverture de la police d'assurance et les dates de fin d'exercice

Il faut déterminer, à l'aide d'un schéma si nécessaire, la portion de l'assurance qui est payée d'avance et la portion qui représente une charge à la date de fin d'exercice, soit au 31 décembre 20X4 (voir la figure page 287).

Étape 2 : Calculer la portion de la prime d'assurance qui représente l'assurance payée d'avance à la date de fin d'exercice

À l'aide du schéma, on constate que la couverture de la police d'assurance chevauche deux exercices, car elle couvre la période du 1er octobre 20X4 au 30 septembre 20X5. Comme l'exercice se termine le 31 décembre 20X4, il reste neuf mois de couverture d'assurance, qui seront applicables au prochain exercice. La portion payée d'avance à la date de fin d'exercice représente donc 990$, soit 1 320$ × 9 mois / 12 mois. Le solde du compte d'actif à court terme *Assurance payée d'avance* doit donc être de 990$ au 31 décembre 20X4. Le détail du calcul peut se présenter comme suit :

Montant contenu dans le compte au 1er janvier 20X4	900$
Plus : Montant de la facture comptabilisée à l'actif	1 320
Égale : Solde du compte *Assurance payée d'avance* avant la régularisation	2 220$
Portion payée d'avance à la date de fin d'exercice : 9 mois / 12 mois	
Solde du compte *Assurance payée d'avance* à obtenir : 1 320$ × 9/12	990$
Montant à transférer au compte de charge *Assurance*	1 230$

Étape 3 : Rédiger l'écriture de régularisation, compte tenu des soldes existant dans le grand livre

En date du 31 décembre 20X4, le solde du compte *Assurance payée d'avance* est de 2 220$. Ce solde représente la somme qui était payée d'avance lors de l'exercice précédent plus la prime payée le 1er octobre 20X4. À l'étape précédente, nous avons déterminé que le solde de ce compte doit être de 990$. Il faut rédiger une écriture pour régulariser ce compte afin que son solde soit de 990$ au lieu de 2 220$. Nous devons donc débiter le compte de charge *Assurance* de 1 230$ et créditer le compte *Assurance payée d'avance* de la même somme afin d'obtenir le solde désiré.

JOURNAL GÉNÉRAL					Page : 12
Date	Nom des comptes et explication	Numéro du compte	Débit	Crédit
20X4				
Déc. 31	Assurance	5740	1 230,00	
	Assurance payée d'avance	1210		1 230,00
	(pour régulariser les comptes *Assurance*			
	et *Assurance payée d'avance*)			

Le solde du compte *Assurance payée d'avance* est maintenant de 990$ **1**, comme désiré :

Assurance payée d'avance		N° 1210
	Débit	Crédit
20X4		
Solde au 1er oct.	900,00	
1er oct.	1 320,00	
	2 220,00	
		1 230,00 Régularisation
Solde régularisé	**1** 990,00	

Assurance		N° 5740
	Débit	Crédit
20X4		
Régularisation	1 230,00	
Solde régularisé	1 230,00	

MISE EN SITUATION ▶

L'abonnement perçu d'avance et les produits d'abonnements gagnés

TIK reçoit des sommes d'argent pour des abonnements d'un an donnant accès à ses installations.

À la réception de l'argent, l'entreprise peut enregistrer une dette qui diminue à mesure que les mois s'écoulent et que les membres bénéficient de leurs abonnements. Le comptable crédite alors le compte de passif *Abonnements perçus d'avance*.

À la fin de l'exercice, l'entreprise a réalisé une partie des produits d'exploitation par rapport aux sommes perçues durant l'année (37 800$).

Une liste des abonnements révèle qu'il ne reste qu'un total de 3600$ quant aux abonnements pour le prochain exercice. Une somme de 34 200, soit 37 800$ – 3 600$, est donc réalisée. La comptabilisation des produits gagnés s'effectue par l'écriture de régularisation suivante :

JOURNAL GÉNÉRAL					Page : 6
Date	Nom des comptes et explication	Numéro du compte	Débit	Crédit
20X3				
Déc. 31	Abonnements perçus d'avance	2465	34 200,00	
	Produits d'abonnements gagnés	4250		34 200,00
	(produits gagnés : 37 800$ – 3 600$ = 34 200$)			

Les deux comptes de la balance de vérification touchés se présentent ainsi :

PRODUIT (ÉTAT DES RÉSULTATS)		
Produits d'abonnements gagnés		N° 4250
Débit	Crédit	
		20X3
	Ø	Solde au 31 déc.
	34 200,00	Régularisation
	34 200,00	Solde régularisé

PASSIF (BILAN)		
Abonnements perçus d'avance		N° 2465
Débit	Crédit	
		20X3
	37 800,00	Solde au 31 déc.
Régularisation	34 200,00	
	3 600,00	Solde régularisé

(PROBLÈMES)

La régularisation des fournitures et des fournitures utilisées

31. Reporter les sommes du tableau suivant aux comptes de grand livre (ou aux comptes en T) liés, et enregistrer dans le journal général les écritures de régularisation relatives aux fournitures au 31 décembre 20X5, sachant qu'on a débité le compte *Fournitures de bureau* pour enregistrer les achats.

	Fournitures de bureau au 1er janvier 20X5	Achats de fournitures	Frais de bureau	Fournitures de bureau au 31 décembre 20X5
a)	2 100 $	1 500 $	1 700 $	? $
b)	4 512 $	8 615 $	? $	3 786 $
c)	3 075 $	? $	3 172 $	3 240 $
d)	? $	422 $	669 $	245 $

32. Reporter les sommes du tableau suivant aux comptes de grand livre (ou aux comptes en T) liés, et enregistrer dans le journal général les écritures de régularisation relatives aux fournitures d'atelier au 31 décembre 20X3, sachant que les achats ont été comptabilisés dans le compte *Fournitures d'atelier.*

	Fournitures d'atelier au 1er janvier 20X3	Achats de fournitures	Frais d'atelier	Fournitures d'atelier au 31 décembre 20X3
a)	? $	6 100 $	8 300 $	1 000 $
b)	745 $	? $	1 000 $	560 $
c)	12 923 $	45 816 $	? $	13 497 $
d)	9 184 $	18 615 $	18 900 $	? $

La régularisation de l'assurance et de l'assurance payée d'avance

33. Voici le détail de l'assurance payée d'avance par l'entreprise Excavation Danick Constantineau, pour l'exercice terminé le 31 décembre 20X7 :

Durée	Assurance payée d'avance au 1er janvier 20X7	Primes payées (renouvellements)
01 mai 20X6 au 30 avr. 20X7	2 600 $	8 040 $

Travail à faire

Enregistrer dans le journal général l'écriture de régularisation relative à la police d'assurance d'Excavation Danick Constantineau au 31 décembre 20X7, sachant que la prime de renouvellement a été portée au débit du compte *Assurance payée d'avance.*

34. Voici le détail de l'assurance incendie payée d'avance par les Immeubles Joannie Perrier pour l'exercice terminé le 31 décembre 20X4:

Durée	Assurance payée d'avance au 1er janvier 20X4	Primes payées (renouvellements)
01 sept. 20X3 au 31 août 20X4	2 560 $	3 660 $

Travail à faire

Enregistrer dans le journal général l'écriture de régularisation relative à la police d'assurance incendie des Immeubles Joannie Perrier, au 31 décembre 20X4. À noter que la prime versée au moment du renouvellement a été portée au débit du compte *Assurance payée d'avance*.

◆ **35. Voici le détail des polices d'assurance de l'entreprise Gestion efficace pour l'exercice terminé le 31 décembre 20X2:**

Numéro de la police	Durée	Assurance payée d'avance au 1er janvier 20X2	Primes payées (renouvellements)
ADF-14	01 juin 20X1 au 31 mai 20X2	450 $	1 200 $
CHL-57	01 sept. 20X1 au 31 août 20X2	1 200 $	1 920 $
		1 650 $	3 120 $

Travail à faire

Enregistrer dans le journal général l'écriture de régularisation relative aux polices d'assurance de Gestion efficace au 31 décembre 20X2, sachant qu'on a débité le compte *Assurance payée d'avance* pour enregistrer les primes de renouvellement.

◆ **36. Voici le détail des polices d'assurance de l'entreprise Fyaz, pour l'exercice terminé le 31 décembre 20X3:**

Numéro de la police	Durée	Assurance payée d'avance au 1er janvier 20X4	Primes payées (renouvellements)
JMJ-14	01 mars 20X3 au 28 févr. 20X4	520 $	3 360 $
ADN-57	01 août 20X3 au 31 juill. 20X4	2 100 $	3 840 $
		2 620 $	7 200 $

Travail à faire

Enregistrer dans le journal général l'écriture de régularisation relative aux polices d'assurance de Fyaz au 31 décembre 20X3, sachant que les primes de renouvellement ont été portées au débit du compte *Assurance payée d'avance*.

◆ **37. Voici le détail des polices d'assurance des Rénovations impériales, pour l'exercice terminé le 31 décembre 20X4:**

Numéro de la police	Durée	Assurance payée d'avance au 1er janvier 20X4	Primes payées (renouvellements)
KLM-332	01 oct. 20X4 au 30 sept. 20X5	3 465 $	4 980 $
JVC-472	01 avr. 20X3 au 31 mars 20X4	60 $	300 $

Travail à faire

Enregistrer dans le journal général les écritures relatives aux assurances payées d'avance par l'entreprise Rénovations impériales au 31 décembre 20X4, sachant que les paiements ont été portés au débit du compte *Assurance payée d'avance*.

◆ **38.** Voici le détail des polices d'assurance de Croissant pour l'exercice terminé le 31 décembre 20X5:

Numéro de la police	Durée	Assurance payée d'avance au 1ᵉʳ janvier 20X5	Primes payées (renouvellements)
OPC-485	01 oct. 20X4 au 30 sept. 20X5	3 060$	12 480$
OPS-760	01 avr. 20X3 au 31 mars 20X4	810$	1 200$

Travail à faire

Enregistrer dans le journal général les écritures relatives aux assurances payées d'avance par Croissant au 31 décembre 20X5, sachant qu'on a débité le compte *Assurance payée d'avance* pour enregistrer les paiements.

La régularisation des produits perçus d'avance et des produits gagnés

39. Reporter les sommes du tableau suivant aux comptes de grand livre (ou aux comptes en T) liés, et enregistrer dans le journal général les écritures de régularisation relatives aux honoraires perçus d'avance, au 31 décembre 20X5. Poser comme hypothèse que tous les encaissements relatifs aux produits ont été inscrits directement au crédit du compte *Honoraires professionnels*.

	Honoraires perçus d'avance au 1ᵉʳ janvier 20X5	Encaissement de l'exercice 20X5	Honoraires professionnels (produits)	Honoraires perçus d'avance au 31 décembre 20X5
a)	6 500$	122 400$	122 700$	?$
b)	4 250$	85 600$	?$	5 140$
c)	15 325$	?$	221 612$	17 845$
d)	?$	64 632$	64 717$	1 025$

40. Reporter les sommes du tableau suivant aux comptes de grand livre (ou aux comptes en T) liés, et enregistrer dans le journal général les écritures de régularisation relatives aux abonnements perçus d'avance, au 31 décembre 20X5. Poser comme hypothèse que tous les encaissements relatifs aux abonnements ont été portés au crédit du compte *Abonnements perçus d'avance*.

	Abonnements perçus d'avance au 1ᵉʳ janvier 20X5	Encaissement de l'exercice 20X5	Abonnements gagnés (produits)	Abonnements perçus d'avance au 31 décembre 20X5
a)	?$	156 300$	157 350$	11 450$
b)	21 600$	?$	1 000$	23 210$
c)	3 500$	18 610$	?$	550$
d)	19 120$	525 350$	508 070$	?$

CAS ÉVOLUTIF

Fin de l'exercice financier

Intergolf termine son premier exercice financier le 31 décembre 20X6. En effet, les exercices financiers des entreprises à propriétaire unique doivent se terminer à cette date. Ce premier exercice ne compte donc qu'un seul mois. Cependant, le prochain en comptera 12, comme l'année civile. Carl-Alexandre Michaud doit maintenant préparer des états financiers officiels. Il vous remet la balance de vérification de son entreprise :

	INTERGOLF BALANCE DE VÉRIFICATION au 31 décembre 20X6		
Numéro	**Nom du compte**	**Débit**	**Crédit**
1010	Encaisse	4 042,94 $	
1100	Clients	804,83	
1105	TPS à recevoir	1 162,93	
1110	TVQ à recevoir	2 319,92	
1190	Fournitures de bureau	600,00	
1210	Assurance payée d'avance	480,00	
1300	Matériel roulant	15 000,00	
1400	Équipement de bureau	3 200,00	
1500	Équipement de golf	1 200,00	
1700	Ameublement de bureau	1 200,00	
2100	Fournisseurs		804,83 $
2305	TPS à payer		272,50
2310	TVQ à payer		543,64
2850	Effet à payer (long terme)		9 754,00
3100	Carl-Alexandre Michaud – capital		15 936,10
3200	Carl-Alexandre Michaud – apports		195,55
3300	Carl-Alexandre Michaud – retraits	400,00	
4270	Revenus de cours		5 450,00
5300	Salaires	400,00	
5415	Location de gymnase	1 200,00	
5420	Publicité	250,00	
5500	Frais de bureau	89,00	
5600	Entretien et réparations – matériel roulant	152,00	
5715	Essence	81,08	
5730	Électricité	120,00	
5750	Télécommunications	165,00	
5780	Charges d'intérêts	67,00	
5790	Frais bancaires	22,00	
		32 956,62 $	32 956,62 $

Carl-Alexandre Michaud désire des états financiers exempts d'erreurs, car ils serviront à produire ses déclarations de revenus et, peut-être, à négocier un emprunt bancaire. Voici les renseignements concernant son entreprise :

- Carl-Alexandre effectue le dénombrement des fournitures de bureau. Il en reste pour 500$.
- La prime d'assurance de 480$ versée aux Assurances Nguyen couvre la période du 1er décembre 20X6 au 30 novembre 20X7.
- Intergolf amortit ses immobilisations selon la méthode de l'amortissement linéaire, en fonction des estimations suivantes (l'exercice ne compte qu'un seul mois):

Description des immobilisations	Valeur résiduelle	Durée de vie utile
Matériel roulant	1 200$	5 ans
Équipement de bureau	Ø	4 ans
Équipement de golf	700$	5 ans
Ameublement de bureau	Ø	10 ans

- Les intérêts sur l'effet à payer n'ont pas été versés depuis le 23 décembre 20X6 (8 jours sur 365 jours).
- Julie Daho n'a pas été payée pour 6 heures de travail, au taux horaire de 15$.
- Le chèque n° 6 émis à l'ordre du journal *L'Écho* concerne des annonces à paraître aux mois de décembre 20X6 et janvier 20X7.

Travail à faire

a) Enregistrer au journal général les écritures de régularisation d'Intergolf au 31 décembre 20X6 (arrondir au dollar près), en s'aidant du plan comptable qui se trouve à la fin de l'ouvrage.

b) Reporter les régularisations dans les comptes en T appropriés.

c) Dresser la balance de vérification régularisée au 31 décembre 20X6.

d) Préparer l'état des résultats, l'état des capitaux propres et le bilan au 31 décembre 20X6.

CHAPITRE 6

Le cycle comptable complet et le chiffrier

Au chapitre précédent, nous avons appris comment obtenir des états financiers les plus exacts possible grâce à l'enregistrement des écritures de régularisation. Mais y a-t-il d'autres tâches à effectuer afin de compléter le cycle comptable? Ne pourrait-on visualiser l'impact des régularisations plus facilement?

Dans ce chapitre, nous serons en mesure de répondre à ces questions grâce aux écritures de clôture et à la balance de vérification après clôture pour ainsi compléter le cycle comptable complet d'une entreprise de service. Par la suite, nous apprendrons à utiliser le chiffrier, outil de travail qui facilite la préparation des régularisations et des autres tâches de fin de période.

OBJECTIFS D'APPRENTISSAGE

— Appliquer les dernières étapes du cycle comptable complet d'une entreprise de service sans le chiffrier.

— Comprendre l'utilité d'un chiffrier et la façon de l'établir.

— Appliquer plusieurs étapes du cycle comptable complet d'une entreprise de service à l'aide du chiffrier.

MISE EN SITUATION

Amélie Hamelin, propriétaire de Tennis Intérieur Knowlton

Tennis Intérieur Knowlton (TIK) est en activité depuis 20X2. Cette entreprise loue des terrains de tennis et de badminton et offre des cours aux joueurs. Elle rentabilise aussi l'utilisation de sa bâtisse en offrant en location des locaux qu'elle n'utilise pas. Amélie Hamelin en est la seule propriétaire. Comme elle vient d'apprendre que vous suivez des cours de comptabilité, elle vous demande de l'aider à terminer son exercice financier durant la période des Fêtes. Vous aurez à préparer le chiffrier, qui facilitera la régularisation des comptes de grand livre, à préparer les états financiers et à rédiger les écritures de clôture.

> Amélie vous demande de l'aider à terminer son exercice financier : préparer le chiffrier ainsi que les états financiers et rédiger les écritures de clôture.

6.1 Le cycle comptable complet

Cycle comptable complet

Diverses étapes dont le but ultime est de préparer les états financiers et de clôturer les comptes afin que le grand livre soit prêt pour le début d'un nouvel exercice

Au chapitre précédent, nous avons appris la notion de cycle comptable étendu. Donc, une fois les transactions courantes enregistrées et la balance de vérification dressée, le comptable doit enregistrer les écritures de régularisation, dresser la balance de vérification régularisée et préparer les états financiers. Nous allons maintenant ajouter deux étapes à ce processus : l'enregistrement des écritures de clôture et la préparation de la balance de vérification après clôture. Avec l'ajout de ces deux étapes, nous obtiendrons le cycle comptable complet tel qu'il est illustré à la figure 6.1.

FIGURE **6.1** **LE CYCLE COMPTABLE COMPLET**

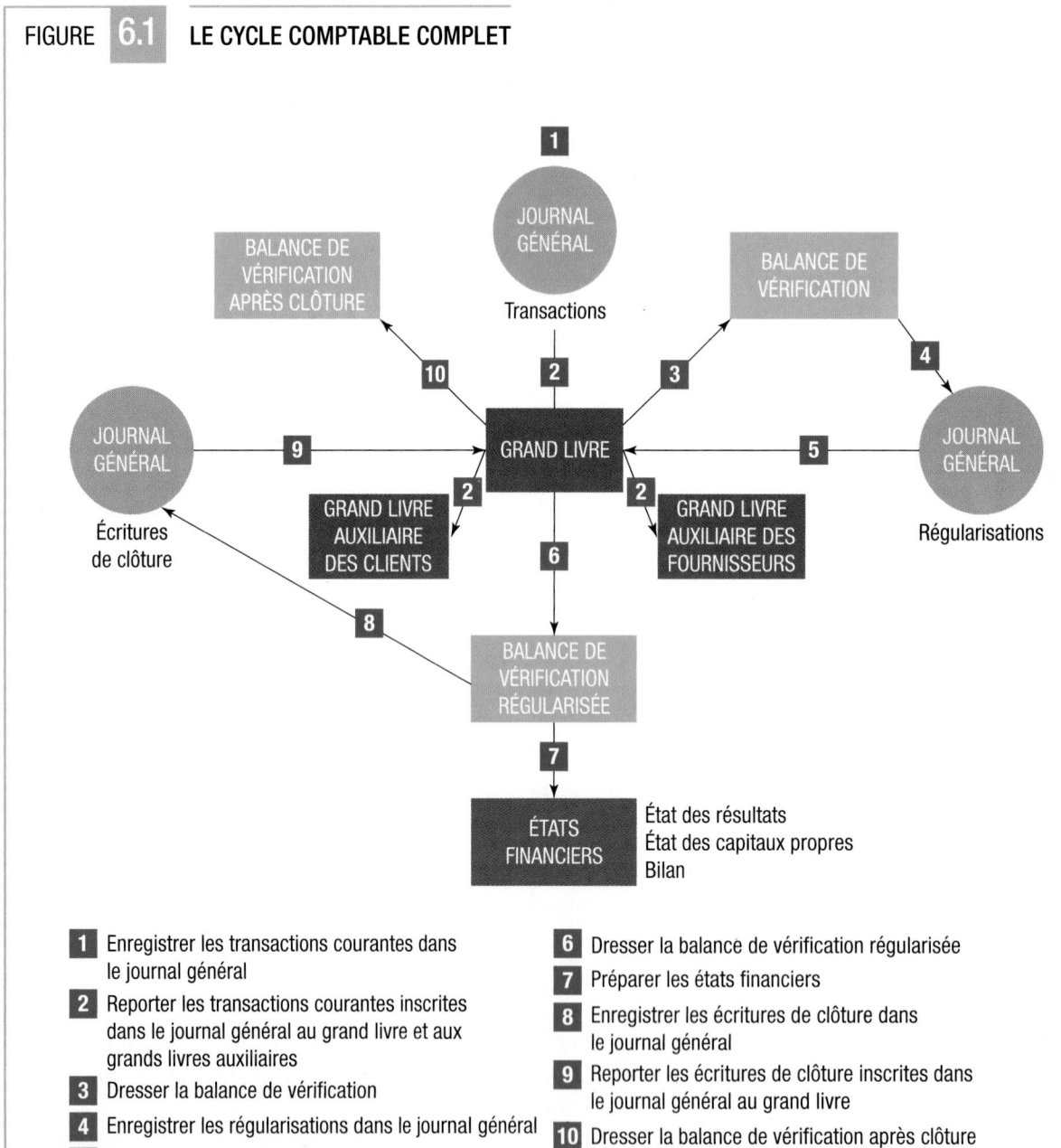

1 Enregistrer les transactions courantes dans le journal général

2 Reporter les transactions courantes inscrites dans le journal général au grand livre et aux grands livres auxiliaires

3 Dresser la balance de vérification

4 Enregistrer les régularisations dans le journal général

5 Reporter les régularisations inscrites dans le journal général au grand livre

6 Dresser la balance de vérification régularisée

7 Préparer les états financiers

8 Enregistrer les écritures de clôture dans le journal général

9 Reporter les écritures de clôture inscrites dans le journal général au grand livre

10 Dresser la balance de vérification après clôture

6.1.1 Les écritures de clôture

Pour qu'on soit en mesure de déterminer le bénéfice net d'un exercice financier, il faut que le solde des comptes de produit et de charge soit égal à zéro au début de cet exercice. Ainsi, les produits et les charges d'un exercice sont déterminés directement à partir du solde de chacun des comptes de produits et de charges contenus dans le grand livre.

En effet, le principe du rattachement des charges aux produits implique que, pour un exercice donné, on doive déterminer tous les produits et seulement les produits de cet exercice, puis appliquer à ces produits toutes les charges et seulement les charges engagées pour les gagner.

Les écritures de clôture ont donc comme objectif de fermer, de solder à zéro, les comptes de produits et de charges à la fin de chaque exercice pour commencer un tout nouvel exercice sans qu'aucun montant ne soit inscrit dans ces comptes. De plus, cela facilitera le respect du principe du rattachement des charges aux produits expliqué dans le chapitre précédent.

En plus de fermer les comptes de produits et de charges, les écritures de clôture permettent de transférer l'excédent des produits sur les charges au compte *Capital – propriétaire* ou l'excédent des charges sur les produits lorsque l'entreprise a subi une perte d'exploitation. Elles permettent aussi de transférer les apports et les retraits de l'exercice dans ce même compte de façon à obtenir le nouveau solde.

Écriture de clôture

Écriture enregistrée par le comptable à la fin de l'exercice afin de transférer les soldes des comptes de produits et de charges dans le compte *Sommaire des résultats* et, de là, dans le compte *Capital – propriétaire* (ou dans le compte *Bénéfices non répartis* dans le cas d'une société par actions). Cette écriture sert aussi à transférer les retraits et les apports dans le compte *Capital – propriétaire* (ou à transférer les dividendes dans le compte *Bénéfices non répartis* dans le cas d'une société par actions).

Il est important de préciser que les écritures de clôture sont enregistrées seulement une fois par année, à la date de fin d'exercice. Bien qu'il soit possible d'appliquer le cycle comptable étendu à la fin de chaque mois afin de préparer des états financiers mensuels à partir de comptes de grand livre dont le solde a été régularisé, le cycle comptable complet (incluant la clôture des comptes et le report des écritures de clôture au grand livre) ne doit se faire qu'une seule fois en fin d'exercice afin de remettre à zéro le solde des comptes de produits et de charges ainsi que le solde des comptes *Apports* et *Retraits*.

Sommaire des résultats

Compte du grand livre où sont transférés les soldes des comptes de produit et de charge à la fin d'un exercice en vue de déterminer le résultat net de l'exercice à reporter au compte *Capital – propriétaire* (ou au compte *Bénéfices non répartis* dans le cas d'une société par actions).

Les écritures de clôture nous obligent à utiliser un nouveau compte de grand livre : le compte *Sommaire des résultats*. On y reporte, en total, les produits et les charges. La différence entre les deux, le bénéfice net ou la perte nette, est alors transférée dans le compte *Capital – propriétaire*. On le qualifie de « compte transitoire » parce qu'il ne contient des montants que pendant une courte période, le temps que dure l'opération qui vise à fermer les comptes de produits et de charges. Pendant le reste de l'exercice, ce compte a un solde nul.

Certains comptables n'utilisent pas le compte *Sommaire des résultats*, mais transfèrent en total les produits et les charges directement dans le compte *Capital – propriétaire*.

On doit habituellement suivre les quatre étapes suivantes pour rédiger les écritures de clôture (voir le tableau 6.1 à la page 301). Notons que ces dernières sont légèrement différentes dans le cas d'une entreprise commerciale.

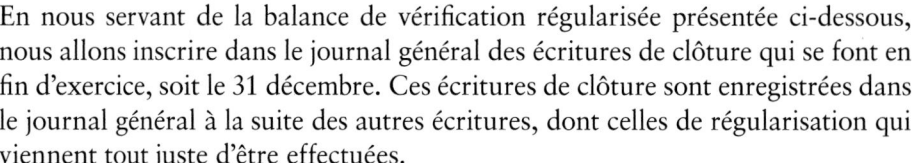

MISE EN SITUATION ▶ En nous servant de la balance de vérification régularisée présentée ci-dessous, nous allons inscrire dans le journal général des écritures de clôture qui se font en fin d'exercice, soit le 31 décembre. Ces écritures de clôture sont enregistrées dans le journal général à la suite des autres écritures, dont celles de régularisation qui viennent tout juste d'être effectuées.

	TENNIS INTÉRIEUR KNOWLTON BALANCE DE VÉRIFICATION RÉGULARISÉE au 31 décembre 20X4		
Numéro	**Nom du compte**	**Débit**	**Crédit**
1010	Encaisse	6 563,05$	
1100	Clients	9 585,25	
1105	TPS à recevoir	478,75	
1110	TVQ à recevoir	955,11	
1125	Honoraires de gestion à recevoir	1 780,00	
1190	Fournitures de bureau	1 640,00	
1210	Assurance payée d'avance	990,00	
1220	Loyer payé d'avance	3 200,00	
1300	Matériel roulant	45 000,00	
1310	Amortissement cumulé – matériel roulant		3 200,00$
1500	Équipement	60 000,00	
1510	Amortissement cumulé – équipement		31 200,00
1700	Ameublement de bureau	21 000,00	
1710	Amortissement cumulé – ameublement de bureau		5 000,00
1900	Bâtiment	450 000,00	
1910	Amortissement cumulé – bâtiment		51 000,00
1960	Terrain	30 000,00	
2100	Fournisseurs		51 055,92
2305	TPS à payer		3 187,50
2310	TVQ à payer		6 359,06
2350	Salaires à payer		2 340,00
2450	Intérêts à payer		662,33
2465	Abonnements perçus d'avance		4 230,00
2905	Emprunt hypothécaire (biens immeubles)		121 811,10
3100	Amélie Hamelin – capital		200 000,00
3300	Amélie Hamelin – retraits	12 000,00	
4120	Services rendus		282 258,99
4130	Honoraires de gestion		16 780,00
4250	Produits d'abonnements gagnés		37 020,00
5300	Salaires	65 420,00	
5410	Loyer	19 000,00	
5420	Publicité	13 429,25	
5500	Frais de bureau	8 241,50	
5730	Électricité	10 540,17	
5740	Assurance	1 230,00	
5750	Télécommunications	3 736,69	
5780	Charges d'intérêts	8 615,13	
5900	Amortissement – matériel roulant	2 000,00	
5930	Amortissement – équipement	19 200,00	
5960	Amortissement – ameublement de bureau	4 000,00	
5980	Amortissement – bâtiment	17 500,00	
		816 104,90$	816 104,90$

TABLEAU **6.1** ▶ Les étapes à suivre pour rédiger les écritures de clôture

ÉTAPE	DESCRIPTION
Étape 1	On débite individuellement chacun des comptes de produits et on crédite en total des produits dans le compte *Sommaire des résultats*.
Étape 2	On crédite individuellement chacun des comptes de charge et on débite le compte *Sommaire des résultats* du total des charges.
Étape 3	Si l'on a un bénéfice net, c'est-à-dire si le compte *Sommaire des résultats* a un solde créditeur, on débite ce compte et on crédite le compte *Capital – propriétaire*. Si le compte *Sommaire des résultats* a un solde débiteur, c'est que l'entreprise a subi une perte ; on crédite ce compte et on débite le compte *Capital – propriétaire*. Le compte *Sommaire des résultats* a alors un solde égal à zéro.
Étape 4	Le solde des comptes *Retraits* et *Apports* est ensuite transféré dans le compte *Capital – propriétaire*. Durant l'exercice, les apports et les retraits sont accumulés dans un compte de contrepartie du compte *Capital – propriétaire* de façon à montrer, pour chaque exercice, le total des retraits et des apports effectués. À la fin de chaque exercice, il faut aussi fermer ces comptes afin que leur solde soit à zéro.

JOURNAL GÉNÉRAL				Page : 12
Date	**Nom des comptes et explication**	**Numéro du compte**	**Débit**	**Crédit**
20X4				
Déc. 31	Services rendus	4120	282 258,99	
	Honoraires de gestion	4130	16 780,00	
	Produits d'abonnements gagnés	4250	37 020,00	
	Sommaire des résultats	5999		336 058,99
	(pour fermer les comptes de produits			
	en date de la fin d'exercice)			
Déc. 31	Sommaire des résultats	5999	172 912,74	
	Salaires	5300		65 420,00
	Loyer	5410		19 000,00
	Publicité	5420		13 429,25
	Frais de bureau	5500		8 241,50
	Électricité	5730		10 540,17
	Assurance	5740		1 230,00
	Télécommunications	5750		3 736,69
	Charges d'intérêts	5780		8 615,13
	Amortissement – matériel roulant	5900		2 000,00
	Amortissement – équipement	5930		19 200,00
	Amortissement – ameublement de bureau	5960		4 000,00
	Amortissement – bâtiment	5980		17 500,00
	(pour fermer les comptes de charge en date			
	de la fin d'exercice)			
Déc. 31	Sommaire des résultats	5999	163 146,25	
	Amélie Hamelin – capital	3100		163 146,25
	(pour comptabiliser le bénéfice net de l'exercice			
	dans le compte de capital de la propriétaire)			
Déc. 31	Amélie Hamelin – capital	3100	12 000,00	
	Amélie Hamelin – retraits	3300		12 000,00
	(pour transférer les retraits de l'exercice dans			
	le compte de capital de la propriétaire)			

Une fois toutes les écritures de clôture reportées au grand livre, voici ce qui s'ensuit dans les comptes *Sommaire des résultats* et *Amélie Hamelin – capital* :

Sommaire des résultats						N° 5999
Date	Libellé	Référence	Débit	Crédit	Solde	Dt/Ct
20X4						
Déc. 31	Clôture	J.G.8		336 058,99	336 058,99	Ct
Déc. 31	Clôture	J.G.8	172 912,74		163 146,25	Ct
Déc. 31	Clôture	J.G.8	163 146,25		Ø	

Amélie Hamelin – capital						N° 3100
Date	Libellé	Référence	Débit	Crédit	Solde	Dt/Ct
20X3						
Déc. 31					200 000,00	Ct
Déc. 31	Clôture	J.G.8		163 146,25	363 146,25	Ct
Déc. 31	Clôture	J.G.8	12 000,00		351 146,25	Ct

Lorsqu'on utilise un logiciel comptable, il n'est habituellement pas nécessaire d'inscrire les écritures de clôture dans le journal général. En effet, la plupart de ces logiciels permettent à l'utilisateur de sélectionner une commande dans un menu afin d'enclencher le processus de fin d'exercice. Ainsi, le logiciel procède automatiquement à la clôture des comptes.

6.1.2 La balance de vérification après clôture

Lorsque le comptable effectue des reports au grand livre, il s'assure toujours que le total des débits est égal au total des crédits. Ainsi, après les écritures de régularisation et de clôture, il procède à cette opération. La balance de vérification dressée après la clôture des comptes de résultat ne contient donc que des comptes de valeurs :

- les actifs ;
- les passifs ;
- les capitaux propres à la fin de l'exercice.

Les soldes qui figurent dans la balance de vérification après clôture servent de point de départ à l'enregistrement des transactions du nouvel exercice financier qui débutera le 1er janvier 20X5. Les comptes de valeurs ont un solde qui représente les actifs, les passifs et le capital du propriétaire au 31 décembre 20X4. Les comptes de produit et de charge présentent, à ce moment-là, un solde nul.

Dressons la balance de vérification après clôture à l'aide des soldes du grand livre de Tennis Intérieur Knowlton au 31 décembre 20X4 :

Numéro	Nom du compte	Débit	Crédit
	TENNIS INTÉRIEUR KNOWLTON **BALANCE DE VÉRIFICATION APRÈS CLÔTURE** **au 31 décembre 20X4**		
1010	Encaisse	6 563,05$	
1100	Clients	9 585,25	
1105	TPS à recevoir	478,75	
1110	TVQ à recevoir	955,11	
1125	Honoraires de gestion à recevoir	1 780,00	
1190	Fournitures de bureau	1 640,00	
1210	Assurance payée d'avance	990,00	
1220	Loyer payé d'avance	3 200,00	
1300	Matériel roulant	45 000,00	
1310	Amortissement cumulé – matériel roulant		3 200,00$
1500	Équipement	60 000,00	
1510	Amortissement cumulé – équipement		31 200,00
1700	Ameublement de bureau	21 000,00	
1710	Amortissement cumulé – ameublement de bureau		5 000,00
1900	Bâtiment	450 000,00	
1910	Amortissement cumulé – bâtiment		51 000,00
1960	Terrain	30 000,00	
2100	Fournisseurs		51 055,92
2305	TPS à payer		3 187,50
2310	TVQ à payer		6 359,06
2350	Salaires à payer		2 340,00
2450	Intérêts à payer		662,33
2465	Abonnements perçus d'avance		4 230,00
2905	Emprunt hypothécaire (biens immeubles)		121 811,10
3100	Amélie Hamelin – capital		351 146,25
		631 192,16$	631 192,16$

6.2 Le cycle comptable complet à l'aide du chiffrier

Chiffrier

Feuille de travail constituée de différentes sections où figurent respectivement la balance de vérification initiale, les régularisations, la balance de vérification régularisée et, dans les deux dernières sections, les éléments qui feront respectivement partie de l'état des résultats, de l'état des capitaux propres et du bilan.

Les tâches de fin d'exercice sont complexes et parfois longues, surtout lorsque le comptable a un bon nombre d'écritures de régularisation à enregistrer et à reporter au grand livre. Une façon simple de faciliter le travail est d'utiliser un chiffrier, qui est un instrument de travail pour le comptable. Il s'agit, ni plus ni moins, d'un brouillon qui permet d'accumuler de façon ordonnée tous les renseignements dont le comptable a besoin pour régulariser les comptes, fermer les comptes de résultat et préparer les états financiers. En plus de servir de feuille récapitulative, le chiffrier facilite la rédaction des écritures de régularisation et de clôture ainsi que la préparation des états financiers.

On peut décrire l'utilité du chiffrier comme suit:

- Il permet d'évaluer l'effet des écritures de régularisation avant leur report au grand livre. Il ne faut pas oublier qu'avant d'être inscrites dans le grand livre, les écritures de régularisation doivent être enregistrées dans le journal général. Le report se fait à partir de ce journal et non à partir du chiffrier, qui n'est pas un journal comptable, mais seulement une feuille de travail.
- Il facilite le classement des comptes qui font partie du bilan, des capitaux propres ou de l'état des résultats en les présentant dans des sections différentes.
- Il aide à déterminer le bénéfice net de l'exercice et à en vérifier l'exactitude arithmétique.
- Il simplifie la préparation des écritures de clôture.

Lorsqu'on utilise un logiciel comptable, le chiffrier n'est habituellement pas offert parce que toutes les autres transactions, les écritures de régularisation enregistrées, sont reportées directement au grand livre, et les états financiers sont préparés à partir des soldes de grand livre au moment où l'on demande la production de ces états. Cependant, le comptable peut exporter dans un tableur comme Microsoft Excel la balance de vérification à la date de fin d'exercice à partir du logiciel comptable et ainsi préparer un chiffrier.

Lorsque nous intégrons le chiffrier dans le cycle comptable étendu, nous obtenons le schéma de la figure 6.2.

Voyons maintenant, au tableau 6.2, les étapes de la réalisation du chiffrier.

TABLEAU 6.2 ► Les étapes à suivre pour la réalisation d'un chiffrier

ÉTAPE	DESCRIPTION
Étape 1	On entre la balance de vérification dans le chiffrier.
Étape 2	On inscrit les régularisations dans le chiffrier.
Étape 3	On prépare la balance de vérification régularisée dans le chiffrier.
Étape 4	On complète le chiffrier (sections « États des résultats », « État des capitaux propres » et « bilan »).

6.2.1 L'entrée de la balance de vérification dans le chiffrier

Une fois les transactions courantes enregistrées, on dresse une balance de vérification. Cependant, lorsqu'on utilise un chiffrier, on inscrit cette balance de vérification dans le chiffrier seulement afin de ne pas dupliquer le travail. Si un logiciel comptable est utilisé, on exporte dans un tableur la balance de vérification que le logiciel nous fournit. Cette opération constitue alors la première étape de la réalisation du chiffrier.

FIGURE 6.2 LE CYCLE COMPTABLE COMPLET INTÉGRANT LE CHIFFRIER

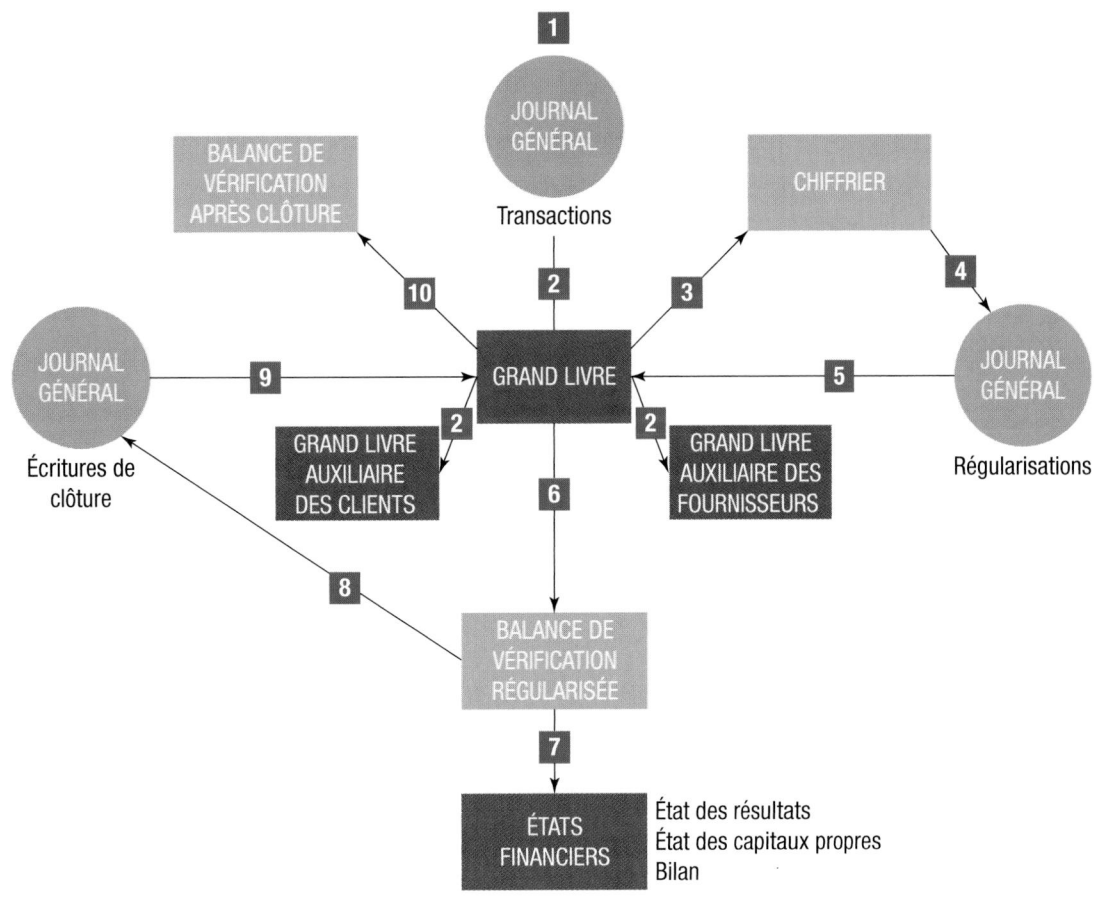

1 Enregistrer les transactions courantes dans le journal général	**6** Dresser la balance de vérification régularisée dans le chiffrier
2 Reporter les transactions courantes inscrites dans le journal général au grand livre et dans les grands livres auxiliaires	**7** Préparer les états financiers dans le chiffrier et en bonne et due forme
3 Inscrire la balance de vérification dans le chiffrier	**8** Enregistrer les écritures de clôture dans le journal général
4 Enregistrer les régularisations dans le chiffrier et le journal général	**9** Reporter les écritures de clôture inscrites dans le journal général au grand livre
5 Reporter les régularisations inscrites dans le chiffrier et le journal général au grand livre	**10** Dresser la balance de vérification après clôture

MISE EN SITUATION 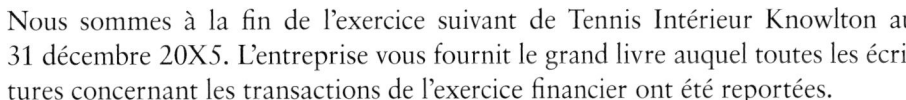 Nous sommes à la fin de l'exercice suivant de Tennis Intérieur Knowlton au 31 décembre 20X5. L'entreprise vous fournit le grand livre auquel toutes les écritures concernant les transactions de l'exercice financier ont été reportées.

Pour illustrer la façon de concevoir un chiffrier, vous allez reporter les comptes du grand livre ainsi que leur solde. Le tableau 6.3, à la page suivante, présente le chiffrier de Tennis Intérieur Knowlton que vous venez de commencer pour l'exercice terminé le 31 décembre 20X5.

TABLEAU 6.3 ▶ L'entrée de la balance de vérification dans le chiffrier

1 TENNIS INTÉRIEUR KNOWLTON
CHIFFRIER AU 31 DÉCEMBRE 20X5

N°	Compte	Balance de vérification Débit	Balance de vérification Crédit	Régularisations Débit	Régularisations Crédit	Balance de vérification régularisée Débit	Balance de vérification régularisée Crédit	État des résultats Débit	État des résultats Crédit	État des capitaux propres et bilan Débit	État des capitaux propres et bilan Crédit
2	**3**	**3**		**4**		**5**		**6**		**7**	
1010	Encaisse	20 134,59$									
1100	Clients	18 850,98									
1105	TPS à recevoir	149,17									
1110	TVQ à recevoir	297,59									
1125	Honoraires de gestion à recevoir	1 780,00									
1190	Fournitures de bureau	1 640,00									
1210	Assurance payée d'avance	990,00									
1220	Loyer payé d'avance	3 200,00									
1300	Matériel roulant	45 000,00									
1310	Amortissement cumulé – matériel roulant		3 200,00$								
1500	Équipement	60 000,00									
1510	Amortissement cumulé – équipement		31 200,00								
1700	Ameublement de bureau	21 000,00									
1710	Amortissement cumulé – ameublement de bureau		5 000,00								
1900	Bâtiment	450 000,00									
1910	Amortissement cumulé – bâtiment		51 000,00								
1960	Terrain	30 000,00									
2100	Fournisseurs		22 650,45								
2305	TPS à payer		730,21								
2310	TVQ à payer		1 456,77								
2350	Salaires à payer		2 340,00								
2450	Intérêts à payer		662,33								
2465	Abonnements perçus d'avance		4 230,00								
3100	Amélie Hamelin – capital		351 146,25								
3300	Amélie Hamelin – retraits	36 000,00									
4120	Services rendus		299 950,65								
4130	Honoraires de gestion		21 800,00								
4250	Produits d'abonnements gagnés		39 325,00								
5300	Salaires	78 520,65									
5410	Loyer	16 000,00									
5420	Publicité	14 685,25									
5500	Frais de bureau	9 850,45									
5730	Électricité	12 512,23									
5740	Assurance	1 432,00									
5750	Télécommunications	3 956,78									
5780	Charges d'intérêts	8 691,97									
	Total	834 691,66$	834 691,66$								

Étape 1

Le chiffrier, dont vous trouvez un modèle à la page précédente, se compose des sections suivantes :

1 L'en-tête

2 Le numéro des comptes du grand livre

3 Le nom des comptes avec leur solde avant régularisation

4 Les régularisations

5 La balance de vérification régularisée

6 L'état des résultats

7 L'état des capitaux propres et le bilan ◄

6.2.2 Les régularisations

L'étape suivante consiste à enregistrer les régularisations directement dans le chiffrier. Le fait de les inscrire préalablement dans le chiffrier nous permet d'en voir immédiatement l'impact sur le solde du compte. Les régularisations sont désignées par des lettres minuscules ou des chiffres afin qu'on puisse par la suite les transcrire dans le journal général, puis les reporter au grand livre. Aussi, plusieurs comptables inscrivent les régularisations dans le journal général avant de les reporter au chiffrier.

MISE EN SITUATION ▶

Nous allons maintenant enregistrer dans le journal général et dans le chiffrier les écritures de régularisation de TIK pour l'exercice terminé le 31 décembre 20X5.

Voici quelques renseignements relatifs aux régularisations :

- Les achats de fournitures ont été portés au débit du compte *Frais de bureau* durant l'exercice. Après un dénombrement des fournitures de bureau, on constate qu'il en reste pour 1 090,35 $ au 31 décembre.

- Le solde du compte *Assurance payée d'avance* représente le solde de ce qui avait été payé d'avance le 31 décembre 20X4. Lors du renouvellement de la prime le 1er octobre 20X5, la technicienne a débité le compte *Assurance* de 1 432 $. Cette prime couvre la période du 1er octobre 20X5 au 30 septembre 20X6. Au 31 décembre 20X5, l'assurance est encore valide pour neuf mois.

- Au 31 décembre 20X5, TIK n'a aucun emprunt à court terme.
- Au 31 décembre 20X5, la balance de vérification ne comprend pas les intérêts sur l'emprunt hypothécaire du mois de décembre qui seront payés le 1er janvier 20X6. Le solde de l'emprunt hypothécaire après le versement du 1er décembre est de 121 811,10 $ et le taux d'intérêt est de 6 %.
- Durant l'exercice terminé le 31 décembre 20X5, TIK a assuré la gestion de la carrière sportive de plusieurs athlètes. Les honoraires de gestion à recevoir au 31 décembre 20X5 sont de 1 900 $.
- Au 31 décembre 20X5, TIK n'a aucune somme placée. Il n'y a donc aucun produit d'intérêts à recevoir à cette date.
- Au 31 décembre 20X5, TIK n'a aucune publicité payée d'avance.
- TIK a changé la façon de verser le loyer de son entrepôt. Comme le loyer est maintenant versé chaque mois par prélèvement bancaire, il n'y a pas de loyer payé d'avance au 31 décembre 20X5. Par contre, le solde du compte *Loyer payé d'avance* est débiteur de 3 200 $ en raison de la régularisation effectuée le 31 décembre 20X4.
- Au 31 décembre 20X5, une liste des abonnements révèle qu'il reste un total de 4 658 $ quant aux abonnements qui se rapportent au prochain exercice.
- Le salaire des sept derniers jours de l'exercice n'a pas été versé aux employés. L'entreprise a six employés recevant chacun un salaire de 72 $ par jour. Depuis peu, un nouveau poste de directeur des opérations a été créé. Donc, en plus de régulariser les salaires des autres employés, il faut aussi régulariser un montant à payer de 325 $ au 31 décembre en lien avec ce nouveau poste.
- L'entreprise amortit son matériel roulant en suivant la méthode de l'amortissement proportionnel à l'utilisation. L'unique camion a parcouru 17 200 km en 20X5. Pour toutes les autres immobilisations, voici les renseignements utiles :

Description des immobilisations	Méthode d'amortissement	Date d'acquisition	Coût d'acquisition	Valeur résiduelle	Durée de vie utile / Utilisation prévue
Matériel roulant	Proportionnel à l'utilisation	06 juin 20X3	45 000 $	5 000 $	400 000 km
Ameublement de bureau	Linéaire	01 oct. 20X3	21 000 $	1 000 $	5 ans
Équipement	Dégressif (40 %)	01 juil. 20X3	60 000 $	7 000 $	5 ans
Bâtiment	Linéaire	31 janv. 20X2	450 000 $	100 000 $	20 ans

L'enregistrement des régularisations dans le journal général

Les fournitures de bureau   À la fin de l'exercice financier, après avoir fait un inventaire des stocks de fournitures, on constate qu'il y en a pour 1 090,35 $. On doit donc avoir un solde de 1 090,35 $ dans le compte d'actif *Fournitures de bureau*. Comme le solde du compte est présentement de 1 640 $, il faut donc le diminuer de 549,65 $ pour obtenir le solde réel en date du 31 décembre 20X5, soit 1 090,35 $:

JOURNAL GÉNÉRAL				Page : 15
Date	Nom des comptes et explication	Numéro du compte	Débit	Crédit
20X5				
Déc. 31	Frais de bureau	5500	549,65	
	Fournitures de bureau	1190		549,65
	(pour régulariser les fournitures de bureau			
	au 31 décembre 20X5 et l'ajuster au			
	solde à cette date, soit 1 090,35 $)			

L'assurance payée d'avance En date du 31 décembre 20X5, le solde du compte *Assurance payée d'avance* est de 990 $, ce qui représente le solde régularisé à la fin de l'exercice précédent. Lorsque l'entreprise a renouvelé sa police d'assurance générale le 1er octobre 20X5, le débours de 1432 $ a été débité au compte de charge *Assurance*.

Calculons maintenant le solde requis au compte d'actif *Assurance payée d'avance*.

Le débours de 1432 $ qui a été enregistré le 1er octobre 20X5 représente la prime annuelle qui couvre la période du 1er octobre 20X5 au 30 septembre 20X6. Au 31 décembre 20X5, une portion seulement de la prime de 1432 $, soit les mois d'octobre à décembre, peut être considérée comme une charge. La période du 1er janvier au 30 septembre 20X6 constitue de l'assurance payée d'avance. Le solde du compte *Assurance payée d'avance* doit donc correspondre à 1432 $ × 9/12 = 1074 $. Comme le solde est actuellement débiteur de 990 $, il faudra l'augmenter, au débit, de 84 $ afin d'atteindre le solde désiré de 1074 $:

JOURNAL GÉNÉRAL				Page : 15
Date	Nom des comptes et explication	Numéro du compte	Débit	Crédit
20X5				
Déc. 31	Assurance payée d'avance	1210	84,00	
	Assurance	5740		84,00
	(pour régulariser les comptes *Assurance*			
	et *Assurance payée d'avance* et pour représenter			
	le solde d'assurance payée d'avance de 1 074,00 $			
	à cette date.)			

Le solde du compte *Assurance payée d'avance* est maintenant de 1074 $, comme désiré.

Les intérêts sur l'emprunt hypothécaire Au 31 décembre 20X5, le solde du compte *Charges d'intérêts* ne comprend pas les intérêts sur l'emprunt hypothécaire du mois de décembre, qui seront payés le 1er janvier 20X6. Le solde de l'emprunt hypothécaire après le versement du 1er décembre est de 121 811,10 $ et le taux d'intérêt est de 6 %. La charge d'intérêts à enregistrer correspond donc à :

Solde de l'emprunt au dernier versement	×	Taux d'intérêt	×	Nombre de mois impayés	=	Intérêts impayés
121 811,10 $	×	6 %	×	(1 mois/12 mois)	=	609,06 $

De plus, le compte *Intérêts à payer* affiche un solde de 662,33 $ dans la balance de vérification au 31 décembre 20X5. Ce montant correspond aux intérêts à payer sur l'emprunt hypothécaire enregistré lors des régularisations au 31 décembre 20X4. Nous devons donc diminuer le solde du compte *Intérêts à payer* de 53,27 $ (662,33 $ − 609,06 $) afin qu'il soit à 609,06 $:

JOURNAL GÉNÉRAL				Page: 15
Date	Nom des comptes et explication	Numéro du compte	Débit	Crédit
20X5				
Déc. 31	Intérêts à payer	2450	53,27	
	Charges d'intérêts	5780		53,27
	(régularisation pour enregistrer les intérêts			
	à payer sur l'emprunt hypothécaire :			
	121 811,10 $ × 6 % × 1 mois / 12 mois)			

Les honoraires de gestion à recevoir TIK a légalement gagné des honoraires de gestion de 1 900 $, mais elle ne peut en exiger le paiement immédiatement. Cependant, le solde du compte *Honoraires de gestion à recevoir* affiche un solde de 1 780 $ dans la balance de vérification au 31 décembre 20X5. Il s'agit du montant des honoraires de gestion à recevoir qui ont été régularisés au 31 décembre 20X4. Afin d'obtenir le solde désiré de 1 900 $ dans le compte *Honoraires de gestion à recevoir,* nous devons le débiter de 120 $ (1 900 $ − 1 780 $) au 31 décembre 20X5 :

JOURNAL GÉNÉRAL				Page: 15
Date	Nom des comptes et explication	Numéro du compte	Débit	Crédit
20X5				
Déc. 31	Honoraires de gestion à recevoir	1125	120,00	
	Honoraires de gestion	4130		120,00
	(pour ajuster le montant d'honoraires gagnés			
	qui ne seront facturés qu'en 20X6 et encaissables			
	qu'en 20X6 au montant de 1 900,00 $)			

Le loyer payé d'avance Au 31 décembre 20X5, TIK n'a pas de loyer payé d'avance. Par contre, il faut éliminer le solde du compte *Loyer payé d'avance* qui affiche une somme de 3 200 $. Ce solde correspond au montant qui a été régularisé à la fin de l'exercice précédent, au 31 décembre 20X4 :

JOURNAL GÉNÉRAL				Page: 8
Date	Nom des comptes et explication	Numéro du compte	Débit	Crédit
20X4				
Déc. 31	Loyer	5410	3 200,00	
	Loyer payé d'avance	1220		3 200,00
	(pour éliminer le loyer payé d'avance afin de			
	refléter la situation réelle au 31 décembre 20X5)			

Les abonnements perçus d'avance   Au 31 décembre 20X5, une liste des abonnements révèle qu'il ne reste qu'un total de 4 658 $ quant aux abonnements qui se rapportent au prochain exercice. Cependant, le solde actuel du compte *Abonnements perçus d'avance* affiche 4 230 $, ce qui représente les abonnements perçus d'avance au 31 décembre 20X4. Il faut donc augmenter ce compte de 428 $ (4 658 $ − 4 230 $) afin qu'il affiche le solde désiré de 4 658 $:

JOURNAL GÉNÉRAL				Page : 8
Date	Nom des comptes et explication	Numéro du compte	Débit	Crédit
20X4				
Déc. 31	Produits d'abonnements gagnés	4250	428,00	
	Abonnements perçus d'avance	2465		428,00
	(pour corriger à 4 658,00 $ la dette de l'entreprise			
	relativement aux abonnements encore valides)			

L'amortissement   À la fin de l'exercice financier terminé le 31 décembre 20X5, on doit enregistrer les charges d'amortissement de toutes les catégories d'immobilisations. Voici les écritures de journal général pour les trois premières catégories, soit le matériel roulant, l'ameublement de bureau et l'équipement :

JOURNAL GÉNÉRAL				Page : 8
Date	Nom des comptes et explication	Numéro du compte	Débit	Crédit
20X5				
Déc. 31	Amortissement – matériel roulant	5900	1 720,00	
	Amortissement cumulé – matériel roulant	1310		1 720,00
	(pour inscrire l'amortissement du matériel			
	roulant au 31 décembre 20X5 :			
	45 000 $ – 5 000 $ / 400 000 km = 0,10 $ par			
	kilomètre ; 0,10 $ × 17 200 km = 1 720 $)			

JOURNAL GÉNÉRAL				Page : 8
Date	Nom des comptes et explication	Numéro du compte	Débit	Crédit
20X5				
Déc. 31	Amortissement – ameublement de bureau	5960	4 000,00	
	Amortissement cumulé – ameublement de bureau	1710		4 000,00
	(pour inscrire l'amortissement de l'ameublement			
	de bureau : 21 000 $ – 1 000 $ / 5 ans = 4 000 $)			

JOURNAL GÉNÉRAL				Page : 8
Date	Nom des comptes et explication	Numéro du compte	Débit	Crédit
20X5				
Déc. 31	Amortissement – équipement	5930	11 520,00	
	Amortissement cumulé – équipement	1510		11 520,00
	(pour inscrire l'amortissement de l'équipement			
	sportif : [60 000 $ – 12 000 $ – 19 200 $] × 40 %)			

Les salaires à payer Au 31 décembre 20X5, il faut comptabiliser, grâce à une régularisation, les salaires qui ont été gagnés par les employés et que l'entreprise n'aura à payer qu'en 20X6.

Calculons maintenant le solde requis au compte d'actif *Salaires à payer*.

Salaires à payer des employés réguliers :
6 employés × 72 $ par jour × 7 jours	3 024 $
Salaires à payer du nouveau directeur	325
Total des salaires à payer :	3 349 $

Comme les salaires impayés représentent 3 349 $ et que le solde actuel du compte *Salaires à payer* est de 2 340 $, il faudra l'augmenter, au débit, de 1 009 $ afin d'atteindre le solde désiré de 3 349 $:

JOURNAL GÉNÉRAL				Page : 8
Date	**Nom des comptes et explication**	**Numéro du compte**	**Débit**	**Crédit**
20X5				
Déc. 31	Salaires	5300	1 009,00	
	Salaires à payer	2350		1 009,00
	(régularisation pour enregistrer les salaires gagnés			
	par les employés, somme qui sera payée en 20X6)			

À VOUS DE JOUER !

À partir des données contenues dans le tableau des immobilisations de la page 308, veuillez enregistrer dans le journal général les écritures de régularisation pour l'amortissement de l'ameublement de bureau et du bâtiment au 31 décembre 20X5.

JOURNAL GÉNÉRAL				Page : 8
Date	**Nom des comptes et explication**	**Numéro du compte**	**Débit**	**Crédit**
20X5				

JOURNAL GÉNÉRAL				Page : 8
Date	**Nom des comptes et explication**	**Numéro du compte**	**Débit**	**Crédit**
20X5				

L'inscription des régularisations dans le chiffrier

Le tableau 6.4, à la page suivante, représente le chiffrier avec les écritures de régularisation que nous venons d'enregistrer dans le journal général. Après l'enregistrement de ces régularisations, il convient d'additionner les nombres des colonnes «Débit» et «Crédit» pour s'assurer qu'aucune erreur ne s'y est glissée et que le total des débits est équivalent au total des crédits. Mentionnons également que quatre comptes qui n'apparaissent pas dans la balance de vérification de départ ont été ajoutés à la fin de la liste des comptes : *Amortissement – matériel roulant, Amortissement – équipement, Amortissement – ameublement de bureau* et *Amortissement – bâtiment.*

Attention : malgré le fait que l'on utilise un chiffrier, les écritures de régularisation que nous avons enregistrées dans le journal général doivent être reportées au grand livre afin que le solde de chacun des comptes corresponde au montant régularisé.

6.2.3 La balance de vérification régularisée

La troisième étape semble assez simple, puisqu'elle ne consiste qu'à trouver les nouveaux soldes des comptes après les régularisations. En utilisant la balance de vérification de départ intégrée au chiffrier, on additionne ou soustrait les régularisations afin de déterminer le montant qui figurera dans la balance de vérification régularisée. Rappelons qu'un débit se soustrait d'un crédit et vice versa, et que deux crédits ou deux débits s'additionnent.

MISE EN SITUATION ▶

Après avoir déterminé les nouveaux soldes qui font partie de la balance de vérification régularisée, il s'agit encore une fois d'additionner les montants des colonnes «Débit» et «Crédit» pour en vérifier l'égalité. Le tableau 6.5, à la page 315, illustre cette autre étape de la réalisation du chiffrier.

Les régularisations sont désignées par des lettres minuscules ou des chiffres afin qu'on puisse par la suite les transcrire dans le journal général, si cela n'est pas déjà fait préalablement, puis les reporter au grand livre.

TABLEAU 6.4 ▶ L'inscription des régularisations dans le chiffrier

TENNIS INTÉRIEUR KNOWLTON
CHIFFRIER AU 31 DÉCEMBRE 20X5

N°	Compte	Balance de vérification		Régularisations		Balance de vérification régularisée		État des résultats		État des capitaux propres et bilan	
		Débit	Crédit	Débit	Crédit	Débit	Crédit	Débit	Crédit	Débit	Crédit
1010	Encaisse	20 134,59 $									
1100	Clients	18 850,98									
1105	TPS à recevoir	149,17									
1110	TVQ à recevoir	297,59									
1125	Honoraires de gestion à recevoir			d) 120,00 $							
1190	Fournitures de bureau	1 780,00			a) 549,65 $						
1210	Assurance payée d'avance	1 640,00		b) 84,00							
1220	Loyer payé d'avance	4 190,00			e) 3 200,00						
1300	Matériel roulant	45 000,00									
1310	Amortissement cumulé – matériel roulant		3 200,00 $		g) 1 720,00						
1500	Équipement	60 000,00									
1510	Amortissement cumulé – équipement		31 200,00		h) 11 520,00						
1700	Ameublement de bureau	21 000,00									
1710	Amortissement cumulé – ameublement de bureau		5 000,00		j) 4 000,00						
1900	Bâtiment	450 000,00									
1910	Amortissement cumulé – bâtiment		51 000,00		k) 17 500,00						
1960	Terrain	30 000,00									
2100	Fournisseurs		22 650,45								
2305	TPS à payer		730,21								
2310	TVQ à payer		1 456,77								
2350	Salaires à payer		2 340,00		i) 1 009,00						
2450	Intérêts à payer		662,33	c) 53,27							
2465	Abonnements perçus d'avance		4 230,00		f) 428,00						
3100	Amélie Hamelin – capital		351 146,25								
3300	Amélie Hamelin – retraits	36 000,00									
4120	Services rendus		299 950,65								
4130	Honoraires de gestion		21 800,00		d) 120,00						
4250	Produits d'abonnements gagnés		39 325,00	f) 428,00							
5300	Salaires	78 520,65		i) 1 009,00							
5410	Loyer	16 000,00		e) 3 200,00							
5420	Publicité	14 685,25									
5500	Frais de bureau	9 850,45		a) 549,65							
5730	Électricité	12 512,23									
5740	Assurance	1 432,00			b) 84,00						
5750	Télécommunications	3 956,78									
5780	Charges d'intérêts	8 691,97			c) 53,27						
	Total	834 691,66 $	834 691,66 $								
5900	Amortissement – matériel roulant			g) 1 720,00							
5930	Amortissement – équipement			h) 11 520,00							
5960	Amortissement – ameublement de bureau			j) 4 000,00							
5980	Amortissement – bâtiment			k) 17 500,00							
				40 183,92 $	40 183,92 $						

É 2

TABLEAU 6.5 ▶ La balance de vérification régularisée

TENNIS INTÉRIEUR KNOWLTON
CHIFFRIER AU 31 DÉCEMBRE 20X5

N°	Compte	Balance de vérification Débit	Balance de vérification Crédit	Régularisations Débit	Régularisations Crédit	Balance de vérification régularisée Débit	Balance de vérification régularisée Crédit	État des résultats Débit	État des résultats Crédit	État des capitaux propres et bilan Débit	État des capitaux propres et bilan Crédit
1010	Encaisse	20 134,59$				20 134,59$					
1100	Clients	18 850,98				18 850,98					
1105	TPS à recevoir	149,17				149,17					
1110	TVQ à recevoir	297,59				297,59					
1125	Honoraires de gestion à recevoir	1 780,00		d) 120,00$		1 900,00					
1190	Fournitures de bureau	1 640,00			a) 549,65$	1 090,35					
1210	Assurance payée d'avance	990,00		b) 84,00		1 074,00					
1220	Loyer payé d'avance	3 200,00			e) 3 200,00						
1300	Matériel roulant	45 000,00				45 000,00					
1310	Amortissement cumulé – matériel roulant		3 200,00$		g) 1 720,00		4 920,00$				
1500	Équipement	60 000,00				60 000,00					
1510	Amortissement cumulé – équipement		31 200,00		h) 11 520,00		42 720,00				
1700	Ameublement de bureau	21 000,00				21 000,00					
1710	Amortissement cumulé – ameublement de bureau		5 000,00		j) 4 000,00		9 000,00				
1900	Bâtiment	450 000,00				450 000,00					
1910	Amortissement cumulé – bâtiment		51 000,00		k) 17 500,00		68 500,00				
1960	Terrain	30 000,00				30 000,00					
2100	Fournisseurs		22 650,45				22 650,45				
2305	TPS à payer		730,21				730,21				
2310	TVQ à payer		1 456,77				1 456,77				
2350	Salaires à payer		2 340,00		i) 1 009,00		3 349,00				
2450	Intérêts à payer		662,33	c) 53,27			609,06				
2465	Abonnements perçus d'avance		4 230,00		f) 428,00		4 658,00				
3100	Amélie Hamelin – capital		351 146,25				351 146,25				
3300	Amélie Hamelin – retraits	36 000,00				36 000,00					
4120	Services rendus		299 950,65				299 950,65				
4130	Honoraires de gestion		21 800,00		d) 120,00		21 920,00				
4250	Produits d'abonnements gagnés		39 325,00	f) 428,00			38 897,00				
5300	Salaires	78 520,65		i) 1 009,00		79 529,65					
5410	Loyer	16 000,00		e) 3 200,00		19 200,00					
5420	Publicité	14 685,25				14 685,25					
5500	Frais de bureau	9 850,45		a) 549,65		10 400,10					
5730	Électricité	12 512,23				12 512,23					
5740	Assurance	1 432,00			b) 84,00	1 348,00					
5750	Télécommunications	3 956,78				3 956,78					
5780	Charges d'intérêts	8 691,97			c) 53,27	8 638,70					
	Total	834 691,66$	834 691,66$								
5900	Amortissement – matériel roulant			g) 1 720,00		1 720,00					
5930	Amortissement – équipement			h) 11 520,00		11 520,00					
5960	Amortissement – ameublement de bureau			j) 4 000,00		4 000,00					
5980	Amortissement – bâtiment			k) 17 500,00		17 500,00					
				40 183,92$	40 183,92$	870 507,39$	870 507,39$				

Étape 3

6.2.4 La dernière étape de réalisation du chiffrier

Enfin, la quatrième étape consiste à analyser chaque compte qui compose la balance de vérification régularisée et à le classer dans l'état des résultats, dans l'état des capitaux propres ou dans le bilan.

On transfère donc les montants de la balance de vérification régularisée dans l'état approprié. Pour ce qui est des deux colonnes de l'état des résultats, la différence entre les deux totaux permettra de déterminer le bénéfice net ou la perte nette. Si les crédits sont supérieurs aux débits, c'est que l'entreprise a réalisé un bénéfice net ; dans le cas contraire, l'entreprise a enregistré une perte nette.

Le montant du bénéfice net ou de la perte nette est alors transféré au bilan pour augmenter ou diminuer les capitaux propres. Si l'entreprise a réalisé un bénéfice net, on inscrit le montant au débit de l'état des résultats dans le chiffrier et au crédit du bilan. Dans le cas d'une perte nette, on porte le montant au crédit de l'état des résultats et au débit du bilan.

Après ces opérations, on prépare les états financiers à l'aide de toutes les données contenues dans les quatre dernières colonnes du chiffrier. Ce travail est simplifié du fait que le bénéfice net ainsi que le total des charges d'exploitation sont déjà calculés. Enfin, sauf exception, tous les comptes qui font partie du même état financier sont regroupés et consécutifs.

MISE EN SITUATION ▶ Le tableau 6.6 présente le chiffrier terminé.

> Vous remarquez que le bénéfice net a été débité dans la section « État des résultats » et crédité dans la section « État des capitaux propres et bilan ». Ainsi, les deux colonnes de chaque section sont identiques. Notez que le bilan a été crédité dans le cas d'un bénéfice net ; cela correspond à la règle de comptabilisation où l'on a un crédit dans le cas d'une augmentation du capital du propriétaire de l'entreprise.

6.2.5 Les états financiers

À l'aide du chiffrier terminé, on peut maintenant préparer les états financiers de Tennis Intérieur Knolton au 31 décembre 20X5. Il faut toutefois noter que le total des colonnes du chiffrier identifiées comme débit ou crédit dans l'état des résultats ou dans le bilan peut être différent du résultat obtenu lors de la présentation des produits, des charges, des actifs et des passifs ainsi que des capitaux propres dans les divers états financiers.

TABLEAU 6.6 ▶ La dernière étape de réalisation du chiffrier

TENNIS INTÉRIEUR KNOWLTON
CHIFFRIER AU 31 DÉCEMBRE 20X5

N°	Compte	Balance de vérification Débit	Balance de vérification Crédit	Régularisations Débit	Régularisations Crédit	Balance de vérification régularisée Débit	Balance de vérification régularisée Crédit	État des résultats Débit	État des résultats Crédit	État des capitaux propres et bilan Débit	État des capitaux propres et bilan Crédit
1010	Encaisse	20 134,59$				20 134,59$				20 134,59$	
1100	Clients	18 850,98				18 850,98				18 850,98	
1105	TPS à recevoir	149,17				149,17				149,17	
1110	TVQ à recevoir	297,59				297,59				297,59	
1125	Honoraires de gestion à recevoir	1 780,00		d) 120,00$	a) 549,65$	1 900,00				1 900,00	
1190	Fournitures de bureau	1 640,00				1 090,35				1 090,35	
1210	Assurance payée d'avance	990,00		b) 84,00		1 074,00				1 074,00	
1220	Loyer payé d'avance	3 200,00			e) 3 200,00					–	
1300	Matériel roulant	45 000,00				45 000,00				45 000,00	
1310	Amortissement cumulé – matériel roulant		3 200,00$		g) 1 720,00		4 920,00$				4 920,00$
1500	Équipement	60 000,00				60 000,00				60 000,00	
1510	Amortissement cumulé – équipement		31 200,00		h) 11 520,00		42 720,00				42 720,00
1700	Ameublement de bureau	21 000,00				21 000,00				21 000,00	
1710	Amortissement cumulé – ameublement de bureau		5 000,00		j) 4 000,00		9 000,00				9 000,00
1900	Bâtiment	450 000,00				450 000,00				450 000,00	
1910	Amortissement cumulé – bâtiment		51 000,00		k) 17 500,00		68 500,00				68 500,00
1960	Terrain	30 000,00				30 000,00				30 000,00	
2100	Fournisseurs		22 650,45				22 650,45				22 650,45
2305	TPS à payer		730,21				730,21				730,21
2310	TVQ à payer		1 456,77				1 456,77				1 456,77
2350	Salaires à payer		2 340,00		i) 1 009,00		3 349,00				3 349,00
2450	Intérêts à payer		662,33	c) 53,27			609,06				609,06
2465	Abonnements perçus d'avance		4 230,00		f) 428,00		4 658,00				4 658,00
3100	Amélie Hamelin – capital		351 146,25				351 146,25				351 146,25
3300	Amélie Hamelin – retraits	36 000,00				36 000,00				36 000,00	
4120	Services rendus		299 950,65				299 950,65		299 950,65		
4130	Honoraires de gestion		21 800,00		d) 120,00		21 920,00		21 920,00		
4250	Produits d'abonnements gagnés		39 325,00	f) 428,00			38 897,00		38 897,00		
5300	Salaires	78 520,65		i) 1 009,00		79 529,65		79 529,65			
5410	Loyer	16 000,00		e) 3 200,00		19 200,00		19 200,00			
5420	Publicité	14 685,25				14 685,25		14 685,25			
5500	Frais de bureau	9 850,45		a) 549,65		10 400,10		10 400,10			
5730	Électricité	12 512,23				12 512,23		12 512,23			
5740	Assurance	1 432,00			b) 84,00	1 348,00		1 348,00			
5750	Télécommunications	3 956,78				3 956,78		3 956,78			
5780	Charges d'intérêts	8 691,97			c) 53,27	8 638,70		8 638,70			
	Total	834 691,66$	834 691,66$								
5900	Amortissement – matériel roulant			g) 1 720,00		1 720,00		1 720,00			
5930	Amortissement – équipement			h) 11 520,00		11 520,00		11 520,00			
5960	Amortissement – ameublement de bureau			j) 4 000,00		4 000,00		4 000,00			
5980	Amortissement – bâtiment			k) 17 500,00		17 500,00		17 500,00			
				40 183,92$	40 183,92$	870 507,39$	870 507,39$	185 010,71$	360 767,65$	685 496,68$	509 739,74$
								175 756,94			175 756,94
								360 767,65$	360 767,65$	685 496,68$	685 496,68$

Étape 4

Comme vous avez déjà préparé des états financiers aux chapitres précédents, vous êtes à même de refaire l'exercice ici. N'oubliez pas qu'il faut arrondir au dollar près !

TENNIS INTÉRIEUR KNOWLTON
ÉTAT DES RÉSULTATS
pour l'exercice terminé le 31 décembre 20X5

Produits d'exploitation

Honoraire de gestion		21 920,00
services rendus		299 950,00
Produit d'abonnement gagnés		38 897

Total des produits d'exploitation

Charges d'exploitation

loyer
salaire
publicité
électricité
Frais de bureau
Assurances
charges d'intérêt
Télécommunication
Amortissement - équipement
Amortissement - matériel roulant
Amortissement - ameublement de bur.
Amortissement - bâtiment

Total des charges d'exploitation

Bénéfice net

TENNIS INTÉRIEUR KNOWLTON
ÉTAT DES CAPITAUX PROPRES
pour l'exercice terminé le 31 décembre 20X5

Amélie Hamelin cap. au 1er janvier 20X5

Amélie Hamelin - cap.

MISE EN GARDE

N'oubliez pas qu'afin d'alléger la présentation du bilan, vous allez devoir regrouper sous une seule rubrique le montant net des quatre comptes de taxes du grand livre. Lorsque le total des soldes des taxes à recevoir est supérieur aux montants à payer, le montant net se retrouve dans l'actif à court terme sous la rubrique « Taxes à la consommation à recevoir ». Dans le cas contraire, on le retrouve au passif à court terme sous la désignation « Taxes à la consommation à payer ».

TENNIS INTÉRIEUR KNOWLTON
BILAN
au 31 décembre 20X5

ACTIF		PASSIF	

Actif à court terme

encaisse

clients

TPS à recevoir

TVQ à recevoir

assurances payé d'av.

Total de l'actif à court terme

Immobilisations

matériel roulant

terrain

bâtiment

valeur comptable

Passif à court terme

fournisseurs

Total du passif à court terme

CAPITAUX PROPRES

Total des immobilisations

Total de l'actif

Total du passif et des capitaux propres

6.2.6 Les écritures de clôture

Il vous reste maintenant deux étapes à franchir et vous aurez réalisé le cycle comptable complet d'une entreprise !

Comme nous l'avons appris à la section 6.1.1, pour qu'on soit en mesure de déterminer le bénéfice net d'un exercice financier, il faut que le solde des comptes de produit et de charge soit égal à zéro au début de cet exercice. Ainsi, les produits et les charges d'un exercice sont déterminés directement à partir de l'analyse du solde de chacun des comptes de produits et de charges contenus dans le grand livre. De plus, il faut que les comptes d'apports et de retraits soient soldés à zéro afin de pouvoir préparer l'état des capitaux propres et déterminer le solde du compte capital à la fin de l'exercice, lequel montant doit se retrouver au bilan.

La seule différence avec ce que nous avons appris à la section 6.1.1 est que la balance de vérification régularisée qui va nous servir de point de départ pour enregistrer nos écritures de clôture se trouve dans le chiffrier.

MISE EN SITUATION ▶ En nous servant de la balance de vérification régularisée inscrite dans le chiffrier final (voir le tableau 6.6 à la page 317), nous allons enregistrer les écritures de clôture dans le journal général pour Tennis Intérieur Knowlton au 31 décembre 20X5.

JOURNAL GÉNÉRAL				Page : 15
Date	Nom des comptes et explication	Numéro du compte	Débit	Crédit
20X5				
Déc. 31	Services rendus	4120	299 950,65	
	Honoraires de gestion	4130	21 920,00	
	Produits d'abonnements gagnés	4250	38 897,00	
	Sommaire des résultats	5999		360 767,65
	(pour fermer les comptes de produits			
	en date de la fin d'exercice)			
Déc. 31	Sommaire des résultats	5999	185 010,71	
	Salaires	5300		79 529,65
	Loyer	5410		19 200,00
	Publicité	5420		14 685,25
	Frais de bureau	5500		10 400,10
	Électricité	5730		12 512,23
	Assurance	5740		1 348,00
	Télécommunications	5750		3 956,78
	Charges d'intérêts	5780		8 638,70
	Amortissement – matériel roulant	5900		1 720,00
	Amortissement – équipement	5930		11 520,00
	Amortissement – ameublement de bureau	5960		4 000,00
	Amortissement – bâtiment	5980		17 500,00
	(pour fermer les comptes de charge			
	en date de la fin d'exercice)			
Déc. 31	Sommaire des résultats	5999	175 756,94	
	Amélie Hamelin – capital	3100		175 756,94
	(pour comptabiliser le bénéfice net de l'exercice			
	dans le compte de capital de la propriétaire)			
Déc. 31	Amélie Hamelin – capital	3100	36 000,00	
	Amélie Hamelin – retraits	3300		36 000,00
	(pour transférer les retraits de l'exercice			
	dans le compte de capital de la propriétaire)			

Une fois toutes les écritures de clôture reportées au grand livre, voici ce que l'on retrouve dans les comptes *Sommaire des résultats* et *Amélie Hamelin – capital* :

Sommaire des résultats						N° 5999
Date	Libellé	Référence	Débit	Crédit	Solde	Dt/Ct
20X5						
Déc. 31	Clôture	J.G.15		360 767,65	360 767,65	Ct
Déc. 31	Clôture	J.G.15	185 010,71		175 756,94	Ct
Déc. 31	Clôture	J.G.15	175 756,94		Ø	

	Amélie Hamelin – capital					N° 3100
Date	Libellé	Référence	Débit	Crédit	Solde	Dt/Ct
20X4						
Déc. 31					351 146,25	Ct
20X5						
Déc. 31	Clôture	J.G.15		175 756,94	526 903,19	Ct
Déc. 31	Clôture	J.G.15	36 000,00		490 903,19	Ct

6.2.7 La balance de vérification après clôture

Comme il n'y pas d'espace prévu dans le chiffrier pour la balance de vérification après clôture, on doit dresser celle-ci afin de s'assurer que le report des écritures de clôture au grand livre ne comporte pas d'erreurs et que le total des débits est égal au total des crédits.

MISE EN SITUATION ▶ Dressons la balance de vérification après clôture à l'aide des soldes du grand livre de Tennis Intérieur Knowlton au 31 décembre 20X5 :

	TENNIS INTÉRIEUR KNOWLTON BALANCE DE VÉRIFICATION APRÈS CLÔTURE au 31 décembre 20X5		
Numéro	Nom du compte	Débit	Crédit
1010	Encaisse	20 134,59 $	
1100	Clients	18 850,98	
1105	TPS à recevoir	149,17	
1110	TVQ à recevoir	297,59	
1125	Honoraires de gestion à recevoir	1 900,00	
1190	Fournitures de bureau	1 090,35	
1210	Assurance payée d'avance	1 074,00	
1300	Matériel roulant	45 000,00	
1310	Amortissement cumulé – matériel roulant		4 920,00 $
1500	Équipement	60 000,00	
1510	Amortissement cumulé – équipement		42 720,00
1700	Ameublement de bureau	21 000,00	
1710	Amortissement cumulé – ameublement de bureau		9 000,00
1900	Bâtiment	450 000,00	
1910	Amortissement cumulé – bâtiment		68 500,00
1960	Terrain	30 000,00	
2100	Fournisseurs		22 650,45
2305	TPS à payer		730,21
2310	TVQ à payer		1 456,77
2350	Salaires à payer		3 349,00
2450	Intérêts à payer		609,06
2465	Abonnements perçus d'avance		4 658,00
3100	Amélie Hamelin – capital		490 903,19
		649 496,68 $	649 496,68 $

(CONCLUSION)

POINTS TB

Dans ce chapitre, nous avons vu comment appliquer le cycle comptable complet d'une entreprise de service, d'abord sans l'utilisation d'un chiffrier puis à l'aide de celui-ci.

Le chiffrier facilite le travail de fin de période ou de fin d'exercice au moment de la rédaction des états financiers. Nous avons également revu la préparation des états financiers, étudié l'enregistrement des écritures de clôture et dressé la balance de vérification après clôture. Cette dernière étape met fin au cycle comptable complet d'un exercice pour une entreprise de service.

(TESTEZ VOS CONNAISSANCES)

Vrai ou faux?

1. **Les opérations suivantes sont effectuées en fin d'exercice.** Vrai Faux

   a) Les écritures de régularisation ☐ ☐

   b) Le classement des pièces justificatives et leur vérification ☐ ☐

   c) La préparation de la balance de vérification après clôture ☐ ☐

   d) Le report des régularisations au grand livre ☐ ☐

	Vrai	Faux
e) L'émission d'un chèque pour payer un fournisseur	☐	☐
f) La rédaction des états financiers pour l'exercice	☐	☐
g) La préparation des écritures de clôture et leur report au grand livre	☐	☐
h) La préparation du plan comptable	☐	☐

2. **Les régularisations doivent être rédigées seulement dans le chiffrier.** ☐ ☐

3. **La balance de vérification régularisée nous fournit les chiffres qui apparaîtront aux états financiers.** ☐ ☐

4. **Le bénéfice net apparaît dans la colonne «Débit» de la section du chiffrier intitulée «État des capitaux propres et bilan».** ☐ ☐

5. **Un débit dans la section «Balance de vérification» et un crédit dans la section «Régularisations» du chiffrier s'additionnent, et le solde est placé dans la section «Balance de vérification régularisée» du chiffrier.** ☐ ☐

6. **Un crédit dans la section «État des capitaux propres et bilan» du chiffrier est nécessairement un passif.** ☐ ☐

7. **Le total de la colonne «Débit» dans la section «État des capitaux propres et bilan» du chiffrier nous fournit automatiquement le total de l'actif net de l'entreprise.** ☐ ☐

8. **Il n'est pas obligatoire de faire des écritures de clôture.** ☐ ☐

9. **Au début de chaque exercice financier, le solde des comptes *Retraits, Apports,* de produit et de charge est à zéro.** ☐ ☐

10. **Le compte *Capital* est remis à zéro chaque année.** ☐ ☐

(TERMINOLOGIE)

MATIÈRE TRAITÉE	NUMÉROS
L'enregistrement des écritures de clôture dans le journal général..............	1 et 2
L'enregistrement des écritures de clôture dans le journal général et la production de la balance de vérification après clôture	3 et 4
La préparation d'un chiffrier et des états financiers pour une entreprise de service selon la forme juridique d'une entreprise à propriétaire unique	5 à 10
La préparation d'un chiffrier et des états financiers pour une entreprise de service selon la forme juridique des sociétés par actions	11 et 12

Cas évolutif: Intergolf

L'enregistrement des écritures de clôture dans le journal général

● **1.** À la fin de son exercice financier, le 31 décembre 20X9, la balance de vérification de Services comptables Pavi, propriété de Pascal Villeneuve, s'établit comme suit:

SERVICES COMPTABLES PAVI
BALANCE DE VÉRIFICATION
au 31 décembre 20X9

Numéro	Nom du compte	Débit	Crédit
1010	Encaisse	17 340,00$	
1105	TPS à recevoir	671,00	
1110	TVQ à recevoir	1 338,00	
1190	Fournitures de bureau	634,00	
1210	Assurance payée d'avance	125,00	
1500	Équipement informatique	21 427,00	
1510	Amortissement cumulé – équipement informatique		4 615,00$
1700	Ameublement de bureau	13 612,00	
1710	Amortissement cumulé – ameublement de bureau		4 728,00
2100	Fournisseurs		2 812,00
2305	TPS à payer		1 112,00
2310	TVQ à payer		1 279,00
3100	Pascal Villeneuve – capital		13 231,00
3300	Pascal Villeneuve – retraits	11 500,00	
4110	Honoraires professionnels		99 320,00
5300	Salaires	31 450,00	
5410	Loyer	16 000,00	
5420	Publicité	3 112,00	
5500	Frais de bureau	1 000,00	
5730	Électricité	4 968,00	
5740	Assurance	3 300,00	
5750	Télécommunications	620,00	
		127 097,00$	127 097,00$

Enregistrer dans le journal général, au 31 décembre 20X9, les écritures de clôture de l'entreprise en utilisant le compte *Sommaire des résultats*.

2. **À la fin de son exercice financier, le 31 décembre 20X7, la balance de vérification des Entreprises Camou, propriété de Camille Tremblay, s'établit comme suit:**

	LES ENTREPRISES CAMOU BALANCE DE VÉRIFICATION au 31 décembre 20X7		
Numéro	**Nom du compte**	**Débit**	**Crédit**
1010	Encaisse	7 321,00$	
1105	TPS à recevoir	333,00	
1110	TVQ à recevoir	664,00	
1190	Fournitures de bureau	299,00	
1210	Assurance payée d'avance	810,00	
1700	Ameublement de bureau	8 500,00	
1710	Amortissement cumulé – ameublement de bureau		2 224,00$
2305	TPS à payer		112,00
2310	TVQ à payer		223,00
3100	Camille Tremblay – capital		6 105,00
3300	Camille Tremblay – retraits	7 600,00	
4110	Honoraires professionnels		31 300,00
5410	Loyer	6 600,00	
5420	Publicité	490,00	
5500	Frais de bureau	333,00	
5660	Taxes municipales	1 900,00	
5730	Électricité	2 345,00	
5735	Chauffage	755,00	
5740	Assurance	980,00	
5750	Télécommunications	510,00	
5960	Amortissement – ameublement de bureau	524,00	
		39 964,00$	39 964,00$

Enregistrer dans le journal général, au 31 décembre 20X7, les écritures de clôture de l'entreprise en utilisant le compte *Camille Tremblay – capital*.

L'enregistrement des écritures de clôture dans le journal général et la production de la balance de vérification après clôture

3. La balance de vérification de Florence Lamoureux, fleuriste, s'établit comme suit à la fin de son exercice financier, le 31 décembre 20X4:

	FLORENCE LAMOUREUX, FLEURISTE BALANCE DE VÉRIFICATION au 31 décembre 20X4		
Numéro	**Nom du compte**	**Débit**	**Crédit**
1010	Encaisse	1 222,00$	
1100	Clients	15 324,00	
1105	TPS à recevoir	527,00	
1110	TVQ à recevoir	1 055,00	
1190	Fournitures d'atelier	811,00	
1500	Équipements floraux	8 000,00	
1510	Amortissement cumulé – équipements floraux		1 800,00$
1700	Ameublement de bureau	4 500,00	
1710	Amortissement cumulé – ameublement de bureau		755,00
2100	Fournisseurs		3 345,00
2305	TPS à payer		812,00
2310	TVQ à payer		1 623,00
3100	Florence Lamoureux – capital		9 952,00
3200	Florence Lamoureux – apports		5 000,00
3300	Florence Lamoureux – retraits	30 500,00	
4110	Honoraires professionnels		55 350,00
5410	Loyer	7 200,00	
5420	Publicité	2 490,00	
5540	Frais de fournitures d'atelier	521,00	
5660	Taxes municipales	1 650,00	
5730	Électricité	1 275,00	
5735	Chauffage	555,00	
5740	Assurance	1 212,00	
5750	Télécommunications	720,00	
5930	Amortissement – équipements floraux	700,00	
5960	Amortissement – ameublement de bureau	375,00	
		78 637,00$	78 637,00$

Travail à faire

a) Enregistrer dans le journal général, au 31 décembre 20X4, les écritures de clôture de l'entreprise en utilisant le compte *Sommaire des résultats*.

b) Reporter aux deux comptes de grand livre *Sommaire des résultats* et *Florence Lamoureux – capital* les écritures de journal touchant ces comptes.

c) Dresser la balance de vérification après clôture.

4. Voici la balance de vérification de l'entreprise Impression SM, propriété de Sacha Morin, à la fin de son exercice financier, le 31 décembre 20X5:

	IMPRESSION SM BALANCE DE VÉRIFICATION au 31 décembre 20X5		
Numéro	Nom du compte	Débit	Crédit
1010	Encaisse	21 598,00$	
1100	Clients	25 236,00	
1105	TPS à recevoir	1 230,00	
1110	TVQ à recevoir	2 460,00	
1190	Fournitures de bureau	1 344,00	
1500	Équipements de reproduction	21 000,00	
1510	Amortissement cumulé – équipements de reproduction		5 700,00$
1700	Ameublement de bureau	8 500,00	
1710	Amortissement cumulé – ameublement de bureau		1 955,00
1900	Bâtiment	57 500,00	
1910	Amortissement cumulé – bâtiment		3 450,00
2100	Fournisseurs		15 345,00
2305	TPS à payer		712,00
2310	TVQ à payer		1 424,00
3100	Sacha Morin – capital		36 710,00
3200	Sacha Morin – apports		7 300,00
3300	Sacha Morin – retraits	24 000,00	
4110	Honoraires professionnels		125 350,00
5420	Publicité	3 490,00	
5500	Frais de bureau	1 521,00	
5640	Entretien et réparations – bâtiment	5 555,00	
5660	Taxes municipales	2 560,00	
5730	Électricité	4 888,00	
5735	Chauffage	3 779,00	
5740	Assurance	3 011,00	
5750	Télécommunications	1 320,00	
5760	Frais légaux	4 500,00	
5770	Autres charges	744,00	
5780	Charges d'intérêts	988,00	
5790	Frais bancaire	210,00	
5930	Amortissement – équipement de reproduction	700,00	
5960	Amortissement – ameublement de bureau	375,00	
5980	Amortissement – bâtiment	1 437,00	
		197 946,00$	197 946,00$

Travail à faire

a) Enregistrer dans le journal général, au 31 décembre 20X5, les écritures de clôture de l'entreprise en utilisant le compte *Sommaire des résultats*.

b) Reporter aux deux comptes de grand livre *Sommaire des résultats* et *Sacha Morin – capital* les écritures de journal touchant ces comptes.

c) Dresser la balance de vérification après clôture.

La préparation d'un chiffrier et des états financiers pour une entreprise de service selon la forme juridique d'une entreprise à propriétaire unique

5. La balance de vérification de Valérie Ouellet, physiothérapeute, s'établit comme suit à la fin de son exercice financier, le 31 décembre 20X5:

	VALÉRIE OUELLET, PHYSIOTHÉRAPEUTE BALANCE DE VÉRIFICATION au 31 décembre 20X5		
Numéro	**Nom du compte**	**Débit**	**Crédit**
1010	Encaisse	25 640,00$	
1105	TPS à recevoir	878,00	
1110	TVQ à recevoir	1 010,00	
1190	Fournitures de bureau	150,00	
1210	Assurance payée d'avance	225,00	
1500	Équipement de clinique	35 427,00	
1510	Amortissement cumulé – équipement de clinique		14 615,00$
1700	Ameublement de bureau	24 612,00	
1710	Amortissement cumulé – ameublement de bureau		8 728,00
2100	Fournisseurs		3 107,00
2305	TPS à payer		1 112,00
2310	TVQ à payer		1 279,00
3100	Valérie Ouellet – capital		24 023,00
3300	Valérie Ouellet – retraits	24 000,00	
4110	Honoraires professionnels		118 630,00
5300	Salaires	32 450,00	
5410	Loyer	18 000,00	
5420	Publicité	2 514,00	
5500	Frais de bureau	2 000,00	
5730	Électricité	1 968,00	
5740	Assurance	1 000,00	
5750	Télécommunications	1 620,00	
		171 494,00$	171 494,00$

Travail à faire

a) Préparer le chiffrier de Valérie Ouellet, physiothérapeute, au 31 décembre 20X5, en tenant compte des renseignements suivants:

- Le décompte des fournitures de bureau indique que l'entreprise en possède pour un total de 850$, en date du 31 décembre 20X5.
- L'assurance payée d'avance au 31 décembre 20X5 s'élève à 380$.
- L'amortissement de l'équipement se chiffre à 7 085$.
- L'amortissement de l'ameublement de bureau est de 492$.
- Une somme de 650$ pour des salaires demeure impayée au 31 décembre 20X5.

b) Préparer les états financiers de Valérie Ouellet, physiothérapeute, au 31 décembre 20X5.

c) Enregistrer dans le journal général les écritures de régularisation (se référer aux renseignements fournis au point a) ci-dessus) et de clôture.

d) Dresser la balance de vérification après clôture de Valérie Ouellet, physiothérapeute, au 31 décembre 20X5.

6. Voici la balance de vérification de Mégane Desjardins, avocate, à la fin de l'exercice, le 31 décembre 20X3:

Numéro	Nom du compte	Débit	Crédit
	MÉGANE DESJARDINS, AVOCATE		
	BALANCE DE VÉRIFICATION		
	au 31 décembre 20X3		
1010	Encaisse	12 825,00$	
1100	Clients	3 144,00	
1105	TPS à recevoir	534,00	
1110	TVQ à recevoir	614,00	
1190	Fournitures de bureau	585,00	
1210	Assurance payée d'avance	620,00	
1300	Matériel roulant	16 635,00	
1310	Amortissement cumulé – matériel roulant		5 850,00$
1700	Ameublement de bureau	8 460,00	
1710	Amortissement cumulé – ameublement de bureau		2 120,00
2100	Fournisseurs		877,00
2150	Effet à payer (court terme)		6 300,00
2305	TPS à payer		875,00
2310	TVQ à payer		1 006,00
3100	Mégane Desjardins – capital		7 153,00
3300	Mégane Desjardins – retraits	24 000,00	
4110	Honoraires professionnels		93 130,00
5300	Salaires	28 614,00	
5410	Loyer	7 800,00	
5420	Publicité	925,00	
5500	Frais de bureau	1 500,00	
5600	Entretien et réparations – matériel roulant	615,00	
5650	Cotisations professionnelles	1 400,00	
5705	Frais de déplacement	2 177,00	
5730	Électricité	1 821,00	
5740	Assurance	3 000,00	
5750	Télécommunications	1 542,00	
5780	Charges d'intérêts	500,00	
		117 311,00$	117 311,00$

Travail à faire

a) Préparer, pour l'exercice terminé le 31 décembre 20X3, le chiffrier de Mégane Desjardins, avocate, en tenant compte des renseignements suivants:

- Le décompte des fournitures de bureau indique que l'entreprise en possède pour une somme de 1 240$, en date du 31 décembre 20X3.
- L'assurance payée d'avance au 31 décembre 20X3 s'élève à 1 008$.
- L'amortissement du matériel roulant est de 3 100$.
- L'ameublement de bureau est amorti d'une somme de 1 060$.
- L'effet à payer sera échu au cours de l'exercice 20X4. Les intérêts à payer sont de 130$.
- Un mois de loyer est payé d'avance à la fin de l'exercice (le montant de la charge de loyer dans la balance de vérification ci-dessus comprend 13 mois de loyer).

b) Préparer l'état des résultats, l'état des capitaux propres ainsi que le bilan de Mégane Desjardins, avocate, au 31 décembre 20X3.

c) Enregistrer dans le journal général les écritures de régularisation (se référer aux renseignements fournis au point a) plus haut) et de clôture.

d) Dresser la balance de vérification après clôture, au 31 décembre 20X3, de Mégane Desjardins, avocate.

7. **Voici la balance de vérification des Excursions Saint-Laurent, propriété de Patrick Lambert, à la fin de l'exercice, le 31 décembre 20X5:**

	EXCURSIONS SAINT-LAURENT BALANCE DE VÉRIFICATION au 31 décembre 20X5		
Numéro	**Nom du compte**	**Débit**	**Crédit**
1010	Encaisse	23 410,00$	
1105	TPS à recevoir	985,00	
1110	TVQ à recevoir	1 133,00	
1200	Fournitures de bateau	1 720,00	
1210	Assurance payée d'avance	2 500,00	
1500	Équipement	14 920,00	
1510	Amortissement cumulé – équipement		5 968,00$
1700	Ameublement de bureau	8 430,00	
1710	Amortissement cumulé – ameublement de bureau		3 372,00
1800	Bateau	245 000,00	
1810	Amortissement cumulé – bateau		19 600,00
2100	Fournisseurs		3 136,00
2305	TPS à payer		1 545,00
2310	TVQ à payer		1 777,00
2900	Emprunt hypothécaire (biens meubles)		125 000,00
3100	Patrick Lambert – capital		123 542,00
3300	Patrick Lambert – retraits	36 000,00	
4180	Billets d'entrée		202 320,00
5300	Salaires	85 610,00	
5410	Loyer	12 000,00	
5420	Publicité	7 775,00	
5560	Frais de fournitures de bateau	29 905,00	
5730	Électricité	2 830,00	
5740	Assurance	6 300,00	
5750	Télécommunications	2 142,00	
5780	Charges d'intérêts	5 600,00	
		486 260,00$	486 260,00$

Travail à faire

a) Préparer le chiffrier des Excursions Saint-Laurent au 31 décembre 20X5, en tenant compte des renseignements suivants:

- L'inventaire des fournitures de bateau en main s'élève à 3 540$.

- Le compte *Assurance* comprend le renouvellement de la prime annuelle de 6 300$ couvrant la période du 1er juin 20X5 au 31 mai 20X6; aucune entrée comptable n'a été enregistrée dans le compte *Assurance payée d'avance* au cours de l'exercice financier.

- Le compte *Publicité* comporte, entre autres, une somme de 1 000$ payée le 28 décembre 20X5 pour des annonces publicitaires à paraître au cours du prochain exercice.

- L'entreprise amortit ses immobilisations selon la méthode de l'amortissement linéaire. Elle ne prévoit aucune valeur résiduelle et elle estime les durées d'utilisation suivantes :

	Durée estimative
Équipement et ameublement de bureau	10 ans
Bateau	25 ans

- Une somme de 2 300 $ pour des salaires demeure impayée au 31 décembre 20X5.
- L'emprunt hypothécaire est remboursable par tranches annuelles de 15 000 $ le 30 avril de chaque année. De plus, des intérêts calculés au taux de 12 % sont payables à la date d'anniversaire de l'emprunt. Au 31 décembre 20X5, huit mois d'intérêts sont considérés comme impayés.

b) Préparer les états financiers des Excursions Saint-Laurent au 31 décembre 20X5.

c) Enregistrer dans le journal général les écritures de régularisation (se référer aux renseignements fournis au point a) plus haut) et de clôture.

d) Inscrire les soldes de la balance de vérification dans le grand livre et y reporter les écritures de régularisation et de clôture.

e) Dresser la balance de vérification après clôture, au 31 décembre 20X5, des Excursions Saint-Laurent.

8. **Voici la balance de vérification des Services de récupération Valcourt, une entreprise spécialisée dans la récupération des déchets, propriété de Josée Guillaume, pour l'exercice terminé le 31 décembre 20X4 :**

SERVICES DE RÉCUPÉRATION VALCOURT BALANCE DE VÉRIFICATION au 31 décembre 20X4			
Numéro	**Nom du compte**	**Débit**	**Crédit**
1010	Encaisse	12 775,00 $	
1100	Clients	2 420,00	
1105	TPS à recevoir	985,00	
1110	TVQ à recevoir	1 133,00	
1190	Fournitures de bureau	140,00	
1210	Assurance payée d'avance	900,00	
1300	Matériel roulant	62 500,00	
1310	Amortissement cumulé – matériel roulant		21 600,00 $
1700	Ameublement de bureau	2 500,00	
1710	Amortissement cumulé – ameublement de bureau		1 500,00
2100	Fournisseurs		761,00
2305	TPS à payer		1 545,00
2310	TVQ à payer		1 777,00
2850	Effet à payer (long terme)		14 900,00
3100	Josée Guillaume – capital		53 582,00
3300	Josée Guillaume – retraits	18 000,00	
4120	Services rendus		102 210,00
5300	Salaires	77 450,00	
5410	Loyer	5 200,00	
5420	Publicité	2 325,00	
5500	Frais de bureau	820,00	
5600	Entretien et réparations – matériel roulant	3 972,00	
5730	Électricité	2 240,00	
5740	Assurance	2 400,00	
5750	Télécommunications	740,00	
5780	Charges d'intérêts	1 375,00	
		197 875,00 $	197 875,00 $

a) Préparer le chiffrier des Services de récupération Valcourt au 31 décembre 20X4 en tenant compte des renseignements suivants:

- Des fournitures pour une somme de 625 $ ont été utilisées au cours de l'exercice.

- La prime d'assurance a été renouvelée pour un an le 1er juin.

- Le matériel roulant est amorti selon la méthode de l'amortissement proportionnel à l'utilisation en fonction du kilométrage. L'entreprise prévoit vendre le camion après 300 000 km au prix de 8 500 $; le camion a parcouru 62 340 km au cours de l'exercice.

- L'ameublement de bureau est amorti selon la méthode de l'amortissement linéaire sur une durée de cinq ans; aucune valeur résiduelle n'a été prévue à la fin de cette période.

- Services de récupération Valcourt s'est engagée, en vertu d'un bail de cinq ans échéant le 31 décembre 20X8, à verser un loyer mensuel de 400 $; les versements ont été portés au débit du compte *Loyer.*

- L'effet à payer contracté le 31 mars 20X3 est remboursable en totalité le 31 octobre 20X6. Les intérêts, calculés au taux de 10 %, n'ont pas tous été versés.

- Les trois employés sont payés tous les vendredis pour la semaine normale de cinq jours écoulée le même vendredi, à raison d'un salaire quotidien individuel de 150 $. Le 31 décembre 20X4 est un mardi.

b) Préparer les états financiers, au 31 décembre 20X4, des Services de récupération Valcourt.

c) Enregistrer dans le journal général les écritures de régularisation (se référer aux renseignements fournis au point a) ci-dessus) et de clôture.

d) Inscrire les soldes de la balance de vérification dans le grand livre et y reporter les écritures de régularisation et de clôture.

e) Dresser la balance de vérification après clôture des Services de récupération Valcourt, au 31 décembre 20X4.

9. **Samuel Gravel est propriétaire de l'agence de marketing Marketem. Il vous soumet la balance de vérification de son entreprise à la fin de l'exercice, le 31 décembre 20X7:**

	MARKETEM BALANCE DE VÉRIFICATION au 31 décembre 20X7		
Numéro	**Nom du compte**	**Débit**	**Crédit**
1010	Encaisse	32 368,00$	
1100	Clients	24 721,00	
1105	TPS à recevoir	1 234,00	
1110	TVQ à recevoir	1 419,00	
1190	Fournitures de bureau	850,00	
1210	Assurance payée d'avance	780,00	
1300	Matériel roulant	18 500,00	
1310	Amortissement cumulé – matériel roulant		2 250,00$
1400	Équipement de bureau	51 195,00	
1410	Amortissement cumulé – équipement de bureau		14 349,00
1900	Bâtiment	125 000,00	
1910	Amortissement cumulé – bâtiment		6 250,00
1960	Terrain	25 500,00	
2305	TPS à payer		1 453,00
2310	TVQ à payer		1 700,00
2905	Emprunt hypothécaire (biens immeubles)		85 000,00
3100	Samuel Gravel – capital		131 488,00
3300	Samuel Gravel – retraits	36 000,00	
4230	Honoraires de consultation		226 744,00
5300	Salaires	123 612,00	
5420	Publicité	3 479,00	
5500	Frais de bureau	3 100,00	
5600	Entretien et réparations – matériel roulant	650,00	
5620	Entretien et réparations – équipement de bureau	844,00	
5660	Taxes municipales	1 858,00	
5670	Taxes scolaires	554,00	
5705	Frais de déplacement	1 762,00	
5710	Frais de représentation	4 285,00	
5730	Électricité	3 620,00	
5740	Assurance	2 520,00	
5750	Télécommunications	2 083,00	
5780	Charges d'intérêts	3 300,00	
		469 234,00$	469 234,00$

Travail à faire

a) Préparer le chiffrier de Marketem au 31 décembre 20X7, en tenant compte des renseignements suivants:

- Des travaux de consultation ont été effectués pour une somme de 5 250$, mais ils n'ont pas encore été facturés aux Éditions du Nouvel Âge inc.

- Un dénombrement des stocks a permis d'établir à 655$ le solde des fournitures en main au 31 décembre 20X7.

- Le compte *Assurance* de 2 520$ représente le renouvellement de la prime d'assurance annuelle le 1er juin 20X7.

- Marketem amortit ses immobilisations selon la méthode de l'amortissement linéaire en fonction des durées et des valeurs résiduelles suivantes:

	Valeur résiduelle	Durée estimative
Matériel roulant	9 000$	3 ans
Équipement de bureau	8 145$	6 ans
Bâtiment	Ø	40 ans

- L'emprunt hypothécaire est remboursable par tranches de 5000$ le 30 avril de chaque année. Les intérêts, calculés au taux de 11%, sont payables au même moment.
- Le compte *Honoraires de consultation* comprend une somme de 5 000$ reçue le 23 décembre 20X7 du Laboratoire pharmaceutique Richard inc. comme avance sur des travaux qui seront effectués au mois de février 20X8.
- Le compte *Taxes scolaires* de 554$ représente le paiement des taxes couvrant la période du 1er juillet 20X7 au 30 juin 20X8.

b) Préparer les états financiers de Marketem au 31 décembre 20X7.

c) Enregistrer dans le journal général les écritures de régularisation (se référer aux renseignements fournis au point a) plus haut) et de clôture.

d) Dresser la balance de vérification après clôture de Marketem, au 31 décembre 20X7.

10. **Alex Gauthier vous remet la balance de vérification de son entreprise, Immeubles modernes, au 31 décembre 20X6:**

	IMMEUBLES MODERNES BALANCE DE VÉRIFICATION au 31 décembre 20X6		
Numéro	Nom du compte	Débit	Crédit
1010	Encaisse	238 225,00$	
1105	TPS à recevoir	1 457,00	
1110	TVQ à recevoir	1 675,00	
1200	Fournitures d'entretien	758,00	
1210	Assurance payée d'avance	1 100,00	
1500	Équipement	5 640,00	
1510	Amortissement cumulé – équipement		1 692,00$
1600	Ameublement	32 880,00	
1610	Amortissement cumulé – ameublement		17 755,00
1900	Bâtiment	2 152 400,00	
1910	Amortissement cumulé – bâtiment		161 430,00
1960	Terrain	352 700,00	
2305	TPS à payer		1 953,00
2310	TVQ à payer		2 246,00
2905	Emprunt hypothécaire (biens immeubles)		1 410 500,00
3100	Alex Gauthier – capital		924 472,00
3300	Alex Gauthier – retraits	6 000,00	
4140	Loyers gagnés		345 500,00
5300	Salaires	22 000,00	
5420	Publicité	1 432,00	
5550	Frais de fournitures d'entretien	2 417,00	
5640	Entretien et réparations – bâtiment	3 610,00	
5660	Taxes municipales	32 400,00	
5705	Frais de déplacement	2 414,00	
5740	Assurance	6 720,00	
5750	Télécommunications	1 720,00	
		2 865 548,00$	2 865 548,00$

a) Préparer le chiffrier des Immeubles modernes au 31 décembre 20X6, en tenant compte des renseignements suivants:

- Une analyse du compte *Entretien et réparations – bâtiment* révèle qu'un chèque de 2 000$ émis à l'ordre d'un entrepreneur pour des travaux effectués à la résidence personnelle d'Alex Gauthier a été inscrit par erreur au débit de ce compte.

- Alex Gauthier vous remet une liste des locataires qui n'ont pas encore payé leur loyer du mois de décembre. Cette liste permet d'évaluer la somme à recevoir à 2 500$.

- Un dénombrement des stocks indique qu'il y a pour 1 799,36$ (taxes comprises) de fournitures non utilisées au 31 décembre 20X6. (Ne pas considérer les taxes lors de l'écriture de régularisation.)

- Le compte *Assurance* représente le paiement de la prime d'assurance de l'immeuble; cette police couvre la période du 1er mars 20X6 au 28 février 20X7.

- Le compte *Taxes municipales* de 32 400$ représente le paiement des taxes municipales applicables à l'exercice en cours.

- L'entreprise amortit ses immobilisations selon la méthode de l'amortissement linéaire en fonction des estimations suivantes:

	Valeur résiduelle	Durée estimative
Équipement	0%	10 ans
Mobilier	10%	5 ans
Bâtiment	0%	40 ans

- L'emprunt hypothécaire est remboursable le 1er janvier de chaque année de la façon suivante:

Remboursement du capital	55 000$
Paiement des intérêts	11%

b) Préparer les états financiers des Immeubles modernes au 31 décembre 20X6.

c) Enregistrer dans le journal général les écritures de régularisation (se référer aux renseignements fournis au point a) ci-dessus) et de clôture.

d) Dresser la balance de vérification après clôture des Immeubles modernes au 31 décembre 20X6.

(SUPPLÉMENT D'INFORMATION)

Le chiffrier d'une entreprise de service incorporée en société par actions

Nous avons vu précédemment toutes les étapes permettant de réaliser un chiffrier, de même que les écritures de clôture pour une entreprise de service qui fonctionne comme une entreprise individuelle. Nous allons maintenant examiner les différences qui existent lorsque l'entreprise est incorporée. D'abord, il faut noter que les comptes représentant le capital du propriétaire de même que ses apports et retraits sont remplacés. De plus, une régularisation supplémentaire doit être effectuée, compte tenu du fait que le bénéfice de l'entreprise est imposable, puisque celle-ci est considérée comme une personne morale.

Le compte de capital

Il est remplacé par au moins deux comptes: le compte *Capital-actions ordinaire,* qui représente les sommes investies par les actionnaires qui détiennent des actions ordinaires, et le compte *Bénéfices non répartis,* dans lequel s'accumulent les bénéfices réalisés par l'entreprise et qui ne sont pas remis aux actionnaires sous forme de dividendes. Si plusieurs catégories d'actions ont été émises par la société, il y aura plusieurs comptes de capital (par exemple, *Capital-actions ordinaire, Capital-actions privilégié – catégorie A, Capital-actions privilégié – catégorie B*). Dans l'exemple, le solde du compte *Capital-actions ordinaire* est alors de 100 000 $ et celui du compte *Bénéfices non répartis* est de 251 146,25 $.

Le compte d'apports

Ce compte n'a pas d'équivalent dans une société par actions. En effet, les sommes additionnelles investies par les actionnaires le sont sous forme de capital-actions et sont donc directement comptabilisées dans le compte *Capital-actions ordinaire.*

Le compte de retraits

Dans une société par actions, le compte *Dividendes* remplace le compte de retraits que l'on trouve dans une entreprise individuelle. Dans l'exemple, le solde du compte *Dividendes sur actions ordinaires* est de 36 000 $.

Les comptes *Impôts sur le revenu* et *Impôts sur le revenu à payer*

La société par actions est imposée selon certains taux; dans l'exemple, le taux est fixé à 20 %. On trouvera donc, dans le journal général et le chiffrier, l'écriture suivante:

MISE EN SITUATION ▶

	JOURNAL GÉNÉRAL			Page: 12
Date	Nom des comptes et explication	Numéro du compte	Débit	Crédit
20X5				
Déc. 31	Impôts sur le revenu	5995	35 151,39	
	Impôts sur le revenu à payer	2490		35 151,39
	(pour comptabiliser les impôts sur			
	le bénéfice net de l'exercice:			
	175 756,94 $ × 20 % = 35 151,39 $)			

Les écritures de clôture

Qu'il s'agisse d'une société par actions ou d'une entreprise à propriétaire unique, la première écriture de clôture est la même. Par contre, les trois autres sont différentes. Si l'on utilise le chiffrier présenté au tableau 6.7, il y aura quatre écritures de clôture.

TABLEAU 6.7 ▶ La réalisation complète du chiffrier d'une société par actions

TENNIS INTÉRIEUR KNOWLTON INC.
CHIFFRIER AU 31 DÉCEMBRE 20X5

N°	Compte	Balance de vérification Débit	Crédit	Régularisations Débit	Crédit	Balance de vérification régularisée Débit	Crédit	État des résultats Débit	Crédit	État des capitaux propres et bilan Débit	Crédit
1010	Encaisse	20 134,59 $				20 134,59 $				20 134,59 $	
1100	Clients	18 850,98				18 850,98				18 850,98	
1105	TPS à recevoir	149,17				149,17				149,17	
1110	TVQ à recevoir	297,59				297,59				297,59	
1125	Honoraires de gestion à recevoir	1 780,00		d) 120,00 $		1 900,00				1 900,00	
1190	Fournitures de bureau	1 640,00			a) 549,65 $	1 090,35				1 090,35	
1210	Assurance payée d'avance	990,00		b) 84,00		1 074,00				1 074,00	
1220	Loyer payé d'avance	3 200,00			e) 3 200,00						
1300	Matériel roulant	45 000,00				45 000,00				45 000,00	
1310	Amortissement cumulé – matériel roulant		3 200,00 $		g) 1 720,00		4 920,00 $				4 920,00 $
1500	Équipement	60 000,00				60 000,00				60 000,00	
1510	Amortissement cumulé – équipement		31 200,00		h) 11 520,00		42 720,00				42 720,00
1700	Ameublement de bureau	21 000,00				21 000,00				21 000,00	
1710	Amortissement cumulé – ameublement de bureau		5 000,00		j) 4 000,00		9 000,00				9 000,00
1900	Bâtiment	450 000,00				450 000,00				450 000,00	
1910	Amortissement cumulé – bâtiment		51 000,00		k) 17 500,00		68 500,00				68 500,00
1960	Terrain	30 000,00				30 000,00				30 000,00	
2100	Fournisseurs		22 650,45				22 650,45				22 650,45
2305	TPS à payer		730,21				730,21				730,21
2310	TVQ à payer		1 456,77				1 456,77				1 456,77
2350	Salaires à payer		2 340,00		i) 1 009,00		3 349,00				3 349,00
2450	Intérêts à payer		662,33	c) 53,27			609,06				609,06
2465	Abonnements perçus d'avance		4 230,00		f) 428,00		4 658,00				4 658,00
3400	Capital-actions ordinaire		100 000,00				100 000,00				100 000,00
3475	Bénéfices non répartis		251 146,25				251 146,25				251 146,25
3485	Dividendes sur actions ordinaires	36 000,00				36 000,00				36 000,00	
4120	Services rendus		299 950,65				299 950,65		299 950,65		
4130	Honoraires de gestion		21 800,00		d) 120,00		21 920,00		21 920,00		
4250	Produits d'abonnements gagnés		39 325,00	f) 428,00			38 897,00		38 897,00		
5300	Salaires	78 520,65		i) 1 009,00		79 529,65		79 529,65			
5410	Loyer	16 000,00		e) 3 200,00		19 200,00		19 200,00			
5420	Publicité	14 685,25				14 685,25		14 685,25			
5500	Frais de bureau	9 850,45		a) 549,65		10 400,10		10 400,10			
5730	Électricité	12 512,23				12 512,23		12 512,23			
5740	Assurance	1 432,00			b) 84,00	1 348,00		1 348,00			
5750	Télécommunications	3 956,78				3 956,78		3 956,78			
5780	Charges d'intérêts	8 691,97			c) 53,27	8 638,70		8 638,70			
	Total	**834 691,66 $**	**834 691,66 $**								
5900	Amortissement – matériel roulant			g) 1 720,00		1 720,00		1 720,00			
5930	Amortissement – équipement			h) 11 520,00		11 520,00		11 520,00			
5960	Amortissement – ameublement de bureau			j) 4 000,00		4 000,00		4 000,00			
5980	Amortissement – bâtiment			k) 17 500,00		17 500,00		17 500,00			
5995	Impôts sur le revenu			l) 35 151,39		35 151,39		35 151,39			
2490	Impôts sur le revenu à payer				l) 35 151,39		35 151,39				35 151,39
				75 335,31 $	**75 335,31 $**	**905 658,78 $**	**905 658,78 $**	**220 162,10 $**	**360 767,65 $**	**685 496,68 $**	**544 891,13 $**
								140 605,55			140 605,55
								360 767,65 $	**360 767,65 $**	**685 496,68 $**	**685 496,68 $**

Écriture 1:

	JOURNAL GÉNÉRAL			Page: 15
Date	Nom des comptes et explication	Numéro du compte	Débit	Crédit
20X5				
Déc. 31	Services rendus	4120	299 950,65	
	Honoraires de gestion	4130	21 920,00	
	Produits d'abonnements gagnés	4250	38 897,00	
	Sommaire des résultats	5999		360 767,65
	(pour fermer les comptes de produits			
	en date de la fin d'exercice)			

Écriture 2:

	JOURNAL GÉNÉRAL			Page: 15
Date	Nom des comptes et explication	Numéro du compte	Débit	Crédit
20X5				
Déc. 31	Sommaire des résultats	5999	220 162,10	
	Salaires	5300		79 529,65
	Loyer	5410		19 200,00
	Publicité	5420		14 685,25
	Frais de bureau	5500		10 400,10
	Électricité	5730		12 512,23
	Assurance	5740		1 348,00
	Télécommunications	5750		3 956,78
	Charges d'intérêts	5780		8 638,70
	Amortissement – matériel roulant	5900		1 720,00
	Amortissement – équipement	5930		11 520,00
	Amortissement – ameublement de bureau	5960		4 000,00
	Amortissement – bâtiment	5980		17 500,00
	Impôts sur le revenu	5995		35 151,39
	(pour fermer les comptes de charge			
	en date de la fin d'exercice)			

Écriture 3:

Si l'entreprise réalise un bénéfice net, c'est-à-dire si le compte *Sommaire des résultats* a un solde créditeur, on débite ce compte et on crédite le compte *Bénéfices non répartis*.

Si le compte *Sommaire des résultats* a un solde débiteur, c'est que l'entreprise a subi une perte; on crédite ce compte et on débite le compte *Bénéfices non répartis*. Le compte *Sommaire des résultats* a alors un solde égal à zéro.

	JOURNAL GÉNÉRAL			Page: 15
Date	Nom des comptes et explication	Numéro du compte	Débit	Crédit
20X5				
Déc. 31	Sommaire des résultats	5999	140 605,55	
	Bénéfices non répartis	3475		140 605,55
	(pour comptabiliser le bénéfice net			
	de l'exercice dans le compte de			
	bénéfices non répartis)			

Écriture 4:

Le compte *Dividendes sur actions ordinaires* est ensuite transféré dans le compte *Bénéfices non répartis.* Les dividendes déclarés sont accumulés dans un compte de contrepartie du compte de bénéfices non répartis de façon à montrer, pour chaque exercice, le total des dividendes déclarés. À la fin de chaque exercice, il faut aussi que ce compte ait un solde égal à zéro.

JOURNAL GÉNÉRAL					Page: 15
Date	**Nom des comptes et explication**	**Numéro du compte**	**Débit**	**Crédit**	
20X5					
Déc. 31	Bénéfices non répartis	3475	36 000,00		
	Dividendes sur actions ordinaires	3485		36 000,00	
	(pour transférer les dividendes de l'exercice				
	dans le compte de bénéfices non répartis)				

Le report des deux dernières écritures aux comptes appropriés donne le résultat suivant:

GRAND LIVRE						
Sommaire des résultats						**N° 5999**
Date	**Libellé**	**Référence**	**Débit**	**Crédit**	**Solde**	**Dt/Ct**
20X5						
Déc. 31	Clôture	J.G.15		360 767,65	360 767,65	Ct
Déc. 31	Clôture	J.G.15	220 162,10		140 605,55	Ct
Déc. 31	Clôture	J.G.15	140 605,55		Ø	Ct

Bénéfices non répartis						**N° 3475**
Date	**Libellé**	**Référence**	**Débit**	**Crédit**	**Solde**	**Dt/Ct**
20X4						
Déc. 31					251 146,25	Ct
20X5						
Déc. 31	Clôture	J.G.15		140 605,55	391 751,80	Ct
Déc. 31	Clôture	J.G.15	36 000,00		355 751,80	Ct

Les états financiers

TENNIS INTÉRIEUR KNOWLTON INC. ÉTAT DES RÉSULTATS pour l'exercice terminé le 31 décembre 20X5		
Produits d'exploitation		
Services rendus	299 951 $	
Honoraires de gestion gagnés	21 920	
Produits d'abonnements gagnés	38 897	
Total des produits d'exploitation		360 768 $
Charges d'exploitation		
Salaires	79 530 $	
Loyer	19 200	
Publicité	14 685	
Frais de bureau	10 400	
Électricité	12 512	
Assurance	1 348	
Télécommunications	3 957	
Charges d'intérêts	8 639	
Amortissement – matériel roulant	1 720	
Amortissement – équipement	11 520	
Amortissement – ameublement de bureau	4 000	
Amortissement – bâtiment	17 500	
Total des charges d'exploitation		185 011
Bénéfice avant impôt		175 757 $
Impôts sur le revenu		35 151
Bénéfice net		140 606 $

TENNIS INTÉRIEUR KNOWLTON INC. ÉTAT DES BÉNÉFICES NON RÉPARTIS pour l'exercice terminé le 31 décembre 20X5		
Bénéfices non répartis au 1er janvier 20X5		251 146 $
Plus : Bénéfice net	140 606 $	
Moins : Dividendes	36 000	104 606
Bénéfices non répartis au 31 décembre 20X5		355 752 $

TENNIS INTÉRIEUR KNOWLTON INC. BILAN au 31 décembre 20X5

ACTIF			PASSIF		
Actif à court terme			**Passif à court terme**		
Encaisse	20 135 $		Fournisseurs	22 650 $	
Clients	18 851		Salaires à payer	3 349	
Honoraires de gestion à recevoir		1 900 $	Intérêts à payer	609	
Fournitures de bureau	1 090		Abonnements perçus d'avance	4 658	
Loyer payé d'avance	1 074		Taxes à la consommation à payer	1 740	
Total de l'actif à court terme		43 050 $	Impôts sur le revenu à payer	35 151	
Immobilisations			Total du passif à court terme		68 158 $
Matériel roulant	45 000 $		**CAPITAUX PROPRES**		
Moins : Amortissement cumulé	4 920	40 080	Capital-actions ordinaire	100 000 $	
Équipement	60 000 $		Bénéfices non répartis	355 752	
Moins : Amortissement cumulé	42 720	17 280	Total des capitaux propres		455 752
Ameublement de bureau	21 000 $				
Moins : Amortissement cumulé	9 000	12 000			
Bâtiment	450 000 $				
Moins : Amortissement cumulé	68 500	381 500			
Terrain		30 000			
Total des immobilisations		480 860			
Total de l'actif		523 910 $	**Total du passif et des capitaux propres**		523 910 $

PROBLÈMES

La préparation d'un chiffrier et des états financiers pour une entreprise de service selon la forme juridique des sociétés par actions

11. Sara Legrand vous remet la balance de vérification de son entreprise, l'Institut linguistique Legrand inc., à la fin de son exercice, le 31 décembre 20X4:

	INSTITUT LINGUISTIQUE LEGRAND INC. BALANCE DE VÉRIFICATION au 31 décembre 20X4		
Numéro	Nom du compte	Débit	Crédit
1010	Encaisse	42 632,00$	
1105	TPS à recevoir	1 301,00	
1110	TVQ à recevoir	1 496,00	
1190	Fournitures de bureau	1 945,00	
1210	Assurance payée d'avance	4 400,00	
1250	Publicité payée d'avance	2 000,00	
1500	Équipement	85 475,00	
1510	Amortissement cumulé – équipement		13 460,00$
1700	Ameublement de bureau	52 500,00	
1710	Amortissement cumulé – ameublement de bureau		15 000,00
1900	Bâtiment	292 600,00	
1910	Amortissement cumulé – bâtiment		21 000,00
1960	Terrain	64 000,00	
2305	TPS à payer		1 983,00
2310	TVQ à payer		2 280,00
2905	Emprunt hypothécaire (biens immeubles)		160 000,00
3400	Capital-actions ordinaire		10 000,00
3475	Bénéfices non répartis		258 475,00
3485	Dividendes sur actions ordinaires	20 000,00	
4270	Revenus de cours		256 465,00
5300	Salaires	116 500,00	
5420	Publicité	13 965,00	
5500	Frais de bureau	2 400,00	
5640	Entretien et réparations – bâtiment	6 921,00	
5660	Taxes municipales	3 785,00	
5670	Taxes scolaires	630,00	
5730	Électricité	4 367,00	
5740	Assurance	5 520,00	
5750	Télécommunications	7 726,00	
5780	Charges d'intérêts	8 500,00	
		738 663,00$	738 663,00$

a) Préparer le chiffrier de l'Institut linguistique Legrand inc. au 31 décembre 20X4, en tenant compte des renseignements suivants :

- Certains élèves n'ont pas acquitté leurs frais de cours pour le dernier trimestre. Les revenus de cours à recevoir s'élèvent à 2 255 $.

- Une facture de téléphone s'élevant à 465 $ reçue à la fin de décembre n'a pas été comptabilisée.

- Il reste en stock pour 1 315 $ de fournitures de bureau.

- L'Institut linguistique Legrand inc. amortit l'équipement selon la méthode de l'amortissement linéaire sur une durée estimative de huit ans. Une valeur résiduelle de 6 000 $ a été prévue.

- La valeur résiduelle de l'ameublement de bureau est estimée à 2 500 $ à la fin des 10 années de sa durée d'utilisation prévue.

- Le bâtiment est amorti sur une période de 40 ans en tenant compte d'une valeur résiduelle de 12 600 $.

- Le compte *Publicité payée d'avance* correspond au solde au début de l'exercice et doit être imputé aux charges. De plus, au 31 décembre 20X4, une facture relative à la promotion des cours du trimestre d'automne, s'élevant à 3 500 $, n'a pas été comptabilisée.

- Au 31 décembre 20X4, des revenus de cours pour le trimestre d'hiver 20X5 d'un total de 6 350 $ ont été encaissés et portés au crédit du compte *Revenus de cours*.

- Le compte *Assurance* correspond au paiement de la prime d'assurance couvrant la période du 1er décembre 20X4 au 30 novembre 20X5.

- Le compte *Taxes scolaires* de 630 $ représente le paiement des taxes scolaires pour la période du 1er juillet 20X4 au 30 juin 20X5.

- Le taux d'imposition de l'entreprise est de 22 % (arrondir au dollar près).

b) Préparer les états financiers de l'Institut linguistique Legrand inc. au 31 décembre 20X4.

c) Enregistrer dans le journal général les écritures de régularisation (se référer aux renseignements fournis au point a) plus haut) et de clôture.

d) Dresser la balance de vérification après clôture de l'Institut linguistique Legrand inc. au 31 décembre 20X4.

12. Roch Côté vous soumet la balance de vérification de son entreprise, Excavations Roch inc., à la fin de son exercice, le 31 décembre 20X5. Le comptable de l'entreprise régularise mensuellement certains comptes du grand livre :

Numéro	Nom du compte	Débit	Crédit
	EXCAVATIONS ROCH INC. **BALANCE DE VÉRIFICATION** **au 31 décembre 20X5**		
1010	Encaisse	64 375,00$	
1100	Clients	16 650,00	
1105	TPS à recevoir	812,00	
1110	TVQ à recevoir	934,00	
1200	Fournitures d'atelier	1 695,00	
1210	Assurance payée d'avance	1 980,00	
1300	Matériel roulant	255 428,00	
1310	Amortissement cumulé – matériel roulant		65 460,00$
1500	Équipement d'atelier	43 200,00	
1510	Amortissement cumulé – équipement d'atelier		14 175,00
1700	Ameublement de bureau	5 360,00	
1710	Amortissement cumulé – ameublement de bureau		2 635,00
1900	Bâtiment	176 000,00	
1910	Amortissement cumulé – bâtiment		12 833,00
1960	Terrain	24 000,00	
2100	Fournisseurs		5 649,00
2305	TPS à payer		1 123,00
2310	TVQ à payer		1 291,00
2850	Effet à payer (long terme)		120 000,00
2905	Emprunt hypothécaire (biens immeubles)		80 000,00
3400	Capital-actions ordinaire		50 000,00
3475	Bénéfices non répartis		244 054,00
3485	Dividendes sur actions ordinaires	14 500,00	
4200	Travaux d'excavation		143 621,00
5300	Salaires	64 243,00	
5420	Publicité	1 683,00	
5540	Frais de fournitures d'atelier	13 140,00	
5600	Entretien et réparations – matériel roulant	10 237,00	
5660	Taxes municipales	1 266,00	
5730	Électricité	2 495,00	
5740	Assurance	3 650,00	
5750	Télécommunications	1 224,00	
5780	Charges d'intérêts	4 950,00	
5900	Amortissement – matériel roulant	24 040,00	
5930	Amortissement – équipement d'atelier	4 455,00	
5960	Amortissement – ameublement de bureau	491,00	
5980	Amortissement – bâtiment	4 033,00	
		740 841,00$	740 841,00$

a) Préparer le chiffrier des Excavations Roch inc. au 31 décembre 20X5, compte tenu des renseignements suivants:

- Il reste en stock des fournitures d'atelier pour une somme de 2 145$.

- Une prime d'assurance de 3 650$ couvre la période du 1er août 20X5 au 31 juillet 20X6.

- Excavations Roch inc. amortit ses immobilisations selon les prévisions suivantes:

	Valeur résiduelle	Durée estimative
Matériel roulant	15 428$	30 000 heures
Ameublement de bureau	Ø	10 ans
Équipement d'atelier	10%	8 ans
Bâtiment	Ø	40 ans

- Le matériel roulant a été utilisé pour un total de 3 480 heures au cours de l'exercice.

- Une somme de 30 000$ sur l'effet à payer est remboursable le 1er janvier de chaque année. Les intérêts au taux de 13% sont payables à la même date.

- L'emprunt hypothécaire est remboursable pendant 10 ans, le 1er juillet de chaque exercice, par tranches de 10 000$ plus les intérêts, calculés au taux de 11%.

- Des intérêts ont aussi été versés au cours de l'exercice sur un emprunt bancaire.

- Les taxes municipales de 1 266$ ont été versées pour l'année 20X5.

- Le 29 décembre 20X5, Éloi Côté a crédité le compte *Travaux d'excavation* d'une somme de 1 200$ reçue d'un client pour des travaux qui seront exécutés au mois de janvier 20X6.

- Les salaires sont versés le vendredi toutes les deux semaines pour la période de 10 jours écoulée. Le 31 décembre 20X5 est un mardi. La paie du 3 janvier 20X6 s'élève à 2 500$. Les employés ne travaillent pas le samedi et le dimanche.

- Le taux d'imposition de l'entreprise est de 22% (arrondir au dollar près).

b) Préparer les états financiers des Excavations Roch inc. au 31 décembre 20X5.

c) Enregistrer dans le journal général les écritures de régularisation (se référer aux renseignements fournis au point a) plus haut) et de clôture.

d) Inscrire les soldes de la balance de vérification dans le grand livre et y reporter les écritures de régularisation et de clôture.

e) Dresser la balance de vérification après clôture des Excavations Roch inc. au 31 décembre 20X5.

CAS ÉVOLUTIF

Fin de l'exercice financier

Après avoir enregistré les écritures de régularisation d'Intergolf au 31 décembre 20X6 (voir le chapitre 5), on doit effectuer les opérations annuelles de fin d'exercice. Ces opérations consistent à rédiger les états financiers, à fermer les livres comptables et à préparer le nouvel exercice financier de l'entreprise.

Travail à faire

a) Préparer le chiffrier d'Intergolf au 31 décembre 20X6, en tenant compte des régularisations effectuées dans le chapitre 5.

b) Préparer les états financiers d'Intergolf au 31 décembre 20X6.

c) Enregistrer les écritures de clôture dans le journal général.

d) Reporter au grand livre les écritures de régularisation (voir le chapitre 5) et de clôture.

e) Dresser la balance de vérification après clôture d'Intergolf, au 31 décembre 20X6.

CHAPITRE 7

Les entreprises commerciales

Jusqu'à présent, nous avons étudié plusieurs aspects de la comptabilité des entreprises de service. Mais qu'en est-il de la comptabilité des entreprises commerciales? L'enregistrement des transactions dans le journal général est-il différent? Les états financiers sont-ils présentés de la même façon?

L'étude de ce chapitre nous permettra de répondre à ces questions en appliquant le cycle comptable complet aux entreprises commerciales, lesquelles achètent et vendent des marchandises plutôt que de rendre des services.

OBJECTIFS D'APPRENTISSAGE

- Maîtriser la façon de comptabiliser les ventes ainsi que les achats de marchandises.

- Distinguer les systèmes d'inventaire permanent et périodique pour l'enregistrement du coût du stock.

- Déterminer le coût des marchandises vendues en appliquant un système d'inventaire périodique.

- Préparer les états financiers d'une entreprise commerciale.

- Enregistrer les écritures de clôture, les reporter au grand livre et dresser la balance de vérification après clôture d'une entreprise commerciale.

MISE EN SITUATION

Léa-Jeanne Urbain est propriétaire d'une boutique de sport à Saint-Sauveur. La Boutique Léa vend sa marchandise à des particuliers, à d'autres commerces, à des entreprises sportives ainsi qu'à des centres de ski de fond et de ski alpin. Cependant, ses charges d'exploitation sont assez élevées. Léa-Jeanne doit donc conclure des ventes de 650 000$ afin de couvrir ses coûts.

Les résultats des 11 premiers mois de l'exercice 20X7 sont satisfaisants. Léa-Jeanne a réalisé des ventes de 961 030$ et un bénéfice net de 105 000$. Vous en profiterez pour réviser avec elle le calcul des taxes à la consommation et verrez la façon de comptabiliser tous les éléments se rapportant aux ventes et aux achats de marchandises. Finalement, vous préparerez l'état des résultats de son entreprise. ◄

Léa-Jeanne Urbain, propriétaire d'une boutique de sport

Vous aiderez Léa-Jeanne à comptabiliser les éléments se rapportant aux ventes et aux achats de marchandises.

7.1 Une introduction aux entreprises commerciales

Au cours des six premiers chapitres, nous avons étudié la comptabilisation des transactions pour une entreprise de service. Nous y avons vu en détail les principales étapes du cycle comptable. Mais il existe un autre type d'entreprise dont le but est de vendre des marchandises initialement achetées chez un fabricant ou un grossiste.

Une entreprise commerciale achète des marchandises d'un fabricant ou d'un grossiste et les revend aux consommateurs ou à d'autres entreprises, et ce, sans les transformer. Elle peut donc prendre la forme d'un commerce de détail, d'un grossiste ou d'une entreprise de distribution (voir le tableau 7.1). Il ne faut pas confondre l'entreprise commerciale avec l'entreprise de transformation. Celle-ci achète des matières premières qu'elle transforme pour fabriquer un produit fini, qui sera vendu soit à une entreprise, soit directement au consommateur.

L'entreprise commerciale crée de nouveaux défis sur le plan de la comptabilisation des transactions. En effet, il faut enregistrer la charge engagée pour l'achat des marchandises qui seront ensuite revendues aux clients; cette charge s'appelle le « coût des marchandises vendues ».

Marchandise
Bien acquis par l'entreprise et destiné à être revendu.

Entreprise commerciale
Entreprise qui a pour mission principale la vente des marchandises. Elle peut prendre la forme d'un grossiste, d'une entreprise de distribution ou d'un commerce de détail.

TABLEAU 7.1 ▶ Des exemples d'entreprises commerciales

CATÉGORIE	COMPAGNIE	DESCRIPTION
Grossistes et entreprises de distribution	**COLABOR** www.colabor.com	Grossiste et distributeur de produits alimentaires, de produits liés à l'alimentation et de produits non alimentaires, qui dessert les marchés de détail (épiceries, dépanneurs, etc.) et de services alimentaires (cafétérias, chaînes de restaurants, etc.).
	Importateur de fruits et légumes **courchesne larose** www.courchesnelarose.com	Courchesne, Larose Ltée est grossiste et distributeur dans l'import-export de fruits et légumes. Sa mission première est d'offrir à ses fournisseurs la vitrine la plus vaste et le meilleur réseau de distribution de fruits et légumes frais pour l'est du Canada.
Commerces de détail	**LA CORDÉE** www.lacordee.com	Détaillant (en magasin et en ligne) de vêtements et d'équipement d'activités de plein air.
	RONA www.rona.ca	Détaillant de produits de quincaillerie.

7.1.1 Les particularités de l'état des résultats d'une entreprise commerciale

Dans l'entreprise de service, l'état des résultats est plutôt facile à préparer, puisqu'il s'agit de soustraire le total des charges d'exploitation du total des produits d'exploitation afin de calculer le résultat net.

MISE EN SITUATION ▶

Dans l'entreprise commerciale, les ventes moins le coût des marchandises vendues égalent la marge bénéficiaire brute. Les charges d'exploitation de l'entreprise sont soustraites de ce résultat pour déterminer le résultat net.

Pour réaliser un bénéfice net, l'entreprise doit obtenir une marge bénéficiaire brute supérieure aux charges engagées pour son exploitation, soit les salaires, la publicité, le loyer, l'entretien, les frais d'administration, les frais de vente et autres. Il faut donc tenir compte de ces éléments dans la détermination du prix de vente des marchandises, tout en considérant leur coût d'acquisition.

Voici l'état sommaire des résultats de la Boutique Léa, qui fait ressortir les particularités de ce type d'état financier pour une entreprise commerciale. Nous les analyserons en détail dans les sections qui suivent.

BOUTIQUE LÉA ÉTAT SOMMAIRE DES RÉSULTATS pour la période de 11 mois terminée le 30 novembre 20X7	
Ventes nettes (note 1)	961 028$
Moins : Coût des marchandises vendues	624 669
Marge bénéficiaire brute	336 359$
Moins : Charges d'exploitation	231 361
Bénéfice net	104 998$

Note 1		
Ventes brutes		967 500$
Moins : Rendus et rabais sur ventes	3 627$	
Escomptes sur ventes	2 845	6 472
Ventes nettes		961 028$

7.2 Les ventes

Les ventes peuvent se composer de plusieurs éléments, que nous allons examiner dans les sections suivantes. Il faut savoir qu'il existe souvent une différence entre les ventes totales réalisées par une entreprise et ce qu'il lui reste comme produit d'exploitation après que des clients ont bénéficié d'escomptes de caisse ou de rabais, ou qu'ils ont retourné des marchandises.

7.2.1 Les ventes brutes

Les ventes brutes représentent le total des ventes, qu'il s'agisse des ventes au comptant ou des ventes à crédit.

C'est le chiffre qui figure dans le compte de grand livre *Ventes* à la suite du report des écritures servant à enregistrer les ventes réalisées au cours de l'exercice. De plus, certaines entreprises peuvent utiliser plusieurs comptes de grand livre distincts de façon à obtenir plus d'information concernant leurs ventes, par exemple : *Ventes d'équipement de ski de fond*, *Ventes de vêtements de ski de fond*, *Ventes d'équipement de ski alpin*, *Ventes de vêtements de ski alpin*, etc.

Pour déterminer l'ensemble des ventes, la Boutique Léa doit comptabiliser un certain nombre de factures, comme la suivante, que Léa-Jeanne Urbain a émise le 2 décembre 20X7 au nom de la Boutique Ski-Mode de Sainte-Adèle :

Boutique Léa
224, chemin des Ormes
Saint-Sauveur (Québec) J0T 1Y9
Téléphone : 450 240-4571
Télécopieur : 450 240-4572
Sans frais : 1 888 240-4571
Courriel : lea@cgocable.ca

Conditions : 2/10, n/30

Facture n° : DR 5678
Date : 20X7-12-02

Facture émise à :

Boutique Ski-Mode (Mme Michèle Demers)
345, rue Principale
Sainte-Adèle (Québec) J0W 1G4
Téléphone : 450 468-1392
Télécopieur : 514 539-4488

Description	Quantité	Prix unitaire		Montant
Ensemble de ski	1	138,97 $		138,97 $
Pantalon fuseau	3	105,30		315,90
Anorak imperméable	2	210,00		420,00
			Total partiel	874,87 $
N° de TPS : 124894562			TPS 5 %	43,74
N° de TVQ : 1124621963			TVQ 9,975 %	87,27
			Total	**1 005,88 $**

Léa-Jeanne comptabilise cette facture de la façon suivante :

JOURNAL GÉNÉRAL				Page : 54
Date	Nom des comptes et explication	Numéro du compte	Débit	Crédit
20X7				
Déc. 02	Clients	1100 ✓	1 005,88	
	TPS à payer	2305		43,74
	TVQ à payer	2310		87,27
	Ventes	4500		874,87
	(pour comptabiliser la facture n° DR 5678			
	à la Boutique Ski-Mode, conditions 2/10, n/30)			

Si, pour le dernier mois de l'exercice financier, on comptabilisait en une seule écriture les ventes au comptant et, en une seule écriture, les ventes à crédit, on enregistrerait les deux écritures suivantes au journal général :

JOURNAL GÉNÉRAL				Page : 54
Date	Nom des comptes et explication	Numéro du compte	Débit	Crédit
20X7				
Déc. 31	Encaisse	1010	17 246,25	
	TPS à payer	2305		750,00
	TVQ à payer	2310		1 496,25
	Ventes	4500		15 000,00
	(pour comptabiliser les ventes au comptant			
	pour le mois de décembre)			
Déc. 31	Clients	1100 ✓	18 970,88	
	TPS à payer	2305		825,00
	TVQ à payer	2310		1 645,88
	Ventes	4500		16 500,00
	(pour comptabiliser les ventes à crédit			
	pour le mois de décembre)			

Ces transactions, reportées au compte *Ventes* du grand livre présenté ci-après, donnent le chiffre des ventes brutes pour l'exercice financier en entier, c'est-à-dire après avoir ajouté les ventes pour le mois de décembre, soit 31 500 $ (15 000 $ pour les ventes au comptant et 16 500 $ pour les ventes à crédit) :

Ventes						N° 4500
Date	Libellé	Référence	Débit	Crédit	Solde	Dt/Ct
20X7						
Nov. 30	Solde reporté				967 500,00	Ct
Déc. 31		J.G.54		15 000,00	982 500,00	Ct
Déc. 31		J.G.54		16 500,00	999 000,00	Ct

7.2.2 Les rendus et rabais sur ventes

Il arrive que le client retourne, en tout ou en partie, la marchandise achetée. Il peut être insatisfait pour différentes raisons : la marchandise reçue ne correspond pas à ce qu'il croyait avoir commandé ou, tout simplement, le fournisseur n'a pas expédié ce que voulait le client. On parle alors d'un retour de marchandises ou d'un rendu. Dans un autre cas, le client peut demander une diminution du prix parce que la marchandise a été détériorée au cours du transport, ce que l'entreprise préfère accorder plutôt que d'avoir à récupérer la marchandise. On parle alors d'un rabais. En pratique, il est peu fréquent qu'une entreprise utilise deux comptes de grand livre. On regroupe habituellement les rendus et les rabais dans le même compte : *Rendus et rabais sur ventes*.

Afin de conserver l'information quant aux notes de crédit émises, l'entreprise n'inscrit pas la diminution du chiffre des ventes directement dans le compte *Ventes*. Elle utilise plutôt le compte de contrepartie *Rendus et rabais sur ventes*. Le débit s'effectue dans ce compte et permet à l'entreprise de connaître le total de ses ventes brutes moins les diminutions consécutives aux rendus et aux rabais. Un compte de contrepartie est un compte qui se soustrait d'un autre pour permettre la présentation du chiffre brut et du chiffre net. Par contre, il faut noter que certains logiciels comptables n'utilisent pas de compte de contrepartie pour les rendus et rabais sur ventes, ou pour les escomptes sur ventes, sujet que nous aborderons un peu plus loin. Dans ce cas, ces éléments sont déduits directement du compte *Ventes*.

Lorsqu'une entreprise accepte un rendu ou accorde un rabais sur ventes, elle émet une note de crédit. Ce document fournit la preuve que le compte du client a été crédité. Il a l'effet contraire de l'émission d'une facture de vente. La note de crédit vient ainsi diminuer les comptes *Clients* et *Ventes*.

Il ne faut pas oublier de tenir compte des taxes. En effet, la diminution du compte *Ventes* et celle du compte *Clients* ne représentent pas la même somme. Les ventes sont diminuées du total avant les taxes de la transaction; l'entreprise n'aura pas à remettre aux gouvernements les taxes sur la marchandise retournée ou sur le rabais accordé puisqu'en fait, une partie de la vente a été annulée. Alors, les comptes *TPS à payer* et *TVQ à payer* sont débités afin de diminuer les sommes à remettre aux gouvernements.

Note de crédit
Document établi par l'entreprise pour aviser son client qu'elle a réduit le solde de son compte en raison d'un rabais, d'un rendu, de l'annulation ou de la correction d'une opération.

MISE EN SITUATION ▶ La Boutique Léa doit émettre la note de crédit suivante à la Boutique Ski-Mode, qui a retourné de la marchandise livrée et facturée au montant total de 121,07 $:

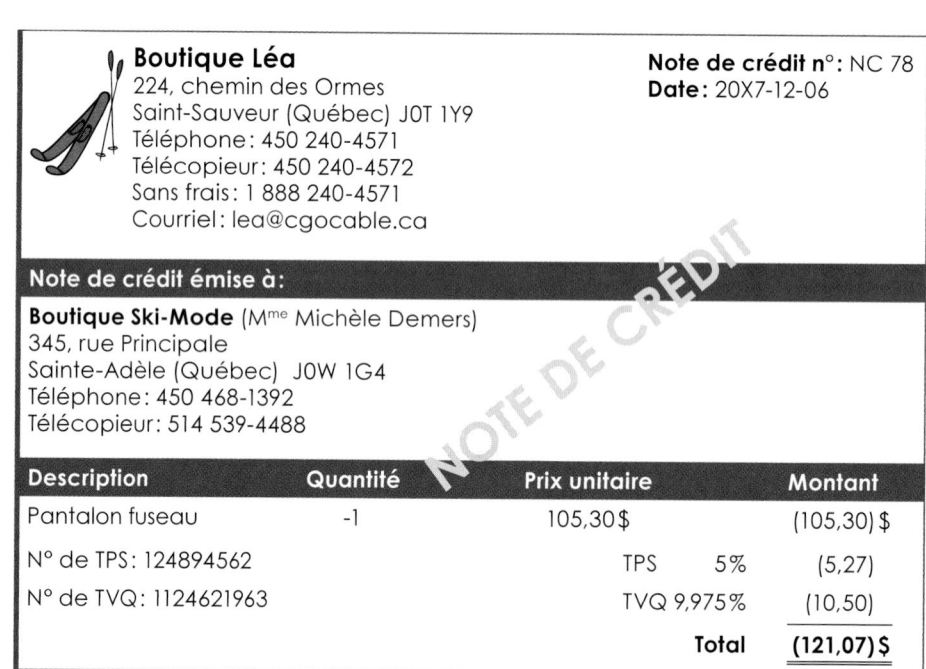

| | | Boutique Léa 224, chemin des Ormes Saint-Sauveur (Québec) J0T 1Y9 Téléphone: 450 240-4571 Télécopieur: 450 240-4572 Sans frais: 1 888 240-4571 Courriel: lea@cgocable.ca | Note de crédit n°: NC 78 Date: 20X7-12-06 |

Note de crédit émise à:

Boutique Ski-Mode (Mme Michèle Demers)
345, rue Principale
Sainte-Adèle (Québec) J0W 1G4
Téléphone: 450 468-1392
Télécopieur: 514 539-4488

Description	Quantité	Prix unitaire		Montant
Pantalon fuseau	-1	105,30 $		(105,30) $
N° de TPS: 124894562		TPS	5%	(5,27)
N° de TVQ: 1124621963		TVQ	9,975%	(10,50)
			Total	**(121,07) $**

La Boutique Léa doit effectuer l'écriture suivante après l'émission de la note de crédit :

JOURNAL GÉNÉRAL				Page : 54
Date	**Nom des comptes et explication**	**Numéro du compte**	**Débit**	**Crédit**
20X7				
Déc. 06	Rendus et rabais sur ventes	4510	105,30	
	TPS à payer	2305	5,27	
	TVQ à payer	2310	10,50	
	Clients	1100 ✓		121,07
	(pour inscrire la note de crédit n° NC 78 émise à			
	la suite du retour de marchandises par la Boutique			
	Ski-Mode)			

MISE EN GARDE

Avez-vous remarqué que, dans cette écriture, on a débité les comptes *TPS à payer et TVQ à payer* ? Habituellement, on crédite ces comptes lors d'une vente. Dans ce cas, cependant, cette écriture a pour objectif d'annuler une partie de la vente. Les taxes sur la valeur des marchandises retournées n'auront pas à être remises aux gouvernements. On doit donc diminuer les taxes à payer au débit, puisque ce sont des comptes créditeurs.

La Boutique Léa a émis d'autres notes de crédit durant le mois de décembre, ce qui fait qu'elle a dû rédiger l'écriture suivante :

JOURNAL GÉNÉRAL				Page : 54
Date	**Nom des comptes et explication**	**Numéro du compte**	**Débit**	**Crédit**
20X7				
Déc. 31	Rendus et rabais sur ventes	4510	300,36	
	TPS à payer	2305	15,02	
	TVQ à payer	2310	29,96	
	Clients	1100 ✓		345,34
	(pour inscrire les notes de crédit émises à la suite			
	du retour de marchandises au cours du mois)			

Examinons maintenant le solde du compte de grand livre *Rendus et rabais sur ventes* à la suite de ces écritures du 6 et du 31 décembre :

Rendus et rabais sur les ventes						N° 4510
Date	**Libellé**	**Référence**	**Débit**	**Crédit**	**Solde**	**Dt/Ct**
20X7						
Nov. 30	Solde reporté				3 627,40	Dt
Déc. 12		J.G.54	105,30		3 732,70	Dt
Déc. 31		J.G.54	300,36		4 033,06	Dt

7.2.3 Les escomptes sur ventes

Créance

Valeur d'un compte client à la suite d'une vente à crédit qui fait partie de l'actif à court terme au bilan.

Marge de crédit

Aussi appelé «emprunt bancaire», prêt accordé par une banque à une entreprise afin de couvrir les découverts bancaires.

Escompte sur ventes

Également appelée «escompte de caisse», réduction de prix consentie par une entreprise à un client qui règle sa dette avant l'expiration d'une période déterminée.

Même si une entreprise accepte d'accorder du crédit à ses clients, elle préfère toujours être payée le plus rapidement possible. Accorder du crédit comporte toujours le risque de perdre sa créance. De plus, le fait d'être payé rapidement évite parfois à l'entreprise d'avoir à négocier une marge de crédit auprès de son établissement financier.

Ainsi, afin d'encourager ses clients à payer avant l'échéance des conditions de crédit, l'entreprise peut leur accorder un escompte qui varie habituellement de 1% à 3%. En général, une entreprise alloue 30 jours à ses clients pour payer leurs achats. L'offre d'un escompte sur ventes peut être intéressante pour le client qui règle son compte en moins de 5, 10 ou 15 jours. Elle répond par la même occasion au besoin de l'entreprise d'être remboursée rapidement. Par exemple, si l'entreprise offre au client de bénéficier d'un escompte de 2% si elle règle son compte avant 10 jours (2/10, n/30), en payant 20 ou 21 jours plus tôt, le client économise 2% du montant de son achat. Il faut noter ici que plusieurs entreprises accordent l'escompte sur le montant de l'achat sans tenir compte des taxes. Ainsi, l'escompte n'est pas calculé sur le montant total de la vente, mais sur le montant de la vente avant taxes; le vendeur doit alors le spécifier sur la facture de vente.

MISE EN GARDE Dans ce volume, nous calculerons toujours les escomptes sur le montant des ventes avant les taxes sauf lorsque cela est mentionné autrement.

La façon courante d'exprimer l'escompte accordé est d'indiquer 2/10, n/30, ce qui veut dire qu'un client qui règle son compte dans les 10 jours a droit à un escompte de 2%; dans le cas contraire, il doit payer le montant total de la facture due dans 30 jours. Par ailleurs, il arrive que l'entreprise impose une pénalité si le terme normal de crédit est dépassé, comme ½% ou 1% par mois sur les sommes dues. Notez que nous n'appliquerons pas cette politique dans ce volume.

Délai d'escompte

Période accordée par l'entreprise à ses clients pour régler leur compte s'ils veulent bénéficier d'un escompte sur ventes.

La facture de vente est préparée et comptabilisée à partir du montant brut de la transaction. Prenons, par exemple, une vente de 450$ qui représente une somme due par un client de 517,39$ en incluant les taxes. La facture de 517,39$ alors expédiée au client comprend les conditions de règlement suivantes: 2/10, n/30, le tout calculé avant les taxes. Cela signifie que le client peut bénéficier d'un escompte de 2% sur le prix de son achat, soit 9$ (450$ × 2%), s'il règle sa facture avant 10 jours, ce qu'on nomme le délai d'escompte. Il ne débourse alors que 508,39$ (517,39$ – 9,00$) pour un achat de 450$ plus les taxes de 67,39$, ce qui efface totalement sa dette. S'il paie sa facture après le délai d'escompte, il doit alors débourser 517,39$, soit le montant total initial de la facture.

Comme dans le cas des rendus et rabais sur ventes, on utilise un compte de contrepartie afin de conserver l'information quant aux escomptes sur ventes accordés par l'entreprise. Le compte *Escomptes sur ventes* est un compte de contrepartie qu'on soustrait du chiffre des ventes brutes.

Voyons maintenant la facture de 517,39 $ émise par la Boutique Léa à Souris Minou, ainsi que l'écriture qu'elle en fait dans le journal général:

Boutique Léa
224, chemin des Ormes
Saint-Sauveur (Québec) J0T 1Y9
Téléphone: 450 240-4571
Télécopieur: 450 240-4572
Sans frais: 1 888 240-4571
Courriel: lea@cgocable.ca

Facture n°: DR 5692
Date: 20X7-12-09

Conditions: 2/10, n/30, sur le total avant les taxes

Facture émise à:

Souris Minou (Mme Valérie Desmarais)
419, rue de la Gare
Saint-Sauveur (Québec) J0W 1G4
Téléphone: 450 847-8410

Description	Quantité	Prix unitaire		Montant
Ensemble de ski pour fillette	1	150,00$		150,00$
Ensemble du ski pour garçon	3	100,00$		300,00
			Total partiel	450,00$
N° de TPS: 124894562			TPS 5%	22,50
N° de TVQ: 1124621983			TVQ 9,975%	44,89
			Total	**517,39$**

MISE EN GARDE

Une politique d'escompte sur ventes de 2 % sur le total après les taxes fait en sorte que la diminution accordée est plus élevée. Ainsi, sur une facture de 10 000 $ plus les taxes s'élevant à 1 497,50, l'escompte de 2 % calculé sur le total après les taxes sera de 229,95 $ (11 497,50 $ × 2 %) alors que ce même escompte calculé sur le montant avant les taxes sera égal à 200 $ (10 000 $ × 2 %).

JOURNAL GÉNÉRAL				Page: 54
Date	Nom des comptes et explication	Numéro du compte	Débit	Crédit
20X7				
Déc. 09	Clients	1100 ✓	517,39	
	TPS à payer	2305		22,50
	TVQ à payer	2310		44,89
	Ventes	4500		450,00
	(vente à crédit à Souris Minou,			
	conditions: 2/10, n/30)			

Si Souris Minou règle son compte avant 10 jours, soit avant le 20 décembre, elle reçoit un escompte de 2 % sur son achat. L'escompte se calcule sur le montant de la vente avant les taxes: 450 $ × 2 % = 9 $.

Le montant à recevoir du client, en tenant compte de l'escompte sur ventes de 9 $, sera calculé de la façon suivante :

Montant, taxes incluses, de la vente	517,39 $
Moins : Montant de l'escompte sur ventes	9,00
Égale : Somme due par le client	508,39 $

Voici le chèque de 508,39 $ reçu par la Boutique Léa et l'écriture qui s'ensuit dans le journal général :

Souris Minou
419, rue de la Gare
Saint-Sauveur (Québec) J0W 1G4
450 847-8410

Chèque n° : 12558

Date : **19 décembre 20X7**

Payez à l'ordre de **Boutique Léa** **508,39** $

Cinq cent huit **39** / 100 dollars

Banque Saint-Laurent
991, rue Principale
Saint-Sauveur (Québec) J0T 1Y9

Pour : Fact. n° DR 5692 de 517,39 $ moins esc. de 2 % sur 450 $

Valérie Desmarais
Souris Minou

|| 254409 || 867 || 626 || 12558 ||

JOURNAL GÉNÉRAL				Page : 54
Date	**Nom des comptes et explication**	**Numéro du compte**	**Débit**	**Crédit**
20X7				
Déc. 19	Encaisse	1010	508,39	
	Escomptes sur ventes	4520	9,00	
	Clients	1100 ✓		517,39
	(paiement reçu de Souris Minou, conditions :			
	2/10, n/30 ; facture du 9 décembre)			

Par contre, si Souris Minou ne paie son compte qu'après le 19 décembre, elle doit verser 517,39 $ pour éliminer sa dette :

JOURNAL GÉNÉRAL				Page : 54
Date	**Nom des comptes et explication**	**Numéro du compte**	**Débit**	**Crédit**
20X8				
Janv. 27	Encaisse	1010	517,39	
	Clients	1100 ✓		517,39
	(réception du paiement de la facture			
	du 9 décembre par Souris Minou)			

Grand livre auxiliaire

Grand livre dans lequel on tient une série de comptes homogènes auxquels correspond un compte collectif (ou compte de contrôle) dans le grand livre général*.

Regardons maintenant le solde du compte de grand livre *Escomptes sur ventes* et celui du compte du grand livre auxiliaire des clients à la suite de cette écriture du 19 décembre, alors que Souris Minou a réglé son compte avant le délai d'escompte :

		Escomptes sur ventes					N° 4520
Date	Libellé	Référence	Débit	Crédit	Solde	Dt/Ct
20X7						
Nov. 30	Solde reporté				2 844,72	Dt
Déc. 27		J.G.54	9,00		2 853,72	Dt

		GRAND LIVRE AUXILIAIRE DES CLIENTS					
Client: Souris Minou						Conditions: 2/10, n/30	
Date	N° facture	Libellé	Référence	Débit	Crédit	Solde	Dt/Ct
20X7							
Déc. 09	DR 5692		J.G.54	517,39		517,39	Dt
Déc. 19		Chèque n° 12558	J.G.54		517,39	0	

7.2.4 Les escomptes de commerce

L'escompte de commerce est différent de l'escompte sur ventes. Il représente un escompte que l'entreprise accorde à ses meilleurs clients. L'entreprise peut également accorder des rabais de volume. Ces escomptes ne sont pas comptabilisés. Ils diminuent le produit de la vente et ne sont pas taxables.

MISE EN SITUATION

La Boutique Léa accorde un escompte de commerce de 10% à l'Association de ski de Roxton Pond, un bon client, sur l'achat d'ensembles de ski Tikser :

Boutique Léa
224, chemin des Ormes
Saint-Sauveur (Québec) J0T 1Y9
Téléphone : 450 240-4571
Télécopieur : 450 240-4572
Sans frais : 1 888 240-4571
Courriel : lea@cgocable.ca

Facture n°: DR 5568
Date : 20X7-12-23

Conditions : 2/10, n/30, sur le total avant les taxes

Facture émise à :

Association de ski de Roxton Pond
150, rue Principale
Roxton Pond (Québec) J0D 3D0
Téléphone : 450 372-2469
Télécopieur : 450 372-2479

Description	Quantité	Prix unitaire		Montant
Ensemble de ski Tikser	10	199,95$		1 999,50$
Escompte de 10%				199,95
			Total partiel	1 799,55$
N° de TPS : 124894562			TPS 5%	89,98
N° de TVQ : 1124621983			TVQ 9,975%	179,51
			Total	**2069,04$**

SAVIEZ-VOUS QUE... L'escompte de commerce se calcule toujours sur le montant de la vente avant les taxes.

JOURNAL GÉNÉRAL				Page : 66
Date	Nom des comptes et explication	Numéro du compte	Débit	Crédit
20X7				
Déc. 23	Clients	1100 ✓	2 069,04	
	TPS à payer	2305		89,98
	TVQ à payer	2310		179,51
	Ventes	4500		1 799,55
	(vente à crédit à l'Association de ski			
	de Roxton Pond ; facture n° DR 5568)			

MISE EN GARDE

Comme vous avez pu le constater en analysant cette écriture de journal général, l'existence d'un escompte de commerce sur une facture ne change pas la façon de comptabiliser la vente. Le produit d'exploitation (le montant crédité au compte *Ventes*) correspond au montant de la vente déjà escompté, dans ce cas 1 799,55 $, soit 1 999,50 $ – 199,95 $.

7.2.5 Les ventes nettes

Le grand livre ne contient pas de compte intitulé « Ventes nettes ». Le chiffre relatif à ces ventes est déterminé au moment de la préparation de l'état des résultats, en diminuant les ventes brutes des rendus, des rabais et des escomptes sur ventes.

MISE EN SITUATION ▶ Pour visualiser l'effet des comptes de contrepartie, nous allons préparer la première section de l'état des résultats de la Boutique Léa pour l'exercice terminé le 31 décembre 20X7. Il faut noter que, pour faciliter la présentation, les chiffres sont tous arrondis au dollar près et proviennent des trois comptes de grand livre utilisés précédemment :

BOUTIQUE LÉA ÉTAT PARTIEL DES RÉSULTATS pour l'exercice terminé le 31 décembre 20X7		
Ventes brutes		999 000 $
Moins : Rendus et rabais sur ventes	4 033 $	
Escomptes sur ventes	2 854	6 887
Ventes nettes		992 113 $

À VOUS DE JOUER !

Camille Bergeron est propriétaire d'une boutique de meubles artisanaux. Sa comptable étant en vacances, elle aimerait que vous l'aidiez à préparer une facture de vente et à la comptabiliser dans le journal général et dans le grand livre auxiliaire des clients, de même que le chèque reçu du client.

FACTURE

 Boutique Camille Bergeron
423, rue du Port
Montréal (Québec) H4H 3T5
Téléphone : 514 898-2651
Conditions : 2/10, n/30, sur le total avant les taxes

Facture n° : 87523

Date : 20X8-08-22

Client

Inotack
176, rue Daveluy
Montréal (Québec) H4H 3R6
Téléphone : 514 766-2566

Quantité	Description	Prix unitaire	Escompte	Montant
3	Ensemble de cuisine Lamoureux	1 710,00 $	10 %	
5	Lit Gauthier	800,00	5 %	
10	Commode Gauthier	1 050,00	5 %	
8	Bureau Lanouette	625,00	10 %	

N° de TPS : 137894956

N° de TVQ : 1128432062

TPS 5 %	
TVQ 9,975 %	
Total	

Inotack
176, rue Daveluy
Montréal (Québec) H4H 3R6
514 766-2566

Chèque n° : 112

Date : **28 août 20X8**

Payez à l'ordre de _____ **Boutique Camille Bergeron** _____ [ ] $

_____ / 100 dollars

Caisse d'économie du meuble
1495, rue Larousse
Montréal (Québec) H3K 8T5

Pour : Facture n° 87523 moins escompte de 457,84 $

Robert Évenat
Inotack

|| 123456 || 987 || 123 || 987 || 112 ||

JOURNAL GÉNÉRAL				Page : 64
Date	Nom des comptes et explication	Numéro du compte	Débit	Crédit

GRAND LIVRE AUXILIAIRE DES CLIENTS							
Client: Inotack						**Conditions:**	
Date	N° facture	Libellé	Référence	Débit	Crédit	Solde	Dt/Ct
20X8							
Juill. 31		Solde reporté				Ø	

7.3 Les deux systèmes d'inventaire

Dans l'entreprise commerciale, deux systèmes d'inventaire peuvent être utilisés afin de déterminer le coût du stock de marchandises et de calculer ainsi le coût des marchandises vendues. Il s'agit de l'inventaire périodique et de l'inventaire permanent.

7.3.1 L'inventaire périodique

Stock de marchandises
Articles qu'une entreprise a en main ou en stock à un moment donné et qu'elle a l'intention de vendre.

Il peut être très lourd de maintenir à jour le détail du stock de marchandises en raison du très grand nombre d'articles différents en stock et des nombreuses entrées et sorties de marchandises. C'est pourquoi certaines entreprises opteront pour la méthode de l'inventaire périodique.

Méthode de l'inventaire périodique
Méthode de tenue de la comptabilité des marchandises en stock qui consiste à déterminer périodiquement la quantité et la valeur des articles en main en procédant à leur dénombrement matériel.

Avec cette méthode, les entrées de marchandises sont comptabilisées au coût d'acquisition dans le compte *Achats*, mais le coût des marchandises vendues n'est pas comptabilisé immédiatement après chaque transaction. Il est plutôt calculé lors de la préparation de l'état des résultats. On comptabilise seulement les sorties de marchandises au prix de vente dans le compte *Ventes*. Ainsi, avec la méthode de l'inventaire périodique, on procède à un décompte physique (un inventaire) de la marchandise en stock à la fin de la période ou de l'exercice financier, afin de calculer le coût des marchandises vendues. Cette méthode entraîne aussi une régularisation du compte *Stock de marchandises*, car celui-ci demeure inchangé tout au long de l'exercice. C'est cette méthode que nous allons appliquer dans ce livre.

7.3.2 L'inventaire permanent

Méthode de l'inventaire permanent
Méthode de tenue de la comptabilité des marchandises en stock qui consiste à enregistrer les mouvements d'entrée et de sortie, au fur et à mesure qu'ils se présentent, et à calculer chaque fois le nouveau solde afin d'avoir un inventaire comptable constamment à jour.

Avec la méthode de l'inventaire permanent, le compte *Stock de marchandises* est constamment maintenu à jour, de telle sorte qu'il n'est pas nécessaire, en théorie, de procéder à un décompte physique des marchandises en stock pour calculer le coût des marchandises vendues. Par contre, la plupart des entreprises procéderont quand même à un décompte physique au moins une fois par année, à la fin de leur exercice financier, afin de valider les données inscrites dans leurs registres.

Il peut être intéressant, pour certaines entreprises, de se doter de ce système qui permet de suivre, en détail, les entrées et les sorties de marchandises afin qu'en tout temps, le compte d'actif *Stock de marchandises* reflète le coût des marchandises en main. Le suivi de l'inventaire est facilité dans les commerces de détail par l'implantation d'un système de code à barres.

La méthode de l'inventaire permanent est un système comptable plus coûteux et plus complexe que celui du système d'inventaire périodique, mais qui permet d'obtenir davantage d'information financière n'importe quand au cours de l'exercice. Nous allons étudier cette méthode de façon plus détaillée dans *Comptabilité 2*.

Le système de l'inventaire périodique est simple et peu coûteux, mais il faut obligatoirement procéder à un dénombrement matériel des marchandises en stock à la fin de la période ou de l'exercice financier afin de pouvoir déterminer le coût du stock de marchandises, ce qui permet de calculer le coût des marchandises vendues et de préparer l'état des résultats.

7.4 Le coût des marchandises vendues

Pour une entreprise commerciale, le coût des marchandises vendues représente une donnée très importante parce qu'il constitue souvent la charge la plus élevée de l'état des résultats. Nous allons donc étudier les principaux éléments du coût des marchandises vendues afin d'être en mesure d'en déterminer le montant avec exactitude.

Marge bénéficiaire brute

Excédent des ventes nettes sur le coût des marchandises vendues.

Par exemple, une chaise qui est vendue 399 $ peut avoir coûté 245 $ à l'entreprise qui la revend. Une marge bénéficiaire brute de 154 $ a donc été réalisée. En ce qui concerne cette vente de 399 $, on peut affirmer que le coût de la marchandise vendue est de 245 $.

Si l'entreprise avait vendu une seule chaise, la première partie de son état des résultats se présenterait donc comme suit :

Ventes	399 $
Moins : Coût des marchandises vendues	245
Marge bénéficiaire brute	154 $

7.4.1 Le stock de marchandises

Le dénombrement du stock de marchandises consiste à en établir l'inventaire, c'est-à-dire à déterminer, pour chaque catégorie d'articles, le nombre que l'entreprise possède. Par la suite, le comptable évalue le coût unitaire de chacun des articles en main. La quantité de chaque article multipliée par le coût unitaire donne, pour l'ensemble, la valeur du stock à la fin de l'exercice.

Le coût du stock est essentiel pour déterminer le coût des marchandises vendues dans l'état des résultats. De plus, au bilan, le stock de la fin d'un exercice représente l'actif de l'entreprise à ce poste. Il convient de noter que le stock de la fin d'un exercice financier devient le stock du début de l'exercice financier suivant.

7.4.2 Le coût des marchandises achetées

Achats

Compte de grand livre qui représente le coût d'achat de l'ensemble des marchandises acquises par l'entreprise dans le but de les revendre à ses clients.

MISE EN SITUATION ▶

Lorsqu'une entreprise utilise la méthode de l'inventaire périodique et qu'elle achète des marchandises, elle les comptabilise dans le compte *Achats*, qui ne représente en aucun cas le coût des marchandises en stock.

Comme nous l'avons vu précédemment, ce compte sert à déterminer le coût d'achat des marchandises qui ont été acquises.

Voici la facture reçue par la Boutique Léa pour les achats faits en décembre auprès d'un de ses fournisseurs ainsi que sa comptabilisation dans le journal général :

Facture

Pierre Desames inc.

N°: PD 45671
Date: 20X7-12-17

2120, rue Meilleur
Montréal (Québec) H6H 4X9
Téléphone : 514 878-6666
Télécopieur : 514 878-7777
Courriel : pdesames@videotron.ca

Vendu à :

Boutique Léa
224, chemin des Ormes
Saint-Sauveur (Québec) J0T 1Y9
Téléphone : 450 240-4571

Description	Quantité	Prix unitaire	Montant
Ensemble de ski n° G-6189	35	70,00$	2 450,00$
Ensemble de ski n° F-6192	45	90,00	4 050,00
Pantalon fuseau n° F-2356	54	55,00	2 970,00
Anorak n° G-2389	60	65,00	3 900,00
Anorak n° F-2392	65	60,00	3 900,00
Chandail n° G-908	100	45,00	4 500,00
Chandail n° F-928	130	62,00	8 060,00
Mitaines n° 56	100	27,70	2 770,00
			32 600,00$
Moins : escompte			4 500,00
		Total partiel	28 100,00$
N° de TPS : 146879524		TPS 5 %	1 405,00
N° de TVQ : 1158457810		TVQ 9,975 %	2 802,98
Conditions : 2/10, n/30, avant le calcul des taxes		**Total**	**32 307,98$**
Via : Cabana Transport – FOB Montréal			

JOURNAL GÉNÉRAL				Page : 54
Date	**Nom des comptes et explication**	**Numéro du compte**	**Débit**	**Crédit**
20X7				
Déc. 17	Achats	5100	28 100,00	
	TPS à recevoir	1105	1 405,00	
	TVQ à recevoir	1110	2 802,98	
	Fournisseurs	2100 ✓		32 307,98
	(achat de marchandises, facture n° PD 45671			
	de Pierre Desames inc., conditions 2/10, n/30)			

Voici le compte de grand livre *Achats* après l'enregistrement de cette transaction du 17 décembre :

					Achats		N° 5100
Date	Libellé	Référence	Débit	Crédit	Solde	Dt/Ct
20X7						
Nov. 30	Solde reporté				592 456,00	Dt
Déc. 17		J.G.54	28 100,00		620 556,00	Dt

7.4.3 Les rendus et rabais sur achats

Dans le grand livre, le compte *Achats* représente les achats bruts. Un premier compte viendra diminuer le coût des achats bruts afin qu'il se rapproche du coût des achats nets : le compte *Rendus et rabais sur achats*.

Il peut arriver qu'une entreprise retourne à son fournisseur des marchandises achetées. Il s'agit alors d'un retour de marchandises ou d'un rendu. Dans un autre cas, le client peut demander une diminution du prix parce que la marchandise a été détériorée au cours du transport ou qu'elle ne correspond pas en tout point à ce qui avait été commandé. L'entreprise préfère alors accorder un rabais plutôt que d'avoir à récupérer la marchandise. Dans les deux cas, le fournisseur émettra une note de crédit afin de diminuer le montant du passif qui est dû par l'entreprise à son fournisseur.

MISE EN SITUATION ▶ Voyons maintenant comment comptabiliser la note de crédit émise le 20 décembre 20X7 par l'entreprise Pierre Desames inc. pour la Boutique Léa ainsi que le report au compte du grand livre *Rendus et rabais sur achats* :

Note de crédit

Pierre Desames inc.

N° : NC 778
Date : 2007-12-20

2120, rue Meilleur
Montréal (Québec) H6H 4X9
Téléphone : 514 878-6666
Télécopieur : 514 878-7777
Courriel : pdesames@videotron.ca

Vendu à :

Boutique Léa
224, chemin des Ormes
Saint-Sauveur (Québec) J0T 1Y9
Téléphone : 450 240-4571

Description	Quantité	Prix unitaire	Montant
Pantalon fuseau n° F-2356	-1	55,00 $	(55,00) $
Chandail n° G-908	-15	45,00	(675,00)
Chandail n° F-928	-9	62,00	(558,00)
			(1 288,00) $
Moins escompte de quantité accordé lors de l'achat			188,00
		Total partiel	(1 100,00) $
N° de TPS : 146879524		TPS 5 %	(55,00)
N° de TVQ : 1158457810		TVQ 9,975 %	(109,73)
		Total	**(1 264,73) $**

JOURNAL GÉNÉRAL					Page : 54
Date	Nom des comptes et explication	Numéro du compte	Débit	Crédit	
20X7					
Déc. 20	Fournisseurs	2100 ✓	1 264,73		
	TPS à recevoir	1105		55,00	
	TVQ à recevoir	1110		109,73	
	Rendus et rabais sur achats	5110		1 100,00	
	(note de crédit reçue de Pierre Desames inc.				
	pour des marchandises endommagées)				

Avez-vous remarqué que, dans cette écriture, on a crédité les comptes *TPS à recevoir* et *TVQ à recevoir* ? Habituellement, on débite ces comptes au moment d'un achat de marchandises. Dans ce cas, cependant, cette écriture a pour objectif d'annuler une partie de l'achat. Les taxes sur la valeur des marchandises retournées ne pourront pas être réclamées au gouvernement. On doit donc diminuer les taxes à recevoir au crédit, puisque ce sont des comptes débiteurs.

Voici le compte de grand livre *Rendus et rabais sur achats* après l'enregistrement des notes de crédit reçues au cours du mois de décembre :

Rendus et rabais sur achats						N° 5110
Date	Libellé	Référence	Débit	Crédit	Solde	Dt/Ct
20X7						
Nov. 30	Solde reporté				10 325,00	Ct
Déc. 20		J.G.54		1 100,00	11 425,00	Ct

Escompte sur achats

Compte de grand livre qui représente les réductions de prix consenties à une entreprise par ses fournisseurs lorsque la dette est réglée avant l'expiration d'une période déterminée que l'on nomme « délai d'escompte ».

MISE EN SITUATION

7.4.4 Les escomptes sur achats

Si l'entreprise règle son compte après la période d'escompte, soit après la dixième journée, elle doit payer le montant total de la facture. Par contre, si elle effectue le paiement à l'intérieur du délai d'escompte, elle bénéficie d'un escompte sur achats de 2 %.

Initialement, la Boutique Léa a réalisé un achat de 28 100 $, mais comme elle a reçu une note de crédit pour le retour de marchandises d'une valeur de 1 100 $, elle a droit à un escompte calculé sur son achat net, soit 27 000 $. Ainsi, si le paiement est effectué avant 10 jours, la Boutique Léa bénéficie donc d'un escompte qui sera calculé de la façon suivante :

Montant, avant taxes, de l'achat initial	28 100 $
Moins : Montant, avant taxes, du rendu et rabais sur achats	1 100
Égale : Somme due au fournisseur avant taxes	27 000 $
Multiplié par 2 %	
Égale : Escompte sur achats	540 $

L'entreprise annule entièrement sa dette en déboursant 540 $ de moins. Ainsi, l'escompte n'est pas calculé sur le montant dû enregistré dans le compte *Fournisseurs* ni sur le montant total de la facture.

Étant donné que la Boutique Léa profitera d'un escompte de 540 $, voici comment on calculera le montant du chèque qui sera émis pour régler la dette de l'entreprise envers son fournisseur :

Montant, taxes incluses, de l'achat initial	32 307,98 $
Moins : Montant, taxes incluses, du rendu et rabais sur achats	1 264,73
Égale : Somme due au fournisseur avant escompte	31 043,25 $
Moins : Montant de l'escompte sur achats	540,00
Égale : Somme à payer au fournisseur	30 503,25 $

Voici le chèque émis par la Boutique Léa pour régler le solde dû à Pierre Desames inc. et profiter de son escompte, ainsi que l'écriture qui en découle :

Boutique Léa   Chèque n° : B-4581
224, chemin des Ormes
Saint-Sauveur (Québec) J0T 1Y9   Date : **24 décembre 20X7**
450 240-4571

Payez à   **Pierre Desames inc.**   **30 503,25** $
l'ordre de
                    Trente mille cinq cent trois   **25** / 100 dollars

          Banque Saint-Laurent
          991, rue Principale
          Saint-Sauveur (Québec) J0T 1Y9

          Fact. PD 45671 de 32 307,98 $ moins note de crédit
Pour :   n° NC 778 de 1 264,73 $ et esc. de 2 % sur 27 000 $ *Léa-Jeanne Urbain*

|| 254409 || 867 || 632 || 561 || B-4581 || **Boutique Léa**

JOURNAL GÉNÉRAL					Page : 54
Date	Nom des comptes et explication	Numéro du compte	Débit	Crédit	
20X7					
Déc. 24	Fournisseurs	2100 ✓	31 043,25		
	Escomptes sur achats	5120		540,00	
	Encaisse	1010		30 503,25	
	(paiement de l'achat du 17 décembre, en				
	tenant compte de la note de crédit n° NC 778				
	et de l'escompte de 2 %)				

Voici le compte de grand livre *Escomptes sur achats* après l'enregistrement des escomptes sur achats dont la Boutique Léa a bénéficié au cours du mois de décembre :

Escomptes sur achats						N° 5120
Date	Libellé	Référence	Débit	Crédit	Solde	Dt/Ct
20X7						
Nov. 30	Solde reporté				6 345,00	Ct
Déc. 24		J.G.54		540,00	6 885,00	Ct

Camille Bergeron a reçu et vérifié une facture d'achat de l'ébéniste Jean-Guy Gauthier, un fournisseur de meubles, et elle aimerait que vous l'aidiez à comptabiliser cette facture dans le journal général et le grand livre auxiliaire des fournisseurs. Elle a retourné un lit et une commode le lendemain de la réception. Préparez le chèque afin de régler le fournisseur en tenant compte de l'escompte approprié.

 Jean-Guy Gauthier
Maître ébéniste

Facture n° : 5896
Date : 20X8-07-21

Rang du Berceau
Saint-Paul (Québec) J0B 2C0
Téléphone : 450 539-4874
Télécopieur : 514 539-8985
Courriel : jggauthier@lebois.com

Conditions : 2/10, n/30

Facture émise à :

Boutique Camille Bergeron
423 rue du Port
Montréal (Québec) H4H 3T5
Téléphone : 514 898-2651

Quantité	Description	Prix unitaire		Montant
10	Lits Gauthier	490,45 $		4 904,50 $
25	Commodes de chambre	640,52		16 013,00
8	Bureaux	424,35		3 394,80
			Total partiel	24 312,30 $
N° de TPS : 152185746			TPS 5 %	1 215,62
N° de TVQ : 1125478523			TVQ 9,975 %	2 425,15
			Total	**27 953,07 $**

 Jean-Guy Gauthier
Maître ébéniste

Note de crédit n° : NC-453
Date : 20X8-07-22

Rang du Berceau
Saint-Paul (Québec) J0B 2C0
Téléphone : 450 539-4874
Télécopieur : 514 539-8985
Courriel : jggauthier@lebois.com

Conditions : 2/10, n/30

Client :

Boutique Camille Bergeron
423 rue du Port
Montréal (Québec) H4H 3T5
Téléphone : 514 898-2651

Quantité	Description	Prix unitaire	Montant
1	Lit Gauthier		
1	Commode de chambre		
N° de TPS : 152185746		TPS 5 %	
N° de TVQ : 1125478523		TVQ 9,975 %	
		Total	

Boutique Camille Bergeron
423 rue du Port
Montréal (Québec) H4H 3T5
514 898-2651

Chèque n° : 150

Date: <u>28 juillet 20X8</u>

Payez à
l'ordre de <u>Jean-Guy Gauthier</u> [   ] $

_____ / 100 dollars

Caisse d'économie du meuble
1495, rue Larousse
Montréal (Québec) H3K 8T5

Pour: Facture n° 5896 moins note de crédit
<u>n° NC-453 et escompte de caisse</u>

Camille Bergeron
Boutique Camille Bergeron

|| 123456 || 987 || 123 || 987 || 150 ||

JOURNAL GÉNÉRAL				Page : 38
Date	**Nom des comptes et explication**	**Numéro du compte**	**Débit**	**Crédit**

GRAND LIVRE AUXILIAIRE DES FOURNISSEURS

Fournisseur : Jean-Guy Gauthier   **Conditions :**

Date	N° facture	Libellé	Référence	Débit	Crédit	Solde	Dt/Ct
20X8							
Juin 30		Solde reporté				Ø	

7.4.5 Le transport à l'achat

Lorsqu'une entreprise passe une commande pour de la marchandise, le transport de cet achat peut ou non être payé par le fournisseur. Deux expressions servent à désigner ces situations, que l'on comptabilise de manière différente.

FOB destination

Si le fournisseur paie le transport, on dit que la vente est effectuée FOB destination, et la marchandise continue d'appartenir au fournisseur jusqu'à ce qu'elle arrive à destination (FOB signifiant «*free on board*/franco à bord»). Dans ce cas, l'acheteur comptabilise simplement le montant de la facture qui inclut le coût du transport. La marchandise est livrée directement à destination, c'est-à-dire à l'entrepôt de l'acheteur.

FOB point de départ

Par contre, si l'acheteur paie le transport, on parle de FOB point de départ, c'est-à-dire que l'acheteur doit payer le transport de l'entrepôt du fournisseur à son établissement. Le comptable doit alors comptabiliser les frais de transport dans le compte *Frais de transport à l'achat*, qui viennent s'ajouter aux achats, pour pouvoir en déterminer le coût total.

SAVIEZ-VOUS QUE... ? FOB point de départ est le mode de livraison qui est déterminé lorsqu'il n'y a pas de mention sur la facture de vente.

MISE EN SITUATION ▶

La Boutique Léa, qui avait commandé sa marchandise FOB Montréal, a ainsi reçu une facture de Cabana Transport. Voici donc cette facture ainsi que sa comptabilisation dans le journal général :

Cabana Transport inc.   **FACTURE**

530, rue Labelle
Saint-Jérôme   **Facture nᵒ : CT-56-897652**
(Québec) J0V 2J7   **Date : 20X7-12-24**
Téléphone : 450 438-9054
Télécopieur : 450 438-9055

Client :

Boutique Léa
224, chemin des Ormes
Saint-Sauveur (Québec) J0T 1Y9
Téléphone : 450 240-4571

Description			Montant
Transport à l'achat de Montréal à Saint-Sauveur (Québec) Fournisseur : Pierre Desames inc., 2120, rue Meilleur, Montréal			245,00 $
Nᵒ de TPS : 125435874	TPS	5 %	12,25
Nᵒ de TVQ : 1256842352	TVQ	9,975 %	24,44
		Total	281,69 $

Conditions : payable en 10 jours

FOB

Condition de vente stipulant le moment de la vente et le paiement des coûts de transport selon l'entente entre les parties.

Frais de transport à l'achat

Compte qui permet d'accumuler le coût avant taxes des frais de transport que l'acheteur doit payer sur ses achats de marchandises.

JOURNAL GÉNÉRAL				Page : 54
Date	Nom des comptes et explication	Numéro du compte	Débit	Crédit
20X7				
Déc. 24	Frais de transport à l'achat	5130	245,00	
	TPS à recevoir	1105	12,25	
	TVQ à recevoir	1110	24,44	
	Fournisseurs	2100 ✓		281,69
	(réception de la facture pour les frais de			
	transport des marchandises reçues le			
	20 décembre, FOB point de départ)			

Voici le compte de grand livre *Frais de transport à l'achat* après l'enregistrement de la facture de Cabana Transport inc :

	Frais de transport à l'achat					N° 5130
Date	Libellé	Référence	Débit	Crédit	Solde	Dt/Ct
20X7						
Nov. 13	Solde reporté				12 356,00	Dt
Déc. 24	Cabana Transport inc.	J.G.54	245,00		12 601,00	Dt

7.4.6 Les frais de douane

Les entreprises commerciales importent de plus en plus de produits. Dans ce cas, elles requièrent les services d'un courtier en douane qui s'occupe des procédures d'importation et aussi du transport.

Le calcul des taxes est complexe et différent de celui effectué lors d'un achat de produits canadiens. Même dans le cas de l'économie de libre-échange avec les États-Unis et le Mexique, il est souvent nécessaire de demander à des spécialistes en douane de s'occuper de l'importation des produits. L'entreprise doit alors subir ces frais, qui seront débités au compte de grand livre *Frais de douane*.

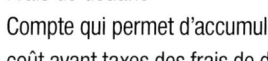
Frais de douane

Compte qui permet d'accumuler le coût avant taxes des frais de douane sur les achats de marchandises.

Voici la facture que reçoit la Boutique Léa pour un achat effectué à Bangkok et l'écriture qui s'ensuit dans le journal général :

GRAMMA		**Facture n°:** 5887
535, rue Marois		
Montréal (Québec) H4T 3M1		
Tél. : 514 286-0979		

Date	Client n°	Conditions
20X7-12-26	000 352	Net 30 jours

Facturé à:

Boutique Léa
224, chemin des Ormes
Saint-Sauveur (Québec) J0T 1Y9
Téléphone : 450 240-4571

Marchandises livrées à : Saint-Sauveur   **Provenance :** Bangkok

Description	Valeur des achats		Frais de douanes
Vêtements d'hiver variés	18 520$ CA		1 556,25$
		Frais	105,50
			1 661.75$
N° de TPS : 124895842		TPS 5 %	83,09
N° de TVQ : 1156412587		TVQ 9,975 %	165,76
		Total	**1 910,60$**

JOURNAL GÉNÉRAL					Page : 54
Date	Nom des comptes et explication	Numéro du compte	Débit		Crédit
20X7					
Déc. 26	Frais de douane	5140	1 661,75		
	TPS à recevoir	1105	83,09		
	TVQ à recevoir	1110	165,76		
	Fournisseurs	2100 ✓			1 910,60
	(réception de la facture pour l'achat				
	chez Gramma et les frais de douane dus				
	pour les marchandises reçues de Bangkok)				

Voici le compte de grand livre *Frais de douane* après l'enregistrement de la facture de Gramma :

Frais de douane						N° 5140
Date	Libellé	Référence	Débit	Crédit	Solde	Dt/Ct
20X7						
Nov. 30	Solde reporté				7 083,25	Dt
Déc. 26	Gramma	J.G.54	1 661,75		8 745,00	Dt

Achats nets

Montant obtenu en soustrayant du compte *Achats* le solde des comptes *Rendus et rabais sur achats* et *Escomptes sur achats*, et en additionnant le solde des comptes *Frais de transport à l'achat* et *Frais de douane*.

Pour continuer la préparation de l'état des résultats, rédigeons la section concernant la détermination des achats nets à l'aide des comptes de grand livre *Achats*, *Rendus et rabais sur achats*, *Escomptes sur achats*, *Frais de transport à l'achat* et *Frais de douane*:

BOUTIQUE LÉA ÉTAT PARTIEL DES RÉSULTATS pour l'exercice terminé le 31 décembre 20X7		
Achats		620 556$
Moins: Rendus et rabais sur achats	11 425$	
Escomptes sur achats	6 885	18 310
		602 246$
Plus: Frais de transport à l'achat	12 601$	
Frais de douane	8 745	21 346
Achats nets		623 592$

Voici un sommaire des éléments que nous venons de voir:

Stock de marchandises au début
Plus: Achats nets
Égale: Coût des marchandises destinées à la vente
Moins: Stock de marchandises à la fin
Égale: Coût des marchandises vendues

Achats
Moins: Rendus et rabais sur achats
Moins: Escomptes sur achats
Plus: Frais de transport à l'achat
Plus: Frais de douane

7.4.7 Le calcul du coût des marchandises vendues

Coût des marchandises destinées à la vente

Chiffre représenté par le coût des marchandises en stock au début, augmenté des achats nets. Cela correspond au coût total des marchandises qui étaient destinées à être vendues au cours d'une période ou d'un exercice.

En additionnant les achats nets au stock de marchandises du début de la période ou de l'exercice, on arrive à déterminer le coût des marchandises destinées à la vente.

En fin de période ou d'exercice, comme l'inventaire de l'entreprise comprend du stock non vendu, il faut en déterminer le coût. Ce chiffre, soustrait du coût des marchandises destinées à la vente, est égal au coût des marchandises vendues (CMV):

Coût du stock de marchandises au début de la période ou de l'exercice
Plus: Achats nets
Égale: Coût des marchandises destinées à la vente
Moins: Coût du stock de marchandises à la fin de la période ou de l'exercice
Égale: Coût des marchandises vendues

MISE EN SITUATION

Selon ce calcul, si la Boutique Léa a en main 115 600$ de stock au début de l'exercice et 119 350$ à la fin, l'état partiel des résultats concernant le coût des marchandises vendues se présente ainsi (voir la page suivante).

Les entreprises commerciales ◼◼◼ 371

BOUTIQUE LÉA		
ÉTAT PARTIEL DES RÉSULTATS		
pour l'exercice terminé le 31 décembre 20X7		
Coût des marchandises vendues		
Stock de marchandises au début		115 600 $
Plus : Achats		620 556 $
Moins : Rendus et rabais sur achats	11 425 $	
Escomptes sur achats	6 885	18 310
		602 246 $
Plus : Frais de transport à l'achat	12 601 $	
Frais de douane	8 745	21 346
Achats nets		623 592
Coût des marchandises destinées à la vente		739 192 $
Moins : Stock de marchandises à la fin		119 350
Coût des marchandises vendues		619 842 $

7.5 Les états financiers d'une entreprise commerciale

Certains éléments des états financiers d'une entreprise commerciale diffèrent de ceux d'une entreprise de service. Dans les sections qui suivent, nous allons expliquer le contenu et la présentation des trois états financiers d'une entreprise commerciale, soit l'état des résultats, l'état des capitaux propres et le bilan.

7.5.1 L'état des résultats

L'état des résultats d'une entreprise commerciale comprend les éléments que nous venons d'étudier dans les pages précédentes.

MISE EN SITUATION ▶ La Boutique Léa doit faire préparer l'état des résultats de l'entreprise, où seront ajoutées les charges d'exploitation de l'exercice financier.

BOUTIQUE LÉA ÉTAT DES RÉSULTATS pour l'exercice terminé le 31 décembre 20X7			
Ventes brutes			999 000$
Moins : Rendus et rabais sur ventes		4 033$	
Escomptes sur ventes		2 854	6 887
Ventes nettes			992 113$
Coût des marchandises vendues			
Stock de marchandises au début		115 600$	
Plus : Achats		620 556$	
Moins : Rendus et rabais sur achats	11 425$		
Escomptes sur achats	6 885	18 310	
		602 246$	
Plus : Frais de transport à l'achat	12 601$		
Frais de douane	8 745	21 346	
Achats nets		623 592	
Coût des marchandises destinées à la vente		739 192$	
Moins : Stock de marchandises à la fin		119 350	
Coût des marchandises vendues			619 842
Marge bénéficiaire brute			372 271$
Charges d'exploitation			
Salaires		124 675$	
Publicité		35 896	
Frais de livraison		17 234	
Assurance		6 850	
Télécommunications		12 574	
Charges d'intérêts		2 450	
Amortissement – matériel roulant		14 050	
Amortissement – ameublement		22 350	236 079
Bénéfice net			136 192$ ◄

7.5.2 L'état des capitaux propres

L'état des capitaux propres d'une entreprise commerciale est en tous points identique à celui d'une entreprise de service. L'objectif de cet état est de démontrer la variation des capitaux du propriétaire ; il n'est pas influencé par les ajouts que nous avons vus dans les postes de résultats :

MISE EN SITUATION ►

BOUTIQUE LÉA ÉTAT DES CAPITAUX PROPRES pour l'exercice terminé le 31 décembre 20X7		
Léa-Jeanne Urbain – capital au 1er janvier 20X7		500 000$
Plus : Bénéfice net	136 192$	
Moins : Retraits	48 000	88 192
Léa-Jeanne Urbain – capital au 31 décembre 20X7		588 192$ ◄

7.5.3 Le bilan

Le bilan d'une entreprise commerciale est presque identique à celui d'une entreprise de service, si ce n'est qu'il comporte une rubrique « Stock de marchandises » à l'actif à court terme.

Nous en profiterons pour voir un autre style de présentation que l'on rencontre fréquemment en pratique, le bilan vertical :

MISE EN SITUATION ▶

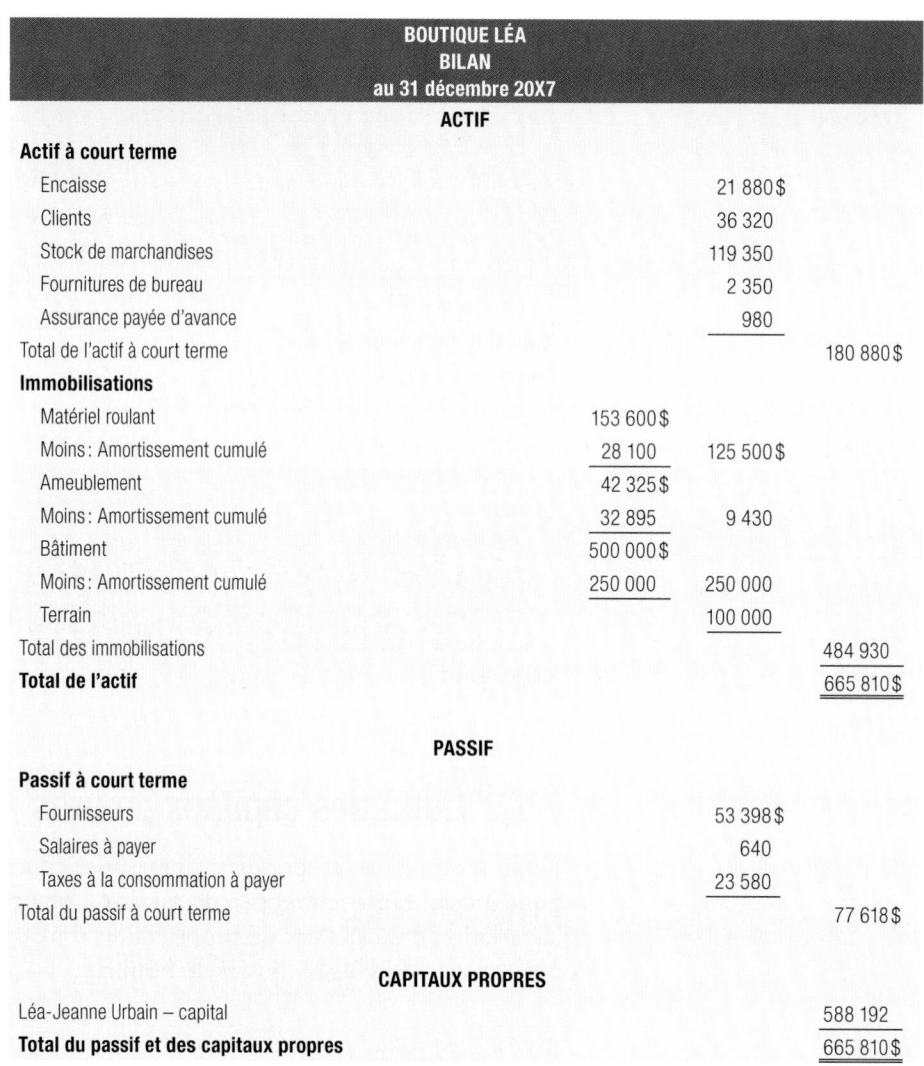

BOUTIQUE LÉA BILAN au 31 décembre 20X7			
ACTIF			
Actif à court terme			
Encaisse		21 880$	
Clients		36 320	
Stock de marchandises		119 350	
Fournitures de bureau		2 350	
Assurance payée d'avance		980	
Total de l'actif à court terme			180 880$
Immobilisations			
Matériel roulant	153 600$		
Moins: Amortissement cumulé	28 100	125 500$	
Ameublement	42 325$		
Moins: Amortissement cumulé	32 895	9 430	
Bâtiment	500 000$		
Moins: Amortissement cumulé	250 000	250 000	
Terrain		100 000	
Total des immobilisations			484 930
Total de l'actif			665 810$
PASSIF			
Passif à court terme			
Fournisseurs		53 398$	
Salaires à payer		640	
Taxes à la consommation à payer		23 580	
Total du passif à court terme			77 618$
CAPITAUX PROPRES			
Léa-Jeanne Urbain – capital			588 192
Total du passif et des capitaux propres			665 810$

Comme vous pouvez le constater, ce bilan présente les passifs et les capitaux propres à la suite de l'actif plutôt que de présenter ces éléments côte à côte. On rencontre souvent cette forme en pratique, puisque c'est celle qui est adoptée par les logiciels comptables.

7.6 La régularisation du stock de marchandises

Les écritures de régularisation que nous avons vues dans les chapitres 5 et 6 sont les mêmes pour une entreprise commerciale : enregistrement de l'amortissement, ajustement des comptes *Assurance payée d'avance* et *Fournitures de bureau*, comptabilisation des montants à recevoir, à payer et reçus d'avance. Cependant, pour une entreprise commerciale qui utilise la méthode de l'inventaire périodique, le montant du stock de marchandises qui est inscrit dans le grand livre représente ce que l'entreprise possédait au début de l'exercice financier. Au cours de cet exercice, elle a effectué des achats et des ventes de marchandises. À la fin de l'exercice financier, l'entreprise procède à un dénombrement de la marchandise en stock et rédige une écriture de régularisation afin de présenter dans le grand livre, ainsi que dans le bilan de fin d'exercice, le montant réel des marchandises en main à ce moment-là.

Comme nous venons de le voir, le stock du début de l'exercice financier sert au calcul du coût des marchandises vendues dans l'état des résultats. Pour la même raison, le stock de la fin de l'exercice se trouve aussi dans l'état des résultats ; il doit en outre figurer dans le bilan, puisqu'il représente un actif à court terme. On ajoute donc deux nouveaux comptes dans le plan comptable : *Stock de marchandises au début* (n° 5010) et *Stock de marchandises à la fin* (n° 5150). Ces comptes font partie de la section de l'état des résultats qui sert à déterminer le coût des marchandises vendues. Il s'agit de comptes temporaires qui seront utilisés uniquement lors de la régularisation du stock de marchandises à la fin de l'exercice.

[MISE EN GARDE Ces comptes ne sont pas touchés lors des transactions courantes d'achat et de revente de marchandises.]

7.6.1 L'inscription du stock du début au coût des marchandises vendues

Dans un premier temps, il convient de rédiger une écriture pour éliminer de l'actif le stock du début et, par la même occasion, de l'enregistrer au débit du compte *Stock de marchandises au début* afin de déterminer le coût des marchandises vendues. On inscrit ce chiffre au débit parce qu'il vient s'additionner aux achats afin de présenter le coût des marchandises destinées à la vente :

MISE EN SITUATION ▶

JOURNAL GÉNÉRAL					Page : 54
Date	Nom des comptes et explication	Numéro du compte	Débit		Crédit
20X7					
Déc. 31	Stock de marchandises au début		115 600,00		
	Stock de marchandises				115 600,00
	(pour éliminer le stock du début de				
	l'actif à court terme et l'enregistrer au				
	coût des marchandises vendues)				

7.6.2 L'enregistrement du stock de la fin

La deuxième écriture permet de débiter un compte d'actif à court terme qui figure dans le bilan, soit le montant des marchandises en main à la fin de l'exercice financier. Par le fait même, on enregistre ce chiffre au crédit dans le compte *Stock de marchandises à la fin,* ce qui diminue le coût des marchandises destinées à la vente dans l'état des résultats et détermine le coût des marchandises vendues.

JOURNAL GÉNÉRAL				Page : 54
Date	Nom des comptes et explication	Numéro du compte	Débit	Crédit
20X7				
Déc. 31	Stock de marchandises		119 350,00	
	Stock de marchandises à la fin			119 350,00
	(pour enregistrer le stock de la fin à			
	l'actif à court terme et l'inscrire au			
	coût des marchandises vendues)			

7.7 Les écritures de clôture d'une entreprise commerciale

Au chapitre précédent, nous avons appris que les écritures de clôture ont comme objectif de remettre à zéro les comptes de résultats et de transférer au compte *Capital* du propriétaire le bénéfice net ainsi que le total des apports et des retraits de l'exercice.

Dans l'entreprise commerciale, cet objectif est le même, sauf que la façon de procéder sera légèrement différente. Au lieu de fermer les comptes de produits, dans un premier temps, et les comptes de charge, dans un deuxième temps, on procèdera d'abord à la fermeture des comptes de résultats créditeurs et ensuite à la fermeture des comptes de résultats débiteurs.

Cette nuance est importante, puisque l'entreprise commerciale comporte des comptes de produits dont le solde est débiteur (*Rendus et rabais sur ventes* et *Escomptes sur ventes*) et des comptes de charge qui ont un solde créditeur (*Rendus et rabais sur achats, Escomptes sur achats* et *Stock de marchandises à la fin*).

Voyons, à l'aide du tableau 7.2 suivant, les similitudes et les différences des écritures de clôture d'une entreprise de service par rapport à une entreprise commerciale.

TABLEAU 7.2 ▶ Les écritures de clôture selon le type d'entreprise

ENTREPRISE DE SERVICE	ENTREPRISE COMMERCIALE
1. On débite individuellement **chacun des comptes de produits** et on crédite en total le compte *Sommaire des résultats*.	1. On débite individuellement **chacun des comptes de résultats créditeurs** et on crédite en total le compte *Sommaire des résultats*.
2. On crédite individuellement **chacun des comptes de charge** et on débite le compte *Sommaire des résultats* du total des charges.	2. On crédite individuellement **chacun des comptes de résultats débiteurs** et on débite le compte *Sommaire des résultats* du total des charges.

3. Si l'on a un bénéfice net, c'est-à-dire si le compte *Sommaire des résultats* a un solde créditeur, on débite ce compte et on crédite le compte CAPITAL du propriétaire.
Si le compte *Sommaire des résultats* a un solde débiteur, c'est que l'entreprise a subi une perte ; on crédite ce compte et on débite le compte *Capital* du propriétaire. Le compte *Sommaire des résultats* a alors un solde égal à zéro.

4. Le solde des comptes *Retraits* et *Apports* est alors transféré dans le compte *Capital* du propriétaire.
Durant l'exercice, les apports et les retraits sont accumulés dans un compte de contrepartie du compte *Capital* du propriétaire de façon à montrer, pour chaque exercice, le total des retraits et des apports effectués. À la fin de chaque exercice, il faut aussi fermer ces comptes afin que leur solde soit à zéro.

On constate donc qu'en raison de l'existence des comptes de résultats particuliers, les étapes 1 et 2 sont légèrement différentes.

MISE EN SITUATION ▶ Voyons maintenant, à l'aide de la balance de vérification régularisée de la Boutique Léa, un exemple d'écritures de clôture d'une entreprise commerciale :

Numéro	Nom du compte	Débit	Crédit
	BOUTIQUE LÉA **BALANCE DE VÉRIFICATION RÉGULARISÉE** **au 31 décembre 20X7**		
1010	Encaisse	21 880,29 $	
1100	Clients	36 320,33	
1105	TPS à recevoir	9 850,65	
1110	TVQ à recevoir	19 652,05	
1180	Stock de marchandises	119 350,00	
1190	Fournitures de bureau	2 350,00	
1210	Assurance payée d'avance	980,00	
1300	Matériel roulant	153 600,00	
1310	Amortissement cumulé – matériel roulant		28 100,00 $
1700	Ameublement de bureau	42 325,00	
1710	Amortissement cumulé – ameublement de bureau		32 895,00
1900	Bâtiment	500 000,00	
1910	Amortissement cumulé – bâtiment		250 000,00
1960	Terrain	100 000,00	
2100	Fournisseurs		53 397,95
2305	TPS à payer		17 723,77
2310	TVQ à payer		35 358,92
2350	Salaires à payer		640,00
3100	Léa-Jeanne Urbain – capital		500 000,00
3300	Léa-Jeanne Urbain – retraits	48 000,00	
4500	Ventes		999 000,00
4510	Rendus et rabais sur ventes	4 033,06	
4520	Escomptes sur ventes	2 853,88	
5010	Stock de marchandises au début	115 600,00	
5100	Achats	620 555,71	
5110	Rendus et rabais sur achats		11 425,00
5120	Escomptes sur achats		6 885,45
5130	Frais de transport à l'achat	12 600,97	
5140	Frais de douane	8 744,88	
5150	Stock de marchandises à la fin		119 350,00
5300	Salaires	124 675,11	
5420	Publicité	35 896,40	
5700	Frais de livraison	17 233,71	
5740	Assurance	6 850,16	
5750	Télécommunications	12 573,93	
5780	Charges d'intérêts	2 449,96	
5900	Amortissement – matériel roulant	14 050,00	
5940	Amortissement – ameublement	22 350,00	
		2 054 776,09 $	2 054 776,09 $

JOURNAL GÉNÉRAL				Page : 54
Date	**Nom des comptes et explication**	**Numéro du compte**	**Débit**	**Crédit**
20X7				
Déc. 31	Ventes	4500	999 000,00	
	Rendus et rabais sur achats	5110	11 425,00	
	Escomptes sur achats	5120	6 885,45	
	Stock de marchandises à la fin	5150	119 350,00	
	Sommaire des résultats	5999		1 136 660,45
	(pour fermer les comptes créditeurs en date			
	de la fin d'exercice)			
Déc. 31	Sommaire des résultats	5999	1 000 467,77	
	Rendus et rabais sur ventes	4510		4 033,06
	Escomptes sur ventes	4520		2 853,88
	Stock de marchandises au début	5010		115 600,00
	Achats	5100		620 555,71
	Frais de transport à l'achat	5130		12 600,97
	Frais de douane	5140		8 744,88
	Salaires	5300		124 675,11
	Publicité	5420		35 896,40
	Frais de livraison	5700		17 233,71
	Assurance	5740		6 850,16
	Télécommunications	5750		12 573,93
	Charges d'intérêts	5780		2 449,96
	Amortissement – matériel roulant	5900		14 050,00
	Amortissement – ameublement	5940		22 350,00
	(pour fermer les comptes débiteurs en date			
	de la fin d'exercice)			
Déc. 31	Sommaire des résultats	5999	136 192,68	
	Léa-Jeanne Urbain – capital	3100		136 192,68
	(pour comptabiliser le bénéfice net de			
	l'exercice dans le compte de capital			
	de la propriétaire)			
Déc. 31	Léa-Jeanne Urbain – capital	3100	48 000,00	
	Léa-Jeanne Urbain – retraits	3300		48 000,00
	(pour transférer les retraits de l'exercice			
	dans le compte de capital de la propriétaire)			

Une fois toutes les écritures de clôture reportées au grand livre, voici ce qui s'ensuit dans le compte *Sommaire des résultats* et dans celui de *Léa-Jeanne Urbain – capital* :

Sommaire des résultats						N° 5999
Date	**Libellé**	**Référence**	**Débit**	**Crédit**	**Solde**	**Dt/Ct**
20X7						
Déc. 31	Clôture	J.G.54		1 136 660,45	1 136 660,45	Ct
Déc. 31	Clôture	J.G.54	1 000 467,77		136 192,68	Ct
Déc. 31	Clôture	J.G.54	136 192,68		Ø	

Léa-Jeanne Urbain – capital						N° 3100
Date	Libellé	Référence	Débit	Crédit	Solde	Dt/Ct
20X6						
Déc. 31					500 000,00	Ct
20X7						
Déc. 31	Clôture	J.G.54		136 192,68	636 192,68	Ct
Déc. 31	Clôture	J.G.54	48 000,00		588 192,68	Ct

7.7.1 La balance de vérification après clôture

Comme nous l'avons expliqué au chapitre 6, lorsque le comptable effectue des reports des écritures de clôture au grand livre, il s'assure toujours que le total des débits est égal au total des crédits. Ainsi, après les écritures de clôture, il dresse la balance de vérification après clôture.

MISE EN SITUATION ▶ Voici la balance de vérification après clôture de la Boutique Léa, où apparaissent seulement les comptes du bilan, puisque les comptes de résultats affichent maintenant un solde de zéro :

	BOUTIQUE LÉA BALANCE DE VÉRIFICATION APRÈS CLÔTURE au 31 décembre 20X7		
Numéro	Nom du compte	Débit	Crédit
1010	Encaisse	21 880,29$	
1100	Clients	36 320,33	
1105	TPS à recevoir	9 850,65	
1110	TVQ à recevoir	19 652,05	
1180	Stock de marchandises	119 350,00	
1190	Fournitures de bureau	2 350,00	
1210	Assurance payée d'avance	980,00	
1300	Matériel roulant	153 600,00	
1310	Amortissement cumulé – matériel roulant		28 100,00$
1700	Ameublement de bureau	42 325,00	
1710	Amortissement cumulé – ameublement de bureau		32 895,00
1900	Bâtiment	500 000,00	
1910	Amortissement cumulé – bâtiment		250 000,00
1960	Terrain	100 000,00	
2100	Fournisseurs		53 397,95
2305	TPS à payer		17 723,77
2310	TVQ à payer		35 358,92
2350	Salaires à payer		640,00
3100	Léa-Jeanne Urbain – capital		588 192,68
		1 006 308,35$	1 006 308,35$

(CONCLUSION)

Dans ce chapitre, nous avons étudié en profondeur les éléments importants de la comptabilité d'une entreprise commerciale, soit une entreprise qui vend des biens initialement achetés d'un fabricant ou d'un grossiste. Nous avons appris qu'il existait deux systèmes d'inventaire : l'inventaire périodique et l'inventaire permanent. Nous avons vu la comptabilisation des ventes ainsi que le coût des marchandises vendues selon la méthode de l'inventaire périodique. Cette étude a rendu possible la préparation d'un état des résultats beaucoup plus détaillé que celui d'une entreprise de service ainsi que l'état des capitaux propres et le bilan, ce dernier présenté en mode vertical. Finalement, nous avons révisé la notion des écritures de clôture, qui sont légèrement différentes dans le cas d'une entreprise commerciale.

(TESTEZ VOS CONNAISSANCES)

1. **Combien y a-t-il de lits Gauthier au 31 août 20X8 ?**

   _____

2. **Quel est le prix unitaire des commodes Gauthier au 31 août 20X8 ?**

   _____

3. **Quel est le montant du chèque n° 150 de la Boutique Camille Bergeron ?**

   _____

4. **Quel est le montant du retour de marchandises avant taxes, note de crédit n° NC- 453, de la Boutique Camille Bergeron ?**

   _____

5. **Quelle est la marge bénéficiaire brute en pourcentage de la Boutique Léa au 31 décembre 20X7 ?**

   _____

6. **De quelle ville venaient les vêtements dédouanés par Gramma ?**

   _____

7. **Quelle était la valeur de ces vêtements ?**

   _____

8. **Quel est le bénéfice net de la Boutique Léa au 31 décembre 20X7 ?**

   _____

(TERMINOLOGIE)

(PROBLÈMES)

NIVEAUX: FACILE ● INTERMÉDIAIRE ■ DIFFICILE ◆

MATIÈRE TRAITÉE	NUMÉROS
La préparation de l'état des résultats	1 à 4
Les calculs à l'aide de données comptables	5 et 6
L'enregistrement dans le journal général (avec taxes)	7 à 12
La préparation des états financiers à l'aide d'une balance de vérification	13 et 14
La préparation des états financiers à l'aide d'une liste alphabétique de comptes	15 à 18
Cas évolutif: Intergolf	

La préparation de l'état des résultats

1. **L'entreprise La Belle Aventure vend des voiliers de 7,5 mètres sous la marque de commerce Eldorado II. Voici certains renseignements relatifs aux opérations de l'exercice terminé le 31 décembre 20X3:**

	Unités
Stock de marchandises au début	5
Achats	40
Ventes	38
Stock de marchandises à la fin	?

Travail à faire

Déterminer les unités en stock à la fin de l'exercice.

2. **Belle Neige vend des motoskis sous la marque de commerce Blizzard IV au prix de 3 000$ chacune. Le coût d'achat d'une motoneige est de 2 100$. Voici certains renseignements relatifs aux opérations de l'exercice terminé le 31 décembre 20X4:**

	Unités
Stock de marchandises au début	9
Achats	155
Ventes	?
Stock de marchandises à la fin	12

Les charges d'exploitation se sont élevées à 152 557$.

Travail à faire

a) Déterminer le total des ventes en unités et en dollars.

b) Préparer l'état des résultats de Belle Neige pour l'exercice terminé le 31 décembre 20X4.

3. **Voici les états des résultats de Viandes Mamola des trois derniers exercices terminés le 31 décembre:**

VIANDES MAMOLA ÉTAT DES RÉSULTATS pour les exercices terminés le 31 décembre			
	20X1	**20X2**	**20X3**
Ventes	260 000$	310 000$	
Coût des marchandises vendues			
Stock de marchandises au début	18 000$	14 500$	18 000$
Achats	150 000	165 000	156 000
Coût des marchandises destinées à la vente		179 500$	174 000$
Stock de marchandises à la fin	(14 500)		
Coût des marchandises vendues		161 500$	157 800$
Marge bénéficiaire brute			
Charges d'exploitation	43 500		61 500
Bénéfice net		92 000$	77 000$

Compléter l'état des résultats de Viandes Mamola pour chacun des trois derniers exercices.

◆ **4. Voici les états sommaires des résultats d'Acvik au cours des cinq derniers exercices terminés le 31 décembre:**

ACVIK ÉTAT DES RÉSULTATS pour les exercices terminés le 31 décembre					
	20X1	**20X2**	**20X3**	**20X4**	**20X5**
Ventes	155 000$	138 950$	256 942$		149 620$
Coût des marchandises vendues					
Stock de marchandises au début	10 000$	9 500$		22 893$	
Achats	80 500				97 317
Stock de marchandises destinées à la vente		86 512$	142 936$	276 419$	
Stock de marchandises à la fin	(9 500)			(46 742)	
Coût des marchandises vendues	81 000$	74 889$			
Marge bénéficiaire brute	74 000$	64 061$		326 678$	
Charges d'exploitation	55 000		148 347		62 913
Bénéfice net (perte nette)		26 344$		16 055$	(12 345)$

Compléter l'état des résultats d'Acvik pour chacun des cinq derniers exercices.

Les calculs à l'aide de données comptables

5. Voici, en vrac, une liste partielle des comptes du grand livre de Nerval, au 31 décembre 20X3:

Ventes	356 432$
Achats	186 123$
Stock de marchandises au début	21 615$
Stock de marchandises à la fin	23 618$
Rendus et rabais sur achats	11 016$
Frais de transport à l'achat	12 817$
Rendus et rabais sur ventes	6 816$
Frais de livraison	9 184$
TPS à payer	2 512$
Escomptes sur ventes	12 142$
Salaires	56 809$
Publicité	6 169$
Escomptes sur achats	9 620$
Clients	31 813$

Si Nerval a réalisé une marge bénéficiaire brute de 161 173 $ au cours de l'exercice terminé le 31 décembre 20X3, déterminer le montant des composantes suivantes :

a) Les ventes nettes

b) Les achats nets

c) Le coût des marchandises destinées à la vente

d) Le coût des marchandises vendues

6. Voici, en vrac, une liste partielle des comptes du grand livre de Belleval, au 31 décembre 20X5 :

Fournisseurs	32 164 $
Achats	322 126 $
Rendus et rabais sur ventes	18 125 $
Escomptes sur achats	3 609 $
Fournitures de bureau	7 816 $
Clients	52 068 $
Stock de marchandises au début	45 363 $
Stock de marchandises à la fin	52 102 $
Escomptes sur ventes	14 632 $
Frais de transport à l'achat	8 609 $
Rendus et rabais sur achats	7 144 $

Travail à faire

Si Belleval a réalisé une marge bénéficiaire brute de 228 575 $ au cours de l'exercice terminé le 31 décembre 20X5, déterminer le montant des composantes suivantes :

a) Les achats nets

b) Le coût des marchandises destinées à la vente

c) Le coût des marchandises vendues

d) Les ventes nettes

e) Les ventes brutes

f) Le pourcentage de la marge bénéficiaire brute sur les ventes nettes

L'enregistrement dans le journal général (avec taxes)

7. Voici les opérations effectuées par la boutique de vêtements pour enfants Le Lapin bleu, propriété de Charles-David Rubens, au cours du mois de septembre 20X6 :

Sept. 02   Achat à crédit de marchandises chez La Ruche inc. : 12 965 $ plus les taxes, facture n° 4568. Conditions : 3/10, 2/15, n/30, avant le calcul des taxes. Conditions de transport : FOB destination.

Sept. 05   Vente à crédit de marchandises à la garderie Les lutins : 850 $ plus les taxes, facture n° B-4510. Conditions : 2/10, n/30. Conditions de transport : FOB destination.

Sept. 12	Réception d'un chèque de 960,29 $ de la garderie Les lutins pour paiement de la marchandise vendue le 5 septembre.
Sept. 13	Retour par Charles-David Rubens au fournisseur La Ruche inc. des vêtements endommagés pour un total de 1 282,89 $ plus les taxes.
Sept. 16	Chèque n° 410 de 13 197,87 $ émis à l'ordre de La Ruche inc. en paiement de la facture du 2 septembre; on a tenu compte de la marchandise retournée le 13 septembre.
Sept. 25	Dépôt des ventes au comptant: 7 492,06 $ plus les taxes.
Sept. 30	Facture de 40 $ plus les taxes reçue de Transport Monette inc. relative à la livraison de marchandises à la garderie Les lutins.

Travail à faire

Enregistrer dans le journal général les opérations du mois de septembre 20X6 de l'entreprise Le Lapin bleu.

8. Voici quelques opérations effectuées par le Fleuriste Latulippe au cours du mois de juin 20X5:

Juin 02	Émission du chèque n° 516 de 1 847 $ relatif au paiement d'un compte fournisseur.
Juin 05	Achat à crédit d'ameublement de bureau chez Mobilorama. Total de la facture: 3 269 $ plus les taxes. Conditions de règlement: n/10.
Juin 08	Dépôt des ventes au comptant: 8 386,17 $ plus les taxes.
Juin 12	Vente à crédit de plantes tropicales au Centre de villégiature Paradis: 855 $ plus les taxes, facture n° C-4212. Conditions de règlement: n/10.
Juin 14	Paiement de l'achat du 5 juin; émission du chèque n° 517.
Juin 17	Achat à crédit de marchandises au Lilas blanc: 3 924 $ plus les taxes. Conditions de règlement: n/10. Conditions de transport: FOB destination.
Juin 18	Marchandises endommagées retournées au Lilas blanc: 308,76 $ plus les taxes.
Juin 21	Chèque reçu en règlement de la facture émise au Centre de villégiature Paradis.
Juin 23	Paiement de l'achat de fleurs du 17 juin en tenant compte de la marchandise retournée le 18 juin; émission du chèque n° 518.

Travail à faire

Enregistrer dans le journal général les opérations du mois de juin 20X5 du Fleuriste Latulippe.

9. Voici quelques opérations effectuées par Chaussures Beauchamp, propriété de Gaëtan Loranger, au cours du mois de novembre 20X4:

Nov. 03	Vente à crédit de chaussures aux agents de police de la ville de Melbourne: 4 850 $ plus les taxes, facture n° D-12245. Conditions de règlement: 2/10, n/30.
Nov. 06	Facture n° 9272 de 12 875 $ plus les taxes reçue de Bitume inc. relativement à l'achat de marchandises. Conditions de règlement: 2/10, n/30. Conditions de transport: FOB point de départ.
Nov. 09	Réception de la facture n° 9816 de 845 $ incluant les taxes de Transport Richmond inc. relativement au transport de la marchandise achetée le 6 novembre. Conditions: 3/10, n/30.
Nov. 11	Dépôt à la banque des ventes au comptant: 14 610 $ taxes incluses.
Nov. 12	Chèque reçu de la ville de Melbourne pour l'achat du 3 novembre.

Nov. 14   Note de crédit n° C-135 de 725 $ taxes incluses reçue de Bitume inc. relativement à de la marchandise retournée.

Nov. 15   Règlement de la facture du 6 novembre; on a tenu compte de la note de crédit reçue la veille; émission du chèque n° 1246.

Nov. 19   Paiement de la facture n° 9816 de Transport Richmond inc.; émission du chèque n° 1247.

Nov. 20   Achat à crédit de fournitures de bureau chez Le Royaume inc.: 375 $ plus les taxes (facture n° 1810).

Travail à faire

Enregistrer dans le journal général les opérations du mois de novembre 20X4 de Chaussures Beauchamp.

10. Voici quelques opérations effectuées par Pièces d'auto Univers au cours du mois de mai 20X7:

Mai 01   Achat à crédit de pièces d'automobiles chez Pièces usinées Lacolle inc.: 19 165 $ plus les taxes (facture n° 17144). Conditions de règlement: 2/10, n/30. Conditions de transport: FOB point de départ.

Mai 03   Chèque n° 2514 de 155,11 $ (taxes incluses) émis à l'ordre de Transport Levasseur inc. en paiement de la facture de transport relative à l'achat du 1er mai.

Mai 06   Vente à crédit de marchandises au Garage Boisbriand pour 2 600 $ plus les taxes. Conditions de règlement: 2/10, n/30, facture n° A-2450.

Mai 09   Marchandises retournées à Pièces usinées Lacolle inc.: 890 $ avant les taxes. Ces marchandises sont relatives à l'achat du 1er mai dernier.

Mai 10   Paiement du total de la facture d'achat du 1er mai moins la note de crédit du 9 mai; émission du chèque n° 2515.

Mai 12   Achat à crédit d'un alternateur de 166,61 $ (taxes incluses) chez Pièces de rechange inc., afin de remplacer l'alternateur défectueux du camion de livraison de l'entreprise. Conditions de règlement: 2/10, n/30. Conditions de transport: FOB destination.

Mai 13   Note de crédit n° C-12 émise au Garage Boisbriand relativement à de la marchandise retournée pour un total de 250 $ avant les taxes. Ces marchandises sont relatives à la vente du 6 mai dernier.

Mai 15   Dépôt à la banque des ventes au comptant: 13 625 $ (taxes incluses).

Mai 20   Chèque n° 2516 émis à l'ordre de Pièces de rechange inc. en paiement de l'achat du 12 mai.

Mai 25   Achat au comptant de pièces d'automobile: 4 210 $ plus les taxes; émission du chèque n° 2517 à Car Ouest.

Travail à faire

Enregistrer dans le journal général les opérations de Pièces d'auto Univers au cours du mois de mai 20X7.

11. L'entreprise Deslauriers musique est spécialisée dans la vente d'instruments de musique. Le stock de marchandises au début de l'année est de 45 500,55 $. Voici les opérations concernant les achats et les ventes du premier mois de l'exercice terminé le 31 décembre 20X6:

Janv. 05   Achat d'instruments de musique à crédit chez Fournier inc.: 11 542,06 $ plus les taxes. Conditions de règlement: 2/10, n/30. Conditions de transport: FOB point de départ.

Janv. 08	Paiement des frais de transport de la marchandise achetée le 5 janvier : 235 $ plus les taxes, émission du chèque n° 3198 à l'ordre d'UPS.
Janv. 10	Vente au comptant d'un piano à Lucille Laforest au prix de 5 475 $ plus les taxes, facture n° 10241.
Janv. 12	Note de crédit reçue de Fournier inc. relativement au retour de marchandises défectueuses pour une somme de 1 574,77 $ plus les taxes.
Janv. 14	Chèque n° 3199 émis en paiement de l'achat du 5 janvier, diminué de la note de crédit reçue le 12 janvier.
Janv. 17	Vente d'instruments de musique au comptant au groupe La Querelle pour 6 063,93 $ plus les taxes, facture n° 10242.
Janv. 25	Achat de marchandises à crédit chez Deschamps musique inc. : 13 245 $ plus les taxes.
Janv. 26	Vente à crédit de violons à l'Ensemble philharmonique de Saguenay, au prix de 9 600 $ plus les taxes. Conditions de règlement : 2/10, n/30. Conditions de transport : FOB destination, facture n° 10243.
Janv. 31	Dénombrement matériel des articles en magasin : 53 041,68 $.

Travail à faire

a) Comptabiliser dans le journal général les opérations de Deslauriers musique pour le mois de janvier 20X6 selon le système de l'inventaire périodique.

b) Enregistrer les écritures de régularisation pour le stock de marchandises.

c) Préparer l'état des résultats de Deslauriers musique pour le mois de janvier 20X6, en tenant compte du fait que les charges d'exploitation sont de 3 550 $.

d) Calculer le pourcentage de la marge bénéficiaire brute sur les ventes.

◆ **12. Au début de son exercice financier, l'entreprise Les Piscines Rossi possède de la marchandise en stock pour un total de 218 400,60 $. Les opérations d'achat et de vente de piscines pour le premier mois d'exploitation (mai 20X4) sont les suivantes :**

Mai 04	Achat à crédit de piscines chez Lamarre ltée totalisant 62 529,15 $ taxes incluses. Conditions de règlement : 2/10, n/30, avant les taxes. Conditions de transport : FOB point de départ.
Mai 08	Vente au comptant de deux piscines à Stéphanie Fortin et Micheline Trempe au prix de 10 200 $ chacune plus les taxes, factures n° 15 492 et n° 15 493.
Mai 09	Note de crédit reçue de Lamarre ltée concernant des piscines défectueuses pour la somme de 5 721,89 $ taxes incluses.
Mai 10	Paiement des frais de transport de la marchandise achetée le 4 mai : 540 $ plus les taxes, chèque n° 6240 à l'ordre de Transport Cartier inc.
Mai 13	Paiement de l'achat du 4 mai diminué du retour de marchandises effectué le 9 mai, chèque n° 6241 à l'ordre de Lamarre ltée.
Mai 17	Vente de marchandises à crédit : 46 362,52 $ taxes incluses. Conditions : 2/10, n/30, facture n° 15494 à l'ordre de Piscines de rêve inc.
Mai 23	Achat de marchandises à crédit chez Fibrotech inc. : 97 241,26 $ taxes incluses. Conditions de règlement : 2/10, n/30. Conditions de transport : FOB destination.
Mai 24	Émission d'un chèque de 5 200 $ taxes incluses relatif au retour d'une piscine par un client insatisfait ; chèque n° 6242 à l'ordre d'Étienne Gervais.
Mai 26	Encaissement du montant de la vente à crédit du 17 mai.
Mai 31	Dénombrement matériel des articles en magasin : 317 258,89 $.

Travail à faire

a) Comptabiliser dans le journal général les opérations de l'entreprise pour le mois de mai 20X4, selon le système de l'inventaire périodique.

b) Enregistrer les écritures de régularisation pour le stock de marchandises.

c) Préparer l'état des résultats de l'entreprise Les Piscines Rossi pour le mois de mai 20X4, en tenant compte du fait que les charges d'exploitation sont de 18 650 $.

d) Calculer le pourcentage de la marge bénéficiaire brute sur les ventes.

La préparation des états financiers à l'aide d'une balance de vérification

13. **Nancy Reid vous soumet la balance de vérification de son entreprise, la Quincaillerie Hochelaga, au 31 décembre 20X4:**

	QUINCAILLERIE HOCHELAGA BALANCE DE VÉRIFICATION au 31 décembre 20X4		
Numéro	**Nom du compte**	**Débit**	**Crédit**
1010	Encaisse	18 945,00 $	
1105	TPS à recevoir	980,00	
1110	TVQ à recevoir	1 127,00	
1180	Stock de marchandises	89 816,00	
1500	Équipement	26 968,00	
2050	Emprunt bancaire		28 500,00 $
2100	Fournisseurs		33 282,00
2305	TPS à payer		1 498,00
2310	TVQ à payer		1 723,00
3100	Nancy Reid – capital		40 122,00
3200	Nancy Reid – apports		12 000,00
3300	Nancy Reid – retraits	36 000,00	
4500	Ventes		561 510,00
5100	Achats	392 809,00	
5120	Escomptes sur achats		7 525,00
5300	Salaires	73 824,00	
5410	Loyer	23 200,00	
5420	Publicité	12 186,00	
5750	Télécommunications	6 315,00	
5780	Charges d'intérêts	3 990,00	
		686 160,00 $	686 160,00 $

Un dénombrement indique que le stock de marchandises à la fin de l'exercice est de 92 763 $.

Travail à faire

Préparer les états financiers de la Quincaillerie Hochelaga au 31 décembre 20X4: l'état des résultats, l'état des capitaux propres et le bilan.

14. Gabriel Breault vous remet la balance de vérification de son entreprise, les Vêtements Breault, au 31 décembre 20X5:

	VÊTEMENTS BREAULT BALANCE DE VÉRIFICATION au 31 décembre 20X5		
Numéro	**Nom du compte**	**Débit**	**Crédit**
1010	Encaisse	2 641,00$	
1105	TPS à recevoir	1 004,00	
1110	TVQ à recevoir	1 155,00	
1180	Stock de marchandises	108 455,00	
1500	Équipement	38 416,00	
1600	Ameublement	12 604,00	
2050	Emprunt bancaire		68 600,00$
2100	Fournisseurs		74 666,00
2305	TPS à payer		1 253,00
2310	TVQ à payer		1 441,00
3100	Gabriel Breault – capital		40 528,00
3300	Gabriel Breault – retraits	12 000,00	
4500	Ventes		672 312,00
4510	Rendus et rabais sur ventes	8 609,00	
4520	Escomptes sur ventes	7 416,00	
5100	Achats	473 673,00	
5110	Rendus et rabais sur achats		14 612,00
5120	Escomptes sur achats		6 871,00
5130	Frais de transport à l'achat	5 904,00	
5300	Salaires	153 978,00	
5410	Loyer	25 200,00	
5420	Publicité	16 142,00	
5730	Électricité	1 819,00	
5740	Assurance	3 609,00	
5750	Télécommunications	3 086,00	
5780	Charges d'intérêts	4 572,00	
		880 283,00$	880 283,00$

Un dénombrement indique que le stock de marchandises à la fin de l'exercice s'élève à 112 809$.

Travail à faire

Préparer les états financiers de Vêtements Breault au 31 décembre 20X5.

La préparation des états financiers à l'aide d'une liste alphabétique de comptes

15. Patrick Boulet vous soumet la liste alphabétique des comptes de son entreprise, la Cordonnerie Boulet, au 31 décembre 20X5:

Achats	40 283,69 $
Amortissement – équipement d'atelier	541,18 $
Amortissement – équipement de bureau	552,94 $
Amortissement – matériel roulant	463,24 $
Amortissement cumulé – équipement d'atelier	950,00 $
Amortissement cumulé – équipement de bureau	975,00 $
Amortissement cumulé – matériel roulant	1 025,00 $
Assurance	2 825,00 $
Assurance payée d'avance	385,00 $
Clients	4 503,98 $
Électricité	2 433,78 $
Encaisse	16 118,13 $
Entretien et réparations – matériel roulant	2 260,29 $
Équipement d'atelier	6 000,00 $
Équipement de bureau	2 650,00 $
Escomptes sur achats	119,12 $
Escomptes sur ventes	526,60 $
Fournisseurs	3 321,17 $
Fournitures d'atelier	1 035,00 $
Frais de bureau	2 645,78 $
Frais de livraison	495,23 $
Frais de transport à l'achat	716,71 $
Loyer	4 200,00 $
Matériel roulant	9 500,00 $
Patrick Boulet – capital	36 415,97 $
Patrick Boulet – retraits	15 000,00 $
Publicité	1 250,00 $
Publicité payée d'avance	750,00 $
Rendus et rabais sur achats	576,89 $
Rendus et rabais sur ventes	289,85 $
Salaires	22 701,25 $
Salaires à payer	563,10 $
Stock de marchandises	13 272,29 $
Télécommunications	2 322,40 $
TPS à payer	1 253,09 $
TPS à recevoir	1 004,56 $
TVQ à payer	1 441,05 $
TVQ à recevoir	1 155,24 $
Ventes	109 241,75 $

Un dénombrement indique que le stock de marchandises à la fin de l'exercice vaut 22 562,90 $.

a) Préparer les états financiers de la Cordonnerie Boulet au 31 décembre 20X5.

b) Rédiger les écritures de régularisation nécessaires afin de corriger le stock de marchandises dans le grand livre.

16. **Pascal Servant vous soumet la liste alphabétique des comptes de son entreprise, les Pavages Blue Hill, au 31 décembre 20X7:**

Achats	150 820,15 $
Amortissement – équipement	4 815,18 $
Amortissement – équipement de bureau	575,21 $
Amortissement – matériel roulant	6 218,15 $
Amortissement cumulé – équipement	10 500,00 $
Amortissement cumulé – équipement de bureau	1 215,00 $
Amortissement cumulé – matériel roulant	13 350,00 $
Assurance	5 875,35 $
Assurance payée d'avance	815,00 $
Charges d'intérêts	3 526,57 $
Clients	20 200,38 $
Électricité	1 250,18 $
Emprunt hypothécaire (biens meubles)	50 450,00 $
Encaisse	21 501,98 $
Équipement	52 320,00 $
Équipement de bureau	2 810,00 $
Escomptes sur achats	350,18 $
Escomptes sur ventes	526,60 $
Fournisseurs	8 119,93 $
Fournitures de bureau	145,00 $
Frais de bureau	1 542,18 $
Frais de transport à l'achat	815,42 $
Frais divers de vente	980,32 $
Loyer	12 500,00 $
Matériel roulant	119 250,00 $
Pascal Servant – apports	10 000,00 $
Pascal Servant – capital	45 402,67 $
Pascal Servant – retraits	32 000,00 $
Publicité	2 250,00 $
Publicité payée d'avance	900,00 $
Rendus et rabais sur achats	818,50 $
Rendus et rabais sur ventes	509,40 $
Salaires	90 250,30 $
Salaires à payer	1 715,20 $
Stock de marchandises	18 150,30 $
Télécommunications	2 890,20 $
TPS à payer	1 567,89 $
TPS à recevoir	978,52 $

TVQ à payer	1 803,07 $
TVQ à recevoir	1 091,05 $
Ventes	410 215,00 $

Un dénombrement indique que le stock de marchandises à la fin de l'exercice vaut 17 290,35 $.

Travail à faire

a) Préparer les états financiers de Pavages Blue Hill au 31 décembre 20X7.

b) Rédiger les écritures de régularisation nécessaires afin de corriger le stock de marchandises dans le grand livre.

◆ 17. **Pierre Tremblay vous soumet la liste alphabétique des comptes de son entreprise, la Bijouterie du Bel Âge, au 31 décembre 20X2:**

Achats	182 525,10 $
Ameublement	8 290,00 $
Amortissement – ameublement	665,00 $
Amortissement – équipement d'atelier	725,00 $
Amortissement – équipement de bureau	575,00 $
Amortissement cumulé – ameublement	1 875,00 $
Amortissement cumulé – équipement d'atelier	2 255,00 $
Amortissement cumulé – équipement de bureau	1 325,00 $
Assurance	3 285,15 $
Assurance payée d'avance	662,28 $
Charges d'intérêts	475,00 $
Clients	3 250,15 $
Effet à payer (dû le 2 novembre 20X3)	5 000,00 $
Électricité	1 350,18 $
Encaisse	15 482,82 $
Entretien et réparations – équipement de bureau	3 798,99 $
Équipement d'atelier	10 505,00 $
Équipement de bureau	6 450,00 $
Escomptes sur achats	862,51 $
Escomptes sur ventes	322,15 $
Fournisseurs	11 779,64 $
Fournitures de bureau	262,15 $
Frais de bureau	895,90 $
Frais de livraison	412,75 $
Frais de transport à l'achat	252,78 $
Loyer	8 640,00 $
Pierre Tremblay – apports	4 000,00 $
Pierre Tremblay – capital	1 651,06 $
Pierre Tremblay – retraits	38 000,00 $
Publicité	4 250,00 $
Publicité payée d'avance	1 110,00 $

Rendus et rabais sur achats	1 240,75 $
Rendus et rabais sur ventes	462,50 $
Salaires	40 875,20 $
Salaires à payer	1 512,20 $
Services rendus	45 215,60 $
Stock de marchandises	25 600,15 $
Télécommunications	3 650,35 $
TPS à payer	867,89 $
TPS à recevoir	567,34 $
TVQ à payer	998,07 $
TVQ à recevoir	652,44 $
Ventes	285 410,66 $

Un dénombrement indique que le stock de marchandises à la fin de l'exercice vaut 27 292,90 $.

Travail à faire

a) Préparer les états financiers de la Bijouterie du Bel Âge au 31 décembre 20X2.

b) Rédiger les écritures de régularisation nécessaires afin de corriger le stock de marchandises dans le grand livre.

18. Mia Brunet vous soumet la liste alphabétique des comptes de son entreprise, la Serrurerie moderne, au 31 décembre 20X9:

Achats	332 675,45 $
Amortissement – équipement d'atelier	2 210,00 $
Amortissement – équipement de bureau	627,50 $
Amortissement – matériel roulant	5 490,00 $
Amortissement cumulé – équipement d'atelier	8 490,00 $
Amortissement cumulé – équipement de bureau	1 255,00 $
Amortissement cumulé – matériel roulant	15 485,00 $
Assurance	6 262,50 $
Assurance payée d'avance	1 255,10 $
Charges d'intérêts	1 615,20 $
Clients	42 500,20 $
Électricité	2 265,15 $
Emprunt hypothécaire (biens meubles)	20 125,00 $
Encaisse	28 492,00 $
Entretien et réparations – matériel roulant	17 272,85 $
Équipement d'atelier	25 292,00 $
Équipement de bureau	5 485,00 $
Escomptes sur achats	2 250,20 $
Escomptes sur ventes	1 265,75 $
Fournisseurs	22 359,33 $
Fournitures de bureau	252,50 $
Frais de bureau	1 425,15 $
Frais de transport à l'achat	122,60 $

Intérêts à payer	322,60$
Location d'équipement	6 253,76$
Loyer	24 000,00$
Matériel roulant	42 500,00$
Mia Brunet – apports	15 000,00$
Mia Brunet – capital	22 491,15$
Mia Brunet – retraits	78 500,00$
Publicité	4 275,12$
Publicité payée d'avance	1 000,00$
Rendus et rabais sur achats	2 260,18$
Rendus et rabais sur ventes	612,50$
Salaires	180 212,50$
Salaires à payer	3 522,60$
Services rendus	125 532,60$
Stock de marchandises	34 492,60$
Télécommunications	6 485,15$
TPS à payer	1 267,89$
TPS à recevoir	678,90$
TVQ à payer	1 458,07$
TVQ à recevoir	780,74$
Ventes	612 480,60$

Un dénombrement indique que le stock de marchandises à la fin de l'exercice vaut 29 625,90$.

Travail à faire

a) Préparer les états financiers de la Serrurerie moderne au 31 décembre 20X9.

b) Rédiger les écritures de régularisation nécessaires afin de corriger le stock de marchandises dans le grand livre.

CAS ÉVOLUTIF

Du 1er janvier au 31 octobre 20X7

L'année 20X7 a vu se concrétiser les objectifs de Carl-Alexandre Michaud. En effet, sa clientèle n'a cessé de s'accroître. Plusieurs personnes qui avaient suivi des cours de base ont demandé des cours plus avancés. Carl-Alexandre envisage sérieusement d'ouvrir une boutique d'articles pour le golf, ce qui constitue, en fait, le rêve de sa vie.

À la fin du mois d'octobre, il négocie un bail pour un local dans le Centre commercial Doiron, le plus fréquenté de la région. Il s'agit d'un bail de deux ans; le loyer mensuel est de 950$ et l'équipement est installé. Assisté de Julie Daho, Carl-Alexandre Michaud travaille le jour à la boutique. Le soir, il continue à donner des leçons de golf au gymnase du Collège du Nord. D'ici deux ans, il prévoit s'associer avec des partenaires ou encore vendre des franchises d'Intergolf. Il a dressé pour vous la balance de vérification complète de son entreprise après 10 mois d'opération, soit au 31 octobre 20X7. De plus, il vous remet, en ordre chronologique, les transactions du mois de novembre 20X7.

	INTERGOLF BALANCE DE VÉRIFICATION au 31 octobre 20X7		
Numéro	**Nom du compte**	**Débit**	**Crédit**
1010	Encaisse	12 278,18 $	
1100	Clients	Ø	
1105	TPS à recevoir	350,25	
1110	TVQ à recevoir	698,75	
1180	Stock de marchandises	Ø	
1190	Fournitures de bureau	500,00	
1210	Assurance payée d'avance	440,00	
1250	Publicité payée d'avance	125,00	
1300	Matériel roulant	15 000,00	
1310	Amortissement cumulé – matériel roulant		230,00 $
1400	Équipement de bureau	3 200,00	
1410	Amortissement cumulé – équipement de bureau		67,00
1500	Équipement de golf	1 200,00	
1510	Amortissement cumulé – équipement de golf		8,00
1700	Ameublement de bureau	1 200,00	
1710	Amortissement cumulé – ameublement de bureau		10,00
2100	Fournisseurs		Ø
2305	TPS à payer		690,90
2310	TVQ à payer		1 378,35
2350	Salaires à payer		Ø
2450	Intérêts à payer		Ø
2850	Effet à payer (long terme)		7 193,97 $
3100	Carl-Alexandre Michaud – capital		18 198,57
3200	Carl-Alexandre Michaud – apports		Ø
3300	Carl-Alexandre Michaud – retraits	10 000,00 $	
4270	Revenus de cours		49 845,00
4500	Ventes		Ø
4510	Rendus et rabais sur ventes	Ø	
4520	Escomptes sur ventes	Ø	
5010	Stock de marchandises au début	Ø	
5100	Achats	Ø	
5110	Rendus et rabais sur achats	Ø	
5120	Escomptes sur achats	Ø	
5300	Salaires	8 400,00	
5410	Loyer	Ø	
5415	Location de gymnase	12 000,00	
5420	Publicité	2 500,00	
5500	Frais de bureau	1 980,50	
5600	Entretien et réparations – matériel roulant	1 475,00	
5700	Frais de livraison	Ø	
5715	Essence	1 066,83	
5730	Électricité	1 175,85	
5740	Assurance	Ø	
5750	Télécommunications	1 245,80	
5780	Charges d'intérêts	2 560,03	
5790	Frais bancaires	225,00	
		77 621,19 $	77 621,19 $

Nov. 01   Paiement du loyer du mois à Immeubles Doiron, par le chèque n° 224 de 950 $ plus les taxes.

Nov. 02   Achat à crédit de marchandises chez Pro-Golf. Facture n° P-18175 de 12 100 $. Conditions de règlement: 2/10, n/30. Condition de transport: FOB point de départ.

Nov. 03   Achat au comptant (chèque n° 225) chez Greenspot. Facture n° G-85390 de 2 380 $ plus les taxes.

Nov. 03   Note de crédit n° 781 de 1 200 $ plus les taxes reçue de Pro-Golf pour des bâtons défectueux.

Nov. 04   Paiement à la réception de la facture n° 9646 de Transport Hamel pour le transport de la marchandise achetée chez Pro-Golf. Émission du chèque n° 226 de 200 $ plus les taxes.

Nov. 04   Annonces publicitaires chez CKSC pour le mois, totalisant 2 320 $ plus les taxes. Facture n° 45160.

Nov. 06   Vente de bâtons et de balles à crédit (facture n° 1-501) au Club de Prévost: 2 160 $ plus les taxes. Conditions de règlement: 2/10, n/30. Condition de transport: FOB point de départ.

Nov. 08   Chèque n° 227 de 1 145 $ émis à l'ordre de Julie Daho, l'employée de la boutique, pour le paiement de son salaire (ne pas tenir compte des déductions à la source).

Nov. 09   Chèque n° 228 fait à l'ordre de Pro-Golf pour le paiement de la facture du 2 novembre moins la note de crédit du 4 novembre et l'escompte, s'il y a lieu.

Nov. 09   Dépôt des recettes (taxes incluses):

Cours de golf: 3 110 $
Ventes: 5 240 $

Nov. 12   Facture de vente à crédit n° I-502 adressée au Club de golf Sainte-Foy: 540 $ plus les taxes. Conditions de règlement: 2/10, n/30. Condition de transport: FOB destination.

Nov. 13   Chèque n° 229 de 85 $ plus les taxes émis à l'ordre de Transport Gauthier pour la livraison de la marchandise vendue le 12 novembre au Club de golf Sainte-Foy.

Nov. 15   Chèque n° 230 de 915 $ émis à l'ordre des Assurances Nguyen pour la prime d'assurance annuelle de l'école et du magasin.

Nov. 15   Note de crédit n° 1 de 40 $ plus les taxes adressée au Club de golf Sainte-Foy pour un retour de marchandises.

Nov. 16   Achat à crédit de marchandises chez Pro-Golf. Facture n° P-19610 de 8 620 $ plus les taxes. Conditions de règlement: 2/10, n/30. Condition de transport: FOB destination.

Nov. 20   Chèque n° 231 de 117,55 $ plus les taxes émis à l'ordre d'Horizon Télécom pour les communications de l'entreprise.

Nov. 21   Encaissement de la facture n° I-502 adressée au Club de golf Sainte-Foy moins la note de crédit n° 1 et l'escompte de 2 %.

Nov. 22   Chèque de salaire n° 232 émis à l'ordre de Julie Daho: 1 160 $.

Nov. 23   Avis de retrait à la Banque Nordique de 313 $ en remboursement mensuel de l'effet à payer. Cette somme comprend une charge d'intérêts de 47,59 $.

Nov. 26   Dépôt des recettes (taxes incluses):
Cours de golf: 2 980 $
Ventes: 4 120 $

Nov. 28   Retrait par la Banque Nordique des frais bancaires.

Nov. 30   Avis de retrait personnel du compte de banque: 1 000 $.

Nov. 30   Chèque n° 233 de 1 500 $ plus les taxes émis à l'ordre du Collège du Nord pour la location du gymnase.

Banque Nordique
2517, rue Lafleur
LaSalle (Québec) H4F 6R5

Intergolf
N° de compte : 1112545
N° de transit : 08496
Période : du 31 octobre 20X7 au 30 novembre 20X7

Compte : Chèques

Date	Description	Retrait	Dépôt	Solde
Oct. 31	Solde			12 778,18
Nov. 01	Chèque n° 222	500,00		12 278,18
Nov. 02	Chèque n° 224	1 092,26		11 185,92
Nov. 04	Chèque n° 225	2 736,41		8 449,51
Nov. 09	Chèque n° 227	1 145,00		7 304,51
Nov. 11	Chèque n° 228	12 314,28		(5 009,77)
Nov. 12	Dépôt		8 650,00	3 640,23
Nov. 13	Correction dépôt	300,00		3 340,23
Nov. 14	Chèque n° 226	229,95		3 110,28
Nov. 18	Chèque n° 230	915,00		2 195,28
Nov. 19	Chèque n° 229	97,73		2 097,55
Nov. 21	Dépôt		564,88	2 662,43
Nov. 23	Avis de retrait – emprunt	313,00		2 349,43
Nov. 25	Chèque n° 232	1 160,00		1 189,43
Nov. 28	Chèque n° 231	135,15		1 054,28
Nov. 28	Avis de retrait – frais bancaires	18,00		1 036,28
Nov. 30	Avis de retrait	1 000,00		36,28

Travail à faire

a) Reporter la balance de vérification du 31 octobre au grand livre.

b) Enregistrer dans le journal général les écritures pour comptabiliser les opérations d'Intergolf du mois de novembre 20X7.

c) Reporter les écritures au grand livre.

d) Dresser la balance de vérification d'Intergolf au 30 novembre 20X7.

e) Préparer l'état partiel des résultats d'Intergolf pour le mois de novembre ; l'inventaire à la fin du mois est de 15 577,90 $.

Facultatif

f) Préparer le rapprochement bancaire, la liste des clients et celle des fournisseurs, de même que la conciliation des taxes à la consommation à recevoir.

CHAPITRE 8

Les journaux auxiliaires d'une entreprise commerciale

Vous êtes-vous déjà demandé comment on arrive
à comptabiliser un grand volume de transactions ?
N'est-ce pas fastidieux de tout enregistrer dans le
journal général ? L'étude de ce chapitre vous apprendra
à utiliser les journaux auxiliaires pour comptabiliser les
transactions d'une entreprise.

OBJECTIFS D'APPRENTISSAGE

— Enregistrer dans les journaux auxiliaires les transactions courantes relatives aux
ventes et aux achats à crédit, de même que celles qui concernent l'encaisse.

— Approfondir le fonctionnement et l'utilité des comptes de contrôle et des
grands livres auxiliaires.

— Reporter au grand livre les transactions inscrites dans les journaux auxiliaires.

MISE EN SITUATION

**Ana Comptois,
propriétaire d'Anaco**

Votre voisine Ana Comptois a démarré une entreprise nommée Anaco afin de vendre, pour le secteur résidentiel, de petits panneaux solaires qui produisent rapidement et à faible coût une énergie renouvelable. La commercialisation de ses trois modèles de panneaux solaires a débuté depuis quelques mois et, comme la demande est considérable, le système comptable utilisant exclusivement un journal général prend beaucoup trop de temps. Madame Comptois, qui est au courant de vos études en comptabilité, vous demande de lui installer un système qui fera en sorte que la comptabilité sera améliorée et le temps de traitement, accéléré. Vous lui proposez alors d'utiliser les journaux auxiliaires. De plus, vous lui suggérez de se servir des grands livres auxiliaires, qui lui permettront de savoir à tout moment ce que doit chacun des clients de l'entreprise et de connaître les sommes qui sont dues à chaque fournisseur.

Ana a besoin de votre aide pour améliorer, grâce à l'utilisation des journaux auxiliaires, l'efficacité de son système de comptabilité.

8.1 Une introduction aux journaux auxiliaires

Dans les chapitres précédents, nous avons vu qu'une entreprise peut comptabiliser toutes ses transactions à l'aide du journal général. Toutefois, lorsqu'elle effectue de nombreuses transactions répétitives, leur report au grand livre devient fastidieux et très long.

Afin de faciliter et d'accélérer le travail de report, on utilise des journaux dans lesquels on regroupe les transactions de même nature. Il devient alors possible de reporter au grand livre, en une seule opération, le total des transactions qui affectent le même compte.

Ces journaux s'appellent «journaux auxiliaires», et chacun est exclusivement consacré à l'enregistrement d'une catégorie d'opérations donnée. Nous étudierons ici les journaux auxiliaires les plus fréquemment utilisés, soit :

- le journal des ventes ;
- le journal des encaissements ;
- le journal des achats ;
- le journal des décaissements.

L'utilisation de journaux auxiliaires facilite également le suivi des transactions (chèques, factures de ventes) puisqu'elles sont regroupées selon leur nature. De plus, l'inscription des transactions peut être répartie entre plusieurs personnes.

8.2 Le journal général

Le fait de traiter des journaux auxiliaires ne doit pas nous faire oublier le journal général. En effet, certaines transactions peuvent s'avérer difficiles ou impossibles à comptabiliser dans un des journaux auxiliaires. Le comptable utilise alors le journal général, même si le travail est plus long. Cependant, le nombre de ces reports est peu élevé, puisque la plupart des transactions répétitives ont déjà été enregistrées dans un journal auxiliaire.

Les principales transactions qui ne peuvent être comptabilisées dans les journaux auxiliaires et qu'on trouve habituellement dans le journal général sont les suivantes :

- les régularisations ;
- les écritures de clôture.

Certaines transactions de nature particulière sont aussi comptabilisées dans le journal général. Il y a, entre autres, les écritures de correction pour des transactions erronées et les écritures pour des achats ou des ventes, lorsqu'il n'y a pas d'espace prévu à cet effet dans le journal auxiliaire.

 Le journal général est encore moins utilisé avec les logiciels comptables. La plupart du temps, les erreurs sont corrigées à l'intérieur des journaux auxiliaires.

8.3 Le journal des ventes

Journal des ventes
Journal auxiliaire pour comptabiliser les ventes à crédit de l'entreprise.

Avec le journal des ventes, lequel sert à la comptabilisation des ventes à crédit, nous allons aussi traiter d'un élément relatif aux comptes clients, soit le grand livre auxiliaire des clients, dont il a été question dans les chapitres 3 et 4.

8.3.1 La comptabilisation dans le journal des ventes

Le journal des ventes sert à enregistrer les ventes à crédit effectuées par l'entreprise. Nous verrons plus loin où sont comptabilisées les ventes au comptant. Il n'existe pas de modèle universel quant à la présentation du journal des ventes. Chaque entreprise choisit la configuration qui répond à ses besoins et utilise le nombre nécessaire de colonnes. Comme nous le verrons plus loin, les colonnes utilisées pour entrer les chiffres correspondent aux comptes de grand livre les plus fréquemment utilisés pour ce type de transactions, dans ce cas-ci les ventes à crédit.

MISE EN SITUATION ▶

Voici le journal des ventes d'Anaco, où quelques transactions (factures à crédit de mai) sont présentées pour bien illustrer le fonctionnement de cette forme de comptabilisation :

JOURNAL DES VENTES									Page : 14
Date	Client à débiter	Report au compte	Numéro de facture	Clients (débit)	Ventes (crédit)	Rendus et rabais sur ventes (débit)	Services rendus (crédit)	TPS à payer (crédit)	TVQ à payer (crédit)
20X8									
Mai 01	Jeanne Sauriol	✓	1235	471,40	350,00		60,00	20,50	40,90
Mai 05	Maxime Bensoussan	✓	1236	241,45	210,00			10,50	20,95
Mai 12	Ericka Chagnon	✓	1237	229,95			200,00	10,00	19,95
				3 328,54	2 425,00	40,00	510,00	144,75	288,79
				(1100)	(4500)	(4510)	(4120)	(2305)	(2310)

On peut remarquer que la description de chaque transaction se lit sur une seule ligne, et qu'aucune explication n'est nécessaire, toutes les transactions étant de même nature. Si une information supplémentaire est requise, il suffit de se référer à la facture concernée, dont le numéro figure dans le journal.

Notez également que, pour chacune des lignes, le total des débits et des crédits doit être en équilibre. ◀

Notez que les rendus et rabais sur ventes peuvent être comptabilisés dans le journal général ou apparaître comme des diminutions dans le journal des ventes; on utilise alors des parenthèses pour indiquer que les sommes doivent être soustraites.

Enfin, l'exemple précédent ne montre que trois transactions, mais une entreprise peut en comptabiliser plusieurs centaines. Le principe ne change pas; il devient alors plus évident que le travail de report s'en trouve simplifié, car on reporte seulement le total de chacune des colonnes dans le compte de grand livre approprié.

À VOUS DE JOUER!

MISE EN SITUATION ▶ Ana Comptois vous demande de l'aider à terminer le journal des ventes de la page précédente à partir du 13 mai 20X8. Le total des colonnes est indiqué pour que vous puissiez vérifier vos calculs. Voici, ci-dessous, les autres factures et la note de crédit du mois (avant les taxes) que vous devez enregistrer dans le journal des ventes du mois de mai 20X8. Les rendus et rabais sur ventes diminuent les comptes clients.

Date	Client	Numéro de facture	Ventes	Rendus et rabais sur ventes	Services rendus
20X8					
Mai 13	Mélissa Abraham	1256	400,00		100,00
Mai 19	Tran Tieu	1259	590,00		150,00
Mai 26	Jeanne Sauriol	NC-243		40,00	
Mai 26	Michel Milot	1261	875,00		

Au lieu de reporter chaque somme individuellement au grand livre, on ne reporte que le total des colonnes à la fin de chaque mois. Par contre, avant de procéder, il est utile de vérifier si le total des débits est égal au total des crédits.

Dans ce même exemple de la page précédente, la somme de la colonne « Clients » de 3 328,54 $ doit être portée au débit du compte *Clients*. Cette somme est le total des quatre crédits : *Ventes*, 2 425,00 $, *Services rendus*, 510,00 $, *TPS à payer*, 144,75 $ et *TVQ à payer*, 288,79 $, moins le débit du compte *Rendus et rabais sur ventes* de 40,00 $. Lorsqu'on reporte les totaux au grand livre, on indique entre parenthèses, sous chacune des colonnes, le numéro du compte de grand livre où cette somme est reportée. On respecte le même principe que celui établi dans le journal général. L'inscription du numéro du compte dans le journal prouve que la somme a été reportée au grand livre.

8.3.2 Le grand livre auxiliaire des clients

Le grand livre auxiliaire des clients permet d'obtenir en détail les sommes dues par chacun des clients de l'entreprise. Le compte du grand livre nommé *Clients* représente le total des sommes à recevoir, et le détail de ces comptes se trouve dans le grand livre auxiliaire. On définit le compte de grand livre *Clients* comme un compte de contrôle, parce qu'il permet de vérifier si le solde du compte *Clients* au grand livre est égal au total de ce que chaque client doit à l'entreprise. Donc, la somme des soldes dus par chacun des clients dans le grand livre auxiliaire des clients correspond au solde du compte de contrôle *Clients*. Le grand livre auxiliaire des clients suit habituellement l'ordre alphabétique ou l'ordre des numéros de clients, selon la forme de référence utilisée par l'entreprise.

MISE EN SITUATION ▶ Reprenons l'exemple qui a d'abord servi à illustrer la comptabilisation des transactions dans le journal des ventes de l'entreprise Anaco. Comme nous l'avons mentionné précédemment, le total des sommes de la colonne «Clients» est de 3 328,54 $. ◄

Cette liste est produite à l'aide de l'information disponible dans le grand livre auxiliaire des clients. Par la suite, on compare le total de cette liste avec le solde du compte de grand livre *Clients*.

Il est donc essentiel que le grand livre auxiliaire des clients soit à jour. Après chacune des transactions relatives au compte *Clients*, le comptable reporte la somme à ce grand livre auxiliaire et indique que le report est fait par une marque de pointage (✓) dans la colonne «Report au compte» du journal des ventes.

En résumé, le comptable reporte au grand livre le total des colonnes du journal des ventes, mais seulement à la fin du mois. Le report est indiqué par le numéro du compte de grand livre, entre parenthèses, sous chacune des colonnes du journal des ventes. Dans le grand livre, il mentionne de quel journal et de quelle page provient le montant du report.

MISE EN SITUATION ▶

En ce qui concerne Anaco, par exemple, vous écrirez dans le grand livre que la transaction provient du J.V.14 (Journal des ventes, page 14).

Les renseignements suivants de l'entreprise d'Ana Comptois se trouvent dans le grand livre et le grand livre auxiliaire des clients.

Dans le grand livre, le solde du compte *Clients* indique 3 328,54 $:

Clients							N° 1100
Date	Libellé	Référence	Débit	Crédit	Solde	Dt/Ct
20X8						
Mai 31		J.V.14	3 328,54		3 328,54	Dt

Ce solde doit être égal à la somme de l'ensemble des comptes du grand livre auxiliaire des clients. Le solde dû par chaque client est représenté dans les comptes auxiliaires qui suivent :

GRAND LIVRE AUXILIAIRE DES CLIENTS							

Client : Abraham Mélissa   **Conditions : 2/10, n/30**

Date	N° facture	Libellé	Référence	Débit	Crédit	Solde	Dt/Ct
20X8							
Mai 13							

Client : Bensoussan Maxime   **Conditions : 2/10, n/30**

Date	N° facture	Libellé	Référence	Débit	Crédit	Solde	Dt/Ct
20X8							
Mai 05	1236		J.V.14	241,45		241,45	Dt

Client : Chagnon Ericka   **Conditions : 2/10, n/30**

Date	N° facture	Libellé	Référence	Débit	Crédit	Solde	Dt/Ct
20X8							
Mai 12	1237		J.V.14	229,95		229,95	Dt

Client: Milot Michel   Conditions: 2/10, n/30

Date	N° facture	Libellé	Référence	Débit	Crédit	Solde	Dt/Ct
20X8							
Mai 26							

Les pastilles indiquent le report du journal des ventes au grand livre auxiliaire des clients.

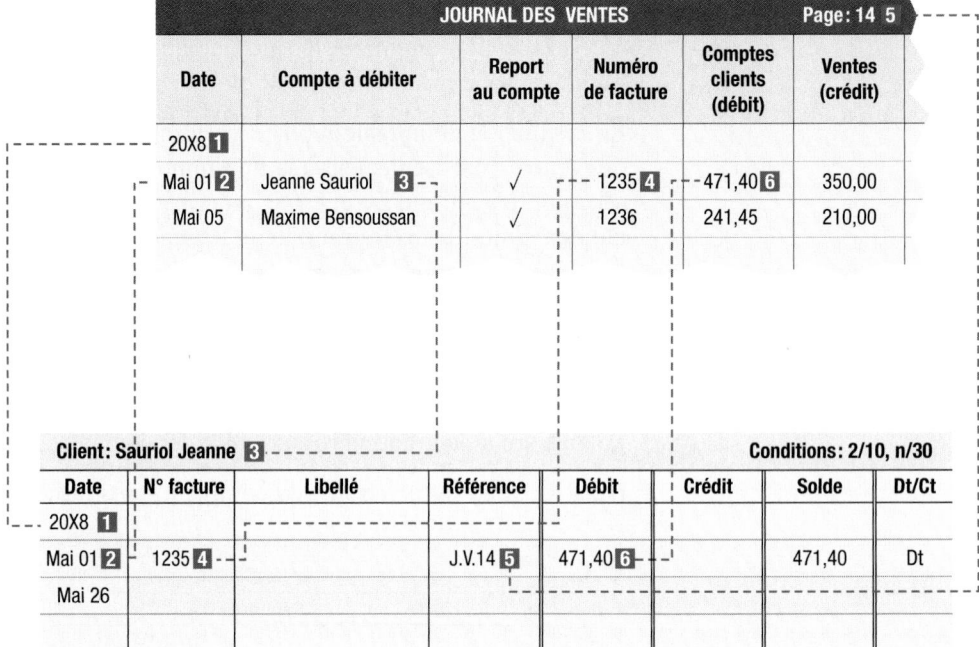

	JOURNAL DES VENTES					Page: 14 **5**
Date	Compte à débiter	Report au compte	Numéro de facture	Comptes clients (débit)	Ventes (crédit)	
20X8 **1**						
Mai 01 **2**	Jeanne Sauriol **3**	√	1235 **4**	471,40 **6**	350,00	
Mai 05	Maxime Bensoussan	√	1236	241,45	210,00	

Client: Sauriol Jeanne 3   Conditions: 2/10, n/30

Date	N° facture	Libellé	Référence	Débit	Crédit	Solde	Dt/Ct
20X8 **1**							
Mai 01 **2**	1235 **4**		J.V.14 **5**	471,40 **6**		471,40	Dt
Mai 26							

Client: Tieu Tran   Conditions: 2/10, n/30

Date	N° facture	Libellé	Référence	Débit	Crédit	Solde	Dt/Ct
20X8							
Mai 19							

À VOUS DE JOUER!

Ana Comptois vous demande de l'aider à terminer les reports au grand livre auxiliaire des clients ci-dessus. En ce qui concerne les opérations dans le journal des ventes que vous avez complétées, les soldes des comptes au grand livre auxiliaire des clients à la suite de vos reports sont indiqués dans le tableau suivant:

Clients	Solde à la suite des ventes
Abraham Mélissa	574,88 $
Bensoussan Maxime	241,45
Chagnon Ericka	229,95
Milot Michel	1 006,03
Sauriol Jeanne	425,41
Tieu Tran	850,82
	3 328,54 $

8.4 Le journal des encaissements

Journal des encaissements
Journal auxiliaire dans lequel sont enregistrées chronologiquement toutes les entrées de trésorerie (fonds) d'une période donnée*.

Le *journal des encaissements* sert à enregistrer toutes les entrées d'argent qui proviennent des ventes au comptant, de la perception des comptes clients ou de toute autre source. Chaque fois que l'entreprise reçoit une somme d'argent, quels qu'en soient le total ou la raison, le comptable enregistre cette transaction dans le journal des encaissements.

Comme dans le cas du journal des ventes, le total des colonnes qui regroupent des transactions de même nature est reporté au grand livre à la fin du mois. On inscrit le numéro du compte de grand livre sous la colonne pour indiquer que cette somme a bien été reportée. De même, lorsque le compte *Client* est crédité, il ne faut pas oublier de reporter le montant de chaque transaction au grand livre auxiliaire des clients et d'indiquer que cela a été fait en inscrivant une marque de pointage (✓) dans la colonne « Report au compte ».

Le journal des encaissements contient, en outre, deux colonnes pour les autres comptes, l'une pour le débit et l'autre pour le crédit, ce qui permet d'enregistrer les transactions spéciales pour lesquelles il n'y a pas de colonne particulière (voir le journal des encaissements à la page suivante). On peut donc y comptabiliser des transactions qui se produisent moins fréquemment. Une colonne « Numéro du compte » sert alors à indiquer où cette somme a été reportée. Le report se fait individuellement. Toutefois, ce dernier n'a lieu qu'en fin de période, en même temps que celui du total des colonnes qui regroupent de nombreuses transactions identiques.

Chaque entreprise peut créer ce journal en fonction de ses besoins, mais elle doit au moins prévoir une colonne débitrice pour enregistrer les entrées d'argent dans le compte *Encaisse*. Habituellement, on trouve aussi une colonne débitrice pour les escomptes sur ventes. Les deux colonnes créditrices que l'on rencontre le plus fréquemment sont la colonne « Clients », qui diminue à la réception des paiements, et la colonne « Ventes ». Il ne faut pas oublier les deux colonnes pour les taxes : « TPS à payer » et « TVQ à payer ». On prévoit enfin une colonne « Divers » pour les débits et les crédits.

À l'aide des transactions suivantes, nous allons ensemble créer un journal des encaissements et y enregistrer des transactions.

MISE EN SITUATION ▶ Voici le journal des encaissements d'Anaco, où quelques transactions sont présentées pour bien illustrer le fonctionnement de cette forme de comptabilisation.

Mai 01   Investissement par Ana Comptois d'une somme additionnelle de 5 000 $ dans son entreprise, exploitée sous la raison sociale Anaco.

Mai 07   Ventes au comptant de la semaine : 1 200 $ plus les taxes.

Mai 14   Recouvrement total de la somme due par une cliente, Mélissa Abraham. Elle bénéficie d'un escompte de caisse de 10 $.

Mai 14   Ventes au comptant de la semaine : 1 500 $ plus les taxes.

JOURNAL DES ENCAISSEMENTS

Date	Nom du client et explications	Report au compte	Encaisse (débit)	Escomptes sur ventes (débit)	Clients (crédit)	Ventes (crédit)	TPS à payer (crédit)	TVQ à payer (crédit)	Autres comptes du grand livre – nom du compte	Numéro du compte	Débit	Crédit
20X8												
Mai 01	Ana Comptois		5 000,00						Ana Comptois – apports	3200		5 000,00
Mai 07	Ventes de la semaine se terminant le 7 mai		1 379,70			1 200,00	60,00	119,70				
Mai 14	Mélissa Abraham	✓	564,88	10,00	574,88							
Mai 14	Ventes de la semaine se terminant le 14 mai		1 724,63			1 500,00	75,00	149,63				
Mai 15	Edouard Figueroa											
Mai 25	Emprunt : Banque Boréale											
Mai 27	Michel Milot											
Mai 28	Ventes de la période de deux semaines se terminant le 28 mai											
Mai 31	Tran Tieu											
			13 659,39	10,00	1 575,70	5 300,00	265,00	528,69				6 000,00
			(1010)	(4520)	(1100)	(4500)	(2305)	(2310)				

Ana Comptois vous demande, à partir des transactions qui suivent, de terminer le journal des encaissements de la page précédente pour le mois de mai 20X8 :

Mai 15   Vente au comptant à Edouard Figueroa, pour une somme avant taxes de 500 $.

Mai 25   Emprunt de 1 000 $ à la Banque Boréale.

Mai 27   Recouvrement d'une partie du compte de Michel Milot : 150 $ sans escompte.

Mai 28   Ventes au comptant des deux dernières semaines : 2 100 $ plus les taxes.

Mai 31   Recouvrement du compte de Tran Tieu, sans escompte.

Le total des colonnes est indiqué pour que vous puissiez vérifier vos enregistrements et vos calculs.

Les totaux des colonnes sont reportés au grand livre à la fin du mois. Dans le journal des encaissements, le total des crédits du compte *Clients* de 1 575,70 $ est reporté au compte du grand livre. Le solde de ce compte est de 1 752,84 $ au 31 mai 20X8.

			Clients				N° 1100
Date	Libellé	Référence	Débit	Crédit	Solde	Dt/Ct	
20X8							
Mai 31		J.V.14	3 328,54		3 328,54	Dt	
Mai 31		J.E.8		1 575,70	1 752,84	Dt	

Après chacune des transactions concernant un client, on reporte la somme au grand livre dont le total doit être égal au solde du compte de contrôle du grand livre.

GRAND LIVRE AUXILIAIRE DES CLIENTS							

Client: Abraham Mélissa   **Conditions: 2/10, n/30**

Date	N° facture	Libellé	Référence	Débit	Crédit	Solde	Dt/Ct
20X8							
Mai 13	1256		J.V.14	574,88		574,88	Dt
Mai 14			J.E.8		574,88	Ø	

Client: Bensoussan Maxime   **Conditions: 2/10, n/30**

Date	N° facture	Libellé	Référence	Débit	Crédit	Solde	Dt/Ct
20X8							
Mai 05	1236		J.V.14	241,45		241,45	Dt

Client: Chagnon Ericka Conditions: 2/10, n/30

Date	N° facture	Libellé	Référence	Débit	Crédit	Solde	Dt/Ct
20X8							
Mai 12	1237		J.V.14	229,95		229,95	Dt

Client: Milot Michel Conditions: 2/10, n/30

Date	N° facture	Libellé	Référence	Débit	Crédit	Solde	Dt/Ct
20X8							
Mai 26	1261		J.V.14	1 006,03		1 006,03	Dt
Mai 27							

Client: Sauriol Jeanne Conditions: 2/10, n/30

Date	N° facture	Libellé	Référence	Débit	Crédit	Solde	Dt/Ct
20X8							
Mai 01	1235		J.V.14	471,40		471,40	Dt
Mai 26	NC-243		J.V.14		45,99	425,41	Dt

Client: Tieu Tran Conditions: 2/10, n/30

Date	N° facture	Libellé	Référence	Débit	Crédit	Solde	Dt/Ct
20X8							
Mai 19	1259		J.V.14	850,82		850,82	Dt
Mai 31							

À VOUS DE JOUER!

Ana Comptois vous demande de terminer, aux comptes du grand livre auxiliaire des clients ci-dessus, les reports des opérations que vous avez effectuées dans le journal des encaissements. Pour une vérification de vos reports, les soldes des comptes clients à la fin du mois de mai 20X8 sont les suivants:

Clients	Solde à la fin du mois
Abraham Mélissa	Ø
Bensoussan Maxime	241,45 $
Chagnon Ericka	229,95
Milot Michel	856,03
Sauriol Jeanne	425,41
Tieu Tran	Ø
	1 752,84 $

Lorsque le report au grand livre auxiliaire des clients a été effectué, une marque de pointage (✓) est placée dans la colonne « Report au compte » du journal des encaissements.

Le compte *Clients* du grand livre présente maintenant un solde de 1 752,84 $, ce qui correspond à l'addition de toutes les sommes dues par les clients de l'entreprise. ◄

8.5 Le journal des achats

Journal des achats
Journal auxiliaire utilisé pour comptabiliser les transactions d'achats effectuées à crédit.

Le journal des achats est utilisé pour comptabiliser les transactions effectuées à crédit. Il est utilisé conjointement avec le grand livre auxiliaire des fournisseurs, dont nous avons traité dans les chapitres 3 et 4.

8.5.1 La comptabilisation dans le journal des achats

La méthode de comptabilisation des achats est essentiellement la même que celle des ventes à crédit. Si une entreprise n'achète à crédit que des marchandises destinées à la vente, le journal des achats est très simple : il ne contient qu'un nombre restreint de colonnes, parce que la transaction représente toujours un débit au compte *Achats,* un débit dans chacun des comptes de taxes à recevoir ainsi qu'un crédit au compte *Fournisseurs.* Par ailleurs, plusieurs entreprises achètent régulièrement à crédit d'autres éléments, comme des fournitures. Il est alors utile d'avoir des colonnes additionnelles pour inscrire ces transactions. L'exemple, dans la Mise en situation de la page suivante, comporte une colonne pour les achats et, en plus des deux colonnes pour les taxes à recevoir, des colonnes pour inscrire les sommes relatives aux frais d'atelier et au compte *Fournisseurs.*

Dans la même logique que les rendus et rabais sur ventes dans le journal des ventes, les rendus et rabais sur achats peuvent être comptabilisés dans le journal général ou apparaître comme des diminutions dans le journal des achats ; on utilise alors des parenthèses pour indiquer que les sommes doivent être soustraites.

Voici le journal des achats d'Anaco, où quelques transactions sont présentées pour bien en illustrer le fonctionnement :

JOURNAL DES ACHATS									**Page: 18**
Date	Fournisseur à créditer	Report au compte	Numéro de facture	Fournisseurs (crédit)	Achats (débit)	Rendus et rabais sur achats (crédit)	Frais d'atelier (débit)	TPS à recevoir (débit)	TVQ à recevoir (débit)
20X8									
Mai 02	Cérac (2/10, n/30)	✓	1230	1 420,86	1 235,80			61,79	123,27
Mai 07	Ferlac inc. (n/30)	✓	458	488,82			425,15	21,26	42,41
Mai 11	Falco inc. (2/5, n/30)	✓	11250	2 155,78	1 875,00			93,75	187,03
				8 630,25	6 335,92	50,00	1 220,28	375,31	748,74
				(2100)	(5100)	(5110)	(5540)	(1105)	(1110)

À la fin du mois, tout comme dans le cas du journal des ventes et dans celui des encaissements, on s'assure que le total des débits correspond au total des crédits et, ensuite, on reporte le total des colonnes dans les comptes appropriés du grand livre : un débit de 6 335,92 $ au compte *Achats*, un débit de 1 220,28 $ au compte *Frais d'atelier*, un crédit de 50,00 $ au compte *Rendus et rabais sur achats*, un débit de 375,31 $ au compte *TPS à recevoir* et un débit de 748,74 $ au compte *TVQ à recevoir*. Le crédit de 8 630,25 $ est inscrit au compte *Fournisseurs*. Ici encore, sous la colonne, on indique le numéro du compte de grand livre où la somme est reportée. Dans le grand livre, on indique que la transaction provient du J.A.18 (Journal des achats, page 18).

À VOUS DE JOUER !

Ana Comptois vous demande de l'aider à terminer le journal des achats ci-dessus à partir du 15 mai 20X8. Les soldes des colonnes sont indiqués afin que vous puissiez vérifier vos calculs. Voici les factures d'achats à crédit à partir du 15 mai (avant les taxes) :

Date	Fournisseur	Numéro de facture	Achats	Rendus et rabais sur achats	Frais d'atelier
Mai 15	Laberge et Laberge (2/10, n/30)	7482	1 865,12		620,13
Mai 23	Cérac (2/10, n/30)	1267	535,00		
Mai 29	Unipro (2/10, n/30)	18452	825,00		175,00
Mai 29	Cérac (2/10, n/30)	NC-228		50,00	◀

8.5.2 Le grand livre auxiliaire des fournisseurs

Le grand livre auxiliaire des fournisseurs permet de connaître en détail les sommes à payer à chacun des fournisseurs. Le total de ces sommes doit égaler le solde du compte de contrôle *Fournisseurs* du grand livre. La démarche est ici la même que celle suivie dans le grand livre auxiliaire des clients.

MISE EN SITUATION ▶ Les renseignements suivants se trouvent dans le grand livre et le grand livre auxiliaire des fournisseurs :

		Fournisseurs				N° 2100
Date	Libellé	Référence	Débit	Crédit	Solde	Dt/Ct
20X8						
Mai 31		J.A.18		8 630,25	8 630,25	Ct

Les pastilles indiquent le report du journal des achats au grand livre auxiliaire des fournisseurs.

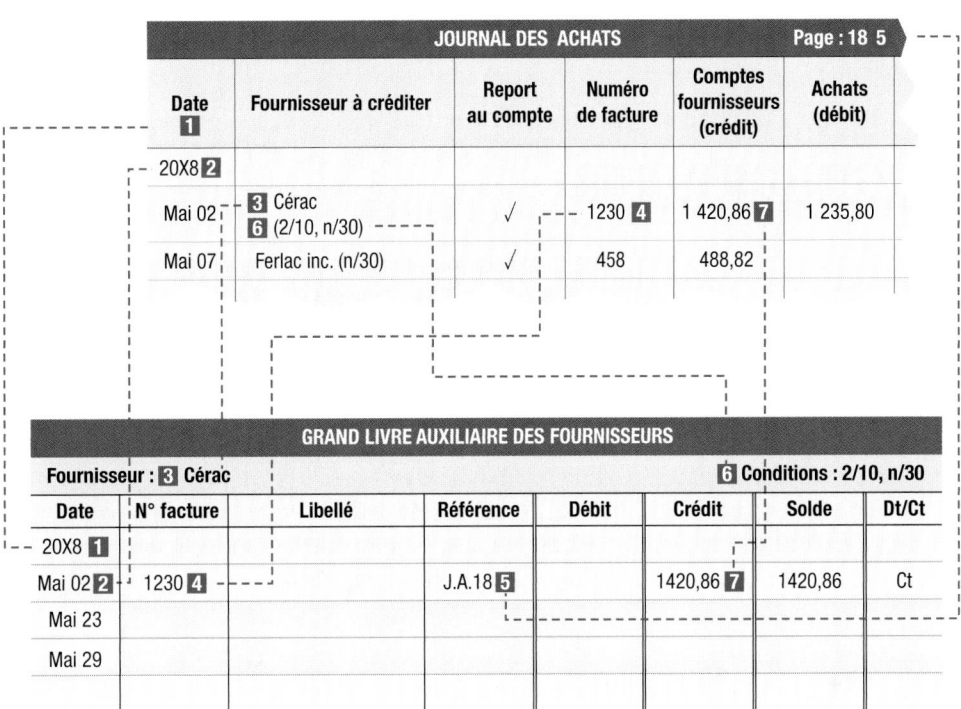

JOURNAL DES ACHATS   Page : 18 5

Date [1]	Fournisseur à créditer	Report au compte	Numéro de facture	Comptes fournisseurs (crédit)	Achats (débit)
20X8 [2]					
Mai 02	[3] Cérac [6] (2/10, n/30)	√	1230 [4]	1 420,86 [7]	1 235,80
Mai 07	Ferlac inc. (n/30)	√	458	488,82	

GRAND LIVRE AUXILIAIRE DES FOURNISSEURS

Fournisseur : [3] Cérac   [6] Conditions : 2/10, n/30

Date	N° facture	Libellé	Référence	Débit	Crédit	Solde	Dt/Ct
20X8 [1]							
Mai 02 [2]	1230 [4]		J.A.18 [5]		1420,86 [7]	1420,86	Ct
Mai 23							
Mai 29							

Fournisseur : Falco inc.   Conditions : 2/5, n/30

Date	N° facture	Libellé	Référence	Débit	Crédit	Solde	Dt/Ct
20X8							
Mai 11	11250		J.A.18		2 155,78	2 155,78	Ct

Fournisseur : Ferlac inc.   Conditions : n/30

Date	N° facture	Libellé	Référence	Débit	Crédit	Solde	Dt/Ct
20X8							
Mai 07	458		J.A.18		488,82	488,82	Ct

Fournisseur: Laberge et Laberge   **Conditions: 2/10, n/30**

Date	N° facture	Libellé	Référence	Débit	Crédit	Solde	Dt/Ct
20X8							
Mai 15							

Fournisseur: Unipro   **Conditions: 2/10, n/30**

Date	N° facture	Libellé	Référence	Débit	Crédit	Solde	Dt/Ct
20X8							
Mai 29							

À VOUS DE JOUER!

Ana Comptois vous demande de terminer les reports au grand livre auxiliaire des fournisseurs ci-dessus après avoir complété le journal des achats. Pour la vérification de votre travail, le total du compte *Fournisseurs*, tel qu'il figure au grand livre, indique un solde de 8 630,25 $. Le détail des sommes dues à chaque fournisseur est le suivant:

Fournisseurs	Soldes à la suite des achats
Cérac	1 978,49 $
Falco inc.	2 155,78
Ferlac inc.	488,82
Laberge et Laberge	2 857,41
Unipro	1 149,75
	8 630,25 $ ◄

8.6 Le journal des décaissements

Journal des décaissements
Journal auxiliaire dans lequel sont enregistrées chronologiquement les sorties de trésorerie (fonds) d'une période donnée*.

Dans le journal des décaissements, on enregistre toutes les sorties d'argent relatives aux paiements des achats ou au règlement des sommes dues aux fournisseurs, par exemple. Chaque fois que l'entreprise émet un chèque, le comptable enregistre la transaction dans le journal des décaissements. De plus, ce journal auxiliaire pourrait aussi être utilisé pour enregistrer des décaissements par virement bancaire.

Comme dans le cas de tous les journaux auxiliaires, le journal des décaissements est constitué de colonnes dans lesquelles on regroupe les transactions de même nature. De plus, il comprend une colonne «Débit» et une colonne «Crédit», ainsi qu'une colonne pour inscrire le nom et le numéro du compte affecté pour enregistrer les transactions occasionnelles. Chaque entreprise établit ce journal en fonction de ses besoins, mais on y trouve au moins une colonne créditrice pour les sorties d'argent. Habituellement, on y trouve aussi une colonne créditrice pour les escomptes sur achats. Les trois colonnes débitrices que l'on rencontre le plus fréquemment sont la colonne «Fournisseurs», celle des achats au comptant et celle des salaires ou des achats de fournitures au comptant, en plus des deux colonnes pour les taxes à recevoir.

MISE EN SITUATION ▶ Les transactions suivantes concernant les décaissements d'Anaco sont enregistrées dans le journal des décaissements que vous trouverez à la rubrique «À vous de jouer» ci-après.

Mai 01   Paiement aux Immeubles Boivin du loyer pour le mois de mai: 900 $ plus les taxes; chèque n° 492, tiré sur le compte de l'entreprise à la Banque Boréale.

Mai 06   Achat de marchandises de Gagnon ltée: 1 250 $ plus les taxes, chèque n° 493.

Mai 08   Règlement de la facture du 2 mai de Cérac, aux conditions 2/10, n/30 avant les taxes, chèque n° 494.

Mai 12   Achat d'un lot d'ordinateurs chez Micro Boutique inc.: 7 750 $ plus les taxes. Un acompte de 2 910,56 $ est versé, et le solde est financé par un effet à payer, remboursable en cinq versements mensuels sans intérêts de 1 200 $, le 12 de chaque mois (chèque n° 495).

Mai 14   Paiement du salaire de Vincent Hébert, qui travaille à temps partiel, pour la quinzaine se terminant le jour même: 650 $, chèque n° 496.

Nous verrons la comptabilisation des salaires et le journal auxiliaire qui s'y rapporte dans le prochain chapitre. Pour le moment, nous enregistrerons les salaires dans le journal des décaissements sans tenir compte des retenues à la source.

À VOUS DE JOUER! ::

Compléter le journal des décaissements d'Anaco de la page suivante selon les débours ci-dessous. Vous pouvez vérifier votre travail avec les soldes au bas des colonnes du journal.

Mai 17   Achat de marchandises chez La Baie: 250 $ plus les taxes, chèque n° 497.

Mai 19   Achat de fournitures de bureau chez Matco: 350 $ plus les taxes, chèque n° 498.

Mai 22   Règlement du solde du compte de Ferlac inc. de 488,82 $, chèque n° 499.

Mai 25   Règlement du compte de Laberge et Laberge, aux conditions 2/10, n/30 avant les taxes, chèque n° 500.

Mai 29   Paiement du salaire de Vincent Hébert pour la période de 15 jours se terminant le jour même: 725 $, chèque n° 501.

▶▶

JOURNAL DES DÉCAISSEMENTS

Date	Nom du fournisseur ou du bénéficiaire	Numéro du chèque	Report au compte	Encaisse (crédit)	Escomptes sur achats (crédit)	Fournisseurs (débit)	Achats (débit)	Salaires (débit)	TPS à recevoir (débit)	TVQ à recevoir (débit)	Autres comptes du grand livre — nom du compte	Numéro du compte	Débit	Crédit
20X8														
Mai 01	Immeubles Boivin	492		1 034,78					45,00	89,78	Loyer	5410	900,00	
Mai 06	Gagnon ltée	493		1 437,19			1 250,00		62,50	124,69				
Mai 08	Cérac	494	✓	1 396,14	24,72	1 420,86								
Mai 12	Micro Boutique inc.	495		2 910,56					387,50	773,06	Effet à payer	2150		6 000,00
											Équipement de bureau	1400	7 750,00	
Mai 14	Vincent Hébert	496		650,00				650,00						
Mai 17	La Baie													
Mai 19	Matco													
Mai 22	Ferlac inc.													
Mai 25	Laberge et Laberge													
Mai 29	Vincent Hébert													
				12 140,04	74,43	4 767,09	1 500,00	1 375,00	525,00	1 047,38			9 000,00	6 000,00
				(1006)	(5120)	(2100)	(5100)	(5300)	(1105)	(1105)				

Veuillez noter qu'une portion de l'achat du 25 mai chez Laberge et Laberge concerne l'achat de fournitures d'atelier et non de marchandises destinées à la revente. Conséquemment, l'escompte sur achats de 49,71 $ aurait dû être partagé entre le compte *Escomptes sur achats* et le compte *Frais d'atelier*. Cependant, pour fins de simplification, nous n'avons pas intégré cette logique dans notre solutionnaire.

Pour ce qui est des reports au grand livre et au grand livre auxiliaire des fournisseurs, il faut procéder de la même manière que dans le cas du journal des encaissements. À chaque transaction qui concerne les fournisseurs, on reporte la somme qui doit être inscrite au grand livre auxiliaire des fournisseurs. À la fin du mois, on reporte au grand livre le total des colonnes qui regroupent les transactions de même nature et on y comptabilise individuellement les sommes qui figurent dans les colonnes des autres comptes. On indique toujours le numéro du compte de grand livre dont il est question.

Comme dans le cas des transactions relatives au grand livre auxiliaire des clients, l'entreprise doit, en ce qui a trait aux transactions associées aux fournisseurs, reporter chaque fois les sommes au grand livre auxiliaire. À la fin du mois, le total de la colonne « Débit » du compte *Fournisseurs* doit être reporté au compte de grand livre en provenance du journal des décaissements.

MISE EN SITUATION ▶ Dans le grand livre et le grand livre auxiliaire des fournisseurs d'Anaco se trouvent maintenant les renseignements présentés dans les comptes qui suivent:

	Fournisseurs					N° 2100
Date	Libellé	Référence	Débit	Crédit	Solde	Dt/Ct
20X8						
Mai 31		J.A.18		8 630,25	8 630,25	Ct
Mai 31		J.D.10	4 767,10		3 863,15	Ct

GRAND LIVRE AUXILIAIRE DES FOURNISSEURS

Fournisseur: Cérac   Conditions: 2/10, n/30

Date	N° facture	Libellé	Référence	Débit	Crédit	Solde	Dt/Ct
20X8							
Mai 02	1230		J.A.18		1 420,86	1 420,86	Ct
Mai 08		Chèque n° 494	J.D.10	1 420,86		Ø	
Mai 23	1267		J.A.18		615,12	615,12	Ct
Mai 29		NC-228	J.A.18	57,49		557,63	Ct

Fournisseur: Falco inc.   Conditions: 2/5, n/30

Date	N° facture	Libellé	Référence	Débit	Crédit	Solde	Dt/Ct
20X8							
Mai 11	11250		J.A.18		2 155,78	2 155,78	Ct

Fournisseur: Ferlac inc.   Conditions: n/30

Date	N° facture	Libellé	Référence	Débit	Crédit	Solde	Dt/Ct
20X8							
Mai 07	458		J.A.18		488,82	488,82	Ct
Mai 22							

Fournisseur: Laberge et Laberge   Conditions: 2/10, n/30

Date	N° facture	Libellé	Référence	Débit	Crédit	Solde	Dt/Ct
20X8							
Mai 15	7482		J.A.18		2 857,42	2 857,42	Ct
Mai 25							

Fournisseur: Unipro   Conditions: 2/10, n/30

Date	N° facture	Libellé	Référence	Débit	Crédit	Solde	Dt/Ct
20X8							
Mai 29	18452		J.A.18		1 149,75	1 149,75	Ct

À VOUS DE JOUER !

Complétez le grand livre auxiliaire des fournisseurs ci-dessus à partir du 15 mai 20X8. Le total du grand livre auxiliaire (557,63 $ + 2 155,78 $ + 1 149,75 $) doit être égal au solde du compte de contrôle *Fournisseurs* du grand livre, qui est de 3 863,16 $. ◄

Comme dans les journaux auxiliaires que nous venons de voir, on inscrit des montants dans les différents comptes de taxes et on doit effectuer les reports dans les comptes de grand livre *TPS à recevoir*, *TVQ à recevoir*, *TPS à payer* et *TVQ à payer*.

MISE EN SITUATION ▶ Voici maintenant, pour l'entreprise Anaco, ces quatre comptes avec les reports effectués :

TPS à recevoir   N° 1105

Date	Libellé	Référence	Débit	Crédit	Solde	Dt/Ct
20X8						
Mai 31		J.A.18	375,31		375,31	Dt
Mai 31		J.D.10	525,00		900,31	Dt

TVQ à recevoir   N° 1110

Date	Libellé	Référence	Débit	Crédit	Solde	Dt/Ct
20X8						
Mai 31		J.A.18	748,74		748,74	Dt
Mai 31		J.D.10	1 047,38		1 796,12	Dt

TPS à payer						N° 2305
Date	**Libellé**	**Référence**	**Débit**	**Crédit**	**Solde**	**Dt/Ct**
20X8						
Mai 31		J.V.8		265,00	265,00	Ct
Mai 31		J.E.14		144,75	409,75	Ct

TVQ à payer						N° 2310
Date	**Libellé**	**Référence**	**Débit**	**Crédit**	**Solde**	**Dt/Ct**
20X8						
Mai 31		J.V.8		528,69	528,69	Ct
Mai 31		J.E.14		288,79	817,48	Ct

Comme Anaco a acquis des ordinateurs au cours de la période et qu'elle a acheté plus de marchandises qu'elle en a vendu, elle demande un remboursement en produisant ses déclarations mensuelles pour le mois de mai.

En effet, l'entreprise a payé 900,31 $ de TPS et perçu 409,75 $, ce qui lui donne droit à un remboursement de 490,56 $. En ce qui a trait à la TVQ, elle demande un remboursement de 978,64 $ (soit 1 796,12 $ – 817,48 $). ◄

(CONCLUSION)

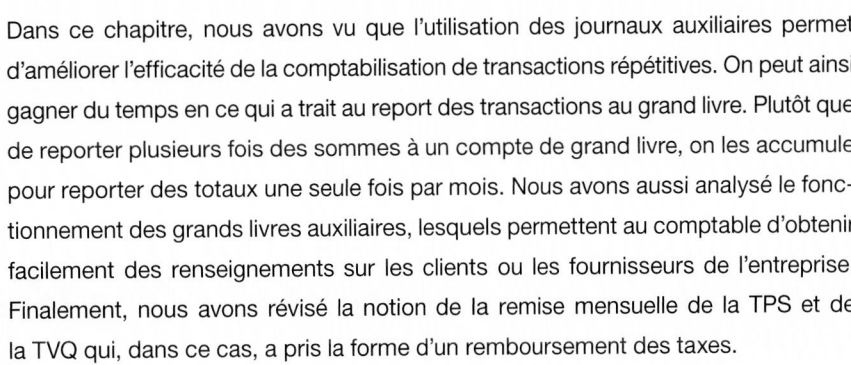

Dans ce chapitre, nous avons vu que l'utilisation des journaux auxiliaires permet d'améliorer l'efficacité de la comptabilisation de transactions répétitives. On peut ainsi gagner du temps en ce qui a trait au report des transactions au grand livre. Plutôt que de reporter plusieurs fois des sommes à un compte de grand livre, on les accumule pour reporter des totaux une seule fois par mois. Nous avons aussi analysé le fonctionnement des grands livres auxiliaires, lesquels permettent au comptable d'obtenir facilement des renseignements sur les clients ou les fournisseurs de l'entreprise. Finalement, nous avons révisé la notion de la remise mensuelle de la TPS et de la TVQ qui, dans ce cas, a pris la forme d'un remboursement des taxes.

(TESTEZ VOS CONNAISSANCES)

1. **Quel est le total des ventes à crédit d'Anaco pour le mois de mai 20X8?**

   _____

2. **Quel est le solde des comptes des clients au 31 mai 20X8?**

   _____

3. **Quel est le montant, avec les taxes, de la vente du 15 mai à Edouard Figueroa?**

   _____

4. **Quel est le solde du compte client Michel Milot au 31 mai 20X8?**

   _____

5. **Quel est le total des ventes au comptant d'Anaco pour le mois de mai?**

   _____

6. **Quel est le total des frais d'atelier pour Anaco pour le mois de mai?**

   _____

7. **Quels sont les salaires du mois de mai?**

   _____

8. **Quelle est la somme due aux fournisseurs à la fin du mois de mai?**

   _____

(TERMINOLOGIE)

(PROBLÈMES)

NIVEAUX :   FACILE ●   INTERMÉDIAIRE ■   DIFFICILE ◆

MATIÈRE TRAITÉE	NUMÉROS
La comptabilisation des ventes et des encaissements	1 et 2
La comptabilisation des achats et des décaissements	3 et 4
L'utilisation d'un système de comptabilité intégré	5 et 6
Cas évolutif: Intergolf	

La comptabilisation des ventes et des encaissements

1. **Hang Luong vient d'ouvrir une boutique spécialisée dans la vente d'instruments de musique sous le nom de Musique Luong. Voici les opérations relatives aux ventes et aux encaissements qui ont eu lieu au cours du mois de janvier 20X4. Musique Luong offre à ses clients les conditions de règlement n/30, et toutes les ventes sont taxables.**

Janv. 02   Dépôt personnel par Hang Luong de 12 000$ dans un compte en banque au nom de l'entreprise.

Janv. 03   Facture n° 1 présentée à l'École de musique Langlois pour la vente d'un piano à 3 500$ avant le calcul des taxes.

Janv. 08   Facture n° 2 présentée à Philharmonie LaSalle relativement à la vente d'instruments de musique : 8 450$ avant le calcul des taxes.

Janv. 10   Encaissement de la facture n° 1.

Janv. 11   Emprunt à l'institution financière de l'entreprise : 10 000$.

Janv. 15   Dépôt des ventes au comptant des deux premières semaines du mois : 14 610$ avant le calcul des taxes.

Janv. 17   Facture n° 3 présentée à l'École de musique Langlois : 6 050,32$, taxes incluses.

Janv. 20   Note de crédit n° 1 présentée à Philharmonie LaSalle après le retour d'un saxophone défectueux : 862,32$ incluant les taxes.

Janv. 24   Dépôt d'un chèque de 3 400$ provenant de Philharmonie LaSalle en paiement partiel de son compte.

Janv. 31   Dépôt des ventes au comptant d'instruments : 15 100$ avant le calcul des taxes.

Travail à faire

a) Enregistrer les opérations du mois de janvier 20X4 de Musique Luong dans les journaux appropriés.

b) Reporter les sommes pertinentes au grand livre auxiliaire des clients.

c) Additionner les sommes des différentes colonnes du journal des ventes et du journal des encaissements. Reporter les totaux aux comptes de grand livre suivants : *Encaisse, Clients, Emprunt bancaire, TPS à payer, TVQ à payer, Hang Luong – capital, Ventes* et *Rendus et rabais sur ventes.*

d) Dresser la liste des comptes clients de Musique Luong au 31 janvier 20X4 et comparer le total de cette liste avec le solde du compte de contrôle du grand livre.

2. **L'entreprise Jordan Langlois est spécialisée dans la vente de matériaux de construction. Elle vend au comptant et à crédit à quelques entreprises locales. Le détail des comptes de ces entreprises est présenté dans le grand livre auxiliaire des clients. Les ventes sont taxables, et l'entreprise offre à ses quatre principaux clients des conditions de règlement 2/10, n/30. Voici les opérations relatives aux ventes et aux encaissements de Jordan Langlois au cours du mois d'avril 20X6 :**

Note
Les escomptes de caisse sont accordés, tant par Jordan Langlois que par ses fournisseurs, sur la somme due avant les taxes.

GRAND LIVRE AUXILIAIRE DES CLIENTS

Client: Construction Leroux   Conditions : 2/10, n/30

Date	N° facture	Libellé	Référence	Débit	Crédit	Solde	Dt/Ct
20X6							
Mars 31			J.V.3	7 650,00		7 650,00	Dt

Client: Décoration VLB inc.   Conditions : 2/10, n/30

Date	N° facture	Libellé	Référence	Débit	Crédit	Solde	Dt/Ct
20X6							
Mars 01			J.V.3	8 900,00		8 900,00	Dt

Client: Ébénisterie Mont-Royal ltée   Conditions : 2/10, n/30

Date	N° facture	Libellé	Référence	Débit	Crédit	Solde	Dt/Ct
20X6							
Mars 28			J.V.3	2 440,00		2 440,00	Dt

Client: Maçonnerie idéale   Conditions : 2/10, n/30

Date	N° facture	Libellé	Référence	Débit	Crédit	Solde	Dt/Ct
20X6							
Mars 15			J.V.3	1 765,00		1 765,00	Dt
Mars 24			J.E.3		1 765,00		

Avr. 02	Chèque reçu de Décoration VLB inc. en paiement de la moitié de son compte et dépôt à l'institution financière de Jordan Langlois.
Avr. 04	Note de crédit n° 22 de 400 $, avant le calcul des taxes, adressée à Construction Leroux après le retour de marchandises défectueuses.
Avr. 07	Encaissement du solde de l'Ébénisterie Mont-Royal ltée.
Avr. 08	Vente à crédit à la Maçonnerie idéale, facture n° 180 : 4 500 $ plus les taxes.
Avr. 10	Chèque reçu de Construction Leroux en règlement de son compte.
Avr. 12	Avis de crédit reçu de l'institution financière de Jordan Langlois concernant le dépôt de 245 $ d'intérêts dans le compte de l'entreprise.
Avr. 15	Dépôt des ventes au comptant de 38 516,63 $ incluant les taxes.
Avr. 18	Encaissement du compte de Maçonnerie idéale.
Avr. 22	Facture de vente n° 181 de 8 200 $ plus les taxes, présentée à Construction Leroux. Les matériaux sont livrés la journée même.
Avr. 23	Chèque reçu de Décoration VLB inc. en règlement du solde de son compte.
Avr. 27	Vente à crédit à l'Ébénisterie Mont-Royal ltée, facture n° 182, taxes incluses : 3 815 $.
Avr. 30	Dépôt des ventes au comptant de 45 973,94 $ incluant les taxes.

a) Enregistrer les opérations du mois d'avril 20X6 de Jordan Langlois dans les journaux appropriés.

b) Reporter les sommes pertinentes au grand livre auxiliaire des clients.

c) Additionner les sommes des différentes colonnes du journal des ventes et du journal des encaissements. Reporter les totaux des colonnes «Clients» au compte de contrôle du grand livre.

d) Dresser la liste des comptes clients de Jordan Langlois au 30 avril 20X6 et comparer le total de cette liste avec le solde du compte de contrôle du grand livre.

La comptabilisation des achats et des décaissements

3. **Kelly-Ann Dionne vient d'ouvrir un magasin d'articles de bureau et de fournitures scolaires. Elle a déposé 25 000$ dans un compte en banque au nom des Fournitures Dionne. Voici les premières opérations relatives aux achats et aux décaissements de son entreprise au cours du mois d'août 20X4:**

Note
Les escomptes de caisse sont accordés, tant par Fournitures Dionne que par ses fournisseurs, sur la somme due avant les taxes.

Août 01 Émission du chèque n° 1 à l'ordre d'Immeubles Pelletier pour le loyer du mois: 550$ plus les taxes.

Août 02 Achat à crédit de marchandises chez Fournitures Bernier. Facture n° 1742 de 6 950$ plus les taxes. Conditions de règlement: 2/10, n/30.

Août 04 Achat au comptant (chèque n° 2) de marchandises de la Papeterie Missout. Facture n° A6-1215 de 4 625$ plus les taxes.

Août 06 Chèque n° 3 émis à l'ordre de Nguyen Express pour le transport de la marchandise achetée le 4 août: 110$ plus les taxes.

Août 12 Achat de marchandises à crédit chez Pellegrino ltée. Facture n° P-8001 de 9 292,54$ incluant les taxes. Conditions de règlement: 2/10, n/30.

Août 14 Chèque n° 4 de 3 800$ émis à l'ordre des Fournitures Bernier en paiement partiel de son compte.

Août 16 Paiement par le chèque n° 5 de la facture de télécommunications du mois: 125$ plus les taxes. (Faire le chèque au nom d'Horizon Télécom.)

Août 20 Note de crédit de 425$, plus les taxes, reçue de Pellegrino ltée pour de la marchandise retournée chez ce fournisseur.

Août 22 Paiement, par le chèque n° 6, du solde du compte de Pellegrino ltée moins l'escompte de 2 % (153,14$).

Août 26 Achat de marchandises à crédit chez Fournitures Bernier. Facture n° 1862 de 2 290,19$ plus les taxes.

Travail à faire

a) Enregistrer les opérations du mois d'août 20X4 de Fournitures Dionne dans les journaux appropriés.

b) Reporter les sommes pertinentes au grand livre auxiliaire des fournisseurs.

c) Additionner les sommes des différentes colonnes du journal des achats et du journal des décaissements. Reporter les totaux aux comptes de grand livre suivants: *Encaisse* (le solde de ce compte au 1er août est de 25 000$), *TPS à recevoir, TVQ à recevoir, Fournisseurs, Kelly-Ann Dionne – capital* (le solde de ce compte au 1er août est de 25 000$), *Achats, Rendus et rabais sur achats, Escomptes sur achats, Frais de transport à l'achat, Loyer* et *Télécommunications*.

4. L'entreprise Tapis Décor est spécialisée dans la vente de tapis et de carreaux. Elle compte quatre principaux fournisseurs. Le détail des comptes de ces fournisseurs est inscrit dans le grand livre auxiliaire des fournisseurs. Voici les opérations relatives aux achats et aux décaissements de l'entreprise au cours du mois de mai 20X6:

Note

Les escomptes de caisse sont accordés, tant par Tapis Décor que par ses fournisseurs, sur la somme due incluant les taxes.

GRAND LIVRE AUXILIAIRE DES FOURNISSEURS							
Fournisseur: Krowler ltée						Conditions: 2/10, n/30	
Date	N° facture	Libellé	Référence	Débit	Crédit	Solde	Dt/Ct
20X6							
Avr. 29			J.A.4		8 640,00	8 640,00	Ct

Fournisseur: Taylor inc.						Conditions: 3/10, n/30	
Date	N° facture	Libellé	Référence	Débit	Crédit	Solde	Dt/Ct
20X6							
Avr. 22			J.A.4		12 800,00	12 800,00	Ct
Avr. 28			J.G.4	700,00		12 100,00	Ct

Fournisseur: Andrew's inc.						Conditions: n/30	
Date	N° facture	Libellé	Référence	Débit	Crédit	Solde	Dt/Ct
20X6							
Mars 03			J.A.3		7 930,00	7 930,00	Ct
Avr. 01			J.D.4	7 930,00		Ø	
Avr. 02			J.A.4		6 748,00	6 748,00	Ct

Fournisseur: Fournitures Bigras						Conditions: n/30	
Date	N° facture	Libellé	Référence	Débit	Crédit	Solde	Dt/Ct
20X6							
Avr. 23			J.A.4		674,00	674,00	Ct

Mai 01   Chèque n° 134 émis à l'ordre de Laurence Marcoux en paiement du loyer du magasin: 1 150$ avant le calcul des taxes.

Mai 02   Paiement du compte de Taylor inc., chèque n° 135.

Mai 04   Facture reçue d'Andrew's inc. de 9 263,28$ incluant les taxes pour l'achat de marchandises. Conditions de transport: FOB point de départ. Conditions de règlement: 10 FDM (10 jours après la fin du mois).

Mai 06   Chèque n° 136 de 400$ émis à l'ordre de Marie-Ève Czobor, propriétaire de l'entreprise, pour ses dépenses personnelles.

Mai 08   Paiement par chèque (n° 137) du solde du compte de Krowler ltée.

Mai 10   Chèque n° 138 remis à Andrew's inc. en règlement du solde du mois d'avril.

Mai 12	Chèques de salaires versés:

Mai 12   Chèques de salaires versés:

- n° 139, Luigi Pignella: 1 265 $;
- n° 140, Sylvere Nantel: 1 144 $.

Note

Utiliser le compte de charges Salaires pour l'émission de ces chèques.

Mai 14   Achat à crédit de fournitures de magasin chez Fournitures Bigras: 764,26 $ avant le calcul des taxes.

Mai 15   Paiement par chèque (n° 141), à Tremblay Express ltée, des frais de livraison de la marchandise achetée le 4 mai: 246 $ plus les taxes.

Mai 22   Achat de marchandises à crédit chez Krowler ltée: 10 220 $ plus les taxes.

Mai 23   Paiement du solde du compte du mois d'avril de Fournitures Bigras, chèque n° 142.

Mai 24   Chèques de salaires versés et retrait de la propriétaire:

- n° 143, Luigi Pignella: 1 342 $;
- n° 144, Sylvere Nantel: 1 419 $;
- n° 145, Marie-Ève Czobor, propriétaire: 400 $.

Note

Utiliser le compte de charges Salaires pour l'émission des chèques relatifs aux paies.

Mai 25   Facture reçue de Taylor inc., pour la somme de 13 887,68 $ avant le calcul des taxes, pour de la marchandise livrée le jour même.

Mai 27   Achat au comptant de marchandises chez Belleto ltée (chèque n° 146) de 17 575,50 $ avant le calcul des taxes.

Mai 31   Note de crédit reçue de Krowler ltée pour de la marchandise retournée: 862 $ incluant les taxes.

Travail à faire

a) Enregistrer les opérations du mois de mai 20X6 de Tapis Décor dans les journaux appropriés.

b) Reporter les sommes pertinentes au grand livre auxiliaire des fournisseurs.

c) Additionner les sommes des différentes colonnes du journal des achats et du journal des décaissements et reporter les totaux des colonnes des comptes fournisseurs au compte de contrôle du grand livre.

d) Dresser la liste des comptes fournisseurs de Tapis Décor au 31 mai 20X6.

L'utilisation d'un système de comptabilité intégré

5. **Hugo Lafleur vient d'ouvrir une boutique d'articles de sport sous le nom de Sport Élite. L'entreprise offre à ses clients les conditions de crédit 2/10, n/30. Voici les premières opérations de l'entreprise qui ont eu lieu au cours du mois de mai 20X4:**

Note

Les escomptes de caisse sont accordés, tant par Sport Élite que par ses fournisseurs, sur la somme due avant les taxes.

Mai 01   Vente par Hugo Lafleur de ses actions du club de hockey de Dolbeau pour 80 000 $. Il dépose 70 000 $ dans un compte (institution financière) au nom de l'entreprise.

Mai 01   Chèque n° 101 de 2 500 $ plus les taxes émis à l'ordre de Michel Tremblay en paiement du loyer du mois.

Mai 02	Achat d'équipement de magasin chez Perron ltée pour un total de 52 512,98 $ avant le calcul des taxes. Chèque n° 102 de 36 505,83 $. Le solde est financé au moyen d'un emprunt à l'institution financière de l'entreprise. (Utiliser le compte *Emprunt bancaire*.)
Mai 03	Achat de marchandises à crédit d'Équipement Richard inc.: 23 925,23 $ plus les taxes. Conditions de règlement: 2/10, n/30. Conditions de transport: FOB point de départ.
Mai 04	Chèque n° 103 de 3 180 $, taxes incluses (non remboursables), émis à l'ordre des Assurances Bélanger inc. pour le paiement d'une prime d'assurance annuelle couvrant la période du 1er mai 20X4 au 30 avril 20X5.
Mai 05	Achat au comptant (chèque n° 104) de fournitures de magasin chez Fournitures Allard inc.: 850 $ avant le calcul des taxes.
Mai 06	Vente à crédit de chandails au club de hockey les Bisons de Saint-Félicien. Facture n° 1 de 2 263,76 $ avant le calcul des taxes.
Mai 07	Chèque n° 105 de 227 $, plus les taxes, émis à l'ordre de Transport Bergeron ltée en paiement des frais de transport à l'achat du 3 mai.
Mai 08	Facture n° 4229 reçue de Lalonde inc. pour des marchandises livrées par le fournisseur le jour même: 30 704,67 $ avant le calcul des taxes. Conditions de règlement: 2/10, n/30.
Mai 09	Vente à crédit (facture n° 2) d'articles de sport au Collège Saint-Joseph: 6 131,02 $ avant le calcul des taxes. Conditions de transport: FOB destination.
Mai 10	Note de crédit de 211,15 $, avant le calcul des taxes, adressée aux Bisons de Saint-Félicien pour des chandails retournés en raison de défauts de fabrication.
Mai 11	Chèque n° 106 de 1 245 $, plus les taxes, émis à l'ordre de la revue *Cyclo sport* pour des annonces publicitaires à paraître au cours du mois de juin.
Mai 12	Paiement par chèque (n° 107) du solde du compte d'Équipement Richard inc.
Mai 14	Dépôt des ventes au comptant de 25 064,55 $ incluant les taxes.
Mai 15	Chèques de salaires versés aux employés:

- n° 108, Léa Méthot: 815 $;

- n° 109, Michel Blackburn: 863 $.

Note

Utiliser le compte de charges *Salaires* pour l'émission des *chèques* relatifs aux paies.

Mai 16	Achat de marchandises à crédit des Entreprises Drummond ltée: 25 188,79 $ plus les taxes. Conditions de règlement: n/30. Conditions de transport: FOB destination.
Mai 16	Encaissement du solde du compte des Bisons de Saint-Félicien.
Mai 17	Facture de vente à crédit n° 3 présentée au club de football Laurentide: 9 655,09 $, taxes incluses.
Mai 19	Encaissement du compte du Collège Saint-Joseph.
Mai 20	Paiement partiel par chèque (n° 110) du compte de Lalonde inc.: 17 000 $.
Mai 21	Note de crédit reçue des Entreprises Drummond ltée relative à de la marchandise défectueuse: 2 900,93 $ plus les taxes.
Mai 22	Vente à crédit (facture n° 4) de marchandises au Collège Saint-Joseph pour la somme de 4 222,05 $ avant le calcul des taxes. Conditions de transport: FOB point de départ.
Mai 23	Achat de fournitures de magasin à crédit chez Fournitures Brisebois: 3 094,08 $ avant le calcul des taxes. Conditions de règlement: 3/10, n/30.

| Mai 27 | Paiement par chèque (n° 111) du compte de télécommunications : 249 $ avant le calcul des taxes. |
| Mai 29 | Chèques de salaires versés et retrait du propriétaire : |

- n° 112, Léa Méthot : 860 $;

- n° 113, Michel Blackburn : 835 $;

- n° 114, Hugo Lafleur, propriétaire : 1 000 $.

Mai 31	Dépôt des ventes au comptant : 27 442,85 $ incluant les taxes.
Mai 31	Avis de débit de 328 $ reçue de la Banque Nordique relative aux intérêts débiteurs sur l'emprunt bancaire.
Mai 31	Achat au comptant (chèque n° 115) de marchandises chez Vélosport : 9 645 $ avant le calcul des taxes.

Travail à faire

a) Enregistrer dans les journaux appropriés les opérations de Sport Élite au cours du mois de mai 20X4.

b) Reporter les sommes pertinentes des journaux aux grands livres auxiliaires des comptes clients et des comptes fournisseurs.

c) Additionner les totaux des différentes colonnes du journal des achats, du journal des ventes, du journal des encaissements et du journal des décaissements.

d) Reporter les entrées des journaux à leurs comptes respectifs, dans le grand livre.

e) Dresser les listes des clients et des fournisseurs de Sport Élite au 31 mai 20X4. Comparer ces listes avec leurs comptes de contrôle du grand livre.

f) Dresser la balance de vérification au 31 mai 20X4.

6. **Daisy Gourd exploite une entreprise sous le nom de Quincaillerie Maisonneuve. La politique de crédit de l'entreprise est de 2/10, n/30, soit la même que celle de ses fournisseurs. La balance de vérification tirée du grand livre de l'entreprise au 30 novembre 20X5 après 11 mois d'activité se trouve à la page suivante.**

Liste des clients au 30 novembre 20X5

Construction Gautier ltée	3 350 $
Immeubles Lacasse inc.	4 126
Rénovations Forget	6 540
	14 016 $

Liste des fournisseurs au 30 novembre 20X5

Emballages Raymond ltée	2 100 $
Lépine inc.	8 150
Peintures Décor ltée	17 862
Polyrama ltée	22 650
	50 762 $

	QUINCAILLERIE MAISONNEUVE BALANCE DE VÉRIFICATION au 30 novembre 20X5		
Numéro	**Nom du compte**	**Débit**	**Crédit**
1010	Encaisse	37 117,00 $	
1100	Clients	14 016,00	
1105	TPS à recevoir	4 220,00	
1110	TVQ à recevoir	2 200,00	
1180	Stock de marchandises	68 612,00	
1200	Fournitures de magasin	1 950,00	
1210	Assurance payée d'avance	2 805,00	
1300	Matériel roulant	20 571,00	
1310	Amortissement cumulé – matériel roulant		7 590,00 $
1500	Équipement de magasin	36 823,00	
1510	Amortissement cumulé – équipement de magasin		8 750,00
1700	Ameublement de bureau	4 820,00	
1710	Amortissement cumulé – ameublement de bureau		1 080,00
2050	Emprunt bancaire		10 000,00
2100	Fournisseurs		50 762,00
2305	TPS à payer		4 603,00
2310	TVQ à payer		6 332,00
2350	Salaires à payer		
2450	Intérêts à payer		
2455	Loyer à payer		
3100	Daisy Gourd – capital		31 959,00
3200	Daisy Gourd – apports		13 000,00
3300	Daisy Gourd – retraits	35 100,00	
4500	Ventes		665 617,00
4510	Rendus et rabais sur ventes	3 114,00	
4520	Escomptes sur ventes	2 019,00	
5100	Achats	413 781,00	
5110	Rendus et rabais sur achats		3 804,00
5120	Escomptes sur achats		4 112,00
5130	Frais de transport à l'achat	2 418,00	
5300	Salaires	87 854,00	
5410	Loyer	24 200,00	
5420	Publicité	22 116,00	
5530	Frais de fournitures de magasin	6 176,00	
5700	Frais de livraison	12 725,00	
5730	Électricité	2 146,00	
5740	Assurance		
5750	Télécommunications	1 509,00	
5780	Charges d'intérêts	1 317,00	
5900	Amortissement – matériel roulant		
5930	Amortissement – équipement de magasin		
5960	Amortissement – ameublement de bureau		
		807 609,00 $	807 609,00 $

Voici les opérations de la Quincaillerie Maisonneuve qui ont eu lieu au cours du dernier mois de l'exercice:

Note

Les escomptes de caisse sont accordés, tant par Quincaillerie Maisonneuve que par ses fournisseurs, sur la somme due incluant les taxes.

Déc. 01   Chèque n° 464 de 2 200 $ plus les taxes émis à l'ordre d'Annie Lyons en paiement du loyer du mois.

Déc. 02   Note de crédit reçue des Peintures Décor ltée pour des marchandises retournées d'une valeur de 547,84 $ avant le calcul des taxes.

Déc. 03   Chèque n° 465 de 3 300 $ incluant les taxes (non remboursables) émis à l'ordre des Assurances Lemire en paiement du renouvellement de la prime annuelle d'assurance. La police d'assurance couvre la période du 1er novembre 20X5 au 31 octobre 20X6. Cette facture n'a pas été enregistrée au préalable.

Déc. 05   Paiement par chèque (n° 466) du solde du compte de Polyrama ltée moins l'escompte de 2 %.

Déc. 06   Facture de vente à crédit n° 234 présentée aux Rénovations Forget, pour un total de 2 712,39 $, taxes incluses.

Déc. 07   Encaissement du solde du compte de Construction Gautier ltée moins l'escompte de 2 %.

Déc. 08   Achat à crédit de matériaux chez Polyrama ltée: 16 328,20 $ avant le calcul des taxes. Conditions de transport: FOB point de départ.

Déc. 09   Chèque n° 467 émis à l'ordre des Emballages Raymond ltée en paiement du solde du compte moins l'escompte de 2 %.

Déc. 10   Note de crédit de 377,29 $ avant le calcul des taxes adressée aux Immeubles Lacasse inc. pour des marchandises endommagées retournées par le client.

Déc. 11   Chèques de salaires versés aux employés:

- n° 468, Rachel Campagne 832 $;
- n° 469, Laurence Poulain: 910 $;
- n° 470, Visothy Chea: 875 $.

Note

Utiliser les comptes *Encaisse* et *Salaires*.

Déc. 12   Encaissement du solde du compte du mois de novembre des Rénovations Forget.

Déc. 13   Facture d'achat des Emballages Raymond ltée relative à des fournitures de magasin: 1 312,73 $ avant le calcul des taxes.

Déc. 14   Émission d'un chèque (n° 471) de 281,24 $ avant le calcul des taxes à Transport Lachance en paiement des frais de livraison de la marchandise achetée le 8 décembre.

Déc. 15   Dépôt à l'institution financière des ventes au comptant de 21 400 $ avant le calcul des taxes.

Déc. 15   Chèque n° 472 émis à l'ordre du ministre des Finances en paiement des excédents des taxes à payer sur les taxes à recevoir au 30 novembre 20X5 relativement à la TPS et à la TVQ.

Déc. 17   Paiement par chèque (n° 473) du compte des Peintures Décor ltée.

Déc. 18   Facture de vente n° 235 de 4 514,42 $, taxes incluses, présentée à Construction Gautier ltée.

Déc. 19	Chèque n° 474 de 885,84$ incluant les taxes émis à l'ordre du *Journal de Laval* pour payer des annonces publicitaires à l'occasion de la période de Noël.
Déc. 20	Avis de débit de 5000$ reçu de l'institution financière en remboursement partiel de l'emprunt bancaire.
Déc. 21	Encaissement du solde du compte d'Immeubles Lacasse inc.
Déc. 22	Achat à crédit de marchandises chez Peintures Décor ltée pour la somme de 14035,19$ avant le calcul des taxes. Conditions de transport: FOB destination.
Déc. 23	Chèque n° 475 émis en paiement du compte de Lépine inc.
Déc. 24	Chèques de salaires versés et retrait de la propriétaire:

- n° 476, Rachel Campagne: 875$;

- n° 477, Laurence Poulain: 905$;

- n° 478, Visothy Chea: 930$;

- n° 479, Daisy Gourd, propriétaire: 1000$.

Note

Utiliser le compte de charges *Salaires* pour l'émission des chèques relatifs aux paies.

Déc. 27	Achat à crédit de marchandises chez Lépine inc.: 15145,85$ plus les taxes. Conditions de transport: FOB destination.
Déc. 27	Avis de crédit reçu de l'institution financière relativement à l'augmentation de l'emprunt bancaire de 7500$.
Déc. 28	Achat au comptant de marchandises chez Binette inc.: 2742,60$ plus les taxes (chèque n° 480).
Déc. 29	Vente à crédit aux Immeubles Lacasse inc. Facture n° 236 de 4260,19$ avant le calcul des taxes.
Déc. 30	Paiement (chèque n° 481) dès réception de la facture d'Horizon Télécom: 219,24$ avant le calcul des taxes.
Déc. 31	Dépôt des ventes au comptant de 26600$ avant le calcul des taxes.

Travail à faire

a) Inscrire les soldes de la balance de vérification de la Quincaillerie Maisonneuve au 30 novembre 20X5 dans les comptes de grand livre.

b) Inscrire les soldes des comptes clients et des comptes fournisseurs dans les grands livres auxiliaires.

c) Enregistrer dans les journaux appropriés les opérations de la Quincaillerie Maisonneuve au cours du mois de décembre 20X5.

d) Reporter les sommes pertinentes des journaux au grand livre auxiliaire des clients et au grand livre auxiliaire des comptes fournisseurs.

e) Additionner les totaux des différentes colonnes du journal des achats, du journal des ventes, du journal des encaissements et du journal des décaissements.

f) Reporter les entrées des journaux à leurs comptes respectifs, dans le grand livre.

g) Dresser les listes des comptes clients ainsi que des comptes fournisseurs au 31 décembre 20X5. Comparer ces listes avec leurs comptes de contrôle du grand livre.

h) Préparer les écritures de régularisation à l'aide des renseignements suivants et les reporter au grand livre:

- Le stock de marchandises à la fin de l'exercice est de 71824$.

- Les fournitures de magasin en main s'élèvent à 2045$.

- Les immobilisations sont amorties selon la méthode de l'amortissement linéaire d'après les estimations suivantes :

	Valeur résiduelle	Durée ou pourcentage
Matériel roulant	4 071 $	20 %
Équipement de magasin	1 823 $	10 %
Ameublement de bureau	500 $	10 ans

- Les intérêts à payer sur l'emprunt bancaire sont de 127 $.
- Les trois employés n'ont pas été payés pour les quatre derniers jours de l'exercice. Le salaire quotidien moyen est de 85 $ par employé.
- Le bail prévoit un loyer minimal de 2 200 $ par mois ou équivalant à 4 % des ventes brutes de l'exercice (arrondir les calculs au dollar près).
- Le compte *Assurance payée d'avance* doit être régularisé.

i) Préparer les états financiers de la Quincaillerie Maisonneuve au 31 décembre 20X5.

j) Enregistrer dans le journal général les écritures de clôture puis les reporter au grand livre.

k) Dresser la balance de vérification après clôture de la Quincaillerie Maisonneuve au 31 décembre 20X5.

CAS ÉVOLUTIF

Depuis l'ouverture de la boutique d'accessoires, les activités d'Intergolf sont devenues beaucoup plus importantes qu'auparavant. L'utilisation d'un système comptable manuel reposant sur un journal général ne répond plus aux besoins de l'entreprise. C'est pourquoi, depuis le 1er décembre 20X7, Carl-Alexandre Michaud utilise des journaux auxiliaires pour regrouper les opérations de même nature. Ce système, beaucoup plus rapide, facilite l'enregistrement des transactions commerciales de l'entreprise.

Voici la balance de vérification régularisée d'Intergolf au 30 novembre et les opérations du mois de décembre 20X7 :

INTERGOLF BALANCE DE VÉRIFICATION au 30 novembre 20X7			
Numéro	**Nom du compte**	**Débit**	**Crédit**
1010	Encaisse	5 411,65 $	
1100	Clients	2 483,46	
1105	TPS à recevoir	1 703,88	
1110	TVQ à recevoir	3 399,25	
1180	Stock de marchandises	Ø	
1190	Fournitures de bureau	500,00	
1210	Assurance payée d'avance	440,00	
1250	Publicité payée d'avance	125,00	

	INTERGOLF BALANCE DE VÉRIFICATION au 30 novembre 20X7 (*suite*)		
Numéro	**Nom du compte**	**Débit**	**Crédit**
1300	Matériel roulant	15 000,00	
1310	Amortissement cumulé – matériel roulant		230,00 $
1400	Équipement de bureau	3 200,00	
1410	Amortissement cumulé – équipement de bureau		67,00
1500	Équipement de golf	1 200,00	
1510	Amortissement cumulé – équipement de golf		8,00
1700	Ameublement de bureau	1 200,00	
1710	Amortissement cumulé – ameublement de bureau		10,00
2100	Fournisseurs		12 578,27
2305	TPS à payer		1 495,78
2310	TVQ à payer		2 984,10
2350	Salaires à payer		Ø
2440	Publicité à payer		Ø
2450	Intérêts à payer		Ø
2850	Effet à payer (long terme)		6 927,96
3100	Carl-Alexandre Michaud – propriétaire		18 198,57
3300	Carl-Alexandre Michaud – retraits	11 000,00	
4270	Revenus de cours		55 141,81
4500	Ventes		10 840,90
4510	Rendus et rabais sur ventes	40,00	
4520	Escomptes sur ventes	10,00	
5010	Stock de marchandises au début	Ø	
5100	Achats	23 100,00	
5110	Rendus et rabais sur achats		1 200,00
5120	Escomptes sur achats		218,00
5130	Frais de transport à l'achat	200,00	
5150	Stock de marchandises à la fin		Ø
5300	Salaires	10 705,00	
5410	Loyer	950,00	
5415	Location de gymnase	13 500,00	
5420	Publicité	4 820,00	
5500	Frais de bureau	1 980,50	
5600	Entretien et réparations – matériel roulant	1 475,00	
5700	Frais de livraison	85,00	
5715	Essence	1 066,83	
5730	Électricité	1 175,85	
5740	Assurance	915,00	
5750	Télécommunications	1 363,35	
5780	Charges d'intérêts	2 607,62	
5790	Frais bancaires	243,00	
		109 900,39 $	109 900,39 $

Le solde dû par les clients au 30 novembre est:

- Club de Prévost   <u>2 483,46$</u>

L'entreprise doit à ses fournisseurs les sommes suivantes:

- CKSC   2 667,42$
- Pro-Golf   <u>9 910,85</u>

     <u>12 578,27$</u>

Voici les opérations du mois de décembre:

Intergolf   Chèque n°: 234
669, 39ᵉ Avenue
LaSalle (Québec) H4F 6R5
Tél.: 514 366-2568   Date: 1ᵉʳ décembre 20X7

Payez à l'ordre de   Immeubles Doiron   1 092,26 $

————— Mille quatre-vingt-douze ————— 26 / 100 dollars

Banque Nordique
2578, rue Principale
Saint-Paul (Québec) J0E 4G9

Pour: Loyer décembre   *Carl-Alexandre Michaud*

|| 08496 || 11125 || 45 || 234 || **Intergolf**

Pro-Golf   **Facture n°:** P-19815
675, rue Sherbrooke   **Date:** 20X7-12-03
Montréal (Québec) H3H 4R3
Téléphone: 514 878-2680
Télécopieur: 514 878-5874
Courriel: info@progolf.com

Vendeur: Maxime

Facture émise à:

Intergolf
669, 39ᵉ Avenue
LaSalle (Québec) H4F 6R5
514 366-2568

Quantité	Description	Prix unitaire		Montant
20	Ensemble golf droitier	242,50$		4 850,00$
19	Ensemble golf gaucher	250,05		4750,95
			Total partiel	9 600,95$
TPS n°: 152185625			TPS 5%	480,05
TVQ n°: 1125467495			TVQ 9,975%	957,69
			Total	<u>11 038,69$</u>

Le roi du golf!

Cheque n° 235

Intergolf
669, 39e Avenue
LaSalle (Québec) H4F 6R5
Tél. : 514 366-2568

Chèque n° : 235

Date : 1er décembre 20x7

Payez à l'ordre de : Julie Daho

1 050,00 $

Mille cinquante ———— 00 / 100 dollars

Banque Nordique
2578, rue Principale
Saint-Paul (Québec) J0E 4G9

Pour : Salaire

Carl-Alexandre Michaud
Intergolf

|| 08496 || 11125 || 45 || 235 ||

Banque Nordique

REMPLIR EN APPUYANT FORTEMENT

DATE	JOUR	MOIS	ANNÉE

N° DE SUCC. : 08496   JOUR 06 MOIS 12 ANNÉE 20X7

N° DE COMPTE : 1112545

INTITULÉ DU COMPTE : Intergolf

Inscrire les chèques en $ US et en $ CA sur un bordereau de dépôt distinct.

DESCRIPTION DU CHÈQUE	MONTANT	
1 Club de Prévost (facture n° I-501)	2 483	46

NOMBRE DE CHÈQUES	1	TOTAL CHÈQUES	2 483	46

BORDEREAU DE DÉPÔT

DÉPOSÉ PAR : Carl-Alexandre Michaud

N° DE SUCC. : 08496   JOUR 06 MOIS 12 ANNÉE 20X7

N° DE COMPTE : 1112545

INTITULÉ DU COMPTE : Intergolf

ESPÈCES

x 5	=		00
x 10	=		00
x 20	=		00
x 50	=		00
x 100	=		00
	=		
$US TAUX :	=		

TOTAL EN ESPÈCES (BILLETS) $

PIÈCES DE MONNAIE

x pièces de 1 $	=		
x pièces de 2 $	=		
	=		

TOTAL MONNAIE $

NOMBRE DE CHÈQUES	1	TOTAL CHÈQUES	$	2 483	46

TOTAL ESPÈCES MONNAIE/CHÈQUES   2 483 46

Cheque n° 236

Intergolf
669, 39e Avenue
LaSalle (Québec) H4F 6R5
Tél. : 514 366-2568

Chèque n° : 236

Date : 7 décembre 20x7

Payez à l'ordre de : Transport Sauvé

247,20 $

Deux cent quarante-sept ———— 20 / 100 dollars

Banque Nordique
2578, rue Principale
Saint-Paul (Québec) J0E 4G9

Pour : Transport de marchandises de Pro-Golf (7463)

Carl-Alexandre Michaud
Intergolf

|| 08496 || 11125 || 45 || 236 ||

INTERGOLF

Facture n°: I-503
Date: 20X7-12-08

669, 39ᵉ Avenue
LaSalle (Québec) H4F 6R5
Téléphone: 514 366-2568
Télécopieur: 514 366-5845
Courriel: camichaud@intergolf.net

Facture émise à:

Club de Golf Sainte-Foy (Marie-Ève Bernard)
225, route Principale
Sainte-Foy (Québec) G1C 3B3
Téléphone: 418 878-5620

Quantité	Description	Prix unitaire	Montant
5	Ensemble golf droitier	252,50$	1 262,50$
8	Ensemble golf gaucher	444,70	3 557,60
		Total partiel	4 820,10$

TPS n°: 124894565

TVQ n°: 1124622475

TPS	5 %	241,01
TVQ	9,975 %	480,80
Total		5 541,91$

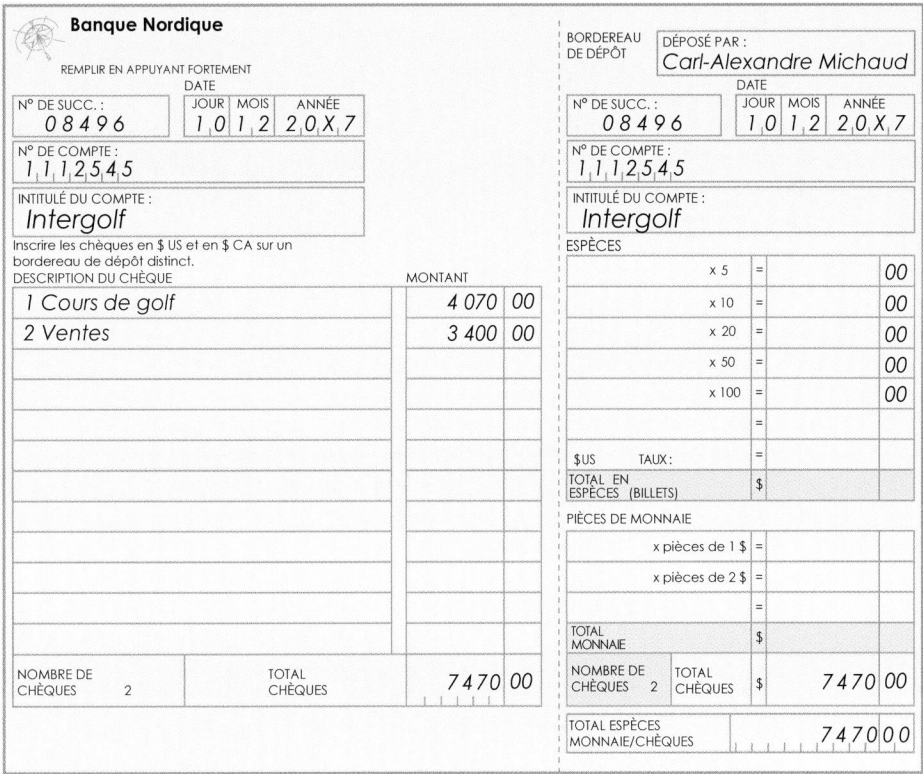

INTERG⬤LF

669, 39ᵉ Avenue
LaSalle (Québec) H4F 6R5
Téléphone : 514 366-2568
Télécopieur : 514 366-5845
Courriel : camichaud@intergolf.net

Note de crédit nᵒ : NC-2
Date : 20X7-12-10

NOTE DE CRÉDIT

Note de crédit émise à :

Club de Golf Sainte-Foy (Marie-Ève Bernard)
225, route Principale
Sainte-Foy (Québec) G1C 3B3
Téléphone : 418 878-5620

Quantité	Description	Prix unitaire	Montant
	Retour un bois Callowa	230,00$	(230,00)$
			(230,00)$

TPS nᵒ : 124894565   TPS   5 %   (11,50)

TVQ nᵒ : 1124622475   TVQ 9,975 %   (22,94)

Conditions de crédit : 2/10, n/30   **Total**   (264,44)$

FOB – Destination

Intergolf
669, 39ᵉ Avenue
LaSalle (Québec) H4F 6R5
Tél. : 514 366-2568

Chèque nᵒ : 237

Date : **11 décembre 20X7**

Payez à
l'ordre de   **Pro-Golf**   **9 910,85** $

———— Neuf mille neuf cent dix ———— **85** / 100 dollars

Banque Nordique
2578, rue Principale
Saint-Paul (Québec) J0E 4G9

Pour : **Solde à payer au mois de novembre**   *Carl-Alexandre Michaud*
                                                                              Intergolf

|| 08496 || 11125 || 45 || 237 ||

Intergolf
669, 39ᵉ Avenue
LaSalle (Québec) H4F 6R5
Tél. : 514 366-2568

Chèque nᵒ : 241

Date : **29 décembre 20X7**

Payez à
l'ordre de   **Golf en gros**   **2 000,00** $

———————— Deux mille ———————— **00** / 100 dollars

Banque Nordique
2578, rue Principale
Saint-Paul (Québec) J0E 4G9

Pour : Paiement partiel du compte *Fournisseurs*   *Carl-Alexandre Michaud*
                                                                                        Intergolf

|| 08496 || 11125 || 45 || 241 ||

INTERG◉LF

Facture n°: I-504
Date: 20X7-12-12

669, 39e Avenue
LaSalle (Québec) H4F 6R5
Téléphone : 514 366-2568
Télécopieur : 514 366-5845
Courriel : camichaud@intergolf.net

Facture émise à :

Club de Prévost (Alexis Racicot)
265, rue Breton
Prévost (Québec) H7N 3K8
Téléphone : 450 679-8956

Quantité	Description	Prix unitaire		Montant
	Vêtements de golfeur			5 910,00$
	Cours donnés au club			1 500,00
			Total partiel	7 410,00$
TPS n° : 124894565			TPS 5%	370,50
TVQ n° : 1124622475			TVQ 9,975%	739,15
Conditions : 2/10, n/30			**Total**	8 519,65$
FOB – Point de départ				

 Pro-Golf
675, rue Sherbrooke
Montréal (Québec) H3H 4R3
Téléphone : 514 878-2680
Télécopieur : 514 878-5874
Courriel : info@progolf.com

Facture n°: P-19940
Date: 20X7-12-03

Vendeur : Maxime

Facture émise à :

Intergolf
669, 39e Avenue
LaSalle (Québec) H4F 6R5
514 366-2568

Quantité	Description	Prix unitaire		Montant
12	Ado Golf Pro DR	220,83$		2 649,96$
11	Ado Golf Pro GR	220,91		2 430,01
			Total partiel	5 079,97$
TPS n° : 152185625			TPS 5%	254,00
TVQ n° : 1125467495			TVQ 9,975%	506,73
Conditions : 2/10, n/30			**Total**	5 840,70$
FOB – Intergolf				
	Le roi du golf!			

 **CKSC**
3425, rue Saint-Hubert
Montréal (Québec) H4H 5T6
Téléphone : 514 878-2568
Courriel : infosports@cksc.net

FACTURE n° : 45780
Date : 20X7-12-17

Conditions : net 30 jours

Facture émise à :

Intergolf
669, 39e Avenue
LaSalle (Québec) H4F 6R5
Téléphone : 514 366-2568

Description	Montant
Série publicités : Le golf au Québec	1 750,00 $

TPS n° : 152145896		TPS 5 %	87,50
TVQ n° : 1125651254		TVQ 9,975 %	174,56
		Total	2 012,06 $

 GOLF EN GROS
pour vos besoins
625, rue Dufferin
Granby (Québec) J0F 3R4
Téléphone : 450 777-4852
Télécopieur : 450 777-2541
Courriel : ventes@golfengros.com

Facture n° : G-86110
Date : 20X7-12-17

Conditions : 2/10, n/30
FOB – Destination

Facture émise à :

Intergolf
669, 39e Avenue
LaSalle (Québec) H4F 6R5
Téléphone : 514 366-2568

Quantité	Description	Prix unitaire	Montant
	Vêtements (voir liste)		4 305,00 $

TPS n° : 152186874		TPS 5 %	215,25
TVQ n° : 1125425789		TVQ 9,975 %	429,42
		Total	4 949,67 $

INTERG●LF

Facture n°: I-505
Date: 20X7-12-18

669, 39ᵉ Avenue
LaSalle (Québec) H4F 6R5
Téléphone: 514 366-2568
Télécopieur: 514 366-5845
Courriel: camichaud@intergolf.net

Facture émise à:

Club de Prévost (Alexis Racicot)
265, rue Breton
Prévost (Québec) H7N 3K8
Téléphone: 450 679-8956

Quantité	Description	Prix unitaire	Montant
	Vêtements de golfeur (voir liste)		2 860,00$
8	Ensemble droitier	452,50$	3 620,00
		Total partiel	6 480,00$
TPS n°: 124894565		TPS 5%	324,00
TVQ n°: 1124622475		TVQ 9,975%	646,38
Conditions: 2/10, n/30		**Total**	7 450,38$
FOB – Point de départ			

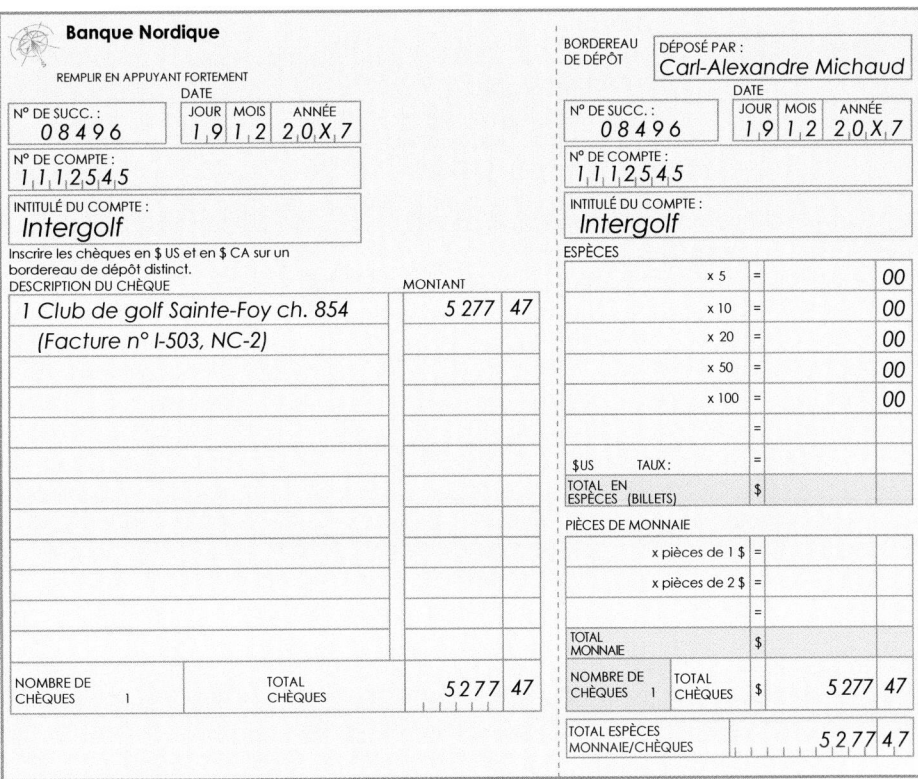

Banque Nordique

REMPLIR EN APPUYANT FORTEMENT

BORDEREAU DE DÉPÔT — DÉPOSÉ PAR: Carl-Alexandre Michaud

	DATE		
	JOUR	MOIS	ANNÉE
N° DE SUCC.: 0 8 4 9 6	1 9	1 2	2 0 X 7

N° DE COMPTE: 1 1 1 2 5 4 5

INTITULÉ DU COMPTE: Intergolf

Inscrire les chèques en $ US et en $ CA sur un bordereau de dépôt distinct.

DESCRIPTION DU CHÈQUE	MONTANT	
1 Club de golf Sainte-Foy ch. 854 (Facture n° I-503, NC-2)	5 277	47

| NOMBRE DE CHÈQUES 1 | TOTAL CHÈQUES | 5 277 | 47 |

	DATE		
	JOUR	MOIS	ANNÉE
N° DE SUCC.: 0 8 4 9 6	1 9	1 2	2 0 X 7

N° DE COMPTE: 1 1 1 2 5 4 5

INTITULÉ DU COMPTE: Intergolf

ESPÈCES			
x 5	=		00
x 10	=		00
x 20	=		00
x 50	=		00
x 100	=		00
	=		
$US TAUX:	=		
TOTAL EN ESPÈCES (BILLETS)		$	

PIÈCES DE MONNAIE			
x pièces de 1 $	=		
x pièces de 2 $	=		
	=		
TOTAL MONNAIE		$	

| NOMBRE DE CHÈQUES 1 | TOTAL CHÈQUES | $ | 5 277 | 47 |

| TOTAL ESPÈCES MONNAIE/CHÈQUES | | 5 277 | 47 |

Intergolf
669, 39e Avenue
LaSalle (Québec) H4F 6R5
Tél. : 514 366-2568

Chèque n° : 238

Date : 20 décembre 20X7

Payez à l'ordre de   Julie Daho

1 500,00 $

————————— Mille cinq cents ————————— 00 / 100 dollars

Banque Nordique
2578, rue Principale
Saint-Paul (Québec) J0E 4G9

Pour :   Salaire décembre et prime de fin d'année

Carl-Alexandre Michaud
Intergolf

|| 08496 || 11125 || 45 || 238 ||

AVIS DE RETRAIT	
Banque Nordique **2578, rue Principale** **Saint-Paul (Québec) J0E 4G9**	**Intergolf** **N° de compte :** 1112545 **N° de transit :** 08496 **Date :** 23 déc. 20X7

Compte : Chèques

Description	Montant
Intérêts	48,00 $
Emprunt à payer	265,00
Total	313,00 $

Intergolf
669, 39e Avenue
LaSalle (Québec) H4F 6R5
Tél. : 514 366-2568

Chèque n° : 239

Date : 24 décembre 20X7

Payez à l'ordre de   Carl-Alexandre Michaud

1 000,00 $

————————— Mille ————————— 00 / 100 dollars

Banque Nordique
2578, rue Principale
Saint-Paul (Québec) J0E 4G9

Pour :   Retrait

Carl-Alexandre Michaud
Intergolf

|| 08496 || 11125 || 45 || 239 ||

Intergolf
669, 39e Avenue
LaSalle (Québec) H4F 6R5
Tél. : 514 366-2568

Chèque n° : 240

Date : 27 décembre 20X7

Payez à l'ordre de   Garage Yannick Maheu

517,39 $

————————— Cinq cent dix-sept ————————— 39 / 100 dollars

Banque Nordique
2578, rue Principale
Saint-Paul (Québec) J0E 4G9

Pour :   Achat et pose de 4 pneus d'hiver
(fact. n° 6345)

Carl-Alexandre Michaud
Intergolf

|| 08496 || 11125 || 45 || 240 ||

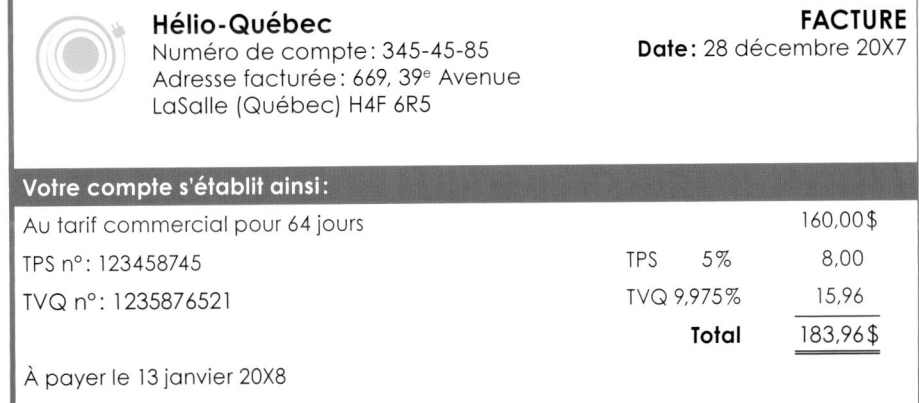

Banque Nordique

REMPLIR EN APPUYANT FORTEMENT

| N° DE SUCC. : 08496 | DATE JOUR 3,0 | MOIS 1,2 | ANNÉE 2,0,X,7 |

N° DE COMPTE : 1,1,1,2,5,4,5

INTITULÉ DU COMPTE : *Intergolf*

Inscrire les chèques en $ US et en $ CA sur un bordereau de dépôt distinct.

DESCRIPTION DU CHÈQUE	MONTANT	
1 Revenus de cours	1 200	00
2 Ventes	6 250	00

| NOMBRE DE CHÈQUES 2 | TOTAL CHÈQUES | 7 450 | 00 |

| BORDEREAU DE DÉPÔT | DÉPOSÉ PAR : *Carl-Alexandre Michaud* |

| N° DE SUCC. : 08496 | DATE JOUR 3,0 | MOIS 1,2 | ANNÉE 2,0,X,7 |

N° DE COMPTE : 1,1,1,2,5,4,5

INTITULÉ DU COMPTE : *Intergolf*

ESPÈCES

x 5	=		00
x 10	=		00
x 20	=		00
x 50	=		00
x 100	=		00
	=		
$US TAUX :	=		
TOTAL EN ESPÈCES (BILLETS)		$	

PIÈCES DE MONNAIE

x pièces de 1 $	=	
x pièces de 2 $	=	
TOTAL MONNAIE		$

| NOMBRE DE CHÈQUES 2 | TOTAL CHÈQUES | $ | 7 450 | 00 |
| TOTAL ESPÈCES MONNAIE/CHÈQUES | | | 7 450 | 00 |

Intergolf

Chèque n° : 242

669, 39e Avenue
LaSalle (Québec) H4F 6R5
Tél. : 514 366-2568

Date : **30 décembre 20X7**

Payez à l'ordre de **Collège du Nord** **1 667,14** $

————— Mille six cent soixante-sept ————— 14 / 100 dollars

Banque Nordique
2578, rue Principale
Saint-Paul (Québec) J0E 4G9

Pour : Location du gymnase pour décembre 20X7   *Carl-Alexandre Michaud*

Intergolf

|| 08496 || 11125 || 45 || 242 ||

Hélio-Québec

FACTURE

Numéro de compte : 345-45-85
Adresse facturée : 669, 39e Avenue
LaSalle (Québec) H4F 6R5

Date : 28 décembre 20X7

Votre compte s'établit ainsi :

Au tarif commercial pour 64 jours		160,00 $
TPS n° : 123458745	TPS 5 %	8,00
TVQ n° : 1235876521	TVQ 9,975 %	15,96
	Total	183,96 $
À payer le 13 janvier 20X8		

AVIS DE RETRAIT		
Banque Nordique	**Intergolf**	
2578, rue Principale	**N° de compte:** 1112545	
Saint-Paul (Québec) J0E 4G9	**N° de transit:** 08496	
	Date: 30 déc. 20X7	

Compte : Chèques

Description	Montant
Frais bancaires mensuels	18,00$

Travail à faire

(Au moment de commencer le cas évolutif, ne pas oublier d'inscrire dans le grand livre les soldes de la balance de vérification.)

a) Reporter la balance de vérification du 30 novembre 20X7 au grand livre.

b) Enregistrer dans les journaux auxiliaires les écritures pour comptabiliser les opérations d'Intergolf du mois de décembre 20X7.

c) Reporter les écritures au grand livre et aux grands livres auxiliaires.

RELEVÉ BANCAIRE				
Banque Nordique	**Intergolf**			
2578, rue Principale	**N° de compte:** 1112545			
Saint-Paul (Québec) J0E 4G9	**N° de transit:** 08496			
	Période: 01 décembre au 31 décembre 20X7			

Compte: Chèques

Date	Description	Retrait	Dépôt	Solde
Nov. 30	Solde			4,78
Déc. 01	Dépôt		7 100,00	7 104,78
Déc. 01	Chèque n° 232	1 693,13		5 411,65
Déc. 01	Chèque n° 234	1 092,26		4 319,39
Déc. 07	Dépôt		2 483,46	6 802,85
Déc. 08	Chèque n° 235	1 050,00		5 752,85
Déc. 09	Chèque n° 236	247,20		5 505,65
Déc. 10	Dépôt		7 470,00	12 975,65
Déc. 16	Chèque n° 237	9 910,85		3 064,80
Déc. 19	Dépôt		5 277,47	8 342,27
Déc. 21	Chèque n° 238	1 500,00		6 842,27
Déc. 23	Avis de retrait – effet à payer	313,00		6 529,27
Déc. 29	Chèque n° 239	1 000,00		5 529,27
Déc. 29	Chèque n° 240	517,39		5 011,88
Déc. 30	Avis de retrait – frais bancaires	18,00		4 993,88
Déc. 30	Dépôt		7 450,00	12 443,88

d) Préparer le chiffrier d'Intergolf au 31 décembre 20X7 en tenant compte des renseignements suivants:

- Un dénombrement des stocks indique qu'il y a pour 16 442,24 $ de marchandises en stock au 31 décembre 20X7.
- Carl-Alexandre effectue le dénombrement des fournitures de bureau. Il en reste pour 260 $.
- Il n'y a plus de publicité payée d'avance, et la facture de 220 $ de la revue *Golf* concernant la publicité du mois de décembre n'a été reçue qu'en janvier 20X8.
- Les intérêts sur l'emprunt à long terme de 20 $ sont à payer.
- Intergolf amortit ses immobilisations selon la méthode de l'amortissement linéaire en fonction des estimations suivantes:

Catégorie	Valeur résiduelle	Durée estimative
Matériel roulant	1 200 $	5 ans
Équipement de bureau	Ø	4 ans
Équipement de golf	700 $	5 ans
Ameublement de magasin	Ø	10 ans

- Julie Daho n'a pas été payée pour une semaine de travail à 425 $.
- La prime de 915 $ qui a été payée aux Assurances Nguyen couvre la période du 1er décembre 20X7 au 30 novembre 20X8.

e) Enregistrer dans le journal général les écritures de régularisation, de clôture, et les reporter au grand livre.

f) Préparer les états financiers d'Intergolf au 31 décembre 20X7.

g) Dresser la balance de vérification après clôture au 31 décembre 20X7.

Facultatif

h) Préparer le rapprochement bancaire, la liste des clients et des fournisseurs, et la conciliation des taxes à la consommation à payer.

CHAPITRE 9

La paie

Quelles sont les informations à retenir pour constituer un dossier d'employé? Comment procéder pour comptabiliser et verser la paie? Y a-t-il des montants à retenir et à verser aux gouvernements? Quels sont les formulaires à remplir?

L'étude de ce chapitre tentera de répondre à ces questions. L'étudiant comprendra les principes de base de la comptabilisation de la paie.

OBJECTIFS D'APPRENTISSAGE

- Ouvrir et tenir à jour des dossiers d'employés.
- Remplir les documents utilisés pour les retenues salariales.
- Comprendre et déterminer les retenues à la source.
- Comprendre et calculer les contributions de l'entreprise.
- Définir les notions de salaire brut et de salaire net.
- Enregistrer les salaires versés aux employés.
- Étudier la méthode de comptabilisation des charges relatives à la part que l'employeur doit débourser pour les avantages sociaux et les charges sociales.
- Voir comment et quand s'effectuent les remises aux différents organismes.
- Utiliser le journal des salaires.
- Remplir les formulaires requis en fin d'année

MISE EN SITUATION

Claude Secours vient de lancer une entreprise d'import-export. Il parcourt ainsi le monde afin de dénicher des articles de décoration au meilleur prix possible. Il a ouvert un compte au nom de son entreprise, Décoration de luxe, à la Banque Saint-Laurent. Claude s'occupe des ventes et il vient d'embaucher un réceptionnaire-expéditeur du nom de Nathan Beauchemin. Claude Secours vous emploie comme consultant afin de mettre en place un système de paie efficace et de le faire fonctionner. Votre mandat consiste à:

– créer et tenir à jour les dossiers des employés ainsi que leurs relevés de temps;

– calculer les retenues salariales;

– enregistrer les paies des employés soit dans le journal général, soit en utilisant un journal des salaires;

– verser le salaire net aux employés;

– comptabiliser la part de l'employeur pour ce qui est des charges sociales et des avantages sociaux;

– préparer les rapports de remise des retenues à la source aux divers organismes concernés et leur verser le paiement approprié.

Nathan Beauchemin,
réceptionnaire-expéditeur

Claude Secours vous emploie comme consultant afin de mettre en place un système de paie efficace et de le faire fonctionner.

9.1 L'ouverture et le suivi d'un dossier d'employé

WWW.

Commission des normes
du travail du Québec
www.cnt.gouv.qc.ca

La Loi sur les normes du travail, qui établit les conditions minimales de travail en l'absence de conditions prévues par une convention collective, un contrat de travail ou un décret, a été sanctionnée le 22 juin 1979, est entrée en vigueur le 16 avril 1980 et a été mise à jour périodiquement depuis ce temps afin de tenir compte de la réalité économique. De plus, divers règlements ont été adoptés en vertu de cette loi. Entre autres, le Règlement sur la tenue d'un système d'enregistrement ou d'un registre oblige tout employeur québécois à tenir un dossier pour chacun de ses employés et à le conserver pour une période couvrant au moins les trois années suivant la cessation d'emploi. Le site Internet de la Commission des normes du travail du Québec peut vous être utile pour bien comprendre le fonctionnement de la Loi sur les normes du travail.

Voyons maintenant ce que doit contenir le dossier des employés. Notez que les données qui s'y trouvent sont confidentielles; il est donc primordial que ces dossiers soient conservés de façon sécuritaire afin que seules les personnes autorisées y aient accès.

MISE EN SITUATION ▶

En tant que consultant, vous remplissez la fiche de Nathan Beauchemin, le réceptionnaire-expéditeur de Décoration de luxe[1] :

FICHE D'EMPLOYÉ				15 NUMÉRO : NB-001							
*1 **Nom**	Beauchemin			**Prénom**	Nathan				* 3 **N.A.S.** 228 536 459		
*2 **Adresse**		**Numéro**	1009	**Rue**	Bégin	4 **Téléphone**		418 123-5681			
						Téléphone mobile		418 546-3322			
		Ville	Saguenay	**Province**	Québec	**Courriel**		nbeauchemin@saguenay.ca			
		Code postal	J4H 5Y4			7 **Date de naissance**		1985 / Année	12 / Mois	22 / Jour	
						8 **Sexe**		Homme ☑	Femme ☐		
9 **Situation familiale**		Célibataire ☑		Marié(e) ☐		Conjoint de fait ☐		Veuf / Veuve ☐			
9 **Nombre de personnes à charge**	0	**Codes de demande et de retenues**				Fédéral	1	Provincial	A		
*13 **Poste**	Réceptionnaire-expéditeur			16 **Caisse de retraite**		4 %					
14 **Syndicat**	S.O.			**Cotisation syndicale**		S.O.					
*17 **Date d'emploi**	20X5 / Année	05 / Mois	21 / Jour								
				10 **Salaire**	12,50 $						
					Horaire	Hebdomadaire	Mensuel				
5 **Employeur précédent**	Cérac inc.			6 **Emploi précédent**		Vendeur interne					
11 **Semaine normale de travail**	40 heures			12 **Périodes de paie**		52					
*18 **Année de référence**	20X5 / Année	05 / Mois	01 / Jour	*19 **Vacances**		8 %					
*20 **Congés**											
21 **Emploi terminé le**	/ Année	/ Mois	/ Jour	21 **Avis donné le**		/ Année	/ Mois	/ Jour			
21 **Raison de la cessation**											

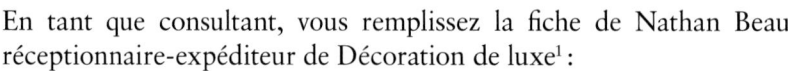

---

1. Certains renseignements sont précédés d'un astérisque (*), ce qui signifie qu'il s'agit d'une information visée par la Loi sur les normes du travail et le règlement qui en découle. L'employeur a l'obligation d'obtenir ces renseignements. Les autres sont facultatifs, mais très utiles à la préparation de la paie.

9.1.1 Les renseignements personnels

1 *Le nom et le prénom de l'employé

Il faut s'assurer que le nom est bien écrit et qu'il correspond en toutes lettres à celui apparaissant sur la carte d'assurance sociale de l'employé. Il faut porter une attention tout à fait spéciale à l'utilisation du nom de famille du mari par une femme mariée. Rappelons que depuis le 2 avril 1981, la femme qui se marie doit garder son nom de famille à la naissance. Celle qui s'est mariée avant cette date peut continuer de porter le nom de famille de son mari, ou les deux, mais elle a aussi la possibilité, si elle le désire, de récupérer son nom de famille à la naissance et de faire corriger certains documents officiels, dont sa carte d'assurance sociale et son enregistrement à la Régie des rentes du Québec.

2 *L'adresse résidentielle

On doit faire attention de bien écrire le nom de la rue et de la municipalité, de même que le code postal.

3 *Le numéro d'assurance sociale (N.A.S.)

Comme tous les travailleurs canadiens doivent détenir un numéro d'assurance sociale, l'employeur est tenu de le demander à tout nouvel employé. Le numéro d'assurance sociale est attribué à chaque travailleur pour sa vie entière, et il devient essentiel quand on veut, par exemple, déterminer ses droits à un régime de rentes ou de retraite.

MISE EN GARDE

La séquence des numéros d'assurance sociale s'établit selon une certaine logique pour permettre d'en vérifier l'authenticité. Cependant, dans ce chapitre, nous utiliserons des numéros fictifs dont l'authenticité ne peut être vérifiée. Notez que les logiciels comptables n'acceptent pas de faux numéros. Si vous devez en choisir un pour résoudre les problèmes à la fin du chapitre, vous utiliserez 000 000 000.

4 Les numéros de téléphone et l'adresse courriel

Les numéros de téléphone peuvent être utiles si l'on veut communiquer avec un employé en dehors des heures de travail ou, par exemple, aviser le conjoint en cas d'accident ou de maladie sur les lieux de travail. L'adresse courriel est de plus en plus utilisée pour communiquer certains renseignements que l'employé a intérêt à connaître.

5 Le nom de l'employeur précédent

Cette information est toujours utile afin de suivre le cheminement d'un employé.

6 L'emploi précédent

Cette information permet de connaître le dernier emploi occupé par le travailleur et de suivre le cheminement de ce dernier à partir de son entrée en service. On conservera donc au dossier la liste des différents postes qu'il a occupés au sein de l'entreprise et la mention du dernier emploi détenu ailleurs.

7 La date de naissance

On prendra soin d'enregistrer les dates selon la formule reconnue « année – mois – jour ». Il faut aussi bien vérifier si l'employé a moins de 18 ans ou s'il atteindra cet âge dans l'année. La même chose pour un employé qui atteindra 70 ans dans l'année. En effet, cette information pourrait être utile dans la détermination des obligations de l'employé et de l'employeur en ce qui a trait au Régime de rentes du Québec (RRQ).

8 **Le sexe de l'employé**

WWW.
Commission sur l'équité salariale
www.ces.gouv.qc.ca

Cette information peut être pertinente dans le cas où il peut y avoir méprise en raison d'un prénom convenant aux deux sexes, comme Claude ou Dominique, ou laissant planer le doute du fait qu'il est peu commun. De plus, ce renseignement est important afin de respecter la Loi sur l'équité salariale.

Toute entreprise comptant six salariés ou plus est assujettie à la Loi sur l'équité salariale, que cette entreprise soit du secteur privé, public ou parapublic. Cette loi a pour objet de corriger, à l'intérieur d'une même entreprise, les écarts salariaux dus à la discrimination fondée sur le sexe à l'égard des personnes qui occupent des postes dans des catégories d'emploi à prédominance féminine. Pour plus d'information sur cette loi, voir le site de la Commission sur l'équité salariale.

9 **La situation familiale et le nombre de personnes à charge**

Ces renseignements complémentaires peuvent être utiles. Ils seront étudiés lors de la préparation de la déclaration de l'employé afin de déterminer ses retenues aux fins d'impôt.

MISE EN SITUATION ▶ À noter que Nathan Beauchemin est célibataire et n'a aucune personne à charge. ◀

9.1.2 L'information sur le travail accompli et le salaire versé

Il importe de conserver et de tenir à jour les renseignements suivants sur la fiche de l'employé :

10 ***Le salaire horaire, hebdomadaire ou mensuel versé**

Certains employés sont rémunérés par heure travaillée, d'autres ont un salaire fixe hebdomadaire ou mensuel.

Le salaire minimum auquel l'employé a droit est fixé par le gouvernement du Québec. Toutefois, c'est la Commission de normes du travail qui en supervise l'application ; elle reçoit également les plaintes qui en découlent. Les taux du salaire minimum sont sujets à changements. Comme exemple, le présent tableau présente ceux en vigueur au 1er mai 2012 :

Taux général	Taux pour les salariés au pourboire	Taux pour les salariés de l'industrie du vêtement
9,90 $ l'heure	8,55 $ l'heure	9,90 $ l'heure

Cueilleurs de framboises	Cueilleurs de fraises	Cueilleurs de pommes
2,91 $ du kilogramme	0,77 $ du kilogramme	9,90 $ l'heure

11 **La durée de la semaine normale de travail**

Cette information est importante, car elle permettra au comptable de déterminer à partir de quel moment les heures de travail d'un salarié sont considérées comme des heures supplémentaires. La Loi sur les normes du travail prévoit, dans la majorité des cas, une semaine normale de travail de 40 heures. Les heures travaillées en plus des heures de la semaine normale de travail doivent habituellement être payées avec une majoration de 50 % (taux et demi) du salaire horaire habituel. Cependant, certains employeurs peuvent offrir de meilleures conditions que ce que prévoit la loi. De plus, certaines catégories d'emploi ne permettent pas de recevoir une rémunération des heures supplémentaires. C'est le cas, entre autres, des cadres dont le salaire a été fixé hebdomadairement ou mensuellement.

12 Le nombre de périodes de paie par année

Le nombre de périodes de paie par année peut varier d'une entreprise à l'autre. Cependant, on retrouve majoritairement 26 ou 52 périodes de paie par année.

9.1.3 La classification de l'employé dans l'entreprise

Les éléments d'information à consigner dépendent du type et de la taille de l'entreprise. Pour une entreprise syndiquée, la définition des classifications d'emploi correspond à ce que l'on retrouve dans la convention collective. La situation est différente pour une entreprise non syndiquée ou pour une petite entreprise où un même employé cumule différentes fonctions.

13 *Le titre du poste

La Loi sur les normes du travail exige qu'on indique au registre des employés le titre d'emploi de chaque salarié dès l'embauche. Lorsqu'on a de la difficulté à le déterminer, dans le cas d'une petite entreprise, par exemple, on peut consulter la Classification nationale des professions (CNP). Ce document décrit de façon générale la plupart des professions et leur attribue un code. Par contre, c'est le contrat de travail ou la convention collective liant le travailleur à son employeur qui prévaut à ce sujet.

Pour accéder à la Classification nationale des professions, vous pouvez consulter le site de Ressources humaines et Développement des compétences Canada.

14 La classification selon l'unité syndicale et le taux de cotisation

Dans le cas d'un employé syndiqué, la mention au dossier de l'employé de l'unité syndicale à laquelle il appartient est fort utile et même nécessaire lorsqu'il s'agit, par exemple, de calculer les cotisations syndicales à déduire de son salaire. Il n'est pas rare que des employés d'une même entreprise soient représentés par différentes unités syndicales selon le métier qu'ils exercent. L'utilité de cette information devient alors évidente. La base de calcul de la cotisation syndicale peut également apparaître sur la fiche de l'employé. Le plus souvent, il s'agit d'un pourcentage à appliquer à son salaire, mais cela peut être également une somme prédéterminée.

MISE EN SITUATION ▶ Dans le cas de Nathan Beauchemin, comme il n'est pas syndiqué, nous indiquerons donc S.O. (sans objet) dans la case appropriée. ◀

15 L'attribution d'un numéro d'employé

En raison du caractère confidentiel du N.A.S., plusieurs entreprises préfèrent utiliser un autre numéro afin d'identifier les employés, qui peuvent, par exemple, porter le même nom ou un nom pouvant porter à confusion.

WWW.
Ressources humaines et Développement des compétences Canada, Classification nationale des professions
www5.hrsdc.gc.ca/NOC/

16 Le taux de cotisation à la caisse de retraite

Certaines entreprises offrent à leurs employés de cotiser à une caisse de retraite, et cette participation est établie suivant une certaine proportion. L'accumulation d'une caisse de retraite permettra aux employés y ayant contribué de recevoir une rente au moment de leur retraite. Cette rente sera déterminée par divers facteurs dont l'âge, les années de service et le salaire de l'employé retraité

Dans le cas de Nathan, sa cotisation est égale à 4 % de son salaire brut. ◄

La caisse de retraite est habituellement administrée par un fiduciaire, qui doit voir à en faire fructifier les actifs sous forme de placements. Plusieurs caisses de retraite ont un site Internet que vous pourriez consulter, comme celui de la Commission administrative des régimes de retraite et d'assurances du Québec et celui du Régime de retraite du personnel des CPE et des garderies privées conventionnées du Québec.

9.1.4 Les autres renseignements à inclure au dossier de l'employé

17 *La date d'emploi

La date d'entrée en service de chaque employé est utile pour différents programmes sociaux comme le Régime d'assurance-emploi et le RRQ. Cette date est aussi importante pour le calcul des vacances ou de l'ancienneté.

18 *L'année de référence

La Loi sur les normes du travail spécifie, entre autres, que :

« L'année de référence est une période de douze mois consécutifs pendant laquelle un salarié acquiert progressivement le droit à des vacances annuelles. La loi propose que cette période s'étende du 1ᵉʳ mai au 30 avril. Une entreprise pourrait toutefois choisir une autre période. Les congés annuels acquis pendant cette période doivent être pris durant la période de référence suivante. »

19 *La durée des vacances

Il s'agit d'indiquer la durée des vacances auxquelles l'employé aura droit. La Loi sur les normes du travail oblige l'employeur à accorder au moins 4 % du salaire pour les vacances, soit deux semaines par année. Par contre, l'entreprise peut accorder plus de vacances à ses employés : 6 % du salaire représente trois semaines et 8 %, quatre semaines.

20 *La date de début des vacances et les jours fériés

Les dates pour lesquelles un salarié a été payé en raison d'un jour férié ainsi que la date du début de ses vacances annuelles seront inscrites au dossier de l'employé. Pour en savoir plus sur les jours fériés et les vacances, consultez le site de la Commission des normes du travail.

21 Les conditions de cessation d'emploi

Ces renseignements sont nécessaires à la rédaction des formulaires relatifs aux demandes de prestations d'assurance-emploi et doivent comprendre :

- la date à laquelle l'emploi se termine ;
- la date de l'avis de cessation d'emploi ;
- la raison de la cessation d'emploi.

---

2. http://comptabiliteyrobichaud.blogspot.ca/2011_09_04_archive.html

Caisse de retraite
Aussi appelé « régime de retraite » ou « fonds de pension », capital constitué de retenues salariales et des contributions de l'employeur auxquelles s'ajoutent les produits financiers générés par les placements effectués par le gestionnaire de la caisse de retraite.

Fiduciaire
Personne physique ou morale à laquelle est temporairement transférée la propriété d'actifs dans le but de les administrer.

WWW.
Commission administrative des régimes de retraite et d'assurances du Québec
www.carra.gouv.qc.ca

Régime de retraite du personnel des CPE et des garderies privées conventionnées du Québec
www.sttcpee.ca/page/regime-de-retraite

Jour férié
Jour pour lequel un travailleur aura droit à un congé rémunéré régi par la Loi sur les normes du travail ou par une convention collective[2].

WWW.
Jours fériés, Commission des normes du travail
www.cnt.gouv.qc.ca/congeset-absences/jours-feries/

Raphaële Mendes est infographiste et unique propriétaire de l'entreprise Design Graphique Moderne. Elle a toujours travaillé seule, mais elle a tellement de nouveaux contrats qu'elle vient d'embaucher Mireille Lafrenière au poste d'aide-graphiste. À l'aide des renseignements qui suivent, vous allez maintenant remplir la fiche d'employé de Mireille Lafrenière.

- Numéro d'employé : 000325

- Adresse : 227, rue Blackburn, Saguenay (Québec) J4H 8T2 ; téléphone résidence : 418 123-7834 ; téléphone mobile : 418 321-4550 ; adresse électronique : mlafreniere99@saguenay.ca

- Numéro d'assurance sociale : 232 458 891

- Date de naissance : 1987-11-21

- L'employée a un conjoint de fait. Le couple n'a pas d'enfant. Par ailleurs, Mireille a la charge de son conjoint, qui est étudiant à temps plein. Il gagnera quand même 1 000 $ au cours de l'année.

- Mireille participera à la caisse de retraite à raison de 3 % de son salaire brut.

- Elle est affiliée au syndicat de la CSDQ, et sa cotisation égale 0,5 % de son salaire brut.

- Elle débutera le 18 novembre 20X5 et travaillera de 30 à 40 heures par semaine à 13,75 $ l'heure. Les heures supplémentaires seront rémunérées au taux et demi.

- Elle a occupé son dernier emploi chez Les Industries Tanguay, où elle était réceptionniste.

- Elle recevra sa paie tous les jeudis pour la semaine terminée le vendredi précédent.

- Elle aura droit à 6 % de vacances.

FICHE D'EMPLOYÉ		NUMÉRO :							
Nom			Prénom				N.A.S.		
Adresse	Numéro		Rue		Téléphone				
					Téléphone mobile				
	Ville		Province		Courriel				
	Code postal				Date de naissance	Année	Mois	Jour	
					Sexe	Homme ☐		Femme ☐	
Situation familiale	Célibataire ☐		Marié(e) ☐		Conjoint de fait ☐		Veuf / Veuve ☐		
Nombre de personnes à charge		Codes de demande et de sretenues			Fédéral		Provincial		
Poste					Caisse de retraite				
Syndicat					Cotisation syndicale				
Date d'emploi									
	Année	Mois	Jour						
					Salaire				
						Horaire	Hebdomadaire	Mensuel	
Employeur précédent									
Semaine normale de travail					Périodes de paie				
Année de référence					Vacances				
	Année	Mois	Jour						
Congés									
Emploi terminé le					Avis donné le				
	Année	Mois	Jour			Année	Mois	Jour	
Raison de la cessation									

9.2 Les formulaires des agences gouvernementales

Pour que le service de la paie puisse retenir les bonnes sommes sur la paie des employés, ceux-ci doivent remplir annuellement les formulaires Déclaration des crédits d'impôt personnels (TD1) pour les retenues fédérales (voir les annexes 9.1 et 9.2) et Déclaration pour la retenue d'impôt (TP-1015.3) pour le gouvernement du Québec (voir l'annexe 9.4).

Exemption personnelle

Somme liée à la situation familiale du contribuable, à son âge, etc., que la loi lui permet de déduire dans le calcul de son revenu imposable.

Lorsqu'une personne prépare sa déclaration de revenus, elle a droit à des exemptions personnelles qui dépendent de sa situation familiale ou qui tiennent compte de certains autres facteurs comme le fait d'être handicapé ou d'être âgé de plus de 65 ans. L'employeur doit considérer ces éléments afin d'effectuer les bonnes retenues sur la paie ; ces formulaires lui permettent de le faire correctement.

Les annexes 9.3 et 9.4, intitulées Tableau des codes de demande fédéraux et Déclaration pour la retenue d'impôt permettent de déterminer les retenues d'impôt fédérales et provinciales. Ces codes seront utilisés pour les calculs à effectuer avec les tables des retenues (voir les annexes 9.8 et 9.9).

Si un employé est rémunéré sous forme de commission, il peut déduire certaines dépenses qu'il doit engager dans le cadre de son travail, comme les frais d'essence ou de repas. Afin que son employeur procède aux bonnes retenues sur sa paie, cet employé doit produire, pour le gouvernement fédéral, le formulaire TD1X, intitulé État du revenu et des dépenses de commissions aux fins des retenues sur la paie. Pour le gouvernement provincial, le formulaire que l'employé doit fournir est le TP-1015.R.13.1, intitulé Déclaration des commissions et dépenses pour la retenue d'impôt. Dans un tel cas, l'employeur ne calcule les retenues à la source que sur le montant net de la rémunération de l'employé. Il faut noter que, vu que l'on est en début d'année, ce sont des dépenses estimées qui sont inscrites sur les formulaires.

Plusieurs travailleurs reçoivent des pourboires en plus du salaire versé par leur employeur. Aux fins du calcul des retenues sur la paie, l'employeur doit alors ajouter les sommes déclarées par l'employé à l'aide du formulaire provincial TP-1019.4, intitulé Registre et déclaration des pourboires.

À VOUS DE JOUER !

À l'aide des renseignements de la fiche d'employé remplie à la rubrique « À vous de jouer ! » de la page 449, vous allez maintenant remplir les formulaires TD1 et TP-1015.3 (que vous trouverez aux annexes 9.1, 9.2 et 9.4) pour Mireille Lafrenière, l'aide-graphiste engagée chez Design Graphique Moderne. Son conjoint, étudiant et travailleur à temps partiel, ne gagnera que 1 000 $ au cours de l'année qui vient.

Le tableau des codes de demande fédéraux se trouve à l'annexe 9.3.

9.3 Le salaire brut

Lorsqu'une entreprise embauche un employé, elle doit normalement signer avec lui un contrat d'emploi qui stipule ses conditions de travail et précise, entre autres, le salaire qui lui sera versé. Le contrat doit aussi mentionner si le salaire est fixe, s'il est établi selon le nombre d'heures travaillées par l'employé ou s'il est basé sur le rendement, comme dans le cas d'un travailleur à commission.

Salaire brut
Total de la rémunération gagnée par un employé.

Le montant du salaire gagné par un employé au cours d'une période de paie constitue le salaire brut. C'est en effet la somme qui est comptabilisée comme charge et qui apparaît à ce titre dans le compte *Salaires* de l'état des résultats.

Le salaire annuel d'un employé peut lui être donné en 12, 24, 26 ou 52 versements.

Des employés peuvent être rémunérés selon un taux horaire possiblement majoré lorsqu'ils travaillent plus que les heures normales de travail (heures supplémentaires). Certains employés sont payés à commission, tandis que d'autres touchent un salaire fixe. Enfin, d'autres employés reçoivent des pourboires de leurs clients en plus d'un salaire fixe de leur employeur.

Pour l'entreprise, une charge est enregistrée lorsque les employés ont travaillé et que le comptable procède à l'enregistrement de la paie dans le journal général. De plus, en vertu du principe du rattachement des charges aux produits, celui-ci procède parfois à l'enregistrement d'une charge grâce à une régularisation en fin de période ou d'exercice. Par exemple, le salaire du 25 au 31 décembre 20X5 qui est versé le 4 janvier de l'année suivante est considéré comme une charge de l'exercice terminé le 31 décembre 20X5 après l'enregistrement de la régularisation. Cette paie ne sera toutefois imposable qu'en 20X6, même si l'entreprise la considère comme une charge d'exploitation en 20X5.

9.4 Les retenues salariales

Retenues salariales
Ensemble des sommes que l'employeur retranche de la rémunération attribuée à ses salariés à titre obligatoire ou facultatif. Les sommes ainsi retenues figurent dans des comptes de passif jusqu'au moment où l'employeur les remet à leur destinataire[3].

Voyons comment procède le comptable pour préparer la paie des employés (en tenant pour acquis, dans les exemples, que l'entreprise est exploitée au Québec). Le salaire gagné par un employé ne lui est pas intégralement versé, parce que l'entreprise effectue des retenues salariales pour le compte des deux gouvernements et de certains autres organismes. En effet, certaines retenues sont prévues par des lois, alors que d'autres sont facultatives ou peuvent être prévues dans les conventions collectives.

9.4.1 Les retenues salariales obligatoires

Certaines retenues salariales sont obligatoires, soit par un jugement de la Cour ou en raison d'une loi gouvernementale. Par conséquent, toutes les entreprises qui emploient des salariés au Québec doivent obligatoirement retenir ces sommes sur leur paie. Comme nous le verrons plus loin, l'entreprise versera par la suite ces retenues aux deux paliers de gouvernement concernés, soit l'Agence du revenu du Canada et l'Agence du revenu du Québec, mieux connue sous l'appellation Revenu Québec. Le schéma de la figure 9.1 nous présente ces retenues salariales obligatoires.

Agence du revenu du Canada
www.cra-arc.gc.ca.

Agence du revenu du Québec
www.revenuquebec.ca.

Nous allons maintenant examiner en détail ces retenues. Afin de simplifier la compréhension dans les exemples, nous tenons toujours pour acquis que l'entreprise verse 52 paies par année (chaque période de paie étant d'une semaine). Bien entendu, le principe de calcul et de comptabilisation demeure le même, que les salaires soient versés toutes les deux semaines, deux fois par mois ou mensuellement.

---

3. http://comptabiliteyrobichaud.blogspot.ca/2011_09_04_archive.html

FIGURE 9.1 LES RETENUES SALARIALES OBLIGATOIRES

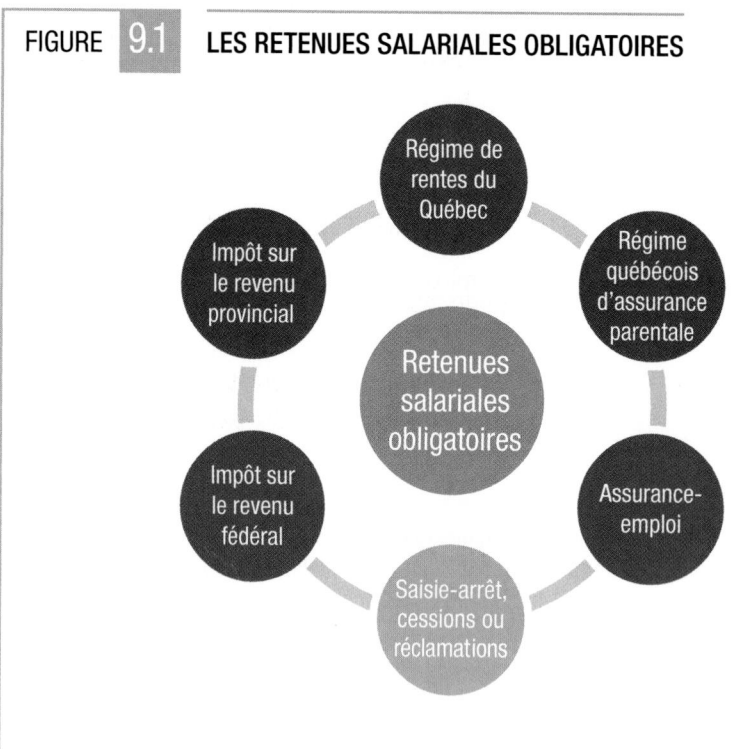

Toutes les formules utilisées de même que les tables nécessaires pour le calcul des différentes retenues sont présentées en annexes de ce chapitre.

Comme les tables des retenues d'impôt sont susceptibles d'être modifiées deux fois par année, nous allons utiliser des versions qui ne correspondent pas à celles en vigueur lorsque vous suivez votre cours. Elles ne vous permettront donc pas de vérifier si votre employeur a effectué les bons calculs lors de la préparation de votre dernière paie.

Le Régime de rentes du Québec

Le Régime de rentes du Québec (RRQ) est entré en vigueur le 1er janvier 1966. Tous les employés salariés de 18 ans ou plus dont le salaire annuel est de plus de 3 500 $ doivent cotiser au RRQ. Cette contribution permet, le moment venu, de verser à ces contribuables ou à leurs survivants une des rentes suivantes :

- la rente de retraite ;
- la prestation de survivants ;
- les prestations d'invalidité ;
- le paiement de soutien aux enfants ;
- le supplément pour enfant handicapé.

En 2012, le taux de cotisation au RRQ est passé de 9,9 % à 10,05 %. Ce taux correspond à un taux de cotisation de 5,025 % pour l'employé et de 5,025 % pour l'employeur. De plus, un maximum de revenu cotisable est établi chaque année ; c'est ce qu'on appelle le maximum des gains admissibles. En 2012, ce maximum était établi à 50 100 $. Par conséquent, la cotisation maximale qu'un employeur peut retenir dans une année est de 2 341,65 $ par employé, soit 50 100 $ moins une retenue de base annuelle de 3 500 $ multipliée par 5,025 % ([50 100 $ – 3 500 $] × 5,025 %) :

50 100 $	–	retenue de base annuelle de 3 500 $	×	5,025 %	=	cotisation maximale
50 100 $	–	3 500 $	×	5,025 %	=	2 341,65 $

Lorsqu'un employé gagne plus que le maximum admissible, son employeur n'effectue plus de prélèvements à partir du moment où ce maximum a été atteint.

Pour chaque paie, la retenue de RRQ est calculée à l'aide de la table des cotisations au Régime de rentes du Québec (voir l'annexe 9.5).

L'employeur contribue aussi au financement de ce régime en versant une somme égale à celle qui a été prélevée sur la paie de son employé. Nous verrons plus loin la façon de comptabiliser la part que doit débourser l'employeur.

Le Régime québécois d'assurance parentale

Le 1er mars 2005, les gouvernements du Québec et du Canada ont signé une entente définissant les modalités de mise en œuvre du Régime québécois d'assurance parentale (RQAP). Ce régime assure aux travailleurs le versement d'une prestation financière s'ils se prévalent d'un congé de maternité, de paternité, d'adoption, ou encore d'un congé parental au cours duquel ils cessent d'être rémunérés. C'est le ministère du Revenu du Québec qui a la responsabilité de percevoir, depuis le 1er janvier 2006, la cotisation au RQAP. Cette cotisation s'applique aux employeurs, aux employés et aux travailleurs autonomes.

En 2012, le maximum de revenus assurables a atteint 66 000 $. De même, le taux de cotisation de l'employé était de 0,559 % et le taux de cotisation de l'employeur, de 0,782 %, soit 1,4 fois celle de l'employé. Par conséquent, la cotisation maximale de l'employé était de 368,94 $, et la cotisation maximale de l'employeur, de 516,12 $. Ainsi, l'employeur prélèvera la cotisation au RQAP jusqu'à concurrence d'un salaire assurable de 66 000 $, soit un maximum de 368,94 $ (66 000 $ × 0,559 %).

Pour calculer manuellement les cotisations au RQAP, vous pouvez utiliser la table des cotisations au RQAP (TP-1015.TA). Cette table vous est fournie à l'annexe 9.6.

L'assurance-emploi

Assurance-emploi
Aide financière temporaire aux chômeurs qui ont perdu leur emploi sans en être responsables, pendant qu'ils cherchent un nouvel emploi ou perfectionnent leurs compétences. Ce programme vient également en aide aux travailleurs dans d'autres situations[4].

L'assurance-emploi fournit de l'aide financière aux chômeurs canadiens. Elle comporte les buts suivants :

- Verser des prestations aux personnes en chômage, pendant une certaine période.
- Aider les personnes en chômage à trouver un emploi et permettre aux employeurs de trouver la main-d'œuvre dont ils ont besoin.
- Aider les travailleurs malades, les femmes enceintes et les parents qui s'occupent d'un nouveau-né ou d'un enfant adopté.
- Aider les personnes qui doivent s'occuper d'un membre de leur famille souffrant d'une maladie grave qui risque de causer son décès.

Chaque employé doit contribuer à l'assurance-emploi, et l'employeur effectue les retenues nécessaires sur la paie. Par exemple, si le taux de cotisation est de 1,47 %

---

4. http://www.servicecanada.gc.ca/fra/sc/ae/index.shtml

pour l'employé, alors le taux de cotisation de l'employeur est de 2,058 %, soit 1,4 fois celui de l'employé. La cotisation maximale de l'employé de 2012 était de 674,73 $. Le calcul des retenues s'effectue à l'aide de la table des cotisations à l'assurance-emploi (voir l'annexe 9.7).

L'impôt fédéral sur le revenu

Les retenues effectuées sur la paie d'un employé dépendent de sa situation familiale. C'est la raison pour laquelle chaque employé remplit le formulaire TD1 (voir l'annexe 9.1). Le code de demande, désigné par des chiffres de 0 à 10, permet à l'employeur de calculer la somme qui doit être prélevée en fonction du salaire de l'employé.

Les tables sont conçues pour que l'employé ayant une seule source de revenus n'ait ni à débourser ni à retirer une somme d'argent à la suite de la production de sa déclaration de revenus. Dans la table des retenues d'impôt fédéral (voir l'annexe 9.8), on tient compte du fait que le RRQ, le RQAP et l'AE sont des éléments déductibles dans le calcul du revenu imposable d'une personne. Le comptable doit néanmoins déduire certaines sommes de la rémunération brute pour obtenir le revenu assujetti ou le gain imposable afin de pouvoir déterminer l'impôt à retenir à la source :

- les cotisations versées par l'employé à une caisse ou à un régime enregistré de retraite ;
- les cotisations syndicales ;
- les retenues autorisées par le gouvernement, comme les cotisations à un régime enregistré d'épargne-retraite (REER), les pensions alimentaires, etc.

Pour trouver le gain imposable (revenu assujetti) au fédéral, le calcul suivant doit être fait :

Salaire brut – Contribution à la caisse de retraite – Cotisation syndicale

L'entreprise qui procède au calcul de la paie à l'aide d'un logiciel comptable n'utilise pas de codes de demande ; elle enregistre plutôt le résultat du formulaire TD1, et le logiciel calcule les retenues à effectuer à l'aide des tables des retenues dont il dispose.

L'impôt provincial sur le revenu

Pour déterminer les sommes à prélever pour l'impôt provincial sur le revenu, l'employé doit remplir le formulaire TP-1015.3 (voir l'annexe 9.4). La table des retenues de l'impôt provincial sur le revenu est préparée selon la même logique que celle de l'impôt fédéral sur le revenu. En effet, elle tient aussi compte de l'AE et du RRQ. De plus, afin de déterminer le salaire assujetti, on doit soustraire les éléments suivants :

- les contributions à la caisse de retraite ;
- les autres retenues autorisées par les agences de revenu, comme les pensions alimentaires et les versements au régime d'épargne-retraite.

Avant de tenir compte de ces éléments à déduire, l'employeur doit toutefois avoir obtenu l'autorisation de l'Agence du revenu du Canada et de Revenu Québec.

Pour trouver le gain imposable (revenu assujetti) au provincial, on doit soustraire du salaire brut la contribution à la caisse de retraite. On ne soustrait pas les cotisations syndicales.

Salaire brut – Contribution à la caisse de retraite

9.4.2 Les retenues salariales prévues par des ententes collectives

En plus des retenues salariales obligatoires, certaines organisations qui comptent un grand nombre d'employés mettent sur pied une caisse de retraite. Dans le cadre de ce régime, des sommes seront prélevées sur la paie des employés afin qu'ils versent leur cotisation. Il est important de mentionner que les régimes de retraite ne se retrouvent pas exclusivement dans les organisations qui comptent des employés syndiqués.

Dans le cas des employés qui sont représentés par un syndicat, c'est l'employeur qui aura la responsabilité de prélever les cotisations syndicales sur la paie des salariés. Ces retenues devront par la suite être versées au syndicat par l'employeur. Le schéma de la figure 9.2 présente ces deux exemples de retenues salariales prévues par des ententes collectives.

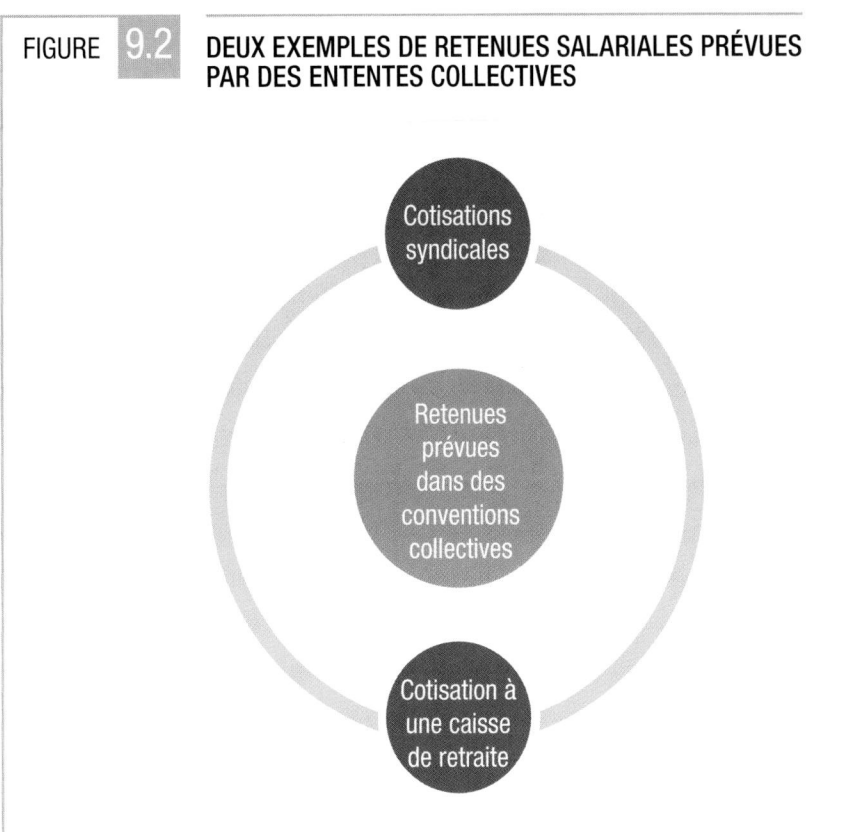

FIGURE 9.2 DEUX EXEMPLES DE RETENUES SALARIALES PRÉVUES PAR DES ENTENTES COLLECTIVES

Examinons maintenant en détail ces retenues prévues par des ententes collectives.

Les cotisations syndicales

Dans le cas où les employés sont syndiqués, le montant des cotisations syndicales dépend du syndicat auquel ils sont affiliés. L'employeur doit habituellement retenir un pourcentage du salaire brut ou une somme par heure travaillée, le tout selon la convention collective qui régit ses rapports avec ses employés.

La caisse de retraite

Si l'ensemble des employés participe à une caisse de retraite, tous doivent normalement y souscrire, et l'employeur prélève une certaine somme sur leur salaire brut. Cette retenue est habituellement calculée à l'aide d'un pourcentage du salaire brut prédéterminé. L'employeur doit aussi contribuer à la caisse de retraite de ses employés selon différentes modalités établies dans le contrat de travail qu'il signe avec eux.

MISE EN SITUATION ▶

Dans le cas de l'entreprise Décoration de luxe, l'employeur verse une somme équivalente à celle prélevée sur la paie des employés pour la caisse de retraite. ◀

9.4.3 Les retenues salariales facultatives

Il arrive que des entreprises offrent de meilleures conditions de travail à leurs employés afin qu'ils jouissent de certains avantages de plus que ceux prévus par la loi (voir la figure 9.3). C'est le cas, entre autres, d'un régime d'assurance collective et d'un régime enregistré d'épargne-retraite collectif. Le régime d'assurance collective permettra aux travailleurs de se faire rembourser une partie de certains frais médicaux ou dentaires engagés par eux et leur famille. Le régime enregistré d'épargne-retraite collectif sera parfois offert par les employeurs à la place d'une caisse de retraite. Ils vont ainsi encourager les employés à contribuer à leur REER en y versant un certain montant, habituellement en pourcentage du salaire brut.

Assurance collective

Type d'assurance qui consiste à protéger un groupe d'employés, par exemple les employés travaillant pour une même entreprise, d'un risque donné (vie, invalidité, frais médicaux, frais dentaires, notamment).

Régime enregistré d'épargne-retraite (REER)

Plan de retraite individuel permettant à un particulier d'épargner et de faire fructifier, à l'abri de l'impôt, des sommes qu'il pourra retirer à sa retraite et qui seront alors imposables*.

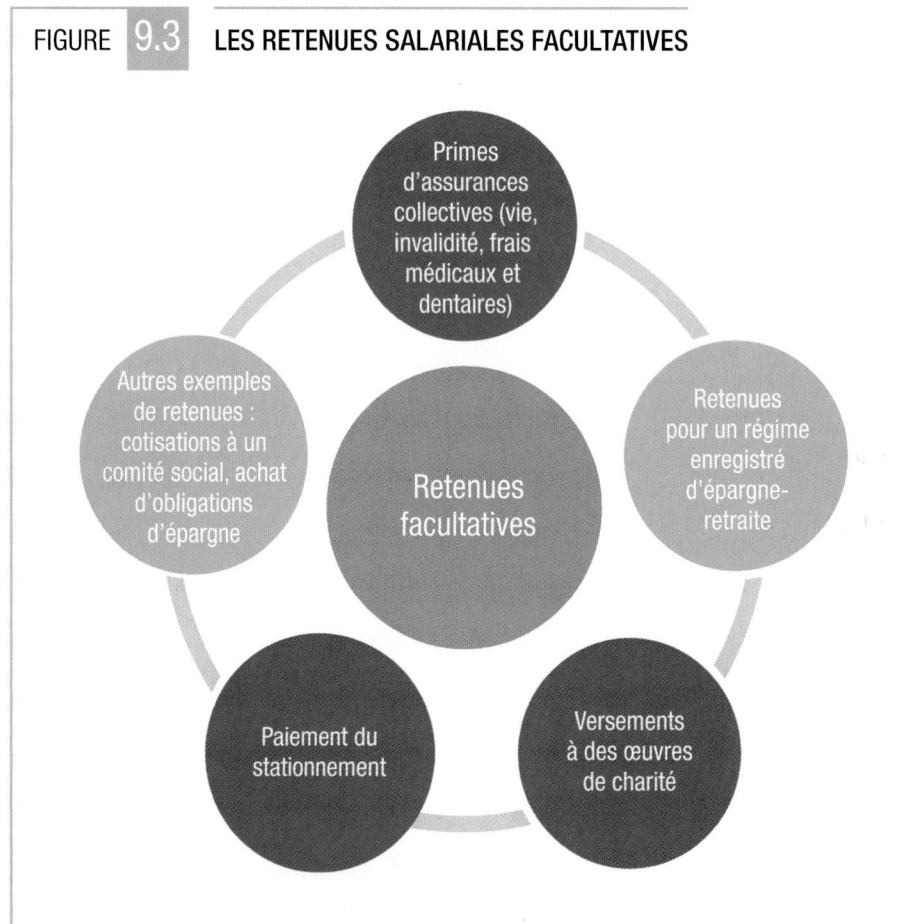

FIGURE 9.3   LES RETENUES SALARIALES FACULTATIVES

L'employeur peut aussi permettre à ses employés de payer certaines sommes avec leurs retenues salariales, telles que le paiement du stationnement ou le versement d'une somme périodique à une œuvre de charité. La figure 9.3 présente les sommes qui peuvent être prélevées sur la paie des employés afin de régler certains éléments. Quant au tableau 9.1, il regroupe les différentes retenues qui peuvent être faites sur la paie des employés.

TABLEAU 9.1 ► **Les retenues salariales**

Retenues salariales obligatoires	Taux de cotisation	Retenue maximale annuelle	Table utilisée	Particularités
Régime de rentes du Québec	5,025 % du salaire brut en 2012	2 341,65 $	Tables des cotisations au RRQ (voir l'annexe 9.5)	S.O.
Régime québécois d'assurance parentale	0,559 % du salaire brut en 2012	368,94 $	Table des cotisations au RQAP (voir l'annexe 9.6)	S.O.
Assurance-emploi	1,47 % du salaire brut en 2012	674,73 $	Table des cotisations à l'AE (voir l'annexe 9.7)	S.O.
Impôt fédéral sur le revenu	Selon la situation familiale de l'employé	S.O.	Table des retenues de l'impôt fédéral en fonction des informations contenues dans le formulaire TD1	Base de calcul : • salaire brut • moins : contribution à la caisse de retraite • moins : cotisation syndicale
Impôt provincial sur le revenu	Selon la situation familiale de l'employé	S.O.	Table des retenues de l'impôt provincial en fonction des informations contenues dans le formulaire TP-1015.3	Base de calcul : • salaire brut • moins : contribution à la caisse de retraite

Retenues salariales prévues par des ententes collectives	Taux de cotisation	Retenue maximale annuelle	Table utilisée	Particularités
Cotisations syndicales	Habituellement un pourcentage du salaire brut ou une somme par heure travaillée	Variable	S.O.	Variable d'une entreprise à l'autre
Caisse de retraite	Habituellement un pourcentage du salaire brut	Variable	S.O.	Variable d'une entreprise à l'autre

Retenues salariales facultatives	Taux de cotisation	Retenue maximale annuelle	Table utilisée	Particularités
Régime d'assurance collective	Habituellement un pourcentage du salaire brut, prévu par le contrat avec l'assureur	Variable	S.O.	Variable d'une entreprise à l'autre
Régime enregistré d'épargne-retraite collectif	Montant variable au choix de l'employé, compte tenu du maximum annuel prévu par le fisc	Variable	S.O.	Variable d'une entreprise à l'autre
Diverses retenues pour permettre aux employés de payer certaines sommes	Variable d'une entreprise à l'autre	Variable	S.O.	Variable d'une entreprise à l'autre

Nathan Beauchemin a travaillé 40 heures à 12,50 $ l'heure. Son salaire hebdomadaire sera donc de 500 $. Le tableau suivant montre les différentes retenues que son employeur devra faire sur son salaire :

DÉCORATION DE LUXE CALCUL DES RETENUES À LA SOURCE – NATHAN BEAUCHEMIN Semaine terminée le 25 mai 20X5		
Régime	**Calcul**	**Montant**
Régime de rentes du Québec	Selon la table des retenues du RRQ	21,74 $
Régime québécois d'assurance parentale	Selon la table des retenues du RQAP	2,80
Assurance-emploi	Selon la table des retenues de l'AE	7,35
Impôt fédéral	Selon la table des retenues de l'impôt fédéral (code = 1) Salaire assujetti = 480,00 $ [500,00 $ − (500,00 $ × 4 %)]	27,70
Impôt provincial	Selon la table des retenues de l'impôt provincial (code = A) Salaire assujetti = 480,00 $ [500,00 $ − (500,00 $ × 4 %)]	32,27
Cotisations syndicales	S.O. : employé non syndiqué	Ø
Caisse de retraite	4 % du salaire brut (4 % × 500,00 $)	20,00
Total des retenues à la source		**111,86 $** ◀

À VOUS DE JOUER !

Pour la semaine terminée le 24 novembre 20X5, Mireille Lafrenière a gagné 481,25 $. Ses codes des retenues pour l'impôt fédéral et pour l'impôt provincial sont respectivement 6 et H. Nous savons déjà qu'elle participe à sa caisse de retraite à raison de 3 % de son salaire brut. Elle est affiliée au syndicat de la CSDQ, et sa cotisation égale 0,5 % de son salaire brut. On vous demande de déterminer les retenues salariales pour la paie de la semaine terminée le 24 novembre 20X5 en remplissant le tableau suivant :

DESIGN GRAPHIQUE MODERNE CALCUL DES RETENUES À LA SOURCE – MIREILLE LAFRENIÈRE Semaine terminée le 24 novembre 20X5		
Régime	**Calcul**	**Montant**
Régime de rentes du Québec	Selon la table des retenues du RRQ	17,96
Régime québécois d'assurance parentale	Selon la table des retenues du RQAP	2,60
Assurance-emploi	Selon la table des retenues de l'AE	6,83
Impôt fédéral	Selon la table des retenues de l'impôt fédéral (code = 6) Salaire assujetti =	3,45
Impôt provincial	Selon la table des retenues de l'impôt provincial (code = H) Salaire assujetti =	Ø
Cotisations syndicales	___ % du salaire brut	2,4
Caisse de retraite	___ % du salaire brut	14,44
Total des retenues à la source		

9.5 La comptabilisation de la paie

Le salaire brut constitue une charge pour l'entreprise, et les retenues effectuées sur la paie des employés doivent éventuellement être versées aux différents gouvernements ou organismes; il s'agit d'un passif pour l'entreprise. La différence entre le salaire brut et les retenues à la source représente le salaire net, c'est-à-dire la somme que reçoit l'employé pour la période en question.

MISE EN SITUATION ▶

Nathan Beauchemin a gagné un salaire brut hebdomadaire de 500$ pour la semaine terminée le samedi 26 mai 20X5. La semaine de travail s'étend du dimanche au samedi et la paie est versée tous les jeudis pour le travail effectué la semaine précédente. Donc, dans ce cas, la paie sera versée le jeudi 31 mai. Voici le relevé de paie qui résume les retenues:

RELEVÉ DE PAIE					
Décoration de luxe 345, rue des Peupliers Saint-Félicien (Québec) H2K 6V9 Code de demande fédéral: **1** Code des retenues provincial: **A**				**Employé(e):** Nathan Beauchemin 1009, rue Bégin Saguenay (Québec) J4H 5Y4 **Période de paie:** du 20 mai au 26 mai 20X5	
Description	**Paie de l'employé(e)**			**Part de l'employeur**	
	Taux horaire	**Nombre d'heures**	**Total**	**Taux**	**Montant**
Salaire	12,50$	40,00	500,00$		
Heures supplémentaires	18,75				
Total brut			**500,00$**		
Retenues					
RRQ			21,74		
RQAP			2,80		
AE			7,35		
Impôt fédéral			27,70		
Impôt provincial			32,27		
Cotisations syndicales					
Caisse de retraite		4%	20,00		
Total des retenues			**111,86$**		
Total des contributions de l'employeur					
Salaire net			**388,14$**		

Les données de cette fiche de paie sont déterminées de la façon suivante:

- La somme de 21,74$ retenue pour le RRQ vient de la table présentée à l'annexe 9.5 pour un salaire brut de 500$.
- La somme de 2,80$ retenue pour le RQAP vient de la table présentée à l'annexe 9.6 pour un salaire brut de 500$.
- La somme de 7,35$ retenue pour l'AE vient de la table présentée à l'annexe 9.7 pour un salaire brut de 500$.
- Le revenu assujetti pour le calcul de la retenue d'impôt fédéral est de 480$:

$$500\$ \ - \ (500\$ \times 4\%) \ = \ 480\$$$

La retenue pour l'impôt fédéral est donc de 27,70$, selon le code de demande **1** de l'annexe 9.8.

- Le revenu assujetti pour le calcul de la retenue pour l'impôt du Québec est de 480 $:

$$500\$ - (500\$ \times 4\%) = 480\$$$

La retenue pour l'impôt du Québec est donc de 32,27 $, selon le code des retenues A de l'annexe 9.9.
- Le versement à la caisse de retraite représente 4 % du salaire brut, soit 20 $.

Le montant du **salaire net** de l'employé qui sera versé le 31 mai est de 388,14 $, soit 500 $ moins le total des retenues de 111,86 $. Les retenues seront remises plus tard aux organismes concernés, comme nous le verrons plus loin dans ce chapitre. L'écriture dans le journal général est enregistrée au moment du versement de la paie et se lit comme suit :

Salaire net

Somme d'argent reçue effectivement par un salarié après que son employeur a déduit les retenues salariales de son salaire brut.

	JOURNAL GÉNÉRAL			Page : 21
Date	Nom des comptes et explication	Numéro du compte	Débit	Crédit
20X5				
Mai 26	Salaires		500,00	
	Régime de rentes du Québec à payer (RRQ)			21,74
	Régime québécois d'assurance			2,80
	parentale à payer (RQAP)			
	Assurance-emploi à payer (AE)			7,35
	Impôt fédéral à payer			27,70
	Impôt provincial à payer			32,27
	Caisse de retraite à payer			20,00
	Encaisse			388,14
	(pour comptabiliser la paie de Nathan			
	Beauchemin pour la semaine se terminant			
	le 26 mai, dépôt direct en date du 31 mai)			

SAVIEZ-VOUS QUE...?

Afin de respecter le principe du rattachement des charges aux produits, la paie est enregistrée dans le journal général à la date où la charge est engagée et non au moment où elle sera versée. Dans certains cas, afin d'obtenir des états financiers plus justes, une régularisation sera nécessaire, puisque la fin de la période de paie ne correspond pas toujours avec la date de fin de période ou d'exercice, comme nous l'avons vu au chapitre 5.

Dans cette dernière écriture, nous avons crédité le compte *Encaisse,* mais les entreprises créditent souvent le compte *Salaires à payer,* puisque la comptabilisation de la paie se fait parfois avant le versement des salaires. Lorsqu'ils sont versés, le comptable débite alors le compte *Salaires à payer* et crédite le compte *Encaisse.*

Même si les cotisations au RRQ et au RQAP ainsi que l'impôt provincial sont remis au même gouvernement grâce à un seul versement, ces trois sommes sont comptabilisées dans plusieurs comptes pour respecter la logique de certains logiciels comptables, comme «Simple comptable». Il en va de même des sommes à remettre au gouvernement fédéral pour l'AE et l'impôt fédéral : elles sont versées ensemble, mais comptabilisées dans deux comptes distincts. De cette façon, l'information peut être repérée plus facilement.

Dans un premier temps, remplissez la fiche du relevé de paie de Mireille Lafrenière pour la semaine terminée le 24 novembre 20X5. Vous devez aussi entrer l'écriture dans le journal général pour enregistrer le paiement du salaire de cette employée.

RELEVÉ DE PAIE

Design Graphique Moderne
458, rue des Ormes
Saguenay (Québec) J4H 8T1

Code de demande fédéral : **6**
Code des retenues provincial : **H**

Employé(e) :
Mireille Lafrenière
227, rue Blackburn,
Saguenay (Québec) J4H 8T2

Période de paie : du 18 au 24 novembre 20X5

Description	Paie de l'employé(e)			Part de l'employeur	
	Taux horaire	Nombre d'heures	Total	Taux	Montant
Salaire	13,75 $	35,00			
Heures supplémentaires	20,63				
Total brut					
Retenues					
RRQ					
RQAP					
AE					
Impôt fédéral					
Impôt provincial					
Cotisations syndicales		0,50 %			
Caisse de retraite		3 %			
Total des retenues					
Total des contributions de l'employeur					
Salaire net					

JOURNAL GÉNÉRAL				Page : 24
Date	Nom des comptes et explication	Numéro du compte	Débit	Crédit
20X5				

9.6 Les contributions de l'employeur

Contribution de l'employeur
Quote-part versée par l'employeur aux différents régimes de prévoyance publics (services de santé, assurance-emploi, rentes du Québec, assurance parentale) ou privés (régime de retraite ou assurances).

Outre le fait que le montant du salaire brut est une charge pour l'employeur, celui-ci doit contribuer à divers régimes, ce qui constitue une charge supplémentaire qu'on appelle la contribution de l'employeur. Cette charge supplémentaire peut être obligatoire, comme dans le cas des vacances, du RRQ, du RQAP, de la Commission de la santé et de la sécurité du travail (CSST), du Fonds des services de santé (FSS) ou de l'AE, ou facultative, comme dans le cas d'une participation de l'employeur à la caisse de retraite ou à une assurance collective.

Dans ce manuel, nous classerons la contribution de l'employeur en trois catégories : les avantages sociaux, les charges sociales et la provision pour vacances.

9.6.1 Les charges sociales

Les charges sociales sont les contributions de l'employeur qui sont obligatoires et sur lesquelles l'entreprise n'a aucun contrôle. Le montant des cotisations aux différents régimes est fixé par l'État. Il s'agit des contributions au RRQ, au RQAP, au FSS, à la CSST et à l'AE. Voyons chacun de ces régimes.

Le Régime de rentes du Québec

L'employeur prélève l'équivalent de 5,025 % (selon les tables utilisées dans ce volume) du salaire admissible sur la paie de chaque employé pour le RRQ. Il participe aussi au régime en versant une somme équivalente.

Le Régime québécois d'assurance parentale

Nous avons déjà vu que la cotisation au RQAP est obligatoire pour les employés. Cependant, les employeurs sont aussi tenus d'y contribuer. Le taux de cotisation pour l'employeur a été fixé à 1,4 fois la somme prélevée sur la paie des employés.

Le Fonds des services de santé

La Loi sur l'assurance maladie du Québec a permis d'implanter un régime universel d'assurance maladie pour tous les citoyens du Québec. Au début de son implantation, le régime – qui s'appelle aujourd'hui le Fonds des services de santé – était financé par les employés et les employeurs. Depuis quelques années, la part de l'employé est intégrée dans la table d'impôt, et l'employeur doit verser un certain pourcentage du salaire brut.

L'employeur doit payer au FSS une cotisation basée sur le total des salaires qu'il verse à ses employés. Le taux de cette cotisation varie de 2,7 % à 4,26 % inclusivement. Toutefois, certains employeurs publics doivent payer le taux de cotisation maximal sur les salaires qu'ils versent, peu importe leur masse salariale totale. Pour les besoins de notre démonstration, nous allons toujours établir ce taux à 3 %.

 Les entreprises québécoises doivent également verser une cotisation pour le financement de la Commission des normes du travail. Cette cotisation correspond à 0,08 % des salaires bruts et elle s'effectue une fois l'an lors de la préparation du Relevé 1 (voir la section 9.11).

L'assurance-emploi

Pour ce qui est de l'AE, l'entreprise doit remettre au gouvernement fédéral 1,4 fois la somme prélevée sur la paie des employés, ce qui constitue la contribution de l'employeur.

La Commission de la santé et de la sécurité du travail

La Commission de la santé et de la sécurité du travail est un organisme qui vise à promouvoir la sécurité des employés sur leur lieu de travail. Elle voit aussi à ce que les employés qui ont un accident sur leur lieu de travail soient indemnisés et soutenus durant leur période d'invalidité et lors de leur réintégration au travail. Au cours de la période pendant laquelle ils ne peuvent travailler, les employés reçoivent une indemnité de remplacement du revenu non imposable. L'employeur souscrit à cette assurance en remettant un certain pourcentage des salaires bruts qu'il verse. L'employé n'a pas à verser de cotisations à la CSST, cette obligation revenant uniquement à son employeur.

Le 1er janvier 2011, un nouveau mode de paiement de la prime d'assurance a été instauré. La prime n'est plus versée annuellement, comme c'était le cas auparavant, mais en même temps que les retenues à la source et les cotisations de l'employeur auprès de Revenu Québec. Cet organisme remettra à son tour les sommes à la CSST. Le tableau 9.2 présente brièvement la façon dont sont versées ces primes.

Sur le plan comptable, le paiement de cette prime sera enregistré par une charge au débit et une charge à payer au crédit, comme c'est le cas pour la contribution de l'employeur au RRQ, à l'assurance-emploi et au FSS. La prime est calculée à partir du total des salaires bruts estimés multiplié par un taux de prime calculé par tranche de 100 $ de masse salariale. Le taux de prime varie selon le risque associé à l'activité exercée par l'employeur. Plus le risque d'accident ou de maladie professionnelle est élevé, plus le taux de prime est élevé. Cette prime est ensuite divisée par le nombre de périodes de paie par année, ce qui donne le taux de versement périodique.

TABLEAU 9.2 ▶ La détermination de la cotisation d'un employeur à la CSST

Modalités	Versement
L'employeur fait à la CSST un versement périodique basé sur son taux de prime et les salaires assurables versés aux travailleurs sur une période donnée.	Tout au long de l'année
La CSST envoie à l'employeur un formulaire de déclaration des salaires à retourner avant le 15 mars et grâce auquel elle est informée des salaires réels versés au cours de l'année précédente.	Janvier
La CSST expédie à l'employeur un avis de cotisation spécifiant le solde de la cotisation à acquitter ou le montant à recevoir.	Mars ou avril

Dans le cas de Décoration de luxe, nous présumerons que les salaires estimés pour l'année sont de 20 800 $ et que le taux de prime est de 4,5 %. Le calcul du taux de versement périodique se fera de la façon suivante :

Calcul du versement périodique (CSST)	
Total des salaires bruts de la période de référence choisie	20 800,00 $
Multiplié par : Taux de prime	4,5 %
Égale : Cotisation annuelle à la CSST	936,00 $
Divisé par : Nombre de périodes de paie annuelles	52
Égale : Versement périodique	18,00 $

Le taux de versement périodique de Décoration de luxe sera donc de 18 $ par paie. ◄

MISE EN GARDE Dans la réalité, le calcul de la prime et du taux de versement périodique peut être plus complexe que ce que montre cet exemple. Cependant, aux fins de ce volume, nous n'approfondirons pas ces notions davantage. L'étudiant qui désire en savoir plus sur ces questions est invité à visiter la section « Employeurs » du site de la CSST.

www.
Section « Employeurs »
du site de la CSST
www.csst.qc.ca/employeurs

9.6.2 Les avantages sociaux

Les avantages sociaux sont les sommes que l'employeur doit verser, mais qui ne sont pas obligatoires. Ces contributions résultent d'une décision de l'employeur ou d'une entente avec ses employés. Par exemple, afin d'attirer des candidats de talent, un employeur pourrait offrir à ses employés de mettre sur pied un régime de retraite auquel il contribuera en plus des sommes qui sont retenues sur la paie de ses employés. Il peut contribuer à une assurance collective, à un régime enregistré d'épargne-retraite ou à un programme d'aide aux employés, par exemple.

La caisse de retraite

Il faut d'abord rappeler qu'un très petit nombre d'employeurs offrent une caisse de retraite à leurs employés. La contribution de l'entreprise à la caisse de retraite de ses employés est habituellement basée sur des calculs actuariels qui tiennent compte de l'âge des employés. Dans le cas suivant, nous allons considérer que l'employeur verse la même somme que ses employés.

MISE EN SITUATION ► En ce qui concerne Décoration de luxe, la somme de 20 $ ayant été retenue, la part de l'entreprise est la même, soit 20 $. Cette dernière doit donc remettre au fiduciaire de la caisse de retraite la somme de 40 $ (20 $ × 2). ◄

Pour la semaine terminée le 24 novembre 20X5, la retenue pour la cotisation à la caisse de retraite sur la paie de Mireille Lafrenière a été de 14,44 $. Déterminez la contribution de l'employeur à la caisse de retraite en considérant que celui-ci verse une somme égale à celle retenue sur la paie.

Les autres avantages sociaux

Il existe une multitude d'autres possibilités quant à la contribution de l'employeur à des programmes d'avantages sociaux au bénéfice de ses employés. Nous ne pouvons toutes les expliquer en détail dans ce volume. Cependant, ces contributions sont habituellement exprimées soit en pourcentage du salaire brut soit en fonction d'une cotisation périodique prédéterminée.

9.6.3 La provision pour vacances

Selon la Loi sur les normes du travail qui régit les conditions de travail des travailleurs québécois, tout employé au Québec, sauf pour quelques rares exceptions, a droit à un minimum de deux semaines de vacances annuelles. Le droit aux vacances s'acquiert pendant une période de 12 mois consécutifs. Appelée «année de référence», cette période s'étend du 1er mai au 30 avril sauf si l'employeur, un décret ou une entente fixe d'autres dates.

Le salaire qui sera versé au salarié par l'employeur durant la période des vacances se nomme «indemnité de vacances». Cette indemnité se calcule en pourcentage du salaire brut de l'employé. La Loi sur les normes du travail prévoit un minimum de 4 % d'indemnité de vacances pouvant aller jusqu'à 6 %, comme l'indique le tableau 9.3. Bien entendu, l'employeur peut offrir de meilleures conditions que celles dictées par la Commission des normes du travail, qui sont des conditions minimales.

TABLEAU **9.3** ► Les vacances annuelles prévues par la Loi sur les normes du travail

Service continu à la fin de l'année de référence	Durée des vacances	Indemnité
Moins d'un an	1 jour par mois complet de service continu sans excéder 2 semaines	4 %
1 an à moins de 5 ans	2 semaines	4 %
5 ans et plus	3 semaines	6 %

L'employeur devra donc, à chaque période de paie ou une fois par mois selon sa préférence, enregistrer une charge et un passif pour les indemnités de vacances de ses employés.

MISE EN SITUATION ▶ L'entreprise Décoration de luxe n'a qu'un seul employé, Nathan Beauchemin. Comme il a droit à quatre semaines de vacances et qu'une semaine correspond à 2% du salaire brut, son employeur devra, à chaque période de paie, enregistrer une charge de 8% de son salaire brut pour prévoir le paiement de ses vacances. Lorsque Nathan sera en vacances, il n'y aura pas de charge pour l'entreprise, celle-ci ayant été enregistrée chaque semaine ou chaque mois. Dans le cadre de cet ouvrage, nous allons enregistrer la provision pour vacances une fois par mois, en même temps que les autres contributions de l'employeur. En mai, Nathan a gagné un salaire brut de 500$. L'indemnité sera donc de 40$, soit 500$ × 8%. ◀

À VOUS DE JOUER !

Mireille Lafrenière a droit à 6% de vacances. N'ayant débuté que le 18 novembre 20X5, elle a gagné un salaire brut de 481,25$. Calculez l'indemnité de vacances que l'employeur devra enregistrer pour le mois de novembre 20X5.

MISE EN SITUATION ▶ À l'aide du tableau suivant, voyons les différents montants concernant la contribution de Décoration de luxe pour le mois de mai :

DÉCORATION DE LUXE CALCUL DE LA CONTRIBUTION DE L'EMPLOYEUR du mois de mai 20X5		
Régime	**Calcul**	**Montant**
Régime de rentes du Québec	Montant égal à celui sur la paie des employés	21,74$
Régime québécois d'assurance parentale	1,4 fois la somme prélevée sur la paie des employés (2,80$ × 1,4)	3,92
Fonds des services de santé	2,7% à 4,26% du salaire brut des employés. Dans cet exemple, nous allons utiliser un taux de 3% (3% × 500$)	15,00
Assurance-emploi	1,4 fois la somme prélevée sur la paie des employés (7,35$ × 1,4)	10,29
Commission de la santé et de la sécurité du travail	Voir calcul dans la section précédente	18,00
Caisse de retraite	Montant égal à celui sur la paie des employés	20,00
Provision pour vacances	8% du salaire brut (500$ × 8%)	40,00
Total de la contribution de l'employeur		**128,95$**

MISE EN GARDE

Afin de simplifier, nous avons utilisé comme exemple une entreprise qui a un seul employé et qui a comptabilisé une seule paie au mois de mai. Pour le prochain mois, les contributions de Décoration de luxe à ces différents régimes seront calculées une seule fois, à la fin du mois, et à partir du total du salaire et des retenues pour tout le mois. De plus, si l'entreprise comptait plusieurs employés, ces contributions seraient calculées à partir du total du salaire et des retenues du mois pour l'ensemble des employés de l'entreprise. ◀

À partir des données de la paie de Mireille Lafrenière de la semaine terminée le 24 novembre 20X5, calculez, à l'aide du tableau ci-dessous, les différents montants concernant la contribution de Design Graphique Moderne pour le mois de novembre. Veuillez noter que le taux de cotisation de cette entreprise en ce qui concerne le FSS est de 3 %. De plus, en ce qui a trait à la cotisation à la CSST, comme Mireille Lafrenière est la seule employée de Design Graphique Moderne et qu'elle a commencé son travail à la fin du mois de novembre, les salaires bruts de la période de référence choisie sont de 2 860 $ et le taux de prime est de 2 %. Considérant que cette entreprise compte 52 périodes de paie par année, calculez, à partir du tableau suivant, le versement périodique que cet employeur devra enregistrer chaque mois dans le journal général.

DESIGN GRAPHIQUE MODERNE CALCUL DE LA CONTRIBUTION DE L'EMPLOYEUR du mois de novembre 20X5		
Régime	**Calcul**	**Montant**
Régime de rentes du Québec	Montant égal à celui sur la paie des employés	
Régime québécois d'assurance parentale	1,4 fois la somme prélevée sur la paie des employés	
Fonds des services de santé	3 % du salaire brut des employés	
Assurance-emploi	1,4 fois la somme prélevée sur la paie des employés	
Commission de la santé et de la sécurité du travail	Voir calcul dans le tableau suivant	
Caisse de retraite	Montant égal à celui sur la paie des employés	
Provision pour vacances		
Total de la contribution de l'employeur		

Calcul du versement périodique (CSST)	
Total des salaires bruts de la période de référence choisie	
Multiplié par : Taux de prime	
Égale : Cotisation annuelle à la CSST	
Divisé par : Nombre de périodes de paie annuelles	
Égale : Versement périodique	

9.7 La comptabilisation de la contribution de l'employeur

Comme nous l'avons expliqué précédemment, une distinction doit être faite quant aux différentes contributions de l'employeur. En ce qui a trait aux comptes de grand livre utilisés, nous allons regrouper certains éléments. Nous allons d'abord comptabiliser les charges sociales obligatoires, puis les avantages sociaux, soit les contributions qui résultent des décisions de l'employeur et qui ne sont pas obligatoires. Nous terminerons par l'enregistrement de la provision pour vacances.

Le tableau 9.4 présente les comptes que nous allons utiliser dans ce manuel.

TABLEAU 9.4 ► Les comptes utilisés pour les contributions de l'employeur		
Programme	**Compte de charge utilisé**	**Compte de passif utilisé**
Régime de rentes du Québec	*Charges sociales*	*Régime de rentes du Québec à payer (RRQ)*
Régime québécois d'assurance parentale		*Régime québécois d'assurance parentale à payer (RQAP)*
Fonds des services de santé		*Fonds des services de santé à payer (FSS)*
Assurance-emploi		*Assurance-emploi à payer (AE)*
Commission de la santé et de la sécurité du travail	*CSST*	*Commission de la santé et de la sécurité du travail à payer (CSST)*
Autres contributions qui résultent d'une décision de l'employeur ou d'une entente avec les employés (caisse de retraite, régime enregistré d'épargne-retraite, assurance collective, etc.)	*Avantages sociaux*	*Caisse de retraite à payer Assurance collective (ou autres) à payer*
Vacances	*Vacances*	*Vacances à payer*

Remarquons que les charges concernant les charges sociales, soit les retenues obligatoires, sont regroupées dans un seul compte, *Charges sociales,* alors que celles qui concernent les avantages sociaux sont débitées au compte *Avantages sociaux.* La charge relative aux vacances et celle qui concerne les primes versées à la CSST sont débitées à un compte de charge spécifique. Cela permet de cibler rapidement la charge relative à ces deux éléments dans l'état des résultats.

Rappelons que Nathan Beauchemin a gagné un salaire brut hebdomadaire de 500 $ pour la semaine terminée le samedi 26 mai 20X5. Voici le relevé de paie incluant les informations concernant la part de l'employeur :

RELEVÉ DE PAIE

Décoration de luxe
345, rue des Peupliers
Saint-Félicien (Québec) H2K 6V9

Code de demande fédéral : **1**
Code des retenues provincial : **A**

Employé(e) :
Nathan Beauchemin
1009, rue Bégin
Saguenay (Québec) J4H 5Y4

Période de paie : du 20 mai au 26 mai 20X5

Description	Paie de l'employé(e)			Part de l'employeur	
	Taux horaire	Nombre d'heures	Total	Taux	Montant
Salaire	12,50 $	40,00	500,00 $		
Heures supplémentaires	18,75				
Total brut			**500,00 $**		
Retenues					
RRQ			21,74 $	1,0	21,74 $
RQAP			2,80	1,4	3,92
AE			7,35	1,4	10,29
Impôt fédéral			27,70		
Impôt provincial			32,27		
Cotisations syndicales					
Caisse de retraite		4 %	20,00	1,0	20,00
Total des retenues			**111,86 $**		
FSS				3 %	15,00
CSST					18,00
Total des contributions de l'employeur					**88,95 $**
Salaire net			**388,14 $**		

Le relevé de paie ci-dessus présente à la fois le détail des sommes qui concernent l'employé (soit le salaire brut de la période, le détail des retenues et le salaire net versé) et le détail de la contribution de l'employeur. Ce relevé détaillé, qui facilitera la comptabilisation de la paie dans le journal général, ne sera pas remis à l'employé. Celui-ci recevra une version abrégée du relevé de paie qui ne présente pas la contribution de l'employeur.

Voici de quelle façon le comptable enregistre la charge relative à la part de l'employeur qui sera versée aux différents régimes, et le passif correspondant:

JOURNAL GÉNÉRAL				Page: 23
Date	Nom des comptes et explication	Numéro du compte	Débit	Crédit
20X5				
Mai 31	Charges sociales		50,95	
	Régime de rentes du Québec à payer (RRQ)			21,74
	Régime québécois d'assurance parentale			3,92
	à payer (RQAP)			
	Fonds des services de santé à payer (FSS)			15,00
	Assurance-emploi à payer (AE)			10,29
	(afin de comptabiliser la contribution			
	de l'employeur pour le mois de mai)			
Mai 31	Commission de la santé et de la sécurité		18,00	
	du travail (CSST)			
	Commission de la santé et de la			18,00
	sécurité du travail à payer (CSST)			
	(afin de comptabiliser le versement périodique			
	de CSST pour le mois de mai)			

JOURNAL GÉNÉRAL				Page: 24
Date	Nom des comptes et explication	Numéro du compte	Débit	Crédit
20X5				
Mai 31	Avantages sociaux		20,00	
	Caisse de retraite à payer			20,00
	(afin de comptabiliser la contribution			
	de l'employeur pour le mois de mai)			
Mai 31	Vacances		40,00	
	Indemnités de vacances à payer			40,00
	(afin de comptabiliser l'indemnité			
	de vacances pour le mois de mai)			

À VOUS DE JOUER!

Dans la précédente rubrique «À vous de jouer!», vous avez commencé à remplir la fiche de relevé de paie de Mireille Lafrenière pour la semaine terminée le 24 novembre 20X5. Maintenant, terminez-la et rédigez l'écriture dans le journal général afin d'enregistrer la comptabilisation de la contribution de l'employeur pour les différents avantages sociaux et charges sociales ainsi que pour la cotisation à la CSST. L'employeur souscrit à la caisse de retraite une somme identique à celle prélevée sur la paie de ses employés.

RELEVÉ DE PAIE					

Design Graphique Moderne
458, rue des Ormes,
Saguenay (Québec) J4H 8T1

Code de demande fédéral : **6**
Code des retenues provincial : **H**

Employé(e) :
Mireille Lafrenière
227, rue Blackburn
Saguenay (Québec) J4H 8T2

Période de paie : du 18 au 24 novembre 20X5

Description	Paie de l'employé(e)			Part de l'employeur	
	Taux horaire	Nombre d'heures	Total	Taux	Montant
Salaire	13,75 $	35,00	481,25 $		
Heures supplémentaires	20,63				
Total brut			**481,25 $**		
Retenues					
RRQ			20,80 $	1,0	
RQAP			2,69	1,4	
AE			7,07	1,4	
Impôt fédéral			3,45		
Impôt provincial			0,00		
Cotisations syndicales		0,50 %	2,41		
Caisse de retraite		3 %	14,44		
Total des retenues			**50,86 $**		
FSS				3 %	
CSST					
Total des contributions de l'employeur					
Salaire net			**430,39 $**		

JOURNAL GÉNÉRAL					Page : 25
Date	Nom des comptes et explication	Numéro du compte	Débit	Crédit	
20X5					

JOURNAL GÉNÉRAL (*suite*)				Page: 25
Date	Nom des comptes et explication	Numéro du compte	Débit	Crédit

9.8 Le report au grand livre

Avant d'accéder à la prochaine étape, soit l'explication et la comptabilisation des remises de l'employeur, il est nécessaire de reporter au grand livre les écritures de comptabilisation de la paie et des contributions de l'employeur enregistrées précédemment.

MISE EN SITUATION ▶

Nous allons reproduire les comptes de passif à court terme qui ont été utilisés précédemment lors de la comptabilisation de la paie de Nathan à la section 9.5 et lors de la comptabilisation de la contribution de l'employeur à la section 9.7. Cela facilitera la prochaine étape.

Régime de rentes du Québec à payer (RRQ)						N° 2360
Date	Libellé	Référence	Débit	Crédit	Solde	Dt/Ct
20X5						
Mai 31		J.G.21		21,74	21,74	Ct
Mai 31		J.G.23		21,74	43,48	Ct

Régime québécois d'assurance parentale à payer (RQAP)						N° 2365
Date	Libellé	Référence	Débit	Crédit	Solde	Dt/Ct
20X5						
Mai 31		J.G.21		2,80	2,80	Ct
Mai 31		J.G.23		3,92	6,72	Ct

Fonds des services de santé à payer (FSS)						N° 2370
Date	Libellé	Référence	Débit	Crédit	Solde	Dt/Ct
20X5						
Mai 31		J.G.23		15,00	15,00	Ct

Impôt provincial à payer						N° 2375
Date	Libellé	Référence	Débit	Crédit	Solde	Dt/Ct
20X5						
Mai 31		J.G.21		32,27	32,27	Ct

Assurance-emploi à payer (AE)						N° 2390
Date	Libellé	Référence	Débit	Crédit	Solde	Dt/Ct
20X5						
Mai 31		J.G.21		7,35	7,35	Ct
Mai 31		J.G.23		10,29	17,64	Ct

Impôt fédéral à payer						N° 2395
Date	Libellé	Référence	Débit	Crédit	Solde	Dt/Ct
20X5						
Mai 31		J.G.21		27,70	27,70	Ct

Indemnités de vacances à payer						N° 2400
Date	Libellé	Référence	Débit	Crédit	Solde	Dt/Ct
20X5						
Mai 31		J.G.23		40,00	40,00	Ct

Commission de la santé et de la sécurité du travail à payer (CSST)						N° 2420
Date	Libellé	Référence	Débit	Crédit	Solde	Dt/Ct
20X5						
Mai 31		J.G.23		18,00	18,00	Ct

Caisse de retraite à payer						N° 2425
Date	Libellé	Référence	Débit	Crédit	Solde	Dt/Ct
20X5						
Mai 31		J.G.21		20,00	20,00	Ct
Mai 31		J.G.24		20,00	40,00	Ct

9.9 Les remises de l'employeur

L'employeur doit remettre aux gouvernements et aux différents organismes les sommes prélevées durant un mois ainsi que sa contribution aux différents régimes, et ce, avant le quinzième jour du mois suivant. Les employeurs qui remettent à Revenu Québec en moyenne 3 000 $ ou moins par mois de retenues à la source et de cotisations de l'employeur peuvent faire ces remises sur une base trimestrielle plutôt que mensuelle. Les employeurs qui remettent 2 400 $ ou moins de retenues à la source et de cotisations de l'employeur pour toute l'année peuvent verser ces remises une seule fois dans l'année.

MISE EN SITUATION ▶

Afin de faciliter la compréhension des montants à remettre, voici un tableau qui résume les sommes du mois de mai que Décoration de luxe devra verser au 15 juin. On suppose toujours que Nathan est le seul employé de l'entreprise et qu'il n'a travaillé qu'une semaine durant le mois de mai, pour un salaire brut de 500 $ (voir son relevé de paie à la page 469). Les montants proviennent des comptes de grand livre qui se trouvent à la section précédente :

DÉCORATION DE LUXE PAIEMENT DES RETENUES À LA SOURCE ET DES CONTRIBUTIONS DE L'EMPLOYEUR du mois de mai 20X5			
Payé à	**Retenues**	**Contribution employeur**	**Total**
Gouvernement fédéral			
Impôt fédéral	27,70$	Ø	27,70$
Assurance-emploi	7,35	10,29	17,64
Total	35,05$	10,29$	**45,34$**
Gouvernement provincial			
Impôt provincial	32,27$	Ø	32,27$
Régime de rentes du Québec	21,74	21,74	43,48
Régime québécois d'assurance parentale	2,80	3,92	6,72
Fonds des services de santé du Québec	0,00	15,00	15,00
Commission de la santé et de la sécurité du travail	0,00	18,00	18,00
Total	56,81$	58,66$	**115,47$**
Caisse de retraite	20,00$	20,00$	**40,00$**

Pour les cotisations syndicales, il n'y a rien à payer, puisque l'unique employé de l'entreprise n'est pas un travailleur syndiqué.

Le paiement de ces sommes nécessite les écritures suivantes :

JOURNAL GÉNÉRAL				Page : 26
Date	**Nom des comptes et explication**	**Numéro du compte**	**Débit**	**Crédit**
20X5				
Juin 15	Impôt fédéral à payer		27,70	
	Assurance-emploi à payer (AE)		17,64	
	Encaisse			45,34
	(paiement par prélèvement bancaire			
	pour effectuer les remises au			
	fédéral pour le mois de mai)			
Juin 15	Impôt provincial à payer		32,27	
	Régime de rentes du Québec à payer (RRQ)		43,48	
	Régime québécois d'assurance parentale		6,72	
	à payer (RQAP)			
	Fonds des services de santé à payer (FSS)		15,00	
	Commission de la santé et de la sécurité du		18,00	
	travail à payer (CSST)			
	Encaisse			115,47
	(paiement par prélèvement bancaire			
	pour effectuer les remises au			
	provincial pour le mois de mai)			
Juin 15	Caisse de retraite à payer		40,00	
	Encaisse			40,00
	(émission du chèque n° 347 pour			
	effectuer les remises à la caisse			
	de retraite pour le mois de mai)			

Dans les deux sections précédentes, vous avez rempli la fiche de relevé de paie de Mireille Lafrenière pour la semaine terminée le 24 novembre 20X5 et vous avez rédigé les écritures afin de comptabiliser la paie de cette employée de même que la part de l'employeur concernant les charges sociales, la CSST et les avantages sociaux. Rappelons que Mireille n'a travaillé qu'une seule semaine en novembre et qu'elle est la seule employée. Maintenant, procédez aux reports au grand livre (que vous trouverez ci-dessous) dans les comptes de passif à court terme pertinents, remplissez le tableau et enregistrez dans le journal général la remise des retenues à la source et des contributions de l'employeur de novembre en date du 15 décembre.

Régime de rentes du Québec à payer (RRQ)   N° 2360

Date	Libellé	Référence	Débit	Crédit	Solde	Dt/Ct
20X5						

Régime québécois d'assurance parentale à payer (RQAP)   N° 2365

Date	Libellé	Référence	Débit	Crédit	Solde	Dt/Ct
20X5						

Fonds des services de santé à payer (FSS)   N° 2370

Date	Libellé	Référence	Débit	Crédit	Solde	Dt/Ct
20X5						

Assurance-emploi à payer (AE)   N° 2390

Date	Libellé	Référence	Débit	Crédit	Solde	Dt/Ct
20X5						

Impôt fédéral à payer   N° 2395

Date	Libellé	Référence	Débit	Crédit	Solde	Dt/Ct
20X5						

Caisse de retraite à payer   N° 2425

Date	Libellé	Référence	Débit	Crédit	Solde	Dt/Ct
20X5						

Contisations syndicales à payer						N° 2430
Date	Libellé	Référence	Débit	Crédit	Solde	Dt/Ct
20X5						

DESIGN GRAPHIQUE MODERNE
PAIEMENT DES RETENUES À LA SOURCE ET DES CONTRIBUTIONS DE L'EMPLOYEUR
du mois de novembre 20X5

Payé à	Retenues	Contribution employeur	Total
Gouvernement fédéral			
Impôt fédéral			
Assurance-emploi			
Total			
Gouvernement provincial			
Impôt provincial			
Régime de rentes du Québec			
Régime québécois d'assurance parentale			
Fonds des services de santé du Québec			
Total			
Commission de la santé et de la sécurité du travail			
Caisse de retraite			
Cotisations syndicales			

JOURNAL GÉNÉRAL				Page : 26
Date	Nom des comptes et explication	Numéro du compte	Débit	Crédit
20X5				

JOURNAL GÉNÉRAL (suite)				Page : 26
Date	Nom des comptes et explication	Numéro du compte	Débit	Crédit

9.10 Le journal des salaires

Depuis le début de ce chapitre, nous avons comptabilisé les salaires à l'aide du journal général. Cette façon de faire est acceptable pour la comptabilisation de la paie d'un petit nombre d'employés. Lorsque l'entreprise emploie un grand nombre de personnes, elle peut utiliser un journal des salaires, à moins qu'elle dispose d'un logiciel comptable ou fasse préparer ses paies par une entreprise spécialisée.

SAVIEZ-VOUS QUE...

Afin de simplifier le processus de gestion de la paie et de réduire les coûts, de plus en plus d'employeurs font préparer leurs paies par une entreprise spécialisée en traitement de la paie et autres solutions en gestion des ressources humaines. Deux des plus importantes entreprises de ce genre au Québec sont Ceridian et ADP.

WWW.
Ceridian
www.ceridian.ca
ADP
www.adp.ca

Le journal des salaires est en fait un journal auxiliaire qui simplifie le report au grand livre. En effet, après chaque paie ou à la fin du mois, le comptable reporte au grand livre le total des sommes de chacune des colonnes, ce qui évite d'avoir à transcrire une à une les sommes relatives à chaque employé. Le tableau 9.5 présente un modèle de journal des salaires.

Lors du report au grand livre, on peut, comme nous l'avons vu précédemment, utiliser un compte de passif pour chacune des retenues ou regrouper les sommes à remettre aux gouvernements fédéral et provincial dans les comptes *Retenues et contributions fédérales à payer* et *Retenues et contributions provinciales à payer*. Dans tous les cas, nous recommandons d'utiliser un compte distinct pour la CSST dans le but de cibler rapidement la charge relative à cet élément dans l'état des résultats.

TABLEAU 9.5 ▶ Journal des salaires

JOURNAL DES SALAIRES (PARTIE A)

Date	Nom du salarié	Salaire brut				Salaires (débit)	Retenues					
		Normal		Supplémentaire			RRQ à payer (crédit)	RQAP à payer (crédit)	AE à payer (crédit)	Caisse de retraite à payer (crédit)	Cotisations syndicales à payer (crédit)	Assurance collective à payer (crédit)
		Nombre d'heures	Taux	Nombre d'heures	Taux							

JOURNAL DES SALAIRES (PARTIE B)

Revenu assujetti			Retenues				Encaisse	N° du chèque N° de confirmation du dépôt
au fédéral	au provincial	Code	Impôt provincial à payer (crédit)	Impôt fédéral à payer (crédit)	Nom du compte de grand livre (crédit)	Numéro du compte de grand livre		
Code								

Il est à noter que l'enregistrement des avantages sociaux, des charges sociales, de la CSST et de la provision pour vacances s'effectue dans le journal général. Soulignons aussi que le journal des salaires sert souvent de journal des décaissements; c'est pourquoi il comprend une colonne «Encaisse». Pour les entreprises ayant un compte en banque réservé au versement des salaires, à chaque paie, on transfère dans ce compte une somme égale au salaire net des employés. Si l'entreprise n'utilise pas de compte particulier pour les salaires, on crédite le compte *Salaires à payer* plutôt que le compte *Encaisse* et on enregistre le versement des salaires nets dans le journal des décaissements.

MISE EN SITUATION ▶ Même si Décoration de luxe ne compte qu'un seul employé, le journal des salaires peut être utilisé afin d'accélérer l'enregistrement de la paie. De plus, Claude Secours prévoit embaucher un nouvel employé bientôt, car il est débordé. Vous trouverez ci-après le relevé de paie de Nathan Beauchemin pour les trois semaines du mois de juin 20X5 où un salaire a été gagné, c'est-à-dire les semaines terminées les 1er, 8 et 15 juin 20X5. Le salaire sera versé les 7, 14 et 21 juin par virement bancaire à partir du compte de banque de l'entreprise. ◀

Nous avons vu que les principaux renseignements concernant les différents employés sont consignés sur la fiche d'employé. On y retrouve aussi les codes des retenues qui ont été déterminés à la suite de la remise par chaque employé des formulaires TD1 et TP-1015.3. Les codes de demande et des retenues sont indiqués dans des colonnes appropriées du journal des salaires afin d'éviter d'avoir à consulter chaque semaine la fiche des employés.

9.10.1 Les relevés de paie

MISE EN SITUATION ▶ Dans notre exemple, nous n'avons qu'un employé pour trois périodes de paie d'une semaine. Évidemment, la procédure est la même lorsqu'il y a un plus grand nombre d'employés, sauf que les relevés de paie sont plus nombreux. Pour ce qui est de l'enregistrement des vacances, des avantages sociaux, de la CSST, des charges sociales et du paiement des retenues à la source, le travail est le même, mais les sommes en jeu sont alors plus élevées.

Certains auront remarqué que les montants obtenus dans les tables ne respectent pas toujours de façon précise les règles mathématiques. Par exemple, le relevé de paie pour la période du 27 mai au 2 juin qui précède indique une cotisation de RQAP de 3,21 $ pour l'employé et de 4,49 $ (3,21 $ × 1,4) pour l'employeur. Par contre, la table indique une cotisation de 4,50 $ pour l'employeur. Il y a parfois de petits écarts de la sorte, mais ils ne sont pas significatifs.

RELEVÉ DE PAIE

Décoration de luxe
345, rue des Peupliers
Saint-Félicien (Québec) H2K 6V9

Code de demande fédéral : **1**
Code des retenues provincial : **A**

Employé(e) :
Nathan Beauchemin
1009, rue Bégin
Saguenay (Québec) J4H 5Y4

Période de paie : du 27 mai au 2 juin 20X5

Description	Paie de l'employé(e)			Part de l'employeur	
	Taux horaire	Nombre d'heures	Total	Taux	Montant
Salaire	12,50 $	40,00	500,00 $		
Heures supplémentaires	18,75	4,00	75,00		
Total brut			**575,00 $**		
Retenues					
RRQ			25,51	1,0	25,51 $
RQAP			3,21	1,4	4,49
AE			8,45	1,4	11,83
Impôt fédéral			36,10		
Impôt provincial			43,47		
Caisse de retraite		4 %	23,00	1,0	23,00
Total des retenues			**139,74 $**		
FSS				3 %	17,25
CSST					18,00
Total des contributions de l'employeur					**100,08 $**
Salaire net			**435,26 $**		

RELEVÉ DE PAIE

Décoration de luxe
345, rue des Peupliers
Saint-Félicien (Québec) H2K 6V9

Code de demande fédéral : **1**
Code des retenues provincial : **A**

Employé(e) :
Nathan Beauchemin
1009, rue Bégin
Saguenay (Québec) J4H 5Y4

Période de paie : du 3 au 9 juin 20X5

Description	Paie de l'employé(e)			Part de l'employeur	
	Taux horaire	Nombre d'heures	Total	Taux	Montant
Salaire	12,50 $	40,00	500,00 $		
Heures supplémentaires	18,75				
Total brut			**500,00 $**		
Retenues					
RRQ			21,74	1,0	21,74 $
RQAP			2,80	1,4	3,92
AE			7,35	1,4	10,29
Impôt fédéral			27,70		
Impôt provincial			32,27		
Caisse de retraite		4 %	20,00	1,0	20,00
Total des retenues			**111,86 $**		

RELEVÉ DE PAIE (*suite*)					
FSS				3 %	15,00
CSST					18,00
Total des contributions de l'employeur					**88,95 $**
Salaire net			**388,14 $**		

RELEVÉ DE PAIE					
Décoration de luxe 345, rue des Peupliers Saint-Félicien (Québec) H2K 6V9 Code de demande fédéral : **1** Code des retenues provincial : **A**			**Employé(e) :** Nathan Beauchemin 1009, rue Bégin Saguenay (Québec) J4H 5Y4 **Période de paie :** du 10 au 16 juin 20X5		
Description	**Paie de l'employé(e)**			**Part de l'employeur**	
	Taux horaire	**Nombre d'heures**	**Total**	**Taux**	**Montant**
Salaire	12,50 $	40,00	500,00 $		
Heures supplémentaires	18,75	2,00	37,50		
Total brut			**537,50 $**		
Retenues					
RRQ			23,63	1,0	23,63 $
RQAP			3,00	1,4	4,20
AE			7,90	1,4	11,06
Impôt fédéral			31,90		
Impôt provincial			37,07		
Caisse de retraite		4 %	21,50	1,0	21,50
Total des retenues			**125,00 $**		
FSS				3 %	16,13
CSST					18,00
Total des contributions de l'employeur					**94,52 $**
Salaire net			**412,50 $**		

9.10.2 L'enregistrement dans le journal des salaires

Voici comment vous reportez au journal des salaires les informations contenues dans les fiches de relevé de paie de Nathan Beauchemin (voir la page suivante) :

JOURNAL DES SALAIRES (PARTIE A)

Date	Nom du salarié	Salaire brut Normal Nombre d'heures	Taux	Salaire brut Supplémentaire Nombre d'heures	Taux	Salaires (débit)	RRQ à payer (crédit)	RQAP à payer (crédit)	AE à payer (crédit)	Caisse de retraite à payer (crédit)	Cotisations syndicales à payer (crédit)	Assurance collective à payer (crédit)
20X5												
Juin 02	Nathan Beauchemin	40	12,50	4	18,75	575,00	25,51	3,21	8,45	23,00		
Juin 09	Nathan Beauchemin	40	12,50	0	18,75	500,00	21,74	2,80	7,35	20,00		
Juin 16	Nathan Beauchemin	40	12,50	2	18,75	537,50	23,63	3,00	7,90	21,50		
						1 612,50	70,88	9,01	23,70	64,50		
						(5300)	(2360)	(2365)	(2390)	(2425)		

JOURNAL DES SALAIRES (PARTIE B)

Revenu assujetti au fédéral	Code	au provincial	Code	Impôt provincial à payer (crédit)	Impôt fédéral à payer (crédit)	Nom du compte de grand livre (crédit)	Numéro du compte de grand livre	Encaisse	N° de chèque N° de confirmation du dépôt
552,00	1	552,00	A	43,47	36,10			435,26	
480,00	1	480,00	A	32,27	27,70			388,14	
516,00	1	516,00	A	37,07	31,90			412,50	
				112,81	95,70			1 235,90	
				(2375)	(2395)			(1010)	

Remplissez les trois relevés de paie de Mireille Lafrenière, que vous trouverez ci-après. Son indemnité de vacances est de 6%. Par la suite, vous devrez enregistrer les paies de cette employée dans le journal des salaires.

RELEVÉ DE PAIE

Design Graphique Moderne
458, rue des Ormes
Saguenay (Québec) J4H 8T1

Employé(e):
Mireille Lafrenière
227, rue Blackburn
Saguenay (Québec) J4H 8T2

Code de demande fédéral: **6**
Code des retenues provincial: **H**

Période de paie: du 25 novembre
au 1er décembre 20X5

Description	Paie de l'employé(e)			Part de l'employeur	
	Taux horaire	Nombre d'heures	Total	Taux	Montant
Salaire	13,75$	35,00	481,25$		
Heures supplémentaires	20,63				
Total brut			**481,25$**		
Retenues					
RRQ			20,80	1,0	20,80$
RQAP			2,69	1,4	3,77
AE			7,07	1,4	9,90
Impôt fédéral			3,45		
Impôt provincial			0,00		
Cotisations syndicales		0,50%	2,41		
Caisse de retraite		3%	14,44	1,0	14,44
Total des retenues			**50,86$**		
FSS				3%	14,44
CSST					1,10
Total des contributions de l'employeur					**64,45$**
Salaire net			**430,39$**		

RELEVÉ DE PAIE

Design Graphique Moderne
458, rue des Ormes
Saguenay (Québec) J4H 8T1

Employé(e):
Mireille Lafrenière
227, rue Blackburn
Saguenay (Québec) J4H 8T2

Code de demande fédéral: **6**
Code des retenues provincial: **H**

Période de paie: du 2 au 8 décembre 20X5

Description	Paie de l'employé(e)			Part de l'employeur	
	Taux horaire	Nombre d'heures	Total	Taux	Montant
Salaire	13,75$	40,00	550,00$		
Heures supplémentaires	20,63	6,00	123,78		
Total brut			**673,78$**		

RELEVÉ DE PAIE (*suite*)

Retenues					
RRQ			30,48	1,0	30,48 $
RQAP			3,77	1,4	5,28
AE			9,90	1,4	13,86
Impôt fédéral			24,65		
Impôt provincial			19,57		
Cotisations syndicales		0,50 %	3,37		
Caisse de retraite		3 %	20,21	1,0	20,21
Total des retenues			**111,95 $**		
FSS				3 %	20,21
CSST					1,10
Total des contributions de l'employeur					**91,14 $**
Salaire net			**561,83 $**		

RELEVÉ DE PAIE

Design Graphique Moderne
458, rue des Ormes
Saguenay (Québec) J4H 8T1

Code de demande fédéral : **6**
Code des retenues provincial : **H**

Employé(e) :
Mireille Lafrenière
227, rue Blackburn
Saguenay (Québec) J4H 8T2

Période de paie : du 9 au 15 décembre 20X5

Description	Paie de l'employé(e)			Part de l'employeur	
	Taux horaire	Nombre d'heures	Total	Taux	Montant
Salaire	13,75 $	30,00	412,50 $		
Heures supplémentaires	20,63 $				
Total brut			**412,50 $**		
Retenues					
RRQ			17,35	1,0	17,35 $
RQAP			2,31	1,4	3,23
AE			6,06	1,4	8,48
Impôt fédéral			0,00		
Impôt provincial			0,00		
Cotisations syndicales		0,50 %	2,06		
Caisse de retraite		3 %	12,38	1,0	12,38
Total des retenues			**40,16 $**		
FSS				3 %	12,38
CSST					1,10
Total des contributions de l'employeur					**54,92 $**
Salaire net			**372,34 $**		

JOURNAL DES SALAIRES (PARTIE A)

Date	Nom du salarié	Salaire brut					Retenues				
		Normal		Supplémentaire		Salaires (débit)	RRQ à payer (crédit)	RQAP à payer (crédit)	AE à payer (crédit)	Caisse de retraite à payer (crédit)	Cotisations syndicales à payer (crédit)	Assurance collective à payer (crédit)
		Nombre d'heures	Taux	Nombre d'heures	Taux							
20X5												

JOURNAL DES SALAIRES (PARTIE B)

Revenu assujetti				Retenues						N° de chèque N° de confirmation du dépôt
au fédéral	Code	au provincial	Code	Impôt provincial à payer (crédit)	Impôt fédéral à payer (crédit)	Nom du compte de grand livre (crédit)	Numéro du compte de grand livre	Encaisse		

9.10.3 La comptabilisation de la contribution de l'employeur

Même si l'entreprise décide d'utiliser un journal des salaires pour la comptabilisation de la paie, elle doit quand même se servir du journal général pour comptabiliser les contributions de l'employeur, c'est-à-dire la provision pour vacances, le versement périodique à la CSST, les charges sociales et les avantages sociaux. On procédera de la même façon que nous l'avons fait à la section 9.6.

MISE EN SITUATION ▶

Dans les trois relevés de paie de Nathan Beauchemin que vous trouverez dans la section 9.10.1, certaines contributions de l'employeur ont été calculées. Pour les autres, nous allons nous référer à la fiche d'employé de Nathan, en début de chapitre. Voici de quelle façon on enregistre la charge relative à la contribution de l'employeur aux différents régimes, et le passif correspondant :

JOURNAL GÉNÉRAL				Page : 26
Date	Nom des comptes et explication	Numéro du compte	Débit	Crédit
20X5				
Juin 30	Charges sociales		165,05	
	Régime de rentes du Québec à payer (RRQ)			70,88
	Régime québécois d'assurance parentale à payer (RQAP)			12,61
	Fonds des services de santé à payer (FSS)			48,38
	Assurance-emploi à payer (AE)			33,18
	(pour comptabiliser la part de l'employeur pour le mois de juin 20X5)			
Juin 30	Commission de la santé et de la sécurité du travail (CSST)		54,00	
	Commission de la santé et de la sécurité du travail à payer (CSST)			54,00
	(afin de comptabiliser le versement périodique de CSST pour le mois de juin : 18,00 $ × 3 périodes de paie = 54,00 $)			
Juin 30	Avantage sociaux		64,50	
	Caisse de retraite à payer			64,50
	(afin de comptabiliser la contribution de l'employeur à la caisse de retraite pour le mois de juin : 1 612,50 $ × 4 % = 64,50 $)			
Juin 30	Vacances		129,00	
	Indemnités de vacances à payer			129,00
	(afin de comptabiliser l'indemnité de vacances pour le mois de juin : 1 612,50 $ × 8 % = 129,00 $)			

À partir des trois relevés de paie de Mireille Lafrenière que vous avez remplis à la précédente rubrique «À vous de jouer!», enregistrez dans le journal général la charge relative à la contribution de Design Graphique Moderne aux différents régimes, et le passif correspondant.

	JOURNAL GÉNÉRAL			Page: 22
Date	Nom des comptes et explication	Numéro du compte	Débit	Crédit
20X5				

9.10.4 Les reports au grand livre

Comme nous l'avons appris à la section 9.8, les écritures relatives à la paie doivent être reportées au grand livre afin de faciliter l'enregistrement des remises. L'utilisation du journal des salaires facilite un peu cette tâche. À la fin du mois, la somme de chacune des colonnes inscrites dans le journal des salaires doit être reportée au grand livre. Pour ce faire, il faut additionner les colonnes qui représentent des comptes de grand livre, tout en s'assurant que le total des comptes débiteurs est égal au total des comptes créditeurs. Après le report au grand livre du journal des salaires, on indique sous celui-ci le numéro du compte où il a été reporté. Finalement, les contributions de l'employeur enregistrées dans le journal général, à la section 9.7, doivent également être reportées afin de faciliter l'enregistrement des remises.

Voici les différents comptes de passif à court terme une fois ces reports effectués :

Régime de rentes du Québec à payer (RRQ)						N° 2360
Date	Libellé	Référence	Débit	Crédit	Solde	Dt/Ct
20X5						
Juin 30		J.S.9		70,88	70,88	Ct
Juin 30		J.G.26		70,88	141,76	Ct

Régime québécois d'assurance parentale à payer (RQAP)						N° 2365
Date	Libellé	Référence	Débit	Crédit	Solde	Dt/Ct
20X5						
Juin 30		J.S.9		9,01	9,01	Ct
Juin 30		J.G.26		12,61	21,62	Ct

Fonds des services de santé à payer (FSS)						N° 2370
Date	Libellé	Référence	Débit	Crédit	Solde	Dt/Ct
20X5						
Juin 30		J.G.26		48,38	48,38	Ct

Impôt provincial à payer						N° 2375
Date	Libellé	Référence	Débit	Crédit	Solde	Dt/Ct
20X5						
Juin 30		J.S.9		112,81	112,81	Ct

Assurance-emploi à payer (AE)						N° 2390
Date	Libellé	Référence	Débit	Crédit	Solde	Dt/Ct
20X1						
Juin 30		J.S.9		23,70	23,70	Ct
Juin 30		J.G.26		33,18	56,88	Ct

Impôt fédéral à payer						N° 2395
Date	Libellé	Référence	Débit	Crédit	Solde	Dt/Ct
20X5						
Juin 30		J.S.9		95,70	95,70	Ct

Indemnités de vacances à payer						N° 2400
Date	Libellé	Référence	Débit	Crédit	Solde	Dt/Ct
20X5						
Juin 30		J.G.26		129,00	129,00	Ct

Commission de la santé et de la sécurité du travail à payer (CSST)						N° 2420
Date	Libellé	Référence	Débit	Crédit	Solde	Dt/Ct
20X5						
Juin 30		J.G.26		54,00	54,00	Ct

Caisse de retraite à payer						N° 2425
Date	Libellé	Référence	Débit	Crédit	Solde	Dt/Ct
20X5						
Juin 30		J.S.9		64,50	64,50	Ct
Juin 30		J.G.26		64,50	129,00	Ct

9.10.5 Les remises de l'employeur

Les retenues à la source sur les paies des employés ainsi que les contributions de l'employeur – à l'exception des vacances, car celles-ci sont payables au moment où les employés sont en vacances – sont payables avant le 15e jour du mois suivant pour la majorité des employeurs.

MISE EN SITUATION ▶ Dans les pages précédentes, nous avons reporté au grand livre les écritures de journal général concernant les contributions de Décoration de luxe pour le mois de juin en plus des montants des retenues à la source que nous avons enregistrés dans le journal des salaires. Voici de quelle façon vous enregistrez les remises des contributions au 15 juillet :

JOURNAL GÉNÉRAL				Page : 28
Date	Nom des comptes et explication	Numéro du compte	Débit	Crédit
20X5				
Juil. 15	Impôt provincial à payer		112,81	
	Régime de rentes du Québec à payer (RRQ)		141,76	
	Régime québécois d'assurance parentale		21,62	
	à payer (RQAP)			
	Fonds des services de santé à payer (FSS)		48,38	
	Commission de la santé et de la		54,00	
	sécurité du travail à payer (CSST)			
	Encaisse			378,57
	(pour comptabiliser les remises			
	de l'employeur pour juin)			
Juil. 15	Impôt fédéral à payer		95,70	
	Assurance-emploi à payer (AE)		56,88	
	Encaisse			152,58
	(pour comptabiliser les remises de			
	l'employeur pour juin)			
Juil. 15	Caisse de retraite à payer		129,00	
	Encaisse			129,00
	(pour comptabiliser la remise de l'employeur			
	à la caisse de retraite pour juin)			

À VOUS DE JOUER !

En vous basant sur les précédentes rubriques « À vous de jouer ! », enregistrez maintenant dans le journal général la remise des retenues à la source et des contributions de l'employeur de décembre en date du 15 janvier 20X6.

JOURNAL GÉNÉRAL				Page : 22
Date	Nom des comptes et explication	Numéro du compte	Débit	Crédit
20X6				

9.10.6 Le paiement des vacances

Lorsque l'employé prend les vacances auxquelles il a droit, on lui verse la somme due grâce à la provision pour vacances accumulées. Au lieu de débiter le compte *Salaires*, on débite le compte *Indemnités de vacances à payer* parce que la charge a été enregistrée chaque semaine. Il n'y aura donc aucune charge au moment où les indemnités de vacances seront versées à l'employé. Par contre, on devra effectuer les retenues à la source comme on le fait lors du versement du salaire. Cela influencera également la part de l'employeur à calculer et à enregistrer dans le journal général.

MISE EN SITUATION ▶

Dans les pages précédentes, nous avons appris que Décoration de luxe enregistre, à chaque fin de mois, une indemnité de vacances à payer. Posons l'hypothèse que nous sommes maintenant le jeudi 4 juin 20X6 et que Nathan Beauchemin était en vacances la semaine dernière, soit du dimanche 24 mai au samedi 30 mai. En date d'aujourd'hui, qui correspond à une date de versement de la paie, Décoration de luxe doit débiter dans le compte *Indemnités de vacances à payer* une somme correspondant à une semaine de vacances, soit 2 % du salaire brut accumulé jusqu'à maintenant, afin que Nathan reçoive dans son compte de banque une indemnité de vacances. Ainsi, il reçoit celle-ci sans qu'aucune charge soit débitée. En effet, la charge a été enregistrée au débit du compte de charge *Vacances*, lors de l'enregistrement, celle-ci ayant été enregistrée chaque mois. Posons également l'hypothèse que l'année de référence pour le calcul des vacances dans cette entreprise va du 1er mai au 30 avril de chaque année.

Comme Nathan a travaillé toute l'année ayant débuté en mai 20X5, ces 2 % correspondront approximativement à une semaine de travail normale, au cours de laquelle Nathan gagne en moyenne un salaire d'environ 500 $ brut. Le salaire brut gagné par Nathan dans l'année de référence, soit du 1er mai 20X5 au 30 avril 20X6, est de 24 787,50 $. L'entreprise versera donc à Nathan 2 % de cette somme pour sa semaine de vacances :

JOURNAL GÉNÉRAL				Page: 48
Date	Nom des comptes et explication	Numéro du compte	Débit	Crédit
20X6				
Juin 04	Indemnités de vacances à payer		495,75	
	Régime de rentes du Québec à payer (RRQ)			21,53
	Régime québécois d'assurance parentale			2,77
	à payer (RQAP)			
	Assurance-emploi à payer (AE)			7,29
	Impôt fédéral à payer			27,25
	Impôt provincial à payer			30,67
	Caisse de retraite à payer			19,83
	Encaisse			386,41
	(pour enregistrer le versement par transfert bancaire			
	d'une semaine de vacances à Nathan Beauchemin :			
	24 787,50 $ × 2 % = 495,75 $)			

À VOUS DE JOUER !

Nous sommes le jeudi 4 juillet 20X6. Mireille Lafrenière était en vacances la semaine dernière. Enregistrez dans le journal général le versement de l'indemnité de vacances de Mireille qui s'élève à 759,13 $.

JOURNAL GÉNÉRAL				Page: 35
Date	Nom des comptes et explication	Numéro du compte	Débit	Crédit
20X6				

9.11 La préparation des formulaires T4 et Relevé 1

À la fin de l'année civile, l'employeur doit remplir divers formulaires afin d'être en règle avec les deux paliers de gouvernement. Le tableau 9.6 résume ces différents formulaires et leurs destinataires. Il est à noter que le tout doit être remis au plus tard le 28 février de chaque année.

TABLEAU **9.6** ▶ Les formulaires à remplir

Formulaire à remettre	Destinataires
T4	• Chaque employé • Agence du revenu du Canada (gouvernement fédéral)
T4 – Sommaire de la rémunération payée	• Agence du revenu du Canada (gouvernement fédéral)
Relevé 1	• Chaque employé • Revenu Québec (gouvernement provincial)
Relevé 1 – Sommaire des retenues et des cotisations de l'employeur	• Revenu Québec (gouvernement provincial)
Cotisation de l'employeur pour le financement de la Commission des normes du travail	• Revenu Québec

9.11.1 Les formulaires à remettre à chacun des employés

L'entreprise doit faire parvenir à ses employés les formulaires T4 et Relevé 1, sur lesquels apparaissent les sommes versées en salaires pour l'année et les sommes qui en ont été prélevées. L'employeur a jusqu'au 28 février pour faire parvenir ces documents à ses employés afin que ceux-ci puissent produire leurs déclarations de revenus avant le 30 avril.

Depuis plusieurs années, les deux agences permettent aux employeurs de transmettre leurs formulaires par voie électronique. Cependant, les petites entreprises qui ont des ressources limitées ou un petit nombre d'employés peuvent continuer à envoyer des formulaires papier par la poste. L'entreprise peut également remettre à chacun de ses employés les formulaires T4 et Relevé 1 en format papier ou en format électronique.

MISE EN SITUATION ▶ Décoration de luxe a embauché un nouvel employé au cours du mois d'août 20X5. Il s'agit d'Alex Tanguay, qui occupe le poste de conseiller aux ventes.

Nous sommes maintenant au mois de janvier 20X6. Les registres comptables de Décoration de luxe ont permis de dresser le tableau suivant au sujet des données pertinentes de l'année civile terminée le 31 décembre 20X5. Ce tableau, qui peut être réalisé à partir des données du journal des salaires ou des relevés de paie, contient toutes les données nécessaires afin de préparer les T4 et Relevé 1 de Nathan et d'Alex :

	Nathan Beauchemin	Alex Tanguay	Total
Salaire brut	12 093,75 $	10 520,12 $	22 613,87 $
Retenues			
Régime de rentes du Québec	531,60 $	478,44 $	1 010,04
Régime québécois d'assurance parentale	67,58 $	60,82 $	128,40
Assurance-emploi	177,75 $	159,98 $	337,73
Caisse de retraite (RPA)	483,75 $	453,38 $	937,13
Impôt fédéral retenu	717,75 $	645,98 $	1 363,73
Impôt provincial retenu	846,08 $	761,47 $	1 607,55
Autres renseignements			
Facteur d'équivalence	12 093,75 $	10 520,12 $	22 613,87
Gains assurables au Régime québécois d'assurance parentale	12 093,75 $	10 520,12 $	22 613,87
Gains assurables à l'assurance-emploi	12 093,75 $	10 520,12 $	22 613,87
Salaire admissible au Régime de rentes du Québec	12 093,75 $	10 520,12 $	22 613,87

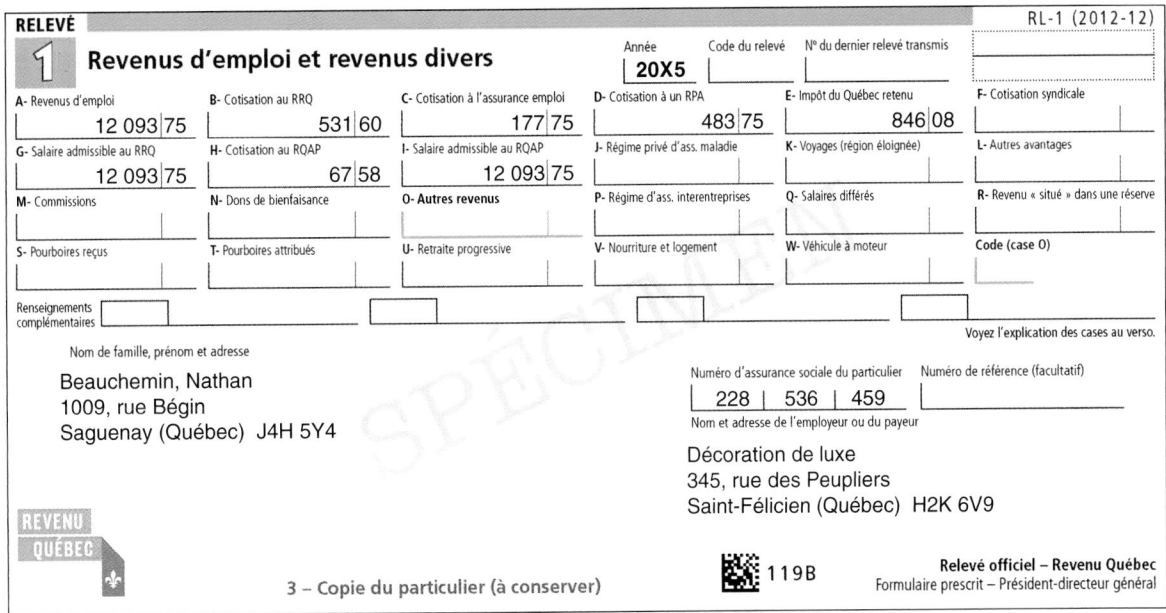

RL-1 (2012-12)

RELEVÉ 1 — Revenus d'emploi et revenus divers

Année	**Code du relevé**	**N° du dernier relevé transmis**	
20X5			

A- Revenus d'emploi	B- Cotisation au RRQ	C- Cotisation à l'assurance emploi	D- Cotisation à un RPA	E- Impôt du Québec retenu	F- Cotisation syndicale
12 093 75	531 60	177 75	483 75	846 08	
G- Salaire admissible au RRQ	**H- Cotisation au RQAP**	**I- Salaire admissible au RQAP**	**J- Régime privé d'ass. maladie**	**K- Voyages (région éloignée)**	**L- Autres avantages**
12 093 75	67 58	12 093 75			
M- Commissions	**N- Dons de bienfaisance**	**O- Autres revenus**	**P- Régime d'ass. interentreprises**	**Q- Salaires différés**	**R- Revenu « situé » dans une réserve**
S- Pourboires reçus	**T- Pourboires attribués**	**U- Retraite progressive**	**V- Nourriture et logement**	**W- Véhicule à moteur**	**Code (case O)**

Renseignements complémentaires

Voyez l'explication des cases au verso.

Nom de famille, prénom et adresse

Beauchemin, Nathan
1009, rue Bégin
Saguenay (Québec) J4H 5Y4

Numéro d'assurance sociale du particulier	Numéro de référence (facultatif)
228	536	459	

Nom et adresse de l'employeur ou du payeur

Décoration de luxe
345, rue des Peupliers
Saint-Félicien (Québec) H2K 6V9

REVENU QUÉBEC

3 – Copie du particulier (à conserver)

119B

Relevé officiel – Revenu Québec
Formulaire prescrit – Président-directeur général

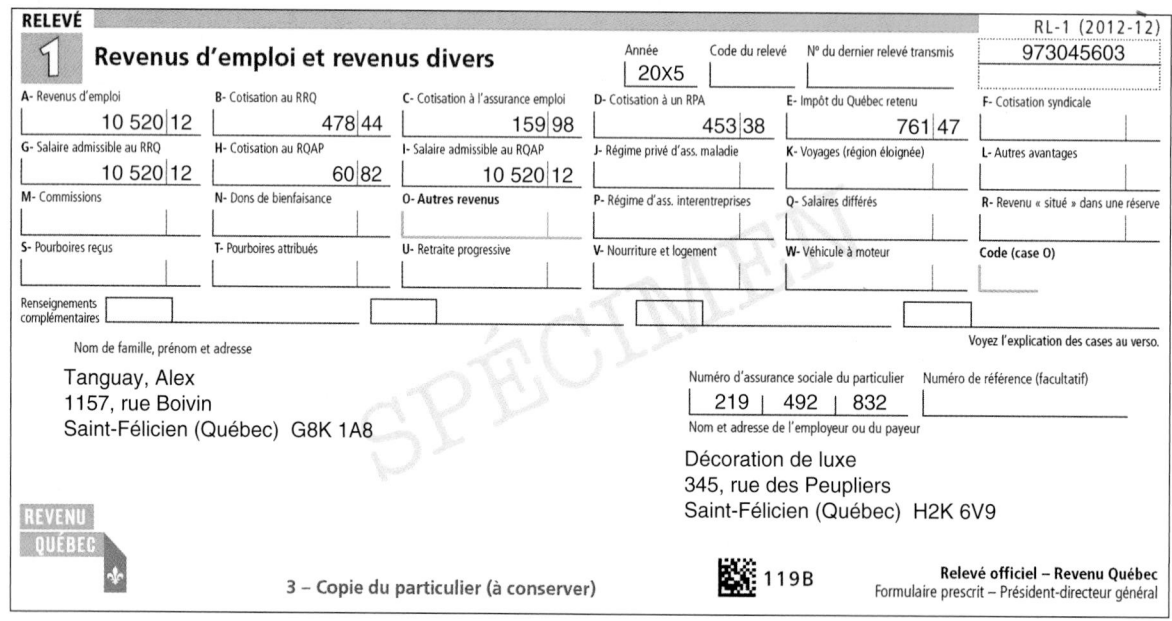

Employer's name – Nom de l'employeur

Décoration de luxe
345, rue des Peupliers
Saint-Félicien (Québec) H2K 6V9

Canada Revenue Agency / Agence du revenu du Canada

Year / Année **20X5**

T4
STATEMENT OF REMUNERATION PAID
ÉTAT DE LA RÉMUNÉRATION PAYÉE

Employment income – line 101 / Revenus d'emploi – ligne 101 **14** 10 520 12	Income tax deducted – line 437 / Impôt sur le revenu retenu – ligne 437 **22** 645 98

54 Payroll account number / Numéro de compte de retenues

Province of employment / Province d'emploi **10** QC

Employee's CPP contributions – line 308 / Cotisations de l'employé au RPC – ligne 308 **16**	EI insurable earnings / Gains assurables d'AE **24** 10 520 12

Social insurance number / Numéro d'assurance sociale **12** 219492832

Exempt – Exemption CPP/QPP EI PPIP **28** RPC/RRQ AE RPAP

Employment code / Code d'emploi **29**

Employee's QPP contributions – line 308 / Cotisations de l'employé au RRQ – ligne 308 **17** 478 44	CPP/QPP pensionable earnings / Gains ouvrant droit à pension – RPC/RRQ **26** 10 520 12

Employee's name and address – Nom et adresse de l'employé

Last name (in capital letters) – Nom de famille (en lettres moulées) | First name – Prénom | Initial – Initiale

Tanguay | Alex | AT

1157, rue Boivin
Saint-Félicien (Québec) G8K 1A8

Employee's EI premiums – line 312 / Cotisations de l'employé à l'AE – ligne 312 **18** 159 98	Union dues – line 212 / Cotisations syndicales – ligne 212 **44**
RPP contributions – line 207 / Cotisations à un RPA – ligne 207 **20** 453 38	Charitable donations – line 349 / Dons de bienfaisance – ligne 349 **46**
Pension adjustment – line 206 / Facteur d'équivalence – ligne 206 **52** 10 520 12	RPP or DPSP registration number / N° d'agrément d'un RPA ou d'un RPDB **50**
Employee's PPIP premiums – see over / Cotisations de l'employé au RPAP – voir au verso **55** 60 82	PPIP insurable earnings / Gains assurables du RPAP **56**

Other information (see over) / Autres renseignements (voir au verso)

Box – Case	Amount – Montant	Box – Case	Amount – Montant	Box – Case	Amount – Montant

T4 (12)

© Agence du revenu du Canada. Reproduit avec l'autorisation du ministre de Travaux publics et Services gouvernementaux Canada, 2012.

RELEVÉ 1 — **Revenus d'emploi et revenus divers**

Année **20X5** | Code du relevé | N° du dernier relevé transmis | RL-1 (2012-12) | 973045603

A- Revenus d'emploi	B- Cotisation au RRQ	C- Cotisation à l'assurance emploi	D- Cotisation à un RPA	E- Impôt du Québec retenu	F- Cotisation syndicale
10 520 12	478 44	159 98	453 38	761 47	
G- Salaire admissible au RRQ	H- Cotisation au RQAP	I- Salaire admissible au RQAP	J- Régime privé d'ass. maladie	K- Voyages (région éloignée)	L- Autres avantages
10 520 12	60 82	10 520 12			
M- Commissions	N- Dons de bienfaisance	O- Autres revenus	P- Régime d'ass. interentreprises	Q- Salaires différés	R- Revenu « situé » dans une réserve
S- Pourboires reçus	T- Pourboires attribués	U- Retraite progressive	V- Nourriture et logement	W- Véhicule à moteur	Code (case O)

Renseignements complémentaires

Voyez l'explication des cases au verso.

Nom de famille, prénom et adresse

Tanguay, Alex
1157, rue Boivin
Saint-Félicien (Québec) G8K 1A8

Numéro d'assurance sociale du particulier | Numéro de référence (facultatif)
219 | 492 | 832

Nom et adresse de l'employeur ou du payeur

Décoration de luxe
345, rue des Peupliers
Saint-Félicien (Québec) H2K 6V9

REVENU QUÉBEC

3 – **Copie du particulier (à conserver)**

119B

Relevé officiel – Revenu Québec
Formulaire prescrit – Président-directeur général

SPÉCIMEN

© Reproduit avec l'autorisation de Revenu Québec.

Note : Les versions officielles et à jour sont disponibles sur le site Internet de l'Agence du revenu du Québec (www.revenuquebec.ca).

À partir des renseignements suivants, préparez le T4 et le Relevé 1 de Mireille Lafrenière pour l'année civile terminée le 31 décembre 20X6.

	Mireille Lafrenière
Salaire brut	25 875,50$
Retenues	
Régime de rentes du Québec	1 143,65$
Régime québécois d'assurance parentale	207,96$
Assurance-emploi	391,72$
Caisse de retraite	1 035,02$
Cotisations syndicales	418,23$
Impôt fédéral retenu	1 542,50$
Impôt provincial retenu	1 495,30$
Autres renseignements	
Facteur d'équivalence	25 875,50$
Gains assurables au RQAP	25 875,50$
Gains assurables à l'assurance-emploi	25 875,50$
Salaire admissible au RRQ	25 875,50$

Employer's name – Nom de l'employeur

Canada Revenue Agency / Agence du revenu du Canada

Year / Année

T4

STATEMENT OF REMUNERATION PAID
ÉTAT DE LA RÉMUNÉRATION PAYÉE

Employment income – line 101 / Revenus d'emploi – ligne 101 — **14**

Income tax deducted – line 437 / Impôt sur le revenu retenu – ligne 437 — **22**

54 Payroll account number / Numéro de compte de retenues

Province of employment / Province d'emploi — **10**

Employee's CPP contributions – line 308 / Cotisations de l'employé au RPC – ligne 308 — **16**

EI insurable earnings / Gains assurables d'AE — **24**

Social insurance number / Numéro d'assurance sociale — **12**

Exempt – Exemption CPP/QPP EI PPIP — **28**
RPC/RRQ AE RPAP

Employment code / Code d'emploi — **29**

Employee's QPP contributions – line 308 / Cotisations de l'employé au RRQ – ligne 308 — **17**

CPP/QPP pensionable earnings / Gains ouvrant droit à pension – RPC/RRQ — **26**

Employee's name and address – Nom et adresse de l'employé

Last name (in capital letters) – Nom de famille (en lettres moulées)   First name – Prénom   Initial – Initiale

Employee's EI premiums – line 312 / Cotisations de l'employé à l'AE – ligne 312 — **18**

Union dues – line 212 / Cotisations syndicales – ligne 212 — **44**

RPP contributions – line 207 / Cotisations à un RPA – ligne 207 — **20**

Charitable donations – line 349 / Dons de bienfaisance – ligne 349 — **46**

Pension adjustment – line 206 / Facteur d'équivalence – ligne 206 — **52**

RPP or DPSP registration number / N° d'agrément d'un RPA ou d'un RPDB — **50**

Employee's PPIP premiums – see over / Cotisations de l'employé au RPAP – voir au verso — **55**

PPIP insurable earnings / Gains assurables du RPAP — **56**

Other information (see over) / Autres renseignements (voir au verso)

Box – Case   Amount – Montant   Box – Case   Amount – Montant   Box – Case   Amount – Montant

Box – Case   Amount – Montant   Box – Case   Amount – Montant   Box – Case   Amount – Montant

T4 (12)

9.11.2 Les formulaires à remettre aux agences gouvernementales

En plus de remettre à l'employé ainsi qu'aux gouvernements provincial et fédéral un T4 et un Relevé 1 pour chacun de ses employés, l'entreprise doit également, à partir des données de la paie de l'année qui vient de se terminer, remplir le formulaire T4 – Sommaire de la rémunération payée ainsi que le formulaire Relevé 1 – Sommaire des retenues et des cotisations de l'employeur (voir le tableau 9.6). Ces deux documents, qui sont habituellement remplis au même moment que les T4 et Relevé 1 vus précédemment, résument le total des retenues et des contributions de l'employeur aux différents programmes gouvernementaux qui ont eu lieu au cours de l'année.

Ces documents contiennent les renseignements relatifs aux revenus et aux retenues pour l'ensemble des employés de l'entreprise. Celle-ci doit donc remplir, pour chaque agence gouvernementale, un seul formulaire qui correspond à la somme de tous les formulaires remis à ses employés.

MISE EN SITUATION ▶   Voici comment Décoration de luxe remplira ces formulaires :

0505	**T4** Summary Sommaire

SUMMARY OF REMUNERATION PAID
SOMMAIRE DE LA RÉMUNÉRATION PAYÉE

For the year ending December 31, **20 X5**
Pour l'année se terminant le 31 décembre

You have to file your T4 information return on or before the last day of **February**. See the information on the back of this form.

Vous devez produire votre déclaration de renseignements T4 au plus tard le dernier jour de **février**. Lisez les renseignements au verso de ce formulaire.

Payroll account number (15 characters) – Numéro de compte de retenues (15 caractères)

897963092RP0001

Name and address of employer – Nom et adresse de l'employeur

Décoration de luxe
345, rue des Peupliers
Saint-Félicien (Québec) H2K 6V9

Total number of T4 slips filed Nombre total de feuillets T4 produits **88**	Employees' CPP contributions Cotisations des employés au RPC **16**
Employment income – Revenus d'emploi **14** 22 613 87	Employer's CPP contributions Cotisations de l'employeur au RPC **27**
Registered pension plan (RPP) contributions Cotisations à un régime de pension agréé (RPA) **20** 937 13	Employees' EI premiums – Cotisations des employés à l'AE **18** 337 73
Pension adjustment – Facteur d'équivalence **52** 22 613 87	Employer's EI premiums – Cotisations de l'employeur à l'AE **19** 472 82

Income tax deducted – Impôt sur le revenu retenu
22 1 363 73

Total deductions reported (16 + 27 + 18 + 19 + 22)
Total des retenues déclarées (16 + 27 + 18 + 19 + 22)
80 2 174 28

Minus: remittances – **Moins :** versements
82 2 174 28

Generally, we do not charge or refund a difference of $2 or less.

Généralement, une différence de 2 $ ou moins n'est ni exigée ni remboursée.

Difference – Différence
0 00

Do not use this area
N'inscrivez rien ici

	Last to current Précédente à courante		Other Autre
90	1	2	3

Pro forma
91 1 | 2

	Y – A	D – J
93		

PD15-1
94

POF PSF **96**	NLFP APPT **97**

Memo – Note

Prepared by – Établi par

Date

Overpayment – Paiement en trop
84

Balance due – Solde dû
86

Amount enclosed – Somme jointe

Canadian-controlled private corporations or unincorporated employers
Sociétés privées sous contrôle canadien ou employeurs non constitués

SIN of the proprietor(s) or principal owner(s) – NAS du ou des propriétaires
74   **75**

Person to contact about this return
Personne avec qui communiquer au sujet de cette déclaration
76 Claude Secours

Area code Indicatif régional	Telephone number Numéro de téléphone	Extension Poste
78 418	– 321 – 1658	

Certification – Attestation

I certify that the information given in this T4 return (T4 Summary and related T4 slips) is, to the best of my knowledge, correct and complete.
J'atteste que les renseignements fournis dans cette déclaration T4 (le T4 *Sommaire* et les feuillets T4 connexes) sont, à ma connaissance, exacts et complets.

20X6-01-15	*Claude Secours*	Propriétaire
Date	Signature of authorized person – Signature d'une personne autorisée	Position or office – Titre ou poste

T4 Summary – Sommaire (12)

© Agence du revenu du Canada. Reproduit avec l'autorisation du ministre de Travaux publics et Services gouvernementaux Canada, 2012.

Canadä

Sommaire des retenues et des cotisations de l'employeur

SOMMAIRE
1

RLZ-1.S

Année	Réservé à Revenu Québec
20X5	Date

Nombre de relevés 1, 2 et 25 produits :

sur support papier	par Internet	sur support électronique	Numéro du préparateur, s'il y a lieu
	2		NP

1 Relevé mensuel des droits

Mois	Montant des droits payés ou à payer
20X5-06	277,49 $
20X5-07	289,73
20X5-08	505,40
20X5-09	763,06
20X5-10	742,24
20X5-11	684,38
20X5-12	673,49
Total	3 935,79 $

Notez que les droits comptabilisés ne tiennent pas compte des versements pour la CSST effectués à Revenu Québec.

2 Sommaire des retenues et des cotisations à verser

Cotisations au RRQ

Cotisations des employés (case B des relevés 1)	1	1 010,04	
Cotisation de l'employeur	+ 2	1 010,04 ▶	3 2 020,08

Cotisations au RQAP

Cotisations des employés (case H des relevés 1)	7	128,40	
Cotisation de l'employeur	+ 8	179,76 ▶	9 308,16

Impôt du Québec

Relevés 1 (case E) et relevés 25 (case I)	10	1 607,55	
Relevés 2 (case J)	+ 11	▶	12 1 607,55

Taxe compensatoire (pour une institution financière **autre qu'une société**)

Salaires versés	20	x **1,5 %** + 21	

Additionnez les montants des lignes 3, 9, 12 et 21.	**Total partiel** = 25	3 935,79

Paiements de cotisations au RRQ et au RQAP, d'impôt et de taxe compensatoire effectués dans l'année à l'aide des formulaires TPZ-1015. Le total des lignes 26 et 38 doit être égal au total de la partie 1 du sommaire.
− 26   3 935,79

Montant de la ligne 25 moins celui de la ligne 26.
Inscrivez le signe moins (-) devant un montant négatif.
Reportez le résultat à la case 91 du bordereau de paiement à la page 3.

Cotisations au RRQ, RQAP, impôt et taxe compensatoire = 27   0,00

11H1 ZZ 49497249

Formulaire prescrit – Président-directeur général

Cotisation au Fonds des services de santé (FSS)[1]

Masse salariale **totale** servant à déterminer le taux de cotisation à inscrire à la ligne 36. Reportez ce montant à la case 90 du bordereau de paiement à la page 3.	28	2 2 6 1 3 . 8 7

Salaires assujettis		30		2 2 6 1 3 . 8 7
Salaires exemptés (voyez le *Guide du relevé 1* [RL-1.G])	31	– 32		2 2 6 1 3 . 8 7
Montant de la ligne 30 moins celui de la ligne 32	=	34		.
Taux de cotisation	x	36	3 . 0 0 %	

Multipliez le montant de la ligne 34 par le taux de la ligne 36	= 37	6 7 8 . 4 1
Paiements de cotisation au FSS effectués dans l'année à l'aide des formulaires TPZ-1015. Le total des lignes 26 et 38 doit être égal au total de la partie 1 du sommaire.	– 38	6 7 8 . 4 1
Montant de la ligne 37 moins celui de la ligne 38. Inscrivez le signe moins (-) devant un montant négatif. Reportez le résultat à la case 92 du bordereau de paiement à la page 3. **Cotisation au Fonds des services de santé (FSS)**	= 39	0 . 0 0

Cotisation pour le financement de la Commission des normes du travail (CNT)[2]

Reportez le montant de la ligne 41 à la case 93 du bordereau de paiement à la page 3. Si vous ou votre service de paie avez déjà versé cette somme à Revenu Québec, inscrivez 0 à la case 93. Vérifiez aussi les paiements effectués par votre institution financière.

Rémunérations assujetties (calculées sur la version 2012 du formulaire LE-39.0.2)	40	2 2 6 1 3 . 8 7	x **0,08 %** ▶ 41	1 8 . 0 9

Cotisation au Fonds de développement et de reconnaissance des compétences de la main-d'œuvre (FDRCMO)[3]

Masse salariale, si supérieure à **1 000 000 $**	50	, x **1 %** ▶ 51	.
Dépenses de formation admissibles. Remplissez la grille de calcul ci-dessous.		– 52	.
Montant de la ligne 51 moins celui de la ligne 52. Si le résultat est négatif, inscrivez 0. Reportez le résultat à la case 94 du bordereau de paiement à la page 3. **FDRCMO** =		▶ 53	0 . 0 0

Additionnez (ou soustrayez) les montants des lignes 27, 39, 41 et 53. **Si le résultat est négatif**, inscrivez le remboursement à la ligne 71. **Si le résultat est positif**, inscrivez le solde à payer à la ligne 72. Tout solde impayé peut entraîner des intérêts et une pénalité.	**Solde** = 70	1 8 . 0 9

Remboursement 71	,	**Solde à payer** 72	,

3 Signature

Je déclare que les renseignements fournis dans ce formulaire et dans les relevés 1, 2 et 25 sont exacts et complets.

	Nom et fonction du signataire			
Claude Secours	20X6-01-15			
Signature	Date	Ind. rég.	Téléphone	Poste

Grille de calcul – Dépenses de formation admissibles reportables[4]

Solde des dépenses de formation admissibles reporté des années antérieures	75	.
Dépenses de formation admissibles de l'année courante	+ 76	.
Additionnez les montants des lignes 75 et 76.	= 77	.
Montant utilisé pour réduire ou annuler la cotisation de la ligne 51. Reportez-le à la ligne 52.	– 78	.
Montant de la ligne 77 moins celui de la ligne 78 — **Solde des dépenses de formation admissibles reportable aux années postérieures**	= 79	.

11GX ZZ 49497188

Note : Les versions officielles et à jour sont disponibles sur le site Internet de l'Agence du revenu du Québec (www.revenuquebec.ca).

Vous remarquerez que dans le formulaire provincial, on fait calculer à l'employeur une cotisation pour le financement de la Commission des normes du travail (le taux étant de 0,08 % du total des salaires versés). Nous vous invitons à relire la section 9.1, où il est question de la Commission des normes du travail et où certains sites vous sont suggérés.

MISE EN SITUATION Nous devons donc maintenant enregistrer cette nouvelle charge et effectuer le paiement de 18,09 $.

JOURNAL GÉNÉRAL					Page : 36
Date	Nom des comptes et explication	Numéro du compte	Débit		Crédit
20X6					
Fév. 15	Avantages sociaux		18,09		
	Encaisse				18,09
	(paiement de la contribution de l'employeur				
	au financement de la Commission des				
	normes du travail : 22 613,87 $ × 0,08 %)				

CONCLUSION

Dans ce chapitre, nous avons vu de quelle façon une entreprise calcule les retenues à la source sur la paie de ses employés et détermine leur salaire net, c'est-à-dire la somme qui leur est versée. Nous avons aussi étudié la manière d'établir la contribution de l'employeur, soit les frais de participation aux différents régimes. Nous avons appris à effectuer les remises de ces sommes aux gouvernements et aux divers organismes. En terminant, nous avons vu l'utilité et le fonctionnement du journal des salaires ainsi que les formulaires à remettre en fin d'année aux employés et aux agences gouvernementales.

(TESTEZ VOS CONNAISSANCES)

1. **Indiquez par un crochet les renseignements qui, selon la Loi sur les normes du travail et le Règlement sur la tenue d'un système d'enregistrement ou d'un registre, doivent se retrouver sur la fiche de chaque employé :**

   a) Le nom et le prénom de l'employé ☐

   b) L'adresse de résidence ☐

   c) Le numéro d'assurance sociale ☐

   d) Le numéro de téléphone de l'employé ☐

   e) La date de naissance de l'employé ☐

   f) La situation familiale et le nombre de personnes à charge ☐

   g) Le taux de salaire ☐

   h) Le nombre de périodes de paie par année ☐

   i) Le taux de cotisation syndicale ☐

   j) La date d'emploi ☐

   k) L'année de référence pour les vacances ☐

2. **Donnez la formule pour calculer le revenu imposable (assujetti) :**

   a) au fédéral : _____

   b) au provincial : _____

3. **En quelle année a été institué le Régime québécois d'assurance parentale ?**

   _____

4. **Dans quel compte est enregistrée la part de l'employeur au RRQ, au RQAP et à l'assurance-emploi ?**

   _____

5. **À quelle date doivent être parvenues aux différents gouvernements les retenues et contributions du mois de mars 20X3 ?**

   _____

(TERMINOLOGIE)

(PROBLÈMES)

NIVEAUX : FACILE ● INTERMÉDIAIRE ■ DIFFICILE ◆

MATIÈRE TRAITÉE	NUMÉROS
Le calcul de la paie et l'enregistrement dans le journal général	1 et 2
Le calcul des salaires et l'enregistrement dans le journal général	3 et 4
Le calcul des salaires et l'enregistrement dans le journal des salaires	5 à 8
Le calcul de la contribution de l'employeur et l'enregistrement dans le journal général	9 à 12

Le calcul de la paie et l'enregistrement dans le journal général

● **1. Pour la semaine terminée le 24 novembre 20X9, Pierre Latendresse a gagné 645 $.**

- Ses codes des retenues pour l'impôt fédéral et pour l'impôt provincial sont respectivement 1 et B.

- Aucune retenue salariale prévue par des ententes collectives ou retenue facultative n'a été effectuée.

Travail à faire

a) Déterminer, pour la paie de la semaine terminée le 24 novembre 20X9, les retenues salariales en remplissant le tableau suivant :

RECYCLE-TOUT CALCUL DES RETENUES À LA SOURCE – PIERRE LATENDRESSE Semaine terminée le 24 novembre 20X9		
Régime	**Calcul**	**Montant**
Régime de rentes du Québec	Selon la table des retenues du RRQ	
Régime québécois d'assurance parentale	Selon la table des retenues du RQAP	
Assurance-emploi	Selon la table des retenues de l'AE	
Impôt fédéral	Selon la table des retenues de l'impôt fédéral	
Impôt provincial	Selon la table des retenues de l'impôt provincial	
Total des retenues à la source		

b) Enregistrer dans le journal général l'écriture relative à cette paie.

■ **2. Pour la semaine terminée le 28 janvier 20X5, Yoanie Tremblay a travaillé 38 heures.**

- Son salaire horaire est de 12 $.

- Ses codes des retenues pour l'impôt fédéral et pour l'impôt provincial sont respectivement 3 et D.

- Elle participe à sa caisse de retraite à raison de 2,5 % de son salaire brut.

- Elle est affiliée au syndicat de la CSDQ, et sa cotisation égale 0,5 % de son salaire brut.

Travail à faire

a) Déterminer les retenues salariales et inscrire le montant net pour la paie de la semaine terminée le 28 janvier 20X5 en remplissant le tableau suivant :

HORTI-COLIS		
CALCUL DES RETENUES À LA SOURCE – YOANIE TREMBLAY		
Semaine terminée le 28 janvier 20X5		
Régime	**Calcul**	**Montant**
Régime de rentes du Québec	Selon la table des retenues du RRQ	
Régime québécois d'assurance parentale	Selon la table des retenues du RQAP	
Assurance-emploi	Selon la table des retenues de l'AE	
Impôt fédéral	Selon la table des retenues de l'impôt fédéral	
Impôt provincial	Selon la table des retenues de l'impôt provincial	
Cotisations syndicales	0,5 % du salaire brut	
Caisse de retraite	2,5 % du salaire brut	
Total des retenues à la source		

b) Enregistrer dans le journal général l'écriture relative à cette paie.

Le calcul des salaires et l'enregistrement dans le journal général

3. L'entreprise Alexandra ne compte qu'un seul employé, Pierre-Olivier Gulliver.

- M. Gulliver gagne un salaire brut hebdomadaire de 1 015 $.
- Cet employé a été embauché le 5 août 20X5.
- Le taux de cotisation de cette entreprise au FSS est de 2,7 % du total des salaires bruts.
- Pour ce qui est de la CSST, le total des salaires bruts de la période de référence est de 20 000 $ et le taux de prime est de 2,5 %.
- Les codes des retenues pour l'impôt fédéral et pour l'impôt provincial sont respectivement 1 et A.
- L'entreprise compte 52 périodes de paie par année (voir le tableau du calcul du versement périodique ci-dessous).

Calcul du versement périodique (CSST)	
Total des salaires bruts de la période de référence choisie	20 000,00 $
Multiplié par : Taux de prime	2,5 %
Égale : Cotisation annuelle à la CSST	500,00 $
Divisé par : Nombre de périodes de paie annuelles	52
Égale : Versement périodique	9,62 $

Travail à faire

a) Déterminer, pour le mois de septembre 20X5, les retenues salariales (ou autre) en remplissant le tableau suivant :

ENTREPRISE ALEXANDRA			
PAIEMENT DES RETENUES À LA SOURCE ET DES CONTRIBUTIONS DE L'EMPLOYEUR			
du mois de septembre 20X5			
Payé à	**Retenues**	**Contribution employeur**	**Total**
Gouvernement fédéral			
Impôt fédéral	102,15		
Assurance-emploi	14,92	20,89	
Total	117,07	20,89	
Gouvernement provincial			
Impôt provincial	126		
Régime de rentes du Québec	47,62	47,62	
Régime québécois d'assurance parentale	5,67	7,94	
Fonds des services de santé du Québec		27,41	
Versement périodique à la Commission de la santé et de la sécurité du travail		9,62	
Total	179,29	92,57	

b) Calculer la paie nette de Pierre-Olivier Gulliver pour la semaine de paie terminée le 30 septembre 20X5.

c) Enregistrer dans le journal général le salaire net de Pierre-Olivier Gulliver pour la semaine de paie terminée le 30 septembre 20X5.

d) Calculer les contributions de l'employeur relatives à cette paie et enregistrer la contribution de l'employeur pour le mois.

e) Calculer et enregistrer le montant relatif aux vacances ; le taux de vacances est de 4 %.

◆ 4. **Jonathan Gautier, propriétaire d'Agro-veau, vous soumet les renseignements suivants concernant le salaire de ses deux seuls employés, qu'il vient tout juste d'embaucher, pour la semaine terminée le 28 avril 20X4 :**

Employées	Cloé Smith	Ariane Martel
Taux horaire	14 $	16 $
Nombre d'heures travaillées	38	40
Codes de demande et des retenues		
– gouvernement fédéral	3	4
– gouvernement provincial	C	D
Autres retenues		
– caisse de retraite	4 %	4 %
– dons de charité (par paie)	5 $	2 $

- L'employeur contribue à égalité de parts à la caisse de retraite des employées.
- Le taux de cotisation de cette entreprise au FSS est de 2,7 % du total des salaires bruts.
- Pour ce qui est de la CSST, le total des salaires bruts de la période de référence est de 65 000 $ et le taux de prime est de 2,5 %.
- L'entreprise compte 52 périodes de paie par année (voir le tableau du calcul du versement périodique ci-dessous).

Calcul du versement périodique (CSST)

Total des salaires bruts de la période de référence choisie	65 000,00 $
Multiplié par : Taux de prime	2,5 %
Égale : Cotisation annuelle à la CSST	1,625
Divisé par : Nombre de périodes de paie annuelles	52
Égale : Versement périodique	31,25

Travail à faire

a) Déterminer, pour le mois d'avril 20X4, les retenues salariales (ou autre) en remplissant les tableaux suivants :

AGRO-VEAU (CLOÉ SMITH)
PAIEMENT DES RETENUES À LA SOURCE ET DES CONTRIBUTIONS DE L'EMPLOYEUR
pour le mois d'avril 20X4

Payé à	Retenues	Contribution employeur	Total
	510,72		
Gouvernement fédéral			
Impôt fédéral	23,50		
Assurance-emploi	7,83	10,95	
Total	31,33		
Gouvernement provincial 532			
Impôt provincial	25,80		
Régime de rentes du Québec	23,35	23,35	
Régime québécois d'assurance parentale	2,98	4,18	
Fonds des services de santé du Québec		14,36	
Versement périodique à la Commission de la santé et de la sécurité du travail	31,25	16,98	
Total			
Caisse de retraite	21,28	21,28	
Don de charité			

AGRO-VEAU (ARIANE MARTEL) PAIEMENT DES RETENUES À LA SOURCE ET DES CONTRIBUTIONS DE L'EMPLOYEUR pour le mois d'avril 20X4			
Payé à	**Retenues**	**Contribution employeur**	**Total**
Gouvernement fédéral			
Impôt fédéral			
Assurance-emploi			
Total			
Gouvernement provincial			
Impôt provincial			
Régime de rentes du Québec			
Régime québécois d'assurance parentale			
Fonds des services de santé du Québec			
Versement périodique à la Commission de la santé et de la sécurité du travail			
Total			
Caisse de retraite			
Don de charité			

b) Calculer la paie nette de Cloé Smith et celle d'Ariane Martel pour la semaine terminée le 28 avril 20X4.

c) Enregistrer dans le journal général le paiement des salaires nets des deux employées pour la semaine terminée le 28 avril 20X4 en considérant que la paie a été versée 2 jours suivant la fin de la période de paie.

d) Calculer et enregistrer la contribution de l'employeur pour le mois, considérant qu'il y a eu quatre paies identiques en avril.

e) Enregistrer dans le journal général les remises mensuelles aux gouvernements, au fiduciaire de la caisse de retraite ainsi qu'à l'organisme de charité, le 15 mai 20X4.

f) Enregistrer le montant relatif aux indemnités de vacances, sachant que le taux de vacances est de 6 %.

Le calcul des salaires et l'enregistrement dans le journal des salaires

5. Maria Paladini, propriétaire de l'épicerie Romano, vous remet les renseignements suivants concernant les salaires de ses employés versés pour le mois de février 20X5 :

Employés	Roméo Costopoulos	Jean Viens	Francine Tamburini
Taux horaire	12,50 $	10,40 $	10,80 $
Nombre d'heures travaillées – normales			
02-06	40	30	20
02-13	40	30	20
02-20	40	28	15
02-27	40	30	20
Nombre d'heures travaillées – supplémentaires			
02-06	4	0	4
02-13	6	4	0
02-20	2	0	0
02-27	1	2	10

Codes de demande et des retenues:

- Roméo est marié et sa femme ne travaille pas; ils ont un enfant de six ans.
- Les codes sont 3 et C pour Jean ainsi que 1 et A pour Francine.
- Autres retenues:

Cotisations syndicales	2%	2%	2%
Dons de charité	5,00$	5,00$	5,00$

- Les heures supplémentaires sont payées au taux normal majoré de 50%.

Travail à faire

a) Déterminer les codes de demande et des retenues de Roméo Costopoulos à l'aide des formulaires TD1 et TP-1015.3, dont vous avez des modèles aux annexes 9.1, 9.2 et 9.4, et à l'aide du tableau fédéral des codes de demande présenté à l'annexe 9.3.

b) À l'aide des tables des retenues, établir le journal des salaires pour les semaines du 6 et du 13 février 20X5.

c) Enregistrer les avantages sociaux pour ces deux semaines, considérant que le taux de cotisation de cette entreprise au FSS est de 2,7% du total des salaires bruts. Pour ce qui est de la CSST, le total des salaires bruts de la période de référence est de 50 000$ et le taux de prime est de 2,5% (voir le tableau du calcul du versement périodique ci-dessous).

Les annexes 9.1 à 9.4 se trouvent sur le site http://mabibliotheque.cheneliere.ca

Calcul du versement périodique (CSST)

Total des salaires bruts de la période de référence choisie	50 000,00$
Multiplié par: Taux de prime	2,5%
Égale: Cotisation annuelle à la CSST	
Divisé par: Nombre de périodes de paie annuelles	52
Égale: Versement périodique	

d) Enregistrer le montant relatif aux vacances, sachant que le taux de vacances est de 6%.

6. La Licorne emploie les trois personnes suivantes:

- San Lee, né le 14 novembre 1970, marié. Sa femme ne travaille pas, mais elle étudie à l'université et paie des droits de scolarité de 1 500$ par année.
- Michèle Tournier, dont les codes des retenues et de demande sont **B** et **2**.
- Jim Updike, dont les codes des retenues et de demande sont **C** et **3**.

Les employés contribuent au financement de leur association syndicale en versant 2% de leur salaire brut.

Travail à faire

a) Déterminer les codes des retenues et de demande de San Lee à l'aide des formulaires TD1 et TP-1015.3, dont les modèles se trouvent aux annexes 9.1, 9.2 et 9.4, et à l'aide du tableau fédéral des codes de demande présenté à l'annexe 9.3.

b) À l'aide des tables des retenues, terminer, pour le mois de mars 20X5, le journal des salaires de la page suivante:

Les annexes 9.1 à 9.4 se trouvent sur le site http://mabibliotheque.cheneliere.ca

LA LICORNE – JOURNAL DES SALAIRES (PARTIE A)

Date	Nom du salarié	Salaire brut Normal Nombre d'heures	Taux	Supplémentaire Nombre d'heures	Taux	Total (crédit)	Retenues RRQ à payer (crédit)	RQAP à payer (crédit)	AE à payer (crédit)	Caisse de retraite à payer (crédit)	Cotisations syndicales à payer (crédit)
20X5											
03-04	San Lee					350,00	14,21	1,96			
03-04	Michèle Tournier					410,00	17,22	2,29			
03-04	Jim Updike					235,00	8,43	1,31			
03-11	San Lee					325,00					
03-11	Michèle Tournier					422,00					
03-11	Jim Updike					210,00					
03-18	San Lee					340,00					
03-18	Michèle Tournier					415,00					
03-18	Jim Updike					264,00					
03-25	San Lee					370,00					
03-25	Michèle Tournier					395,00					
03-25	Jim Updike					252,00					

LA LICORNE – JOURNAL DES SALAIRES (PARTIE B)

Revenu assujetti au fédéral	Code	au provincial	Code	Retenues Impôt fédéral à payer (crédit)	Impôt provincial à payer (crédit)	Assurance collective	Nom du compte de grand livre (crédit)	Numéro du compte de grand livre	Encaisse	N° du chèque N° de confirmation du dépôt
343,00	8	350,00	H	0	0				321,68	110
401,80	2	410,00	B	15,75	15,90				344,61	111
230,30	3	235,00	C	0	0				217,11	112
	8		H							143
	2		B							144
	3		C							145
	8		H							162
	2		B							163
	3		C							164
	8		H							192
	2		B							193
	3		C							194

c) Enregistrer les avantages sociaux pour ces quatre semaines, considérant que le taux de cotisation de cette entreprise au FSS est de 2,7 % du total des salaires bruts. Pour ce qui est de la CSST, le total des salaires bruts de la période de référence est de 45 000 $ et le taux de prime est de 2,5 % (voir le tableau du calcul du versement périodique ci-dessous).

Calcul du versement périodique (CSST)	
Total des salaires bruts de la période de référence choisie	45 000,00 $
Multiplié par : Taux de prime	2,5 %
Égale : Cotisation annuelle à la CSST	
Divisé par : Nombre de périodes de paie annuelles	52
Égale : Versement périodique	

d) Enregistrer le montant relatif aux indemnités de vacances, sachant que le taux de vacances est de 8 %.

7. **Luc Gravel, propriétaire d'une entreprise d'informatique, vous soumet les renseignements suivants concernant les salaires de ses employés pour le mois de janvier 20X4 :**

Employés	Monia Racicot	Catherine Richard	Simon Brunet	Xea Doming
Taux horaire	14,00 $	16,00 $	12,00 $	10,00 $
Nombre d'heures travaillées (semaine se terminant le)				
01-06	35	32	28	42
01-13	38	44	39	35
01-20	40	35	35	38
01-27	44	36	42	46
Codes de demande et des retenues				
– gouvernement fédéral	3	4	2	1
– gouvernement provincial	C	D	B	A

- La semaine normale de travail est de 35 heures.
- Les heures supplémentaires sont rémunérées au taux normal majoré de 50 %.

Travail à faire

a) À l'aide des tables des retenues, établir le journal des salaires pour le mois de janvier 20X4.

b) Enregistrer les avantages sociaux et les charges sociales pour ces quatre semaines, considérant que le taux de cotisation de cette entreprise au FSS est de 2,7 % du total des salaires bruts. Pour ce qui est de la CSST, le total des salaires bruts de la période de référence est de 110 000 $ et le taux de prime est de 2,5 % (voir le tableau du calcul du versement périodique ci-dessous) et celui relatif aux vacances, de 6 %.

Calcul du versement périodique (CSST)	
Total des salaires bruts de la période de référence choisie	110 000,00 $
Multiplié par : Taux de prime	2,5 %
Égale : Cotisation annuelle à la CSST	
Divisé par : Nombre de périodes de paie annuelles	52
Égale : Versement périodique	

c) On trouve, au bas du journal des salaires, les données globales pour l'année civile 20X3. Il faut préparer les documents suivants:

- T4
- Relevé 1
- T4-Sommaire de la rémunération payée
- R1-Sommaire des retenues et des cotisations de l'employeur

◆ 8. **Me Serge Petit, avocat, vous soumet les renseignements suivants concernant les salaires de ses employés pour le mois d'août 20X5:**

Employés	Nerio Gutteriez	Kim Beaudoin	Louis-Philippe Lépine
Taux horaire	24,00$	16,00$	12,00$
Nombre d'heures travaillées (semaine se terminant le):			
08-06	35	32	28
08-13	38	44	39
08-20	40	35	35
08-27	44	35	42
Codes de demande et des retenues			
– gouvernement fédéral	3	1	2
– gouvernement provincial	C	A	B
Autres retenues			
– caisse de retraite	4 %	4 %	0 %
Autres renseignements:			

- La semaine normale de travail est de 35 heures.
- Les heures supplémentaires sont rémunérées au taux normal majoré de 50 %.
- L'employeur contribue à égalité de parts à la caisse de retraite des employés.
- L'employeur prélève sur la paie de Nerio Gutteriez une somme de 10$ par semaine, qu'il remet à la Fondation Jean Tremblay en guise de dons personnels.

Travail à faire

a) À l'aide des tables des retenues, établir le journal des salaires pour le mois d'août 20X5.

b) Enregistrer les avantages sociaux pour ces quatre semaines considérant que le taux de cotisation de cette entreprise au FSS est de 2,7 % du total des salaires bruts. Pour ce qui est de la CSST, le total des salaires bruts de la période de référence est de 90 000$ et le taux de prime est de 2,5 % (voir le tableau du calcul du versement périodique ci-dessous) et celui relatif aux vacances, de 8 %.

Calcul du versement périodique (CSST)

Total des salaires bruts de la période de référence choisie	90 000,00$
Multiplié par : Taux de prime	2,5 %
Égale : Cotisation annuelle à la CSST	
Divisé par : Nombre de périodes de paie annuelles	52
Égale : Versement périodique	

c) On trouve, au bas du journal des salaires, les données globales pour l'année civile 20X4. Il faut préparer les documents suivants:

- T4
- Relevé 1
- T4-Sommaire de la rémunération payée
- R1-Sommaire des retenues et des cotisations de l'employeur

Le calcul de la contribution de l'employeur et l'enregistrement dans le journal général

9. Voici le résumé hebdomadaire des salaires des employés de la librairie L'Éliade pour le mois de mars 20X4:

Rémunération		Retenues						
Semaine finissant le	Salaire brut	Régime de rentes du Québec	Régime québécois d'assurance parentale	Assurance-emploi	Impôt provincial	Impôt fédéral	Total	Salaire net
20X4								
03-06	1 405,00	26,08	5,84	31,52	150,60	130,00	344,04	1 060,96
03-13	1 440,00	27,02	5,99	32,44	159,00	137,00	361,45	1 078,55
03-20	1 380,00	25,64	5,74	31,04	146,40	127,80	336,62	1 043,38
03-27	1 480,00	27,84	6,16	33,32	167,40	138,00	372,72	1 107,28
Total	5 705,00	106,58	23,73	128,32	623,40	532,80	1 414,83	4 290,17

Travail à faire

Enregistrer dans le journal général les écritures concernant:

a) le versement des salaires en considérant que le salaire est payé 3 jours suivant la fin de la période de paie (utiliser le compte *Salaires à payer*);

b) la contribution de l'employeur, considérant que le taux de cotisation de cette entreprise au FSS est de 2,7 % du total des salaires bruts. Pour ce qui est de la CSST, le total des salaires bruts de la période de référence est de 70 000 $ et le taux de prime est de 2,5 % (voir le tableau du calcul du versement périodique ci-dessous) et celui relatif aux vacances, de 8 %;

Calcul du versement périodique (CSST)	
Total des salaires bruts de la période de référence choisie	70 000,00 $
Multiplié par: Taux de prime	2,5 %
Égale: Cotisation annuelle à la CSST	
Divisé par: Nombre de périodes de paie annuelles	52
Égale: Versement périodique	

c) la remise mensuelle aux gouvernements, le 15 avril, en considérant que les paies ont toutes été versées en mars.

10. Voici le résumé hebdomadaire des salaires du cabinet de comptabilité Lafond pour le mois de mai 20X3:

Rémunération		Retenues					
Semaine finissant le	Salaire brut	Régime de rentes du Québec	Régime québécois d'assurance parentale	Assurance-emploi	Caisse de retraite	Impôt provincial	Impôt fédéral
20X4							
05-05	2 060,00	39,45	8,57	46,36	82,40	227,25	208,50
05-12	2 150,00	41,40	8,94	48,40	86,00	248,25	220,00
05-19	2 100,00	40,30	8,74	47,25	84,00	237,75	214,25
05-26	2 250,00	43,60	9,38	50,70	90,00	269,25	234,50

Les cinq employés contribuent pour 4 % de leur salaire brut à une caisse de retraite. L'employeur, pour sa part, ajoute une somme équivalente dans cette caisse.

Travail à faire

Enregistrer dans le journal général les écritures concernant:

a) le versement des salaires en considérant que le salaire est payé 3 jours suivant la fin de la période de paie (utiliser le compte *Salaires à payer*);

b) la contribution de l'employeur, considérant que le taux de cotisation de cette entreprise au FSS est de 2,7 % du total des salaires bruts. Pour ce qui est de la CSST, le total des salaires bruts de la période de référence est de 130 000 $ et le taux de prime est de 2,5 % (voir le tableau du calcul du versement périodique ci-dessous);

Calcul du versement périodique (CSST)	
Total des salaires bruts de la période de référence choisie	130 000,00 $
Multiplié par: Taux de prime	2,5 %
Égale: Cotisation annuelle à la CSST	
Divisé par: Nombre de périodes de paie annuelles	52
Égale: Versement périodique	

c) la remise mensuelle aux gouvernements ainsi qu'au fiduciaire de la caisse de retraite, le 15 juin, en considérant que les paies ont toutes été versées en mai;

d) le montant relatif aux indemnités de vacances, sachant que le taux de vacances est de 6 %.

11. Michel Legault, propriétaire de la boutique Giovanni, vous soumet le résumé hebdomadaire des salaires de ses employés pour le mois de juin 20X1:

Rémunération		Retenues				
Semaine finissant le	Salaire brut	Régime de rentes du Québec	Régime québécois d'assurance parentale	Assurance-emploi	Impôt provincial	Impôt fédéral
20X1						
06-03	1 900,00	35,90	7,90	42,75	198,25	174,75
06-10	1 875,00	35,35	7,80	42,20	193,00	168,50
06-17	1 800,00	33,70	7,49	40,50	177,25	160,25
06-24	1 975,00	37,55	8,22	44,45	214,00	183,25

- Les employés contribuent au financement de leur association syndicale en versant 2 % de leur salaire brut.

- Ils cotisent à une assurance collective en versant 1 % de leur salaire brut (l'employeur en cotise tout autant). L'administrateur de l'assurance collective est Services Financiers Simard.

Travail à faire

Enregistrer dans le journal général les écritures concernant :

a) le versement des salaires en considérant que le salaire est payé 5 jours suivant la fin de la période de paie (utiliser le compte *Salaires à payer*);

b) la contribution de l'employeur, considérant que le taux de cotisation de cette entreprise au FSS est de 2,7 % du total des salaires bruts. Pour ce qui est de la CSST, le total des salaires bruts de la période de référence est de 95 000 $ et le taux de prime est de 2,5 % (voir le tableau du calcul du versement périodique ci-dessous);

Calcul du versement périodique (CSST)	
Total des salaires bruts de la période de référence choisie	95 000,00 $
Multiplié par : Taux de prime	2,5 %
Égale : Cotisation annuelle à la CSST	
Divisé par : Nombre de périodes de paie annuelles	52
Égale : Versement périodique	

c) la remise mensuelle aux gouvernements ainsi qu'à l'association syndicale et à la fiducie, le 15 juillet;

d) le montant relatif aux indemnités de vacances, sachant que le taux de vacances est de 6 %.

◆ **12.** **René Dumas, propriétaire de la boutique René Dumas Sport, vous soumet le résumé hebdomadaire des salaires de ses deux employés pour le mois d'octobre 20X3 :**

Rémunération		Retenues				
Semaine finissant le	Salaire brut	Régime de rentes du Québec	Régime québécois d'assurance parentale	Assurance-emploi	Impôt provincial	Impôt fédéral
20X3						
10-02	975,00	17,55	4,06	19,22	97,34	85,35
10-09	865,00	15,57	3,60	17,89	89,32	80,21
10-16	930,00	16,74	3,87	18,59	92,56	82,99
10-23	732,50	13,19	3,05	15,01	79,96	75,63
10-30	950,00	17,10	3,95	19,20	94,56	87,55

- Les employés contribuent au financement de leur association syndicale en versant 1,5 % de leur salaire brut.

- Ils cotisent à un REER collectif en versant 5,5 % de leur salaire brut (l'employeur ne participe pas à ce REER collectif). L'administrateur du REER collectif est la Fiducie Confédération.

- L'employeur prélève sur la paie de ses employés une somme de 10 $ par semaine, qu'il remet à La Fondation Jasmin Roy comme don de charité.

Enregistrer dans le journal général les écritures concernant:

a) le versement des salaires en considérant que le salaire est payé 4 jours suivant la fin de la période de paie (utiliser le compte *Salaires à payer*);

b) la contribution de l'employeur, considérant que le taux de cotisation de cette entreprise au FSS est de 2,7 % du total des salaires bruts. Pour ce qui est de la CSST, le total des salaires bruts de la période de référence est de 95 000$ et le taux de prime est de 3,75 % (voir le tableau du calcul du versement périodique ci-dessous);

Calcul du versement périodique (CSST)	
Total des salaires bruts de la période de référence choisie	60 000,00$
Multiplié par: Taux de prime	3,75 %
Égale: Cotisation annuelle à la CSST	
Divisé par: Nombre de périodes de paie annuelles	52
Égale: Versement périodique	

c) les remises mensuelles en date du 15 novembre 20X3 aux gouvernements ou organismes concernés;

d) le montant relatif aux indemnités de vacances, sachant que le taux de vacances est de 8 %.

ANNEXE 9.1 : FORMULAIRE TD1

Agence du revenu du Canada — Canada Revenue Agency

DÉCLARATION DES CRÉDITS D'IMPÔT PERSONNELS POUR 20X5 — TD1

Lisez le verso avant de remplir ce formulaire.
Remplissez ce formulaire en vous basant sur l'information qui correspond le mieux à votre situation.

Nom de famille	Prénom et initiale(s)	Date de naissance (AAAA/MM/JJ)	Numéro d'employé
Adresse, y compris le code postal		**Réservé aux non-résidents** – Pays de résidence permanente	Numéro d'assurance sociale

1. Montant personnel de base – Toute personne qui réside au Canada peut demander ce montant. Si vous aurez plus d'un employeur ou payeur en même temps en 20X5, lisez « Remplir le TD1 » au verso. Si vous êtes un non-résident, lisez « Non-résidents » au verso.	**9 600**
2. Montant pour enfant – Si l'enfant né en 1991 ou après réside avec ses parents tout au long de l'année, un seul des parents pourra demander le crédit de 2 038 $ pour chaque enfant. Toute fraction inutilisée du crédit pourra être transférée au conjoint ou au conjoint de fait du parent. Si l'enfant ne réside pas avec ses deux parents tout au long de l'année, le parent qui a droit au montant pour personne à charge admissible pourra demander le montant pour enfant.	
3. Montant en raison de l'âge – Si votre revenu net pour l'année de toutes provenances sera de 31 524 $ ou moins et que vous aurez 65 ans ou plus le 31 décembre 20X5, inscrivez 5 276 $. Si votre revenu net pour l'année se situera entre 31 524 $ et 66 697 $ et que vous voulez calculer un montant partiel, obtenez le formulaire TD1-WS, *Feuille de calcul pour la déclaration des crédits d'impôt personnels pour 20X5*, et remplissez la section appropriée.	
4. Montant pour revenu de pension – Si vous recevez des paiements réguliers d'une caisse de retraite ou d'un régime de pension (sauf les prestations du Régime de pensions du Canada ou du Régime de rentes du Québec, la pension de la Sécurité de la vieillesse et le Supplément de revenu garanti), inscrivez le montant de pension que vous recevrez dans l'année, jusqu'à un maximum de 2 000 $.	
5. Frais de scolarité, montant relatif aux études et montant pour manuels (temps plein ou temps partiel) – Si vous êtes étudiant à l'université, au collège ou dans un établissement d'enseignement reconnu par Ressources humaines et Développement social et que vous paierez plus de 100 $ de frais de scolarité par établissement, remplissez cette section. Si vous êtes étudiant à temps plein ou si vous avez une déficience mentale ou physique et que vous êtes étudiant à temps partiel, inscrivez les frais de scolarité que vous paierez, plus 400 $ pour chaque mois d'inscription et 65 $ par mois pour les manuels. Si vous êtes étudiant à temps partiel et que vous n'avez pas de déficience mentale ou physique, inscrivez les frais de scolarité que vous paierez, plus 120 $ pour chaque mois d'inscription à temps partiel et 20 $ par mois pour les manuels.	
6. Montant pour personnes handicapées – Si, dans votre déclaration de revenus, vous demanderez le montant pour personnes handicapées au moyen du formulaire T2201, *Certificat pour le crédit d'impôt pour personnes handicapées*, inscrivez 7 021 $.	
7. Montant pour époux ou conjoint de fait – Si vous subvenez aux besoins de votre époux ou conjoint de fait qui demeure avec vous et que son revenu net pour l'année sera inférieur à 9 600 $, inscrivez la différence entre 9 600 $ et son revenu net estimatif pour l'année. Si son revenu net sera de 9 600 $ ou plus, vous ne pouvez pas demander ce montant.	
8. Montant pour une personne à charge admissible – Si vous n'avez pas d'époux ou conjoint de fait et que vous subvenez aux besoins d'une personne qui vous est apparentée, qui demeure avec vous et dont le revenu net pour l'année sera inférieur à 9 600 $, inscrivez la différence entre 9 600 $ et son revenu net estimatif pour l'année. Si son revenu net sera de 9 600 $ ou plus, vous ne pouvez pas demander ce montant.	
9. Montant pour aidants naturels – Si vous prenez soin d'une personne à charge qui vit avec vous, dont le revenu net pour l'année sera de 13 986 $ ou moins et qui, selon le cas : • est un de vos parents ou grands-parents âgé de 65 ans ou plus (ou un de ceux de votre époux ou conjoint de fait), • a 18 ans ou plus, a un lien de parenté avec vous ou avec votre époux ou conjoint de fait et est à votre charge en raison d'une déficience, inscrivez 4 095 $. Si son revenu net pour l'année se situera entre 13 986 $ et 18 081 $ et que vous voulez calculer un montant partiel, obtenez le formulaire TD1-WS, *Feuille de calcul pour la déclaration des crédits d'impôt personnels pour 20X5*, et remplissez la section appropriée.	
10. Montant pour personnes à charge âgées de 18 ans ou plus et ayant une déficience – Si vous subvenez aux besoins d'une personne de 18 ans ou plus ayant une déficience et qui a un lien de parenté avec vous ou avec votre époux ou conjoint de fait, qui réside au Canada et dont le revenu net pour l'année sera de 5 811 $ ou moins, inscrivez 4 095 $. Vous ne pouvez pas demander ce montant pour une personne pour qui vous avez demandé un montant à la ligne 9. Si son revenu net pour l'année se situera entre 5 811 $ et 9 906 $ et que vous voulez calculer un montant partiel, obtenez le formulaire TD1-WS, *Feuille de calcul pour la déclaration des crédits d'impôt personnels pour 20X5*, et remplissez la section appropriée.	
11. Montants transférés de votre époux ou conjoint de fait – Si votre époux ou conjoint de fait n'utilisera pas en totalité certains de ses montants (frais de scolarité, montant relatif aux études et montant pour manuels, montant en raison de l'âge, montant pour revenu de pension, montant pour personnes handicapées, montant pour enfant), inscrivez le montant qu'il n'utilisera pas dans sa déclaration de revenus.	
12. Montants transférés d'une personne à charge – Si une personne à votre charge n'utilisera pas en totalité son **montant pour personnes handicapées**, inscrivez le montant qu'elle n'utilisera pas dans sa déclaration de revenus. Si votre enfant à charge ou un de vos petits-enfants à charge ou celui de votre époux ou conjoint de fait n'utilisera pas en totalité ses **frais de scolarité, son montant relatif aux études et son montant pour manuels**, inscrivez le montant qu'il n'utilisera pas dans sa déclaration de revenus.	
13. MONTANT TOTAL DE LA DEMANDE – Additionnez les montants des lignes 1 à 12. Votre employeur ou payeur utilisera ce montant pour déterminer l'impôt à retenir.	

Suite au verso →

TD1 F (08) (You can get this form in English at **www.cra.gc.ca/forms** or by calling **1-800-959-2221**.) Canada

Remplir le TD1

Remplissez ce formulaire **seulement** si :

- vous voulez faire un changement aux montants déjà demandés;
- vous avez un nouvel employeur ou un nouveau payeur et que vous recevrez un traitement, un salaire, des commissions, des prestations d'assurance-emploi, une pension ou toute autre rémunération;
- vous demandez une déduction pour les habitants des zones visées par règlement;
- vous voulez augmenter le montant d'impôt que vous faites retenir à la source.

Assurez-vous de signer et de dater votre formulaire et remettez-le à votre employeur ou payeur.

Si vous avez plus d'un employeur ou payeur en même temps et que vous avez déjà demandé des crédits d'impôt personnels dans un autre formulaire TD1 pour 20X5, vous pouvez choisir de ne pas les redemander. En faisant ce choix, il est possible que vous ayez moins d'impôt à payer lorsque vous produirez votre déclaration de revenus. Pour faire ce choix, inscrivez « 0 » à la ligne 13 et ne remplissez pas les lignes 2 à 12.

Si vous ne remplissez pas ce formulaire, votre employeur ou payeur retiendra l'impôt en vous accordant **seulement** le montant personnel de base.

Total des revenus inférieur au montant total de la demande

☐ Cochez la case si le total de vos revenus pour l'année de tous vos employeurs et payeurs sera inférieur au montant inscrit à la ligne 13. Alors votre employeur ou payeur ne retiendra pas d'impôt sur vos gains.

Non-résidents

Êtes-vous un non-résident du Canada qui inclura au moins 90 % de votre revenu de toutes provenances dans le calcul de votre revenu imposable au Canada pour 20X5? Si vous n'êtes pas sûr de votre statut de résidence, appelez le Bureau international des services fiscaux au **1-800-267-5177**.

- Si *oui*, remplissez le recto.
- Si *non*, inscrivez « 0 » à la ligne 13 et ne remplissez pas les lignes 2 à 12, puisque vous n'avez pas droit aux crédits d'impôt personnels.

Déclaration provinciale ou territoriale des crédits d'impôt personnels

Si le montant inscrit à la ligne 13 est supérieur à 9 600 $, remplissez aussi un formulaire TD1 provincial ou territorial. Si vous êtes un employé, utilisez le formulaire de votre province ou territoire d'emploi. Si vous recevez une pension, utilisez celui de votre province ou territoire de résidence. Votre employeur ou payeur utilisera ce formulaire fédéral et votre formulaire TD1 provincial ou territorial le plus récent pour déterminer l'impôt à retenir.

Si vous demandez le montant personnel de base **seulement** (le montant de la ligne 13 est alors de 9 600 $), votre employeur ou payeur retiendra l'impôt provincial ou territorial en vous accordant le montant personnel de base de la province ou du territoire.

Remarque : Si vous résidez en Saskatchewan et que vous avez des enfants âgés de moins de 18 ans en 20X5, vous pourriez demander le montant pour enfants dans le formulaire TD1SK, *Déclaration des crédits d'impôt personnels de la Saskatchewan pour 20X5*. Par conséquent, vous voudrez peut-être remplir le formulaire TD1SK même si vous demandez **seulement** le montant personnel de base au recto du présent formulaire.

Déduction pour les habitants de zones visées par règlement

Si vous vivez au Nunavut, dans les Territoires du Nord-Ouest, au Yukon ou dans une autre zone **nordique** visée par règlement pendant plus de six mois consécutifs commençant ou finissant en 20X5, vous pouvez demander l'une des déductions suivantes :

- 7,50 $ pour chaque jour où vous vivez dans une zone nordique visée par règlement;
- 15 $ pour chaque jour où vous vivez dans une zone nordique visée par règlement si, durant cette période, vous maintenez et occupez une habitation et que vous êtes la seule personne de cette habitation à demander cette déduction. ____ $

Le montant pour la résidence d'un employé qui habite dans une zone **intermédiaire** visée par règlement est égal à 50 % du total des montants ci-dessus.

Pour en savoir plus, procurez-vous la publication T4039, *Déductions pour les habitants de régions éloignées – Endroits situés dans les zones visées par règlement*, et le formulaire T2222, *Déductions pour les habitants de régions éloignées*.

Impôt additionnel à retenir

Vous pouvez faire augmenter les retenues d'impôt, particulièrement si vous recevez d'autres revenus, y compris ceux qui ne proviennent pas d'un emploi (par exemple, prestations du RPC ou du RRQ ou pension de sécurité de la vieillesse). En faisant ce choix, il est possible que vous ayez moins d'impôt à payer lorsque vous produirez votre déclaration de revenus. Pour faire ce choix, indiquez le montant additionnel d'impôt que vous voulez que l'on retienne sur chaque paiement. Si vous désirez modifier ce montant plus tard, vous devrez remplir à nouveau ce formulaire. ____ $

Réduction des retenues d'impôt

Vous pouvez demander une réduction de vos retenues d'impôt si, sur votre déclaration de revenus, vous avez droit à des déductions ou à des crédits d'impôt non remboursables qui ne figurent pas dans ce formulaire (par exemple, versements périodiques à un régime enregistré d'épargne retraite (REER), frais de garde d'enfant, dépenses d'emploi, dons de bienfaisance). Pour ce faire, remplissez le formulaire T1213, *Demande de réduire des retenues d'impôt à la source*, pour obtenir une lettre d'autorisation de votre bureau des services fiscaux. Donnez la lettre d'autorisation à votre employeur ou payeur. Vous n'avez pas besoin d'obtenir une telle lettre si votre employeur retient des cotisations à un REER sur votre salaire.

Attestation

J'atteste que les renseignements fournis dans cette déclaration sont, à ma connaissance, exacts et complets.

Signature ____________________ Date ____________

Faire une fausse déclaration constitue une infraction grave.

Imprimé au Canada — Dans ce formulaire, toutes les expressions désignant des personnes visent à la fois les hommes et les femmes.

Note
Tous les formulaires et toutes les tables présentés ici en annexe se retrouvent aussi sur le site http://mabibliotheque.cheneliere.ca.

ANNEXE 9.2 : FORMULAIRE TD1-WS

I✦I Agence du revenu du Canada	Canada Revenue Agency	**FEUILLE DE CALCUL POUR LA DÉCLARATION DES CRÉDITS D'IMPÔT PERSONNELS POUR 20X5** TD1-WS

Remplissez cette feuille de calcul si vous voulez demander un montant partiel dans votre formulaire TD1, *Déclaration des crédits d'impôt personnels pour 20X5*, pour l'un des crédits suivants :

- Montant en raison de l'âge
- Montant pour aidants naturels
- Montant pour personnes à charge âgées de 18 ans ou plus et ayant une déficience

Ne donnez pas votre feuille de calcul remplie à votre employeur ou payeur. Gardez-la dans vos dossiers.

Ligne 3 de votre formulaire TD1 – Montant en raison de l'âge

Si vous prévoyez que votre revenu net de toutes provenances pour l'année se situera entre 31 524 $ et 66 697 $ et que vous serez âgé de 65 ans ou plus le 31 décembre 20X5, faites le calcul suivant pour déterminer le montant partiel auquel vous avez droit :

Montant maximum	5 276	1
Votre revenu net estimatif pour l'année	_____	2
Montant de base	− 31 524	3
Ligne 2 moins ligne 3	= _____	4
Multipliez le montant de la ligne 4 par 15 % × 15 % = →	− _____	5
Ligne 1 moins ligne 5. Inscrivez ce montant à la ligne 3 de votre formulaire TD1.	= _____	

Ligne 9 de votre formulaire TD1 – Montant pour aidants naturels

Si vous prévoyez que, pour l'année, le revenu net de la personne à votre charge se situera entre 13 986 $ et 18 081 $, faites le calcul suivant pour déterminer le montant partiel auquel vous avez droit :

Montant de base	18 081	1
Revenu net estimatif de la personne à votre charge pour l'année	− _____	2
Ligne 1 moins ligne 2 (maximum 4 095 $)	= _____	3
Moins : montant demandé pour cette personne à charge à la ligne 8 de votre formulaire TD1	− _____	4
Ligne 3 moins ligne 4. Inscrivez ce montant à la ligne 9 de votre formulaire TD1.	= _____	

Ligne 10 de votre formulaire TD1 – Montant pour personnes à charge âgées de 18 ans ou plus et ayant une déficience

Vous ne pouvez pas demander ce montant pour une personne à charge pour qui vous avez demandé le montant pour aidants naturels à la ligne 9 de votre formulaire TD1. Si vous prévoyez que, pour l'année, le revenu net de la personne à votre charge se situera entre 5 811 $ et 9 906 $, faites le calcul suivant pour déterminer le montant partiel auquel vous avez droit :

Montant de base	9 906	1
Revenu net estimatif de la personne à votre charge pour l'année	− _____	2
Ligne 1 moins ligne 2 (maximum 4 095 $)	= _____	3
Moins : montant demandé pour la personne à charge à la ligne 8 de votre formulaire TD1	− _____	4
Ligne 3 moins ligne 4. Inscrivez ce montant à la ligne 10 de votre formulaire TD1.	= _____	

Sur cette feuille de calcul, toutes les expressions désignant des personnes visent à la fois les hommes et les femmes.

TD1-WS F (08)
Imprimé au Canada

(You can get this form in English at **www.cra.gc.ca/forms** or by calling **1-800-959-2221**.)

Canadä

ANNEXE 9.3 : TABLEAU DES CODES DE DEMANDE FÉDÉRAUX

Tableau 1 — Chart 1
Codes de demande pour 20X5 — 20X5 claim codes

Montant total de la demande ($) Total claim amount ($)			Code de demande Claim code
Nul — No claim amount			0
Minimum	–	9 600,00	1
9 600,01	–	11 321,00	2
11 321,01	–	13 165,00	3
13 165,01	–	15 009,00	4
15 009,01	–	16 853,00	5
16 853,01	–	18 697,00	6
18 697,01	–	20 541,00	7
20 541,01	–	22 385,00	8
22 385,01	–	24 229,00	9
24 229,01	–	26 073,00	10
26 073,01	et plus – and over un calcul manuel est requis par l'employeur. A manual calculation is required by the employer.		X
Aucune retenue – No withholding			E

Revenu Québec

Déclaration pour la retenue d'impôt 20X5

TP-1015.3
20X5-01 **E**

Vous devez remettre ce formulaire dûment rempli à votre employeur ou au payeur, selon le cas, pour qu'il puisse effectuer correctement votre retenue d'impôt. N'hésitez pas à consulter la partie « Renseignements généraux », elle a été conçue pour vous accompagner ligne par ligne tout au long du formulaire.

1 Renseignements sur l'employé ou sur le bénéficiaire

Nom de famille		Prénom

Numéro de l'employé ou du bénéficiaire	Date de naissance	Numéro d'assurance sociale

2 Calcul des montants permettant de déterminer le code de retenues

Le terme *employeur* utilisé dans cette partie désigne soit l'employeur, soit le payeur.

Montant de base. Inscrivez 10 215 $, sauf si vous avez plus d'un employeur à la fois et que vous avez déjà demandé 10 215 $.
Dans ce cas, inscrivez le code 0 à la case « Code » (sous la ligne 10) et ne remplissez pas les lignes 1 à 10. Vous pouvez cependant remplir les lignes 11 à 19.   **10 215 $**   1

Montant transféré d'un conjoint à l'autre

Montant maximal pour conjoint   ─

Moins : revenu imposable estimatif de votre conjoint pour 20X5   =   2

Montant transféré d'un conjoint à l'autre. Si le résultat est négatif, inscrivez 0.   +   3

Montant pour personnes à charge

Montant pour déficience grave et prolongée des fonctions mentales ou physiques   + 0   5

Additionnez les montants des lignes 1 à 5.   =   7

Montant accordé en raison de l'âge ou pour personne vivant seule ou pour revenus de retraite   + 0   9

Si **ce montant** est supérieur à 31 000 $, inscrivez plutôt **ce montant.**   = 0   10

Code de retenues. Inscrivez ci-contre le code correspondant au montant de la ligne 10.   **0** Code

Impôt additionnel à retenir. Inscrivez le montant supplémentaire que vous désirez faire retenir par période de paie.   11

Déductions dont l'employeur doit tenir compte pour calculer votre paie assujettie à la retenue d'impôt (l'employeur doit diviser le montant de la ligne 19 par le nombre de paies qui restent dans l'année, puis soustraire le résultat de votre rémunération brute pour chaque période de paie)

Déduction relative au logement pour résident d'une région éloignée reconnue   + 0   14

Déduction pour une pension alimentaire qui n'est pas déductible   +   15

Additionnez les montants des lignes 14 et 15.   Total   = 0   19

Exonération pour un employé. Vous pouvez demander une exonération de la retenue à la source sur vos **revenus d'emploi** si vous prévoyez que le total de vos revenus de toute source sera inférieur au résultat du calcul suivant : le montant de la ligne 10 multiplié par 1,25, plus le montant pour l'année 20X5. Notez que cette exonération ne peut pas être demandée pour une **rémunération qui n'est pas un revenu d'emploi.**   20

3 Signature – Je déclare que les renseignements fournis sur ce formulaire sont exacts et complets.

Signature _____   Date _____

Ministère du Revenu

Renseignements généraux

Si vous touchez un salaire, des commissions ou toute autre somme semblable, ainsi que des revenus de pension, des prestations d'assurance parentale, des prestations d'assurance emploi, etc., vous devez remettre à votre employeur ou au payeur le présent formulaire TP-1015.3 dûment rempli

- à la date de votre entrée en fonction, si c'est votre employeur qui verse la rémunération ;
- avant le premier versement de la rémunération, si c'est un payeur (et non votre employeur) qui verse la rémunération ;
- dans les quinze jours qui suivent un événement entraînant **une réduction** des montants indiqués sur le dernier formulaire TP-1015.3 que vous avez rempli (s'il s'agit d'une réduction des montants servant à établir le code de retenues [lignes 2 à 9] et que cette réduction n'a pas pour effet de modifier ce code, vous n'êtes pas obligé de remplir un nouvel exemplaire du formulaire TP-1015.3).

Par ailleurs, vous pouvez en tout temps remplir le formulaire TP-1015.3 **pour augmenter** le montant des déductions et des crédits d'impôt personnels auxquels vous avez droit.

Vous pouvez également remplir ce formulaire pour que votre employeur ou le payeur, selon le cas,

- retienne un montant supplémentaire d'impôt du Québec, si vous le demandez à la ligne 11 ;
- ou ne retienne pas d'impôt du Québec sur vos **revenus d'emploi**, si vous demandez l'exonération de la retenue à la source à la ligne 20.

Si vous ne remplissez pas ce formulaire, la retenue d'impôt sera faite uniquement en fonction du montant de base de 10 215 $ indiqué à la ligne 1. Dans ce cas, l'employeur ou le payeur utilisera la lettre A comme code de retenues.

Si vous avez déjà rempli un exemplaire du formulaire TP-1015.3, vous n'avez pas à en remplir un autre du seul fait que le régime d'imposition est indexé, puisque cette indexation ne modifie pas votre code de retenues.

Notez que les déductions et les crédits d'impôt personnels qui figurent sur ce formulaire peuvent être limités lorsqu'un particulier n'est pas résident du Canada en 20X5 ou s'il le devient durant cette année. Dans de tels cas, communiquez avec nous.

Ligne 2 Montant transféré d'un conjoint à l'autre

Si vous prévoyez avoir un **conjoint au 31 décembre 20X5**, vous pouvez demander le montant transféré d'un conjoint à l'autre.

Toutefois, vous ne pouvez pas demander ce montant si votre conjoint reçoit l'une des indemnités suivantes :

- des indemnités pour accident du travail ;
- des indemnités pour retrait préventif ;
- des indemnités pour accident de la route ;
- des indemnités en raison d'un acte de civisme ;
- des indemnités à titre de victime d'acte criminel.

Pour calculer le revenu imposable estimatif de votre conjoint, vous pouvez vous référer aux lignes 101 à 299 de la déclaration de revenus de 20X4.

Notez que pour pouvoir bénéficier du montant transféré d'un conjoint à l'autre, les deux conjoints doivent produire une déclaration de revenus pour 20X5.

Conjoint

Personne avec qui vous êtes uni par les liens du mariage ou uni civilement, ou personne qui est votre conjoint de fait.

Conjoint de fait

Personne (du sexe opposé ou du même sexe) qui, à un moment de l'année 20X5

- vit maritalement avec vous et est la mère ou le père biologique ou adoptif (légalement ou de fait) d'au moins un de vos enfants ;
- **ou** vit maritalement avec vous depuis au moins 12 mois consécutifs (toute rupture de l'union de moins de 90 jours n'interrompt pas la période de 12 mois).

Conjoint au 31 décembre 20X5

Personne qui

- est votre conjoint à la fin de cette journée. Vous serez considéré comme ayant un conjoint au 31 décembre 20X5 si vous êtes séparé le 31 décembre en raison de la rupture de votre union, mais que cette rupture a duré moins de 90 jours ;
- **ou** est votre conjoint au moment de son décès, en 20X5 si vous ne vivez pas séparé à ce moment en raison de la rupture de votre union et si vous n'avez pas de nouveau conjoint au 31 décembre 20X5.

Ligne 3 Montant pour personnes à charge

Montant pour enfants mineurs aux études postsecondaires

Si vous avez un enfant mineur aux études postsecondaires au 31 décembre 20X5, remplissez la grille de calcul 1.

S'il enfant prévoit transférer à son conjoint la partie inutilisée de ses crédits, vous ne pouvez pas demander ce montant pour cet enfant.

Enfant mineur aux études postsecondaires

Personne aux besoins de laquelle vous subvenez et qui, en 20X5, poursuit à temps plein des études secondaires à la formation professionnelle ou des études postsecondaires. Il peut s'agir des personnes suivantes :

- votre enfant ou celui de votre conjoint ;
- le conjoint de votre enfant ;
- le conjoint de l'enfant de votre conjoint.

Montant pour autres personnes à charge

Si vous avez au moins une **autre personne à charge (18 ans ou plus)**, remplissez la grille de calcul 1. Notez que le montant est de 2 740 $ pour chacune des autres personnes à charge.

Vous ne pouvez pas demander ce montant pour une personne qui, en 20X5, poursuit à temps plein des études secondaires à la formation professionnelle ou des études postsecondaires, ou qui prévoit transférer à son conjoint la partie inutilisée de ses crédits.

Autre personne à charge

Personne qui remplit les conditions suivantes :

- elle est âgée de 18 ans ou plus en 20X5 ;
- elle est unie à vous ou à votre conjoint, par les liens du sang, du mariage ou de l'adoption ;
- elle habite ordinairement avec vous et vous subvenez à ses besoins.

Cette personne n'est pas votre conjoint ni un enfant qui vous transfère un montant pour enfants majeurs aux études postsecondaires.

 Suite

ANNEXE 9.4: FORMULAIRE TP-1015.3 (suite)

Ligne 5 — Montant pour déficience grave et prolongée des fonctions mentales ou physiques

Vous pouvez demander 2 325 $ à la ligne 5 pour chaque personne atteinte d'une déficience grave et prolongée des fonctions mentales ou physiques. Cette personne peut être **vous** ou **votre conjoint**, si vous avez inscrit un montant à la ligne 2.

Une personne est considérée comme ayant une déficience grave et prolongée des fonctions mentales ou physiques si un professionnel de la santé reconnu atteste que sa déficience dure depuis au moins 12 mois continus, ou si l'on peut raisonnablement s'attendre à ce qu'elle dure une telle période, et qu'elle limite de façon marquée sa capacité d'accomplir une activité courante de la vie quotidienne. C'est le cas lorsque cette personne, en raison d'une maladie chronique, reçoit au moins deux fois par semaine des soins thérapeutiques prescrits par un médecin et qui sont essentiels au maintien de ses fonctions vitales. De plus, cette personne doit consacrer un minimum de 14 heures par semaine pour recevoir les soins. Ces 14 heures incluent, entre autres, les déplacements et le temps de récupération nécessaire après l'administration des soins.

Ligne 9 — Montant accordé en raison de l'âge ou pour personne vivant seule ou pour revenus de retraite

Montant accordé en raison de l'âge

Si vous ou votre conjoint avez 65 ans ou plus en 20X5, remplissez la grille de calcul 2.

Montant pour personne vivant seule

Vous pouvez demander 1 195 $ à la ligne 75 de la grille de calcul 2 si, **pendant toute l'année 20X5**, vous prévoyez occuper ordinairement et tenir une habitation dans laquelle vous vivrez **seul ou uniquement** avec

- une ou des personnes mineures ;
- ou encore avec un ou des enfants majeurs poursuivant à temps plein des études secondaires à la formation professionnelle ou des études postsecondaires.

Habitation

Maison, appartement ou tout autre logement de ce genre qui est pourvu d'une salle de bain et d'un endroit pour préparer les repas, et dans lequel, en règle générale, une personne mange et dort.

Note

Une chambre dans une pension ou dans un hôtel n'est pas une habitation.

Montant additionnel pour une famille monoparentale

Vous pouvez demander 1 485 $ à la ligne 76 de la grille de calcul 2 si vous prévoyez remplir les conditions suivantes :

- vous aurez droit, pour l'année 20X5, au montant pour personne vivant seule ;
- vous habiterez, **à un moment de l'année 20X5**, avec un ou des enfants majeurs poursuivant à temps plein des études secondaires à la formation professionnelle ou des études postsecondaires ;
- vous n'aurez pas droit aux paiements de soutien aux enfants **pour le mois de décembre de l'année**. Si vous avez droit aux paiements de soutien aux enfants pour un ou des mois de l'année (autre que le mois de décembre), vous devrez réduire le montant pour famille monoparentale en fonction du nombre de mois pour lesquels vous aurez droit aux paiements de soutien aux enfants.

Pour calculer ce montant, remplissez la grille de calcul 2.

Montant pour revenus de retraite

Si vous ou votre conjoint prévoyez recevoir des revenus de retraite, remplissez la grille de calcul 2.

Ligne 10 — Code de retenues

Code 20X5	Montant ($)
O	Néant
A	1
B	10 215
C	12 000
D	14 000
E	16 000
F	17 000
G	18 000
H	19 000
I	20 500
J	23 000
K	25 000
L	26 000
M	28 000
N	29 000
X	31 000
	Exonération

Ligne 14 — Déduction relative au logement pour résident d'une région éloignée reconnue

Si vous prévoyez habiter une ou plusieurs **zones nordiques** visées par règlement pendant une période d'au moins six mois consécutifs commençant ou se terminant en 20X5, vous pouvez déduire à la ligne 14 le moins élevé des montants suivants :

- 20 % de votre revenu net pour 20X5 ;
- l'un des deux montants suivants :
  - 15 $ multiplié par le nombre de jours en 20X5 où vous prévoyez habiter dans une zone nordique visée par règlement, si vous êtes la seule personne de l'habitation (définition ci-contre) à demander cette déduction ;
  - 7,50 $ multiplié par le nombre de jours en 20X5 où vous prévoyez habiter dans une telle zone, dans tous les autres cas.

Si vous prévoyez habiter une **zone intermédiaire** reconnue par règlement pendant une période d'au moins six mois consécutifs commençant ou se terminant en 20X5, indiquez 50 % du résultat obtenu au paragraphe précédent.

Pour plus de renseignements, consultez le guide *Déduction pour résident d'une région éloignée reconnue* (TP-350.1.G).

Ligne 15 — Déduction pour une pension alimentaire qui n'est pas défiscalisée

Si vous prévoyez verser en 20X5 une pension alimentaire à votre conjoint ou à votre ex-conjoint, ou au père ou à la mère de votre enfant, ou à des tiers, pour le bénéfice de votre enfant ou de l'une de ces personnes, vous pouvez déduire cette pension alimentaire à la ligne 15 si, en règle générale, les conditions suivantes sont remplies :

- la pension alimentaire est versée à la suite d'un jugement ou d'une entente écrite, à titre d'allocation payable périodiquement, pour subvenir aux besoins du bénéficiaire ou d'un de ses enfants, ou aux besoins des deux à la fois, et vous ne vivez pas avec le bénéficiaire au moment du paiement ;
- la pension alimentaire versée n'est pas assujettie aux mesures de défiscalisation des pensions alimentaires.

Pour plus de renseignements, consultez la brochure *Les incidences fiscales d'une séparation ou d'un divorce* (IN-128).

Grille de calcul 1 – Montant pour personnes à charge

Si vous demandez un montant pour plus de deux enfants **mineurs** ou plus de deux **autres personnes à charge**, joignez une feuille contenant les renseignements demandés et reportez le résultat de vos calculs à la ligne 52.

	Enfants mineurs au 31 décembre 20X5		Autres personnes à charge (18 ans ou plus)	
	1er enfant	2e enfant	1re personne	2e personne
Montant pour enfants mineurs aux études postsecondaires. Inscrivez 1 885 $ par session complétée, commençant en 20X5 (maximum : deux sessions).	0	0	2 740 $	2 740 $
Revenu net estimatif pour 20X5 multiplié par 80 %.	–	–	–	–
Montant de la ligne 40 moins celui de la ligne 45.	= 0	= 0	=	=
Si le résultat est négatif, inscrivez 0.				

Additionnez tous les montants de la ligne 50. 0

Si l'une des autres personnes à charge pour lesquelles vous demandez un montant atteint 18 ans en 20X5, inscrivez le résultat du calcul suivant : 228 $ x nombre de mois dans l'année qui précèdent son anniversaire (y compris le mois de l'anniversaire). **Sinon,** inscrivez 0.

Montant de la ligne 52 moins celui de la ligne 55. **Reportez le résultat à la ligne 3.** ... 0
Si le résultat est négatif, inscrivez 0.

Montant pour personnes à charge

1. Dans le calcul du revenu estimatif de l'enfant mineur ou de l'autre personne à charge, ne tenez pas compte du montant de la déduction pour résident d'une région éloignée ni du montant des bourses d'études ou de toute aide financière semblable.

Grille de calcul 2 – Montant accordé en raison de l'âge ou pour personne vivant seule ou pour revenus de retraite

Montant accordé en raison de l'âge

Si vous êtes né avant le 1er janvier 1944, inscrivez 2 200 $. ..... 70 ... 0
Si vous prévoyez avoir un conjoint au 31 décembre 20X5, inscrivez 2 200 $ s'il est né avant le 1er janvier 1944. ...... 71 ... 0
Additionnez les montants des lignes 70 et 71. ...... = 73 ... 0

Montant pour personne vivant seule (voyez les renseignements généraux)

Montant additionnel pour une famille monoparentale (voyez les renseignements généraux) ..... 75 ... 0

124 $ x nombre de mois en 20X5 où vous aurez droit aux paiements de soutien aux enfants ..... 76 ... 0
Montant de la ligne 76 moins celui de la ligne 77 ..... 77 ... 0
..... = 78 ... 0
Additionnez les montants des lignes 75 et 78. ..... + 78 ... 0
..... = 79 ... 0

Montant pour revenus de retraite

Si vous prévoyez recevoir des revenus de retraite donnant droit à un crédit d'impôt en 20X5, inscrivez le montant estimatif de vos revenus de retraite (maximum 1 500 $). 80

Si vous prévoyez avoir un conjoint au 31 décembre 20X5, inscrivez le montant estimatif de ses revenus de retraite donnant droit à un crédit d'impôt (maximum 1 500 $). 81
Additionnez les montants des lignes 80 et 81. ..... + 81
..... = 82

Revenu familial net estimatif

Total de votre revenu net estimatif et de celui de votre conjoint au 31 décembre 20X5 ..... 90 ... 29 645 $
Montant de la ligne 90 moins celui de la ligne 91. Si le résultat est négatif, inscrivez 0. ..... – 91 ... 0
..... = 92 ... 0
Montant de la ligne 92 multiplié par 15 % ..... x 92 ... 15 %
Montant de la ligne 85 moins celui de la ligne 95. Si le résultat est négatif, inscrivez 0. ..... 95 ... 0
Additionnez les montants des lignes 73, 79 et 82. ..... 96 ... 0
Montant déjà demandé par votre conjoint à la ligne 9 de son formulaire TP-1015.3 ..... 97 ... 0
Montant de la ligne 96 moins celui de la ligne 97. Reportez le résultat à la ligne 9. ..... 98 ... 0

Montant accordé en raison de l'âge ou pour personne vivant seule ou pour revenus de retraite

ANNEXE 9.5 : TABLE DES COTISATIONS AU RÉGIME DES RENTES DU QUÉBEC

Table A : emploi continu – 52 périodes de paie par an

Rémunération	Retenue	Rémunération	Retenue	Rémunération	Retenue	Rémunération	Retenue
0,00 – 67,30	0,00	92,08 – 92,27	1,25	116,96 – 117,15	2,50	141,83 – 142,02	3,75
67,31 – 67,59	0,01	92,28 – 92,47	1,26	117,16 – 117,34	2,51	142,03 – 142,22	3,76
67,60 – 67,79	0,02	92,48 – 92,67	1,27	117,35 – 117,54	2,52	142,23 – 142,42	3,77
67,80 – 67,99	0,03	92,68 – 92,87	1,28	117,55 – 117,74	2,53	142,43 – 142,62	3,78
68,00 – 68,19	0,04	92,88 – 93,07	1,29	117,75 – 117,94	2,54	142,63 – 142,82	3,79
68,20 – 68,39	0,05	93,08 – 93,27	1,30	117,95 – 118,14	2,55	142,83 – 143,02	3,80
68,40 – 68,59	0,06	93,28 – 93,46	1,31	118,15 – 118,34	2,56	143,03 – 143,22	3,81
68,60 – 68,79	0,07	93,47 – 93,66	1,32	118,35 – 118,54	2,57	143,23 – 143,41	3,82
68,80 – 68,99	0,08	93,67 – 93,86	1,33	118,55 – 118,74	2,58	143,42 – 143,61	3,83
69,00 – 69,19	0,09	93,87 – 94,06	1,34	118,75 – 118,94	2,59	143,62 – 143,81	3,84
69,20 – 69,38	0,10	94,07 – 94,26	1,35	118,95 – 119,14	2,60	143,82 – 144,01	3,85
69,39 – 69,58	0,11	94,27 – 94,46	1,36	119,15 – 119,33	2,61	144,02 – 144,21	3,86
69,59 – 69,78	0,12	94,47 – 94,66	1,37	119,34 – 119,53	2,62	144,22 – 144,41	3,87
69,79 – 69,98	0,13	94,67 – 94,86	1,38	119,54 – 119,73	2,63	144,42 – 144,61	3,88
69,99 – 70,18	0,14	94,87 – 95,06	1,39	119,74 – 119,93	2,64	144,62 – 144,81	3,89
70,19 – 70,38	0,15	95,07 – 95,26	1,40	119,94 – 120,13	2,65	144,82 – 145,01	3,90
70,39 – 70,58	0,16	95,27 – 95,45	1,41	120,14 – 120,33	2,66	145,02 – 145,21	3,91
70,59 – 70,78	0,17	95,46 – 95,65	1,42	120,34 – 120,53	2,67	145,22 – 145,40	3,92
70,79 – 70,98	0,18	95,66 – 95,85	1,43	120,54 – 120,73	2,68	145,41 – 145,60	3,93
70,99 – 71,18	0,19	95,86 – 96,05	1,44	120,74 – 120,93	2,69	145,61 – 145,80	3,94
71,19 – 71,37	0,20	96,06 – 96,25	1,45	120,94 – 121,13	2,70	145,81 – 146,00	3,95
71,38 – 71,57	0,21	96,26 – 96,45	1,46	121,14 – 121,32	2,71	146,01 – 146,20	3,96
71,58 – 71,77	0,22	96,46 – 96,65	1,47	121,33 – 121,52	2,72	146,21 – 146,40	3,97
71,78 – 71,97	0,23	96,66 – 96,85	1,48	121,53 – 121,72	2,73	146,41 – 146,60	3,98
71,98 – 72,17	0,24	96,86 – 97,05	1,49	121,73 – 121,92	2,74	146,61 – 146,80	3,99
72,18 – 72,37	0,25	97,06 – 97,25	1,50	121,93 – 122,12	2,75	146,81 – 147,00	4,00
72,38 – 72,57	0,26	97,26 – 97,44	1,51	122,13 – 122,32	2,76	147,01 – 147,20	4,01
72,58 – 72,77	0,27	97,45 – 97,64	1,52	122,33 – 122,52	2,77	147,21 – 147,39	4,02
72,78 – 72,97	0,28	97,65 – 97,84	1,53	122,53 – 122,72	2,78	147,40 – 147,59	4,03
72,98 – 73,17	0,29	97,85 – 98,04	1,54	122,73 – 122,92	2,79	147,60 – 147,79	4,04
73,18 – 73,36	0,30	98,05 – 98,24	1,55	122,93 – 123,12	2,80	147,80 – 147,99	4,05
73,37 – 73,56	0,31	98,25 – 98,44	1,56	123,13 – 123,31	2,81	148,00 – 148,19	4,06
73,57 – 73,76	0,32	98,45 – 98,64	1,57	123,32 – 123,51	2,82	148,20 – 148,39	4,07
73,77 – 73,96	0,33	98,65 – 98,84	1,58	123,52 – 123,71	2,83	148,40 – 148,59	4,08
73,97 – 74,16	0,34	98,85 – 99,04	1,59	123,72 – 123,91	2,84	148,60 – 148,79	4,09
74,17 – 74,36	0,35	99,05 – 99,24	1,60	123,92 – 124,11	2,85	148,80 – 148,99	4,10
74,37 – 74,56	0,36	99,25 – 99,43	1,61	124,12 – 124,31	2,86	149,00 – 149,19	4,11
74,57 – 74,76	0,37	99,44 – 99,63	1,62	124,32 – 124,51	2,87	149,20 – 149,38	4,12
74,77 – 74,96	0,38	99,64 – 99,83	1,63	124,52 – 124,71	2,88	149,39 – 149,58	4,13
74,97 – 75,16	0,39	99,84 – 100,03	1,64	124,72 – 124,91	2,89	149,59 – 149,78	4,14
75,17 – 75,35	0,40	100,04 – 100,23	1,65	124,92 – 125,11	2,90	149,79 – 149,98	4,15
75,36 – 75,55	0,41	100,24 – 100,43	1,66	125,12 – 125,30	2,91	149,99 – 150,18	4,16
75,56 – 75,75	0,42	100,44 – 100,63	1,67	125,31 – 125,50	2,92	150,19 – 150,38	4,17
75,76 – 75,95	0,43	100,64 – 100,83	1,68	125,51 – 125,70	2,93	150,39 – 150,58	4,18
75,96 – 76,15	0,44	100,84 – 101,03	1,69	125,71 – 125,90	2,94	150,59 – 150,78	4,19
76,16 – 76,35	0,45	101,04 – 101,23	1,70	125,91 – 126,10	2,95	150,79 – 150,98	4,20
76,36 – 76,55	0,46	101,24 – 101,42	1,71	126,11 – 126,30	2,96	150,99 – 151,18	4,21
76,56 – 76,75	0,47	101,43 – 101,62	1,72	126,31 – 126,50	2,97	151,19 – 151,37	4,22
76,76 – 76,95	0,48	101,63 – 101,82	1,73	126,51 – 126,70	2,98	151,38 – 151,57	4,23
76,96 – 77,15	0,49	101,83 – 102,02	1,74	126,71 – 126,90	2,99	151,58 – 151,77	4,24
77,16 – 77,34	0,50	102,03 – 102,22	1,75	126,91 – 127,10	3,00	151,78 – 151,97	4,25
77,35 – 77,54	0,51	102,23 – 102,42	1,76	127,11 – 127,29	3,01	151,98 – 152,17	4,26
77,55 – 77,74	0,52	102,43 – 102,62	1,77	127,30 – 127,49	3,02	152,18 – 152,37	4,27
77,75 – 77,94	0,53	102,63 – 102,82	1,78	127,50 – 127,69	3,03	152,38 – 152,57	4,28
77,95 – 78,14	0,54	102,83 – 103,02	1,79	127,70 – 127,89	3,04	152,58 – 152,77	4,29
78,15 – 78,34	0,55	103,03 – 103,22	1,80	127,90 – 128,09	3,05	152,78 – 152,97	4,30
78,35 – 78,54	0,56	103,23 – 103,41	1,81	128,10 – 128,29	3,06	152,98 – 153,17	4,31
78,55 – 78,74	0,57	103,42 – 103,61	1,82	128,30 – 128,49	3,07	153,18 – 153,36	4,32
78,75 – 78,94	0,58	103,62 – 103,81	1,83	128,50 – 128,69	3,08	153,37 – 153,56	4,33
78,95 – 79,14	0,59	103,82 – 104,01	1,84	128,70 – 128,89	3,09	153,57 – 153,76	4,34
79,15 – 79,33	0,60	104,02 – 104,21	1,85	128,90 – 129,09	3,10	153,77 – 153,96	4,35
79,34 – 79,53	0,61	104,22 – 104,41	1,86	129,10 – 129,28	3,11	153,97 – 154,16	4,36
79,54 – 79,73	0,62	104,42 – 104,61	1,87	129,29 – 129,48	3,12	154,17 – 154,36	4,37
79,74 – 79,93	0,63	104,62 – 104,81	1,88	129,49 – 129,68	3,13	154,37 – 154,56	4,38
79,94 – 80,13	0,64	104,82 – 105,01	1,89	129,69 – 129,88	3,14	154,57 – 154,76	4,39
80,14 – 80,33	0,65	105,02 – 105,21	1,90	129,89 – 130,08	3,15	154,77 – 154,96	4,40
80,34 – 80,53	0,66	105,22 – 105,40	1,91	130,09 – 130,28	3,16	154,97 – 155,16	4,41
80,54 – 80,73	0,67	105,41 – 105,60	1,92	130,29 – 130,48	3,17	155,17 – 155,35	4,42
80,74 – 80,93	0,68	105,61 – 105,80	1,93	130,49 – 130,68	3,18	155,36 – 155,55	4,43
80,94 – 81,13	0,69	105,81 – 106,00	1,94	130,69 – 130,88	3,19	155,56 – 155,75	4,44
81,14 – 81,32	0,70	106,01 – 106,20	1,95	130,89 – 131,08	3,20	155,76 – 155,95	4,45
81,33 – 81,52	0,71	106,21 – 106,40	1,96	131,09 – 131,28	3,21	155,96 – 156,15	4,46
81,53 – 81,72	0,72	106,41 – 106,60	1,97	131,29 – 131,47	3,22	156,16 – 156,35	4,47
81,73 – 81,92	0,73	106,61 – 106,80	1,98	131,48 – 131,67	3,23	156,36 – 156,55	4,48
81,93 – 82,12	0,74	106,81 – 107,00	1,99	131,68 – 131,87	3,24	156,56 – 156,75	4,49
82,13 – 82,32	0,75	107,01 – 107,20	2,00	131,88 – 132,07	3,25	156,76 – 156,95	4,50
82,33 – 82,52	0,76	107,21 – 107,39	2,01	132,08 – 132,27	3,26	156,96 – 157,15	4,51
82,53 – 82,72	0,77	107,40 – 107,59	2,02	132,28 – 132,47	3,27	157,16 – 157,34	4,52
82,73 – 82,92	0,78	107,60 – 107,79	2,03	132,48 – 132,67	3,28	157,35 – 157,54	4,53
82,93 – 83,12	0,79	107,80 – 107,99	2,04	132,68 – 132,87	3,29	157,55 – 157,74	4,54
83,13 – 83,31	0,80	108,00 – 108,19	2,05	132,88 – 133,07	3,30	157,75 – 157,94	4,55
83,32 – 83,51	0,81	108,20 – 108,39	2,06	133,08 – 133,27	3,31	157,95 – 158,14	4,56
83,52 – 83,71	0,82	108,40 – 108,59	2,07	133,28 – 133,46	3,32	158,15 – 158,34	4,57
83,72 – 83,91	0,83	108,60 – 108,79	2,08	133,47 – 133,66	3,33	158,35 – 158,54	4,58
83,92 – 84,11	0,84	108,80 – 108,99	2,09	133,67 – 133,86	3,34	158,55 – 158,74	4,59
84,12 – 84,31	0,85	109,00 – 109,19	2,10	133,87 – 134,06	3,35	158,75 – 158,94	4,60
84,32 – 84,51	0,86	109,20 – 109,38	2,11	134,07 – 134,26	3,36	158,95 – 159,14	4,61
84,52 – 84,71	0,87	109,39 – 109,58	2,12	134,27 – 134,46	3,37	159,15 – 159,33	4,62
84,72 – 84,91	0,88	109,59 – 109,78	2,13	134,47 – 134,66	3,38	159,34 – 159,53	4,63
84,92 – 85,11	0,89	109,79 – 109,98	2,14	134,67 – 134,86	3,39	159,54 – 159,73	4,64
85,12 – 85,30	0,90	109,99 – 110,18	2,15	134,87 – 135,06	3,40	159,74 – 159,93	4,65
85,31 – 85,50	0,91	110,19 – 110,38	2,16	135,07 – 135,26	3,41	159,94 – 160,13	4,66
85,51 – 85,70	0,92	110,39 – 110,58	2,17	135,27 – 135,45	3,42	160,14 – 160,33	4,67
85,71 – 85,90	0,93	110,59 – 110,78	2,18	135,46 – 135,65	3,43	160,34 – 160,53	4,68
85,91 – 86,10	0,94	110,79 – 110,98	2,19	135,66 – 135,85	3,44	160,54 – 160,73	4,69
86,11 – 86,30	0,95	110,99 – 111,18	2,20	135,86 – 136,05	3,45	160,74 – 160,93	4,70
86,31 – 86,50	0,96	111,19 – 111,37	2,21	136,06 – 136,25	3,46	160,94 – 161,13	4,71
86,51 – 86,70	0,97	111,38 – 111,57	2,22	136,26 – 136,45	3,47	161,14 – 161,32	4,72
86,71 – 86,90	0,98	111,58 – 111,77	2,23	136,46 – 136,65	3,48	161,33 – 161,52	4,73
86,91 – 87,10	0,99	111,78 – 111,97	2,24	136,66 – 136,85	3,49	161,53 – 161,72	4,74
87,11 – 87,29	1,00	111,98 – 112,17	2,25	136,86 – 137,05	3,50	161,73 – 161,92	4,75
87,30 – 87,49	1,01	112,18 – 112,37	2,26	137,06 – 137,25	3,51	161,93 – 162,12	4,76
87,50 – 87,69	1,02	112,38 – 112,57	2,27	137,26 – 137,44	3,52	162,13 – 162,32	4,77
87,70 – 87,89	1,03	112,58 – 112,77	2,28	137,45 – 137,64	3,53	162,33 – 162,52	4,78
87,90 – 88,09	1,04	112,78 – 112,97	2,29	137,65 – 137,84	3,54	162,53 – 162,72	4,79
88,10 – 88,29	1,05	112,98 – 113,17	2,30	137,85 – 138,04	3,55	162,73 – 162,92	4,80
88,30 – 88,49	1,06	113,18 – 113,36	2,31	138,05 – 138,24	3,56	162,93 – 163,12	4,81
88,50 – 88,69	1,07	113,37 – 113,56	2,32	138,25 – 138,44	3,57	163,13 – 163,31	4,82
88,70 – 88,89	1,08	113,57 – 113,76	2,33	138,45 – 138,64	3,58	163,32 – 163,51	4,83
88,90 – 89,09	1,09	113,77 – 113,96	2,34	138,65 – 138,84	3,59	163,52 – 163,71	4,84
89,10 – 89,28	1,10	113,97 – 114,16	2,35	138,85 – 139,04	3,60	163,72 – 163,91	4,85
89,29 – 89,48	1,11	114,17 – 114,36	2,36	139,05 – 139,24	3,61	163,92 – 164,11	4,86
89,49 – 89,68	1,12	114,37 – 114,56	2,37	139,25 – 139,43	3,62	164,12 – 164,31	4,87
89,69 – 89,88	1,13	114,57 – 114,76	2,38	139,44 – 139,63	3,63	164,32 – 164,51	4,88
89,89 – 90,08	1,14	114,77 – 114,96	2,39	139,64 – 139,83	3,64	164,52 – 164,71	4,89
90,09 – 90,28	1,15	114,97 – 115,16	2,40	139,84 – 140,03	3,65	164,72 – 164,91	4,90
90,29 – 90,48	1,16	115,17 – 115,35	2,41	140,04 – 140,23	3,66	164,92 – 165,11	4,91
90,49 – 90,68	1,17	115,36 – 115,55	2,42	140,24 – 140,43	3,67	165,12 – 165,30	4,92
90,69 – 90,88	1,18	115,56 – 115,75	2,43	140,44 – 140,63	3,68	165,31 – 165,50	4,93
90,89 – 91,08	1,19	115,76 – 115,95	2,44	140,64 – 140,83	3,69	165,51 – 165,70	4,94
91,09 – 91,28	1,20	115,96 – 116,15	2,45	140,84 – 141,03	3,70	165,71 – 165,90	4,95
91,29 – 91,47	1,21	116,16 – 116,35	2,46	141,04 – 141,23	3,71	165,91 – 166,10	4,96
91,48 – 91,67	1,22	116,36 – 116,55	2,47	141,24 – 141,42	3,72	166,11 – 166,30	4,97
91,68 – 91,87	1,23	116,56 – 116,75	2,48	141,43 – 141,62	3,73	166,31 – 166,50	4,98
91,88 – 92,07	1,24	116,76 – 116,95	2,49	141,63 – 141,82	3,74	166,51 – 166,70	4,99

ANNEXE 9.5 : TABLE DES COTISATIONS AU RÉGIME DES RENTES DU QUÉBEC

Table A : emploi continu – 52 périodes de paie par an (*suite*)

Rémunération		Retenue	Rémunération		Retenue	Rémunération		Retenue	Rémunération		Retenue
166,71	166,90	5,00	191,58	191,77	6,25	216,46	216,65	7,50	241,33	241,52	8,75
166,91	167,10	5,01	191,78	191,97	6,26	216,66	216,85	7,51	241,53	241,72	8,76
167,11	167,29	5,02	191,98	192,17	6,27	216,86	217,05	7,52	241,73	241,92	8,77
167,30	167,49	5,03	192,18	192,37	6,28	217,06	217,25	7,53	241,93	242,12	8,78
167,50	167,69	5,04	192,38	192,57	6,29	217,26	217,44	7,54	242,13	242,32	8,79
167,70	167,89	5,05	192,58	192,77	6,30	217,45	217,64	7,55	242,33	242,52	8,80
167,90	168,09	5,06	192,78	192,97	6,31	217,65	217,84	7,56	242,53	242,72	8,81
168,10	168,29	5,07	192,98	193,17	6,32	217,85	218,04	7,57	242,73	242,92	8,82
168,30	168,49	5,08	193,18	193,36	6,33	218,05	218,24	7,58	242,93	243,12	8,83
168,50	168,69	5,09	193,37	193,56	6,34	218,25	218,44	7,59	243,13	243,31	8,84
168,70	168,89	5,10	193,57	193,76	6,35	218,45	218,64	7,60	243,32	243,51	8,85
168,90	169,09	5,11	193,77	193,96	6,36	218,65	218,84	7,61	243,52	243,71	8,86
169,10	169,28	5,12	193,97	194,16	6,37	218,85	219,04	7,62	243,72	243,91	8,87
169,29	169,48	5,13	194,17	194,36	6,38	219,05	219,24	7,63	243,92	244,11	8,88
169,49	169,68	5,14	194,37	194,56	6,39	219,25	219,43	7,64	244,12	244,31	8,89
169,69	169,88	5,15	194,57	194,76	6,40	219,44	219,63	7,65	244,32	244,51	8,90
169,89	170,08	5,16	194,77	194,96	6,41	219,64	219,83	7,66	244,52	244,71	8,91
170,09	170,28	5,17	194,97	195,16	6,42	219,84	220,03	7,67	244,72	244,91	8,92
170,29	170,48	5,18	195,17	195,35	6,43	220,04	220,23	7,68	244,92	245,11	8,93
170,49	170,68	5,19	195,36	195,55	6,44	220,24	220,43	7,69	245,12	245,30	8,94
170,69	170,88	5,20	195,56	195,75	6,45	220,44	220,63	7,70	245,31	245,50	8,95
170,89	171,08	5,21	195,76	195,95	6,46	220,64	220,83	7,71	245,51	245,70	8,96
171,09	171,28	5,22	195,96	196,15	6,47	220,84	221,03	7,72	245,71	245,90	8,97
171,29	171,47	5,23	196,16	196,35	6,48	221,04	221,23	7,73	245,91	246,10	8,98
171,48	171,67	5,24	196,36	196,55	6,49	221,24	221,42	7,74	246,11	246,30	8,99
171,68	171,87	5,25	196,56	196,75	6,50	221,43	221,62	7,75	246,31	246,50	9,00
171,88	172,07	5,26	196,76	196,95	6,51	221,63	221,82	7,76	246,51	246,70	9,01
172,08	172,27	5,27	196,96	197,15	6,52	221,83	222,02	7,77	246,71	246,90	9,02
172,28	172,47	5,28	197,16	197,34	6,53	222,03	222,22	7,78	246,91	247,10	9,03
172,48	172,67	5,29	197,35	197,54	6,54	222,23	222,42	7,79	247,11	247,29	9,04
172,68	172,87	5,30	197,55	197,74	6,55	222,43	222,62	7,80	247,30	247,49	9,05
172,88	173,07	5,31	197,75	197,94	6,56	222,63	222,82	7,81	247,50	247,69	9,06
173,08	173,27	5,32	197,95	198,14	6,57	222,83	223,02	7,82	247,70	247,89	9,07
173,28	173,46	5,33	198,15	198,34	6,58	223,03	223,22	7,83	247,90	248,09	9,08
173,47	173,66	5,34	198,35	198,54	6,59	223,23	223,41	7,84	248,10	248,29	9,09
173,67	173,86	5,35	198,55	198,74	6,60	223,42	223,61	7,85	248,30	248,49	9,10
173,87	174,06	5,36	198,75	198,94	6,61	223,62	223,81	7,86	248,50	248,69	9,11
174,07	174,26	5,37	198,95	199,14	6,62	223,82	224,01	7,87	248,70	248,89	9,12
174,27	174,46	5,38	199,15	199,33	6,63	224,02	224,21	7,88	248,90	249,09	9,13
174,47	174,66	5,39	199,34	199,53	6,64	224,22	224,41	7,89	249,10	249,28	9,14
174,67	174,86	5,40	199,54	199,73	6,65	224,42	224,61	7,90	249,29	249,48	9,15
174,87	175,06	5,41	199,74	199,93	6,66	224,62	224,81	7,91	249,49	249,68	9,16
175,07	175,26	5,42	199,94	200,13	6,67	224,82	225,01	7,92	249,69	249,88	9,17
175,27	175,45	5,43	200,14	200,33	6,68	225,02	225,21	7,93	249,89	250,08	9,18
175,46	175,65	5,44	200,34	200,53	6,69	225,22	225,40	7,94	250,09	250,28	9,19
175,66	175,85	5,45	200,54	200,73	6,70	225,41	225,60	7,95	250,29	250,48	9,20
175,86	176,05	5,46	200,74	200,93	6,71	225,61	225,80	7,96	250,49	250,68	9,21
176,06	176,25	5,47	200,94	201,13	6,72	225,81	226,00	7,97	250,69	250,88	9,22
176,26	176,45	5,48	201,14	201,32	6,73	226,01	226,20	7,98	250,89	251,08	9,23
176,46	176,65	5,49	201,33	201,52	6,74	226,21	226,40	7,99	251,09	251,28	9,24
176,66	176,85	5,50	201,53	201,72	6,75	226,41	226,60	8,00	251,29	251,47	9,25
176,86	177,05	5,51	201,73	201,92	6,76	226,61	226,80	8,01	251,48	251,67	9,26
177,06	177,25	5,52	201,93	202,12	6,77	226,81	227,00	8,02	251,68	251,87	9,27
177,26	177,44	5,53	202,13	202,32	6,78	227,01	227,20	8,03	251,88	252,07	9,28
177,45	177,64	5,54	202,33	202,52	6,79	227,21	227,39	8,04	252,08	252,27	9,29
177,65	177,84	5,55	202,53	202,72	6,80	227,40	227,59	8,05	252,28	252,47	9,30
177,85	178,04	5,56	202,73	202,92	6,81	227,60	227,79	8,06	252,48	252,67	9,31
178,05	178,24	5,57	202,93	203,12	6,82	227,80	227,99	8,07	252,68	252,87	9,32
178,25	178,44	5,58	203,13	203,31	6,83	228,00	228,19	8,08	252,88	253,07	9,33
178,45	178,64	5,59	203,32	203,51	6,84	228,20	228,39	8,09	253,08	253,27	9,34
178,65	178,84	5,60	203,52	203,71	6,85	228,40	228,59	8,10	253,28	253,46	9,35
178,85	179,04	5,61	203,72	203,91	6,86	228,60	228,79	8,11	253,47	253,66	9,36
179,05	179,24	5,62	203,92	204,11	6,87	228,80	228,99	8,12	253,67	253,86	9,37
179,25	179,43	5,63	204,12	204,31	6,88	229,00	229,19	8,13	253,87	254,06	9,38
179,44	179,63	5,64	204,32	204,51	6,89	229,20	229,38	8,14	254,07	254,26	9,39
179,64	179,83	5,65	204,52	204,71	6,90	229,39	229,58	8,15	254,27	254,46	9,40
179,84	180,03	5,66	204,72	204,91	6,91	229,59	229,78	8,16	254,47	254,66	9,41
180,04	180,23	5,67	204,92	205,11	6,92	229,79	229,98	8,17	254,67	254,86	9,42
180,24	180,43	5,68	205,12	205,30	6,93	229,99	230,18	8,18	254,87	255,06	9,43
180,44	180,63	5,69	205,31	205,50	6,94	230,19	230,38	8,19	255,07	255,26	9,44
180,64	180,83	5,70	205,51	205,70	6,95	230,39	230,58	8,20	255,27	255,45	9,45
180,84	181,03	5,71	205,71	205,90	6,96	230,59	230,78	8,21	255,46	255,65	9,46
181,04	181,23	5,72	205,91	206,10	6,97	230,79	230,98	8,22	255,66	255,85	9,47
181,24	181,42	5,73	206,11	206,30	6,98	230,99	231,18	8,23	255,86	256,05	9,48
181,43	181,62	5,74	206,31	206,50	6,99	231,19	231,37	8,24	256,06	256,25	9,49
181,63	181,82	5,75	206,51	206,70	7,00	231,38	231,57	8,25	256,26	256,45	9,50
181,83	182,02	5,76	206,71	206,90	7,01	231,58	231,77	8,26	256,46	256,65	9,51
182,03	182,22	5,77	206,91	207,10	7,02	231,78	231,97	8,27	256,66	256,85	9,52
182,23	182,42	5,78	207,11	207,29	7,03	231,98	232,17	8,28	256,86	257,05	9,53
182,43	182,62	5,79	207,30	207,49	7,04	232,18	232,37	8,29	257,06	257,25	9,54
182,63	182,82	5,80	207,50	207,69	7,05	232,38	232,57	8,30	257,26	257,44	9,55
182,83	183,02	5,81	207,70	207,89	7,06	232,58	232,77	8,31	257,45	257,64	9,56
183,03	183,22	5,82	207,90	208,09	7,07	232,78	232,97	8,32	257,65	257,84	9,57
183,23	183,41	5,83	208,10	208,29	7,08	232,98	233,17	8,33	257,85	258,04	9,58
183,42	183,61	5,84	208,30	208,49	7,09	233,18	233,36	8,34	258,05	258,24	9,59
183,62	183,81	5,85	208,50	208,69	7,10	233,37	233,56	8,35	258,25	258,44	9,60
183,82	184,01	5,86	208,70	208,89	7,11	233,57	233,76	8,36	258,45	258,64	9,61
184,02	184,21	5,87	208,90	209,09	7,12	233,77	233,96	8,37	258,65	258,84	9,62
184,22	184,41	5,88	209,10	209,28	7,13	233,97	234,16	8,38	258,85	259,04	9,63
184,42	184,61	5,89	209,29	209,48	7,14	234,17	234,36	8,39	259,05	259,24	9,64
184,62	184,81	5,90	209,49	209,68	7,15	234,37	234,56	8,40	259,25	259,43	9,65
184,82	185,01	5,91	209,69	209,88	7,16	234,57	234,76	8,41	259,44	259,63	9,66
185,02	185,21	5,92	209,89	210,08	7,17	234,77	234,96	8,42	259,64	259,83	9,67
185,22	185,40	5,93	210,09	210,28	7,18	234,97	235,16	8,43	259,84	260,03	9,68
185,41	185,60	5,94	210,29	210,48	7,19	235,17	235,35	8,44	260,04	260,23	9,69
185,61	185,80	5,95	210,49	210,68	7,20	235,36	235,55	8,45	260,24	260,43	9,70
185,81	186,00	5,96	210,69	210,88	7,21	235,56	235,75	8,46	260,44	260,63	9,71
186,01	186,20	5,97	210,89	211,08	7,22	235,76	235,95	8,47	260,64	260,83	9,72
186,21	186,40	5,98	211,09	211,28	7,23	235,96	236,15	8,48	260,84	261,03	9,73
186,41	186,60	5,99	211,29	211,47	7,24	236,16	236,35	8,49	261,04	261,23	9,74
186,61	186,80	6,00	211,48	211,67	7,25	236,36	236,55	8,50	261,24	261,42	9,75
186,81	187,00	6,01	211,68	211,87	7,26	236,56	236,75	8,51	261,43	261,62	9,76
187,01	187,20	6,02	211,88	212,07	7,27	236,76	236,95	8,52	261,63	261,82	9,77
187,21	187,39	6,03	212,08	212,27	7,28	236,96	237,15	8,53	261,83	262,02	9,78
187,40	187,59	6,04	212,28	212,47	7,29	237,16	237,34	8,54	262,03	262,22	9,79
187,60	187,79	6,05	212,48	212,67	7,30	237,35	237,54	8,55	262,23	262,42	9,80
187,80	187,99	6,06	212,68	212,87	7,31	237,55	237,74	8,56	262,43	262,62	9,81
188,00	188,19	6,07	212,88	213,07	7,32	237,75	237,94	8,57	262,63	262,82	9,82
188,20	188,39	6,08	213,08	213,27	7,33	237,95	238,14	8,58	262,83	263,02	9,83
188,40	188,59	6,09	213,28	213,46	7,34	238,15	238,34	8,59	263,03	263,22	9,84
188,60	188,79	6,10	213,47	213,66	7,35	238,35	238,54	8,60	263,23	263,41	9,85
188,80	188,99	6,11	213,67	213,86	7,36	238,55	238,74	8,61	263,42	263,61	9,86
189,00	189,19	6,12	213,87	214,06	7,37	238,75	238,94	8,62	263,62	263,81	9,87
189,20	189,38	6,13	214,07	214,26	7,38	238,95	239,14	8,63	263,82	264,01	9,88
189,39	189,58	6,14	214,27	214,46	7,39	239,15	239,33	8,64	264,02	264,21	9,89
189,59	189,78	6,15	214,47	214,66	7,40	239,34	239,53	8,65	264,22	264,41	9,90
189,79	189,98	6,16	214,67	214,86	7,41	239,54	239,73	8,66	264,42	264,61	9,91
189,99	190,18	6,17	214,87	215,06	7,42	239,74	239,93	8,67	264,62	264,81	9,92
190,19	190,38	6,18	215,07	215,26	7,43	239,94	240,13	8,68	264,82	265,01	9,93
190,39	190,58	6,19	215,27	215,45	7,44	240,14	240,33	8,69	265,02	265,21	9,94
190,59	190,78	6,20	215,46	215,65	7,45	240,34	240,53	8,70	265,22	265,40	9,95
190,79	190,98	6,21	215,66	215,85	7,46	240,54	240,73	8,71	265,41	265,60	9,96
190,99	191,18	6,22	215,86	216,05	7,47	240,74	240,93	8,72	265,61	265,80	9,97
191,19	191,37	6,23	216,06	216,25	7,48	240,94	241,13	8,73	265,81	266,00	9,98
191,38	191,57	6,24	216,26	216,45	7,49	241,14	241,32	8,74	266,01	266,20	9,99

ANNEXE 9.5 : TABLE DES COTISATIONS AU RÉGIME DES RENTES DU QUÉBEC

Table A : emploi continu – 52 périodes de paie par an (*suite*)

Rémunération		Retenue	Rémunération		Retenue	Rémunération		Retenue	Rémunération		Retenue
266,21	266,40	10,00	291,09	291,28	11,25	315,96	316,15	12,50	340,84	341,03	13,75
266,41	266,60	10,01	291,29	291,47	11,26	316,16	316,35	12,51	341,04	341,23	13,76
266,61	266,80	10,02	291,48	291,67	11,27	316,36	316,55	12,52	341,24	341,42	13,77
266,81	267,00	10,03	291,68	291,87	11,28	316,56	316,75	12,53	341,43	341,62	13,78
267,01	267,20	10,04	291,88	292,07	11,29	316,76	316,95	12,54	341,63	341,82	13,79
267,21	267,39	10,05	292,08	292,27	11,30	316,96	317,15	12,55	341,83	342,02	13,80
267,40	267,59	10,06	292,28	292,47	11,31	317,16	317,34	12,56	342,03	342,22	13,81
267,60	267,79	10,07	292,48	292,67	11,32	317,35	317,54	12,57	342,23	342,42	13,82
267,80	267,99	10,08	292,68	292,87	11,33	317,55	317,74	12,58	342,43	342,62	13,83
268,00	268,19	10,09	292,88	293,07	11,34	317,75	317,94	12,59	342,63	342,82	13,84
268,20	268,39	10,10	293,08	293,27	11,35	317,95	318,14	12,60	342,83	343,02	13,85
268,40	268,59	10,11	293,28	293,46	11,36	318,15	318,34	12,61	343,03	343,22	13,86
268,60	268,79	10,12	293,47	293,66	11,37	318,35	318,54	12,62	343,23	343,41	13,87
268,80	268,99	10,13	293,67	293,86	11,38	318,55	318,74	12,63	343,42	343,61	13,88
269,00	269,19	10,14	293,87	294,06	11,39	318,75	318,94	12,64	343,62	343,81	13,89
269,20	269,38	10,15	294,07	294,26	11,40	318,95	319,14	12,65	343,82	344,01	13,90
269,39	269,58	10,16	294,27	294,46	11,41	319,15	319,33	12,66	344,02	344,21	13,91
269,59	269,78	10,17	294,47	294,66	11,42	319,34	319,53	12,67	344,22	344,41	13,92
269,79	269,98	10,18	294,67	294,86	11,43	319,54	319,73	12,68	344,42	344,61	13,93
269,99	270,18	10,19	294,87	295,06	11,44	319,74	319,93	12,69	344,62	344,81	13,94
270,19	270,38	10,20	295,07	295,26	11,45	319,94	320,13	12,70	344,82	345,01	13,95
270,39	270,58	10,21	295,27	295,45	11,46	320,14	320,33	12,71	345,02	345,21	13,96
270,59	270,78	10,22	295,46	295,65	11,47	320,34	320,53	12,72	345,22	345,40	13,97
270,79	270,98	10,23	295,66	295,85	11,48	320,54	320,73	12,73	345,41	345,60	13,98
270,99	271,18	10,24	295,86	296,05	11,49	320,74	320,93	12,74	345,61	345,80	13,99
271,19	271,37	10,25	296,06	296,25	11,50	320,94	321,13	12,75	345,81	346,00	14,00
271,38	271,57	10,26	296,26	296,45	11,51	321,14	321,32	12,76	346,01	346,20	14,01
271,58	271,77	10,27	296,46	296,65	11,52	321,33	321,52	12,77	346,21	346,40	14,02
271,78	271,97	10,28	296,66	296,85	11,53	321,53	321,72	12,78	346,41	346,60	14,03
271,98	272,17	10,29	296,86	297,05	11,54	321,73	321,92	12,79	346,61	346,80	14,04
272,18	272,37	10,30	297,06	297,25	11,55	321,93	322,12	12,80	346,81	347,00	14,05
272,38	272,57	10,31	297,26	297,44	11,56	322,13	322,32	12,81	347,01	347,20	14,06
272,58	272,77	10,32	297,45	297,64	11,57	322,33	322,52	12,82	347,21	347,39	14,07
272,78	272,97	10,33	297,65	297,84	11,58	322,53	322,72	12,83	347,40	347,59	14,08
272,98	273,17	10,34	297,85	298,04	11,59	322,73	322,92	12,84	347,60	347,79	14,09
273,18	273,36	10,35	298,05	298,24	11,60	322,93	323,12	12,85	347,80	347,99	14,10
273,37	273,56	10,36	298,25	298,44	11,61	323,13	323,31	12,86	348,00	348,19	14,11
273,57	273,76	10,37	298,45	298,64	11,62	323,32	323,51	12,87	348,20	348,39	14,12
273,77	273,96	10,38	298,65	298,84	11,63	323,52	323,71	12,88	348,40	348,59	14,13
273,97	274,16	10,39	298,85	299,04	11,64	323,72	323,91	12,89	348,60	348,79	14,14
274,17	274,36	10,40	299,05	299,24	11,65	323,92	324,11	12,90	348,80	348,99	14,15
274,37	274,56	10,41	299,25	299,43	11,66	324,12	324,31	12,91	349,00	349,19	14,16
274,57	274,76	10,42	299,44	299,63	11,67	324,32	324,51	12,92	349,20	349,38	14,17
274,77	274,96	10,43	299,64	299,83	11,68	324,52	324,71	12,93	349,39	349,58	14,18
274,97	275,16	10,44	299,84	300,03	11,69	324,72	324,91	12,94	349,59	349,78	14,19
275,17	275,35	10,45	300,04	300,23	11,70	324,92	325,11	12,95	349,79	349,98	14,20
275,36	275,55	10,46	300,24	300,43	11,71	325,12	325,30	12,96	349,99	350,18	14,21
275,56	275,75	10,47	300,44	300,63	11,72	325,31	325,50	12,97	350,19	350,38	14,22
275,76	275,95	10,48	300,64	300,83	11,73	325,51	325,70	12,98	350,39	350,58	14,23
275,96	276,15	10,49	300,84	301,03	11,74	325,71	325,90	12,99	350,59	350,78	14,24
276,16	276,35	10,50	301,04	301,23	11,75	325,91	326,10	13,00	350,79	350,98	14,25
276,36	276,55	10,51	301,24	301,42	11,76	326,11	326,30	13,01	350,99	351,18	14,26
276,56	276,75	10,52	301,43	301,62	11,77	326,31	326,50	13,02	351,19	351,37	14,27
276,76	276,95	10,53	301,63	301,82	11,78	326,51	326,70	13,03	351,38	351,57	14,28
276,96	277,15	10,54	301,83	302,02	11,79	326,71	326,90	13,04	351,58	351,77	14,29
277,16	277,34	10,55	302,03	302,22	11,80	326,91	327,10	13,05	351,78	351,97	14,30
277,35	277,54	10,56	302,23	302,42	11,81	327,11	327,29	13,06	351,98	352,17	14,31
277,55	277,74	10,57	302,43	302,62	11,82	327,30	327,49	13,07	352,18	352,37	14,32
277,75	277,94	10,58	302,63	302,82	11,83	327,50	327,69	13,08	352,38	352,57	14,33
277,95	278,14	10,59	302,83	303,02	11,84	327,70	327,89	13,09	352,58	352,77	14,34
278,15	278,34	10,60	303,03	303,22	11,85	327,90	328,09	13,10	352,78	352,97	14,35
278,35	278,54	10,61	303,23	303,41	11,86	328,10	328,29	13,11	352,98	353,17	14,36
278,55	278,74	10,62	303,42	303,61	11,87	328,30	328,49	13,12	353,18	353,36	14,37
278,75	278,94	10,63	303,62	303,81	11,88	328,50	328,69	13,13	353,37	353,56	14,38
278,95	279,14	10,64	303,82	304,01	11,89	328,70	328,89	13,14	353,57	353,76	14,39
279,15	279,33	10,65	304,02	304,21	11,90	328,90	329,09	13,15	353,77	353,96	14,40
279,34	279,53	10,66	304,22	304,41	11,91	329,10	329,28	13,16	353,97	354,16	14,41
279,54	279,73	10,67	304,42	304,61	11,92	329,29	329,48	13,17	354,17	354,36	14,42
279,74	279,93	10,68	304,62	304,81	11,93	329,49	329,68	13,18	354,37	354,56	14,43
279,94	280,13	10,69	304,82	305,01	11,94	329,69	329,88	13,19	354,57	354,76	14,44
280,14	280,33	10,70	305,02	305,21	11,95	329,89	330,08	13,20	354,77	354,96	14,45
280,34	280,53	10,71	305,22	305,40	11,96	330,09	330,28	13,21	354,97	355,16	14,46
280,54	280,73	10,72	305,41	305,60	11,97	330,29	330,48	13,22	355,17	355,35	14,47
280,74	280,93	10,73	305,61	305,80	11,98	330,49	330,68	13,23	355,36	355,55	14,48
280,94	281,13	10,74	305,81	306,00	11,99	330,69	330,88	13,24	355,56	355,75	14,49
281,14	281,32	10,75	306,01	306,20	12,00	330,89	331,08	13,25	355,76	355,95	14,50
281,33	281,52	10,76	306,21	306,40	12,01	331,09	331,28	13,26	355,96	356,15	14,51
281,53	281,72	10,77	306,41	306,60	12,02	331,29	331,47	13,27	356,16	356,35	14,52
281,73	281,92	10,78	306,61	306,80	12,03	331,48	331,67	13,28	356,36	356,55	14,53
281,93	282,12	10,79	306,81	307,00	12,04	331,68	331,87	13,29	356,56	356,75	14,54
282,13	282,32	10,80	307,01	307,20	12,05	331,88	332,07	13,30	356,76	356,95	14,55
282,33	282,52	10,81	307,21	307,39	12,06	332,08	332,27	13,31	356,96	357,15	14,56
282,53	282,72	10,82	307,40	307,59	12,07	332,28	332,47	13,32	357,16	357,34	14,57
282,73	282,92	10,83	307,60	307,79	12,08	332,48	332,67	13,33	357,35	357,54	14,58
282,93	283,12	10,84	307,80	307,99	12,09	332,68	332,87	13,34	357,55	357,74	14,59
283,13	283,31	10,85	308,00	308,19	12,10	332,88	333,07	13,35	357,75	357,94	14,60
283,32	283,51	10,86	308,20	308,39	12,11	333,08	333,27	13,36	357,95	358,14	14,61
283,52	283,71	10,87	308,40	308,59	12,12	333,28	333,46	13,37	358,15	358,34	14,62
283,72	283,91	10,88	308,60	308,79	12,13	333,47	333,66	13,38	358,35	358,54	14,63
283,92	284,11	10,89	308,80	308,99	12,14	333,67	333,86	13,39	358,55	358,74	14,64
284,12	284,31	10,90	309,00	309,19	12,15	333,87	334,06	13,40	358,75	358,94	14,65
284,32	284,51	10,91	309,20	309,38	12,16	334,07	334,26	13,41	358,95	359,14	14,66
284,52	284,71	10,92	309,39	309,58	12,17	334,27	334,46	13,42	359,15	359,33	14,67
284,72	284,91	10,93	309,59	309,78	12,18	334,47	334,66	13,43	359,34	359,53	14,68
284,92	285,11	10,94	309,79	309,98	12,19	334,67	334,86	13,44	359,54	359,73	14,69
285,12	285,30	10,95	309,99	310,18	12,20	334,87	335,06	13,45	359,74	359,93	14,70
285,31	285,50	10,96	310,19	310,38	12,21	335,07	335,26	13,46	359,94	360,13	14,71
285,51	285,70	10,97	310,39	310,58	12,22	335,27	335,45	13,47	360,14	360,33	14,72
285,71	285,90	10,98	310,59	310,78	12,23	335,46	335,65	13,48	360,34	360,53	14,73
285,91	286,10	10,99	310,79	310,98	12,24	335,66	335,85	13,49	360,54	360,73	14,74
286,11	286,30	11,00	310,99	311,18	12,25	335,86	336,05	13,50	360,74	360,93	14,75
286,31	286,50	11,01	311,19	311,37	12,26	336,06	336,25	13,51	360,94	361,13	14,76
286,51	286,70	11,02	311,38	311,57	12,27	336,26	336,45	13,52	361,14	361,32	14,77
286,71	286,90	11,03	311,58	311,77	12,28	336,46	336,65	13,53	361,33	361,52	14,78
286,91	287,10	11,04	311,78	311,97	12,29	336,66	336,85	13,54	361,53	361,72	14,79
287,11	287,29	11,05	311,98	312,17	12,30	336,86	337,05	13,55	361,73	361,92	14,80
287,30	287,49	11,06	312,18	312,37	12,31	337,06	337,25	13,56	361,93	362,12	14,81
287,50	287,69	11,07	312,38	312,57	12,32	337,26	337,44	13,57	362,13	362,32	14,82
287,70	287,89	11,08	312,58	312,77	12,33	337,45	337,64	13,58	362,33	362,52	14,83
287,90	288,09	11,09	312,78	312,97	12,34	337,65	337,84	13,59	362,53	362,72	14,84
288,10	288,29	11,10	312,98	313,17	12,35	337,85	338,04	13,60	362,73	362,92	14,85
288,30	288,49	11,11	313,18	313,36	12,36	338,05	338,24	13,61	362,93	363,12	14,86
288,50	288,69	11,12	313,37	313,56	12,37	338,25	338,44	13,62	363,13	363,31	14,87
288,70	288,89	11,13	313,57	313,76	12,38	338,45	338,64	13,63	363,32	363,51	14,88
288,90	289,09	11,14	313,77	313,96	12,39	338,65	338,84	13,64	363,52	363,71	14,89
289,10	289,28	11,15	313,97	314,16	12,40	338,85	339,04	13,65	363,72	363,91	14,90
289,29	289,48	11,16	314,17	314,36	12,41	339,05	339,24	13,66	363,92	364,11	14,91
289,49	289,68	11,17	314,37	314,56	12,42	339,25	339,43	13,67	364,12	364,31	14,92
289,69	289,88	11,18	314,57	314,76	12,43	339,44	339,63	13,68	364,32	364,51	14,93
289,89	290,08	11,19	314,77	314,96	12,44	339,64	339,83	13,69	364,52	364,71	14,94
290,09	290,28	11,20	314,97	315,16	12,45	339,84	340,03	13,70	364,72	364,91	14,95
290,29	290,48	11,21	315,17	315,35	12,46	340,04	340,23	13,71	364,92	365,11	14,96
290,49	290,68	11,22	315,36	315,55	12,47	340,24	340,43	13,72	365,12	365,30	14,97
290,69	290,88	11,23	315,56	315,75	12,48	340,44	340,63	13,73	365,31	365,50	14,98
290,89	291,08	11,24	315,76	315,95	12,49	340,64	340,83	13,74	365,51	365,70	14,99

ANNEXE 9.5 : TABLE DES COTISATIONS AU RÉGIME DES RENTES DU QUÉBEC

Table A : emploi continu – 52 périodes de paie par an (*suite*)

Rémunération	Retenue	Rémunération	Retenue	Rémunération	Retenue	Rémunération	Retenue
365,71 – 365,90	15,00	390,59 – 390,78	16,25	415,46 – 415,65t	17,50	440,34 – 440,53	18,75
365,91 – 366,10	15,01	390,79 – 390,98	16,26	415,66 – 415,85	17,51	440,54 – 440,73	18,76
366,11 – 366,30	15,02	390,99 – 391,18	16,27	415,86 – 416,05	17,52	440,74 – 440,93	18,77
366,31 – 366,50	15,03	391,19 – 391,37	16,28	416,06 – 416,25	17,53	440,94 – 441,13	18,78
366,51 – 366,70	15,04	391,38 – 391,57	16,29	416,26 – 416,45	17,54	441,14 – 441,32	18,79
366,71 – 366,90	15,05	391,58 – 391,77	16,30	416,46 – 416,65	17,55	441,33 – 441,52	18,80
366,91 – 367,10	15,06	391,78 – 391,97	16,31	416,66 – 416,85	17,56	441,53 – 441,72	18,81
367,11 – 367,29	15,07	391,98 – 392,17	16,32	416,86 – 417,05	17,57	441,73 – 441,92	18,82
367,30 – 367,49	15,08	392,18 – 392,37	16,33	417,06 – 417,25	17,58	441,93 – 442,12	18,83
367,50 – 367,69	15,09	392,38 – 392,57	16,34	417,26 – 417,44	17,59	442,13 – 442,32	18,84
367,70 – 367,89	15,10	392,58 – 392,77	16,35	417,45 – 417,64	17,60	442,33 – 442,52	18,85
367,90 – 368,09	15,11	392,78 – 392,97	16,36	417,65 – 417,84	17,61	442,53 – 442,72	18,86
368,10 – 368,29	15,12	392,98 – 393,17	16,37	417,85 – 418,04	17,62	442,73 – 442,92	18,87
368,30 – 368,49	15,13	393,18 – 393,36	16,38	418,05 – 418,24	17,63	442,93 – 443,12	18,88
368,50 – 368,69	15,14	393,37 – 393,56	16,39	418,25 – 418,44	17,64	443,13 – 443,31	18,89
368,70 – 368,89	15,15	393,57 – 393,76	16,40	418,45 – 418,64	17,65	443,32 – 443,51	18,90
368,90 – 369,09	15,16	393,77 – 393,96	16,41	418,65 – 418,84	17,66	443,52 – 443,71	18,91
369,10 – 369,28	15,17	393,97 – 394,16	16,42	418,85 – 419,04	17,67	443,72 – 443,91	18,92
369,29 – 369,48	15,18	394,17 – 394,36	16,43	419,05 – 419,24	17,68	443,92 – 444,11	18,93
369,49 – 369,68	15,19	394,37 – 394,56	16,44	419,25 – 419,43	17,69	444,12 – 444,31	18,94
369,69 – 369,88	15,20	394,57 – 394,76	16,45	419,44 – 419,63	17,70	444,32 – 444,51	18,95
369,89 – 370,08	15,21	394,77 – 394,96	16,46	419,64 – 419,83	17,71	444,52 – 444,71	18,96
370,09 – 370,28	15,22	394,97 – 395,16	16,47	419,84 – 420,03	17,72	444,72 – 444,91	18,97
370,29 – 370,48	15,23	395,17 – 395,35	16,48	420,04 – 420,23	17,73	444,92 – 445,11	18,98
370,49 – 370,68	15,24	395,36 – 395,55	16,49	420,24 – 420,43	17,74	445,12 – 445,30	18,99
370,69 – 370,88	15,25	395,56 – 395,75	16,50	420,44 – 420,63	17,75	445,31 – 445,50	19,00
370,89 – 371,08	15,26	395,76 – 395,95	16,51	420,64 – 420,83	17,76	445,51 – 445,70	19,01
371,09 – 371,28	15,27	395,96 – 396,15	16,52	420,84 – 421,03	17,77	445,71 – 445,90	19,02
371,29 – 371,47	15,28	396,16 – 396,35	16,53	421,04 – 421,23	17,78	445,91 – 446,10	19,03
371,48 – 371,67	15,29	396,36 – 396,55	16,54	421,24 – 421,42	17,79	446,11 – 446,30	19,04
371,68 – 371,87	15,30	396,56 – 396,75	16,55	421,43 – 421,62	17,80	446,31 – 446,50	19,05
371,88 – 372,07	15,31	396,76 – 396,95	16,56	421,63 – 421,82	17,81	446,51 – 446,70	19,06
372,08 – 372,27	15,32	396,96 – 397,15	16,57	421,83 – 422,02	17,82	446,71 – 446,90	19,07
372,28 – 372,47	15,33	397,16 – 397,34	16,58	422,03 – 422,22	17,83	446,91 – 447,10	19,08
372,48 – 372,67	15,34	397,35 – 397,54	16,59	422,23 – 422,42	17,84	447,11 – 447,29	19,09
372,68 – 372,87	15,35	397,55 – 397,74	16,60	422,43 – 422,62	17,85	447,30 – 447,49	19,10
372,88 – 373,07	15,36	397,75 – 397,94	16,61	422,63 – 422,82	17,86	447,50 – 447,69	19,11
373,08 – 373,27	15,37	397,95 – 398,14	16,62	422,83 – 423,02	17,87	447,70 – 447,89	19,12
373,28 – 373,46	15,38	398,15 – 398,34	16,63	423,03 – 423,22	17,88	447,90 – 448,09	19,13
373,47 – 373,66	15,39	398,35 – 398,54	16,64	423,23 – 423,41	17,89	448,10 – 448,29	19,14
373,67 – 373,86	15,40	398,55 – 398,74	16,65	423,42 – 423,61	17,90	448,30 – 448,49	19,15
373,87 – 374,06	15,41	398,75 – 398,94	16,66	423,62 – 423,81	17,91	448,50 – 448,69	19,16
374,07 – 374,26	15,42	398,95 – 399,14	16,67	423,82 – 424,01	17,92	448,70 – 448,89	19,17
374,27 – 374,46	15,43	399,15 – 399,33	16,68	424,02 – 424,21	17,93	448,90 – 449,09	19,18
374,47 – 374,66	15,44	399,34 – 399,53	16,69	424,22 – 424,41	17,94	449,10 – 449,28	19,19
374,67 – 374,86	15,45	399,54 – 399,73	16,70	424,42 – 424,61	17,95	449,29 – 449,48	19,20
374,87 – 375,06	15,46	399,74 – 399,93	16,71	424,62 – 424,81	17,96	449,49 – 449,68	19,21
375,07 – 375,26	15,47	399,94 – 400,13	16,72	424,82 – 425,01	17,97	449,69 – 449,88	19,22
375,27 – 375,45	15,48	400,14 – 400,33	16,73	425,02 – 425,21	17,98	449,89 – 450,08	19,23
375,46 – 375,65	15,49	400,34 – 400,53	16,74	425,22 – 425,40	17,99	450,09 – 450,28	19,24
375,66 – 375,85	15,50	400,54 – 400,73	16,75	425,41 – 425,60	18,00	450,29 – 450,48	19,25
375,86 – 376,05	15,51	400,74 – 400,93	16,76	425,61 – 425,80	18,01	450,49 – 450,68	19,26
376,06 – 376,25	15,52	400,94 – 401,13	16,77	425,81 – 426,00	18,02	450,69 – 450,88	19,27
376,26 – 376,45	15,53	401,14 – 401,32	16,78	426,01 – 426,20	18,03	450,89 – 451,08	19,28
376,46 – 376,65	15,54	401,33 – 401,52	16,79	426,21 – 426,40	18,04	451,09 – 451,28	19,29
376,66 – 376,85	15,55	401,53 – 401,72	16,80	426,41 – 426,60	18,05	451,29 – 451,47	19,30
376,86 – 377,05	15,56	401,73 – 401,92	16,81	426,61 – 426,80	18,06	451,48 – 451,67	19,31
377,06 – 377,25	15,57	401,93 – 402,12	16,82	426,81 – 427,00	18,07	451,68 – 451,87	19,32
377,26 – 377,44	15,58	402,13 – 402,32	16,83	427,01 – 427,20	18,08	451,88 – 452,07	19,33
377,45 – 377,64	15,59	402,33 – 402,52	16,84	427,21 – 427,39	18,09	452,08 – 452,27	19,34
377,65 – 377,84	15,60	402,53 – 402,72	16,85	427,40 – 427,59	18,10	452,28 – 452,47	19,35
377,85 – 378,04	15,61	402,73 – 402,92	16,86	427,60 – 427,79	18,11	452,48 – 452,67	19,36
378,05 – 378,24	15,62	402,93 – 403,12	16,87	427,80 – 427,99	18,12	452,68 – 452,87	19,37
378,25 – 378,44	15,63	403,13 – 403,31	16,88	428,00 – 428,19	18,13	452,88 – 453,07	19,38
378,45 – 378,64	15,64	403,32 – 403,51	16,89	428,20 – 428,39	18,14	453,08 – 453,27	19,39
378,65 – 378,84	15,65	403,52 – 403,71	16,90	428,40 – 428,59	18,15	453,28 – 453,46	19,40
378,85 – 379,04	15,66	403,72 – 403,91	16,91	428,60 – 428,79	18,16	453,47 – 453,66	19,41
379,05 – 379,24	15,67	403,92 – 404,11	16,92	428,80 – 428,99	18,17	453,67 – 453,86	19,42
379,25 – 379,43	15,68	404,12 – 404,31	16,93	429,00 – 429,19	18,18	453,87 – 454,06	19,43
379,44 – 379,63	15,69	404,32 – 404,51	16,94	429,20 – 429,38	18,19	454,07 – 454,26	19,44
379,64 – 379,83	15,70	404,52 – 404,71	16,95	429,39 – 429,58	18,20	454,27 – 454,46	19,45
379,84 – 380,03	15,71	404,72 – 404,91	16,96	429,59 – 429,78	18,21	454,47 – 454,66	19,46
380,04 – 380,23	15,72	404,92 – 405,11	16,97	429,79 – 429,98	18,22	454,67 – 454,86	19,47
380,24 – 380,43	15,73	405,12 – 405,30	16,98	429,99 – 430,18	18,23	454,87 – 455,06	19,48
380,44 – 380,63	15,74	405,31 – 405,50	16,99	430,19 – 430,38	18,24	455,07 – 455,26	19,49
380,64 – 380,83	15,75	405,51 – 405,70	17,00	430,39 – 430,58	18,25	455,27 – 455,45	19,50
380,84 – 381,03	15,76	405,71 – 405,90	17,01	430,59 – 430,78	18,26	455,46 – 455,65	19,51
381,04 – 381,23	15,77	405,91 – 406,10	17,02	430,79 – 430,98	18,27	455,66 – 455,85	19,52
381,24 – 381,42	15,78	406,11 – 406,30	17,03	430,99 – 431,18	18,28	455,86 – 456,05	19,53
381,43 – 381,62	15,79	406,31 – 406,50	17,04	431,19 – 431,37	18,29	456,06 – 456,25	19,54
381,63 – 381,82	15,80	406,51 – 406,70	17,05	431,38 – 431,57	18,30	456,26 – 456,45	19,55
381,83 – 382,02	15,81	406,71 – 406,90	17,06	431,58 – 431,77	18,31	456,46 – 456,65	19,56
382,03 – 382,22	15,82	406,91 – 407,10	17,07	431,78 – 431,97	18,32	456,66 – 456,85	19,57
382,23 – 382,42	15,83	407,11 – 407,29	17,08	431,98 – 432,17	18,33	456,86 – 457,05	19,58
382,43 – 382,62	15,84	407,30 – 407,49	17,09	432,18 – 432,37	18,34	457,06 – 457,25	19,59
382,63 – 382,82	15,85	407,50 – 407,69	17,10	432,38 – 432,57	18,35	457,26 – 457,44	19,60
382,83 – 383,02	15,86	407,70 – 407,89	17,11	432,58 – 432,77	18,36	457,45 – 457,64	19,61
383,03 – 383,22	15,87	407,90 – 408,09	17,12	432,78 – 432,97	18,37	457,65 – 457,84	19,62
383,23 – 383,41	15,88	408,10 – 408,29	17,13	432,98 – 433,17	18,38	457,85 – 458,04	19,63
383,42 – 383,61	15,89	408,30 – 408,49	17,14	433,18 – 433,36	18,39	458,05 – 458,24	19,64
383,62 – 383,81	15,90	408,50 – 408,69	17,15	433,37 – 433,56	18,40	458,25 – 458,44	19,65
383,82 – 384,01	15,91	408,70 – 408,89	17,16	433,57 – 433,76	18,41	458,45 – 458,64	19,66
384,02 – 384,21	15,92	408,90 – 409,09	17,17	433,77 – 433,96	18,42	458,65 – 458,84	19,67
384,22 – 384,41	15,93	409,10 – 409,28	17,18	433,97 – 434,16	18,43	458,85 – 459,04	19,68
384,42 – 384,61	15,94	409,29 – 409,48	17,19	434,17 – 434,36	18,44	459,05 – 459,24	19,69
384,62 – 384,81	15,95	409,49 – 409,68	17,20	434,37 – 434,56	18,45	459,25 – 459,43	19,70
384,82 – 385,01	15,96	409,69 – 409,88	17,21	434,57 – 434,76	18,46	459,44 – 459,63	19,71
385,02 – 385,21	15,97	409,89 – 410,08	17,22	434,77 – 434,96	18,47	459,64 – 459,83	19,72
385,22 – 385,40	15,98	410,09 – 410,28	17,23	434,97 – 435,16	18,48	459,84 – 460,03	19,73
385,41 – 385,60	15,99	410,29 – 410,48	17,24	435,17 – 435,35	18,49	460,04 – 460,23	19,74
385,61 – 385,80	16,00	410,49 – 410,68	17,25	435,36 – 435,55	18,50	460,24 – 460,43	19,75
385,81 – 386,00	16,01	410,69 – 410,88	17,26	435,56 – 435,75	18,51	460,44 – 460,63	19,76
386,01 – 386,20	16,02	410,89 – 411,08	17,27	435,76 – 435,95	18,52	460,64 – 460,83	19,77
386,21 – 386,40	16,03	411,09 – 411,28	17,28	435,96 – 436,15	18,53	460,84 – 461,03	19,78
386,41 – 386,60	16,04	411,29 – 411,47	17,29	436,16 – 436,35	18,54	461,04 – 461,23	19,79
386,61 – 386,80	16,05	411,48 – 411,67	17,30	436,36 – 436,55	18,55	461,24 – 461,42	19,80
386,81 – 387,00	16,06	411,68 – 411,87	17,31	436,56 – 436,75	18,56	461,43 – 461,62	19,81
387,01 – 387,20	16,07	411,88 – 412,07	17,32	436,76 – 436,95	18,57	461,63 – 461,82	19,82
387,21 – 387,39	16,08	412,08 – 412,27	17,33	436,96 – 437,15	18,58	461,83 – 462,02	19,83
387,40 – 387,59	16,09	412,28 – 412,47	17,34	437,16 – 437,34	18,59	462,03 – 462,22	19,84
387,60 – 387,79	16,10	412,48 – 412,67	17,35	437,35 – 437,54	18,60	462,23 – 462,42	19,85
387,80 – 387,99	16,11	412,68 – 412,87	17,36	437,55 – 437,74	18,61	462,43 – 462,62	19,86
388,00 – 388,19	16,12	412,88 – 413,07	17,37	437,75 – 437,94	18,62	462,63 – 462,82	19,87
388,20 – 388,39	16,13	413,08 – 413,27	17,38	437,95 – 438,14	18,63	462,83 – 463,02	19,88
388,40 – 388,59	16,14	413,28 – 413,46	17,39	438,15 – 438,34	18,64	463,03 – 463,22	19,89
388,60 – 388,79	16,15	413,47 – 413,66	17,40	438,35 – 438,54	18,65	463,23 – 463,41	19,90
388,80 – 388,99	16,16	413,67 – 413,86	17,41	438,55 – 438,74	18,66	463,42 – 463,61	19,91
389,00 – 389,19	16,17	413,87 – 414,06	17,42	438,75 – 438,94	18,67	463,62 – 463,81	19,92
389,20 – 389,38	16,18	414,07 – 414,26	17,43	438,95 – 439,14	18,68	463,82 – 464,01	19,93
389,39 – 389,58	16,19	414,27 – 414,46	17,44	439,15 – 439,33	18,69	464,02 – 464,21	19,94
389,59 – 389,78	16,20	414,47 – 414,66	17,45	439,34 – 439,53	18,70	464,22 – 464,41	19,95
389,79 – 389,98	16,21	414,67 – 414,86	17,46	439,54 – 439,73	18,71	464,42 – 464,61	19,96
389,99 – 390,18	16,22	414,87 – 415,06	17,47	439,74 – 439,93	18,72	464,62 – 464,81	19,97
390,19 – 390,38	16,23	415,07 – 415,26	17,48	439,94 – 440,13	18,73	464,82 – 465,01	19,98
390,39 – 390,58	16,24	415,27 – 415,45	17,49	440,14 – 440,33	18,74	465,02 – 465,21	19,99

ANNEXE 9.5 : TABLE DES COTISATIONS AU RÉGIME DES RENTES DU QUÉBEC

Table A : emploi continu – 52 périodes de paie par an (*suite*)

Rémunération	Retenue	Rémunération	Retenue	Rémunération	Retenue	Rémunération	Retenue
465,22 – 465,40	20,00	490,09 – 490,28	21,25	514,97 – 515,16	22,50	539,84 – 540,03	23,75
465,41 – 465,60	20,01	490,29 – 490,48	21,26	515,17 – 515,35	22,51	540,04 – 540,23	23,76
465,61 – 465,80	20,02	490,49 – 490,68	21,27	515,36 – 515,55	22,52	540,24 – 540,43	23,77
465,81 – 466,00	20,03	490,69 – 490,88	21,28	515,56 – 515,75	22,53	540,44 – 540,63	23,78
466,01 – 466,20	20,04	490,89 – 491,08	21,29	515,76 – 515,95	22,54	540,64 – 540,83	23,79
466,21 – 466,40	20,05	491,09 – 491,28	21,30	515,96 – 516,15	22,55	540,84 – 541,03	23,80
466,41 – 466,60	20,06	491,29 – 491,47	21,31	516,16 – 516,35	22,56	541,04 – 541,23	23,81
466,61 – 466,80	20,07	491,48 – 491,67	21,32	516,36 – 516,55	22,57	541,24 – 541,42	23,82
466,81 – 467,00	20,08	491,68 – 491,87	21,33	516,56 – 516,75	22,58	541,43 – 541,62	23,83
467,01 – 467,20	20,09	491,88 – 492,07	21,34	516,76 – 516,95	22,59	541,63 – 541,82	23,84
467,21 – 467,39	20,10	492,08 – 492,27	21,35	516,96 – 517,15	22,60	541,83 – 542,02	23,85
467,40 – 467,59	20,11	492,28 – 492,47	21,36	517,16 – 517,34	22,61	542,03 – 542,22	23,86
467,60 – 467,79	20,12	492,48 – 492,67	21,37	517,35 – 517,54	22,62	542,23 – 542,42	23,87
467,80 – 467,99	20,13	492,68 – 492,87	21,38	517,55 – 517,74	22,63	542,43 – 542,62	23,88
468,00 – 468,19	20,14	492,88 – 493,07	21,39	517,75 – 517,94	22,64	542,63 – 542,82	23,89
468,20 – 468,39	20,15	493,08 – 493,27	21,40	517,95 – 518,14	22,65	542,83 – 543,02	23,90
468,40 – 468,59	20,16	493,28 – 493,46	21,41	518,15 – 518,34	22,66	543,03 – 543,22	23,91
468,60 – 468,79	20,17	493,47 – 493,66	21,42	518,35 – 518,54	22,67	543,23 – 543,41	23,92
468,80 – 468,99	20,18	493,67 – 493,86	21,43	518,55 – 518,74	22,68	543,42 – 543,61	23,93
469,00 – 469,19	20,19	493,87 – 494,06	21,44	518,75 – 518,94	22,69	543,62 – 543,81	23,94
469,20 – 469,38	20,20	494,07 – 494,26	21,45	518,95 – 519,14	22,70	543,82 – 544,01	23,95
469,39 – 469,58	20,21	494,27 – 494,46	21,46	519,15 – 519,33	22,71	544,02 – 544,21	23,96
469,59 – 469,78	20,22	494,47 – 494,66	21,47	519,34 – 519,53	22,72	544,22 – 544,41	23,97
469,79 – 469,98	20,23	494,67 – 494,86	21,48	519,54 – 519,73	22,73	544,42 – 544,61	23,98
469,99 – 470,18	20,24	494,87 – 495,06	21,49	519,74 – 519,93	22,74	544,62 – 544,81	23,99
470,19 – 470,38	20,25	495,07 – 495,26	21,50	519,94 – 520,13	22,75	544,82 – 545,01	24,00
470,39 – 470,58	20,26	495,27 – 495,45	21,51	520,14 – 520,33	22,76	545,02 – 545,21	24,01
470,59 – 470,78	20,27	495,46 – 495,65	21,52	520,34 – 520,53	22,77	545,22 – 545,40	24,02
470,79 – 470,98	20,28	495,66 – 495,85	21,53	520,54 – 520,73	22,78	545,41 – 545,60	24,03
470,99 – 471,18	20,29	495,86 – 496,05	21,54	520,74 – 520,93	22,79	545,61 – 545,80	24,04
471,19 – 471,37	20,30	496,06 – 496,25	21,55	520,94 – 521,13	22,80	545,81 – 546,00	24,05
471,38 – 471,57	20,31	496,26 – 496,45	21,56	521,14 – 521,32	22,81	546,01 – 546,20	24,06
471,58 – 471,77	20,32	496,46 – 496,65	21,57	521,33 – 521,52	22,82	546,21 – 546,40	24,07
471,78 – 471,97	20,33	496,66 – 496,85	21,58	521,53 – 521,72	22,83	546,41 – 546,60	24,08
471,98 – 472,17	20,34	496,86 – 497,05	21,59	521,73 – 521,92	22,84	546,61 – 546,80	24,09
472,18 – 472,37	20,35	497,06 – 497,25	21,60	521,93 – 522,12	22,85	546,81 – 547,00	24,10
472,38 – 472,57	20,36	497,26 – 497,44	21,61	522,13 – 522,32	22,86	547,01 – 547,20	24,11
472,58 – 472,77	20,37	497,45 – 497,64	21,62	522,33 – 522,52	22,87	547,21 – 547,39	24,12
472,78 – 472,97	20,38	497,65 – 497,84	21,63	522,53 – 522,72	22,88	547,40 – 547,59	24,13
472,98 – 473,17	20,39	497,85 – 498,04	21,64	522,73 – 522,92	22,89	547,60 – 547,79	24,14
473,18 – 473,36	20,40	498,05 – 498,24	21,65	522,93 – 523,12	22,90	547,80 – 547,99	24,15
473,37 – 473,56	20,41	498,25 – 498,44	21,66	523,13 – 523,31	22,91	548,00 – 548,19	24,16
473,57 – 473,76	20,42	498,45 – 498,64	21,67	523,32 – 523,51	22,92	548,20 – 548,39	24,17
473,77 – 473,96	20,43	498,65 – 498,84	21,68	523,52 – 523,71	22,93	548,40 – 548,59	24,18
473,97 – 474,16	20,44	498,85 – 499,04	21,69	523,72 – 523,91	22,94	548,60 – 548,79	24,19
474,17 – 474,36	20,45	499,05 – 499,24	21,70	523,92 – 524,11	22,95	548,80 – 548,99	24,20
474,37 – 474,56	20,46	499,25 – 499,43	21,71	524,12 – 524,31	22,96	549,00 – 549,19	24,21
474,57 – 474,76	20,47	499,44 – 499,63	21,72	524,32 – 524,51	22,97	549,20 – 549,38	24,22
474,77 – 474,96	20,48	499,64 – 499,83	21,73	524,52 – 524,71	22,98	549,39 – 549,58	24,23
474,97 – 475,16	20,49	499,84 – 500,03	21,74	524,72 – 524,91	22,99	549,59 – 549,78	24,24
475,17 – 475,35	20,50	500,04 – 500,23	21,75	524,92 – 525,11	23,00	549,79 – 549,98	24,25
475,36 – 475,55	20,51	500,24 – 500,43	21,76	525,12 – 525,30	23,01	549,99 – 550,18	24,26
475,56 – 475,75	20,52	500,44 – 500,63	21,77	525,31 – 525,50	23,02	550,19 – 550,38	24,27
475,76 – 475,95	20,53	500,64 – 500,83	21,78	525,51 – 525,70	23,03	550,39 – 550,58	24,28
475,96 – 476,15	20,54	500,84 – 501,03	21,79	525,71 – 525,90	23,04	550,59 – 550,78	24,29
476,16 – 476,35	20,55	501,04 – 501,23	21,80	525,91 – 526,10	23,05	550,79 – 550,98	24,30
476,36 – 476,55	20,56	501,24 – 501,42	21,81	526,11 – 526,30	23,06	550,99 – 551,18	24,31
476,56 – 476,75	20,57	501,43 – 501,62	21,82	526,31 – 526,50	23,07	551,19 – 551,37	24,32
476,76 – 476,95	20,58	501,63 – 501,82	21,83	526,51 – 526,70	23,08	551,38 – 551,57	24,33
476,96 – 477,15	20,59	501,83 – 502,02	21,84	526,71 – 526,90	23,09	551,58 – 551,77	24,34
477,16 – 477,34	20,60	502,03 – 502,22	21,85	526,91 – 527,10	23,10	551,78 – 551,97	24,35
477,35 – 477,54	20,61	502,23 – 502,42	21,86	527,11 – 527,29	23,11	551,98 – 552,17	24,36
477,55 – 477,74	20,62	502,43 – 502,62	21,87	527,30 – 527,49	23,12	552,18 – 552,37	24,37
477,75 – 477,94	20,63	502,63 – 502,82	21,88	527,50 – 527,69	23,13	552,38 – 552,57	24,38
477,95 – 478,14	20,64	502,83 – 503,02	21,89	527,70 – 527,89	23,14	552,58 – 552,77	24,39
478,15 – 478,34	20,65	503,03 – 503,22	21,90	527,90 – 528,09	23,15	552,78 – 552,97	24,40
478,35 – 478,54	20,66	503,23 – 503,41	21,91	528,10 – 528,29	23,16	552,98 – 553,17	24,41
478,55 – 478,74	20,67	503,42 – 503,61	21,92	528,30 – 528,49	23,17	553,18 – 553,36	24,42
478,75 – 478,94	20,68	503,62 – 503,81	21,93	528,50 – 528,69	23,18	553,37 – 553,56	24,43
478,95 – 479,14	20,69	503,82 – 504,01	21,94	528,70 – 528,89	23,19	553,57 – 553,76	24,44
479,15 – 479,33	20,70	504,02 – 504,21	21,95	528,90 – 529,09	23,20	553,77 – 553,96	24,45
479,34 – 479,53	20,71	504,22 – 504,41	21,96	529,10 – 529,28	23,21	553,97 – 554,16	24,46
479,54 – 479,73	20,72	504,42 – 504,61	21,97	529,29 – 529,48	23,22	554,17 – 554,36	24,47
479,74 – 479,93	20,73	504,62 – 504,81	21,98	529,49 – 529,68	23,23	554,37 – 554,56	24,48
479,94 – 480,13	20,74	504,82 – 505,01	21,99	529,69 – 529,88	23,24	554,57 – 554,76	24,49
480,14 – 480,33	20,75	505,02 – 505,21	22,00	529,89 – 530,08	23,25	554,77 – 554,96	24,50
480,34 – 480,53	20,76	505,22 – 505,40	22,01	530,09 – 530,28	23,26	554,97 – 555,16	24,51
480,54 – 480,73	20,77	505,41 – 505,60	22,02	530,29 – 530,48	23,27	555,17 – 555,35	24,52
480,74 – 480,93	20,78	505,61 – 505,80	22,03	530,49 – 530,68	23,28	555,36 – 555,55	24,53
480,94 – 481,13	20,79	505,81 – 506,00	22,04	530,69 – 530,88	23,29	555,56 – 555,75	24,54
481,14 – 481,32	20,80	506,01 – 506,20	22,05	530,89 – 531,08	23,30	555,76 – 555,95	24,55
481,33 – 481,52	20,81	506,21 – 506,40	22,06	531,09 – 531,28	23,31	555,96 – 556,15	24,56
481,53 – 481,72	20,82	506,41 – 506,60	22,07	531,29 – 531,47	23,32	556,16 – 556,35	24,57
481,73 – 481,92	20,83	506,61 – 506,80	22,08	531,48 – 531,67	23,33	556,36 – 556,55	24,58
481,93 – 482,12	20,84	506,81 – 507,00	22,09	531,68 – 531,87	23,34	556,56 – 556,75	24,59
482,13 – 482,32	20,85	507,01 – 507,20	22,10	531,88 – 532,07	23,35	556,76 – 556,95	24,60
482,33 – 482,52	20,86	507,21 – 507,39	22,11	532,08 – 532,27	23,36	556,96 – 557,15	24,61
482,53 – 482,72	20,87	507,40 – 507,59	22,12	532,28 – 532,47	23,37	557,16 – 557,34	24,62
482,73 – 482,92	20,88	507,60 – 507,79	22,13	532,48 – 532,67	23,38	557,35 – 557,54	24,63
482,93 – 483,12	20,89	507,80 – 507,99	22,14	532,68 – 532,87	23,39	557,55 – 557,74	24,64
483,13 – 483,31	20,90	508,00 – 508,19	22,15	532,88 – 533,07	23,40	557,75 – 557,94	24,65
483,32 – 483,51	20,91	508,20 – 508,39	22,16	533,08 – 533,27	23,41	557,95 – 558,14	24,66
483,52 – 483,71	20,92	508,40 – 508,59	22,17	533,28 – 533,46	23,42	558,15 – 558,34	24,67
483,72 – 483,91	20,93	508,60 – 508,79	22,18	533,47 – 533,66	23,43	558,35 – 558,54	24,68
483,92 – 484,11	20,94	508,80 – 508,99	22,19	533,67 – 533,86	23,44	558,55 – 558,74	24,69
484,12 – 484,31	20,95	509,00 – 509,19	22,20	533,87 – 534,06	23,45	558,75 – 558,94	24,70
484,32 – 484,51	20,96	509,20 – 509,38	22,21	534,07 – 534,26	23,46	558,95 – 559,14	24,71
484,52 – 484,71	20,97	509,39 – 509,58	22,22	534,27 – 534,46	23,47	559,15 – 559,33	24,72
484,72 – 484,91	20,98	509,59 – 509,78	22,23	534,47 – 534,66	23,48	559,34 – 559,53	24,73
484,92 – 485,11	20,99	509,79 – 509,98	22,24	534,67 – 534,86	23,49	559,54 – 559,73	24,74
485,12 – 485,30	21,00	509,99 – 510,18	22,25	534,87 – 535,06	23,50	559,74 – 559,93	24,75
485,31 – 485,50	21,01	510,19 – 510,38	22,26	535,07 – 535,26	23,51	559,94 – 560,13	24,76
485,51 – 485,70	21,02	510,39 – 510,58	22,27	535,27 – 535,45	23,52	560,14 – 560,33	24,77
485,71 – 485,90	21,03	510,59 – 510,78	22,28	535,46 – 535,65	23,53	560,34 – 560,53	24,78
485,91 – 486,10	21,04	510,79 – 510,98	22,29	535,66 – 535,85	23,54	560,54 – 560,73	24,79
486,11 – 486,30	21,05	510,99 – 511,18	22,30	535,86 – 536,05	23,55	560,74 – 560,93	24,80
486,31 – 486,50	21,06	511,19 – 511,37	22,31	536,06 – 536,25	23,56	560,94 – 561,13	24,81
486,51 – 486,70	21,07	511,38 – 511,57	22,32	536,26 – 536,45	23,57	561,14 – 561,32	24,82
486,71 – 486,90	21,08	511,58 – 511,77	22,33	536,46 – 536,65	23,58	561,33 – 561,52	24,83
486,91 – 487,10	21,09	511,78 – 511,97	22,34	536,66 – 536,85	23,59	561,53 – 561,72	24,84
487,11 – 487,29	21,10	511,98 – 512,17	22,35	536,86 – 537,05	23,60	561,73 – 561,92	24,85
487,30 – 487,49	21,11	512,18 – 512,37	22,36	537,06 – 537,25	23,61	561,93 – 562,12	24,86
487,50 – 487,69	21,12	512,38 – 512,57	22,37	537,26 – 537,44	23,62	562,13 – 562,32	24,87
487,70 – 487,89	21,13	512,58 – 512,77	22,38	537,45 – 537,64	23,63	562,33 – 562,52	24,88
487,90 – 488,09	21,14	512,78 – 512,97	22,39	537,65 – 537,84	23,64	562,53 – 562,72	24,89
488,10 – 488,29	21,15	512,98 – 513,17	22,40	537,85 – 538,04	23,65	562,73 – 562,92	24,90
488,30 – 488,49	21,16	513,18 – 513,36	22,41	538,05 – 538,24	23,66	562,93 – 563,12	24,91
488,50 – 488,69	21,17	513,37 – 513,56	22,42	538,25 – 538,44	23,67	563,13 – 563,31	24,92
488,70 – 488,89	21,18	513,57 – 513,76	22,43	538,45 – 538,64	23,68	563,32 – 563,51	24,93
488,90 – 489,09	21,19	513,77 – 513,96	22,44	538,65 – 538,84	23,69	563,52 – 563,71	24,94
489,10 – 489,28	21,20	513,97 – 514,16	22,45	538,85 – 539,04	23,70	563,72 – 563,91	24,95
489,29 – 489,48	21,21	514,17 – 514,36	22,46	539,05 – 539,24	23,71	563,92 – 564,11	24,96
489,49 – 489,68	21,22	514,37 – 514,56	22,47	539,25 – 539,43	23,72	564,12 – 564,31	24,97
489,69 – 489,88	21,23	514,57 – 514,76	22,48	539,44 – 539,63	23,73	564,32 – 564,51	24,98
489,89 – 490,08	21,24	514,77 – 514,96	22,49	539,64 – 539,83	23,74	564,52 – 564,71	24,99

ANNEXE 9.5 : TABLE DES COTISATIONS AU RÉGIME DES RENTES DU QUÉBEC

Table A : emploi continu – 52 périodes de paie par an (*suite*)

Rémunération	Retenue	Rémunération	Retenue	Rémunération	Retenue	Rémunération	Retenue
564,72 – 564,91	25,00	589,59 – 589,78	26,25	614,47 – 614,66	27,50	639,34 – 639,53	28,75
564,92 – 565,11	25,01	589,79 – 589,98	26,26	614,67 – 614,86	27,51	639,54 – 639,73	28,76
565,12 – 565,30	25,02	589,99 – 590,18	26,27	614,87 – 615,06	27,52	639,74 – 639,93	28,77
565,31 – 565,50	25,03	590,19 – 590,38	26,28	615,07 – 615,26	27,53	639,94 – 640,13	28,78
565,51 – 565,70	25,04	590,39 – 590,58	26,29	615,27 – 615,45	27,54	640,14 – 640,33	28,79
565,71 – 565,90	25,05	590,59 – 590,78	26,30	615,46 – 615,65	27,55	640,34 – 640,53	28,80
565,91 – 566,10	25,06	590,79 – 590,98	26,31	615,66 – 615,85	27,56	640,54 – 640,73	28,81
566,11 – 566,30	25,07	590,99 – 591,18	26,32	615,86 – 616,05	27,57	640,74 – 640,93	28,82
566,31 – 566,50	25,08	591,19 – 591,37	26,33	616,06 – 616,25	27,58	640,94 – 641,13	28,83
566,51 – 566,70	25,09	591,38 – 591,57	26,34	616,26 – 616,45	27,59	641,14 – 641,32	28,84
566,71 – 566,90	25,10	591,58 – 591,77	26,35	616,46 – 616,65	27,60	641,33 – 641,52	28,85
566,91 – 567,10	25,11	591,78 – 591,97	26,36	616,66 – 616,85	27,61	641,53 – 641,72	28,86
567,11 – 567,29	25,12	591,98 – 592,17	26,37	616,86 – 617,05	27,62	641,73 – 641,92	28,87
567,30 – 567,49	25,13	592,18 – 592,37	26,38	617,06 – 617,25	27,63	641,93 – 642,12	28,88
567,50 – 567,69	25,14	592,38 – 592,57	26,39	617,26 – 617,44	27,64	642,13 – 642,32	28,89
567,70 – 567,89	25,15	592,58 – 592,77	26,40	617,45 – 617,64	27,65	642,33 – 642,52	28,90
567,90 – 568,09	25,16	592,78 – 592,97	26,41	617,65 – 617,84	27,66	642,53 – 642,72	28,91
568,10 – 568,29	25,17	592,98 – 593,17	26,42	617,85 – 618,04	27,67	642,73 – 642,92	28,92
568,30 – 568,49	25,18	593,18 – 593,36	26,43	618,05 – 618,24	27,68	642,93 – 643,12	28,93
568,50 – 568,69	25,19	593,37 – 593,56	26,44	618,25 – 618,44	27,69	643,13 – 643,31	28,94
568,70 – 568,89	25,20	593,57 – 593,76	26,45	618,45 – 618,64	27,70	643,32 – 643,51	28,95
568,90 – 569,09	25,21	593,77 – 593,96	26,46	618,65 – 618,84	27,71	643,52 – 643,71	28,96
569,10 – 569,28	25,22	593,97 – 594,16	26,47	618,85 – 619,04	27,72	643,72 – 643,91	28,97
569,29 – 569,48	25,23	594,17 – 594,36	26,48	619,05 – 619,24	27,73	643,92 – 644,11	28,98
569,49 – 569,68	25,24	594,37 – 594,56	26,49	619,25 – 619,43	27,74	644,12 – 644,31	28,99
569,69 – 569,88	25,25	594,57 – 594,76	26,50	619,44 – 619,63	27,75	644,32 – 644,51	29,00
569,89 – 570,08	25,26	594,77 – 594,96	26,51	619,64 – 619,83	27,76	644,52 – 644,71	29,01
570,09 – 570,28	25,27	594,97 – 595,16	26,52	619,84 – 620,03	27,77	644,72 – 644,91	29,02
570,29 – 570,48	25,28	595,17 – 595,35	26,53	620,04 – 620,23	27,78	644,92 – 645,11	29,03
570,49 – 570,68	25,29	595,36 – 595,55	26,54	620,24 – 620,43	27,79	645,12 – 645,30	29,04
570,69 – 570,88	25,30	595,56 – 595,75	26,55	620,44 – 620,63	27,80	645,31 – 645,50	29,05
570,89 – 571,08	25,31	595,76 – 595,95	26,56	620,64 – 620,83	27,81	645,51 – 645,70	29,06
571,09 – 571,28	25,32	595,96 – 596,15	26,57	620,84 – 621,03	27,82	645,71 – 645,90	29,07
571,29 – 571,47	25,33	596,16 – 596,35	26,58	621,04 – 621,23	27,83	645,91 – 646,10	29,08
571,48 – 571,67	25,34	596,36 – 596,55	26,59	621,24 – 621,42	27,84	646,11 – 646,30	29,09
571,68 – 571,87	25,35	596,56 – 596,75	26,60	621,43 – 621,62	27,85	646,31 – 646,50	29,10
571,88 – 572,07	25,36	596,76 – 596,95	26,61	621,63 – 621,82	27,86	646,51 – 646,70	29,11
572,08 – 572,27	25,37	596,96 – 597,15	26,62	621,83 – 622,02	27,87	646,71 – 646,90	29,12
572,28 – 572,47	25,38	597,16 – 597,34	26,63	622,03 – 622,22	27,88	646,91 – 647,10	29,13
572,48 – 572,67	25,39	597,35 – 597,54	26,64	622,23 – 622,42	27,89	647,11 – 647,29	29,14
572,68 – 572,87	25,40	597,55 – 597,74	26,65	622,43 – 622,62	27,90	647,30 – 647,49	29,15
572,88 – 573,07	25,41	597,75 – 597,94	26,66	622,63 – 622,82	27,91	647,50 – 647,69	29,16
573,08 – 573,27	25,42	597,95 – 598,14	26,67	622,83 – 623,02	27,92	647,70 – 647,89	29,17
573,28 – 573,46	25,43	598,15 – 598,34	26,68	623,03 – 623,22	27,93	647,90 – 648,09	29,18
573,47 – 573,66	25,44	598,35 – 598,54	26,69	623,23 – 623,41	27,94	648,10 – 648,29	29,19
573,67 – 573,86	25,45	598,55 – 598,74	26,70	623,42 – 623,61	27,95	648,30 – 648,49	29,20
573,87 – 574,06	25,46	598,75 – 598,94	26,71	623,62 – 623,81	27,96	648,50 – 648,69	29,21
574,07 – 574,26	25,47	598,95 – 599,14	26,72	623,82 – 624,01	27,97	648,70 – 648,89	29,22
574,27 – 574,46	25,48	599,15 – 599,33	26,73	624,02 – 624,21	27,98	648,90 – 649,09	29,23
574,47 – 574,66	25,49	599,34 – 599,53	26,74	624,22 – 624,41	27,99	649,10 – 649,28	29,24
574,67 – 574,86	25,50	599,54 – 599,73	26,75	624,42 – 624,61	28,00	649,29 – 649,48	29,25
574,87 – 575,06	25,51	599,74 – 599,93	26,76	624,62 – 624,81	28,01	649,49 – 649,68	29,26
575,07 – 575,26	25,52	599,94 – 600,13	26,77	624,82 – 625,01	28,02	649,69 – 649,88	29,27
575,27 – 575,45	25,53	600,14 – 600,33	26,78	625,02 – 625,21	28,03	649,89 – 650,08	29,28
575,46 – 575,65	25,54	600,34 – 600,53	26,79	625,22 – 625,40	28,04	650,09 – 650,28	29,29
575,66 – 575,85	25,55	600,54 – 600,73	26,80	625,41 – 625,60	28,05	650,29 – 650,48	29,30
575,86 – 576,05	25,56	600,74 – 600,93	26,81	625,61 – 625,80	28,06	650,49 – 650,68	29,31
576,06 – 576,25	25,57	600,94 – 601,13	26,82	625,81 – 626,00	28,07	650,69 – 650,88	29,32
576,26 – 576,45	25,58	601,14 – 601,32	26,83	626,01 – 626,20	28,08	650,89 – 651,08	29,33
576,46 – 576,65	25,59	601,33 – 601,52	26,84	626,21 – 626,40	28,09	651,09 – 651,28	29,34
576,66 – 576,85	25,60	601,53 – 601,72	26,85	626,41 – 626,60	28,10	651,29 – 651,47	29,35
576,86 – 577,05	25,61	601,73 – 601,92	26,86	626,61 – 626,80	28,11	651,48 – 651,67	29,36
577,06 – 577,25	25,62	601,93 – 602,12	26,87	626,81 – 627,00	28,12	651,68 – 651,87	29,37
577,26 – 577,44	25,63	602,13 – 602,32	26,88	627,01 – 627,20	28,13	651,88 – 652,07	29,38
577,45 – 577,64	25,64	602,33 – 602,52	26,89	627,21 – 627,39	28,14	652,08 – 652,27	29,39
577,65 – 577,84	25,65	602,53 – 602,72	26,90	627,40 – 627,59	28,15	652,28 – 652,47	29,40
577,85 – 578,04	25,66	602,73 – 602,92	26,91	627,60 – 627,79	28,16	652,48 – 652,67	29,41
578,05 – 578,24	25,67	602,93 – 603,12	26,92	627,80 – 627,99	28,17	652,68 – 652,87	29,42
578,25 – 578,44	25,68	603,13 – 603,31	26,93	628,00 – 628,19	28,18	652,88 – 653,07	29,43
578,45 – 578,64	25,69	603,32 – 603,51	26,94	628,20 – 628,39	28,19	653,08 – 653,27	29,44
578,65 – 578,84	25,70	603,52 – 603,71	26,95	628,40 – 628,59	28,20	653,28 – 653,46	29,45
578,85 – 579,04	25,71	603,72 – 603,91	26,96	628,60 – 628,79	28,21	653,47 – 653,66	29,46
579,05 – 579,24	25,72	603,92 – 604,11	26,97	628,80 – 628,99	28,22	653,67 – 653,86	29,47
579,25 – 579,43	25,73	604,12 – 604,31	26,98	629,00 – 629,19	28,23	653,87 – 654,06	29,48
579,44 – 579,63	25,74	604,32 – 604,51	26,99	629,20 – 629,38	28,24	654,07 – 654,26	29,49
579,64 – 579,83	25,75	604,52 – 604,71	27,00	629,39 – 629,58	28,25	654,27 – 654,46	29,50
579,84 – 580,03	25,76	604,72 – 604,91	27,01	629,59 – 629,78	28,26	654,47 – 654,66	29,51
580,04 – 580,23	25,77	604,92 – 605,11	27,02	629,79 – 629,98	28,27	654,67 – 654,86	29,52
580,24 – 580,43	25,78	605,12 – 605,30	27,03	629,99 – 630,18	28,28	654,87 – 655,06	29,53
580,44 – 580,63	25,79	605,31 – 605,50	27,04	630,19 – 630,38	28,29	655,07 – 655,26	29,54
580,64 – 580,83	25,80	605,51 – 605,70	27,05	630,39 – 630,58	28,30	655,27 – 655,45	29,55
580,84 – 581,03	25,81	605,71 – 605,90	27,06	630,59 – 630,78	28,31	655,46 – 655,65	29,56
581,04 – 581,23	25,82	605,91 – 606,10	27,07	630,79 – 630,98	28,32	655,66 – 655,85	29,57
581,24 – 581,42	25,83	606,11 – 606,30	27,08	630,99 – 631,18	28,33	655,86 – 656,05	29,58
581,43 – 581,62	25,84	606,31 – 606,50	27,09	631,19 – 631,37	28,34	656,06 – 656,25	29,59
581,63 – 581,82	25,85	606,51 – 606,70	27,10	631,38 – 631,57	28,35	656,26 – 656,45	29,60
581,83 – 582,02	25,86	606,71 – 606,90	27,11	631,58 – 631,77	28,36	656,46 – 656,65	29,61
582,03 – 582,22	25,87	606,91 – 607,10	27,12	631,78 – 631,97	28,37	656,66 – 656,85	29,62
582,23 – 582,42	25,88	607,11 – 607,29	27,13	631,98 – 632,17	28,38	656,86 – 657,05	29,63
582,43 – 582,62	25,89	607,30 – 607,49	27,14	632,18 – 632,37	28,39	657,06 – 657,25	29,64
582,63 – 582,82	25,90	607,50 – 607,69	27,15	632,38 – 632,57	28,40	657,26 – 657,44	29,65
582,83 – 583,02	25,91	607,70 – 607,89	27,16	632,58 – 632,77	28,41	657,45 – 657,64	29,66
583,03 – 583,22	25,92	607,90 – 608,09	27,17	632,78 – 632,97	28,42	657,65 – 657,84	29,67
583,23 – 583,41	25,93	608,10 – 608,29	27,18	632,98 – 633,17	28,43	657,85 – 658,04	29,68
583,42 – 583,61	25,94	608,30 – 608,49	27,19	633,18 – 633,36	28,44	658,05 – 658,24	29,69
583,62 – 583,81	25,95	608,50 – 608,69	27,20	633,37 – 633,56	28,45	658,25 – 658,44	29,70
583,82 – 584,01	25,96	608,70 – 608,89	27,21	633,57 – 633,76	28,46	658,45 – 658,64	29,71
584,02 – 584,21	25,97	608,90 – 609,09	27,22	633,77 – 633,96	28,47	658,65 – 658,84	29,72
584,22 – 584,41	25,98	609,10 – 609,28	27,23	633,97 – 634,16	28,48	658,85 – 659,04	29,73
584,42 – 584,61	25,99	609,29 – 609,48	27,24	634,17 – 634,36	28,49	659,05 – 659,24	29,74
584,62 – 584,81	26,00	609,49 – 609,68	27,25	634,37 – 634,56	28,50	659,25 – 659,43	29,75
584,82 – 585,01	26,01	609,69 – 609,88	27,26	634,57 – 634,76	28,51	659,44 – 659,63	29,76
585,02 – 585,21	26,02	609,89 – 610,08	27,27	634,77 – 634,96	28,52	659,64 – 659,83	29,77
585,22 – 585,40	26,03	610,09 – 610,28	27,28	634,97 – 635,16	28,53	659,84 – 660,03	29,78
585,41 – 585,60	26,04	610,29 – 610,48	27,29	635,17 – 635,35	28,54	660,04 – 660,23	29,79
585,61 – 585,80	26,05	610,49 – 610,68	27,30	635,36 – 635,55	28,55	660,24 – 660,43	29,80
585,81 – 586,00	26,06	610,69 – 610,88	27,31	635,56 – 635,75	28,56	660,44 – 660,63	29,81
586,01 – 586,20	26,07	610,89 – 611,08	27,32	635,76 – 635,95	28,57	660,64 – 660,83	29,82
586,21 – 586,40	26,08	611,09 – 611,28	27,33	635,96 – 636,15	28,58	660,84 – 661,03	29,83
586,41 – 586,60	26,09	611,29 – 611,47	27,34	636,16 – 636,35	28,59	661,04 – 661,23	29,84
586,61 – 586,80	26,10	611,48 – 611,67	27,35	636,36 – 636,55	28,60	661,24 – 661,42	29,85
586,81 – 587,00	26,11	611,68 – 611,87	27,36	636,56 – 636,75	28,61	661,43 – 661,62	29,86
587,01 – 587,20	26,12	611,88 – 612,07	27,37	636,76 – 636,95	28,62	661,63 – 661,82	29,87
587,21 – 587,39	26,13	612,08 – 612,27	27,38	636,96 – 637,15	28,63	661,83 – 662,02	29,88
587,40 – 587,59	26,14	612,28 – 612,47	27,39	637,16 – 637,34	28,64	662,03 – 662,22	29,89
587,60 – 587,79	26,15	612,48 – 612,67	27,40	637,35 – 637,54	28,65	662,23 – 662,42	29,90
587,80 – 587,99	26,16	612,68 – 612,87	27,41	637,55 – 637,74	28,66	662,43 – 662,62	29,91
588,00 – 588,19	26,17	612,88 – 613,07	27,42	637,75 – 637,94	28,67	662,63 – 662,82	29,92
588,20 – 588,39	26,18	613,08 – 613,27	27,43	637,95 – 638,14	28,68	662,83 – 663,02	29,93
588,40 – 588,59	26,19	613,28 – 613,46	27,44	638,15 – 638,34	28,69	663,03 – 663,22	29,94
588,60 – 588,79	26,20	613,47 – 613,66	27,45	638,35 – 638,54	28,70	663,23 – 663,41	29,95
588,80 – 588,99	26,21	613,67 – 613,86	27,46	638,55 – 638,74	28,71	663,42 – 663,61	29,96
589,00 – 589,19	26,22	613,87 – 614,06	27,47	638,75 – 638,94	28,72	663,62 – 663,81	29,97
589,20 – 589,38	26,23	614,07 – 614,26	27,48	638,95 – 639,14	28,73	663,82 – 664,01	29,98
589,39 – 589,58	26,24	614,27 – 614,46	27,49	639,15 – 639,33	28,74	664,02 – 664,21	29,99

ANNEXE 9.5 : TABLE DES COTISATIONS AU RÉGIME DES RENTES DU QUÉBEC

Table A : emploi continu – 52 périodes de paie par an (*suite*)

Rémunération			Retenue	Rémunération			Retenue	Rémunération			Retenue	Rémunération			Retenue
664,22	–	664,41	30,00	689,10	–	689,28	31,25	713,97	–	714,16	32,50	738,85	–	739,04	33,75
664,42	–	664,61	30,01	689,29	–	689,48	31,26	714,17	–	714,36	32,51	739,05	–	739,24	33,76
664,62	–	664,81	30,02	689,49	–	689,68	31,27	714,37	–	714,56	32,52	739,25	–	739,43	33,77
664,82	–	665,01	30,03	689,69	–	689,88	31,28	714,57	–	714,76	32,53	739,44	–	739,63	33,78
665,02	–	665,21	30,04	689,89	–	690,08	31,29	714,77	–	714,96	32,54	739,64	–	739,83	33,79
665,22	–	665,40	30,05	690,09	–	690,28	31,30	714,97	–	715,16	32,55	739,84	–	740,03	33,80
665,41	–	665,60	30,06	690,29	–	690,48	31,31	715,17	–	715,35	32,56	740,04	–	740,23	33,81
665,61	–	665,80	30,07	690,49	–	690,68	31,32	715,36	–	715,55	32,57	740,24	–	740,43	33,82
665,81	–	666,00	30,08	690,69	–	690,88	31,33	715,56	–	715,75	32,58	740,44	–	740,63	33,83
666,01	–	666,20	30,09	690,89	–	691,08	31,34	715,76	–	715,95	32,59	740,64	–	740,83	33,84
666,21	–	666,40	30,10	691,09	–	691,28	31,35	715,96	–	716,15	32,60	740,84	–	741,03	33,85
666,41	–	666,60	30,11	691,29	–	691,47	31,36	716,16	–	716,35	32,61	741,04	–	741,23	33,86
666,61	–	666,80	30,12	691,48	–	691,67	31,37	716,36	–	716,55	32,62	741,24	–	741,42	33,87
666,81	–	667,00	30,13	691,68	–	691,87	31,38	716,56	–	716,75	32,63	741,43	–	741,62	33,88
667,01	–	667,20	30,14	691,88	–	692,07	31,39	716,76	–	716,95	32,64	741,63	–	741,82	33,89
667,21	–	667,39	30,15	692,08	–	692,27	31,40	716,96	–	717,15	32,65	741,83	–	742,02	33,90
667,40	–	667,59	30,16	692,28	–	692,47	31,41	717,16	–	717,34	32,66	742,03	–	742,22	33,91
667,60	–	667,79	30,17	692,48	–	692,67	31,42	717,35	–	717,54	32,67	742,23	–	742,42	33,92
667,80	–	667,99	30,18	692,68	–	692,87	31,43	717,55	–	717,74	32,68	742,43	–	742,62	33,93
668,00	–	668,19	30,19	692,88	–	693,07	31,44	717,75	–	717,94	32,69	742,63	–	742,82	33,94
668,20	–	668,39	30,20	693,08	–	693,27	31,45	717,95	–	718,14	32,70	742,83	–	743,02	33,95
668,40	–	668,59	30,21	693,28	–	693,46	31,46	718,15	–	718,34	32,71	743,03	–	743,22	33,96
668,60	–	668,79	30,22	693,47	–	693,66	31,47	718,35	–	718,54	32,72	743,23	–	743,41	33,97
668,80	–	668,99	30,23	693,67	–	693,86	31,48	718,55	–	718,74	32,73	743,42	–	743,61	33,98
669,00	–	669,19	30,24	693,87	–	694,06	31,49	718,75	–	718,94	32,74	743,62	–	743,81	33,99
669,20	–	669,38	30,25	694,07	–	694,26	31,50	718,95	–	719,14	32,75	743,82	–	744,01	34,00
669,39	–	669,58	30,26	694,27	–	694,46	31,51	719,15	–	719,33	32,76	744,02	–	744,21	34,01
669,59	–	669,78	30,27	694,47	–	694,66	31,52	719,34	–	719,53	32,77	744,22	–	744,41	34,02
669,79	–	669,98	30,28	694,67	–	694,86	31,53	719,54	–	719,73	32,78	744,42	–	744,61	34,03
669,99	–	670,18	30,29	694,87	–	695,06	31,54	719,74	–	719,93	32,79	744,62	–	744,81	34,04
670,19	–	670,38	30,30	695,07	–	695,26	31,55	719,94	–	720,13	32,80	744,82	–	745,01	34,05
670,39	–	670,58	30,31	695,27	–	695,45	31,56	720,14	–	720,33	32,81	745,02	–	745,21	34,06
670,59	–	670,78	30,32	695,46	–	695,65	31,57	720,34	–	720,53	32,82	745,22	–	745,40	34,07
670,79	–	670,98	30,33	695,66	–	695,85	31,58	720,54	–	720,73	32,83	745,41	–	745,60	34,08
670,99	–	671,18	30,34	695,86	–	696,05	31,59	720,74	–	720,93	32,84	745,61	–	745,80	34,09
671,19	–	671,37	30,35	696,06	–	696,25	31,60	720,94	–	721,13	32,85	745,81	–	746,00	34,10
671,38	–	671,57	30,36	696,26	–	696,45	31,61	721,14	–	721,32	32,86	746,01	–	746,20	34,11
671,58	–	671,77	30,37	696,46	–	696,65	31,62	721,33	–	721,52	32,87	746,21	–	746,40	34,12
671,78	–	671,97	30,38	696,66	–	696,85	31,63	721,53	–	721,72	32,88	746,41	–	746,60	34,13
671,98	–	672,17	30,39	696,86	–	697,05	31,64	721,73	–	721,92	32,89	746,61	–	746,80	34,14
672,18	–	672,37	30,40	697,06	–	697,25	31,65	721,93	–	722,12	32,90	746,81	–	747,00	34,15
672,38	–	672,57	30,41	697,26	–	697,44	31,66	722,13	–	722,32	32,91	747,01	–	747,20	34,16
672,58	–	672,77	30,42	697,45	–	697,64	31,67	722,33	–	722,52	32,92	747,21	–	747,39	34,17
672,78	–	672,97	30,43	697,65	–	697,84	31,68	722,53	–	722,72	32,93	747,40	–	747,59	34,18
672,98	–	673,17	30,44	697,85	–	698,04	31,69	722,73	–	722,92	32,94	747,60	–	747,79	34,19
673,18	–	673,36	30,45	698,05	–	698,24	31,70	722,93	–	723,12	32,95	747,80	–	747,99	34,20
673,37	–	673,56	30,46	698,25	–	698,44	31,71	723,13	–	723,31	32,96	748,00	–	748,19	34,21
673,57	–	673,76	30,47	698,45	–	698,64	31,72	723,32	–	723,51	32,97	748,20	–	748,39	34,22
673,77	–	673,96	30,48	698,65	–	698,84	31,73	723,52	–	723,71	32,98	748,40	–	748,59	34,23
673,97	–	674,16	30,49	698,85	–	699,04	31,74	723,72	–	723,91	32,99	748,60	–	748,79	34,24
674,17	–	674,36	30,50	699,05	–	699,24	31,75	723,92	–	724,11	33,00	748,80	–	748,99	34,25
674,37	–	674,56	30,51	699,25	–	699,43	31,76	724,12	–	724,31	33,01	749,00	–	749,19	34,26
674,57	–	674,76	30,52	699,44	–	699,63	31,77	724,32	–	724,51	33,02	749,20	–	749,38	34,27
674,77	–	674,96	30,53	699,64	–	699,83	31,78	724,52	–	724,71	33,03	749,39	–	749,58	34,28
674,97	–	675,16	30,54	699,84	–	700,03	31,79	724,72	–	724,91	33,04	749,59	–	749,78	34,29
675,17	–	675,35	30,55	700,04	–	700,23	31,80	724,92	–	725,11	33,05	749,79	–	749,98	34,30
675,36	–	675,55	30,56	700,24	–	700,43	31,81	725,12	–	725,30	33,06	749,99	–	750,18	34,31
675,56	–	675,75	30,57	700,44	–	700,63	31,82	725,31	–	725,50	33,07	750,19	–	750,38	34,32
675,76	–	675,95	30,58	700,64	–	700,83	31,83	725,51	–	725,70	33,08	750,39	–	750,58	34,33
675,96	–	676,15	30,59	700,84	–	701,03	31,84	725,71	–	725,90	33,09	750,59	–	750,78	34,34
676,16	–	676,35	30,60	701,04	–	701,23	31,85	725,91	–	726,10	33,10	750,79	–	750,98	34,35
676,36	–	676,55	30,61	701,24	–	701,42	31,86	726,11	–	726,30	33,11	750,99	–	751,18	34,36
676,56	–	676,75	30,62	701,43	–	701,62	31,87	726,31	–	726,50	33,12	751,19	–	751,37	34,37
676,76	–	676,95	30,63	701,63	–	701,82	31,88	726,51	–	726,70	33,13	751,38	–	751,57	34,38
676,96	–	677,15	30,64	701,83	–	702,02	31,89	726,71	–	726,90	33,14	751,58	–	751,77	34,39
677,16	–	677,34	30,65	702,03	–	702,22	31,90	726,91	–	727,10	33,15	751,78	–	751,97	34,40
677,35	–	677,54	30,66	702,23	–	702,42	31,91	727,11	–	727,29	33,16	751,98	–	752,17	34,41
677,55	–	677,74	30,67	702,43	–	702,62	31,92	727,30	–	727,49	33,17	752,18	–	752,37	34,42
677,75	–	677,94	30,68	702,63	–	702,82	31,93	727,50	–	727,69	33,18	752,38	–	752,57	34,43
677,95	–	678,14	30,69	702,83	–	703,02	31,94	727,70	–	727,89	33,19	752,58	–	752,77	34,44
678,15	–	678,34	30,70	703,03	–	703,22	31,95	727,90	–	728,09	33,20	752,78	–	752,97	34,45
678,35	–	678,54	30,71	703,23	–	703,41	31,96	728,10	–	728,29	33,21	752,98	–	753,17	34,46
678,55	–	678,74	30,72	703,42	–	703,61	31,97	728,30	–	728,49	33,22	753,18	–	753,36	34,47
678,75	–	678,94	30,73	703,62	–	703,81	31,98	728,50	–	728,69	33,23	753,37	–	753,56	34,48
678,95	–	679,14	30,74	703,82	–	704,01	31,99	728,70	–	728,89	33,24	753,57	–	753,76	34,49
679,15	–	679,33	30,75	704,02	–	704,21	32,00	728,90	–	729,09	33,25	753,77	–	753,96	34,50
679,34	–	679,53	30,76	704,22	–	704,41	32,01	729,10	–	729,28	33,26	753,97	–	754,16	34,51
679,54	–	679,73	30,77	704,42	–	704,61	32,02	729,29	–	729,48	33,27	754,17	–	754,36	34,52
679,74	–	679,93	30,78	704,62	–	704,81	32,03	729,49	–	729,68	33,28	754,37	–	754,56	34,53
679,94	–	680,13	30,79	704,82	–	705,01	32,04	729,69	–	729,88	33,29	754,57	–	754,76	34,54
680,14	–	680,33	30,80	705,02	–	705,21	32,05	729,89	–	730,08	33,30	754,77	–	754,96	34,55
680,34	–	680,53	30,81	705,22	–	705,40	32,06	730,09	–	730,28	33,31	754,97	–	755,16	34,56
680,54	–	680,73	30,82	705,41	–	705,60	32,07	730,29	–	730,48	33,32	755,17	–	755,35	34,57
680,74	–	680,93	30,83	705,61	–	705,80	32,08	730,49	–	730,68	33,33	755,36	–	755,55	34,58
680,94	–	681,13	30,84	705,81	–	706,00	32,09	730,69	–	730,88	33,34	755,56	–	755,75	34,59
681,14	–	681,32	30,85	706,01	–	706,20	32,10	730,89	–	731,08	33,35	755,76	–	755,95	34,60
681,33	–	681,52	30,86	706,21	–	706,40	32,11	731,09	–	731,28	33,36	755,96	–	756,15	34,61
681,53	–	681,72	30,87	706,41	–	706,60	32,12	731,29	–	731,47	33,37	756,16	–	756,35	34,62
681,73	–	681,92	30,88	706,61	–	706,80	32,13	731,48	–	731,67	33,38	756,36	–	756,55	34,63
681,93	–	682,12	30,89	706,81	–	707,00	32,14	731,68	–	731,87	33,39	756,56	–	756,75	34,64
682,13	–	682,32	30,90	707,01	–	707,20	32,15	731,88	–	732,07	33,40	756,76	–	756,95	34,65
682,33	–	682,52	30,91	707,21	–	707,39	32,16	732,08	–	732,27	33,41	756,96	–	757,15	34,66
682,53	–	682,72	30,92	707,40	–	707,59	32,17	732,28	–	732,47	33,42	757,16	–	757,34	34,67
682,73	–	682,92	30,93	707,60	–	707,79	32,18	732,48	–	732,67	33,43	757,35	–	757,54	34,68
682,93	–	683,12	30,94	707,80	–	707,99	32,19	732,68	–	732,87	33,44	757,55	–	757,74	34,69
683,13	–	683,31	30,95	708,00	–	708,19	32,20	732,88	–	733,07	33,45	757,75	–	757,94	34,70
683,32	–	683,51	30,96	708,20	–	708,39	32,21	733,08	–	733,27	33,46	757,95	–	758,14	34,71
683,52	–	683,71	30,97	708,40	–	708,59	32,22	733,28	–	733,46	33,47	758,15	–	758,34	34,72
683,72	–	683,91	30,98	708,60	–	708,79	32,23	733,47	–	733,66	33,48	758,35	–	758,54	34,73
683,92	–	684,11	30,99	708,80	–	708,99	32,24	733,67	–	733,86	33,49	758,55	–	758,74	34,74
684,12	–	684,31	31,00	709,00	–	709,19	32,25	733,87	–	734,06	33,50	758,75	–	758,94	34,75
684,32	–	684,51	31,01	709,20	–	709,38	32,26	734,07	–	734,26	33,51	758,95	–	759,14	34,76
684,52	–	684,71	31,02	709,39	–	709,58	32,27	734,27	–	734,46	33,52	759,15	–	759,33	34,77
684,72	–	684,91	31,03	709,59	–	709,78	32,28	734,47	–	734,66	33,53	759,34	–	759,53	34,78
684,92	–	685,11	31,04	709,79	–	709,98	32,29	734,67	–	734,86	33,54	759,54	–	759,73	34,79
685,12	–	685,30	31,05	709,99	–	710,18	32,30	734,87	–	735,06	33,55	759,74	–	759,93	34,80
685,31	–	685,50	31,06	710,19	–	710,38	32,31	735,07	–	735,26	33,56	759,94	–	760,13	34,81
685,51	–	685,70	31,07	710,39	–	710,58	32,32	735,27	–	735,45	33,57	760,14	–	760,33	34,82
685,71	–	685,90	31,08	710,59	–	710,78	32,33	735,46	–	735,65	33,58	760,34	–	760,53	34,83
685,91	–	686,10	31,09	710,79	–	710,98	32,34	735,66	–	735,85	33,59	760,54	–	760,73	34,84
686,11	–	686,30	31,10	710,99	–	711,18	32,35	735,86	–	736,05	33,60	760,74	–	760,93	34,85
686,31	–	686,50	31,11	711,19	–	711,37	32,36	736,06	–	736,25	33,61	760,94	–	761,13	34,86
686,51	–	686,70	31,12	711,38	–	711,57	32,37	736,26	–	736,45	33,62	761,14	–	761,32	34,87
686,71	–	686,90	31,13	711,58	–	711,77	32,38	736,46	–	736,65	33,63	761,33	–	761,52	34,88
686,91	–	687,10	31,14	711,78	–	711,97	32,39	736,66	–	736,85	33,64	761,53	–	761,72	34,89
687,11	–	687,29	31,15	711,98	–	712,17	32,40	736,86	–	737,05	33,65	761,73	–	761,92	34,90
687,30	–	687,49	31,16	712,18	–	712,37	32,41	737,06	–	737,25	33,66	761,93	–	762,12	34,91
687,50	–	687,69	31,17	712,38	–	712,57	32,42	737,26	–	737,44	33,67	762,13	–	762,32	34,92
687,70	–	687,89	31,18	712,58	–	712,77	32,43	737,45	–	737,64	33,68	762,33	–	762,52	34,93
687,90	–	688,09	31,19	712,78	–	712,97	32,44	737,65	–	737,84	33,69	762,53	–	762,72	34,94
688,10	–	688,29	31,20	712,98	–	713,17	32,45	737,85	–	738,04	33,70	762,73	–	762,92	34,95
688,30	–	688,49	31,21	713,18	–	713,36	32,46	738,05	–	738,24	33,71	762,93	–	763,12	34,96
688,50	–	688,69	31,22	713,37	–	713,56	32,47	738,25	–	738,44	33,72	763,13	–	763,31	34,97
688,70	–	688,89	31,23	713,57	–	713,76	32,48	738,45	–	738,64	33,73	763,32	–	763,51	34,98
688,90	–	689,09	31,24	713,77	–	713,96	32,49	738,65	–	738,84	33,74	763,52	–	763,71	34,99

ANNEXE 9.5 : TABLE DES COTISATIONS AU RÉGIME DES RENTES DU QUÉBEC

Table A : emploi continu – 52 périodes de paie par an (*suite*)

Rémunération		Retenue	Rémunération		Retenue	Rémunération		Retenue	Rémunération		Retenue
763,72	763,91	35,00	788,60	788,79	36,25	813,47	813,66	37,50	838,35	838,54	38,75
763,92	764,11	35,01	788,80	788,99	36,26	813,67	813,86	37,51	838,55	838,74	38,76
764,12	764,31	35,02	789,00	789,19	36,27	813,87	814,06	37,52	838,75	838,94	38,77
764,32	764,51	35,03	789,20	789,38	36,28	814,07	814,26	37,53	838,95	839,14	38,78
764,52	764,71	35,04	789,39	789,58	36,29	814,27	814,46	37,54	839,15	839,33	38,79
764,72	764,91	35,05	789,59	789,78	36,30	814,47	814,66	37,55	839,34	839,53	38,80
764,92	765,11	35,06	789,79	789,98	36,31	814,67	814,86	37,56	839,54	839,73	38,81
765,12	765,30	35,07	789,99	790,18	36,32	814,87	815,06	37,57	839,74	839,93	38,82
765,31	765,50	35,08	790,19	790,38	36,33	815,07	815,26	37,58	839,94	840,13	38,83
765,51	765,70	35,09	790,39	790,58	36,34	815,27	815,45	37,59	840,14	840,33	38,84
765,71	765,90	35,10	790,59	790,78	36,35	815,46	815,65	37,60	840,34	840,53	38,85
765,91	766,10	35,11	790,79	790,98	36,36	815,66	815,85	37,61	840,54	840,73	38,86
766,11	766,30	35,12	790,99	791,18	36,37	815,86	816,05	37,62	840,74	840,93	38,87
766,31	766,50	35,13	791,19	791,37	36,38	816,06	816,25	37,63	840,94	841,13	38,88
766,51	766,70	35,14	791,38	791,57	36,39	816,26	816,45	37,64	841,14	841,32	38,89
766,71	766,90	35,15	791,58	791,77	36,40	816,46	816,65	37,65	841,33	841,52	38,90
766,91	767,10	35,16	791,78	791,97	36,41	816,66	816,85	37,66	841,53	841,72	38,91
767,11	767,29	35,17	791,98	792,17	36,42	816,86	817,05	37,67	841,73	841,92	38,92
767,30	767,49	35,18	792,18	792,37	36,43	817,06	817,25	37,68	841,93	842,12	38,93
767,50	767,69	35,19	792,38	792,57	36,44	817,26	817,44	37,69	842,13	842,32	38,94
767,70	767,89	35,20	792,58	792,77	36,45	817,45	817,64	37,70	842,33	842,52	38,95
767,90	768,09	35,21	792,78	792,97	36,46	817,65	817,84	37,71	842,53	842,72	38,96
768,10	768,29	35,22	792,98	793,17	36,47	817,85	818,04	37,72	842,73	842,92	38,97
768,30	768,49	35,23	793,18	793,36	36,48	818,05	818,24	37,73	842,93	843,12	38,98
768,50	768,69	35,24	793,37	793,56	36,49	818,25	818,44	37,74	843,13	843,31	38,99
768,70	768,89	35,25	793,57	793,76	36,50	818,45	818,64	37,75	843,32	843,51	39,00
768,90	769,09	35,26	793,77	793,96	36,51	818,65	818,84	37,76	843,52	843,71	39,01
769,10	769,28	35,27	793,97	794,16	36,52	818,85	819,04	37,77	843,72	843,91	39,02
769,29	769,48	35,28	794,17	794,36	36,53	819,05	819,24	37,78	843,92	844,11	39,03
769,49	769,68	35,29	794,37	794,56	36,54	819,25	819,43	37,79	844,12	844,31	39,04
769,69	769,88	35,30	794,57	794,76	36,55	819,44	819,63	37,80	844,32	844,51	39,05
769,89	770,08	35,31	794,77	794,96	36,56	819,64	819,83	37,81	844,52	844,71	39,06
770,09	770,28	35,32	794,97	795,16	36,57	819,84	820,03	37,82	844,72	844,91	39,07
770,29	770,48	35,33	795,17	795,35	36,58	820,04	820,23	37,83	844,92	845,11	39,08
770,49	770,68	35,34	795,36	795,55	36,59	820,24	820,43	37,84	845,12	845,30	39,09
770,69	770,88	35,35	795,56	795,75	36,60	820,44	820,63	37,85	845,31	845,50	39,10
770,89	771,08	35,36	795,76	795,95	36,61	820,64	820,83	37,86	845,51	845,70	39,11
771,09	771,28	35,37	795,96	796,15	36,62	820,84	821,03	37,87	845,71	845,90	39,12
771,29	771,47	35,38	796,16	796,35	36,63	821,04	821,23	37,88	845,91	846,10	39,13
771,48	771,67	35,39	796,36	796,55	36,64	821,24	821,42	37,89	846,11	846,30	39,14
771,68	771,87	35,40	796,56	796,75	36,65	821,43	821,62	37,90	846,31	846,50	39,15
771,88	772,07	35,41	796,76	796,95	36,66	821,63	821,82	37,91	846,51	846,70	39,16
772,08	772,27	35,42	796,96	797,15	36,67	821,83	822,02	37,92	846,71	846,90	39,17
772,28	772,47	35,43	797,16	797,34	36,68	822,03	822,22	37,93	846,91	847,10	39,18
772,48	772,67	35,44	797,35	797,54	36,69	822,23	822,42	37,94	847,11	847,29	39,19
772,68	772,87	35,45	797,55	797,74	36,70	822,43	822,62	37,95	847,30	847,49	39,20
772,88	773,07	35,46	797,75	797,94	36,71	822,63	822,82	37,96	847,50	847,69	39,21
773,08	773,27	35,47	797,95	798,14	36,72	822,83	823,02	37,97	847,70	847,89	39,22
773,28	773,46	35,48	798,15	798,34	36,73	823,03	823,22	37,98	847,90	848,09	39,23
773,47	773,66	35,49	798,35	798,54	36,74	823,23	823,41	37,99	848,10	848,29	39,24
773,67	773,86	35,50	798,55	798,74	36,75	823,42	823,61	38,00	848,30	848,49	39,25
773,87	774,06	35,51	798,75	798,94	36,76	823,62	823,81	38,01	848,50	848,69	39,26
774,07	774,26	35,52	798,95	799,14	36,77	823,82	824,01	38,02	848,70	848,89	39,27
774,27	774,46	35,53	799,15	799,33	36,78	824,02	824,21	38,03	848,90	849,09	39,28
774,47	774,66	35,54	799,34	799,53	36,79	824,22	824,41	38,04	849,10	849,28	39,29
774,67	774,86	35,55	799,54	799,73	36,80	824,42	824,61	38,05	849,29	849,48	39,30
774,87	775,06	35,56	799,74	799,93	36,81	824,62	824,81	38,06	849,49	849,68	39,31
775,07	775,26	35,57	799,94	800,13	36,82	824,82	825,01	38,07	849,69	849,88	39,32
775,27	775,45	35,58	800,14	800,33	36,83	825,02	825,21	38,08	849,89	850,08	39,33
775,46	775,65	35,59	800,34	800,53	36,84	825,22	825,40	38,09	850,09	850,28	39,34
775,66	775,85	35,60	800,54	800,73	36,85	825,41	825,60	38,10	850,29	850,48	39,35
775,86	776,05	35,61	800,74	800,93	36,86	825,61	825,80	38,11	850,49	850,68	39,36
776,06	776,25	35,62	800,94	801,13	36,87	825,81	826,00	38,12	850,69	850,88	39,37
776,26	776,45	35,63	801,14	801,32	36,88	826,01	826,20	38,13	850,89	851,08	39,38
776,46	776,65	35,64	801,33	801,52	36,89	826,21	826,40	38,14	851,09	851,28	39,39
776,66	776,85	35,65	801,53	801,72	36,90	826,41	826,60	38,15	851,29	851,47	39,40
776,86	777,05	35,66	801,73	801,92	36,91	826,61	826,80	38,16	851,48	851,67	39,41
777,06	777,25	35,67	801,93	802,12	36,92	826,81	827,00	38,17	851,68	851,87	39,42
777,26	777,44	35,68	802,13	802,32	36,93	827,01	827,20	38,18	851,88	852,07	39,43
777,45	777,64	35,69	802,33	802,52	36,94	827,21	827,39	38,19	852,08	852,27	39,44
777,65	777,84	35,70	802,53	802,72	36,95	827,40	827,59	38,20	852,28	852,47	39,45
777,85	778,04	35,71	802,73	802,92	36,96	827,60	827,79	38,21	852,48	852,67	39,46
778,05	778,24	35,72	802,93	803,12	36,97	827,80	827,99	38,22	852,68	852,87	39,47
778,25	778,44	35,73	803,13	803,31	36,98	828,00	828,19	38,23	852,88	853,07	39,48
778,45	778,64	35,74	803,32	803,51	36,99	828,20	828,39	38,24	853,08	853,27	39,49
778,65	778,84	35,75	803,52	803,71	37,00	828,40	828,59	38,25	853,28	853,46	39,50
778,85	779,04	35,76	803,72	803,91	37,01	828,60	828,79	38,26	853,47	853,66	39,51
779,05	779,24	35,77	803,92	804,11	37,02	828,80	828,99	38,27	853,67	853,86	39,52
779,25	779,43	35,78	804,12	804,31	37,03	829,00	829,19	38,28	853,87	854,06	39,53
779,44	779,63	35,79	804,32	804,51	37,04	829,20	829,38	38,29	854,07	854,26	39,54
779,64	779,83	35,80	804,52	804,71	37,05	829,39	829,58	38,30	854,27	854,46	39,55
779,84	780,03	35,81	804,72	804,91	37,06	829,59	829,78	38,31	854,47	854,66	39,56
780,04	780,23	35,82	804,92	805,11	37,07	829,79	829,98	38,32	854,67	854,86	39,57
780,24	780,43	35,83	805,12	805,30	37,08	829,99	830,18	38,33	854,87	855,06	39,58
780,44	780,63	35,84	805,31	805,50	37,09	830,19	830,38	38,34	855,07	855,26	39,59
780,64	780,83	35,85	805,51	805,70	37,10	830,39	830,58	38,35	855,27	855,45	39,60
780,84	781,03	35,86	805,71	805,90	37,11	830,59	830,78	38,36	855,46	855,65	39,61
781,04	781,23	35,87	805,91	806,10	37,12	830,79	830,98	38,37	855,66	855,85	39,62
781,24	781,42	35,88	806,11	806,30	37,13	830,99	831,18	38,38	855,86	856,05	39,63
781,43	781,62	35,89	806,31	806,50	37,14	831,19	831,37	38,39	856,06	856,25	39,64
781,63	781,82	35,90	806,51	806,70	37,15	831,38	831,57	38,40	856,26	856,45	39,65
781,83	782,02	35,91	806,71	806,90	37,16	831,58	831,77	38,41	856,46	856,65	39,66
782,03	782,22	35,92	806,91	807,10	37,17	831,78	831,97	38,42	856,66	856,85	39,67
782,23	782,42	35,93	807,11	807,29	37,18	831,98	832,17	38,43	856,86	857,05	39,68
782,43	782,62	35,94	807,30	807,49	37,19	832,18	832,37	38,44	857,06	857,25	39,69
782,63	782,82	35,95	807,50	807,69	37,20	832,38	832,57	38,45	857,26	857,44	39,70
782,83	783,02	35,96	807,70	807,89	37,21	832,58	832,77	38,46	857,45	857,64	39,71
783,03	783,22	35,97	807,90	808,09	37,22	832,78	832,97	38,47	857,65	857,84	39,72
783,23	783,41	35,98	808,10	808,29	37,23	832,98	833,17	38,48	857,85	858,04	39,73
783,42	783,61	35,99	808,30	808,49	37,24	833,18	833,36	38,49	858,05	858,24	39,74
783,62	783,81	36,00	808,50	808,69	37,25	833,37	833,56	38,50	858,25	858,44	39,75
783,82	784,01	36,01	808,70	808,89	37,26	833,57	833,76	38,51	858,45	858,64	39,76
784,02	784,21	36,02	808,90	809,09	37,27	833,77	833,96	38,52	858,65	858,84	39,77
784,22	784,41	36,03	809,10	809,28	37,28	833,97	834,16	38,53	858,85	859,04	39,78
784,42	784,61	36,04	809,29	809,48	37,29	834,17	834,36	38,54	859,05	859,24	39,79
784,62	784,81	36,05	809,49	809,68	37,30	834,37	834,56	38,55	859,25	859,43	39,80
784,82	785,01	36,06	809,69	809,88	37,31	834,57	834,76	38,56	859,44	859,63	39,81
785,02	785,21	36,07	809,89	810,08	37,32	834,77	834,96	38,57	859,64	859,83	39,82
785,22	785,40	36,08	810,09	810,28	37,33	834,97	835,16	38,58	859,84	860,03	39,83
785,41	785,60	36,09	810,29	810,48	37,34	835,17	835,35	38,59	860,04	860,23	39,84
785,61	785,80	36,10	810,49	810,68	37,35	835,36	835,55	38,60	860,24	860,43	39,85
785,81	786,00	36,11	810,69	810,88	37,36	835,56	835,75	38,61	860,44	860,63	39,86
786,01	786,20	36,12	810,89	811,08	37,37	835,76	835,95	38,62	860,64	860,83	39,87
786,21	786,40	36,13	811,09	811,28	37,38	835,96	836,15	38,63	860,84	861,03	39,88
786,41	786,60	36,14	811,29	811,47	37,39	836,16	836,35	38,64	861,04	861,23	39,89
786,61	786,80	36,15	811,48	811,67	37,40	836,36	836,55	38,65	861,24	861,42	39,90
786,81	787,00	36,16	811,68	811,87	37,41	836,56	836,75	38,66	861,43	861,62	39,91
787,01	787,20	36,17	811,88	812,07	37,42	836,76	836,95	38,67	861,63	861,82	39,92
787,21	787,39	36,18	812,08	812,27	37,43	836,96	837,15	38,68	861,83	862,02	39,93
787,40	787,59	36,19	812,28	812,47	37,44	837,16	837,34	38,69	862,03	862,22	39,94
787,60	787,79	36,20	812,48	812,67	37,45	837,35	837,54	38,70	862,23	862,42	39,95
787,80	787,99	36,21	812,68	812,87	37,46	837,55	837,74	38,71	862,43	862,62	39,96
788,00	788,19	36,22	812,88	813,07	37,47	837,75	837,94	38,72	862,63	862,82	39,97
788,20	788,39	36,23	813,08	813,27	37,48	837,95	838,14	38,73	862,83	863,02	39,98
788,40	788,59	36,24	813,28	813,46	37,49	838,15	838,34	38,74	863,03	863,22	39,99

ANNEXE 9.5 : TABLE DES COTISATIONS AU RÉGIME DES RENTES DU QUÉBEC

Table A : emploi continu – 52 périodes de paie par an (*suite*)

Rémunération	Retenue	Rémunération	Retenue	Rémunération	Retenue	Rémunération	Retenue
863,23 – 863,41	40,00	888,10 – 888,29	41,25	912,98 – 913,17	42,50	937,85 – 938,04	43,75
863,42 – 863,61	40,01	888,30 – 888,49	41,26	913,18 – 913,36	42,51	938,05 – 938,24	43,76
863,62 – 863,81	40,02	888,50 – 888,69	41,27	913,37 – 913,56	42,52	938,25 – 938,44	43,77
863,82 – 864,01	40,03	888,70 – 888,89	41,28	913,57 – 913,76	42,53	938,45 – 938,64	43,78
864,02 – 864,21	40,04	888,90 – 889,09	41,29	913,77 – 913,96	42,54	938,65 – 938,84	43,79
864,22 – 864,41	40,05	889,10 – 889,28	41,30	913,97 – 914,16	42,55	938,85 – 939,04	43,80
864,42 – 864,61	40,06	889,29 – 889,48	41,31	914,17 – 914,36	42,56	939,05 – 939,24	43,81
864,62 – 864,81	40,07	889,49 – 889,68	41,32	914,37 – 914,56	42,57	939,25 – 939,43	43,82
864,82 – 865,01	40,08	889,69 – 889,88	41,33	914,57 – 914,76	42,58	939,44 – 939,63	43,83
865,02 – 865,21	40,09	889,89 – 890,08	41,34	914,77 – 914,96	42,59	939,64 – 939,83	43,84
865,22 – 865,40	40,10	890,09 – 890,28	41,35	914,97 – 915,16	42,60	939,84 – 940,03	43,85
865,41 – 865,60	40,11	890,29 – 890,48	41,36	915,17 – 915,35	42,61	940,04 – 940,23	43,86
865,61 – 865,80	40,12	890,49 – 890,68	41,37	915,36 – 915,55	42,62	940,24 – 940,43	43,87
865,81 – 866,00	40,13	890,69 – 890,88	41,38	915,56 – 915,75	42,63	940,44 – 940,63	43,88
866,01 – 866,20	40,14	890,89 – 891,08	41,39	915,76 – 915,95	42,64	940,64 – 940,83	43,89
866,21 – 866,40	40,15	891,09 – 891,28	41,40	915,96 – 916,15	42,65	940,84 – 941,03	43,90
866,41 – 866,60	40,16	891,29 – 891,47	41,41	916,16 – 916,35	42,66	941,04 – 941,23	43,91
866,61 – 866,80	40,17	891,48 – 891,67	41,42	916,36 – 916,55	42,67	941,24 – 941,42	43,92
866,81 – 867,00	40,18	891,68 – 891,87	41,43	916,56 – 916,75	42,68	941,43 – 941,62	43,93
867,01 – 867,20	40,19	891,88 – 892,07	41,44	916,76 – 916,95	42,69	941,63 – 941,82	43,94
867,21 – 867,39	40,20	892,08 – 892,27	41,45	916,96 – 917,15	42,70	941,83 – 942,02	43,95
867,40 – 867,59	40,21	892,28 – 892,47	41,46	917,16 – 917,34	42,71	942,03 – 942,22	43,96
867,60 – 867,79	40,22	892,48 – 892,67	41,47	917,35 – 917,54	42,72	942,23 – 942,42	43,97
867,80 – 867,99	40,23	892,68 – 892,87	41,48	917,55 – 917,74	42,73	942,43 – 942,62	43,98
868,00 – 868,19	40,24	892,88 – 893,07	41,49	917,75 – 917,94	42,74	942,63 – 942,82	43,99
868,20 – 868,39	40,25	893,08 – 893,27	41,50	917,95 – 918,14	42,75	942,83 – 943,02	44,00
868,40 – 868,59	40,26	893,28 – 893,46	41,51	918,15 – 918,34	42,76	943,03 – 943,22	44,01
868,60 – 868,79	40,27	893,47 – 893,66	41,52	918,35 – 918,54	42,77	943,23 – 943,41	44,02
868,80 – 868,99	40,28	893,67 – 893,86	41,53	918,55 – 918,74	42,78	943,42 – 943,61	44,03
869,00 – 869,19	40,29	893,87 – 894,06	41,54	918,75 – 918,94	42,79	943,62 – 943,81	44,04
869,20 – 869,38	40,30	894,07 – 894,26	41,55	918,95 – 919,14	42,80	943,82 – 944,01	44,05
869,39 – 869,58	40,31	894,27 – 894,46	41,56	919,15 – 919,33	42,81	944,02 – 944,21	44,06
869,59 – 869,78	40,32	894,47 – 894,66	41,57	919,34 – 919,53	42,82	944,22 – 944,41	44,07
869,79 – 869,98	40,33	894,67 – 894,86	41,58	919,54 – 919,73	42,83	944,42 – 944,61	44,08
869,99 – 870,18	40,34	894,87 – 895,06	41,59	919,74 – 919,93	42,84	944,62 – 944,81	44,09
870,19 – 870,38	40,35	895,07 – 895,26	41,60	919,94 – 920,13	42,85	944,82 – 945,01	44,10
870,39 – 870,58	40,36	895,27 – 895,45	41,61	920,14 – 920,33	42,86	945,02 – 945,21	44,11
870,59 – 870,78	40,37	895,46 – 895,65	41,62	920,34 – 920,53	42,87	945,22 – 945,40	44,12
870,79 – 870,98	40,38	895,66 – 895,85	41,63	920,54 – 920,73	42,88	945,41 – 945,60	44,13
870,99 – 871,18	40,39	895,86 – 896,05	41,64	920,74 – 920,93	42,89	945,61 – 945,80	44,14
871,19 – 871,37	40,40	896,06 – 896,25	41,65	920,94 – 921,13	42,90	945,81 – 946,00	44,15
871,38 – 871,57	40,41	896,26 – 896,45	41,66	921,14 – 921,32	42,91	946,01 – 946,20	44,16
871,58 – 871,77	40,42	896,46 – 896,65	41,67	921,33 – 921,52	42,92	946,21 – 946,40	44,17
871,78 – 871,97	40,43	896,66 – 896,85	41,68	921,53 – 921,72	42,93	946,41 – 946,60	44,18
871,98 – 872,17	40,44	896,86 – 897,05	41,69	921,73 – 921,92	42,94	946,61 – 946,80	44,19
872,18 – 872,37	40,45	897,06 – 897,25	41,70	921,93 – 922,12	42,95	946,81 – 947,00	44,20
872,38 – 872,57	40,46	897,26 – 897,44	41,71	922,13 – 922,32	42,96	947,01 – 947,20	44,21
872,58 – 872,77	40,47	897,45 – 897,64	41,72	922,33 – 922,52	42,97	947,21 – 947,39	44,22
872,78 – 872,97	40,48	897,65 – 897,84	41,73	922,53 – 922,72	42,98	947,40 – 947,59	44,23
872,98 – 873,17	40,49	897,85 – 898,04	41,74	922,73 – 922,92	42,99	947,60 – 947,79	44,24
873,18 – 873,36	40,50	898,05 – 898,24	41,75	922,93 – 923,12	43,00	947,80 – 947,99	44,25
873,37 – 873,56	40,51	898,25 – 898,44	41,76	923,13 – 923,31	43,01	948,00 – 948,19	44,26
873,57 – 873,76	40,52	898,45 – 898,64	41,77	923,32 – 923,51	43,02	948,20 – 948,39	44,27
873,77 – 873,96	40,53	898,65 – 898,84	41,78	923,52 – 923,71	43,03	948,40 – 948,59	44,28
873,97 – 874,16	40,54	898,85 – 899,04	41,79	923,72 – 923,91	43,04	948,60 – 948,79	44,29
874,17 – 874,36	40,55	899,05 – 899,24	41,80	923,92 – 924,11	43,05	948,80 – 948,99	44,30
874,37 – 874,56	40,56	899,25 – 899,43	41,81	924,12 – 924,31	43,06	949,00 – 949,19	44,31
874,57 – 874,76	40,57	899,44 – 899,63	41,82	924,32 – 924,51	43,07	949,20 – 949,38	44,32
874,77 – 874,96	40,58	899,64 – 899,83	41,83	924,52 – 924,71	43,08	949,39 – 949,58	44,33
874,97 – 875,16	40,59	899,84 – 900,03	41,84	924,72 – 924,91	43,09	949,59 – 949,78	44,34
875,17 – 875,35	40,60	900,04 – 900,23	41,85	924,92 – 925,11	43,10	949,79 – 949,98	44,35
875,36 – 875,55	40,61	900,24 – 900,43	41,86	925,12 – 925,30	43,11	949,99 – 950,18	44,36
875,56 – 875,75	40,62	900,44 – 900,63	41,87	925,31 – 925,50	43,12	950,19 – 950,38	44,37
875,76 – 875,95	40,63	900,64 – 900,83	41,88	925,51 – 925,70	43,13	950,39 – 950,58	44,38
875,96 – 876,15	40,64	900,84 – 901,03	41,89	925,71 – 925,90	43,14	950,59 – 950,78	44,39
876,16 – 876,35	40,65	901,04 – 901,23	41,90	925,91 – 926,10	43,15	950,79 – 950,98	44,40
876,36 – 876,55	40,66	901,24 – 901,42	41,91	926,11 – 926,30	43,16	950,99 – 951,18	44,41
876,56 – 876,75	40,67	901,43 – 901,62	41,92	926,31 – 926,50	43,17	951,19 – 951,37	44,42
876,76 – 876,95	40,68	901,63 – 901,82	41,93	926,51 – 926,70	43,18	951,38 – 951,57	44,43
876,96 – 877,15	40,69	901,83 – 902,02	41,94	926,71 – 926,90	43,19	951,58 – 951,77	44,44
877,16 – 877,34	40,70	902,03 – 902,22	41,95	926,91 – 927,10	43,20	951,78 – 951,97	44,45
877,35 – 877,54	40,71	902,23 – 902,42	41,96	927,11 – 927,29	43,21	951,98 – 952,17	44,46
877,55 – 877,74	40,72	902,43 – 902,62	41,97	927,30 – 927,49	43,22	952,18 – 952,37	44,47
877,75 – 877,94	40,73	902,63 – 902,82	41,98	927,50 – 927,69	43,23	952,38 – 952,57	44,48
877,95 – 878,14	40,74	902,83 – 903,02	41,99	927,70 – 927,89	43,24	952,58 – 952,77	44,49
878,15 – 878,34	40,75	903,03 – 903,22	42,00	927,90 – 928,09	43,25	952,78 – 952,97	44,50
878,35 – 878,54	40,76	903,23 – 903,41	42,01	928,10 – 928,29	43,26	952,98 – 953,17	44,51
878,55 – 878,74	40,77	903,42 – 903,61	42,02	928,30 – 928,49	43,27	953,18 – 953,36	44,52
878,75 – 878,94	40,78	903,62 – 903,81	42,03	928,50 – 928,69	43,28	953,37 – 953,56	44,53
878,95 – 879,14	40,79	903,82 – 904,01	42,04	928,70 – 928,89	43,29	953,57 – 953,76	44,54
879,15 – 879,33	40,80	904,02 – 904,21	42,05	928,90 – 929,09	43,30	953,77 – 953,96	44,55
879,34 – 879,53	40,81	904,22 – 904,41	42,06	929,10 – 929,28	43,31	953,97 – 954,16	44,56
879,54 – 879,73	40,82	904,42 – 904,61	42,07	929,29 – 929,48	43,32	954,17 – 954,36	44,57
879,74 – 879,93	40,83	904,62 – 904,81	42,08	929,49 – 929,68	43,33	954,37 – 954,56	44,58
879,94 – 880,13	40,84	904,82 – 905,01	42,09	929,69 – 929,88	43,34	954,57 – 954,76	44,59
880,14 – 880,33	40,85	905,02 – 905,21	42,10	929,89 – 930,08	43,35	954,77 – 954,96	44,60
880,34 – 880,53	40,86	905,22 – 905,40	42,11	930,09 – 930,28	43,36	954,97 – 955,16	44,61
880,54 – 880,73	40,87	905,41 – 905,60	42,12	930,29 – 930,48	43,37	955,17 – 955,35	44,62
880,74 – 880,93	40,88	905,61 – 905,80	42,13	930,49 – 930,68	43,38	955,36 – 955,55	44,63
880,94 – 881,13	40,89	905,81 – 906,00	42,14	930,69 – 930,88	43,39	955,56 – 955,75	44,64
881,14 – 881,32	40,90	906,01 – 906,20	42,15	930,89 – 931,08	43,40	955,76 – 955,95	44,65
881,33 – 881,52	40,91	906,21 – 906,40	42,16	931,09 – 931,28	43,41	955,96 – 956,15	44,66
881,53 – 881,72	40,92	906,41 – 906,60	42,17	931,29 – 931,47	43,42	956,16 – 956,35	44,67
881,73 – 881,92	40,93	906,61 – 906,80	42,18	931,48 – 931,67	43,43	956,36 – 956,55	44,68
881,93 – 882,12	40,94	906,81 – 907,00	42,19	931,68 – 931,87	43,44	956,56 – 956,75	44,69
882,13 – 882,32	40,95	907,01 – 907,20	42,20	931,88 – 932,07	43,45	956,76 – 956,95	44,70
882,33 – 882,52	40,96	907,21 – 907,39	42,21	932,08 – 932,27	43,46	956,96 – 957,15	44,71
882,53 – 882,72	40,97	907,40 – 907,59	42,22	932,28 – 932,47	43,47	957,16 – 957,34	44,72
882,73 – 882,92	40,98	907,60 – 907,79	42,23	932,48 – 932,67	43,48	957,35 – 957,54	44,73
882,93 – 883,12	40,99	907,80 – 907,99	42,24	932,68 – 932,87	43,49	957,55 – 957,74	44,74
883,13 – 883,31	41,00	908,00 – 908,19	42,25	932,88 – 933,07	43,50	957,75 – 957,94	44,75
883,32 – 883,51	41,01	908,20 – 908,39	42,26	933,08 – 933,27	43,51	957,95 – 958,14	44,76
883,52 – 883,71	41,02	908,40 – 908,59	42,27	933,28 – 933,46	43,52	958,15 – 958,34	44,77
883,72 – 883,91	41,03	908,60 – 908,79	42,28	933,47 – 933,66	43,53	958,35 – 958,54	44,78
883,92 – 884,11	41,04	908,80 – 908,99	42,29	933,67 – 933,86	43,54	958,55 – 958,74	44,79
884,12 – 884,31	41,05	909,00 – 909,19	42,30	933,87 – 934,06	43,55	958,75 – 958,94	44,80
884,32 – 884,51	41,06	909,20 – 909,38	42,31	934,07 – 934,26	43,56	958,95 – 959,14	44,81
884,52 – 884,71	41,07	909,39 – 909,58	42,32	934,27 – 934,46	43,57	959,15 – 959,33	44,82
884,72 – 884,91	41,08	909,59 – 909,78	42,33	934,47 – 934,66	43,58	959,34 – 959,53	44,83
884,92 – 885,11	41,09	909,79 – 909,98	42,34	934,67 – 934,86	43,59	959,54 – 959,73	44,84
885,12 – 885,30	41,10	909,99 – 910,18	42,35	934,87 – 935,06	43,60	959,74 – 959,93	44,85
885,31 – 885,50	41,11	910,19 – 910,38	42,36	935,07 – 935,26	43,61	959,94 – 960,13	44,86
885,51 – 885,70	41,12	910,39 – 910,58	42,37	935,27 – 935,45	43,62	960,14 – 960,33	44,87
885,71 – 885,90	41,13	910,59 – 910,78	42,38	935,46 – 935,65	43,63	960,34 – 960,53	44,88
885,91 – 886,10	41,14	910,79 – 910,98	42,39	935,66 – 935,85	43,64	960,54 – 960,73	44,89
886,11 – 886,30	41,15	910,99 – 911,18	42,40	935,86 – 936,05	43,65	960,74 – 960,93	44,90
886,31 – 886,50	41,16	911,19 – 911,37	42,41	936,06 – 936,25	43,66	960,94 – 961,13	44,91
886,51 – 886,70	41,17	911,38 – 911,57	42,42	936,26 – 936,45	43,67	961,14 – 961,32	44,92
886,71 – 886,90	41,18	911,58 – 911,77	42,43	936,46 – 936,65	43,68	961,33 – 961,52	44,93
886,91 – 887,10	41,19	911,78 – 911,97	42,44	936,66 – 936,85	43,69	961,53 – 961,72	44,94
887,11 – 887,29	41,20	911,98 – 912,17	42,45	936,86 – 937,05	43,70	961,73 – 961,92	44,95
887,30 – 887,49	41,21	912,18 – 912,37	42,46	937,06 – 937,25	43,71	961,93 – 962,12	44,96
887,50 – 887,69	41,22	912,38 – 912,57	42,47	937,26 – 937,44	43,72	962,13 – 962,32	44,97
887,70 – 887,89	41,23	912,58 – 912,77	42,48	937,45 – 937,64	43,73	962,33 – 962,52	44,98
887,90 – 888,09	41,24	912,78 – 912,97	42,49	937,65 – 937,84	43,74	962,53 – 962,72	44,99

ANNEXE 9.5 : TABLE DES COTISATIONS AU RÉGIME DES RENTES DU QUÉBEC

Table A : emploi continu – 52 périodes de paie par an (*suite*)

Rémunération			Retenue
962,73	–	962,92	45,00
962,93	–	963,12	45,01
963,13	–	963,31	45,02
963,32	–	963,51	45,03
963,52	–	963,71	45,04
963,72	–	969,99	45,20
970,00	–	979,99	45,61
980,00	–	989,99	46,11
990,00	–	999,99	46,62
1 000,00	–	1 009,99	47,12
1 010,00	–	1 019,99	47,62
1 020,00	–	1 029,99	48,12
1 030,00	–	1 039,99	48,63
1 040,00	–	1 049,99	49,13
1 050,00	–	1 059,99	49,63
1 060,00	–	1 069,99	50,13
1 070,00	–	1 079,99	50,64
1 080,00	–	1 089,99	51,14
1 090,00	–	1 099,99	51,64
1 100,00	–	1 109,99	52,14
1 110,00	–	1 119,99	52,65
1 120,00	–	1 129,99	53,15
1 130,00	–	1 139,99	53,65
1 140,00	–	1 149,99	54,15
1 150,00	–	1 159,99	54,66
1 160,00	–	1 169,99	55,16
1 170,00	–	1 179,99	55,66
1 180,00	–	1 189,99	56,16
1 190,00	–	1 199,99	56,67
1 200,00	–	1 209,99	57,17
1 210,00	–	1 219,99	57,67
1 220,00	–	1 229,99	58,17
1 230,00	–	1 239,99	58,68
1 240,00	–	1 249,99	59,18
1 250,00	–	1 259,99	59,68
1 260,00	–	1 269,99	60,18
1 270,00	–	1 279,99	60,69
1 280,00	–	1 289,99	61,19
1 290,00	–	1 299,99	61,69
1 300,00	–	1 309,99	62,19
1 310,00	–	1 319,99	62,70
1 320,00	–	1 329,99	63,20
1 330,00	–	1 339,99	63,70
1 340,00	–	1 349,99	64,20
1 350,00	–	1 359,99	64,71
1 360,00	–	1 369,99	65,21
1 370,00	–	1 379,99	65,71
1 380,00	–	1 389,99	66,21
1 390,00	–	1 399,99	66,72
1 400,00	–	1 409,99	67,22
1 410,00	–	1 419,99	67,72
1 420,00	–	1 429,99	68,22
1 430,00	–	1 439,99	68,73
1 440,00	–	1 449,99	69,23
1 450,00	–	1 459,99	69,73
1 460,00	–	1 469,99	70,23
1 470,00	–	1 479,99	70,74
1 480,00	–	1 489,99	71,24
1 490,00	–	1 499,99	71,74
1 500,00	–	1 509,99	72,24
1 510,00	–	1 519,99	72,75
1 520,00	–	1 529,99	73,25
1 530,00	–	1 539,99	73,75
1 540,00	–	1 549,99	74,25
1 550,00	–	1 559,99	74,76
1 560,00	–	1 569,99	75,26
1 570,00	–	1 579,99	75,76
1 580,00	–	1 589,99	76,26
1 590,00	–	1 599,99	76,77
1 600,00	–	1 609,99	77,27
1 610,00	–	1 619,99	77,77
1 620,00	–	1 629,99	78,27
1 630,00	–	1 639,99	78,78
1 640,00	–	1 649,99	79,28
1 650,00	–	1 659,99	79,78
1 660,00	–	1 669,99	80,28
1 670,00	–	1 679,99	80,79
1 680,00	–	1 689,99	81,29
1 690,00	–	1 699,99	81,79
1 700,00	–	1 709,99	82,29
1 710,00	–	1 719,99	82,80
1 720,00	–	1 729,99	83,30
1 730,00	–	1 739,99	83,80
1 740,00	–	1 749,99	84,30
1 750,00	–	1 759,99	84,81
1 760,00	–	1 769,99	85,31
1 770,00	–	1 779,99	85,81
1 780,00	–	1 789,99	86,31
1 790,00	–	1 799,99	86,82
1 800,00	–	1 809,99	87,32
1 810,00	–	1 819,99	87,82
1 820,00	–	1 829,99	88,32
1 830,00	–	1 839,99	88,83
1 840,00	–	1 849,99	89,33
1 850,00	–	1 859,99	89,83
1 860,00	–	1 869,99	90,33
1 870,00	–	1 879,99	90,84
1 880,00	–	1 889,99	91,34
1 890,00	–	1 899,99	91,84
1 900,00	–	1 909,99	92,34
1 910,00	–	1 919,99	92,85
1 920,00	–	1 929,99	93,35
1 930,00	–	1 939,99	93,85
1 940,00	–	1 949,99	94,35
1 950,00	–	1 959,99	94,86
1 960,00	–	1 969,99	95,36
1 970,00	–	1 979,99	95,86
1 980,00	–	1 989,99	96,36
1 990,00	–	1 999,99	96,87
2 000,00	–	2 009,99	97,37
2 010,00	–	2 019,99	97,87
2 020,00	–	2 029,99	98,37
2 030,00	–	2 039,99	98,88
2 040,00	–	2 049,99	99,38
2 050,00	–	2 059,99	99,88
2 060,00	–	2 069,99	100,38
2 070,00	–	2 079,99	100,89
2 080,00	–	2 089,99	101,39
2 090,00	–	2 099,99	101,89
2 100,00	–	2 109,99	102,39
2 110,00	–	2 119,99	102,90
2 120,00	–	2 129,99	103,40
2 130,00	–	2 139,99	103,90
2 140,00	–	2 149,99	104,40
2 150,00	–	2 159,99	104,91
2 160,00	–	2 169,99	105,41
2 170,00	–	2 179,99	105,91
2 180,00	–	2 189,99	106,41
2 190,00	–	2 199,99	106,92
2 200,00	–	2 209,99	107,42
2 210,00	–	2 219,99	107,92
2 220,00	–	2 229,99	108,42
2 230,00	–	2 239,99	108,93
2 240,00	–	2 249,99	109,43
2 250,00	–	2 259,99	109,93
2 260,00	–	2 269,99	110,43
2 270,00	–	2 279,99	110,94
2 280,00	–	2 289,99	111,44
2 290,00	–	2 299,99	111,94
2 300,00	–	2 309,99	112,44
2 310,00	–	2 319,99	112,95
2 320,00	–	2 329,99	113,45
2 330,00	–	2 339,99	113,95
2 340,00	–	2 349,99	114,45
2 350,00	–	2 359,99	114,96
2 360,00	–	2 369,99	115,46
2 370,00	–	2 379,99	115,96
2 380,00	–	2 389,99	116,46
2 390,00	–	2 399,99	116,97
2 400,00	–	2 409,99	117,47
2 410,00	–	2 419,99	117,97
2 420,00	–	2 429,99	118,47
2 430,00	–	2 439,99	118,98
2 440,00	–	2 449,99	119,48
2 450,00	–	2 459,99	119,98
2 460,00	–	2 469,99	120,48
2 470,00	–	2 479,99	120,99
2 480,00	–	2 489,99	121,49
2 490,00	–	2 499,99	121,99
2 500,00	–	2 509,99	122,49
2 510,00	–	2 519,99	123,00
2 520,00	–	2 529,99	123,50
2 530,00	–	2 539,99	124,00
2 540,00	–	2 549,99	124,50
2 550,00	–	2 559,99	125,01
2 560,00	–	2 569,99	125,51
2 570,00	–	2 579,99	126,01
2 580,00	–	2 589,99	126,51
2 590,00	–	2 599,99	127,02
2 600,00	–	2 609,99	127,52
2 610,00	–	2 619,99	128,02
2 620,00	–	2 629,99	128,52
2 630,00	–	2 639,99	129,03
2 640,00	–	2 649,99	129,53
2 650,00	–	2 659,99	130,03
2 660,00	–	2 669,99	130,53
2 670,00	–	2 679,99	131,04
2 680,00	–	2 689,99	131,54
2 690,00	–	2 699,99	132,04
2 700,00	–	2 709,99	132,54
2 710,00	–	2 719,99	133,05
2 720,00	–	2 729,99	133,55
2 730,00	–	2 739,99	134,05
2 740,00	–	2 749,99	134,55
2 750,00	–	2 759,99	135,06
2 760,00	–	2 769,99	135,56
2 770,00	–	2 779,99	136,06
2 780,00	–	2 789,99	136,56
2 790,00	–	2 799,99	137,07
2 800,00	–	2 809,99	137,57
2 810,00	–	2 819,99	138,07
2 820,00	–	2 829,99	138,57
2 830,00	–	2 839,99	139,08
2 840,00	–	2 849,99	139,58
2 850,00	–	2 859,99	140,08
2 860,00	–	2 869,99	140,58
2 870,00	–	2 879,99	141,09
2 880,00	–	2 889,99	141,59
2 890,00	–	2 899,99	142,09
2 900,00	–	2 909,99	142,59
2 910,00	–	2 919,99	143,10
2 920,00	–	2 929,99	143,60
2 930,00	–	2 939,99	144,10
2 940,00	–	2 949,99	144,60
2 950,00	–	2 959,99	145,11
2 960,00	–	2 969,99	145,61
2 970,00	–	2 979,99	146,11
2 980,00	–	2 989,99	146,61
2 990,00	–	2 999,99	147,12
3 000,00	–	3 009,99	147,62
3 010,00	–	3 019,99	148,12
3 020,00	–	3 029,99	148,62
3 030,00	–	3 039,99	149,13
3 040,00	–	3 049,99	149,63
3 050,00	–	3 059,99	150,13
3 060,00	–	3 069,99	150,63
3 070,00	–	3 079,99	151,14
3 080,00	–	3 089,99	151,64
3 090,00	–	3 099,99	152,14
3 100,00	–	3 109,99	152,64
3 110,00	–	3 119,99	153,15
3 120,00	–	3 129,99	153,65
3 130,00	–	3 139,99	154,15
3 140,00	–	3 149,99	154,65
3 150,00	–	3 159,99	155,16
3 160,00	–	3 169,99	155,66
3 170,00	–	3 179,99	156,16
3 180,00	–	3 189,99	156,66
3 190,00	–	3 199,99	157,17
3 200,00	–	3 209,99	157,67
3 210,00	–	3 219,99	158,17
3 220,00	–	3 229,99	158,67
3 230,00	–	3 239,99	159,18
3 240,00	–	3 249,99	159,68
3 250,00	–	3 259,99	160,18
3 260,00	–	3 269,99	160,68
3 270,00	–	3 279,99	161,19
3 280,00	–	3 289,99	161,69
3 290,00	–	3 299,99	162,19
3 300,00	–	3 309,99	162,69
3 310,00	–	3 319,99	163,20
3 320,00	–	3 329,99	163,70
3 330,00	–	3 339,99	164,20
3 340,00	–	3 349,99	164,70
3 350,00	–	3 359,99	165,21
3 360,00	–	3 369,99	165,71
3 370,00	–	3 379,99	166,21
3 380,00	–	3 389,99	166,71
3 390,00	–	3 399,99	167,22
3 400,00	–	3 409,99	167,72
3 410,00	–	3 419,99	168,22
3 420,00	–	3 429,99	168,72
3 430,00	–	3 439,99	169,23
3 440,00	–	3 449,99	169,73
3 450,00	–	3 459,99	170,23
3 460,00	–	3 469,99	170,73
3 470,00	–	3 479,99	171,24
3 480,00	–	3 489,99	171,74
3 490,00	–	3 499,99	172,24
3 500,00	–	3 509,99	172,74
3 510,00	–	3 519,99	173,25
3 520,00	–	3 529,99	173,75
3 530,00	–	3 539,99	174,25
3 540,00	–	3 549,99	174,75
3 550,00	–	3 559,99	175,26
3 560,00	–	3 569,99	175,76
3 570,00	–	3 579,99	176,26
3 580,00	–	3 589,99	176,76
3 590,00	–	3 599,99	177,27
3 600,00	–	3 609,99	177,77
3 610,00	–	3 619,99	178,27
3 620,00	–	3 629,99	178,77
3 630,00	–	3 639,99	179,28
3 640,00	–	3 649,99	179,78
3 650,00	–	3 659,99	180,28
3 660,00	–	3 669,99	180,78
3 670,00	–	3 679,99	181,29
3 680,00	–	3 689,99	181,79
3 690,00	–	3 699,99	182,29
3 700,00	–	3 709,99	182,79
3 710,00	–	3 719,99	183,30
3 720,00	–	3 729,99	183,80
3 730,00	–	3 739,99	184,30
3 740,00	–	3 749,99	184,80
3 750,00	–	3 759,99	185,31
3 760,00	–	3 769,99	185,81
3 770,00	–	3 779,99	186,31
3 780,00	–	3 789,99	186,81
3 790,00	–	3 799,99	187,32
3 800,00	–	3 809,99	187,82
3 810,00	–	3 819,99	188,32
3 820,00	–	3 829,99	188,82
3 830,00	–	3 839,99	189,33
3 840,00	–	3 849,99	189,83
3 850,00	–	3 859,99	190,33
3 860,00	–	3 869,99	190,83
3 870,00	–	3 879,99	191,34
3 880,00	–	3 889,99	191,84
3 890,00	–	3 899,99	192,34
3 900,00	–	3 909,99	192,84
3 910,00	–	3 919,99	193,35
3 920,00	–	3 929,99	193,85
3 930,00	–	3 939,99	194,35
3 940,00	–	3 949,99	194,85
3 950,00	–	3 959,99	195,36
3 960,00	–	3 969,99	195,86
3 970,00	–	3 979,99	196,36
3 980,00	–	3 989,99	196,86
3 990,00	–	3 999,99	197,37
4 000,00	–	4 009,99	197,87
4 010,00	–	4 019,99	198,37
4 020,00	–	4 029,99	198,87
4 030,00	–	4 039,99	199,38
4 040,00	–	4 049,99	199,88
4 050,00	–	4 059,99	200,38
4 060,00	–	4 069,99	200,88
4 070,00	–	4 079,99	201,39
4 080,00	–	4 089,99	201,89
4 090,00	–	4 099,99	202,39
4 100,00	–	4 109,99	202,89
4 110,00	–	4 119,99	203,40
4 120,00	–	4 129,99	203,90
4 130,00	–	4 139,99	204,40
4 140,00	–	4 149,99	204,90
4 150,00	–	4 159,99	205,41
4 160,00	–	4 169,99	205,91
4 170,00	–	4 179,99	206,41
4 180,00	–	4 189,99	206,91
4 190,00	–	4 199,99	207,42
4 200,00	–	4 209,99	207,92
4 210,00	–	4 219,99	208,42
4 220,00	–	4 229,99	208,92
4 230,00	–	4 239,99	209,43
4 240,00	–	4 249,99	209,93
4 250,00	–	4 259,99	210,43
4 260,00	–	4 269,99	210,93
4 270,00	–	4 279,99	211,44
4 280,00	–	4 289,99	211,94
4 290,00	–	4 299,99	212,44
4 300,00	–	4 309,99	212,94
4 310,00	–	4 319,99	213,45
4 320,00	–	4 329,99	213,95
4 330,00	–	4 339,99	214,45
4 340,00	–	4 349,99	214,95
4 350,00	–	4 359,99	215,46
4 360,00	–	4 369,99	215,96
4 370,00	–	4 379,99	216,46
4 380,00	–	4 389,99	216,96
4 390,00	–	4 399,99	217,47
4 400,00	–	4 409,99	217,97
4 410,00	–	4 419,99	218,47
4 420,00	–	4 429,99	218,97
4 430,00	–	4 439,99	219,48
4 440,00	–	4 449,99	219,98
4 450,00	–	4 459,99	220,48
4 460,00	–	4 469,99	220,98
4 470,00	–	4 479,99	221,49
4 480,00	–	4 489,99	221,99
4 490,00	–	4 499,99	222,49
4 500,00	–	4 509,99	222,99
4 510,00	–	4 519,99	223,50
4 520,00	–	4 529,99	224,00
4 530,00	–	4 539,99	224,50
4 540,00	–	4 549,99	225,00
4 550,00	–	4 559,99	225,51

Pour les rémunérations de plus de 4 559,99 $, consultez le Guide de l'employeur (TP-1015.G).

ANNEXE 9.6 : TABLE DES COTISATIONS AU RQAP

Salaire admissible	Cotisation de	
	l'employé	l'employeur
0,01 – 2,66	0,01	0,02
2,67 – 4,45	0,02	0,03
4,46 – 6,24	0,03	0,05
6,25 – 8,03	0,04	0,06
8,04 – 9,82	0,05	0,08
9,83 – 11,61	0,06	0,09
11,62 – 13,40	0,07	0,10
13,41 – 15,18	0,08	0,12
15,19 – 16,97	0,09	0,13
16,98 – 18,76	0,10	0,15
18,77 – 20,55	0,11	0,16
20,56 – 22,34	0,12	0,17
22,35 – 24,13	0,13	0,19
24,14 – 25,92	0,14	0,20
25,93 – 27,71	0,15	0,22
27,72 – 29,50	0,16	0,23
29,51 – 31,29	0,17	0,24
31,30 – 33,07	0,18	0,26
33,08 – 34,86	0,19	0,27
34,87 – 36,65	0,20	0,29
36,66 – 38,44	0,21	0,30
38,45 – 40,23	0,22	0,31
40,24 – 42,02	0,23	0,33
42,03 – 43,81	0,24	0,34
43,82 – 45,60	0,25	0,36
45,61 – 47,39	0,26	0,37
47,40 – 49,17	0,27	0,38
49,18 – 50,96	0,28	0,40
50,97 – 52,75	0,29	0,41
52,76 – 54,54	0,30	0,43
54,55 – 56,33	0,31	0,44
56,34 – 58,12	0,32	0,45
58,13 – 59,91	0,33	0,47
59,92 – 61,70	0,34	0,48
61,71 – 63,49	0,35	0,50
63,50 – 65,27	0,36	0,51
65,28 – 67,06	0,37	0,52
67,07 – 68,85	0,38	0,54
68,86 – 70,64	0,39	0,55
70,65 – 72,43	0,40	0,57
72,44 – 74,22	0,41	0,58
74,23 – 76,01	0,42	0,59
76,02 – 77,80	0,43	0,61
77,81 – 79,59	0,44	0,62
79,60 – 81,37	0,45	0,64
81,38 – 83,16	0,46	0,65
83,17 – 84,95	0,47	0,66
84,96 – 86,74	0,48	0,68
86,75 – 88,53	0,49	0,69
88,54 – 90,32	0,50	0,71
90,33 – 92,11	0,51	0,72
92,12 – 93,90	0,52	0,73
93,91 – 95,69	0,53	0,75
95,70 – 97,47	0,54	0,76
97,48 – 99,26	0,55	0,78

Salaire admissible	Cotisation de	
	l'employé	l'employeur
99,27 – 101,05	0,56	0,79
101,06 – 102,84	0,57	0,80
102,85 – 104,63	0,58	0,82
104,64 – 106,42	0,59	0,83
106,43 – 108,21	0,60	0,85
108,22 – 110,00	0,61	0,86
110,01 – 111,79	0,62	0,87
111,80 – 113,57	0,63	0,89
113,58 – 115,36	0,64	0,90
115,37 – 117,15	0,65	0,92
117,16 – 118,94	0,66	0,93
118,95 – 120,73	0,67	0,94
120,74 – 122,52	0,68	0,96
122,53 – 124,31	0,69	0,97
124,32 – 126,10	0,70	0,99
126,11 – 127,89	0,71	1,00
127,90 – 129,67	0,72	1,01
129,68 – 131,46	0,73	1,03
131,47 – 133,25	0,74	1,04
133,26 – 135,04	0,75	1,06
135,05 – 136,83	0,76	1,07
136,84 – 138,62	0,77	1,08
138,63 – 140,41	0,78	1,10
140,42 – 142,20	0,79	1,11
142,21 – 143,99	0,80	1,13
144,00 – 145,78	0,81	1,14
145,79 – 147,56	0,82	1,15
147,57 – 149,35	0,83	1,17
149,36 – 151,14	0,84	1,18
151,15 – 152,93	0,85	1,20
152,94 – 154,72	0,86	1,21
154,73 – 156,51	0,87	1,22
156,52 – 158,30	0,88	1,24
158,31 – 160,09	0,89	1,25
160,10 – 161,88	0,90	1,27
161,89 – 163,66	0,91	1,28
163,67 – 165,45	0,92	1,29
165,46 – 167,24	0,93	1,31
167,25 – 169,03	0,94	1,32
169,04 – 170,82	0,95	1,34
170,83 – 172,61	0,96	1,35
172,62 – 174,40	0,97	1,36
174,41 – 176,19	0,98	1,38
176,20 – 177,98	0,99	1,39
177,99 – 179,76	1,00	1,41
179,77 – 181,55	1,01	1,42
181,56 – 183,34	1,02	1,43
183,35 – 185,13	1,03	1,45
185,14 – 186,92	1,04	1,46
186,93 – 188,71	1,05	1,48
188,72 – 190,50	1,06	1,49
190,51 – 192,29	1,07	1,50
192,30 – 194,08	1,08	1,52
194,09 – 195,86	1,09	1,53
195,87 – 197,65	1,10	1,55

Salaire admissible	Cotisation de	
	l'employé	l'employeur
197,66 – 199,44	1,11	1,56
199,45 – 201,23	1,12	1,57
201,24 – 203,02	1,13	1,59
203,03 – 204,81	1,14	1,60
204,82 – 206,60	1,15	1,62
206,61 – 208,39	1,16	1,63
208,40 – 210,18	1,17	1,64
210,19 – 211,96	1,18	1,66
211,97 – 213,75	1,19	1,67
213,76 – 215,54	1,20	1,69
215,55 – 217,33	1,21	1,70
217,34 – 219,12	1,22	1,71
219,13 – 220,91	1,23	1,73
220,92 – 222,70	1,24	1,74
222,71 – 224,49	1,25	1,76
224,50 – 226,28	1,26	1,77
226,29 – 228,06	1,27	1,78
228,07 – 229,85	1,28	1,80
229,86 – 231,64	1,29	1,81
231,65 – 233,43	1,30	1,83
233,44 – 235,22	1,31	1,84
235,23 – 237,01	1,32	1,85
237,02 – 238,80	1,33	1,87
238,81 – 240,59	1,34	1,88
240,60 – 242,38	1,35	1,90
242,39 – 244,17	1,36	1,91
244,18 – 245,95	1,37	1,92
245,96 – 247,74	1,38	1,94
247,75 – 249,53	1,39	1,95
249,54 – 251,32	1,40	1,97
251,33 – 253,11	1,41	1,98
253,12 – 254,90	1,42	1,99
254,91 – 256,69	1,43	2,01
256,70 – 258,48	1,44	2,02
258,49 – 260,27	1,45	2,04
260,28 – 262,05	1,46	2,05
262,06 – 263,84	1,47	2,06
263,85 – 265,63	1,48	2,08
265,64 – 267,42	1,49	2,09
267,43 – 269,21	1,50	2,11
269,22 – 271,00	1,51	2,12
271,01 – 272,79	1,52	2,13
272,80 – 274,58	1,53	2,15
274,59 – 276,37	1,54	2,16
276,38 – 278,15	1,55	2,18
278,16 – 279,94	1,56	2,19
279,95 – 281,73	1,57	2,20
281,74 – 283,52	1,58	2,22
283,53 – 285,31	1,59	2,23
285,32 – 287,10	1,60	2,25
287,11 – 288,89	1,61	2,26
288,90 – 290,68	1,62	2,27
290,69 – 292,47	1,63	2,29
292,48 – 294,25	1,64	2,30
294,26 – 296,04	1,65	2,32

Salaire admissible	Cotisation de	
	l'employé	l'employeur
296,05 – 297,83	1,66	2,33
297,84 – 299,62	1,67	2,34
299,63 – 301,41	1,68	2,36
301,42 – 303,20	1,69	2,37
303,21 – 304,99	1,70	2,39
305,00 – 306,78	1,71	2,40
306,79 – 308,57	1,72	2,41
308,58 – 310,35	1,73	2,43
310,36 – 312,14	1,74	2,44
312,15 – 313,93	1,75	2,45
313,94 – 315,72	1,76	2,47
315,73 – 317,51	1,77	2,48
317,52 – 319,30	1,78	2,50
319,31 – 321,09	1,79	2,51
321,10 – 322,88	1,80	2,52
322,89 – 324,67	1,81	2,54
324,68 – 326,45	1,82	2,55
326,46 – 328,24	1,83	2,57
328,25 – 330,03	1,84	2,58
330,04 – 331,82	1,85	2,59
331,83 – 333,61	1,86	2,61
333,62 – 335,40	1,87	2,62
335,41 – 337,19	1,88	2,64
337,20 – 338,98	1,89	2,65
338,99 – 340,77	1,90	2,66
340,78 – 342,56	1,91	2,68
342,57 – 344,34	1,92	2,69
344,35 – 346,13	1,93	2,71
346,14 – 347,92	1,94	2,72
347,93 – 349,71	1,95	2,73
349,72 – 351,50	1,96	2,75
351,51 – 353,29	1,97	2,76
353,30 – 355,08	1,98	2,78
355,09 – 356,87	1,99	2,79
356,88 – 358,66	2,00	2,80
358,67 – 360,44	2,01	2,82
360,45 – 362,23	2,02	2,83
362,24 – 364,02	2,03	2,85
364,03 – 365,81	2,04	2,86
365,82 – 367,60	2,05	2,87
367,61 – 369,39	2,06	2,89
369,40 – 371,18	2,07	2,90
371,19 – 372,97	2,08	2,92
372,98 – 374,76	2,09	2,93
374,77 – 376,54	2,10	2,94
376,55 – 378,33	2,11	2,96
378,34 – 380,12	2,12	2,97
380,13 – 381,91	2,13	2,99
381,92 – 383,70	2,14	3,00
383,71 – 385,49	2,15	3,01
385,50 – 387,28	2,16	3,03
387,29 – 389,07	2,17	3,04
389,08 – 390,86	2,18	3,06
390,87 – 392,64	2,19	3,07
392,65 – 394,43	2,20	3,08

Salaire admissible	Cotisation de	
	l'employé	l'employeur
394,44 – 396,22	2,21	3,10
396,23 – 398,01	2,22	3,11
398,02 – 399,80	2,23	3,13
399,81 – 401,59	2,24	3,14
401,60 – 403,38	2,25	3,15
403,39 – 405,17	2,26	3,17
405,18 – 406,96	2,27	3,18
406,97 – 408,74	2,28	3,20
408,75 – 410,53	2,29	3,21
410,54 – 412,32	2,30	3,22
412,33 – 414,11	2,31	3,24
414,12 – 415,90	2,32	3,25
415,91 – 417,69	2,33	3,27
417,70 – 419,48	2,34	3,28
419,49 – 421,27	2,35	3,29
421,28 – 423,06	2,36	3,31
423,07 – 424,84	2,37	3,32
424,85 – 426,63	2,38	3,34
426,64 – 428,42	2,39	3,35
428,43 – 430,21	2,40	3,36
430,22 432,00	2,41	3,38
432,01 433,79	2,42	3,39
433,80 435,58	2,43	3,41
435,59 437,37	2,44	3,42
437,38 439,16	2,45	3,43
439,17 440,95	2,46	3,45
440,96 442,73	2,47	3,46
442,74 444,52	2,48	3,48
444,53 446,31	2,49	3,49
446,32 448,10	2,50	3,50
448,11 449,89	2,51	3,52
449,90 451,68	2,52	3,53
451,69 453,47	2,53	3,55
453,48 455,26	2,54	3,56
455,27 457,05	2,55	3,57
457,06 458,83	2,56	3,59
458,84 460,62	2,57	3,60
460,63 462,41	2,58	3,62
462,42 464,20	2,59	3,63
464,21 465,99	2,60	3,64
466,00 467,78	2,61	3,66
467,79 469,57	2,62	3,67
469,58 471,36	2,63	3,69
471,37 473,15	2,64	3,70
473,16 474,93	2,65	3,71
474,94 476,72	2,66	3,73
476,73 478,51	2,67	3,74
478,52 480,30	2,68	3,76
480,31 482,09	2,69	3,77
482,10 483,88	2,70	3,78
483,89 485,67	2,71	3,80
485,68 487,46	2,72	3,81
487,47 489,25	2,73	3,83
489,26 491,03	2,74	3,84
491,04 492,82	2,75	3,85

Salaire admissible	Cotisation de	
	l'employé	l'employeur
492,83 494,61	2,76	3,87
494,62 496,40	2,77	3,88
496,41 498,19	2,78	3,90
498,20 499,98	2,79	3,91
499,99 501,77	2,80	3,92
501,78 503,56	2,81	3,94
503,57 505,35	2,82	3,95
505,36 507,13	2,83	3,97
507,14 508,92	2,84	3,98
508,93 510,71	2,85	3,99
510,72 512,50	2,86	4,01
512,51 514,29	2,87	4,02
514,30 516,08	2,88	4,04
516,09 517,87	2,89	4,05
517,88 519,66	2,90	4,06
519,67 521,45	2,91	4,08
521,46 523,23	2,92	4,09
523,24 525,02	2,93	4,11
525,03 526,81	2,94	4,12
526,82 528,60	2,95	4,13
528,61 530,39	2,96	4,15
530,40 532,18	2,97	4,16
532,19 533,97	2,98	4,18
533,98 535,76	2,99	4,19
535,77 537,55	3,00	4,20
537,56 539,34	3,01	4,22
539,35 541,12	3,02	4,23
541,13 542,91	3,03	4,25
542,92 544,70	3,04	4,26
544,71 546,49	3,05	4,27
546,50 548,28	3,06	4,29
548,29 550,07	3,07	4,30
550,08 551,86	3,08	4,32
551,87 553,65	3,09	4,33
553,66 555,44	3,10	4,34
555,45 557,22	3,11	4,36
557,23 559,01	3,12	4,37
559,02 560,80	3,13	4,39
560,81 562,59	3,14	4,40
562,60 564,38	3,15	4,41
564,39 566,17	3,16	4,43
566,18 567,96	3,17	4,44
567,97 569,75	3,18	4,46
569,76 571,54	3,19	4,47
571,55 573,32	3,20	4,48
573,33 575,11	3,21	4,50
575,12 576,90	3,22	4,51
576,91 578,69	3,23	4,53
578,70 580,48	3,24	4,54
580,49 582,27	3,25	4,55
582,28 584,06	3,26	4,57
584,07 585,85	3,27	4,58
585,86 587,64	3,28	4,60
587,65 589,42	3,29	4,61
589,43 591,21	3,30	4,62

Salaire admissible	Cotisation de	
	l'employé	l'employeur
591,22 593,00	3,31	4,64
593,01 594,79	3,32	4,65
594,80 596,58	3,33	4,67
596,59 598,37	3,34	4,68
598,38 600,16	3,35	4,69
600,17 601,95	3,36	4,71
601,96 603,74	3,37	4,72
603,75 605,52	3,38	4,74
605,53 607,31	3,39	4,75
607,32 609,10	3,40	4,76
609,11 610,89	3,41	4,78
610,90 612,68	3,42	4,79
612,69 614,47	3,43	4,81
614,48 616,26	3,44	4,82
616,27 618,05	3,45	4,83
618,06 619,84	3,46	4,85
619,85 621,62	3,47	4,86
621,63 623,41	3,48	4,88
623,42 625,20	3,49	4,89
625,21 626,99	3,50	4,90
627,00 628,78	3,51	4,92
628,79 630,57	3,52	4,93
630,58 632,36	3,53	4,95
632,37 634,15	3,54	4,96
634,16 635,94	3,55	4,97
635,95 637,73	3,56	4,99
637,74 639,51	3,57	5,00
639,52 641,30	3,58	5,02
641,31 643,09	3,59	5,03
643,10 644,88	3,60	5,04
644,89 646,67	3,61	5,06
646,68 648,46	3,62	5,07
648,47 650,25	3,63	5,08
650,26 652,04	3,64	5,10
652,05 653,83	3,65	5,11
653,84 655,61	3,66	5,13
655,62 657,40	3,67	5,14
657,41 659,19	3,68	5,15
659,20 660,98	3,69	5,17
660,99 662,77	3,70	5,18
662,78 664,56	3,71	5,20
664,57 666,35	3,72	5,21
666,36 668,14	3,73	5,22
668,15 669,93	3,74	5,24
669,94 671,71	3,75	5,25
671,72 673,50	3,76	5,27
673,51 675,29	3,77	5,28
675,30 677,08	3,78	5,29
677,09 678,87	3,79	5,31
678,88 680,66	3,80	5,32
680,67 682,45	3,81	5,34
682,46 684,24	3,82	5,35
684,25 686,03	3,83	5,36
686,04 687,81	3,84	5,38
687,82 689,60	3,85	5,39

Salaire admissible	Cotisation de	
	l'employé	l'employeur
689,61 691,39	3,86	5,41
691,40 693,18	3,87	5,42
693,19 694,97	3,88	5,43
694,98 696,76	3,89	5,45
696,77 698,55	3,90	5,46
698,56 700,34	3,91	5,48
700,35 702,13	3,92	5,49
702,14 703,91	3,93	5,50
703,92 705,70	3,94	5,52
705,71 707,49	3,95	5,53
707,50 709,28	3,96	5,55
709,29 711,07	3,97	5,56
711,08 712,86	3,98	5,57
712,87 714,65	3,99	5,59
714,66 716,44	4,00	5,60
716,45 718,23	4,01	5,62
718,24 720,01	4,02	5,63
720,02 721,80	4,03	5,64
721,81 723,59	4,04	5,66
723,60 725,38	4,05	5,67
725,39 727,17	4,06	5,69
727,18 728,96	4,07	5,70
728,97 730,75	4,08	5,71
730,76 732,54	4,09	5,73
732,55 734,33	4,10	5,74
734,34 736,12	4,11	5,76
736,13 737,90	4,12	5,77
737,91 739,69	4,13	5,78
739,70 741,48	4,14	5,80
741,49 743,27	4,15	5,81
743,28 745,06	4,16	5,83
745,07 746,85	4,17	5,84
746,86 748,64	4,18	5,85
748,65 750,43	4,19	5,87
750,44 752,22	4,20	5,88
752,23 754,00	4,21	5,90
754,01 755,79	4,22	5,91
755,80 757,58	4,23	5,92
757,59 759,37	4,24	5,94
759,38 761,16	4,25	5,95
761,17 762,95	4,26	5,97
762,96 764,74	4,27	5,98
764,75 766,53	4,28	5,99
766,54 768,32	4,29	6,01
768,33 770,10	4,30	6,02
770,11 771,89	4,31	6,04
771,90 773,68	4,32	6,05
773,69 775,47	4,33	6,06
775,48 777,26	4,34	6,08
777,27 779,05	4,35	6,09
779,06 780,84	4,36	6,11
780,85 782,63	4,37	6,12
782,64 784,42	4,38	6,13
784,43 786,20	4,39	6,15
786,21 787,99	4,40	6,16

Salaire admissible	Cotisation de	
	l'employé	l'employeur
788,00 789,78	4,41	6,18
789,79 791,57	4,42	6,19
791,58 793,36	4,43	6,20
793,37 795,15	4,44	6,22
795,16 796,94	4,45	6,23
796,95 798,73	4,46	6,25
798,74 800,52	4,47	6,26
800,53 802,30	4,48	6,27
802,31 804,09	4,49	6,29
804,10 805,88	4,50	6,30
805,89 807,67	4,51	6,32
807,68 809,46	4,52	6,33
809,47 811,25	4,53	6,34
811,26 813,04	4,54	6,36
813,05 814,83	4,55	6,37
814,84 816,62	4,56	6,39
816,63 818,40	4,57	6,40
818,41 820,19	4,58	6,41
820,20 821,98	4,59	6,43
821,99 823,77	4,60	6,44
823,78 825,56	4,61	6,46
825,57 827,35	4,62	6,47
827,36 829,14	4,63	6,48
829,15 830,93	4,64	6,50
830,94 832,72	4,65	6,51
832,73 834,51	4,66	6,53
834,52 836,29	4,67	6,54
836,30 838,08	4,68	6,55
838,09 839,87	4,69	6,57
839,88 841,66	4,70	6,58
841,67 843,45	4,71	6,60
843,46 845,24	4,72	6,61
845,25 847,03	4,73	6,62
847,04 848,82	4,74	6,64
848,83 850,61	4,75	6,65
850,62 852,39	4,76	6,67
852,40 854,18	4,77	6,68
854,19 855,97	4,78	6,69
855,98 857,76	4,79	6,71
857,77 859,55	4,80	6,72
859,56 861,34	4,81	6,74
861,35 863,13	4,82	6,75
863,14 864,92	4,83	6,76
864,93 866,71	4,84	6,78
866,72 868,49	4,85	6,79
868,50 870,28	4,86	6,81
870,29 872,07	4,87	6,82
872,08 873,86	4,88	6,83
873,87 875,65	4,89	6,85
875,66 877,44	4,90	6,86
877,45 879,23	4,91	6,88
879,24 881,02	4,92	6,89
881,03 882,81	4,93	6,90
882,82 884,59	4,94	6,92
884,60 886,38	4,95	6,93

Salaire admissible	Cotisation de	
	l'employé	l'employeur
886,39 888,17	4,96	6,95
888,18 889,96	4,97	6,96
889,97 891,75	4,98	6,97
891,76 893,54	4,99	6,99
893,55 895,33	5,00	7,00
895,34 897,12	5,01	7,02
897,13 898,91	5,02	7,03
898,92 900,69	5,03	7,04
900,70 902,48	5,04	7,06
902,49 904,27	5,05	7,07
904,28 906,06	5,06	7,09
906,07 907,85	5,07	7,10
907,86 909,64	5,08	7,11
909,65 911,43	5,09	7,13
911,44 913,22	5,10	7,14
913,23 915,01	5,11	7,16
915,02 916,79	5,12	7,17
916,80 918,58	5,13	7,18
918,59 920,37	5,14	7,20
920,38 922,16	5,15	7,21
922,17 923,95	5,16	7,23
923,96 925,74	5,17	7,24
925,75 927,53	5,18	7,25
927,54 929,32	5,19	7,27
929,33 931,11	5,20	7,28
931,12 932,90	5,21	7,30
932,91 934,68	5,22	7,31
934,69 936,47	5,23	7,32
936,48 938,26	5,24	7,34
938,27 940,05	5,25	7,35
940,06 941,84	5,26	7,37
941,85 943,63	5,27	7,38
943,64 945,42	5,28	7,39
945,43 947,21	5,29	7,41
947,22 949,00	5,30	7,42
949,01 950,78	5,31	7,44
950,79 952,57	5,32	7,45
952,58 954,36	5,33	7,46
954,37 956,15	5,34	7,48
956,16 957,94	5,35	7,49
957,95 959,73	5,36	7,51
959,74 961,52	5,37	7,52
961,53 963,31	5,38	7,53
963,32 965,10	5,39	7,55
965,11 966,88	5,40	7,56
966,89 968,67	5,41	7,58
968,68 970,46	5,42	7,59
970,47 972,25	5,43	7,60
972,26 974,04	5,44	7,62
974,05 975,83	5,45	7,63
975,84 977,62	5,46	7,64
977,63 979,41	5,47	7,66
979,42 981,20	5,48	7,67
981,21 982,98	5,49	7,69
982,99 984,77	5,50	7,70

Salaire admissible	Cotisation de	
	l'employé	l'employeur
984,78 986,56	5,51	7,71
986,57 988,35	5,52	7,73
988,36 990,14	5,53	7,74
990,15 991,93	5,54	7,76
991,94 993,72	5,55	7,77
993,73 995,51	5,56	7,78
995,52 997,30	5,57	7,80
997,31 999,08	5,58	7,81
999,09 1 000,87	5,59	7,83
1 000,88 1 002,66	5,60	7,84
1 002,67 1 004,45	5,61	7,85
1 004,46 1 006,24	5,62	7,87
1 006,25 1 008,03	5,63	7,88
1 008,04 1 009,82	5,64	7,90
1 009,83 1 011,61	5,65	7,91
1 011,62 1 013,40	5,66	7,92
1 013,41 1 015,18	5,67	7,94
1 015,19 1 016,97	5,68	7,95
1 016,98 1 018,76	5,69	7,97
1 018,77 1 020,55	5,70	7,98
1 020,56 1 022,34	5,71	7,99
1 022,35 1 024,13	5,72	8,01
1 024,14 1 025,92	5,73	8,02
1 025,93 1 027,71	5,74	8,04
1 027,72 1 029,50	5,75	8,05
1 029,51 1 031,29	5,76	8,06
1 031,30 1 033,07	5,77	8,08
1 033,08 1 034,86	5,78	8,09
1 034,87 1 036,65	5,79	8,11
1 036,66 1 038,44	5,80	8,12
1 038,45 1 040,23	5,81	8,13
1 040,24 1 042,02	5,82	8,15
1 042,03 1 043,81	5,83	8,16
1 043,82 1 045,60	5,84	8,18
1 045,61 1 047,39	5,85	8,19
1 047,40 1 049,17	5,86	8,20
1 049,18 1 050,96	5,87	8,22
1 050,97 1 052,75	5,88	8,23
1 052,76 1 054,54	5,89	8,25
1 054,55 1 056,33	5,90	8,26
1 056,34 1 058,12	5,91	8,27
1 058,13 1 059,91	5,92	8,29
1 059,92 1 061,70	5,93	8,30
1 061,71 1 063,49	5,94	8,32
1 063,50 1 065,27	5,95	8,33
1 065,28 1 067,06	5,96	8,34
1 067,07 1 068,85	5,97	8,36
1 068,86 1 070,64	5,98	8,37
1 070,65 1 072,43	5,99	8,39
1 072,44 1 074,22	6,00	8,40
1 074,23 1 076,01	6,01	8,41
1 076,02 1 077,80	6,02	8,43
1 077,81 1 079,59	6,03	8,44
1 079,60 1 081,37	6,04	8,46
1 081,38 1 083,16	6,05	8,47

Salaire admissible	Cotisation de	
	l'employé	l'employeur
1 083,17 1 084,95	6,06	8,48
1 084,96 1 086,74	6,07	8,50
1 086,75 1 088,53	6,08	8,51
1 088,54 1 090,32	6,09	8,53
1 090,33 1 092,11	6,10	8,54
1 092,12 1 093,90	6,11	8,55
1 093,91 1 095,69	6,12	8,57
1 095,70 1 097,47	6,13	8,58
1 097,48 1 099,26	6,14	8,60
1 099,27 1 101,05	6,15	8,61
1 101,06 1 102,84	6,16	8,62
1 102,85 1 104,63	6,17	8,64
1 104,64 1 106,42	6,18	8,65
1 106,43 1 108,21	6,19	8,67
1 108,22 1 110,00	6,20	8,68
1 110,01 1 111,79	6,21	8,69
1 111,80 1 113,57	6,22	8,71
1 113,58 1 115,36	6,23	8,72
1 115,37 1 117,15	6,24	8,74
1 117,16 1 118,94	6,25	8,75
1 118,95 1 120,73	6,26	8,76
1 120,74 1 122,52	6,27	8,78
1 122,53 1 124,31	6,28	8,79
1 124,32 1 126,10	6,29	8,81
1 126,11 1 127,89	6,30	8,82
1 127,90 1 129,67	6,31	8,83
1 129,68 1 131,46	6,32	8,85
1 131,47 1 133,25	6,33	8,86
1 133,26 1 135,04	6,34	8,88
1 135,05 1 136,83	6,35	8,89
1 136,84 1 138,62	6,36	8,90
1 138,63 1 140,41	6,37	8,92
1 140,42 1 142,20	6,38	8,93
1 142,21 1 143,99	6,39	8,95
1 144,00 1 145,78	6,40	8,96
1 145,79 1 147,56	6,41	8,97
1 147,57 1 149,35	6,42	8,99
1 149,36 1 151,14	6,43	9,00
1 151,15 1 152,93	6,44	9,02
1 152,94 1 154,72	6,45	9,03
1 154,73 1 156,51	6,46	9,04
1 156,52 1 158,30	6,47	9,06
1 158,31 1 160,09	6,48	9,07
1 160,10 1 161,88	6,49	9,09
1 161,89 1 163,66	6,50	9,10
1 163,67 1 165,45	6,51	9,11
1 165,46 1 167,24	6,52	9,13
1 167,25 1 169,03	6,53	9,14
1 169,04 1 170,82	6,54	9,16
1 170,83 1 172,61	6,55	9,17
1 172,62 1 174,40	6,56	9,18
1 174,41 1 176,19	6,57	9,20
1 176,20 1 177,98	6,58	9,21
1 177,99 1 179,76	6,59	9,23
1 179,77 1 181,55	6,60	9,24

La paie 529

ANNEXE 9.6 : TABLE DES COTISATIONS AU RQAP (*suite*)

Salaire admissible		Cotisation de l'employé	Cotisation de l'employeur
1 181,56	1 183,34	6,61	9,25
1 183,35	1 185,13	6,62	9,27
1 185,14	1 186,92	6,63	9,28
1 186,93	1 188,71	6,64	9,30
1 188,72	1 190,50	6,65	9,31
1 190,51	1 192,29	6,66	9,32
1 192,30	1 194,08	6,67	9,34
1 194,09	1 195,86	6,68	9,35
1 195,87	1 197,65	6,69	9,37
1 197,66	1 199,44	6,70	9,38
1 199,45	1 201,23	6,71	9,39
1 201,24	1 203,02	6,72	9,41
1 203,03	1 204,81	6,73	9,42
1 204,82	1 206,60	6,74	9,44
1 206,61	1 208,39	6,75	9,45
1 208,40	1 210,18	6,76	9,46
1 210,19	1 211,96	6,77	9,48
1 211,97	1 213,75	6,78	9,49
1 213,76	1 215,54	6,79	9,51
1 215,55	1 217,33	6,80	9,52
1 217,34	1 219,12	6,81	9,53
1 219,13	1 220,91	6,82	9,55
1 220,92	1 222,70	6,83	9,56
1 222,71	1 224,49	6,84	9,58
1 224,50	1 226,28	6,85	9,59
1 226,29	1 228,06	6,86	9,60
1 228,07	1 229,85	6,87	9,62
1 229,86	1 231,64	6,88	9,63
1 231,65	1 233,43	6,89	9,65
1 233,44	1 235,22	6,90	9,66
1 235,23	1 237,01	6,91	9,67
1 237,02	1 238,80	6,92	9,69
1 238,81	1 240,59	6,93	9,70
1 240,60	1 242,38	6,94	9,72
1 242,39	1 244,17	6,95	9,73
1 244,18	1 245,95	6,96	9,74
1 245,96	1 247,74	6,97	9,76
1 247,75	1 249,53	6,98	9,77
1 249,54	1 251,32	6,99	9,79
1 251,33	1 253,11	7,00	9,80
1 253,12	1 254,90	7,01	9,81
1 254,91	1 256,69	7,02	9,83
1 256,70	1 258,48	7,03	9,84
1 258,49	1 260,27	7,04	9,86
1 260,28	1 262,05	7,05	9,87
1 262,06	1 263,84	7,06	9,88
1 263,85	1 265,63	7,07	9,90
1 265,64	1 267,42	7,08	9,91
1 267,43	1 269,21	7,09	9,93
1 269,22	1 271,00	7,10	9,94
1 271,01	1 272,79	7,11	9,95
1 272,80	1 274,58	7,12	9,97
1 274,59	1 276,37	7,13	9,98
1 276,38	1 278,15	7,14	10,00
1 278,16	1 279,94	7,15	10,01

Salaire admissible		Cotisation de l'employé	Cotisation de l'employeur
1 279,95	1 281,73	7,16	10,02
1 281,74	1 283,52	7,17	10,04
1 283,53	1 285,31	7,18	10,05
1 285,32	1 287,10	7,19	10,07
1 287,11	1 288,89	7,20	10,08
1 288,90	1 290,68	7,21	10,09
1 290,69	1 292,47	7,22	10,11
1 292,48	1 294,25	7,23	10,12
1 294,26	1 296,04	7,24	10,14
1 296,05	1 297,83	7,25	10,15
1 297,84	1 299,62	7,26	10,16
1 299,63	1 301,41	7,27	10,18
1 301,42	1 303,20	7,28	10,19
1 303,21	1 304,99	7,29	10,21
1 305,00	1 306,78	7,30	10,22
1 306,79	1 308,57	7,31	10,23
1 308,58	1 310,35	7,32	10,25
1 310,36	1 312,14	7,33	10,26
1 312,15	1 313,93	7,34	10,27
1 313,94	1 315,72	7,35	10,29
1 315,73	1 317,51	7,36	10,30
1 317,52	1 319,30	7,37	10,32
1 319,31	1 321,09	7,38	10,33
1 321,10	1 322,88	7,39	10,34
1 322,89	1 324,67	7,40	10,36
1 324,68	1 326,45	7,41	10,37
1 326,46	1 328,24	7,42	10,39
1 328,25	1 330,03	7,43	10,40
1 330,04	1 331,82	7,44	10,41
1 331,83	1 333,61	7,45	10,43
1 333,62	1 335,40	7,46	10,44
1 335,41	1 337,19	7,47	10,46
1 337,20	1 338,98	7,48	10,47
1 338,99	1 340,77	7,49	10,48
1 340,78	1 342,56	7,50	10,50
1 342,57	1 344,34	7,51	10,51
1 344,35	1 346,13	7,52	10,53
1 346,14	1 347,92	7,53	10,54
1 347,93	1 349,71	7,54	10,55
1 349,72	1 351,50	7,55	10,57
1 351,51	1 353,29	7,56	10,58
1 353,30	1 355,08	7,57	10,60
1 355,09	1 356,87	7,58	10,61
1 356,88	1 358,66	7,59	10,62
1 358,67	1 360,44	7,60	10,64
1 360,45	1 362,23	7,61	10,65
1 362,24	1 364,02	7,62	10,67
1 364,03	1 365,81	7,63	10,68
1 365,82	1 367,60	7,64	10,69
1 367,61	1 369,39	7,65	10,71
1 369,40	1 371,18	7,66	10,72
1 371,19	1 372,97	7,67	10,74
1 372,98	1 374,76	7,68	10,75
1 374,77	1 376,54	7,69	10,76
1 376,55	1 378,33	7,70	10,78

Salaire admissible		Cotisation de l'employé	Cotisation de l'employeur
1 378,34	1 380,12	7,71	10,79
1 380,13	1 381,91	7,72	10,81
1 381,92	1 383,70	7,73	10,82
1 383,71	1 385,49	7,74	10,83
1 385,50	1 387,28	7,75	10,85
1 387,29	1 389,07	7,76	10,86
1 389,08	1 390,86	7,77	10,88
1 390,87	1 392,64	7,78	10,89
1 392,65	1 394,43	7,79	10,90
1 394,44	1 396,22	7,80	10,92
1 396,23	1 398,01	7,81	10,93
1 398,02	1 399,80	7,82	10,95
1 399,81	1 401,59	7,83	10,96
1 401,60	1 403,38	7,84	10,97
1 403,39	1 405,17	7,85	10,99
1 405,18	1 406,96	7,86	11,00
1 406,97	1 408,74	7,87	11,02
1 408,75	1 410,53	7,88	11,03
1 410,54	1 412,32	7,89	11,04
1 412,33	1 414,11	7,90	11,06
1 414,12	1 415,90	7,91	11,07
1 415,91	1 417,69	7,92	11,09
1 417,70	1 419,48	7,93	11,10
1 419,49	1 421,27	7,94	11,11
1 421,28	1 423,06	7,95	11,13
1 423,07	1 424,84	7,96	11,14
1 424,85	1 426,63	7,97	11,16
1 426,64	1 428,42	7,98	11,17
1 428,43	1 430,21	7,99	11,18
1 430,22	1 432,00	8,00	11,20
1 432,01	1 433,79	8,01	11,21
1 433,80	1 435,58	8,02	11,23
1 435,59	1 437,37	8,03	11,24
1 437,38	1 439,16	8,04	11,25
1 439,17	1 440,95	8,05	11,27
1 440,96	1 442,73	8,06	11,28
1 442,74	1 444,52	8,07	11,30
1 444,53	1 446,31	8,08	11,31
1 446,32	1 448,10	8,09	11,32
1 448,11	1 449,89	8,10	11,34
1 449,90	1 451,68	8,11	11,35
1 451,69	1 453,47	8,12	11,37
1 453,48	1 455,26	8,13	11,38
1 455,27	1 457,05	8,14	11,39
1 457,06	1 458,83	8,15	11,41
1 458,84	1 460,62	8,16	11,42
1 460,63	1 462,41	8,17	11,44
1 462,42	1 464,20	8,18	11,45
1 464,21	1 465,99	8,19	11,46
1 466,00	1 467,78	8,20	11,48
1 467,79	1 469,57	8,21	11,49
1 469,58	1 471,36	8,22	11,51
1 471,37	1 473,15	8,23	11,52
1 473,16	1 474,93	8,24	11,53
1 474,94	1 476,72	8,25	11,55

Salaire admissible		Cotisation de l'employé	Cotisation de l'employeur
1 476,73	1 478,51	8,26	11,56
1 478,52	1 480,30	8,27	11,58
1 480,31	1 482,09	8,28	11,59
1 482,10	1 483,88	8,29	11,60
1 483,89	1 485,67	8,30	11,62
1 485,68	1 487,46	8,31	11,63
1 487,47	1 489,25	8,32	11,65
1 489,26	1 491,03	8,33	11,66
1 491,04	1 492,82	8,34	11,67
1 492,83	1 494,61	8,35	11,69
1 494,62	1 496,40	8,36	11,70
1 496,41	1 498,19	8,37	11,72
1 498,20	1 499,98	8,38	11,73
1 499,99	1 501,77	8,39	11,74
1 501,78	1 503,56	8,40	11,76
1 503,57	1 505,35	8,41	11,77
1 505,36	1 507,13	8,42	11,79
1 507,14	1 508,92	8,43	11,80
1 508,93	1 510,71	8,44	11,81
1 510,72	1 512,50	8,45	11,83
1 512,51	1 514,29	8,46	11,84
1 514,30	1 516,08	8,47	11,86
1 516,09	1 517,87	8,48	11,87
1 517,88	1 519,66	8,49	11,88
1 519,67	1 521,45	8,50	11,90
1 521,46	1 523,23	8,51	11,91
1 523,24	1 525,02	8,52	11,93
1 525,03	1 526,81	8,53	11,94
1 526,82	1 528,60	8,54	11,95
1 528,61	1 530,39	8,55	11,97
1 530,40	1 532,18	8,56	11,98
1 532,19	1 533,97	8,57	12,00
1 533,98	1 535,76	8,58	12,01
1 535,77	1 537,55	8,59	12,02
1 537,56	1 539,34	8,60	12,04
1 539,35	1 541,12	8,61	12,05
1 541,13	1 542,91	8,62	12,07
1 542,92	1 544,70	8,63	12,08
1 544,71	1 546,49	8,64	12,09
1 546,50	1 548,28	8,65	12,11
1 548,29	1 550,07	8,66	12,12
1 550,08	1 551,86	8,67	12,14
1 551,87	1 553,65	8,68	12,15
1 553,66	1 555,44	8,69	12,16
1 555,45	1 557,22	8,70	12,18
1 557,23	1 559,01	8,71	12,19
1 559,02	1 560,80	8,72	12,21
1 560,81	1 562,59	8,73	12,22
1 562,60	1 564,38	8,74	12,23
1 564,39	1 566,17	8,75	12,25
1 566,18	1 567,96	8,76	12,26
1 567,97	1 569,75	8,77	12,28
1 569,76	1 571,54	8,78	12,29
1 571,55	1 573,32	8,79	12,30
1 573,33	1 575,11	8,80	12,32

Salaire admissible		Cotisation de l'employé	Cotisation de l'employeur
1 575,12	1 576,90	8,81	12,33
1 576,91	1 578,69	8,82	12,35
1 578,70	1 580,48	8,83	12,36
1 580,49	1 582,27	8,84	12,37
1 582,28	1 584,06	8,85	12,39
1 584,07	1 585,85	8,86	12,40
1 585,86	1 587,64	8,87	12,42
1 587,65	1 589,42	8,88	12,43
1 589,43	1 591,21	8,89	12,44
1 591,22	1 593,00	8,90	12,46
1 593,01	1 594,79	8,91	12,47
1 594,80	1 596,58	8,92	12,49
1 596,59	1 598,37	8,93	12,50
1 598,38	1 600,16	8,94	12,51
1 600,17	1 601,95	8,95	12,53
1 601,96	1 603,74	8,96	12,54
1 603,75	1 605,52	8,97	12,56
1 605,53	1 607,31	8,98	12,57
1 607,32	1 609,10	8,99	12,58
1 609,11	1 610,89	9,00	12,60
1 610,90	1 612,68	9,01	12,61
1 612,69	1 614,47	9,02	12,63
1 614,48	1 616,26	9,03	12,64
1 616,27	1 618,05	9,04	12,65
1 618,06	1 619,84	9,05	12,67
1 619,85	1 621,62	9,06	12,68
1 621,63	1 623,41	9,07	12,70
1 623,42	1 625,20	9,08	12,71
1 625,21	1 626,99	9,09	12,72
1 627,00	1 628,78	9,10	12,74
1 628,79	1 630,57	9,11	12,75
1 630,58	1 632,36	9,12	12,77
1 632,37	1 634,15	9,13	12,78
1 634,16	1 635,94	9,14	12,79
1 635,95	1 637,73	9,15	12,81
1 637,74	1 639,51	9,16	12,82
1 639,52	1 641,30	9,17	12,84
1 641,31	1 643,09	9,18	12,85
1 643,10	1 644,88	9,19	12,86
1 644,89	1 646,67	9,20	12,88
1 646,68	1 648,46	9,21	12,89
1 648,47	1 650,25	9,22	12,90
1 650,26	1 652,04	9,23	12,92
1 652,05	1 653,83	9,24	12,93
1 653,84	1 655,61	9,25	12,95
1 655,62	1 657,40	9,26	12,96
1 657,41	1 659,19	9,27	12,97
1 659,20	1 660,98	9,28	12,99
1 660,99	1 662,77	9,29	13,00
1 662,78	1 664,56	9,30	13,02
1 664,57	1 666,35	9,31	13,03
1 666,36	1 668,14	9,32	13,04
1 668,15	1 669,93	9,33	13,06
1 669,94	1 671,71	9,34	13,07
1 671,72	1 673,50	9,35	13,09

Salaire admissible		Cotisation de l'employé	Cotisation de l'employeur
1 673,51	1 675,29	9,36	13,10
1 675,30	1 677,08	9,37	13,11
1 677,09	1 678,87	9,38	13,13
1 678,88	1 680,66	9,39	13,14
1 680,67	1 682,45	9,40	13,16
1 682,46	1 684,24	9,41	13,17
1 684,25	1 686,03	9,42	13,18
1 686,04	1 687,81	9,43	13,20
1 687,82	1 689,60	9,44	13,21
1 689,61	1 691,39	9,45	13,23
1 691,40	1 693,18	9,46	13,24
1 693,19	1 694,97	9,47	13,25
1 694,98	1 696,76	9,48	13,27
1 696,77	1 698,55	9,49	13,28
1 698,56	1 700,34	9,50	13,30
1 700,35	1 702,13	9,51	13,31
1 702,14	1 703,91	9,52	13,32
1 703,92	1 705,70	9,53	13,34
1 705,71	1 707,49	9,54	13,35
1 707,50	1 709,28	9,55	13,37
1 709,29	1 711,07	9,56	13,38
1 711,08	1 712,86	9,57	13,39
1 712,87	1 714,65	9,58	13,41
1 714,66	1 716,44	9,59	13,42
1 716,45	1 718,23	9,60	13,44
1 718,24	1 720,01	9,61	13,45
1 720,02	1 721,80	9,62	13,46
1 721,81	1 723,59	9,63	13,48
1 723,60	1 725,38	9,64	13,49
1 725,39	1 727,17	9,65	13,51
1 727,18	1 728,96	9,66	13,52
1 728,97	1 730,75	9,67	13,53
1 730,76	1 732,54	9,68	13,55
1 732,55	1 734,33	9,69	13,56
1 734,34	1 736,12	9,70	13,58
1 736,13	1 737,90	9,71	13,59
1 737,91	1 739,69	9,72	13,60
1 739,70	1 741,48	9,73	13,62
1 741,49	1 743,27	9,74	13,63
1 743,28	1 745,06	9,75	13,65
1 745,07	1 746,85	9,76	13,66
1 746,86	1 748,64	9,77	13,67
1 748,65	1 750,43	9,78	13,69
1 750,44	1 752,22	9,79	13,70
1 752,23	1 754,00	9,80	13,72
1 754,01	1 755,79	9,81	13,73
1 755,80	1 757,58	9,82	13,74
1 757,59	1 759,37	9,83	13,76
1 759,38	1 761,16	9,84	13,77
1 761,17	1 762,95	9,85	13,79
1 762,96	1 764,74	9,86	13,80
1 764,75	1 766,53	9,87	13,81
1 766,54	1 768,32	9,88	13,83
1 768,33	1 770,10	9,89	13,84
1 770,11	1 771,89	9,90	13,86

Salaire admissible		Cotisation de l'employé	Cotisation de l'employeur
1 771,90	1 773,68	9,91	13,87
1 773,69	1 775,47	9,92	13,88
1 775,48	1 777,26	9,93	13,90
1 777,27	1 779,05	9,94	13,91
1 779,06	1 780,84	9,95	13,93
1 780,85	1 782,63	9,96	13,94
1 782,64	1 784,42	9,97	13,95
1 784,43	1 786,20	9,98	13,97
1 786,21	1 787,99	9,99	13,98
1 788,00	1 789,78	10,00	14,00
1 789,79	1 791,57	10,01	14,01
1 791,58	1 793,36	10,02	14,02
1 793,37	1 795,15	10,03	14,04
1 795,16	1 796,94	10,04	14,05
1 796,95	1 798,73	10,05	14,07
1 798,74	1 800,52	10,06	14,08
1 800,53	1 802,30	10,07	14,09
1 802,31	1 804,09	10,08	14,11
1 804,10	1 805,88	10,09	14,12
1 805,89	1 807,67	10,10	14,14
1 807,68	1 809,46	10,11	14,15
1 809,47	1 811,25	10,12	14,16
1 811,26	1 813,04	10,13	14,18
1 813,05	1 814,83	10,14	14,19
1 814,84	1 816,62	10,15	14,21
1 816,63	1 818,40	10,16	14,22
1 818,41	1 820,19	10,17	14,23
1 820,20	1 821,98	10,18	14,25
1 821,99	1 823,77	10,19	14,26
1 823,78	1 825,56	10,20	14,28
1 825,57	1 827,35	10,21	14,29
1 827,36	1 829,14	10,22	14,30
1 829,15	1 830,93	10,23	14,32
1 830,94	1 832,72	10,24	14,33
1 832,73	1 834,51	10,25	14,35
1 834,52	1 836,29	10,26	14,36
1 836,30	1 838,08	10,27	14,37
1 838,09	1 839,87	10,28	14,39
1 839,88	1 841,66	10,29	14,40
1 841,67	1 843,45	10,30	14,42
1 843,46	1 845,24	10,31	14,43
1 845,25	1 847,03	10,32	14,44
1 847,04	1 848,82	10,33	14,46
1 848,83	1 850,61	10,34	14,47
1 850,62	1 852,39	10,35	14,49
1 852,40	1 854,18	10,36	14,50
1 854,19	1 855,97	10,37	14,51
1 855,98	1 857,76	10,38	14,53
1 857,77	1 859,55	10,39	14,54
1 859,56	1 861,34	10,40	14,56
1 861,35	1 863,13	10,41	14,57
1 863,14	1 864,92	10,42	14,58
1 864,93	1 866,71	10,43	14,60
1 866,72	1 868,49	10,44	14,61
1 868,50	1 870,28	10,45	14,63

Salaire admissible		Cotisation de l'employé	Cotisation de l'employeur
1 870,29	1 872,07	10,46	14,64
1 872,08	1 873,86	10,47	14,65
1 873,87	1 875,65	10,48	14,67
1 875,66	1 877,44	10,49	14,68
1 877,45	1 879,23	10,50	14,70
1 879,24	1 881,02	10,51	14,71
1 881,03	1 882,81	10,52	14,72
1 882,82	1 884,59	10,53	14,74
1 884,60	1 886,38	10,54	14,75
1 886,39	1 888,17	10,55	14,77
1 888,18	1 889,96	10,56	14,78
1 889,97	1 891,75	10,57	14,79
1 891,76	1 893,54	10,58	14,81
1 893,55	1 895,33	10,59	14,82
1 895,34	1 897,12	10,60	14,84
1 897,13	1 898,91	10,61	14,85
1 898,92	1 900,69	10,62	14,86
1 900,70	1 902,48	10,63	14,88
1 902,49	1 904,27	10,64	14,89
1 904,28	1 906,06	10,65	14,91
1 906,07	1 907,85	10,66	14,92
1 907,86	1 909,64	10,67	14,93
1 909,65	1 911,43	10,68	14,95
1 911,44	1 913,22	10,69	14,96
1 913,23	1 915,01	10,70	14,98
1 915,02	1 916,79	10,71	14,99
1 916,80	1 918,58	10,72	15,00
1 918,59	1 920,37	10,73	15,02
1 920,38	1 922,16	10,74	15,03
1 922,17	1 923,95	10,75	15,05
1 923,96	1 925,74	10,76	15,06
1 925,75	1 927,53	10,77	15,07
1 927,54	1 929,32	10,78	15,09
1 929,33	1 931,11	10,79	15,10
1 931,12	1 932,90	10,80	15,12
1 932,91	1 934,68	10,81	15,13
1 934,69	1 936,47	10,82	15,14
1 936,48	1 938,26	10,83	15,16
1 938,27	1 940,05	10,84	15,17
1 940,06	1 941,84	10,85	15,19
1 941,85	1 943,63	10,86	15,20
1 943,64	1 945,42	10,87	15,21
1 945,43	1 947,21	10,88	15,23
1 947,22	1 949,00	10,89	15,24
1 949,01	1 950,78	10,90	15,26
1 950,79	1 952,57	10,91	15,27
1 952,58	1 954,36	10,92	15,28
1 954,37	1 956,15	10,93	15,30
1 956,16	1 957,94	10,94	15,31
1 957,95	1 959,73	10,95	15,33
1 959,74	1 961,52	10,96	15,34
1 961,53	1 963,31	10,97	15,35
1 963,32	1 965,10	10,98	15,37
1 965,11	1 966,88	10,99	15,38
1 966,89	1 968,67	11,00	15,40

Salaire admissible		Cotisation de l'employé	Cotisation de l'employeur
1 968,68	1 970,46	11,01	15,41
1 970,47	1 972,25	11,02	15,42
1 972,26	1 974,04	11,03	15,44
1 974,05	1 975,83	11,04	15,45
1 975,84	1 977,62	11,05	15,46
1 977,63	1 979,41	11,06	15,48
1 979,42	1 981,20	11,07	15,49
1 981,21	1 982,98	11,08	15,51
1 982,99	1 984,77	11,09	15,52
1 984,78	1 986,56	11,10	15,53
1 986,57	1 988,35	11,11	15,55
1 988,36	1 990,14	11,12	15,56
1 990,15	1 991,93	11,13	15,58
1 991,94	1 993,72	11,14	15,59
1 993,73	1 995,51	11,15	15,60
1 995,52	1 997,30	11,16	15,62
1 997,31	1 999,08	11,17	15,63
1 999,09	2 000,87	11,18	15,65
2 000,88	2 002,66	11,19	15,66
2 002,67	2 004,45	11,20	15,67
2 004,46	2 006,24	11,21	15,69
2 006,25	2 008,03	11,22	15,70
2 008,04	2 009,82	11,23	15,72
2 009,83	2 011,61	11,24	15,73
2 011,62	2 013,40	11,25	15,74
2 013,41	2 015,18	11,26	15,76
2 015,19	2 016,97	11,27	15,77
2 016,98	2 018,76	11,28	15,79
2 018,77	2 020,55	11,29	15,80
2 020,56	2 022,34	11,30	15,81
2 022,35	2 024,13	11,31	15,83
2 024,14	2 025,92	11,32	15,84
2 025,93	2 027,71	11,33	15,86
2 027,72	2 029,50	11,34	15,87
2 029,51	2 031,29	11,35	15,88
2 031,30	2 033,07	11,36	15,90
2 033,08	2 034,86	11,37	15,91
2 034,87	2 036,65	11,38	15,93
2 036,66	2 038,44	11,39	15,94
2 038,45	2 040,23	11,40	15,95
2 040,24	2 042,02	11,41	15,97
2 042,03	2 043,81	11,42	15,98
2 043,82	2 045,60	11,43	16,00
2 045,61	2 047,39	11,44	16,01
2 047,40	2 049,17	11,45	16,02
2 049,18	2 050,96	11,46	16,04
2 050,97	2 052,75	11,47	16,05
2 052,76	2 054,54	11,48	16,07
2 054,55	2 056,33	11,49	16,08
2 056,34	2 058,12	11,50	16,09
2 058,13	2 059,91	11,51	16,11
2 059,92	2 061,70	11,52	16,12
2 061,71	2 063,49	11,53	16,14
2 063,50	2 065,27	11,54	16,15
2 065,28	2 067,06	11,55	16,16

Salaire admissible		Cotisation de l'employé	Cotisation de l'employeur
2 067,07	2 068,85	11,56	16,18
2 068,86	2 070,64	11,57	16,19
2 070,65	2 072,43	11,58	16,21
2 072,44	2 074,22	11,59	16,22
2 074,23	2 076,01	11,60	16,23
2 076,02	2 077,80	11,61	16,25
2 077,81	2 079,59	11,62	16,26
2 079,60	2 081,37	11,63	16,28
2 081,38	2 083,16	11,64	16,29
2 083,17	2 084,95	11,65	16,30
2 084,96	2 086,74	11,66	16,32
2 086,75	2 088,53	11,67	16,33
2 088,54	2 090,32	11,68	16,35
2 090,33	2 092,11	11,69	16,36
2 092,12	2 093,90	11,70	16,37
2 093,91	2 095,69	11,71	16,39
2 095,70	2 097,47	11,72	16,40
2 097,48	2 099,26	11,73	16,42
2 099,27	2 101,05	11,74	16,43
2 101,06	2 102,84	11,75	16,44
2 102,85	2 104,63	11,76	16,46
2 104,64	2 106,42	11,77	16,47
2 106,43	2 108,21	11,78	16,49
2 108,22	2 110,00	11,79	16,50
2 110,01	2 111,79	11,80	16,51
2 111,80	2 113,57	11,81	16,53
2 113,58	2 115,36	11,82	16,54
2 115,37	2 117,15	11,83	16,56
2 117,16	2 118,94	11,84	16,57
2 118,95	2 120,73	11,85	16,58
2 120,74	2 122,52	11,86	16,60
2 122,53	2 124,31	11,87	16,61
2 124,32	2 126,10	11,88	16,63
2 126,11	2 127,89	11,89	16,64
2 127,90	2 129,67	11,90	16,65
2 129,68	2 131,46	11,91	16,67
2 131,47	2 133,25	11,92	16,68
2 133,26	2 135,04	11,93	16,70
2 135,05	2 136,83	11,94	16,71
2 136,84	2 138,62	11,95	16,72
2 138,63	2 140,41	11,96	16,74
2 140,42	2 142,20	11,97	16,75
2 142,21	2 143,99	11,98	16,77
2 144,00	2 145,78	11,99	16,78
2 145,79	2 147,56	12,00	16,79
2 147,57	2 149,35	12,01	16,81
2 149,36	2 151,14	12,02	16,82
2 151,15	2 152,93	12,03	16,84
2 152,94	2 154,72	12,04	16,85
2 154,73	2 156,51	12,05	16,86
2 156,52	2 158,30	12,06	16,88
2 158,31	2 160,09	12,07	16,89
2 160,10	2 161,88	12,08	16,91
2 161,89	2 163,66	12,09	16,92
2 163,67	2 165,45	12,10	16,93

Salaire admissible		Cotisation de l'employé	Cotisation de l'employeur
2 165,46	2 167,24	12,11	16,95
2 167,25	2 169,03	12,12	16,96
2 169,04	2 170,82	12,13	16,98
2 170,83	2 172,61	12,14	16,99
2 172,62	2 174,40	12,15	17,00
2 174,41	2 176,19	12,16	17,02
2 176,20	2 177,98	12,17	17,03
2 177,99	2 179,76	12,18	17,05
2 179,77	2 181,55	12,19	17,06
2 181,56	2 183,34	12,20	17,07
2 183,35	2 185,13	12,21	17,09
2 185,14	2 186,92	12,22	17,10
2 186,93	2 188,71	12,23	17,12
2 188,72	2 190,50	12,24	17,13
2 190,51	2 192,29	12,25	17,14
2 192,30	2 194,08	12,26	17,16
2 194,09	2 195,86	12,27	17,17
2 195,87	2 197,65	12,28	17,19
2 197,66	2 199,44	12,29	17,20
2 199,45	2 201,23	12,30	17,21
2 201,24	2 203,02	12,31	17,23
2 203,03	2 204,81	12,32	17,24
2 204,82	2 206,60	12,33	17,26
2 206,61	2 208,39	12,34	17,27
2 208,40	2 210,18	12,35	17,28
2 210,19	2 211,96	12,36	17,30
2 211,97	2 213,75	12,37	17,31
2 213,76	2 215,54	12,38	17,33
2 215,55	2 217,33	12,39	17,34
2 217,34	2 219,12	12,40	17,35
2 219,13	2 220,91	12,41	17,37
2 220,92	2 222,70	12,42	17,38
2 222,71	2 224,49	12,43	17,40
2 224,50	2 226,28	12,44	17,41
2 226,29	2 228,06	12,45	17,42
2 228,07	2 229,85	12,46	17,44
2 229,86	2 231,64	12,47	17,45
2 231,65	2 233,43	12,48	17,47
2 233,44	2 235,22	12,49	17,48
2 235,23	2 237,01	12,50	17,49
2 237,02	2 238,80	12,51	17,51
2 238,81	2 240,59	12,52	17,52
2 240,60	2 242,38	12,53	17,54
2 242,39	2 244,17	12,54	17,55
2 244,18	2 245,95	12,55	17,56
2 245,96	2 247,74	12,56	17,58
2 247,75	2 249,53	12,57	17,59
2 249,54	2 251,32	12,58	17,61
2 251,33	2 253,11	12,59	17,62
2 253,12	2 254,90	12,60	17,63
2 254,91	2 256,69	12,61	17,65
2 256,70	2 258,48	12,62	17,66
2 258,49	2 260,27	12,63	17,68
2 260,28	2 262,05	12,64	17,69
2 262,06	2 263,84	12,65	17,70

Salaire admissible		Cotisation de l'employé	Cotisation de l'employeur
2 263,85	2 265,63	12,66	17,72
2 265,64	2 267,42	12,67	17,73
2 267,43	2 269,21	12,68	17,75
2 269,22	2 271,00	12,69	17,76
2 271,01	2 272,79	12,70	17,77
2 272,80	2 274,58	12,71	17,79
2 274,59	2 276,37	12,72	17,80
2 276,38	2 278,15	12,73	17,82
2 278,16	2 279,94	12,74	17,83
2 279,95	2 281,73	12,75	17,84
2 281,74	2 283,52	12,76	17,86
2 283,53	2 285,31	12,77	17,87
2 285,32	2 287,10	12,78	17,89
2 287,11	2 288,89	12,79	17,90
2 288,90	2 290,68	12,80	17,91
2 290,69	2 292,47	12,81	17,93
2 292,48	2 294,25	12,82	17,94
2 294,26	2 296,04	12,83	17,96
2 296,05	2 297,83	12,84	17,97
2 297,84	2 299,62	12,85	17,98
2 299,63	2 301,41	12,86	18,00
2 301,42	2 303,20	12,87	18,01
2 303,21	2 304,99	12,88	18,03
2 305,00	2 306,78	12,89	18,04
2 306,79	2 308,57	12,90	18,05
2 308,58	2 310,35	12,91	18,07
2 310,36	2 312,14	12,92	18,08
2 312,15	2 313,93	12,93	18,09
2 313,94	2 315,72	12,94	18,11
2 315,73	2 317,51	12,95	18,12
2 317,52	2 319,30	12,96	18,14
2 319,31	2 321,09	12,97	18,15
2 321,10	2 322,88	12,98	18,16
2 322,89	2 324,67	12,99	18,18
2 324,68	2 326,45	13,00	18,19
2 326,46	2 328,24	13,01	18,21
2 328,25	2 330,03	13,02	18,22
2 330,04	2 331,82	13,03	18,23
2 331,83	2 333,61	13,04	18,25
2 333,62	2 335,40	13,05	18,26
2 335,41	2 337,19	13,06	18,28
2 337,20	2 338,98	13,07	18,29
2 338,99	2 340,77	13,08	18,30
2 340,78	2 342,56	13,09	18,32
2 342,57	2 344,34	13,10	18,33
2 344,35	2 346,13	13,11	18,35
2 346,14	2 347,92	13,12	18,36
2 347,93	2 349,71	13,13	18,37
2 349,72	2 351,50	13,14	18,39
2 351,51	2 353,29	13,15	18,40
2 353,30	2 355,08	13,16	18,42
2 355,09	2 356,87	13,17	18,43
2 356,88	2 358,66	13,18	18,44
2 358,67	2 360,44	13,19	18,46
2 360,45	2 362,23	13,20	18,47

ANNEXE 9.6 : TABLE DES COTISATIONS AU RQAP (*suite*)

Salaire admissible		Cotisation de l'employé	Cotisation de l'employeur
2 362,24	2 364,02	13,21	18,49
2 364,03	2 365,81	13,22	18,50
2 365,82	2 367,60	13,23	18,51
2 367,61	2 369,39	13,24	18,53
2 369,40	2 371,18	13,25	18,54
2 371,19	2 372,97	13,26	18,56
2 372,98	2 374,76	13,27	18,57
2 374,77	2 376,54	13,28	18,58
2 376,55	2 378,33	13,29	18,60
2 378,34	2 380,12	13,30	18,61
2 380,13	2 381,91	13,31	18,63
2 381,92	2 383,70	13,32	18,64
2 383,71	2 385,49	13,33	18,65
2 385,50	2 387,28	13,34	18,67
2 387,29	2 389,07	13,35	18,68
2 389,08	2 390,86	13,36	18,70
2 390,87	2 392,64	13,37	18,71
2 392,65	2 394,43	13,38	18,72
2 394,44	2 396,22	13,39	18,74
2 396,23	2 398,01	13,40	18,75
2 398,02	2 399,80	13,41	18,77
2 399,81	2 401,59	13,42	18,78
2 401,60	2 403,38	13,43	18,79
2 403,39	2 405,17	13,44	18,81
2 405,18	2 406,96	13,45	18,82
2 406,97	2 408,74	13,46	18,84
2 408,75	2 410,53	13,47	18,85
2 410,54	2 412,32	13,48	18,86
2 412,33	2 414,11	13,49	18,88
2 414,12	2 415,90	13,50	18,89
2 415,91	2 417,69	13,51	18,91
2 417,70	2 419,48	13,52	18,92
2 419,49	2 421,27	13,53	18,93
2 421,28	2 423,06	13,54	18,95
2 423,07	2 424,84	13,55	18,96
2 424,85	2 426,63	13,56	18,98
2 426,64	2 428,42	13,57	18,99
2 428,43	2 430,21	13,58	19,00
2 430,22	2 432,00	13,59	19,02
2 432,01	2 433,79	13,60	19,03
2 433,80	2 435,58	13,61	19,05
2 435,59	2 437,37	13,62	19,06
2 437,38	2 439,16	13,63	19,07
2 439,17	2 440,95	13,64	19,09
2 440,96	2 442,73	13,65	19,10
2 442,74	2 444,52	13,66	19,12
2 444,53	2 446,31	13,67	19,13
2 446,32	2 448,10	13,68	19,14
2 448,11	2 449,89	13,69	19,16
2 449,90	2 451,68	13,70	19,17
2 451,69	2 453,47	13,71	19,19
2 453,48	2 455,26	13,72	19,20
2 455,27	2 457,05	13,73	19,21
2 457,06	2 458,83	13,74	19,23
2 458,84	2 460,62	13,75	19,24

Salaire admissible		Cotisation de l'employé	Cotisation de l'employeur
2 460,63	2 462,41	13,76	19,26
2 462,42	2 464,20	13,77	19,27
2 464,21	2 465,99	13,78	19,28
2 466,00	2 467,78	13,79	19,30
2 467,79	2 469,57	13,80	19,31
2 469,58	2 471,36	13,81	19,33
2 471,37	2 473,15	13,82	19,34
2 473,16	2 474,93	13,83	19,35
2 474,94	2 476,72	13,84	19,37
2 476,73	2 478,51	13,85	19,38
2 478,52	2 480,30	13,86	19,40
2 480,31	2 482,09	13,87	19,41
2 482,10	2 483,88	13,88	19,42
2 483,89	2 485,67	13,89	19,44
2 485,68	2 487,46	13,90	19,45
2 487,47	2 489,25	13,91	19,47
2 489,26	2 491,03	13,92	19,48
2 491,04	2 492,82	13,93	19,49
2 492,83	2 494,61	13,94	19,51
2 494,62	2 496,40	13,95	19,52
2 496,41	2 498,19	13,96	19,54
2 498,20	2 499,98	13,97	19,55
2 499,99	2 501,77	13,98	19,56
2 501,78	2 503,56	13,99	19,58
2 503,57	2 505,35	14,00	19,59
2 505,36	2 507,13	14,01	19,61
2 507,14	2 508,92	14,02	19,62
2 508,93	2 510,71	14,03	19,63
2 510,72	2 512,50	14,04	19,65
2 512,51	2 514,29	14,05	19,66
2 514,30	2 516,08	14,06	19,68
2 516,09	2 517,87	14,07	19,69
2 517,88	2 519,66	14,08	19,70
2 519,67	2 521,45	14,09	19,72
2 521,46	2 523,23	14,10	19,73
2 523,24	2 525,02	14,11	19,75
2 525,03	2 526,81	14,12	19,76
2 526,82	2 528,60	14,13	19,77
2 528,61	2 530,39	14,14	19,79
2 530,40	2 532,18	14,15	19,80
2 532,19	2 533,97	14,16	19,82
2 533,98	2 535,76	14,17	19,83
2 535,77	2 537,55	14,18	19,84
2 537,56	2 539,34	14,19	19,86
2 539,35	2 541,12	14,20	19,87
2 541,13	2 549,99	14,23	19,91
2 550,00	2 559,99	14,28	19,98
2 560,00	2 569,99	14,34	20,06
2 570,00	2 579,99	14,39	20,14
2 580,00	2 589,99	14,45	20,21
2 590,00	2 599,99	14,51	20,29
2 600,00	2 609,99	14,56	20,37
2 610,00	2 619,99	14,62	20,45
2 620,00	2 629,99	14,67	20,53
2 630,00	2 639,99	14,73	20,61

Salaire admissible		Cotisation de l'employé	Cotisation de l'employeur
2 640,00	2 649,99	14,79	20,68
2 650,00	2 659,99	14,84	20,76
2 660,00	2 669,99	14,90	20,84
2 670,00	2 679,99	14,95	20,92
2 680,00	2 689,99	15,01	21,00
2 690,00	2 699,99	15,07	21,07
2 700,00	2 709,99	15,12	21,15
2 710,00	2 719,99	15,18	21,23
2 720,00	2 729,99	15,23	21,31
2 730,00	2 739,99	15,29	21,39
2 740,00	2 749,99	15,34	21,47
2 750,00	2 759,99	15,40	21,54
2 760,00	2 769,99	15,46	21,62
2 770,00	2 779,99	15,51	21,70
2 780,00	2 789,99	15,57	21,78
2 790,00	2 799,99	15,62	21,86
2 800,00	2 809,99	15,68	21,94
2 810,00	2 819,99	15,74	22,01
2 820,00	2 829,99	15,79	22,09
2 830,00	2 839,99	15,85	22,17
2 840,00	2 849,99	15,90	22,25
2 850,00	2 859,99	15,96	22,33
2 860,00	2 869,99	16,02	22,40
2 870,00	2 879,99	16,07	22,48
2 880,00	2 889,99	16,13	22,56
2 890,00	2 899,99	16,18	22,64
2 900,00	2 909,99	16,24	22,72
2 910,00	2 919,99	16,29	22,80
2 920,00	2 929,99	16,35	22,87
2 930,00	2 939,99	16,41	22,95
2 940,00	2 949,99	16,46	23,03
2 950,00	2 959,99	16,52	23,11
2 960,00	2 969,99	16,57	23,19
2 970,00	2 979,99	16,63	23,26
2 980,00	2 989,99	16,69	23,34
2 990,00	2 999,99	16,74	23,42
3 000,00	3 009,99	16,80	23,50
3 010,00	3 019,99	16,85	23,58
3 020,00	3 029,99	16,91	23,66
3 030,00	3 039,99	16,97	23,73
3 040,00	3 049,99	17,02	23,81
3 050,00	3 059,99	17,08	23,89
3 060,00	3 069,99	17,13	23,97
3 070,00	3 079,99	17,19	24,05
3 080,00	3 089,99	17,25	24,12
3 090,00	3 099,99	17,30	24,20
3 100,00	3 109,99	17,36	24,28
3 110,00	3 119,99	17,41	24,36
3 120,00	3 129,99	17,47	24,44
3 130,00	3 139,99	17,52	24,52
3 140,00	3 149,99	17,58	24,59
3 150,00	3 159,99	17,64	24,67
3 160,00	3 169,99	17,69	24,75
3 170,00	3 179,99	17,75	24,83
3 180,00	3 189,99	17,80	24,91

Salaire admissible		Cotisation de l'employé	Cotisation de l'employeur
3 190,00	3 199,99	17,86	24,98
3 200,00	3 209,99	17,92	25,06
3 210,00	3 219,99	17,97	25,14
3 220,00	3 229,99	18,03	25,22
3 230,00	3 239,99	18,08	25,30
3 240,00	3 249,99	18,14	25,38
3 250,00	3 259,99	18,20	25,45
3 260,00	3 269,99	18,25	25,53
3 270,00	3 279,99	18,31	25,61
3 280,00	3 289,99	18,36	25,69
3 290,00	3 299,99	18,42	25,77
3 300,00	3 309,99	18,47	25,85
3 310,00	3 319,99	18,53	25,92
3 320,00	3 329,99	18,59	26,00
3 330,00	3 339,99	18,64	26,08
3 340,00	3 349,99	18,70	26,16
3 350,00	3 359,99	18,75	26,24
3 360,00	3 369,99	18,81	26,31
3 370,00	3 379,99	18,87	26,39
3 380,00	3 389,99	18,92	26,47
3 390,00	3 399,99	18,98	26,55
3 400,00	3 409,99	19,03	26,63
3 410,00	3 419,99	19,09	26,71
3 420,00	3 429,99	19,15	26,78
3 430,00	3 439,99	19,20	26,86
3 440,00	3 449,99	19,26	26,94
3 450,00	3 459,99	19,31	27,02
3 460,00	3 469,99	19,37	27,10
3 470,00	3 479,99	19,43	27,17
3 480,00	3 489,99	19,48	27,25
3 490,00	3 499,99	19,54	27,33
3 500,00	3 509,99	19,59	27,41
3 510,00	3 519,99	19,65	27,49
3 520,00	3 529,99	19,70	27,57
3 530,00	3 539,99	19,76	27,64
3 540,00	3 549,99	19,82	27,72
3 550,00	3 559,99	19,87	27,80
3 560,00	3 569,99	19,93	27,88
3 570,00	3 579,99	19,98	27,96
3 580,00	3 589,99	20,04	28,03
3 590,00	3 599,99	20,10	28,11
3 600,00	3 609,99	20,15	28,19
3 610,00	3 619,99	20,21	28,27
3 620,00	3 629,99	20,26	28,35
3 630,00	3 639,99	20,32	28,43
3 640,00	3 649,99	20,38	28,50
3 650,00	3 659,99	20,43	28,58
3 660,00	3 669,99	20,49	28,66
3 670,00	3 679,99	20,54	28,74
3 680,00	3 689,99	20,60	28,82
3 690,00	3 699,99	20,66	28,89
3 700,00	3 709,99	20,71	28,97
3 710,00	3 719,99	20,77	29,05
3 720,00	3 729,99	20,82	29,13
3 730,00	3 739,99	20,88	29,21

Salaire admissible		Cotisation de l'employé	Cotisation de l'employeur
3 740,00	3 749,99	20,93	29,29
3 750,00	3 759,99	20,99	29,36
3 760,00	3 769,99	21,05	29,44
3 770,00	3 779,99	21,10	29,52
3 780,00	3 789,99	21,16	29,60
3 790,00	3 799,99	21,21	29,68
3 800,00	3 809,99	21,27	29,76
3 810,00	3 819,99	21,33	29,83
3 820,00	3 829,99	21,38	29,91
3 830,00	3 839,99	21,44	29,99
3 840,00	3 849,99	21,49	30,07
3 850,00	3 859,99	21,55	30,15
3 860,00	3 869,99	21,61	30,22
3 870,00	3 879,99	21,66	30,30
3 880,00	3 889,99	21,72	30,38
3 890,00	3 899,99	21,77	30,46
3 900,00	3 909,99	21,83	30,54
3 910,00	3 919,99	21,88	30,62
3 920,00	3 929,99	21,94	30,69
3 930,00	3 939,99	22,00	30,77
3 940,00	3 949,99	22,05	30,85
3 950,00	3 959,99	22,11	30,93
3 960,00	3 969,99	22,16	31,01
3 970,00	3 979,99	22,22	31,08
3 980,00	3 989,99	22,28	31,16
3 990,00	3 999,99	22,33	31,24
4 000,00	4 009,99	22,39	31,32
4 010,00	4 019,99	22,44	31,40
4 020,00	4 029,99	22,50	31,48
4 030,00	4 039,99	22,56	31,55
4 040,00	4 049,99	22,61	31,63
4 050,00	4 059,99	22,67	31,71
4 060,00	4 069,99	22,72	31,79
4 070,00	4 079,99	22,78	31,87
4 080,00	4 089,99	22,84	31,94
4 090,00	4 099,99	22,89	32,02
4 100,00	4 109,99	22,95	32,10
4 110,00	4 119,99	23,00	32,18
4 120,00	4 129,99	23,06	32,26
4 130,00	4 139,99	23,11	32,34
4 140,00	4 149,99	23,17	32,41
4 150,00	4 159,99	23,23	32,49
4 160,00	4 169,99	23,28	32,57
4 170,00	4 179,99	23,34	32,65
4 180,00	4 189,99	23,39	32,73
4 190,00	4 199,99	23,45	32,80
4 200,00	4 209,99	23,51	32,88
4 210,00	4 219,99	23,56	32,96
4 220,00	4 229,99	23,62	33,04
4 230,00	4 239,99	23,67	33,12
4 240,00	4 249,99	23,73	33,20
4 250,00	4 259,99	23,79	33,27
4 260,00	4 269,99	23,84	33,35
4 270,00	4 279,99	23,90	33,43
4 280,00	4 289,99	23,95	33,51

Salaire admissible		Cotisation de l'employé	Cotisation de l'employeur
4 290,00	4 299,99	24,01	33,59
4 300,00	4 309,99	24,06	33,67
4 310,00	4 319,99	24,12	33,74
4 320,00	4 329,99	24,18	33,82
4 330,00	4 339,99	24,23	33,90
4 340,00	4 349,99	24,29	33,98
4 350,00	4 359,99	24,34	34,06
4 360,00	4 369,99	24,40	34,13
4 370,00	4 379,99	24,46	34,21
4 380,00	4 389,99	24,51	34,29
4 390,00	4 399,99	24,57	34,37
4 400,00	4 409,99	24,62	34,45
4 410,00	4 419,99	24,68	34,53
4 420,00	4 429,99	24,74	34,60
4 430,00	4 439,99	24,79	34,68
4 440,00	4 449,99	24,85	34,76
4 450,00	4 459,99	24,90	34,84
4 460,00	4 469,99	24,96	34,92
4 470,00	4 479,99	25,02	34,99
4 480,00	4 489,99	25,07	35,07
4 490,00	4 499,99	25,13	35,15
4 500,00	4 509,99	25,18	35,23
4 510,00	4 519,99	25,24	35,31
4 520,00	4 529,99	25,29	35,39
4 530,00	4 539,99	25,35	35,46
4 540,00	4 549,99	25,41	35,54
4 550,00	4 559,99	25,46	35,62
4 560,00	4 569,99	25,52	35,70
4 570,00	4 579,99	25,57	35,78
4 580,00	4 589,99	25,63	35,85
4 590,00	4 599,99	25,69	35,93
4 600,00	4 609,99	25,74	36,01
4 610,00	4 619,99	25,80	36,09
4 620,00	4 629,99	25,85	36,17
4 630,00	4 639,99	25,91	36,25
4 640,00	4 649,99	25,97	36,32
4 650,00	4 659,99	26,02	36,40
4 660,00	4 669,99	26,08	36,48
4 670,00	4 679,99	26,13	36,56
4 680,00	4 689,99	26,19	36,64
4 690,00	4 699,99	26,25	36,71
4 700,00	4 709,99	26,30	36,79
4 710,00	4 719,99	26,36	36,87
4 720,00	4 729,99	26,41	36,95
4 730,00	4 739,99	26,47	37,03
4 740,00	4 749,99	26,52	37,11
4 750,00	4 759,99	26,58	37,18
4 760,00	4 769,99	26,64	37,26
4 770,00	4 779,99	26,69	37,34
4 780,00	4 789,99	26,75	37,42
4 790,00	4 799,99	26,80	37,50
4 800,00	4 809,99	26,86	37,58
4 810,00	4 819,99	26,92	37,65
4 820,00	4 829,99	26,97	37,73
4 830,00	4 839,99	27,03	37,81

Salaire admissible		Cotisation de l'employé	Cotisation de l'employeur
4 840,00	4 849,99	27,08	37,89
4 850,00	4 859,99	27,14	37,97
4 860,00	4 869,99	27,20	38,04
4 870,00	4 879,99	27,25	38,12
4 880,00	4 889,99	27,31	38,20
4 890,00	4 899,99	27,36	38,28
4 900,00	4 909,99	27,42	38,36
4 910,00	4 919,99	27,47	38,44
4 920,00	4 929,99	27,53	38,51
4 930,00	4 939,99	27,59	38,59
4 940,00	4 949,99	27,64	38,67
4 950,00	4 959,99	27,70	38,75
4 960,00	4 969,99	27,75	38,83
4 970,00	4 979,99	27,81	38,90
4 980,00	4 989,99	27,87	38,98
4 990,00	4 999,99	27,92	39,06
5 000,00	5 009,99	27,98	39,14
5 010,00	5 029,99	28,06	39,26
5 030,00	5 049,99	28,17	39,41
5 050,00	5 069,99	28,29	39,57
5 070,00	5 089,99	28,40	39,73
5 090,00	5 109,99	28,51	39,88
5 110,00	5 129,99	28,62	40,04
5 130,00	5 149,99	28,73	40,19
5 150,00	5 169,99	28,84	40,35
5 170,00	5 189,99	28,96	40,51
5 190,00	5 209,99	29,07	40,66
5 210,00	5 229,99	29,18	40,82
5 230,00	5 249,99	29,29	40,98
5 250,00	5 269,99	29,40	41,13
5 270,00	5 289,99	29,52	41,29
5 290,00	5 309,99	29,63	41,45
5 310,00	5 329,99	29,74	41,60
5 330,00	5 349,99	29,85	41,76
5 350,00	5 369,99	29,96	41,92
5 370,00	5 389,99	30,07	42,07
5 390,00	5 409,99	30,19	42,23
5 410,00	5 429,99	30,30	42,38
5 430,00	5 449,99	30,41	42,54
5 450,00	5 469,99	30,52	42,70
5 470,00	5 489,99	30,63	42,85
5 490,00	5 509,99	30,74	43,01
5 510,00	5 529,99	30,86	43,17
5 530,00	5 549,99	30,97	43,32
5 550,00	5 569,99	31,08	43,48
5 570,00	5 589,99	31,19	43,64
5 590,00	5 609,99	31,30	43,79
5 610,00	5 629,99	31,42	43,95
5 630,00	5 649,99	31,53	44,10
5 650,00	5 669,99	31,64	44,26
5 670,00	5 689,99	31,75	44,42
5 690,00	5 709,99	31,86	44,57
5 710,00	5 729,99	31,97	44,73
5 730,00	5 749,99	32,09	44,89
5 750,00	5 769,99	32,20	45,04

Salaire admissible		Cotisation de l'employé	Cotisation de l'employeur
5 770,00	5 789,99	32,31	45,20
5 790,00	5 809,99	32,42	45,36
5 810,00	5 829,99	32,53	45,51
5 830,00	5 849,99	32,65	45,67
5 850,00	5 869,99	32,76	45,83
5 870,00	5 889,99	32,87	45,98
5 890,00	5 909,99	32,98	46,14
5 910,00	5 929,99	33,09	46,29
5 930,00	5 949,99	33,20	46,45
5 950,00	5 969,99	33,32	46,61
5 970,00	5 989,99	33,43	46,76
5 990,00	6 009,99	33,54	46,92
6 010,00	6 029,99	33,65	47,08
6 030,00	6 049,99	33,76	47,23
6 050,00	6 069,99	33,88	47,39
6 070,00	6 089,99	33,99	47,55
6 090,00	6 109,99	34,10	47,70
6 110,00	6 129,99	34,21	47,86
6 130,00	6 149,99	34,32	48,01
6 150,00	6 169,99	34,43	48,17
6 170,00	6 189,99	34,55	48,33
6 190,00	6 209,99	34,66	48,48
6 210,00	6 229,99	34,77	48,64
6 230,00	6 249,99	34,88	48,80
6 250,00	6 269,99	34,99	48,95
6 270,00	6 289,99	35,11	49,11
6 290,00	6 309,99	35,22	49,27
6 310,00	6 329,99	35,33	49,42
6 330,00	6 349,99	35,44	49,58
6 350,00	6 369,99	35,55	49,74
6 370,00	6 389,99	35,66	49,89
6 390,00	6 409,99	35,78	50,05
6 410,00	6 429,99	35,89	50,20
6 430,00	6 449,99	36,00	50,36
6 450,00	6 469,99	36,11	50,52
6 470,00	6 489,99	36,22	50,67
6 490,00	6 509,99	36,33	50,83
6 510,00	6 529,99	36,45	50,99
6 530,00	6 549,99	36,56	51,14
6 550,00	6 569,99	36,67	51,30
6 570,00	6 589,99	36,78	51,46
6 590,00	6 609,99	36,89	51,61
6 610,00	6 629,99	37,01	51,77
6 630,00	6 649,99	37,12	51,92
6 650,00	6 669,99	37,23	52,08
6 670,00	6 689,99	37,34	52,24
6 690,00	6 709,99	37,45	52,39
6 710,00	6 729,99	37,56	52,55
6 730,00	6 749,99	37,68	52,71
6 750,00	6 769,99	37,79	52,86
6 770,00	6 789,99	37,90	53,02
6 790,00	6 809,99	38,01	53,18
6 810,00	6 829,99	38,12	53,33
6 830,00	6 849,99	38,24	53,49
6 850,00	6 869,99	38,35	53,65

Salaire admissible		Cotisation de l'employé	Cotisation de l'employeur
6 870,00	6 889,99	38,46	53,80
6 890,00	6 909,99	38,57	53,96
6 910,00	6 929,99	38,68	54,11
6 930,00	6 949,99	38,79	54,27
6 950,00	6 969,99	38,91	54,43
6 970,00	6 989,99	39,02	54,58
6 990,00	7 009,99	39,13	54,74
7 010,00	7 029,99	39,24	54,90
7 030,00	7 049,99	39,35	55,05
7 050,00	7 069,99	39,47	55,21
7 070,00	7 089,99	39,58	55,37
7 090,00	7 109,99	39,69	55,52
7 110,00	7 129,99	39,80	55,68
7 130,00	7 149,99	39,91	55,83
7 150,00	7 169,99	40,02	55,99
7 170,00	7 189,99	40,14	56,15
7 190,00	7 209,99	40,25	56,30
7 210,00	7 229,99	40,36	56,46
7 230,00	7 249,99	40,47	56,62
7 250,00	7 269,99	40,58	56,77
7 270,00	7 289,99	40,70	56,93
7 290,00	7 309,99	40,81	57,09
7 310,00	7 329,99	40,92	57,24
7 330,00	7 349,99	41,03	57,40
7 350,00	7 369,99	41,14	57,56
7 370,00	7 389,99	41,25	57,71
7 390,00	7 409,99	41,37	57,87
7 410,00	7 429,99	41,48	58,02
7 430,00	7 449,99	41,59	58,18
7 450,00	7 469,99	41,70	58,34
7 470,00	7 489,99	41,81	58,49
7 490,00	7 509,99	41,92	58,65
7 510,00	7 529,99	42,04	58,81
7 530,00	7 549,99	42,15	58,96
7 550,00	7 569,99	42,26	59,12
7 570,00	7 589,99	42,37	59,28
7 590,00	7 609,99	42,48	59,43
7 610,00	7 629,99	42,60	59,59
7 630,00	7 649,99	42,71	59,74
7 650,00	7 669,99	42,82	59,90
7 670,00	7 689,99	42,93	60,06
7 690,00	7 709,99	43,04	60,21
7 710,00	7 729,99	43,15	60,37
7 730,00	7 749,99	43,27	60,53
7 750,00	7 769,99	43,38	60,68
7 770,00	7 789,99	43,49	60,84
7 790,00	7 809,99	43,60	61,00
7 810,00	7 829,99	43,71	61,15
7 830,00	7 849,99	43,83	61,31
7 850,00	7 869,99	43,94	61,47
7 870,00	7 889,99	44,05	61,62
7 890,00	7 909,99	44,16	61,78
7 910,00	7 929,99	44,27	61,93
7 930,00	7 949,99	44,38	62,09
7 950,00	7 969,99	44,50	62,25

Salaire admissible		Cotisation de l'employé	Cotisation de l'employeur
7 970,00	7 989,99	44,61	62,40
7 990,00	8 009,99	44,72	62,56
8 010,00	8 029,99	44,83	62,72
8 030,00	8 049,99	44,94	62,87
8 050,00	8 069,99	45,06	63,03
8 070,00	8 089,99	45,17	63,19
8 090,00	8 109,99	45,28	63,34
8 110,00	8 129,99	45,39	63,50
8 130,00	8 149,99	45,50	63,65
8 150,00	8 169,99	45,61	63,81
8 170,00	8 189,99	45,73	63,97
8 190,00	8 209,99	45,84	64,12
8 210,00	8 229,99	45,95	64,28
8 230,00	8 249,99	46,06	64,44
8 250,00	8 269,99	46,17	64,59
8 270,00	8 289,99	46,29	64,75
8 290,00	8 309,99	46,40	64,91
8 310,00	8 329,99	46,51	65,06
8 330,00	8 349,99	46,62	65,22
8 350,00	8 369,99	46,73	65,38
8 370,00	8 389,99	46,84	65,53
8 390,00	8 409,99	46,96	65,69
8 410,00	8 429,99	47,07	65,84
8 430,00	8 449,99	47,18	66,00
8 450,00	8 469,99	47,29	66,16
8 470,00	8 489,99	47,40	66,31
8 490,00	8 509,99	47,51	66,47
8 510,00	8 529,99	47,63	66,63
8 530,00	8 549,99	47,74	66,78
8 550,00	8 569,99	47,85	66,94
8 570,00	8 589,99	47,96	67,10
8 590,00	8 609,99	48,07	67,25
8 610,00	8 629,99	48,19	67,41
8 630,00	8 649,99	48,30	67,56
8 650,00	8 669,99	48,41	67,72
8 670,00	8 689,99	48,52	67,88
8 690,00	8 709,99	48,63	68,03
8 710,00	8 729,99	48,74	68,19
8 730,00	8 749,99	48,86	68,35
8 750,00	8 769,99	48,97	68,50
8 770,00	8 789,99	49,08	68,66
8 790,00	8 809,99	49,19	68,82
8 810,00	8 829,99	49,30	68,97
8 830,00	8 849,99	49,42	69,13
8 850,00	8 869,99	49,53	69,29
8 870,00	8 889,99	49,64	69,44
8 890,00	8 909,99	49,75	69,60
8 910,00	8 929,99	49,86	69,75
8 930,00	8 949,99	49,97	69,91
8 950,00	8 969,99	50,09	70,07
8 970,00	8 989,99	50,20	70,22
8 990,00	9 009,99	50,31	70,38
9 010,00	9 029,99	50,42	70,54
9 030,00	9 049,99	50,53	70,69
9 050,00	9 069,99	50,65	70,85

Salaire admissible		Cotisation de l'employé	Cotisation de l'employeur
9 070,00	9 089,99	50,76	71,01
9 090,00	9 109,99	50,87	71,16
9 110,00	9 129,99	50,98	71,32
9 130,00	9 149,99	51,09	71,47
9 150,00	9 169,99	51,20	71,63
9 170,00	9 189,99	51,32	71,79
9 190,00	9 209,99	51,43	71,94
9 210,00	9 229,99	51,54	72,10
9 230,00	9 249,99	51,65	72,26
9 250,00	9 269,99	51,76	72,41
9 270,00	9 289,99	51,88	72,57
9 290,00	9 309,99	51,99	72,73
9 310,00	9 329,99	52,10	72,88
9 330,00	9 349,99	52,21	73,04
9 350,00	9 369,99	52,32	73,20
9 370,00	9 389,99	52,43	73,35
9 390,00	9 409,99	52,55	73,51
9 410,00	9 429,99	52,66	73,66
9 430,00	9 449,99	52,77	73,82
9 450,00	9 469,99	52,88	73,98
9 470,00	9 489,99	52,99	74,13
9 490,00	9 509,99	53,10	74,29
9 510,00	9 529,99	53,22	74,45
9 530,00	9 549,99	53,33	74,60
9 550,00	9 569,99	53,44	74,76
9 570,00	9 589,99	53,55	74,92
9 590,00	9 609,99	53,66	75,07
9 610,00	9 629,99	53,78	75,23
9 630,00	9 649,99	53,89	75,38
9 650,00	9 669,99	54,00	75,54
9 670,00	9 689,99	54,11	75,70
9 690,00	9 709,99	54,22	75,85
9 710,00	9 729,99	54,33	76,01
9 730,00	9 749,99	54,45	76,17
9 750,00	9 769,99	54,56	76,32
9 770,00	9 789,99	54,67	76,48
9 790,00	9 809,99	54,78	76,64
9 810,00	9 829,99	54,89	76,79
9 830,00	9 849,99	55,01	76,95
9 850,00	9 869,99	55,12	77,11
9 870,00	9 889,99	55,23	77,26
9 890,00	9 909,99	55,34	77,42
9 910,00	9 929,99	55,45	77,57
9 930,00	9 949,99	55,56	77,73
9 950,00	9 969,99	55,68	77,89
9 970,00	9 989,99	55,79	78,04
9 990,00	10009,99	55,90	78,20
10010,00	10029,99	56,01	78,36
10030,00	10049,99	56,12	78,51
10050,00	10069,99	56,24	78,67
10070,00	10089,99	56,35	78,83
10090,00	10109,99	56,46	78,98
10110,00	10129,99	56,57	79,14
10130,00	10149,99	56,68	79,29
10150,00	10169,99	56,79	79,45

Salaire admissible		Cotisation de l'employé	Cotisation de l'employeur
10170,00	10189,99	56,91	79,61
10190,00	10209,99	57,02	79,76
10210,00	10229,99	57,13	79,92
10230,00	10249,99	57,24	80,08
10250,00	10269,99	57,35	80,23
10270,00	10289,99	57,47	80,39
10290,00	10309,99	57,58	80,55
10310,00	10329,99	57,69	80,70
10330,00	10349,99	57,80	80,86
10350,00	10369,99	57,91	81,02
10370,00	10389,99	58,02	81,17
10390,00	10409,99	58,14	81,33
10410,00	10429,99	58,25	81,48
10430,00	10449,99	58,36	81,64
10450,00	10469,99	58,47	81,80
10470,00	10489,99	58,58	81,95
10490,00	10509,99	58,69	82,11
10510,00	10529,99	58,81	82,27
10530,00	10549,99	58,92	82,42
10550,00	10569,99	59,03	82,58
10570,00	10589,99	59,14	82,74
10590,00	10609,99	59,25	82,89
10610,00	10629,99	59,37	83,05
10630,00	10649,99	59,48	83,20
10650,00	10669,99	59,59	83,36
10670,00	10689,99	59,70	83,52
10690,00	10709,99	59,81	83,67
10710,00	10729,99	59,92	83,83
10730,00	10749,99	60,04	83,99
10750,00	10769,99	60,15	84,14
10770,00	10789,99	60,26	84,30
10790,00	10809,99	60,37	84,46
10810,00	10829,99	60,48	84,61
10830,00	10849,99	60,60	84,77
10850,00	10869,99	60,71	84,93
10870,00	10889,99	60,82	85,08
10890,00	10909,99	60,93	85,24
10910,00	10929,99	61,04	85,39
10930,00	10949,99	61,15	85,55
10950,00	10969,99	61,27	85,71
10970,00	10989,99	61,38	85,86
10990,00	11009,99	61,49	86,02
11010,00	11029,99	61,60	86,18
11030,00	11049,99	61,71	86,33
11050,00	11069,99	61,83	86,49
11070,00	11089,99	61,94	86,65
11090,00	11109,99	62,05	86,80
11110,00	11129,99	62,16	86,96
11130,00	11149,99	62,27	87,11
11150,00	11169,99	62,38	87,27

Pour les rémunérations de plus de 11 169,99 $, consultez le *Guide de l'employeur* (TP-1015.G).

ANNEXE 9.7 : TABLE DES COTISATIONS À L'ASSURANCE-EMPLOI

Cotisations à l'assurance-emploi du Québec						Quebec Employment Insurance Premiums					
Rémunération assurable / Insurable Earnings De - From	À - To	Cotisation d'AE / EI premium	Rémunération assurable / Insurable Earnings De - From	À - To	Cotisation d'AE / EI premium	Rémunération assurable / Insurable Earnings De - From	À - To	Cotisation d'AE / EI premium	Rémunération assurable / Insurable Earnings De - From	À - To	Cotisation d'AE / EI premium
.00	1.02	.01	49.32	49.99	.73	98.30	98.97	1.45	147.28	147.95	2.17
1.03	1.70	.02	50.00	50.68	.74	98.98	99.65	1.46	147.96	148.63	2.18
1.71	2.38	.03	50.69	51.36	.75	99.66	100.34	1.47	148.64	149.31	2.19
2.39	3.06	.04	51.37	52.04	.76	100.35	101.02	1.48	149.32	149.99	2.20
3.07	3.74	.05	52.05	52.72	.77	101.03	101.70	1.49	150.00	150.68	2.21
3.75	4.42	.06	52.73	53.40	.78	101.71	102.38	1.50	150.69	151.36	2.22
4.43	5.10	.07	53.41	54.08	.79	102.39	103.06	1.51	151.37	152.04	2.23
5.11	5.78	.08	54.09	54.76	.80	103.07	103.74	1.52	152.05	152.72	2.24
5.79	6.46	.09	54.77	55.44	.81	103.75	104.42	1.53	152.73	153.40	2.25
6.47	7.14	.10	55.45	56.12	.82	104.43	105.10	1.54	153.41	154.08	2.26
7.15	7.82	.11	56.13	56.80	.83	105.11	105.78	1.55	154.09	154.76	2.27
7.83	8.50	.12	56.81	57.48	.84	105.79	106.46	1.56	154.77	155.44	2.28
8.51	9.18	.13	57.49	58.16	.85	106.47	107.14	1.57	155.45	156.12	2.29
9.19	9.86	.14	58.17	58.84	.86	107.15	107.82	1.58	156.13	156.80	2.30
9.87	10.54	.15	58.85	59.52	.87	107.83	108.50	1.59	156.81	157.48	2.31
10.55	11.22	.16	59.53	60.20	.88	108.51	109.18	1.60	157.49	158.16	2.32
11.23	11.90	.17	60.21	60.88	.89	109.19	109.86	1.61	158.17	158.84	2.33
11.91	12.58	.18	60.89	61.56	.90	109.87	110.54	1.62	158.85	159.52	2.34
12.59	13.26	.19	61.57	62.24	.91	110.55	111.22	1.63	159.53	160.20	2.35
13.27	13.94	.20	62.25	62.92	.92	111.23	111.90	1.64	160.21	160.88	2.36
13.95	14.62	.21	62.93	63.60	.93	111.91	112.58	1.65	160.89	161.56	2.37
14.63	15.30	.22	63.61	64.28	.94	112.59	113.26	1.66	161.57	162.24	2.38
15.31	15.98	.23	64.29	64.96	.95	113.27	113.94	1.67	162.25	162.92	2.39
15.99	16.66	.24	64.97	65.64	.96	113.95	114.62	1.68	162.93	163.60	2.40
16.67	17.34	.25	65.65	66.32	.97	114.63	115.30	1.69	163.61	164.28	2.41
17.35	18.02	.26	66.33	67.00	.98	115.31	115.98	1.70	164.29	164.96	2.42
18.03	18.70	.27	67.01	67.68	.99	115.99	116.66	1.71	164.97	165.64	2.43
18.71	19.38	.28	67.69	68.36	1.00	116.67	117.34	1.72	165.65	166.32	2.44
19.39	20.06	.29	68.37	69.04	1.01	117.35	118.02	1.73	166.33	167.00	2.45
20.07	20.74	.30	69.05	69.72	1.02	118.03	118.70	1.74	167.01	167.68	2.46
20.75	21.42	.31	69.73	70.40	1.03	118.71	119.38	1.75	167.69	168.36	2.47
21.43	22.10	.32	70.41	71.08	1.04	119.39	120.06	1.76	168.37	169.04	2.48
22.11	22.78	.33	71.09	71.76	1.05	120.07	120.74	1.77	169.05	169.72	2.49
22.79	23.46	.34	71.77	72.44	1.06	120.75	121.42	1.78	169.73	170.40	2.50
23.47	24.14	.35	72.45	73.12	1.07	121.43	122.10	1.79	170.41	171.08	2.51
24.15	24.82	.36	73.13	73.80	1.08	122.11	122.78	1.80	171.09	171.76	2.52
24.83	25.51	.37	73.81	74.48	1.09	122.79	123.46	1.81	171.77	172.44	2.53
25.52	26.19	.38	74.49	75.17	1.10	123.47	124.14	1.82	172.45	173.12	2.54
26.20	26.87	.39	75.18	75.85	1.11	124.15	124.82	1.83	173.13	173.80	2.55
26.88	27.55	.40	75.86	76.53	1.12	124.83	125.51	1.84	173.81	174.48	2.56
27.56	28.23	.41	76.54	77.21	1.13	125.52	126.19	1.85	174.49	175.17	2.57
28.24	28.91	.42	77.22	77.89	1.14	126.20	126.87	1.86	175.18	175.85	2.58
28.92	29.59	.43	77.90	78.57	1.15	126.88	127.55	1.87	175.86	176.53	2.59
29.60	30.27	.44	78.58	79.25	1.16	127.56	128.23	1.88	176.54	177.21	2.60
30.28	30.95	.45	79.26	79.93	1.17	128.24	128.91	1.89	177.22	177.89	2.61
30.96	31.63	.46	79.94	80.61	1.18	128.92	129.59	1.90	177.90	178.57	2.62
31.64	32.31	.47	80.62	81.29	1.19	129.60	130.27	1.91	178.58	179.25	2.63
32.32	32.99	.48	81.30	81.97	1.20	130.28	130.95	1.92	179.26	179.93	2.64
33.00	33.67	.49	81.98	82.65	1.21	130.96	131.63	1.93	179.94	180.61	2.65
33.68	34.35	.50	82.66	83.33	1.22	131.64	132.31	1.94	180.62	181.29	2.66
34.36	35.03	.51	83.34	84.01	1.23	132.32	132.99	1.95	181.30	181.97	2.67
35.04	35.71	.52	84.02	84.69	1.24	133.00	133.67	1.96	181.98	182.65	2.68
35.72	36.39	.53	84.70	85.37	1.25	133.68	134.35	1.97	182.66	183.33	2.69
36.40	37.07	.54	85.38	86.05	1.26	134.36	135.03	1.98	183.34	184.01	2.70
37.08	37.75	.55	86.06	86.73	1.27	135.04	135.71	1.99	184.02	184.69	2.71
37.76	38.43	.56	86.74	87.41	1.28	135.72	136.39	2.00	184.70	185.37	2.72
38.44	39.11	.57	87.42	88.09	1.29	136.40	137.07	2.01	185.38	186.05	2.73
39.12	39.79	.58	88.10	88.77	1.30	137.08	137.75	2.02	186.06	186.73	2.74
39.80	40.47	.59	88.78	89.45	1.31	137.76	138.43	2.03	186.74	187.41	2.75
40.48	41.15	.60	89.46	90.13	1.32	138.44	139.11	2.04	187.42	188.09	2.76
41.16	41.83	.61	90.14	90.81	1.33	139.12	139.79	2.05	188.10	188.77	2.77
41.84	42.51	.62	90.82	91.49	1.34	139.80	140.47	2.06	188.78	189.45	2.78
42.52	43.19	.63	91.50	92.17	1.35	140.48	141.15	2.07	189.46	190.13	2.79
43.20	43.87	.64	92.18	92.85	1.36	141.16	141.83	2.08	190.14	190.81	2.80
43.88	44.55	.65	92.86	93.53	1.37	141.84	142.51	2.09	190.82	191.49	2.81
44.56	45.23	.66	93.54	94.21	1.38	142.52	143.19	2.10	191.50	192.17	2.82
45.24	45.91	.67	94.22	94.89	1.39	143.20	143.87	2.11	192.18	192.85	2.83
45.92	46.59	.68	94.90	95.57	1.40	143.88	144.55	2.12	192.86	193.53	2.84
46.60	47.27	.69	95.58	96.25	1.41	144.56	145.23	2.13	193.54	194.21	2.85
47.28	47.95	.70	96.26	96.93	1.42	145.24	145.91	2.14	194.22	194.89	2.86
47.96	48.63	.71	96.94	97.61	1.43	145.92	146.59	2.15	194.90	195.57	2.87
48.64	49.31	.72	97.62	98.29	1.44	146.60	147.27	2.16	195.58	196.25	2.88

Cotisations à l'assurance-emploi du Québec						Quebec Employment Insurance Premiums					
Rémunération assurable / Insurable Earnings De - From	À - To	Cotisation d'AE / EI premium	Rémunération assurable / Insurable Earnings De - From	À - To	Cotisation d'AE / EI premium	Rémunération assurable / Insurable Earnings De - From	À - To	Cotisation d'AE / EI premium	Rémunération assurable / Insurable Earnings De - From	À - To	Cotisation d'AE / EI premium
196.26	196.93	2.89	245.24	245.91	3.61	294.22	294.89	4.33	343.20	343.87	5.05
196.94	197.61	2.90	245.92	246.59	3.62	294.90	295.57	4.34	343.88	344.55	5.06
197.62	198.29	2.91	246.60	247.27	3.63	295.58	296.25	4.35	344.56	345.23	5.07
198.30	198.97	2.92	247.28	247.95	3.64	296.26	296.93	4.36	345.24	345.91	5.08
198.98	199.65	2.93	247.96	248.63	3.65	296.94	297.61	4.37	345.92	346.59	5.09
199.66	200.34	2.94	248.64	249.31	3.66	297.62	298.29	4.38	346.60	347.27	5.10
200.35	201.02	2.95	249.32	249.99	3.67	298.30	298.97	4.39	347.28	347.95	5.11
201.03	201.70	2.96	250.00	250.68	3.68	298.98	299.65	4.40	347.96	348.63	5.12
201.71	202.38	2.97	250.69	251.36	3.69	299.66	300.34	4.41	348.64	349.31	5.13
202.39	203.06	2.98	251.37	252.04	3.70	300.35	301.02	4.42	349.32	349.99	5.14
203.07	203.74	2.99	252.05	252.72	3.71	301.03	301.70	4.43	350.00	350.68	5.15
203.75	204.42	3.00	252.73	253.40	3.72	301.71	302.38	4.44	350.69	351.36	5.16
204.43	205.10	3.01	253.41	254.08	3.73	302.39	303.06	4.45	351.37	352.04	5.17
205.11	205.78	3.02	254.09	254.76	3.74	303.07	303.74	4.46	352.05	352.72	5.18
205.79	206.46	3.03	254.77	255.44	3.75	303.75	304.42	4.47	352.73	353.40	5.19
206.47	207.14	3.04	255.45	256.12	3.76	304.43	305.10	4.48	353.41	354.08	5.20
207.15	207.82	3.05	256.13	256.80	3.77	305.11	305.78	4.49	354.09	354.76	5.21
207.83	208.50	3.06	256.81	257.48	3.78	305.79	306.46	4.50	354.77	355.44	5.22
208.51	209.18	3.07	257.49	258.16	3.79	306.47	307.14	4.51	355.45	356.12	5.23
209.19	209.86	3.08	258.17	258.84	3.80	307.15	307.82	4.52	356.13	356.80	5.24
209.87	210.54	3.09	258.85	259.52	3.81	307.83	308.50	4.53	356.81	357.48	5.25
210.55	211.22	3.10	259.53	260.20	3.82	308.51	309.18	4.54	357.49	358.16	5.26
211.23	211.90	3.11	260.21	260.88	3.83	309.19	309.86	4.55	358.17	358.84	5.27
211.91	212.58	3.12	260.89	261.56	3.84	309.87	310.54	4.56	358.85	359.52	5.28
212.59	213.26	3.13	261.57	262.24	3.85	310.55	311.22	4.57	359.53	360.20	5.29
213.27	213.94	3.14	262.25	262.92	3.86	311.23	311.90	4.58	360.21	360.88	5.30
213.95	214.62	3.15	262.93	263.60	3.87	311.91	312.58	4.59	360.89	361.56	5.31
214.63	215.30	3.16	263.61	264.28	3.88	312.59	313.26	4.60	361.57	362.24	5.32
215.31	215.98	3.17	264.29	264.96	3.89	313.27	313.94	4.61	362.25	362.92	5.33
215.99	216.66	3.18	264.97	265.64	3.90	313.95	314.62	4.62	362.93	363.60	5.34
216.67	217.34	3.19	265.65	266.32	3.91	314.63	315.30	4.63	363.61	364.28	5.35
217.35	218.02	3.20	266.33	267.00	3.92	315.31	315.98	4.64	364.29	364.96	5.36
218.03	218.70	3.21	267.01	267.68	3.93	315.99	316.66	4.65	364.97	365.64	5.37
218.71	219.38	3.22	267.69	268.36	3.94	316.67	317.34	4.66	365.65	366.32	5.38
219.39	220.06	3.23	268.37	269.04	3.95	317.35	318.02	4.67	366.33	367.00	5.39
220.07	220.74	3.24	269.05	269.72	3.96	318.03	318.70	4.68	367.01	367.68	5.40
220.75	221.42	3.25	269.73	270.40	3.97	318.71	319.38	4.69	367.69	368.36	5.41
221.43	222.10	3.26	270.41	271.08	3.98	319.39	320.06	4.70	368.37	369.04	5.42
222.11	222.78	3.27	271.09	271.76	3.99	320.07	320.74	4.71	369.05	369.72	5.43
222.79	223.46	3.28	271.77	272.44	4.00	320.75	321.42	4.72	369.73	370.40	5.44
223.47	224.14	3.29	272.45	273.12	4.01	321.43	322.10	4.73	370.41	371.08	5.45
224.15	224.82	3.30	273.13	273.80	4.02	322.11	322.78	4.74	371.09	371.76	5.46
224.83	225.51	3.31	273.81	274.48	4.03	322.79	323.46	4.75	371.77	372.44	5.47
225.52	226.19	3.32	274.49	275.17	4.04	323.47	324.14	4.76	372.45	373.12	5.48
226.20	226.87	3.33	275.18	275.85	4.05	324.15	324.82	4.77	373.13	373.80	5.49
226.88	227.55	3.34	275.86	276.53	4.06	324.83	325.51	4.78	373.81	374.48	5.50
227.56	228.23	3.35	276.54	277.21	4.07	325.52	326.19	4.79	374.49	375.17	5.51
228.24	228.91	3.36	277.22	277.89	4.08	326.20	326.87	4.80	375.18	375.85	5.52
228.92	229.59	3.37	277.90	278.57	4.09	326.88	327.55	4.81	375.86	376.53	5.53
229.60	230.27	3.38	278.58	279.25	4.10	327.56	328.23	4.82	376.54	377.21	5.54
230.28	230.95	3.39	279.26	279.93	4.11	328.24	328.91	4.83	377.22	377.89	5.55
230.96	231.63	3.40	279.94	280.61	4.12	328.92	329.59	4.84	377.90	378.57	5.56
231.64	232.31	3.41	280.62	281.29	4.13	329.60	330.27	4.85	378.58	379.25	5.57
232.32	232.99	3.42	281.30	281.97	4.14	330.28	330.95	4.86	379.26	379.93	5.58
233.00	233.67	3.43	281.98	282.65	4.15	330.96	331.63	4.87	379.94	380.61	5.59
233.68	234.35	3.44	282.66	283.33	4.16	331.64	332.31	4.88	380.62	381.29	5.60
234.36	235.03	3.45	283.34	284.01	4.17	332.32	332.99	4.89	381.30	381.97	5.61
235.04	235.71	3.46	284.02	284.69	4.18	333.00	333.67	4.90	381.98	382.65	5.62
235.72	236.39	3.47	284.70	285.37	4.19	333.68	334.35	4.91	382.66	383.33	5.63
236.40	237.07	3.48	285.38	286.05	4.20	334.36	335.03	4.92	383.34	384.01	5.64
237.08	237.75	3.49	286.06	286.73	4.21	335.04	335.71	4.93	384.02	384.69	5.65
237.76	238.43	3.50	286.74	287.41	4.22	335.72	336.39	4.94	384.70	385.37	5.66
238.44	239.11	3.51	287.42	288.09	4.23	336.40	337.07	4.95	385.38	386.05	5.67
239.12	239.79	3.52	288.10	288.77	4.24	337.08	337.75	4.96	386.06	386.73	5.68
239.80	240.47	3.53	288.78	289.45	4.25	337.76	338.43	4.97	386.74	387.41	5.69
240.48	241.15	3.54	289.46	290.13	4.26	338.44	339.11	4.98	387.42	388.09	5.70
241.16	241.83	3.55	290.14	290.81	4.27	339.12	339.79	4.99	388.10	388.77	5.71
241.84	242.51	3.56	290.82	291.49	4.28	339.80	340.47	5.00	388.78	389.45	5.72
242.52	243.19	3.57	291.50	292.17	4.29	340.48	341.15	5.01	389.46	390.13	5.73
243.20	243.87	3.58	292.18	292.85	4.30	341.16	341.83	5.02	390.14	390.81	5.74
243.88	244.55	3.59	292.86	293.53	4.31	341.84	342.51	5.03	390.82	391.49	5.75
244.56	245.23	3.60	293.54	294.21	4.32	342.52	343.19	5.04	391.50	392.17	5.76

ANNEXE 9.7 : TABLE DES COTISATIONS À L'ASSURANCE-EMPLOI (*suite*)

Cotisations à l'assurance-emploi du Québec — Quebec Employment Insurance Premiums

Rémunération assurable Insurable Earnings De - From	À - To	Cotisation d'AE EI premium	Rémunération assurable Insurable Earnings De - From	À - To	Cotisation d'AE EI premium	Rémunération assurable Insurable Earnings De - From	À - To	Cotisation d'AE EI premium	Rémunération assurable Insurable Earnings De - From	À - To	Cotisation d'AE EI premium
392.18	392.85	5.77	441.16	441.83	6.49	490.14	490.81	7.21	539.12	539.79	7.93
392.86	393.53	5.78	441.84	442.51	6.50	490.82	491.49	7.22	539.80	540.47	7.94
393.54	394.21	5.79	442.52	443.19	6.51	491.50	492.17	7.23	540.48	541.15	7.95
394.22	394.89	5.80	443.20	443.87	6.52	492.18	492.85	7.24	541.16	541.83	7.96
394.90	395.57	5.81	443.88	444.55	6.53	492.86	493.53	7.25	541.84	542.51	7.97
395.58	396.25	5.82	444.56	445.23	6.54	493.54	494.21	7.26	542.52	543.19	7.98
396.26	396.93	5.83	445.24	445.91	6.55	494.22	494.89	7.27	543.20	543.87	7.99
396.94	397.61	5.84	445.92	446.59	6.56	494.90	495.57	7.28	543.88	544.55	8.00
397.62	398.29	5.85	446.60	447.27	6.57	495.58	496.25	7.29	544.56	545.23	8.01
398.30	398.97	5.86	447.28	447.95	6.58	496.26	496.93	7.30	545.24	545.91	8.02
398.98	399.65	5.87	447.96	448.63	6.59	496.94	497.61	7.31	545.92	546.59	8.03
399.66	400.34	5.88	448.64	449.31	6.60	497.62	498.29	7.32	546.60	547.27	8.04
400.35	401.02	5.89	449.32	449.99	6.61	498.30	498.97	7.33	547.28	547.95	8.05
401.03	401.70	5.90	450.00	450.68	6.62	498.98	499.65	7.34	547.96	548.63	8.06
401.71	402.38	5.91	450.69	451.36	6.63	499.66	500.34	7.35	548.64	549.31	8.07
402.39	403.06	5.92	451.37	452.04	6.64	500.35	501.02	7.36	549.32	550.00	8.08
403.07	403.74	5.93	452.05	452.72	6.65	501.03	501.70	7.37	550.01	550.68	8.09
403.75	404.42	5.94	452.73	453.40	6.66	501.71	502.38	7.38	550.69	551.36	8.10
404.43	405.10	5.95	453.41	454.08	6.67	502.39	503.06	7.39	551.37	552.04	8.11
405.11	405.78	5.96	454.09	454.76	6.68	503.07	503.74	7.40	552.05	552.72	8.12
405.79	406.46	5.97	454.77	455.44	6.69	503.75	504.42	7.41	552.73	553.40	8.13
406.47	407.14	5.98	455.45	456.12	6.70	504.43	505.10	7.42	553.41	554.08	8.14
407.15	407.82	5.99	456.13	456.80	6.71	505.11	505.78	7.43	554.09	554.76	8.15
407.83	408.50	6.00	456.81	457.48	6.72	505.79	506.46	7.44	554.77	555.44	8.16
408.51	409.18	6.01	457.49	458.16	6.73	506.47	507.14	7.45	555.45	556.12	8.17
409.19	409.86	6.02	458.17	458.84	6.74	507.15	507.82	7.46	556.13	556.80	8.18
409.87	410.54	6.03	458.85	459.52	6.75	507.83	508.50	7.47	556.81	557.48	8.19
410.55	411.22	6.04	459.53	460.20	6.76	508.51	509.18	7.48	557.49	558.16	8.20
411.23	411.90	6.05	460.21	460.88	6.77	509.19	509.86	7.49	558.17	558.84	8.21
411.91	412.58	6.06	460.89	461.56	6.78	509.87	510.54	7.50	558.85	559.52	8.22
412.59	413.26	6.07	461.57	462.24	6.79	510.55	511.22	7.51	559.53	560.20	8.23
413.27	413.94	6.08	462.25	462.92	6.80	511.23	511.90	7.52	560.21	560.88	8.24
413.95	414.62	6.09	462.93	463.60	6.81	511.91	512.58	7.53	560.89	561.56	8.25
414.63	415.30	6.10	463.61	464.28	6.82	512.59	513.26	7.54	561.57	562.24	8.26
415.31	415.98	6.11	464.29	464.96	6.83	513.27	513.94	7.55	562.25	562.92	8.27
415.99	416.66	6.12	464.97	465.64	6.84	513.95	514.62	7.56	562.93	563.60	8.28
416.67	417.34	6.13	465.65	466.32	6.85	514.63	515.30	7.57	563.61	564.28	8.29
417.35	418.02	6.14	466.33	467.00	6.86	515.31	515.98	7.58	564.29	564.96	8.30
418.03	418.70	6.15	467.01	467.68	6.87	515.99	516.66	7.59	564.97	565.64	8.31
418.71	419.38	6.16	467.69	468.36	6.88	516.67	517.34	7.60	565.65	566.32	8.32
419.39	420.06	6.17	468.37	469.04	6.89	517.35	518.02	7.61	566.33	567.00	8.33
420.07	420.74	6.18	469.05	469.72	6.90	518.03	518.70	7.62	567.01	567.68	8.34
420.75	421.42	6.19	469.73	470.40	6.91	518.71	519.38	7.63	567.69	568.36	8.35
421.43	422.10	6.20	470.41	471.08	6.92	519.39	520.06	7.64	568.37	569.04	8.36
422.11	422.78	6.21	471.09	471.76	6.93	520.07	520.74	7.65	569.05	569.72	8.37
422.79	423.46	6.22	471.77	472.44	6.94	520.75	521.42	7.66	569.73	570.40	8.38
423.47	424.14	6.23	472.45	473.12	6.95	521.43	522.10	7.67	570.41	571.08	8.39
424.15	424.82	6.24	473.13	473.80	6.96	522.11	522.78	7.68	571.09	571.76	8.40
424.83	425.51	6.25	473.81	474.48	6.97	522.79	523.46	7.69	571.77	572.44	8.41
425.52	426.19	6.26	474.49	475.17	6.98	523.47	524.14	7.70	572.45	573.12	8.42
426.20	426.87	6.27	475.18	475.85	6.99	524.15	524.82	7.71	573.13	573.80	8.43
426.88	427.55	6.28	475.86	476.53	7.00	524.83	525.51	7.72	573.81	574.48	8.44
427.56	428.23	6.29	476.54	477.21	7.01	525.52	526.19	7.73	574.49	575.17	8.45
428.24	428.91	6.30	477.22	477.89	7.02	526.20	526.87	7.74	575.18	575.85	8.46
428.92	429.59	6.31	477.90	478.57	7.03	526.88	527.55	7.75	575.86	576.53	8.47
429.60	430.27	6.32	478.58	479.25	7.04	527.56	528.23	7.76	576.54	577.21	8.48
430.28	430.95	6.33	479.26	479.93	7.05	528.24	528.91	7.77	577.22	577.89	8.49
430.96	431.63	6.34	479.94	480.61	7.06	528.92	529.59	7.78	577.90	578.57	8.50
431.64	432.31	6.35	480.62	481.29	7.07	529.60	530.27	7.79	578.58	579.25	8.51
432.32	432.99	6.36	481.30	481.97	7.08	530.28	530.95	7.80	579.26	579.93	8.52
433.00	433.67	6.37	481.98	482.65	7.09	530.96	531.63	7.81	579.94	580.61	8.53
433.68	434.35	6.38	482.66	483.33	7.10	531.64	532.31	7.82	580.62	581.29	8.54
434.36	435.03	6.39	483.34	484.01	7.11	532.32	532.99	7.83	581.30	581.97	8.55
435.04	435.71	6.40	484.02	484.69	7.12	533.00	533.67	7.84	581.98	582.65	8.56
435.72	436.39	6.41	484.70	485.37	7.13	533.68	534.35	7.85	582.66	583.33	8.57
436.40	437.07	6.42	485.38	486.05	7.14	534.36	535.03	7.86	583.34	584.01	8.58
437.08	437.75	6.43	486.06	486.73	7.15	535.04	535.71	7.87	584.02	584.69	8.59
437.76	438.43	6.44	486.74	487.41	7.16	535.72	536.39	7.88	584.70	585.37	8.60
438.44	439.11	6.45	487.42	488.09	7.17	536.40	537.07	7.89	585.38	586.05	8.61
439.12	439.79	6.46	488.10	488.77	7.18	537.08	537.75	7.90	586.06	586.73	8.62
439.80	440.47	6.47	488.78	489.45	7.19	537.76	538.43	7.91	586.74	587.41	8.63
440.48	441.15	6.48	489.46	490.13	7.20	538.44	539.11	7.92	587.42	588.09	8.64

Cotisations à l'assurance-emploi du Québec — Quebec Employment Insurance Premiums

Rémunération assurable Insurable Earnings De - From	À - To	Cotisation d'AE EI premium	Rémunération assurable Insurable Earnings De - From	À - To	Cotisation d'AE EI premium	Rémunération assurable Insurable Earnings De - From	À - To	Cotisation d'AE EI premium	Rémunération assurable Insurable Earnings De - From	À - To	Cotisation d'AE EI premium
588.10	588.77	8.65	637.08	637.75	9.37	686.06	686.73	10.09	735.04	735.71	10.81
588.78	589.45	8.66	637.76	638.43	9.38	686.74	687.41	10.10	735.72	736.39	10.82
589.46	590.13	8.67	638.44	639.11	9.39	687.42	688.09	10.11	736.40	737.07	10.83
590.14	590.81	8.68	639.12	639.79	9.40	688.10	688.77	10.12	737.08	737.75	10.84
590.82	591.49	8.69	639.80	640.47	9.41	688.78	689.45	10.13	737.76	738.43	10.85
591.50	592.17	8.70	640.48	641.15	9.42	689.46	690.13	10.14	738.44	739.11	10.86
592.18	592.85	8.71	641.16	641.83	9.43	690.14	690.81	10.15	739.12	739.79	10.87
592.86	593.53	8.72	641.84	642.51	9.44	690.82	691.49	10.16	739.80	740.47	10.88
593.54	594.21	8.73	642.52	643.19	9.45	691.50	692.17	10.17	740.48	741.15	10.89
594.22	594.89	8.74	643.20	643.87	9.46	692.18	692.85	10.18	741.16	741.83	10.90
594.90	595.57	8.75	643.88	644.55	9.47	692.86	693.53	10.19	741.84	742.51	10.91
595.58	596.25	8.76	644.56	645.23	9.48	693.54	694.21	10.20	742.52	743.19	10.92
596.26	596.93	8.77	645.24	645.91	9.49	694.22	694.89	10.21	743.20	743.87	10.93
596.94	597.61	8.78	645.92	646.59	9.50	694.90	695.57	10.22	743.88	744.55	10.94
597.62	598.29	8.79	646.60	647.27	9.51	695.58	696.25	10.23	744.56	745.23	10.95
598.30	598.97	8.80	647.28	647.95	9.52	696.26	696.93	10.24	745.24	745.91	10.96
598.98	599.65	8.81	647.96	648.63	9.53	696.94	697.61	10.25	745.92	746.59	10.97
599.66	600.34	8.82	648.64	649.31	9.54	697.62	698.29	10.26	746.60	747.27	10.98
600.35	601.02	8.83	649.32	649.99	9.55	698.30	698.97	10.27	747.28	747.95	10.99
601.03	601.70	8.84	650.00	650.68	9.56	698.98	699.65	10.28	747.96	748.63	11.00
601.71	602.38	8.85	650.69	651.36	9.57	699.66	700.34	10.29	748.64	749.31	11.01
602.39	603.06	8.86	651.37	652.04	9.58	700.35	701.02	10.30	749.32	749.99	11.02
603.07	603.74	8.87	652.05	652.72	9.59	701.03	701.70	10.31	750.00	750.68	11.03
603.75	604.42	8.88	652.73	653.40	9.60	701.71	702.38	10.32	750.69	751.36	11.04
604.43	605.10	8.89	653.41	654.08	9.61	702.39	703.06	10.33	751.37	752.04	11.05
605.11	605.78	8.90	654.09	654.76	9.62	703.07	703.74	10.34	752.05	752.72	11.06
605.79	606.46	8.91	654.77	655.44	9.63	703.75	704.42	10.35	752.73	753.40	11.07
606.47	607.14	8.92	655.45	656.12	9.64	704.43	705.10	10.36	753.41	754.08	11.08
607.15	607.82	8.93	656.13	656.80	9.65	705.11	705.78	10.37	754.09	754.76	11.09
607.83	608.50	8.94	656.81	657.48	9.66	705.79	706.46	10.38	754.77	755.44	11.10
608.51	609.18	8.95	657.49	658.16	9.67	706.47	707.14	10.39	755.45	756.12	11.11
609.19	609.86	8.96	658.17	658.84	9.68	707.15	707.82	10.40	756.13	756.80	11.12
609.87	610.54	8.97	658.85	659.52	9.69	707.83	708.50	10.41	756.81	757.48	11.13
610.55	611.22	8.98	659.53	660.20	9.70	708.51	709.18	10.42	757.49	758.16	11.14
611.23	611.90	8.99	660.21	660.88	9.71	709.19	709.86	10.43	758.17	758.84	11.15
611.91	612.58	9.00	660.89	661.56	9.72	709.87	710.54	10.44	758.85	759.52	11.16
612.59	613.26	9.01	661.57	662.24	9.73	710.55	711.22	10.45	759.53	760.20	11.17
613.27	613.94	9.02	662.25	662.92	9.74	711.23	711.90	10.46	760.21	760.88	11.18
613.95	614.62	9.03	662.93	663.60	9.75	711.91	712.58	10.47	760.89	761.56	11.19
614.63	615.30	9.04	663.61	664.28	9.76	712.59	713.26	10.48	761.57	762.24	11.20
615.31	615.98	9.05	664.29	664.96	9.77	713.27	713.94	10.49	762.25	762.92	11.21
615.99	616.66	9.06	664.97	665.64	9.78	713.95	714.62	10.50	762.93	763.60	11.22
616.67	617.34	9.07	665.65	666.32	9.79	714.63	715.30	10.51	763.61	764.28	11.23
617.35	618.02	9.08	666.33	667.00	9.80	715.31	715.98	10.52	764.29	764.96	11.24
618.03	618.70	9.09	667.01	667.68	9.81	715.99	716.66	10.53	764.97	765.64	11.25
618.71	619.38	9.10	667.69	668.36	9.82	716.67	717.34	10.54	765.65	766.32	11.26
619.39	620.06	9.11	668.37	669.04	9.83	717.35	718.02	10.55	766.33	767.00	11.27
620.07	620.74	9.12	669.05	669.72	9.84	718.03	718.70	10.56	767.01	767.68	11.28
620.75	621.42	9.13	669.73	670.40	9.85	718.71	719.38	10.57	767.69	768.36	11.29
621.43	622.10	9.14	670.41	671.08	9.86	719.39	720.06	10.58	768.37	769.04	11.30
622.11	622.78	9.15	671.09	671.76	9.87	720.07	720.74	10.59	769.05	769.72	11.31
622.79	623.46	9.16	671.77	672.44	9.88	720.75	721.42	10.60	769.73	770.40	11.32
623.47	624.14	9.17	672.45	673.12	9.89	721.43	722.10	10.61	770.41	771.08	11.33
624.15	624.82	9.18	673.13	673.80	9.90	722.11	722.78	10.62	771.09	771.76	11.34
624.83	625.51	9.19	673.81	674.48	9.91	722.79	723.46	10.63	771.77	772.44	11.35
625.52	626.19	9.20	674.49	675.17	9.92	723.47	724.14	10.64	772.45	773.12	11.36
626.20	626.87	9.21	675.18	675.85	9.93	724.15	724.82	10.65	773.13	773.80	11.37
626.88	627.55	9.22	675.86	676.53	9.94	724.83	725.51	10.66	773.81	774.48	11.38
627.56	628.23	9.23	676.54	677.21	9.95	725.52	726.19	10.67	774.49	775.17	11.39
628.24	628.91	9.24	677.22	677.89	9.96	726.20	726.87	10.68	775.18	775.85	11.40
628.92	629.59	9.25	677.90	678.57	9.97	726.88	727.55	10.69	775.86	776.53	11.41
629.60	630.27	9.26	678.58	679.25	9.98	727.56	728.23	10.70	776.54	777.21	11.42
630.28	630.95	9.27	679.26	679.93	9.99	728.24	728.91	10.71	777.22	777.89	11.43
630.96	631.63	9.28	679.94	680.61	10.00	728.92	729.59	10.72	777.90	778.57	11.44
631.64	632.31	9.29	680.62	681.29	10.01	729.60	730.27	10.73	778.58	779.25	11.45
632.32	632.99	9.30	681.30	681.97	10.02	730.28	730.95	10.74	779.26	779.93	11.46
633.00	633.67	9.31	681.98	682.65	10.03	730.96	731.63	10.75	779.94	780.61	11.47
633.68	634.35	9.32	682.66	683.33	10.04	731.64	732.31	10.76	780.62	781.29	11.48
634.36	635.03	9.33	683.34	684.01	10.05	732.32	732.99	10.77	781.30	781.97	11.49
635.04	635.71	9.34	684.02	684.69	10.06	733.00	733.67	10.78	781.98	782.65	11.50
635.72	636.39	9.35	684.70	685.37	10.07	733.68	734.35	10.79	782.66	783.33	11.51
636.40	637.07	9.36	685.38	686.05	10.08	734.36	735.03	10.80	783.34	784.01	11.52

ANNEXE 9.7 : TABLE DES COTISATIONS À L'ASSURANCE-EMPLOI (*suite*)

Cotisations à l'assurance-emploi du Québec — Quebec Employment Insurance Premiums

Rémunération assurable Insurable Earnings		Cotisation d'AE EI premium	Rémunération assurable Insurable Earnings		Cotisation d'AE EI premium	Rémunération assurable Insurable Earnings		Cotisation d'AE EI premium	Rémunération assurable Insurable Earnings		Cotisation d'AE EI premium
De - From	À - To		De - From	À - To		De - From	À - To		De - From	À - To	
784.02	784.69	11.53	833.00	833.67	12.25	881.98	882.65	12.97	930.96	931.63	13.69
784.70	785.37	11.54	833.68	834.35	12.26	882.66	883.33	12.98	931.64	932.31	13.70
785.38	786.05	11.55	834.36	835.03	12.27	883.34	884.01	12.99	932.32	932.99	13.71
786.06	786.73	11.56	835.04	835.71	12.28	884.02	884.69	13.00	933.00	933.67	13.72
786.74	787.41	11.57	835.72	836.39	12.29	884.70	885.37	13.01	933.68	934.35	13.73
787.42	788.09	11.58	836.40	837.07	12.30	885.38	886.05	13.02	934.36	935.03	13.74
788.10	788.77	11.59	837.08	837.75	12.31	886.06	886.73	13.03	935.04	935.71	13.75
788.78	789.45	11.60	837.76	838.43	12.32	886.74	887.41	13.04	935.72	936.39	13.76
789.46	790.13	11.61	838.44	839.11	12.33	887.42	888.09	13.05	936.40	937.07	13.77
790.14	790.81	11.62	839.12	839.79	12.34	888.10	888.77	13.06	937.08	937.75	13.78
790.82	791.49	11.63	839.80	840.47	12.35	888.78	889.45	13.07	937.76	938.43	13.79
791.50	792.17	11.64	840.48	841.15	12.36	889.46	890.13	13.08	938.44	939.11	13.80
792.18	792.85	11.65	841.16	841.83	12.37	890.14	890.81	13.09	939.12	939.79	13.81
792.86	793.53	11.66	841.84	842.51	12.38	890.82	891.49	13.10	939.80	940.47	13.82
793.54	794.21	11.67	842.52	843.19	12.39	891.50	892.17	13.11	940.48	941.15	13.83
794.22	794.89	11.68	843.20	843.87	12.40	892.18	892.85	13.12	941.16	941.83	13.84
794.90	795.57	11.69	843.88	844.55	12.41	892.86	893.53	13.13	941.84	942.51	13.85
795.58	796.25	11.70	844.56	845.23	12.42	893.54	894.21	13.14	942.52	943.19	13.86
796.26	796.93	11.71	845.24	845.91	12.43	894.22	894.89	13.15	943.20	943.87	13.87
796.94	797.61	11.72	845.92	846.59	12.44	894.90	895.57	13.16	943.88	944.55	13.88
797.62	798.29	11.73	846.60	847.27	12.45	895.58	896.25	13.17	944.56	945.23	13.89
798.30	798.97	11.74	847.28	847.95	12.46	896.26	896.93	13.18	945.24	945.91	13.90
798.98	799.65	11.75	847.96	848.63	12.47	896.94	897.61	13.19	945.92	946.59	13.91
799.66	800.34	11.76	848.64	849.31	12.48	897.62	898.29	13.20	946.60	947.27	13.92
800.35	801.02	11.77	849.32	849.99	12.49	898.30	898.97	13.21	947.28	947.95	13.93
801.03	801.70	11.78	850.00	850.68	12.50	898.98	899.65	13.22	947.96	948.63	13.94
801.71	802.38	11.79	850.69	851.36	12.51	899.66	900.34	13.23	948.64	949.31	13.95
802.39	803.06	11.80	851.37	852.04	12.52	900.35	901.02	13.24	949.32	949.99	13.96
803.07	803.74	11.81	852.05	852.72	12.53	901.03	901.70	13.25	950.00	950.68	13.97
803.75	804.42	11.82	852.73	853.40	12.54	901.71	902.38	13.26	950.69	951.36	13.98
804.43	805.10	11.83	853.41	854.08	12.55	902.39	903.06	13.27	951.37	952.04	13.99
805.11	805.78	11.84	854.09	854.76	12.56	903.07	903.74	13.28	952.05	952.72	14.00
805.79	806.46	11.85	854.77	855.44	12.57	903.75	904.42	13.29	952.73	953.40	14.01
806.47	807.14	11.86	855.45	856.12	12.58	904.43	905.10	13.30	953.41	954.08	14.02
807.15	807.82	11.87	856.13	856.80	12.59	905.11	905.78	13.31	954.09	954.76	14.03
807.83	808.50	11.88	856.81	857.48	12.60	905.79	906.46	13.32	954.77	955.44	14.04
808.51	809.18	11.89	857.49	858.16	12.61	906.47	907.14	13.33	955.45	956.12	14.05
809.19	809.86	11.90	858.17	858.84	12.62	907.15	907.82	13.34	956.13	956.80	14.06
809.87	810.54	11.91	858.85	859.52	12.63	907.83	908.50	13.35	956.81	957.48	14.07
810.55	811.22	11.92	859.53	860.20	12.64	908.51	909.18	13.36	957.49	958.16	14.08
811.23	811.90	11.93	860.21	860.88	12.65	909.19	909.86	13.37	958.17	958.84	14.09
811.91	812.58	11.94	860.89	861.56	12.66	909.87	910.54	13.38	958.85	959.52	14.10
812.59	813.26	11.95	861.57	862.24	12.67	910.55	911.22	13.39	959.53	960.20	14.11
813.27	813.94	11.96	862.25	862.92	12.68	911.23	911.90	13.40	960.21	960.88	14.12
813.95	814.62	11.97	862.93	863.60	12.69	911.91	912.58	13.41	960.89	961.56	14.13
814.63	815.30	11.98	863.61	864.28	12.70	912.59	913.26	13.42	961.57	962.24	14.14
815.31	815.98	11.99	864.29	864.96	12.71	913.27	913.94	13.43	962.25	962.92	14.15
815.99	816.66	12.00	864.97	865.64	12.72	913.95	914.62	13.44	962.93	963.60	14.16
816.67	817.34	12.01	865.65	866.32	12.73	914.63	915.30	13.45	963.61	964.28	14.17
817.35	818.02	12.02	866.33	867.00	12.74	915.31	915.98	13.46	964.29	964.96	14.18
818.03	818.70	12.03	867.01	867.68	12.75	915.99	916.66	13.47	964.97	965.64	14.19
818.71	819.38	12.04	867.69	868.36	12.76	916.67	917.34	13.48	965.65	966.32	14.20
819.39	820.06	12.05	868.37	869.04	12.77	917.35	918.02	13.49	966.33	967.00	14.21
820.07	820.74	12.06	869.05	869.72	12.78	918.03	918.70	13.50	967.01	967.68	14.22
820.75	821.42	12.07	869.73	870.40	12.79	918.71	919.38	13.51	967.69	968.36	14.23
821.43	822.10	12.08	870.41	871.08	12.80	919.39	920.06	13.52	968.37	969.04	14.24
822.11	822.78	12.09	871.09	871.76	12.81	920.07	920.74	13.53	969.05	969.72	14.25
822.79	823.46	12.10	871.77	872.44	12.82	920.75	921.42	13.54	969.73	970.40	14.26
823.47	824.14	12.11	872.45	873.12	12.83	921.43	922.10	13.55	970.41	971.08	14.27
824.15	824.82	12.12	873.13	873.80	12.84	922.11	922.78	13.56	971.09	971.76	14.28
824.83	825.51	12.13	873.81	874.48	12.85	922.79	923.46	13.57	971.77	972.44	14.29
825.52	826.19	12.14	874.49	875.17	12.86	923.47	924.14	13.58	972.45	973.12	14.30
826.20	826.87	12.15	875.18	875.85	12.87	924.15	924.82	13.59	973.13	973.80	14.31
826.88	827.55	12.16	875.86	876.53	12.88	924.83	925.51	13.60	973.81	974.48	14.32
827.56	828.23	12.17	876.54	877.21	12.89	925.52	926.19	13.61	974.49	975.17	14.33
828.24	828.91	12.18	877.22	877.89	12.90	926.20	926.87	13.62	975.18	975.85	14.34
828.92	829.59	12.19	877.90	878.57	12.91	926.88	927.55	13.63	975.86	976.53	14.35
829.60	830.27	12.20	878.58	879.25	12.92	927.56	928.23	13.64	976.54	977.21	14.36
830.28	830.95	12.21	879.26	879.93	12.93	928.24	928.91	13.65	977.22	977.89	14.37
830.96	831.63	12.22	879.94	880.61	12.94	928.92	929.59	13.66	977.90	978.57	14.38
831.64	832.31	12.23	880.62	881.29	12.95	929.60	930.27	13.67	978.58	979.25	14.39
832.32	832.99	12.24	881.30	881.97	12.96	930.28	930.95	13.68	979.26	979.93	14.40

Cotisations à l'assurance-emploi du Québec — Quebec Employment Insurance Premiums

Rémunération assurable Insurable Earnings		Cotisation d'AE EI premium	Rémunération assurable Insurable Earnings		Cotisation d'AE EI premium	Rémunération assurable Insurable Earnings		Cotisation d'AE EI premium	Rémunération assurable Insurable Earnings		Cotisation d'AE EI premium
De - From	À - To		De - From	À - To		De - From	À - To		De - From	À - To	
979.94	980.61	14.41	1028.92	1029.59	15.13	1077.90	1078.57	15.85	1126.88	1127.55	16.57
980.62	981.29	14.42	1029.60	1030.27	15.14	1078.58	1079.25	15.86	1127.56	1128.23	16.58
981.30	981.97	14.43	1030.28	1030.95	15.15	1079.26	1079.93	15.87	1128.24	1128.91	16.59
981.98	982.65	14.44	1030.96	1031.63	15.16	1079.94	1080.61	15.88	1128.92	1129.59	16.60
982.66	983.33	14.45	1031.64	1032.31	15.17	1080.62	1081.29	15.89	1129.60	1130.27	16.61
983.34	984.01	14.46	1032.32	1032.99	15.18	1081.30	1081.97	15.90	1130.28	1130.95	16.62
984.02	984.69	14.47	1033.00	1033.67	15.19	1081.98	1082.65	15.91	1130.96	1131.63	16.63
984.70	985.37	14.48	1033.68	1034.35	15.20	1082.66	1083.33	15.92	1131.64	1132.31	16.64
985.38	986.05	14.49	1034.36	1035.03	15.21	1083.34	1084.01	15.93	1132.32	1132.99	16.65
986.06	986.73	14.50	1035.04	1035.71	15.22	1084.02	1084.69	15.94	1133.00	1133.67	16.66
986.74	987.41	14.51	1035.72	1036.39	15.23	1084.70	1085.37	15.95	1133.68	1134.35	16.67
987.42	988.09	14.52	1036.40	1037.07	15.24	1085.38	1086.05	15.96	1134.36	1135.03	16.68
988.10	988.77	14.53	1037.08	1037.75	15.25	1086.06	1086.73	15.97	1135.04	1135.71	16.69
988.78	989.45	14.54	1037.76	1038.43	15.26	1086.74	1087.41	15.98	1135.72	1136.39	16.70
989.46	990.13	14.55	1038.44	1039.11	15.27	1087.42	1088.09	15.99	1136.40	1137.07	16.71
990.14	990.81	14.56	1039.12	1039.79	15.28	1088.10	1088.77	16.00	1137.08	1137.75	16.72
990.82	991.49	14.57	1039.80	1040.47	15.29	1088.78	1089.45	16.01	1137.76	1138.43	16.73
991.50	992.17	14.58	1040.48	1041.15	15.30	1089.46	1090.13	16.02	1138.44	1139.11	16.74
992.18	992.85	14.59	1041.16	1041.83	15.31	1090.14	1090.81	16.03	1139.12	1139.79	16.75
992.86	993.53	14.60	1041.84	1042.51	15.32	1090.82	1091.49	16.04	1139.80	1140.47	16.76
993.54	994.21	14.61	1042.52	1043.19	15.33	1091.50	1092.17	16.05	1140.48	1141.15	16.77
994.22	994.89	14.62	1043.20	1043.87	15.34	1092.18	1092.85	16.06	1141.16	1141.83	16.78
994.90	995.57	14.63	1043.88	1044.55	15.35	1092.86	1093.53	16.07	1141.84	1142.51	16.79
995.58	996.25	14.64	1044.56	1045.23	15.36	1093.54	1094.21	16.08	1142.52	1143.19	16.80
996.26	996.93	14.65	1045.24	1045.91	15.37	1094.22	1094.89	16.09	1143.20	1143.87	16.81
996.94	997.61	14.66	1045.92	1046.59	15.38	1094.90	1095.57	16.10	1143.88	1144.55	16.82
997.62	998.29	14.67	1046.60	1047.27	15.39	1095.58	1096.25	16.11	1144.56	1145.23	16.83
998.30	998.97	14.68	1047.28	1047.95	15.40	1096.26	1096.93	16.12	1145.24	1145.91	16.84
998.98	999.65	14.69	1047.96	1048.63	15.41	1096.94	1097.61	16.13	1145.92	1146.59	16.85
999.66	1000.34	14.70	1048.64	1049.31	15.42	1097.62	1098.29	16.14	1146.60	1147.27	16.86
1000.35	1001.02	14.71	1049.32	1050.00	15.43	1098.30	1098.97	16.15	1147.28	1147.95	16.87
1001.03	1001.70	14.72	1050.01	1050.68	15.44	1098.98	1099.65	16.16	1147.96	1148.63	16.88
1001.71	1002.38	14.73	1050.69	1051.36	15.45	1099.66	1100.34	16.17	1148.64	1149.31	16.89
1002.39	1003.06	14.74	1051.37	1052.04	15.46	1100.35	1101.02	16.18	1149.32	1149.99	16.90
1003.07	1003.74	14.75	1052.05	1052.72	15.47	1101.03	1101.70	16.19	1150.00	1150.68	16.91
1003.75	1004.42	14.76	1052.73	1053.40	15.48	1101.71	1102.38	16.20	1150.69	1151.36	16.92
1004.43	1005.10	14.77	1053.41	1054.08	15.49	1102.39	1103.06	16.21	1151.37	1152.04	16.93
1005.11	1005.78	14.78	1054.09	1054.76	15.50	1103.07	1103.74	16.22	1152.05	1152.72	16.94
1005.79	1006.46	14.79	1054.77	1055.44	15.51	1103.75	1104.42	16.23	1152.73	1153.40	16.95
1006.47	1007.14	14.80	1055.45	1056.12	15.52	1104.43	1105.10	16.24	1153.41	1154.08	16.96
1007.15	1007.82	14.81	1056.13	1056.80	15.53	1105.11	1105.78	16.25	1154.09	1154.76	16.97
1007.83	1008.50	14.82	1056.81	1057.48	15.54	1105.79	1106.46	16.26	1154.77	1155.44	16.98
1008.51	1009.18	14.83	1057.49	1058.16	15.55	1106.47	1107.14	16.27	1155.45	1156.12	16.99
1009.19	1009.86	14.84	1058.17	1058.84	15.56	1107.15	1107.82	16.28	1156.13	1156.80	17.00
1009.87	1010.54	14.85	1058.85	1059.52	15.57	1107.83	1108.50	16.29	1156.81	1157.48	17.01
1010.55	1011.22	14.86	1059.53	1060.20	15.58	1108.51	1109.18	16.30	1157.49	1158.16	17.02
1011.23	1011.90	14.87	1060.21	1060.88	15.59	1109.19	1109.86	16.31	1158.17	1158.84	17.03
1011.91	1012.58	14.88	1060.89	1061.56	15.60	1109.87	1110.54	16.32	1158.85	1159.52	17.04
1012.59	1013.26	14.89	1061.57	1062.24	15.61	1110.55	1111.22	16.33	1159.53	1160.20	17.05
1013.27	1013.94	14.90	1062.25	1062.92	15.62	1111.23	1111.90	16.34	1160.21	1160.88	17.06
1013.95	1014.62	14.91	1062.93	1063.60	15.63	1111.91	1112.58	16.35	1160.89	1161.56	17.07
1014.63	1015.30	14.92	1063.61	1064.28	15.64	1112.59	1113.26	16.36	1161.57	1162.24	17.08
1015.31	1015.98	14.93	1064.29	1064.96	15.65	1113.27	1113.94	16.37	1162.25	1162.92	17.09
1015.99	1016.66	14.94	1064.97	1065.64	15.66	1113.95	1114.62	16.38	1162.93	1163.60	17.10
1016.67	1017.34	14.95	1065.65	1066.32	15.67	1114.63	1115.30	16.39	1163.61	1164.28	17.11
1017.35	1018.02	14.96	1066.33	1067.00	15.68	1115.31	1115.98	16.40	1164.29	1164.96	17.12
1018.03	1018.70	14.97	1067.01	1067.68	15.69	1115.99	1116.66	16.41	1164.97	1165.64	17.13
1018.71	1019.38	14.98	1067.69	1068.36	15.70	1116.67	1117.34	16.42	1165.65	1166.32	17.14
1019.39	1020.06	14.99	1068.37	1069.04	15.71	1117.35	1118.02	16.43	1166.33	1167.00	17.15
1020.07	1020.74	15.00	1069.05	1069.72	15.72	1118.03	1118.70	16.44	1167.01	1167.68	17.16
1020.75	1021.42	15.01	1069.73	1070.40	15.73	1118.71	1119.38	16.45	1167.69	1168.36	17.17
1021.43	1022.10	15.02	1070.41	1071.08	15.74	1119.39	1120.06	16.46	1168.37	1169.04	17.18
1022.11	1022.78	15.03	1071.09	1071.76	15.75	1120.07	1120.74	16.47	1169.05	1169.72	17.19
1022.79	1023.46	15.04	1071.77	1072.44	15.76	1120.75	1121.42	16.48	1169.73	1170.40	17.20
1023.47	1024.14	15.05	1072.45	1073.12	15.77	1121.43	1122.10	16.49	1170.41	1171.08	17.21
1024.15	1024.82	15.06	1073.13	1073.80	15.78	1122.11	1122.78	16.50	1171.09	1171.76	17.22
1024.83	1025.51	15.07	1073.81	1074.48	15.79	1122.79	1123.46	16.51	1171.77	1172.44	17.23
1025.52	1026.19	15.08	1074.49	1075.17	15.80	1123.47	1124.14	16.52	1172.45	1173.12	17.24
1026.20	1026.87	15.09	1075.18	1075.85	15.81	1124.15	1124.82	16.53	1173.13	1173.80	17.25
1026.88	1027.55	15.10	1075.86	1076.53	15.82	1124.83	1125.51	16.54	1173.81	1174.48	17.26
1027.56	1028.23	15.11	1076.54	1077.21	15.83	1125.52	1126.19	16.55	1174.49	1175.17	17.27
1028.24	1028.91	15.12	1077.22	1077.89	15.84	1126.20	1126.87	16.56	1175.18	1175.85	17.28

ANNEXE 9.7 : TABLE DES COTISATIONS À L'ASSURANCE-EMPLOI (*suite*)

Cotisations à l'assurance-emploi du Québec — Quebec Employment Insurance Premiums

Rémunération assurable Insurable Earnings De - From	À - To	Cotisation d'AE EI premium	Rémunération assurable Insurable Earnings De - From	À - To	Cotisation d'AE EI premium	Rémunération assurable Insurable Earnings De - From	À - To	Cotisation d'AE EI premium	Rémunération assurable Insurable Earnings De - From	À - To	Cotisation d'AE EI premium
1175.86	1176.53	17.29	1224.83	1225.51	18.01	1273.81	1274.48	18.73	1322.79	1323.46	19.45
1176.54	1177.21	17.30	1225.52	1226.19	18.02	1274.49	1275.17	18.74	1323.47	1324.14	19.46
1177.22	1177.89	17.31	1226.20	1226.87	18.03	1275.18	1275.85	18.75	1324.15	1324.82	19.47
1177.90	1178.57	17.32	1226.88	1227.55	18.04	1275.86	1276.53	18.76	1324.83	1325.51	19.48
1178.58	1179.25	17.33	1227.56	1228.23	18.05	1276.54	1277.21	18.77	1325.52	1326.19	19.49
1179.26	1179.93	17.34	1228.24	1228.91	18.06	1277.22	1277.89	18.78	1326.20	1326.87	19.50
1179.94	1180.61	17.35	1228.92	1229.59	18.07	1277.90	1278.57	18.79	1326.88	1327.55	19.51
1180.62	1181.29	17.36	1229.60	1230.27	18.08	1278.58	1279.25	18.80	1327.56	1328.23	19.52
1181.30	1181.97	17.37	1230.28	1230.95	18.09	1279.26	1279.93	18.81	1328.24	1328.91	19.53
1181.98	1182.65	17.38	1230.96	1231.63	18.10	1279.94	1280.61	18.82	1328.92	1329.59	19.54
1182.66	1183.33	17.39	1231.64	1232.31	18.11	1280.62	1281.29	18.83	1329.60	1330.27	19.55
1183.34	1184.01	17.40	1232.32	1232.99	18.12	1281.30	1281.97	18.84	1330.28	1330.95	19.56
1184.02	1184.69	17.41	1233.00	1233.67	18.13	1281.98	1282.65	18.85	1330.96	1331.63	19.57
1184.70	1185.37	17.42	1233.68	1234.35	18.14	1282.66	1283.33	18.86	1331.64	1332.31	19.58
1185.38	1186.05	17.43	1234.36	1235.03	18.15	1283.34	1284.01	18.87	1332.32	1332.99	19.59
1186.06	1186.73	17.44	1235.04	1235.71	18.16	1284.02	1284.69	18.88	1333.00	1333.67	19.60
1186.74	1187.41	17.45	1235.72	1236.39	18.17	1284.70	1285.37	18.89	1333.68	1334.35	19.61
1187.42	1188.09	17.46	1236.40	1237.07	18.18	1285.38	1286.05	18.90	1334.36	1335.03	19.62
1188.10	1188.77	17.47	1237.08	1237.75	18.19	1286.06	1286.73	18.91	1335.04	1335.71	19.63
1188.78	1189.45	17.48	1237.76	1238.43	18.20	1286.74	1287.41	18.92	1335.72	1336.39	19.64
1189.46	1190.13	17.49	1238.44	1239.11	18.21	1287.42	1288.09	18.93	1336.40	1337.07	19.65
1190.14	1190.81	17.50	1239.12	1239.79	18.22	1288.10	1288.77	18.94	1337.08	1337.75	19.66
1190.82	1191.49	17.51	1239.80	1240.47	18.23	1288.78	1289.45	18.95	1337.76	1338.43	19.67
1191.50	1192.17	17.52	1240.48	1241.15	18.24	1289.46	1290.13	18.96	1338.44	1339.11	19.68
1192.18	1192.85	17.53	1241.16	1241.83	18.25	1290.14	1290.81	18.97	1339.12	1339.79	19.69
1192.86	1193.53	17.54	1241.84	1242.51	18.26	1290.82	1291.49	18.98	1339.80	1340.47	19.70
1193.54	1194.21	17.55	1242.52	1243.19	18.27	1291.50	1292.17	18.99	1340.48	1341.15	19.71
1194.22	1194.89	17.56	1243.20	1243.87	18.28	1292.18	1292.85	19.00	1341.16	1341.83	19.72
1194.90	1195.57	17.57	1243.88	1244.55	18.29	1292.86	1293.53	19.01	1341.84	1342.51	19.73
1195.58	1196.25	17.58	1244.56	1245.23	18.30	1293.54	1294.21	19.02	1342.52	1343.19	19.74
1196.26	1196.93	17.59	1245.24	1245.91	18.31	1294.22	1294.89	19.03	1343.20	1343.87	19.75
1196.94	1197.61	17.60	1245.92	1246.59	18.32	1294.90	1295.57	19.04	1343.88	1344.55	19.76
1197.62	1198.29	17.61	1246.60	1247.27	18.33	1295.58	1296.25	19.05	1344.56	1345.23	19.77
1198.30	1198.97	17.62	1247.28	1247.95	18.34	1296.26	1296.93	19.06	1345.24	1345.91	19.78
1198.98	1199.65	17.63	1247.96	1248.63	18.35	1296.94	1297.61	19.07	1345.92	1346.59	19.79
1199.66	1200.34	17.64	1248.64	1249.31	18.36	1297.62	1298.29	19.08	1346.60	1347.27	19.80
1200.35	1201.02	17.65	1249.32	1249.99	18.37	1298.30	1298.97	19.09	1347.28	1347.95	19.81
1201.03	1201.70	17.66	1250.00	1250.68	18.38	1298.98	1299.65	19.10	1347.96	1348.63	19.82
1201.71	1202.38	17.67	1250.69	1251.36	18.39	1299.66	1300.34	19.11	1348.64	1349.31	19.83
1202.39	1203.06	17.68	1251.37	1252.04	18.40	1300.35	1301.02	19.12	1349.32	1349.99	19.84
1203.07	1203.74	17.69	1252.05	1252.72	18.41	1301.03	1301.70	19.13	1350.00	1350.68	19.85
1203.75	1204.42	17.70	1252.73	1253.40	18.42	1301.71	1302.38	19.14	1350.69	1351.36	19.86
1204.43	1205.10	17.71	1253.41	1254.08	18.43	1302.39	1303.06	19.15	1351.37	1352.04	19.87
1205.11	1205.78	17.72	1254.09	1254.76	18.44	1303.07	1303.74	19.16	1352.05	1352.72	19.88
1205.79	1206.46	17.73	1254.77	1255.44	18.45	1303.75	1304.42	19.17	1352.73	1353.40	19.89
1206.47	1207.14	17.74	1255.45	1256.12	18.46	1304.43	1305.10	19.18	1353.41	1354.08	19.90
1207.15	1207.82	17.75	1256.13	1256.80	18.47	1305.11	1305.78	19.19	1354.09	1354.76	19.91
1207.83	1208.50	17.76	1256.81	1257.48	18.48	1305.79	1306.46	19.20	1354.77	1355.44	19.92
1208.51	1209.18	17.77	1257.49	1258.16	18.49	1306.47	1307.14	19.21	1355.45	1356.12	19.93
1209.19	1209.86	17.78	1258.17	1258.84	18.50	1307.15	1307.82	19.22	1356.13	1356.80	19.94
1209.87	1210.54	17.79	1258.85	1259.52	18.51	1307.83	1308.50	19.23	1356.81	1357.48	19.95
1210.55	1211.22	17.80	1259.53	1260.20	18.52	1308.51	1309.18	19.24	1357.49	1358.16	19.96
1211.23	1211.90	17.81	1260.21	1260.88	18.53	1309.19	1309.86	19.25	1358.17	1358.84	19.97
1211.91	1212.58	17.82	1260.89	1261.56	18.54	1309.87	1310.54	19.26	1358.85	1359.52	19.98
1212.59	1213.26	17.83	1261.57	1262.24	18.55	1310.55	1311.22	19.27	1359.53	1360.20	19.99
1213.27	1213.94	17.84	1262.25	1262.92	18.56	1311.23	1311.90	19.28	1360.21	1360.88	20.00
1213.95	1214.62	17.85	1262.93	1263.60	18.57	1311.91	1312.58	19.29	1360.89	1361.56	20.01
1214.63	1215.30	17.86	1263.61	1264.28	18.58	1312.59	1313.26	19.30	1361.57	1362.24	20.02
1215.31	1215.98	17.87	1264.29	1264.96	18.59	1313.27	1313.94	19.31	1362.25	1362.92	20.03
1215.99	1216.66	17.88	1264.97	1265.64	18.60	1313.95	1314.62	19.32	1362.93	1363.60	20.04
1216.67	1217.34	17.89	1265.65	1266.32	18.61	1314.63	1315.30	19.33	1363.61	1364.28	20.05
1217.35	1218.02	17.90	1266.33	1267.00	18.62	1315.31	1315.98	19.34	1364.29	1364.96	20.06
1218.03	1218.70	17.91	1267.01	1267.68	18.63	1315.99	1316.66	19.35	1364.97	1365.64	20.07
1218.71	1219.38	17.92	1267.69	1268.36	18.64	1316.67	1317.34	19.36	1365.65	1366.32	20.08
1219.39	1220.06	17.93	1268.37	1269.04	18.65	1317.35	1318.02	19.37	1366.33	1367.00	20.09
1220.07	1220.74	17.94	1269.05	1269.72	18.66	1318.03	1318.70	19.38	1367.01	1367.68	20.10
1220.75	1221.42	17.95	1269.73	1270.40	18.67	1318.71	1319.38	19.39	1367.69	1368.36	20.11
1221.43	1222.10	17.96	1270.41	1271.08	18.68	1319.39	1320.06	19.40	1368.37	1369.04	20.12
1222.11	1222.78	17.97	1271.09	1271.76	18.69	1320.07	1320.74	19.41	1369.05	1369.72	20.13
1222.79	1223.46	17.98	1271.77	1272.44	18.70	1320.75	1321.42	19.42	1369.73	1370.40	20.14
1223.47	1224.14	17.99	1272.45	1273.12	18.71	1321.43	1322.10	19.43	1370.41	1371.08	20.15
1224.15	1224.82	18.00	1273.13	1273.80	18.72	1322.11	1322.78	19.44	1371.09	1371.76	20.16

Cotisations à l'assurance-emploi du Québec — Quebec Employment Insurance Premiums

Rémunération assurable Insurable Earnings De - From	À - To	Cotisation d'AE EI premium	Rémunération assurable Insurable Earnings De - From	À - To	Cotisation d'AE EI premium	Rémunération assurable Insurable Earnings De - From	À - To	Cotisation d'AE EI premium	Rémunération assurable Insurable Earnings De - From	À - To	Cotisation d'AE EI premium
1371.77	1372.44	20.17	1420.75	1421.42	20.89	1469.73	1470.40	21.61	1518.71	1519.38	22.33
1372.45	1373.12	20.18	1421.43	1422.10	20.90	1470.41	1471.08	21.62	1519.39	1520.06	22.34
1373.13	1373.80	20.19	1422.11	1422.78	20.91	1471.09	1471.76	21.63	1520.07	1520.74	22.35
1373.81	1374.48	20.20	1422.79	1423.46	20.92	1471.77	1472.44	21.64	1520.75	1521.42	22.36
1374.49	1375.17	20.21	1423.47	1424.14	20.93	1472.45	1473.12	21.65	1521.43	1522.10	22.37
1375.18	1375.85	20.22	1424.15	1424.82	20.94	1473.13	1473.80	21.66	1522.11	1522.78	22.38
1375.86	1376.53	20.23	1424.83	1425.51	20.95	1473.81	1474.48	21.67	1522.79	1523.46	22.39
1376.54	1377.21	20.24	1425.52	1426.19	20.96	1474.49	1475.17	21.68	1523.47	1524.14	22.40
1377.22	1377.89	20.25	1426.20	1426.87	20.97	1475.18	1475.85	21.69	1524.15	1524.82	22.41
1377.90	1378.57	20.26	1426.88	1427.55	20.98	1475.86	1476.53	21.70	1524.83	1525.51	22.42
1378.58	1379.25	20.27	1427.56	1428.23	20.99	1476.54	1477.21	21.71	1525.52	1526.19	22.43
1379.26	1379.93	20.28	1428.24	1428.91	21.00	1477.22	1477.89	21.72	1526.20	1526.87	22.44
1379.94	1380.61	20.29	1428.92	1429.59	21.01	1477.90	1478.57	21.73	1526.88	1527.55	22.45
1380.62	1381.29	20.30	1429.60	1430.27	21.02	1478.58	1479.25	21.74	1527.56	1528.23	22.46
1381.30	1381.97	20.31	1430.28	1430.95	21.03	1479.26	1479.93	21.75	1528.24	1528.91	22.47
1381.98	1382.65	20.32	1430.96	1431.63	21.04	1479.94	1480.61	21.76	1528.92	1529.59	22.48
1382.66	1383.33	20.33	1431.64	1432.31	21.05	1480.62	1481.29	21.77	1529.60	1530.27	22.49
1383.34	1384.01	20.34	1432.32	1432.99	21.06	1481.30	1481.97	21.78	1530.28	1530.95	22.50
1384.02	1384.69	20.35	1433.00	1433.67	21.07	1481.98	1482.65	21.79	1530.96	1531.63	22.51
1384.70	1385.37	20.36	1433.68	1434.35	21.08	1482.66	1483.33	21.80	1531.64	1532.31	22.52
1385.38	1386.05	20.37	1434.36	1435.03	21.09	1483.34	1484.01	21.81	1532.32	1532.99	22.53
1386.06	1386.73	20.38	1435.04	1435.71	21.10	1484.02	1484.69	21.82	1533.00	1533.67	22.54
1386.74	1387.41	20.39	1435.72	1436.39	21.11	1484.70	1485.37	21.83	1533.68	1534.35	22.55
1387.42	1388.09	20.40	1436.40	1437.07	21.12	1485.38	1486.05	21.84	1534.36	1535.03	22.56
1388.10	1388.77	20.41	1437.08	1437.75	21.13	1486.06	1486.73	21.85	1535.04	1535.71	22.57
1388.78	1389.45	20.42	1437.76	1438.43	21.14	1486.74	1487.41	21.86	1535.72	1536.39	22.58
1389.46	1390.13	20.43	1438.44	1439.11	21.15	1487.42	1488.09	21.87	1536.40	1537.07	22.59
1390.14	1390.81	20.44	1439.12	1439.79	21.16	1488.10	1488.77	21.88	1537.08	1537.75	22.60
1390.82	1391.49	20.45	1439.80	1440.47	21.17	1488.78	1489.45	21.89	1537.76	1538.43	22.61
1391.50	1392.17	20.46	1440.48	1441.15	21.18	1489.46	1490.13	21.90	1538.44	1539.11	22.62
1392.18	1392.85	20.47	1441.16	1441.83	21.19	1490.14	1490.81	21.91	1539.12	1539.79	22.63
1392.86	1393.53	20.48	1441.84	1442.51	21.20	1490.82	1491.49	21.92	1539.80	1540.47	22.64
1393.54	1394.21	20.49	1442.52	1443.19	21.21	1491.50	1492.17	21.93	1540.48	1541.15	22.65
1394.22	1394.89	20.50	1443.20	1443.87	21.22	1492.18	1492.85	21.94	1541.16	1541.83	22.66
1394.90	1395.57	20.51	1443.88	1444.55	21.23	1492.86	1493.53	21.95	1541.84	1542.51	22.67
1395.58	1396.25	20.52	1444.56	1445.23	21.24	1493.54	1494.21	21.96	1542.52	1543.19	22.68
1396.26	1396.93	20.53	1445.24	1445.91	21.25	1494.22	1494.89	21.97	1543.20	1543.87	22.69
1396.94	1397.61	20.54	1445.92	1446.59	21.26	1494.90	1495.57	21.98	1543.88	1544.55	22.70
1397.62	1398.29	20.55	1446.60	1447.27	21.27	1495.58	1496.25	21.99	1544.56	1545.23	22.71
1398.30	1398.97	20.56	1447.28	1447.95	21.28	1496.26	1496.93	22.00	1545.24	1545.91	22.72
1398.98	1399.65	20.57	1447.96	1448.63	21.29	1496.94	1497.61	22.01	1545.92	1546.59	22.73
1399.66	1400.34	20.58	1448.64	1449.31	21.30	1497.62	1498.29	22.02	1546.60	1547.27	22.74
1400.35	1401.02	20.59	1449.32	1449.99	21.31	1498.30	1498.97	22.03	1547.28	1547.95	22.75
1401.03	1401.70	20.60	1450.00	1450.68	21.32	1498.98	1499.65	22.04	1547.96	1548.63	22.76
1401.71	1402.38	20.61	1450.69	1451.36	21.33	1499.66	1500.34	22.05	1548.64	1549.31	22.77
1402.39	1403.06	20.62	1451.37	1452.04	21.34	1500.35	1501.02	22.06	1549.32	1549.99	22.78
1403.07	1403.74	20.63	1452.05	1452.72	21.35	1501.03	1501.70	22.07	1550.00	1550.68	22.79
1403.75	1404.42	20.64	1452.73	1453.40	21.36	1501.71	1502.38	22.08	1550.69	1551.36	22.80
1404.43	1405.10	20.65	1453.41	1454.08	21.37	1502.39	1503.06	22.09	1551.37	1552.04	22.81
1405.11	1405.78	20.66	1454.09	1454.76	21.38	1503.07	1503.74	22.10	1552.05	1552.72	22.82
1405.79	1406.46	20.67	1454.77	1455.44	21.39	1503.75	1504.42	22.11	1552.73	1553.40	22.83
1406.47	1407.14	20.68	1455.45	1456.12	21.40	1504.43	1505.10	22.12	1553.41	1554.08	22.84
1407.15	1407.82	20.69	1456.13	1456.80	21.41	1505.11	1505.78	22.13	1554.09	1554.76	22.85
1407.83	1408.50	20.70	1456.81	1457.48	21.42	1505.79	1506.46	22.14	1554.77	1555.44	22.86
1408.51	1409.18	20.71	1457.49	1458.16	21.43	1506.47	1507.14	22.15	1555.45	1556.12	22.87
1409.19	1409.86	20.72	1458.17	1458.84	21.44	1507.15	1507.82	22.16	1556.13	1556.80	22.88
1409.87	1410.54	20.73	1458.85	1459.52	21.45	1507.83	1508.50	22.17	1556.81	1557.48	22.89
1410.55	1411.22	20.74	1459.53	1460.20	21.46	1508.51	1509.18	22.18	1557.49	1558.16	22.90
1411.23	1411.90	20.75	1460.21	1460.88	21.47	1509.19	1509.86	22.19	1558.17	1558.84	22.91
1411.91	1412.58	20.76	1460.89	1461.56	21.48	1509.87	1510.54	22.20	1558.85	1559.52	22.92
1412.59	1413.26	20.77	1461.57	1462.24	21.49	1510.55	1511.22	22.21	1559.53	1560.20	22.93
1413.27	1413.94	20.78	1462.25	1462.92	21.50	1511.23	1511.90	22.22	1560.21	1560.88	22.94
1413.95	1414.62	20.79	1462.93	1463.60	21.51	1511.91	1512.58	22.23	1560.89	1561.56	22.95
1414.63	1415.30	20.80	1463.61	1464.28	21.52	1512.59	1513.26	22.24	1561.57	1562.24	22.96
1415.31	1415.98	20.81	1464.29	1464.96	21.53	1513.27	1513.94	22.25	1562.25	1562.92	22.97
1415.99	1416.66	20.82	1464.97	1465.64	21.54	1513.95	1514.62	22.26	1562.93	1563.60	22.98
1416.67	1417.34	20.83	1465.65	1466.32	21.55	1514.63	1515.30	22.27	1563.61	1564.28	22.99
1417.35	1418.02	20.84	1466.33	1467.00	21.56	1515.31	1515.98	22.28	1564.29	1564.96	23.00
1418.03	1418.70	20.85	1467.01	1467.68	21.57	1515.99	1516.66	22.29	1564.97	1565.64	23.01
1418.71	1419.38	20.86	1467.69	1468.36	21.58	1516.67	1517.34	22.30	1565.65	1566.32	23.02
1419.39	1420.06	20.87	1468.37	1469.04	21.59	1517.35	1518.02	22.31	1566.33	1567.00	23.03
1420.07	1420.74	20.88	1469.05	1469.72	21.60	1518.03	1518.70	22.32	1567.01	1567.68	23.04

ANNEXE 9.7 : TABLE DES COTISATIONS À L'ASSURANCE-EMPLOI (*suite*)

Cotisations à l'assurance-emploi du Québec — Quebec Employment Insurance Premiums

Rémunération assurable Insurable Earnings De - From	À - To	Cotisation d'AE EI premium	Rémunération assurable Insurable Earnings De - From	À - To	Cotisation d'AE EI premium	Rémunération assurable Insurable Earnings De - From	À - To	Cotisation d'AE EI premium	Rémunération assurable Insurable Earnings De - From	À - To	Cotisation d'AE EI premium
1567.69	1568.36	23.05	1616.67	1617.34	23.77	1665.65	1666.32	24.49	1714.63	1715.30	25.21
1568.37	1569.04	23.06	1617.35	1618.02	23.78	1666.33	1667.00	24.50	1715.31	1715.98	25.22
1569.05	1569.72	23.07	1618.03	1618.70	23.79	1667.01	1667.68	24.51	1715.99	1716.66	25.23
1569.73	1570.40	23.08	1618.71	1619.38	23.80	1667.69	1668.36	24.52	1716.67	1717.34	25.24
1570.41	1571.08	23.09	1619.39	1620.06	23.81	1668.37	1669.04	24.53	1717.35	1718.02	25.25
1571.09	1571.76	23.10	1620.07	1620.74	23.82	1669.05	1669.72	24.54	1718.03	1718.70	25.26
1571.77	1572.44	23.11	1620.75	1621.42	23.83	1669.73	1670.40	24.55	1718.71	1719.38	25.27
1572.45	1573.12	23.12	1621.43	1622.10	23.84	1670.41	1671.08	24.56	1719.39	1720.06	25.28
1573.13	1573.80	23.13	1622.11	1622.78	23.85	1671.09	1671.76	24.57	1720.07	1720.74	25.29
1573.81	1574.48	23.14	1622.79	1623.46	23.86	1671.77	1672.44	24.58	1720.75	1721.42	25.30
1574.49	1575.17	23.15	1623.47	1624.14	23.87	1672.45	1673.12	24.59	1721.43	1722.10	25.31
1575.18	1575.85	23.16	1624.15	1624.82	23.88	1673.13	1673.80	24.60	1722.11	1722.78	25.32
1575.86	1576.53	23.17	1624.83	1625.51	23.89	1673.81	1674.48	24.61	1722.79	1723.46	25.33
1576.54	1577.21	23.18	1625.52	1626.19	23.90	1674.49	1675.17	24.62	1723.47	1724.14	25.34
1577.22	1577.89	23.19	1626.20	1626.87	23.91	1675.18	1675.85	24.63	1724.15	1724.82	25.35
1577.90	1578.57	23.20	1626.88	1627.55	23.92	1675.86	1676.53	24.64	1724.83	1725.51	25.36
1578.58	1579.25	23.21	1627.56	1628.23	23.93	1676.54	1677.21	24.65	1725.52	1726.19	25.37
1579.26	1579.93	23.22	1628.24	1628.91	23.94	1677.22	1677.89	24.66	1726.20	1726.87	25.38
1579.94	1580.61	23.23	1628.92	1629.59	23.95	1677.90	1678.57	24.67	1726.88	1727.55	25.39
1580.62	1581.29	23.24	1629.60	1630.27	23.96	1678.58	1679.25	24.68	1727.56	1728.23	25.40
1581.30	1581.97	23.25	1630.28	1630.95	23.97	1679.26	1679.93	24.69	1728.24	1728.91	25.41
1581.98	1582.65	23.26	1630.96	1631.63	23.98	1679.94	1680.61	24.70	1728.92	1729.59	25.42
1582.66	1583.33	23.27	1631.64	1632.31	23.99	1680.62	1681.29	24.71	1729.60	1730.27	25.43
1583.34	1584.01	23.28	1632.32	1632.99	24.00	1681.30	1681.97	24.72	1730.28	1730.95	25.44
1584.02	1584.69	23.29	1633.00	1633.67	24.01	1681.98	1682.65	24.73	1730.96	1731.63	25.45
1584.70	1585.37	23.30	1633.68	1634.35	24.02	1682.66	1683.33	24.74	1731.64	1732.31	25.46
1585.38	1586.05	23.31	1634.36	1635.03	24.03	1683.34	1684.01	24.75	1732.32	1732.99	25.47
1586.06	1586.73	23.32	1635.04	1635.71	24.04	1684.02	1684.69	24.76	1733.00	1733.67	25.48
1586.74	1587.41	23.33	1635.72	1636.39	24.05	1684.70	1685.37	24.77	1733.68	1734.35	25.49
1587.42	1588.09	23.34	1636.40	1637.07	24.06	1685.38	1686.05	24.78	1734.36	1735.03	25.50
1588.10	1588.77	23.35	1637.08	1637.75	24.07	1686.06	1686.73	24.79	1735.04	1735.71	25.51
1588.78	1589.45	23.36	1637.76	1638.43	24.08	1686.74	1687.41	24.80	1735.72	1736.39	25.52
1589.46	1590.13	23.37	1638.44	1639.11	24.09	1687.42	1688.09	24.81	1736.40	1737.07	25.53
1590.14	1590.81	23.38	1639.12	1639.79	24.10	1688.10	1688.77	24.82	1737.08	1737.75	25.54
1590.82	1591.49	23.39	1639.80	1640.47	24.11	1688.78	1689.45	24.83	1737.76	1738.43	25.55
1591.50	1592.17	23.40	1640.48	1641.15	24.12	1689.46	1690.13	24.84	1738.44	1739.11	25.56
1592.18	1592.85	23.41	1641.16	1641.83	24.13	1690.14	1690.81	24.85	1739.12	1739.79	25.57
1592.86	1593.53	23.42	1641.84	1642.51	24.14	1690.82	1691.49	24.86	1739.80	1740.47	25.58
1593.54	1594.21	23.43	1642.52	1643.19	24.15	1691.50	1692.17	24.87	1740.48	1741.15	25.59
1594.22	1594.89	23.44	1643.20	1643.87	24.16	1692.18	1692.85	24.88	1741.16	1741.83	25.60
1594.90	1595.57	23.45	1643.88	1644.55	24.17	1692.86	1693.53	24.89	1741.84	1742.51	25.61
1595.58	1596.25	23.46	1644.56	1645.23	24.18	1693.54	1694.21	24.90	1742.52	1743.19	25.62
1596.26	1596.93	23.47	1645.24	1645.91	24.19	1694.22	1694.89	24.91	1743.20	1743.87	25.63
1596.94	1597.61	23.48	1645.92	1646.59	24.20	1694.90	1695.57	24.92	1743.88	1744.55	25.64
1597.62	1598.29	23.49	1646.60	1647.27	24.21	1695.58	1696.25	24.93	1744.56	1745.23	25.65
1598.30	1598.97	23.50	1647.28	1647.95	24.22	1696.26	1696.93	24.94	1745.24	1745.91	25.66
1598.98	1599.65	23.51	1647.96	1648.63	24.23	1696.94	1697.61	24.95	1745.92	1746.59	25.67
1599.66	1600.34	23.52	1648.64	1649.31	24.24	1697.62	1698.29	24.96	1746.60	1747.27	25.68
1600.35	1601.02	23.53	1649.32	1649.99	24.25	1698.30	1698.97	24.97	1747.28	1747.95	25.69
1601.03	1601.70	23.54	1650.00	1650.68	24.26	1698.98	1699.65	24.98	1747.96	1748.63	25.70
1601.71	1602.38	23.55	1650.69	1651.36	24.27	1699.66	1700.34	24.99	1748.64	1749.31	25.71
1602.39	1603.06	23.56	1651.37	1652.04	24.28	1700.35	1701.02	25.00	1749.32	1749.99	25.72
1603.07	1603.74	23.57	1652.05	1652.72	24.29	1701.03	1701.70	25.01	1750.00	1750.68	25.73
1603.75	1604.42	23.58	1652.73	1653.40	24.30	1701.71	1702.38	25.02	1750.69	1751.36	25.74
1604.43	1605.10	23.59	1653.41	1654.08	24.31	1702.39	1703.06	25.03	1751.37	1752.04	25.75
1605.11	1605.78	23.60	1654.09	1654.76	24.32	1703.07	1703.74	25.04	1752.05	1752.72	25.76
1605.79	1606.46	23.61	1654.77	1655.44	24.33	1703.75	1704.42	25.05	1752.73	1753.40	25.77
1606.47	1607.14	23.62	1655.45	1656.12	24.34	1704.43	1705.10	25.06	1753.41	1754.08	25.78
1607.15	1607.82	23.63	1656.13	1656.80	24.35	1705.11	1705.78	25.07	1754.09	1754.76	25.79
1607.83	1608.50	23.64	1656.81	1657.48	24.36	1705.79	1706.46	25.08	1754.77	1755.44	25.80
1608.51	1609.18	23.65	1657.49	1658.16	24.37	1706.47	1707.14	25.09	1755.45	1756.12	25.81
1609.19	1609.86	23.66	1658.17	1658.84	24.38	1707.15	1707.82	25.10	1756.13	1756.80	25.82
1609.87	1610.54	23.67	1658.85	1659.52	24.39	1707.83	1708.50	25.11	1756.81	1757.48	25.83
1610.55	1611.22	23.68	1659.53	1660.20	24.40	1708.51	1709.18	25.12	1757.49	1758.16	25.84
1611.23	1611.90	23.69	1660.21	1660.88	24.41	1709.19	1709.86	25.13	1758.17	1758.84	25.85
1611.91	1612.58	23.70	1660.89	1661.56	24.42	1709.87	1710.54	25.14	1758.85	1759.52	25.86
1612.59	1613.26	23.71	1661.57	1662.24	24.43	1710.55	1711.22	25.15	1759.53	1760.20	25.87
1613.27	1613.94	23.72	1662.25	1662.92	24.44	1711.23	1711.90	25.16	1760.21	1760.88	25.88
1613.95	1614.62	23.73	1662.93	1663.60	24.45	1711.91	1712.58	25.17	1760.89	1761.56	25.89
1614.63	1615.30	23.74	1663.61	1664.28	24.46	1712.59	1713.26	25.18	1761.57	1762.24	25.90
1615.31	1615.98	23.75	1664.29	1664.96	24.47	1713.27	1713.94	25.19	1762.25	1762.92	25.91
1615.99	1616.66	23.76	1664.97	1665.64	24.48	1713.95	1714.62	25.20	1762.93	1763.60	25.92

Cotisations à l'assurance-emploi du Québec — Quebec Employment Insurance Premiums

Rémunération assurable Insurable Earnings De - From	À - To	Cotisation d'AE EI premium	Rémunération assurable Insurable Earnings De - From	À - To	Cotisation d'AE EI premium	Rémunération assurable Insurable Earnings De - From	À - To	Cotisation d'AE EI premium	Rémunération assurable Insurable Earnings De - From	À - To	Cotisation d'AE EI premium
1763.61	1764.28	25.93	1812.59	1813.26	26.65	1861.57	1862.24	27.37	1910.55	1911.22	28.09
1764.29	1764.96	25.94	1813.27	1813.94	26.66	1862.25	1862.92	27.38	1911.23	1911.90	28.10
1764.97	1765.64	25.95	1813.95	1814.62	26.67	1862.93	1863.60	27.39	1911.91	1912.58	28.11
1765.65	1766.32	25.96	1814.63	1815.30	26.68	1863.61	1864.28	27.40	1912.59	1913.26	28.12
1766.33	1767.00	25.97	1815.31	1815.98	26.69	1864.29	1864.96	27.41	1913.27	1913.94	28.13
1767.01	1767.68	25.98	1815.99	1816.66	26.70	1864.97	1865.64	27.42	1913.95	1914.62	28.14
1767.69	1768.36	25.99	1816.67	1817.34	26.71	1865.65	1866.32	27.43	1914.63	1915.30	28.15
1768.37	1769.04	26.00	1817.35	1818.02	26.72	1866.33	1867.00	27.44	1915.31	1915.98	28.16
1769.05	1769.72	26.01	1818.03	1818.70	26.73	1867.01	1867.68	27.45	1915.99	1916.66	28.17
1769.73	1770.40	26.02	1818.71	1819.38	26.74	1867.69	1868.36	27.46	1916.67	1917.34	28.18
1770.41	1771.08	26.03	1819.39	1820.06	26.75	1868.37	1869.04	27.47	1917.35	1918.02	28.19
1771.09	1771.76	26.04	1820.07	1820.74	26.76	1869.05	1869.72	27.48	1918.03	1918.70	28.20
1771.77	1772.44	26.05	1820.75	1821.42	26.77	1869.73	1870.40	27.49	1918.71	1919.38	28.21
1772.45	1773.12	26.06	1821.43	1822.10	26.78	1870.41	1871.08	27.50	1919.39	1920.06	28.22
1773.13	1773.80	26.07	1822.11	1822.78	26.79	1871.09	1871.76	27.51	1920.07	1920.74	28.23
1773.81	1774.48	26.08	1822.79	1823.46	26.80	1871.77	1872.44	27.52	1920.75	1921.42	28.24
1774.49	1775.17	26.09	1823.47	1824.14	26.81	1872.45	1873.12	27.53	1921.43	1922.10	28.25
1775.18	1775.85	26.10	1824.15	1824.82	26.82	1873.13	1873.80	27.54	1922.11	1922.78	28.26
1775.86	1776.53	26.11	1824.83	1825.51	26.83	1873.81	1874.48	27.55	1922.79	1923.46	28.27
1776.54	1777.21	26.12	1825.52	1826.19	26.84	1874.49	1875.17	27.56	1923.47	1924.14	28.28
1777.22	1777.89	26.13	1826.20	1826.87	26.85	1875.18	1875.85	27.57	1924.15	1924.82	28.29
1777.90	1778.57	26.14	1826.88	1827.55	26.86	1875.86	1876.53	27.58	1924.83	1925.51	28.30
1778.58	1779.25	26.15	1827.56	1828.23	26.87	1876.54	1877.21	27.59	1925.52	1926.19	28.31
1779.26	1779.93	26.16	1828.24	1828.91	26.88	1877.22	1877.89	27.60	1926.20	1926.87	28.32
1779.94	1780.61	26.17	1828.92	1829.59	26.89	1877.90	1878.57	27.61	1926.88	1927.55	28.33
1780.62	1781.29	26.18	1829.60	1830.27	26.90	1878.58	1879.25	27.62	1927.56	1928.23	28.34
1781.30	1781.97	26.19	1830.28	1830.95	26.91	1879.26	1879.93	27.63	1928.24	1928.91	28.35
1781.98	1782.65	26.20	1830.96	1831.63	26.92	1879.94	1880.61	27.64	1928.92	1929.59	28.36
1782.66	1783.33	26.21	1831.64	1832.31	26.93	1880.62	1881.29	27.65	1929.60	1930.27	28.37
1783.34	1784.01	26.22	1832.32	1832.99	26.94	1881.30	1881.97	27.66	1930.28	1930.95	28.38
1784.02	1784.69	26.23	1833.00	1833.67	26.95	1881.98	1882.65	27.67	1930.96	1931.63	28.39
1784.70	1785.37	26.24	1833.68	1834.35	26.96	1882.66	1883.33	27.68	1931.64	1932.31	28.40
1785.38	1786.05	26.25	1834.36	1835.03	26.97	1883.34	1884.01	27.69	1932.32	1932.99	28.41
1786.06	1786.73	26.26	1835.04	1835.71	26.98	1884.02	1884.69	27.70	1933.00	1933.67	28.42
1786.74	1787.41	26.27	1835.72	1836.39	26.99	1884.70	1885.37	27.71	1933.68	1934.35	28.43
1787.42	1788.09	26.28	1836.40	1837.07	27.00	1885.38	1886.05	27.72	1934.36	1935.03	28.44
1788.10	1788.77	26.29	1837.08	1837.75	27.01	1886.06	1886.73	27.73	1935.04	1935.71	28.45
1788.78	1789.45	26.30	1837.76	1838.43	27.02	1886.74	1887.41	27.74	1935.72	1936.39	28.46
1789.46	1790.13	26.31	1838.44	1839.11	27.03	1887.42	1888.09	27.75	1936.40	1937.07	28.47
1790.14	1790.81	26.32	1839.12	1839.79	27.04	1888.10	1888.77	27.76	1937.08	1937.75	28.48
1790.82	1791.49	26.33	1839.80	1840.47	27.05	1888.78	1889.45	27.77	1937.76	1938.43	28.49
1791.50	1792.17	26.34	1840.48	1841.15	27.06	1889.46	1890.13	27.78	1938.44	1939.11	28.50
1792.18	1792.85	26.35	1841.16	1841.83	27.07	1890.14	1890.81	27.79	1939.12	1939.79	28.51
1792.86	1793.53	26.36	1841.84	1842.51	27.08	1890.82	1891.49	27.80	1939.80	1940.47	28.52
1793.54	1794.21	26.37	1842.52	1843.19	27.09	1891.50	1892.17	27.81	1940.48	1941.15	28.53
1794.22	1794.89	26.38	1843.20	1843.87	27.10	1892.18	1892.85	27.82	1941.16	1941.83	28.54
1794.90	1795.57	26.39	1843.88	1844.55	27.11	1892.86	1893.53	27.83	1941.84	1942.51	28.55
1795.58	1796.25	26.40	1844.56	1845.23	27.12	1893.54	1894.21	27.84	1942.52	1943.19	28.56
1796.26	1796.93	26.41	1845.24	1845.91	27.13	1894.22	1894.89	27.85	1943.20	1943.87	28.57
1796.94	1797.61	26.42	1845.92	1846.59	27.14	1894.90	1895.57	27.86	1943.88	1944.55	28.58
1797.62	1798.29	26.43	1846.60	1847.27	27.15	1895.58	1896.25	27.87	1944.56	1945.23	28.59
1798.30	1798.97	26.44	1847.28	1847.95	27.16	1896.26	1896.93	27.88	1945.24	1945.91	28.60
1798.98	1799.65	26.45	1847.96	1848.63	27.17	1896.94	1897.61	27.89	1945.92	1946.59	28.61
1799.66	1800.34	26.46	1848.64	1849.31	27.18	1897.62	1898.29	27.90	1946.60	1947.27	28.62
1800.35	1801.02	26.47	1849.32	1849.99	27.19	1898.30	1898.97	27.91	1947.28	1947.95	28.63
1801.03	1801.70	26.48	1850.00	1850.68	27.20	1898.98	1899.65	27.92	1947.96	1948.63	28.64
1801.71	1802.38	26.49	1850.69	1851.36	27.21	1899.66	1900.34	27.93	1948.64	1949.31	28.65
1802.39	1803.06	26.50	1851.37	1852.04	27.22	1900.35	1901.02	27.94	1949.32	1949.99	28.66
1803.07	1803.74	26.51	1852.05	1852.72	27.23	1901.03	1901.70	27.95	1950.00	1950.68	28.67
1803.75	1804.42	26.52	1852.73	1853.40	27.24	1901.71	1902.38	27.96	1950.69	1951.36	28.68
1804.43	1805.10	26.53	1853.41	1854.08	27.25	1902.39	1903.06	27.97	1951.37	1952.04	28.69
1805.11	1805.78	26.54	1854.09	1854.76	27.26	1903.07	1903.74	27.98	1952.05	1952.72	28.70
1805.79	1806.46	26.55	1854.77	1855.44	27.27	1903.75	1904.42	27.99	1952.73	1953.40	28.71
1806.47	1807.14	26.56	1855.45	1856.12	27.28	1904.43	1905.10	28.00	1953.41	1954.08	28.72
1807.15	1807.82	26.57	1856.13	1856.80	27.29	1905.11	1905.78	28.01	1954.09	1954.76	28.73
1807.83	1808.50	26.58	1856.81	1857.48	27.30	1905.79	1906.46	28.02	1954.77	1955.44	28.74
1808.51	1809.18	26.59	1857.49	1858.16	27.31	1906.47	1907.14	28.03	1955.45	1956.12	28.75
1809.19	1809.86	26.60	1858.17	1858.84	27.32	1907.15	1907.82	28.04	1956.13	1956.80	28.76
1809.87	1810.54	26.61	1858.85	1859.52	27.33	1907.83	1908.50	28.05	1956.81	1957.48	28.77
1810.55	1811.22	26.62	1859.53	1860.20	27.34	1908.51	1909.18	28.06	1957.49	1958.16	28.78
1811.23	1811.90	26.63	1860.21	1860.88	27.35	1909.19	1909.86	28.07	1958.17	1958.84	28.79
1811.91	1812.58	26.64	1860.89	1861.56	27.36	1909.87	1910.54	28.08	1958.85	1959.52	28.80

ANNEXE 9.7 : TABLE DES COTISATIONS À L'ASSURANCE-EMPLOI (*suite*)

Cotisations à l'assurance-emploi du Québec — Quebec Employment Insurance Premiums

Rémunération assurable / Insurable Earnings De - From	À - To	Cotisation d'AE / EI premium	Rémunération assurable / Insurable Earnings De - From	À - To	Cotisation d'AE / EI premium	Rémunération assurable / Insurable Earnings De - From	À - To	Cotisation d'AE / EI premium	Rémunération assurable / Insurable Earnings De - From	À - To	Cotisation d'AE / EI premium
1959.53	1960.20	28.81	2008.51	2009.18	29.53	2057.49	2058.16	30.25	2106.47	2107.14	30.97
1960.21	1960.88	28.82	2009.19	2009.86	29.54	2058.17	2058.84	30.26	2107.15	2107.82	30.98
1960.89	1961.56	28.83	2009.87	2010.54	29.55	2058.85	2059.52	30.27	2107.83	2108.50	30.99
1961.57	1962.24	28.84	2010.55	2011.22	29.56	2059.53	2060.20	30.28	2108.51	2109.18	31.00
1962.25	1962.92	28.85	2011.23	2011.90	29.57	2060.21	2060.88	30.29	2109.19	2109.86	31.01
1962.93	1963.60	28.86	2011.91	2012.58	29.58	2060.89	2061.56	30.30	2109.87	2110.54	31.02
1963.61	1964.28	28.87	2012.59	2013.26	29.59	2061.57	2062.24	30.31	2110.55	2111.22	31.03
1964.29	1964.96	28.88	2013.27	2013.94	29.60	2062.25	2062.92	30.32	2111.23	2111.90	31.04
1964.97	1965.64	28.89	2013.95	2014.62	29.61	2062.93	2063.60	30.33	2111.91	2112.58	31.05
1965.65	1966.32	28.90	2014.63	2015.30	29.62	2063.61	2064.28	30.34	2112.59	2113.26	31.06
1966.33	1967.00	28.91	2015.31	2015.98	29.63	2064.29	2064.96	30.35	2113.27	2113.94	31.07
1967.01	1967.68	28.92	2015.99	2016.66	29.64	2064.97	2065.64	30.36	2113.95	2114.62	31.08
1967.69	1968.36	28.93	2016.67	2017.34	29.65	2065.65	2066.32	30.37	2114.63	2115.30	31.09
1968.37	1969.04	28.94	2017.35	2018.02	29.66	2066.33	2067.00	30.38	2115.31	2115.98	31.10
1969.05	1969.72	28.95	2018.03	2018.70	29.67	2067.01	2067.68	30.39	2115.99	2116.66	31.11
1969.73	1970.40	28.96	2018.71	2019.38	29.68	2067.69	2068.36	30.40	2116.67	2117.34	31.12
1970.41	1971.08	28.97	2019.39	2020.06	29.69	2068.37	2069.04	30.41	2117.35	2118.02	31.13
1971.09	1971.76	28.98	2020.07	2020.74	29.70	2069.05	2069.72	30.42	2118.03	2118.70	31.14
1971.77	1972.44	28.99	2020.75	2021.42	29.71	2069.73	2070.40	30.43	2118.71	2119.38	31.15
1972.45	1973.12	29.00	2021.43	2022.10	29.72	2070.41	2071.08	30.44	2119.39	2120.06	31.16
1973.13	1973.80	29.01	2022.11	2022.78	29.73	2071.09	2071.76	30.45	2120.07	2120.74	31.17
1973.81	1974.48	29.02	2022.79	2023.46	29.74	2071.77	2072.44	30.46	2120.75	2121.42	31.18
1974.49	1975.17	29.03	2023.47	2024.14	29.75	2072.45	2073.12	30.47	2121.43	2122.10	31.19
1975.18	1975.85	29.04	2024.15	2024.82	29.76	2073.13	2073.80	30.48	2122.11	2122.78	31.20
1975.86	1976.53	29.05	2024.83	2025.51	29.77	2073.81	2074.48	30.49	2122.79	2123.46	31.21
1976.54	1977.21	29.06	2025.52	2026.19	29.78	2074.49	2075.17	30.50	2123.47	2124.14	31.22
1977.22	1977.89	29.07	2026.20	2026.87	29.79	2075.18	2075.85	30.51	2124.15	2124.82	31.23
1977.90	1978.57	29.08	2026.88	2027.55	29.80	2075.86	2076.53	30.52	2124.83	2125.51	31.24
1978.58	1979.25	29.09	2027.56	2028.23	29.81	2076.54	2077.21	30.53	2125.52	2126.19	31.25
1979.26	1979.93	29.10	2028.24	2028.91	29.82	2077.22	2077.89	30.54	2126.20	2126.87	31.26
1979.94	1980.61	29.11	2028.92	2029.59	29.83	2077.90	2078.57	30.55	2126.88	2127.55	31.27
1980.62	1981.29	29.12	2029.60	2030.27	29.84	2078.58	2079.25	30.56	2127.56	2128.23	31.28
1981.30	1981.97	29.13	2030.28	2030.95	29.85	2079.26	2079.93	30.57	2128.24	2128.91	31.29
1981.98	1982.65	29.14	2030.96	2031.63	29.86	2079.94	2080.61	30.58	2128.92	2129.59	31.30
1982.66	1983.33	29.15	2031.64	2032.31	29.87	2080.62	2081.29	30.59	2129.60	2130.27	31.31
1983.34	1984.01	29.16	2032.32	2032.99	29.88	2081.30	2081.97	30.60	2130.28	2130.95	31.32
1984.02	1984.69	29.17	2033.00	2033.67	29.89	2081.98	2082.65	30.61	2130.96	2131.63	31.33
1984.70	1985.37	29.18	2033.68	2034.35	29.90	2082.66	2083.33	30.62	2131.64	2132.31	31.34
1985.38	1986.05	29.19	2034.36	2035.03	29.91	2083.34	2084.01	30.63	2132.32	2132.99	31.35
1986.06	1986.73	29.20	2035.04	2035.71	29.92	2084.02	2084.69	30.64	2133.00	2133.67	31.36
1986.74	1987.41	29.21	2035.72	2036.39	29.93	2084.70	2085.37	30.65	2133.68	2134.35	31.37
1987.42	1988.09	29.22	2036.40	2037.07	29.94	2085.38	2086.05	30.66	2134.36	2135.03	31.38
1988.10	1988.77	29.23	2037.08	2037.75	29.95	2086.06	2086.73	30.67	2135.04	2135.71	31.39
1988.78	1989.45	29.24	2037.76	2038.43	29.96	2086.74	2087.41	30.68	2135.72	2136.39	31.40
1989.46	1990.13	29.25	2038.44	2039.11	29.97	2087.42	2088.09	30.69	2136.40	2137.07	31.41
1990.14	1990.81	29.26	2039.12	2039.79	29.98	2088.10	2088.77	30.70	2137.08	2137.75	31.42
1990.82	1991.49	29.27	2039.80	2040.47	29.99	2088.78	2089.45	30.71	2137.76	2138.43	31.43
1991.50	1992.17	29.28	2040.48	2041.15	30.00	2089.46	2090.13	30.72	2138.44	2139.11	31.44
1992.18	1992.85	29.29	2041.16	2041.83	30.01	2090.14	2090.81	30.73	2139.12	2139.79	31.45
1992.86	1993.53	29.30	2041.84	2042.51	30.02	2090.82	2091.49	30.74	2139.80	2140.47	31.46
1993.54	1994.21	29.31	2042.52	2043.19	30.03	2091.50	2092.17	30.75	2140.48	2141.15	31.47
1994.22	1994.89	29.32	2043.20	2043.87	30.04	2092.18	2092.85	30.76	2141.16	2141.83	31.48
1994.90	1995.57	29.33	2043.88	2044.55	30.05	2092.86	2093.53	30.77	2141.84	2142.51	31.49
1995.58	1996.25	29.34	2044.56	2045.23	30.06	2093.54	2094.21	30.78	2142.52	2143.19	31.50
1996.26	1996.93	29.35	2045.24	2045.91	30.07	2094.22	2094.89	30.79	2143.20	2143.87	31.51
1996.94	1997.61	29.36	2045.92	2046.59	30.08	2094.90	2095.57	30.80	2143.88	2144.55	31.52
1997.62	1998.29	29.37	2046.60	2047.27	30.09	2095.58	2096.25	30.81	2144.56	2145.23	31.53
1998.30	1998.97	29.38	2047.28	2047.95	30.10	2096.26	2096.93	30.82	2145.24	2145.91	31.54
1998.98	1999.65	29.39	2047.96	2048.63	30.11	2096.94	2097.61	30.83	2145.92	2146.59	31.55
1999.66	2000.34	29.40	2048.64	2049.31	30.12	2097.62	2098.29	30.84	2146.60	2147.27	31.56
2000.35	2001.02	29.41	2049.32	2049.99	30.13	2098.30	2098.97	30.85	2147.28	2147.95	31.57
2001.03	2001.70	29.42	2050.00	2050.68	30.14	2098.98	2099.65	30.86	2147.96	2148.63	31.58
2001.71	2002.38	29.43	2050.69	2051.36	30.15	2099.66	2100.34	30.87	2148.64	2149.31	31.59
2002.39	2003.06	29.44	2051.37	2052.04	30.16	2100.35	2101.02	30.88	2149.32	2149.99	31.60
2003.07	2003.74	29.45	2052.05	2052.72	30.17	2101.03	2101.70	30.89	2150.00	2150.68	31.61
2003.75	2004.42	29.46	2052.73	2053.40	30.18	2101.71	2102.38	30.90	2150.69	2151.36	31.62
2004.43	2005.10	29.47	2053.41	2054.08	30.19	2102.39	2103.06	30.91	2151.37	2152.04	31.63
2005.11	2005.78	29.48	2054.09	2054.76	30.20	2103.07	2103.74	30.92	2152.05	2152.72	31.64
2005.79	2006.46	29.49	2054.77	2055.44	30.21	2103.75	2104.42	30.93	2152.73	2153.40	31.65
2006.47	2007.14	29.50	2055.45	2056.12	30.22	2104.43	2105.10	30.94	2153.41	2154.08	31.66
2007.15	2007.82	29.51	2056.13	2056.80	30.23	2105.11	2105.78	30.95	2154.09	2154.76	31.67
2007.83	2008.50	29.52	2056.81	2057.48	30.24	2105.79	2106.46	30.96	2154.77	2155.44	31.68

Cotisations à l'assurance-emploi du Québec — Quebec Employment Insurance Premiums

Rémunération assurable / Insurable Earnings De - From	À - To	Cotisation d'AE / EI premium	Rémunération assurable / Insurable Earnings De - From	À - To	Cotisation d'AE / EI premium	Rémunération assurable / Insurable Earnings De - From	À - To	Cotisation d'AE / EI premium	Rémunération assurable / Insurable Earnings De - From	À - To	Cotisation d'AE / EI premium
2155.45	2156.12	31.69	2204.43	2205.10	32.41	2253.41	2254.08	33.13	2302.39	2303.06	33.85
2156.13	2156.80	31.70	2205.11	2205.78	32.42	2254.09	2254.76	33.14	2303.07	2303.74	33.86
2156.81	2157.48	31.71	2205.79	2206.46	32.43	2254.77	2255.44	33.15	2303.75	2304.42	33.87
2157.49	2158.16	31.72	2206.47	2207.14	32.44	2255.45	2256.12	33.16	2304.43	2305.10	33.88
2158.17	2158.84	31.73	2207.15	2207.82	32.45	2256.13	2256.80	33.17	2305.11	2305.78	33.89
2158.85	2159.52	31.74	2207.83	2208.50	32.46	2256.81	2257.48	33.18	2305.79	2306.46	33.90
2159.53	2160.20	31.75	2208.51	2209.18	32.47	2257.49	2258.16	33.19	2306.47	2307.14	33.91
2160.21	2160.88	31.76	2209.19	2209.86	32.48	2258.17	2258.84	33.20	2307.15	2307.82	33.92
2160.89	2161.56	31.77	2209.87	2210.54	32.49	2258.85	2259.52	33.21	2307.83	2308.50	33.93
2161.57	2162.24	31.78	2210.55	2211.22	32.50	2259.53	2260.20	33.22	2308.51	2309.18	33.94
2162.25	2162.92	31.79	2211.23	2211.90	32.51	2260.21	2260.88	33.23	2309.19	2309.86	33.95
2162.93	2163.60	31.80	2211.91	2212.58	32.52	2260.89	2261.56	33.24	2309.87	2310.54	33.96
2163.61	2164.28	31.81	2212.59	2213.26	32.53	2261.57	2262.24	33.25	2310.55	2311.22	33.97
2164.29	2164.96	31.82	2213.27	2213.94	32.54	2262.25	2262.92	33.26	2311.23	2311.90	33.98
2164.97	2165.64	31.83	2213.95	2214.62	32.55	2262.93	2263.60	33.27	2311.91	2312.58	33.99
2165.65	2166.32	31.84	2214.63	2215.30	32.56	2263.61	2264.28	33.28	2312.59	2313.26	34.00
2166.33	2167.00	31.85	2215.31	2215.98	32.57	2264.29	2264.96	33.29	2313.27	2313.94	34.01
2167.01	2167.68	31.86	2215.99	2216.66	32.58	2264.97	2265.64	33.30	2313.95	2314.62	34.02
2167.69	2168.36	31.87	2216.67	2217.34	32.59	2265.65	2266.32	33.31	2314.63	2315.30	34.03
2168.37	2169.04	31.88	2217.35	2218.02	32.60	2266.33	2267.00	33.32	2315.31	2315.98	34.04
2169.05	2169.72	31.89	2218.03	2218.70	32.61	2267.01	2267.68	33.33	2315.99	2316.66	34.05
2169.73	2170.40	31.90	2218.71	2219.38	32.62	2267.69	2268.36	33.34	2316.67	2317.34	34.06
2170.41	2171.08	31.91	2219.39	2220.06	32.63	2268.37	2269.04	33.35	2317.35	2318.02	34.07
2171.09	2171.76	31.92	2220.07	2220.74	32.64	2269.05	2269.72	33.36	2318.03	2318.70	34.08
2171.77	2172.44	31.93	2220.75	2221.42	32.65	2269.73	2270.40	33.37	2318.71	2319.38	34.09
2172.45	2173.12	31.94	2221.43	2222.10	32.66	2270.41	2271.08	33.38	2319.39	2320.06	34.10
2173.13	2173.80	31.95	2222.11	2222.78	32.67	2271.09	2271.76	33.39	2320.07	2320.74	34.11
2173.81	2174.48	31.96	2222.79	2223.46	32.68	2271.77	2272.44	33.40	2320.75	2321.42	34.12
2174.49	2175.17	31.97	2223.47	2224.14	32.69	2272.45	2273.12	33.41	2321.43	2322.10	34.13
2175.18	2175.85	31.98	2224.15	2224.82	32.70	2273.13	2273.80	33.42	2322.11	2322.78	34.14
2175.86	2176.53	31.99	2224.83	2225.51	32.71	2273.81	2274.48	33.43	2322.79	2323.46	34.15
2176.54	2177.21	32.00	2225.52	2226.19	32.72	2274.49	2275.17	33.44	2323.47	2324.14	34.16
2177.22	2177.89	32.01	2226.20	2226.87	32.73	2275.18	2275.85	33.45	2324.15	2324.82	34.17
2177.90	2178.57	32.02	2226.88	2227.55	32.74	2275.86	2276.53	33.46	2324.83	2325.51	34.18
2178.58	2179.25	32.03	2227.56	2228.23	32.75	2276.54	2277.21	33.47	2325.52	2326.19	34.19
2179.26	2179.93	32.04	2228.24	2228.91	32.76	2277.22	2277.89	33.48	2326.20	2326.87	34.20
2179.94	2180.61	32.05	2228.92	2229.59	32.77	2277.90	2278.57	33.49	2326.88	2327.55	34.21
2180.62	2181.29	32.06	2229.60	2230.27	32.78	2278.58	2279.25	33.50	2327.56	2328.23	34.22
2181.30	2181.97	32.07	2230.28	2230.95	32.79	2279.26	2279.93	33.51	2328.24	2328.91	34.23
2181.98	2182.65	32.08	2230.96	2231.63	32.80	2279.94	2280.61	33.52	2328.92	2329.59	34.24
2182.66	2183.33	32.09	2231.64	2232.31	32.81	2280.62	2281.29	33.53	2329.60	2330.27	34.25
2183.34	2184.01	32.10	2232.32	2232.99	32.82	2281.30	2281.97	33.54	2330.28	2330.95	34.26
2184.02	2184.69	32.11	2233.00	2233.67	32.83	2281.98	2282.65	33.55	2330.96	2331.63	34.27
2184.70	2185.37	32.12	2233.68	2234.35	32.84	2282.66	2283.33	33.56	2331.64	2332.31	34.28
2185.38	2186.05	32.13	2234.36	2235.03	32.85	2283.34	2284.01	33.57	2332.32	2332.99	34.29
2186.06	2186.73	32.14	2235.04	2235.71	32.86	2284.02	2284.69	33.58	2333.00	2333.67	34.30
2186.74	2187.41	32.15	2235.72	2236.39	32.87	2284.70	2285.37	33.59	2333.68	2334.35	34.31
2187.42	2188.09	32.16	2236.40	2237.07	32.88	2285.38	2286.05	33.60	2334.36	2335.03	34.32
2188.10	2188.77	32.17	2237.08	2237.75	32.89	2286.06	2286.73	33.61	2335.04	2335.71	34.33
2188.78	2189.45	32.18	2237.76	2238.43	32.90	2286.74	2287.41	33.62	2335.72	2336.39	34.34
2189.46	2190.13	32.19	2238.44	2239.11	32.91	2287.42	2288.09	33.63	2336.40	2337.07	34.35
2190.14	2190.81	32.20	2239.12	2239.79	32.92	2288.10	2288.77	33.64	2337.08	2337.75	34.36
2190.82	2191.49	32.21	2239.80	2240.47	32.93	2288.78	2289.45	33.65	2337.76	2338.43	34.37
2191.50	2192.17	32.22	2240.48	2241.15	32.94	2289.46	2290.13	33.66	2338.44	2339.11	34.38
2192.18	2192.85	32.23	2241.16	2241.83	32.95	2290.14	2290.81	33.67	2339.12	2339.79	34.39
2192.86	2193.53	32.24	2241.84	2242.51	32.96	2290.82	2291.49	33.68	2339.80	2340.47	34.40
2193.54	2194.21	32.25	2242.52	2243.19	32.97	2291.50	2292.17	33.69	2340.48	2341.15	34.41
2194.22	2194.89	32.26	2243.20	2243.87	32.98	2292.18	2292.85	33.70	2341.16	2341.83	34.42
2194.90	2195.57	32.27	2243.88	2244.55	32.99	2292.86	2293.53	33.71	2341.84	2342.51	34.43
2195.58	2196.25	32.28	2244.56	2245.23	33.00	2293.54	2294.21	33.72	2342.52	2343.19	34.44
2196.26	2196.93	32.29	2245.24	2245.91	33.01	2294.22	2294.89	33.73	2343.20	2343.87	34.45
2196.94	2197.61	32.30	2245.92	2246.59	33.02	2294.90	2295.57	33.74	2343.88	2344.55	34.46
2197.62	2198.29	32.31	2246.60	2247.27	33.03	2295.58	2296.25	33.75	2344.56	2345.23	34.47
2198.30	2198.97	32.32	2247.28	2247.95	33.04	2296.26	2296.93	33.76	2345.24	2345.91	34.48
2198.98	2199.65	32.33	2247.96	2248.63	33.05	2296.94	2297.61	33.77	2345.92	2346.59	34.49
2199.66	2200.34	32.34	2248.64	2249.31	33.06	2297.62	2298.29	33.78	2346.60	2347.27	34.50
2200.35	2201.02	32.35	2249.32	2250.00	33.07	2298.30	2298.97	33.79	2347.28	2347.95	34.51
2201.03	2201.70	32.36	2250.01	2250.68	33.08	2298.98	2299.65	33.80	2347.96	2348.63	34.52
2201.71	2202.38	32.37	2250.69	2251.36	33.09	2299.66	2300.34	33.81	2348.64	2349.31	34.53
2202.39	2203.06	32.38	2251.37	2252.04	33.10	2300.35	2301.02	33.82	2349.32	2349.99	34.54
2203.07	2203.74	32.39	2252.05	2252.72	33.11	2301.03	2301.70	33.83	2350.00	2350.68	34.55
2203.75	2204.42	32.40	2252.73	2253.40	33.12	2301.71	2302.38	33.84	2350.69	2351.36	34.56

ANNEXE 9.7 : TABLE DES COTISATIONS À L'ASSURANCE-EMPLOI (*suite*)

Cotisations à l'assurance-emploi du Québec											Quebec Employment Insurance Premiums
Rémunération assurable Insurable Earnings		Cotisation d'AE EI premium	Rémunération assurable Insurable Earnings		Cotisation d'AE EI premium	Rémunération assurable Insurable Earnings		Cotisation d'AE EI premium	Rémunération assurable Insurable Earnings		Cotisation d'AE EI premium
De - From	À - To		De - From	À - To		De - From	À - To		De - From	À - To	
2351.37	2352.04	34.57	2400.35	2401.02	35.29	2449.32	2449.99	36.01	2498.30	2498.97	36.73
2352.05	2352.72	34.58	2401.03	2401.70	35.30	2450.00	2450.68	36.02	2498.98	2499.65	36.74
2352.73	2353.40	34.59	2401.71	2402.38	35.31	2450.69	2451.36	36.03	2499.66	2500.34	36.75
2353.41	2354.08	34.60	2402.39	2403.06	35.32	2451.37	2452.04	36.04	2500.35	2501.02	36.76
2354.09	2354.76	34.61	2403.07	2403.74	35.33	2452.05	2452.72	36.05	2501.03	2501.70	36.77
2354.77	2355.44	34.62	2403.75	2404.42	35.34	2452.73	2453.40	36.06	2501.71	2502.38	36.78
2355.45	2356.12	34.63	2404.43	2405.10	35.35	2453.41	2454.08	36.07	2502.39	2503.06	36.79
2356.13	2356.80	34.64	2405.11	2405.78	35.36	2454.09	2454.76	36.08	2503.07	2503.74	36.80
2356.81	2357.48	34.65	2405.79	2406.46	35.37	2454.77	2455.44	36.09	2503.75	2504.42	36.81
2357.49	2358.16	34.66	2406.47	2407.14	35.38	2455.45	2456.12	36.10	2504.43	2505.10	36.82
2358.17	2358.84	34.67	2407.15	2407.82	35.39	2456.13	2456.80	36.11	2505.11	2505.78	36.83
2358.85	2359.52	34.68	2407.83	2408.50	35.40	2456.81	2457.48	36.12	2505.79	2506.46	36.84
2359.53	2360.20	34.69	2408.51	2409.18	35.41	2457.49	2458.16	36.13	2506.47	2507.14	36.85
2360.21	2360.88	34.70	2409.19	2409.86	35.42	2458.17	2458.84	36.14	2507.15	2507.82	36.86
2360.89	2361.56	34.71	2409.87	2410.54	35.43	2458.85	2459.52	36.15	2507.83	2508.50	36.87
2361.57	2362.24	34.72	2410.55	2411.22	35.44	2459.53	2460.20	36.16	2508.51	2509.18	36.88
2362.25	2362.92	34.73	2411.23	2411.90	35.45	2460.21	2460.88	36.17	2509.19	2509.86	36.89
2362.93	2363.60	34.74	2411.91	2412.58	35.46	2460.89	2461.56	36.18	2509.87	2510.54	36.90
2363.61	2364.28	34.75	2412.59	2413.26	35.47	2461.57	2462.24	36.19	2510.55	2511.22	36.91
2364.29	2364.96	34.76	2413.27	2413.94	35.48	2462.25	2462.92	36.20	2511.23	2511.90	36.92
2364.97	2365.64	34.77	2413.95	2414.62	35.49	2462.93	2463.60	36.21	2511.91	2512.58	36.93
2365.65	2366.32	34.78	2414.63	2415.30	35.50	2463.61	2464.28	36.22	2512.59	2513.26	36.94
2366.33	2367.00	34.79	2415.31	2415.98	35.51	2464.29	2464.96	36.23	2513.27	2513.94	36.95
2367.01	2367.68	34.80	2415.99	2416.66	35.52	2464.97	2465.64	36.24	2513.95	2514.62	36.96
2367.69	2368.36	34.81	2416.67	2417.34	35.53	2465.65	2466.32	36.25	2514.63	2515.30	36.97
2368.37	2369.04	34.82	2417.35	2418.02	35.54	2466.33	2467.00	36.26	2515.31	2515.98	36.98
2369.05	2369.72	34.83	2418.03	2418.70	35.55	2467.01	2467.68	36.27	2515.99	2516.66	36.99
2369.73	2370.40	34.84	2418.71	2419.38	35.56	2467.69	2468.36	36.28	2516.67	2517.34	37.00
2370.41	2371.08	34.85	2419.39	2420.06	35.57	2468.37	2469.04	36.29	2517.35	2518.02	37.01
2371.09	2371.76	34.86	2420.07	2420.74	35.58	2469.05	2469.72	36.30	2518.03	2518.70	37.02
2371.77	2372.44	34.87	2420.75	2421.42	35.59	2469.73	2470.40	36.31	2518.71	2519.38	37.03
2372.45	2373.12	34.88	2421.43	2422.10	35.60	2470.41	2471.08	36.32	2519.39	2520.06	37.04
2373.13	2373.80	34.89	2422.11	2422.78	35.61	2471.09	2471.76	36.33	2520.07	2520.74	37.05
2373.81	2374.48	34.90	2422.79	2423.46	35.62	2471.77	2472.44	36.34	2520.75	2521.42	37.06
2374.49	2375.17	34.91	2423.47	2424.14	35.63	2472.45	2473.12	36.35	2521.43	2522.10	37.07
2375.18	2375.85	34.92	2424.15	2424.82	35.64	2473.13	2473.80	36.36	2522.11	2522.78	37.08
2375.86	2376.53	34.93	2424.83	2425.51	35.65	2473.81	2474.48	36.37	2522.79	2523.46	37.09
2376.54	2377.21	34.94	2425.52	2426.19	35.66	2474.49	2475.17	36.38	2523.47	2524.14	37.10
2377.22	2377.89	34.95	2426.20	2426.87	35.67	2475.18	2475.85	36.39	2524.15	2524.82	37.11
2377.90	2378.57	34.96	2426.88	2427.55	35.68	2475.86	2476.53	36.40	2524.83	2525.51	37.12
2378.58	2379.25	34.97	2427.56	2428.23	35.69	2476.54	2477.21	36.41	2525.52	2526.19	37.13
2379.26	2379.93	34.98	2428.24	2428.91	35.70	2477.22	2477.89	36.42	2526.20	2526.87	37.14
2379.94	2380.61	34.99	2428.92	2429.59	35.71	2477.90	2478.57	36.43	2526.88	2527.55	37.15
2380.62	2381.29	35.00	2429.60	2430.27	35.72	2478.58	2479.25	36.44	2527.56	2528.23	37.16
2381.30	2381.97	35.01	2430.28	2430.95	35.73	2479.26	2479.93	36.45	2528.24	2528.91	37.17
2381.98	2382.65	35.02	2430.96	2431.63	35.74	2479.94	2480.61	36.46	2528.92	2529.59	37.18
2382.66	2383.33	35.03	2431.64	2432.31	35.75	2480.62	2481.29	36.47	2529.60	2530.27	37.19
2383.34	2384.01	35.04	2432.32	2432.99	35.76	2481.30	2481.97	36.48	2530.28	2530.95	37.20
2384.02	2384.69	35.05	2433.00	2433.67	35.77	2481.98	2482.65	36.49	2530.96	2531.63	37.21
2384.70	2385.37	35.06	2433.68	2434.35	35.78	2482.66	2483.33	36.50	2531.64	2532.31	37.22
2385.38	2386.05	35.07	2434.36	2435.03	35.79	2483.34	2484.01	36.51	2532.32	2532.99	37.23
2386.06	2386.73	35.08	2435.04	2435.71	35.80	2484.02	2484.69	36.52	2533.00	2533.67	37.24
2386.74	2387.41	35.09	2435.72	2436.39	35.81	2484.70	2485.37	36.53	2533.68	2534.35	37.25
2387.42	2388.09	35.10	2436.40	2437.07	35.82	2485.38	2486.05	36.54	2534.36	2535.03	37.26
2388.10	2388.77	35.11	2437.08	2437.75	35.83	2486.06	2486.73	36.55	2535.04	2535.71	37.27
2388.78	2389.45	35.12	2437.76	2438.43	35.84	2486.74	2487.41	36.56	2535.72	2536.39	37.28
2389.46	2390.13	35.13	2438.44	2439.11	35.85	2487.42	2488.09	36.57	2536.40	2537.07	37.29
2390.14	2390.81	35.14	2439.12	2439.79	35.86	2488.10	2488.77	36.58	2537.08	2537.75	37.30
2390.82	2391.49	35.15	2439.80	2440.47	35.87	2488.78	2489.45	36.59	2537.76	2538.43	37.31
2391.50	2392.17	35.16	2440.48	2441.15	35.88	2489.46	2490.13	36.60	2538.44	2539.11	37.32
2392.18	2392.85	35.17	2441.16	2441.83	35.89	2490.14	2490.81	36.61	2539.12	2539.79	37.33
2392.86	2393.53	35.18	2441.84	2442.51	35.90	2490.82	2491.49	36.62	2539.80	2540.47	37.34
2393.54	2394.21	35.19	2442.52	2443.19	35.91	2491.50	2492.17	36.63	2540.48	2541.15	37.35
2394.22	2394.89	35.20	2443.20	2443.87	35.92	2492.18	2492.85	36.64	2541.16	2541.83	37.36
2394.90	2395.57	35.21	2443.88	2444.55	35.93	2492.86	2493.53	36.65	2541.84	2542.51	37.37
2395.58	2396.25	35.22	2444.56	2445.23	35.94	2493.54	2494.21	36.66	2542.52	2543.19	37.38
2396.26	2396.93	35.23	2445.24	2445.91	35.95	2494.22	2494.89	36.67	2543.20	2543.87	37.39
2396.94	2397.61	35.24	2445.92	2446.59	35.96	2494.90	2495.57	36.68	2543.88	2544.55	37.40
2397.62	2398.29	35.25	2446.60	2447.27	35.97	2495.58	2496.25	36.69	2544.56	2545.23	37.41
2398.30	2398.97	35.26	2447.28	2447.95	35.98	2496.26	2496.93	36.70	2545.24	2545.91	37.42
2398.98	2399.65	35.27	2447.96	2448.63	35.99	2496.94	2497.61	36.71	2545.92	2546.59	37.43
2399.66	2400.34	35.28	2448.64	2449.31	36.00	2497.62	2498.29	36.72	2546.60	2547.27	37.44

Cotisations à l'assurance-emploi du Québec											Quebec Employment Insurance Premiums
Rémunération assurable Insurable Earnings		Cotisation d'AE EI premium	Rémunération assurable Insurable Earnings		Cotisation d'AE EI premium	Rémunération assurable Insurable Earnings		Cotisation d'AE EI premium	Rémunération assurable Insurable Earnings		Cotisation d'AE EI premium
De - From	À - To		De - From	À - To		De - From	À - To		De - From	À - To	
2547.28	2547.95	37.45	2596.26	2596.93	38.17	2645.24	2645.91	38.89	2694.22	2694.89	39.61
2547.96	2548.63	37.46	2596.94	2597.61	38.18	2645.92	2646.59	38.90	2694.90	2695.57	39.62
2548.64	2549.31	37.47	2597.62	2598.29	38.19	2646.60	2647.27	38.91	2695.58	2696.25	39.63
2549.32	2549.99	37.48	2598.30	2598.97	38.20	2647.28	2647.95	38.92	2696.26	2696.93	39.64
2550.00	2550.68	37.49	2598.98	2599.65	38.21	2647.96	2648.63	38.93	2696.94	2697.61	39.65
2550.69	2551.36	37.50	2599.66	2600.34	38.22	2648.64	2649.31	38.94	2697.62	2698.29	39.66
2551.37	2552.04	37.51	2600.35	2601.02	38.23	2649.32	2649.99	38.95	2698.30	2698.97	39.67
2552.05	2552.72	37.52	2601.03	2601.70	38.24	2650.00	2650.68	38.96	2698.98	2699.65	39.68
2552.73	2553.40	37.53	2601.71	2602.38	38.25	2650.69	2651.36	38.97	2699.66	2700.34	39.69
2553.41	2554.08	37.54	2602.39	2603.06	38.26	2651.37	2652.04	38.98	2700.35	2701.02	39.70
2554.09	2554.76	37.55	2603.07	2603.74	38.27	2652.05	2652.72	38.99	2701.03	2701.70	39.71
2554.77	2555.44	37.56	2603.75	2604.42	38.28	2652.73	2653.40	39.00	2701.71	2702.38	39.72
2555.45	2556.12	37.57	2604.43	2605.10	38.29	2653.41	2654.08	39.01	2702.39	2703.06	39.73
2556.13	2556.80	37.58	2605.11	2605.78	38.30	2654.09	2654.76	39.02	2703.07	2703.74	39.74
2556.81	2557.48	37.59	2605.79	2606.46	38.31	2654.77	2655.44	39.03	2703.75	2704.42	39.75
2557.49	2558.16	37.60	2606.47	2607.14	38.32	2655.45	2656.12	39.04	2704.43	2705.10	39.76
2558.17	2558.84	37.61	2607.15	2607.82	38.33	2656.13	2656.80	39.05	2705.11	2705.78	39.77
2558.85	2559.52	37.62	2607.83	2608.50	38.34	2656.81	2657.48	39.06	2705.79	2706.46	39.78
2559.53	2560.20	37.63	2608.51	2609.18	38.35	2657.49	2658.16	39.07	2706.47	2707.14	39.79
2560.21	2560.88	37.64	2609.19	2609.86	38.36	2658.17	2658.84	39.08	2707.15	2707.82	39.80
2560.89	2561.56	37.65	2609.87	2610.54	38.37	2658.85	2659.52	39.09	2707.83	2708.50	39.81
2561.57	2562.24	37.66	2610.55	2611.22	38.38	2659.53	2660.20	39.10	2708.51	2709.18	39.82
2562.25	2562.92	37.67	2611.23	2611.90	38.39	2660.21	2660.88	39.11	2709.19	2709.86	39.83
2562.93	2563.60	37.68	2611.91	2612.58	38.40	2660.89	2661.56	39.12	2709.87	2710.54	39.84
2563.61	2564.28	37.69	2612.59	2613.26	38.41	2661.57	2662.24	39.13	2710.55	2711.22	39.85
2564.29	2564.96	37.70	2613.27	2613.94	38.42	2662.25	2662.92	39.14	2711.23	2711.90	39.86
2564.97	2565.64	37.71	2613.95	2614.62	38.43	2662.93	2663.60	39.15	2711.91	2712.58	39.87
2565.65	2566.32	37.72	2614.63	2615.30	38.44	2663.61	2664.28	39.16	2712.59	2713.26	39.88
2566.33	2567.00	37.73	2615.31	2615.98	38.45	2664.29	2664.96	39.17	2713.27	2713.94	39.89
2567.01	2567.68	37.74	2615.99	2616.66	38.46	2664.97	2665.64	39.18	2713.95	2714.62	39.90
2567.69	2568.36	37.75	2616.67	2617.34	38.47	2665.65	2666.32	39.19	2714.63	2715.30	39.91
2568.37	2569.04	37.76	2617.35	2618.02	38.48	2666.33	2667.00	39.20	2715.31	2715.98	39.92
2569.05	2569.72	37.77	2618.03	2618.70	38.49	2667.01	2667.68	39.21	2715.99	2716.66	39.93
2569.73	2570.40	37.78	2618.71	2619.38	38.50	2667.69	2668.36	39.22	2716.67	2717.34	39.94
2570.41	2571.08	37.79	2619.39	2620.06	38.51	2668.37	2669.04	39.23	2717.35	2718.02	39.95
2571.09	2571.76	37.80	2620.07	2620.74	38.52	2669.05	2669.72	39.24	2718.03	2718.70	39.96
2571.77	2572.44	37.81	2620.75	2621.42	38.53	2669.73	2670.40	39.25	2718.71	2719.38	39.97
2572.45	2573.12	37.82	2621.43	2622.10	38.54	2670.41	2671.08	39.26	2719.39	2720.06	39.98
2573.13	2573.80	37.83	2622.11	2622.78	38.55	2671.09	2671.76	39.27	2720.07	2720.74	39.99
2573.81	2574.48	37.84	2622.79	2623.46	38.56	2671.77	2672.44	39.28	2720.75	2721.42	40.00
2574.49	2575.17	37.85	2623.47	2624.14	38.57	2672.45	2673.12	39.29	2721.43	2722.10	40.01
2575.18	2575.85	37.86	2624.15	2624.82	38.58	2673.13	2673.80	39.30	2722.11	2722.78	40.02
2575.86	2576.53	37.87	2624.83	2625.51	38.59	2673.81	2674.48	39.31	2722.79	2723.46	40.03
2576.54	2577.21	37.88	2625.52	2626.19	38.60	2674.49	2675.17	39.32	2723.47	2724.14	40.04
2577.22	2577.89	37.89	2626.20	2626.87	38.61	2675.18	2675.85	39.33	2724.15	2724.82	40.05
2577.90	2578.57	37.90	2626.88	2627.55	38.62	2675.86	2676.53	39.34	2724.83	2725.51	40.06
2578.58	2579.25	37.91	2627.56	2628.23	38.63	2676.54	2677.21	39.35	2725.52	2726.19	40.07
2579.26	2579.93	37.92	2628.24	2628.91	38.64	2677.22	2677.89	39.36	2726.20	2726.87	40.08
2579.94	2580.61	37.93	2628.92	2629.59	38.65	2677.90	2678.57	39.37	2726.88	2727.55	40.09
2580.62	2581.29	37.94	2629.60	2630.27	38.66	2678.58	2679.25	39.38	2727.56	2728.23	40.10
2581.30	2581.97	37.95	2630.28	2630.95	38.67	2679.26	2679.93	39.39	2728.24	2728.91	40.11
2581.98	2582.65	37.96	2630.96	2631.63	38.68	2679.94	2680.61	39.40	2728.92	2729.59	40.12
2582.66	2583.33	37.97	2631.64	2632.31	38.69	2680.62	2681.29	39.41	2729.60	2730.27	40.13
2583.34	2584.01	37.98	2632.32	2632.99	38.70	2681.30	2681.97	39.42	2730.28	2730.95	40.14
2584.02	2584.69	37.99	2633.00	2633.67	38.71	2681.98	2682.65	39.43	2730.96	2731.63	40.15
2584.70	2585.37	38.00	2633.68	2634.35	38.72	2682.66	2683.33	39.44	2731.64	2732.31	40.16
2585.38	2586.05	38.01	2634.36	2635.03	38.73	2683.34	2684.01	39.45	2732.32	2732.99	40.17
2586.06	2586.73	38.02	2635.04	2635.71	38.74	2684.02	2684.69	39.46	2733.00	2733.67	40.18
2586.74	2587.41	38.03	2635.72	2636.39	38.75	2684.70	2685.37	39.47	2733.68	2734.35	40.19
2587.42	2588.09	38.04	2636.40	2637.07	38.76	2685.38	2686.05	39.48	2734.36	2735.03	40.20
2588.10	2588.77	38.05	2637.08	2637.75	38.77	2686.06	2686.73	39.49	2735.04	2735.71	40.21
2588.78	2589.45	38.06	2637.76	2638.43	38.78	2686.74	2687.41	39.50	2735.72	2736.39	40.22
2589.46	2590.13	38.07	2638.44	2639.11	38.79	2687.42	2688.09	39.51	2736.40	2737.07	40.23
2590.14	2590.81	38.08	2639.12	2639.79	38.80	2688.10	2688.77	39.52	2737.08	2737.75	40.24
2590.82	2591.49	38.09	2639.80	2640.47	38.81	2688.78	2689.45	39.53	2737.76	2738.43	40.25
2591.50	2592.17	38.10	2640.48	2641.15	38.82	2689.46	2690.13	39.54	2738.44	2739.11	40.26
2592.18	2592.85	38.11	2641.16	2641.83	38.83	2690.14	2690.81	39.55	2739.12	2739.79	40.27
2592.86	2593.53	38.12	2641.84	2642.51	38.84	2690.82	2691.49	39.56	2739.80	2740.47	40.28
2593.54	2594.21	38.13	2642.52	2643.19	38.85	2691.50	2692.17	39.57	2740.48	2741.15	40.29
2594.22	2594.89	38.14	2643.20	2643.87	38.86	2692.18	2692.85	39.58	2741.16	2741.83	40.30
2594.90	2595.57	38.15	2643.88	2644.55	38.87	2692.86	2693.53	39.59	2741.84	2742.51	40.31
2595.58	2596.25	38.16	2644.56	2645.23	38.88	2693.54	2694.21	39.60	2742.52	2743.19	40.32

ANNEXE 9.7 : TABLE DES COTISATIONS À L'ASSURANCE-EMPLOI (*suite*)

Cotisations à l'assurance-emploi du Québec

Rémunération assurable Insurable Earnings De - From	À - To	Cotisation d'AE EI premium
2743.20	2743.87	40.33
2743.88	2744.55	40.34
2744.56	2745.23	40.35
2745.24	2745.91	40.36
2745.92	2746.59	40.37
2746.60	2747.27	40.38
2747.28	2747.95	40.39
2747.96	2748.63	40.40
2748.64	2749.31	40.41

(Tableau de données numériques – table des cotisations à l'assurance-emploi; les colonnes suivantes reproduisent, pour chaque tranche de rémunération assurable, la cotisation d'AE correspondante pour le Québec et les primes d'assurance-emploi du Québec « Quebec Employment Insurance Premiums ».)

Quebec Employment Insurance Premiums

Rémunération assurable Insurable Earnings De - From	À - To	Cotisation d'AE EI premium
3086.06	3086.73	45.37
3086.74	3087.41	45.38
3087.42	3088.09	45.39
3088.10	3088.77	45.40
3088.78	3089.45	45.41
3089.46	3090.13	45.42
3090.14	3090.81	45.43
3090.82	3091.49	45.44
3091.50	3092.17	45.45

ANNEXE 9.7 : TABLE DES COTISATIONS À L'ASSURANCE-EMPLOI (*suite*)

Cotisations à l'assurance-emploi du Québec									Quebec Employment Insurance Premiums		
Rémunération assurable Insurable Earnings		Cotisation d'AE EI premium	Rémunération assurable Insurable Earnings		Cotisation d'AE EI premium	Rémunération assurable Insurable Earnings		Cotisation d'AE EI premium	Rémunération assurable Insurable Earnings		Cotisation d'AE EI premium
De - From	À - To		De - From	À - To		De - From	À - To		De - From	À - To	
3135.04	- 3135.71	46.09	3184.02	- 3184.69	46.81	3233.00	- 3233.67	47.53	3281.98	- 3282.65	48.25
3135.72	- 3136.39	46.10	3184.70	- 3185.37	46.82	3233.68	- 3234.35	47.54	3282.66	- 3283.33	48.26
3136.40	- 3137.07	46.11	3185.38	- 3186.05	46.83	3234.36	- 3235.03	47.55	3283.34	- 3284.01	48.27
3137.08	- 3137.75	46.12	3186.06	- 3186.73	46.84	3235.04	- 3235.71	47.56	3284.02	- 3284.69	48.28
3137.76	- 3138.43	46.13	3186.74	- 3187.41	46.85	3235.72	- 3236.39	47.57	3284.70	- 3285.37	48.29
3138.44	- 3139.11	46.14	3187.42	- 3188.09	46.86	3236.40	- 3237.07	47.58	3285.38	- 3286.05	48.30
3139.12	- 3139.79	46.15	3188.10	- 3188.77	46.87	3237.08	- 3237.75	47.59	3286.06	- 3286.73	48.31
3139.80	- 3140.47	46.16	3188.78	- 3189.45	46.88	3237.76	- 3238.43	47.60	3286.74	- 3287.41	48.32
3140.48	- 3141.15	46.17	3189.46	- 3190.13	46.89	3238.44	- 3239.11	47.61	3287.42	- 3288.09	48.33
3141.16	- 3141.83	46.18	3190.14	- 3190.81	46.90	3239.12	- 3239.79	47.62	3288.10	- 3288.77	48.34
3141.84	- 3142.51	46.19	3190.82	- 3191.49	46.91	3239.80	- 3240.47	47.63	3288.78	- 3289.45	48.35
3142.52	- 3143.19	46.20	3191.50	- 3192.17	46.92	3240.48	- 3241.15	47.64	3289.46	- 3290.13	48.36
3143.20	- 3143.87	46.21	3192.18	- 3192.85	46.93	3241.16	- 3241.83	47.65	3290.14	- 3290.81	48.37
3143.88	- 3144.55	46.22	3192.86	- 3193.53	46.94	3241.84	- 3242.51	47.66	3290.82	- 3291.49	48.38
3144.56	- 3145.23	46.23	3193.54	- 3194.21	46.95	3242.52	- 3243.19	47.67	3291.50	- 3292.17	48.39
3145.24	- 3145.91	46.24	3194.22	- 3194.89	46.96	3243.20	- 3243.87	47.68	3292.18	- 3292.85	48.40
3145.92	- 3146.59	46.25	3194.90	- 3195.57	46.97	3243.88	- 3244.55	47.69	3292.86	- 3293.53	48.41
3146.60	- 3147.27	46.26	3195.58	- 3196.25	46.98	3244.56	- 3245.23	47.70	3293.54	- 3294.21	48.42
3147.28	- 3147.95	46.27	3196.26	- 3196.93	46.99	3245.24	- 3245.91	47.71	3294.22	- 3294.89	48.43
3147.96	- 3148.63	46.28	3196.94	- 3197.61	47.00	3245.92	- 3246.59	47.72	3294.90	- 3295.57	48.44
3148.64	- 3149.31	46.29	3197.62	- 3198.29	47.01	3246.60	- 3247.27	47.73	3295.58	- 3296.25	48.45
3149.32	- 3149.99	46.30	3198.30	- 3198.97	47.02	3247.28	- 3247.95	47.74	3296.26	- 3296.93	48.46
3150.00	- 3150.68	46.31	3198.98	- 3199.65	47.03	3247.96	- 3248.63	47.75	3296.94	- 3297.61	48.47
3150.69	- 3151.36	46.32	3199.66	- 3200.34	47.04	3248.64	- 3249.31	47.76	3297.62	- 3298.29	48.48
3151.37	- 3152.04	46.33	3200.35	- 3201.02	47.05	3249.32	- 3249.99	47.77	3298.30	- 3298.97	48.49
3152.05	- 3152.72	46.34	3201.03	- 3201.70	47.06	3250.00	- 3250.68	47.78	3298.98	- 3299.65	48.50
3152.73	- 3153.40	46.35	3201.71	- 3202.38	47.07	3250.69	- 3251.36	47.79	3299.66	- 3300.34	48.51
3153.41	- 3154.08	46.36	3202.39	- 3203.06	47.08	3251.37	- 3252.04	47.80	3300.35	- 3301.02	48.52
3154.09	- 3154.76	46.37	3203.07	- 3203.74	47.09	3252.05	- 3252.72	47.81	3301.03	- 3301.70	48.53
3154.77	- 3155.44	46.38	3203.75	- 3204.42	47.10	3252.73	- 3253.40	47.82	3301.71	- 3302.38	48.54
3155.45	- 3156.12	46.39	3204.43	- 3205.10	47.11	3253.41	- 3254.08	47.83	3302.39	- 3303.06	48.55
3156.13	- 3156.80	46.40	3205.11	- 3205.78	47.12	3254.09	- 3254.76	47.84	3303.07	- 3303.74	48.56
3156.81	- 3157.48	46.41	3205.79	- 3206.46	47.13	3254.77	- 3255.44	47.85	3303.75	- 3304.42	48.57
3157.49	- 3158.16	46.42	3206.47	- 3207.14	47.14	3255.45	- 3256.12	47.86	3304.43	- 3305.10	48.58
3158.17	- 3158.84	46.43	3207.15	- 3207.82	47.15	3256.13	- 3256.80	47.87	3305.11	- 3305.78	48.59
3158.85	- 3159.52	46.44	3207.83	- 3208.50	47.16	3256.81	- 3257.48	47.88	3305.79	- 3306.46	48.60
3159.53	- 3160.20	46.45	3208.51	- 3209.18	47.17	3257.49	- 3258.16	47.89	3306.47	- 3307.14	48.61
3160.21	- 3160.88	46.46	3209.19	- 3209.86	47.18	3258.17	- 3258.84	47.90	3307.15	- 3307.82	48.62
3160.89	- 3161.56	46.47	3209.87	- 3210.54	47.19	3258.85	- 3259.52	47.91	3307.83	- 3308.50	48.63
3161.57	- 3162.24	46.48	3210.55	- 3211.22	47.20	3259.53	- 3260.20	47.92	3308.51	- 3309.18	48.64
3162.25	- 3162.92	46.49	3211.23	- 3211.90	47.21	3260.21	- 3260.88	47.93	3309.19	- 3309.86	48.65
3162.93	- 3163.60	46.50	3211.91	- 3212.58	47.22	3260.89	- 3261.56	47.94	3309.87	- 3310.54	48.66
3163.61	- 3164.28	46.51	3212.59	- 3213.26	47.23	3261.57	- 3262.24	47.95	3310.55	- 3311.22	48.67
3164.29	- 3164.96	46.52	3213.27	- 3213.94	47.24	3262.25	- 3262.92	47.96	3311.23	- 3311.90	48.68
3164.97	- 3165.64	46.53	3213.95	- 3214.62	47.25	3262.93	- 3263.60	47.97	3311.91	- 3312.58	48.69
3165.65	- 3166.32	46.54	3214.63	- 3215.30	47.26	3263.61	- 3264.28	47.98	3312.59	- 3313.26	48.70
3166.33	- 3167.00	46.55	3215.31	- 3215.98	47.27	3264.29	- 3264.96	47.99	3313.27	- 3313.94	48.71
3167.01	- 3167.68	46.56	3215.99	- 3216.66	47.28	3264.97	- 3265.64	48.00	3313.95	- 3314.62	48.72
3167.69	- 3168.36	46.57	3216.67	- 3217.34	47.29	3265.65	- 3266.32	48.01	3314.63	- 3315.30	48.73
3168.37	- 3169.04	46.58	3217.35	- 3218.02	47.30	3266.33	- 3267.00	48.02	3315.31	- 3315.98	48.74
3169.05	- 3169.72	46.59	3218.03	- 3218.70	47.31	3267.01	- 3267.68	48.03	3315.99	- 3316.66	48.75
3169.73	- 3170.40	46.60	3218.71	- 3219.38	47.32	3267.69	- 3268.36	48.04	3316.67	- 3317.34	48.76
3170.41	- 3171.08	46.61	3219.39	- 3220.06	47.33	3268.37	- 3269.04	48.05	3317.35	- 3318.02	48.77
3171.09	- 3171.76	46.62	3220.07	- 3220.74	47.34	3269.05	- 3269.72	48.06	3318.03	- 3318.70	48.78
3171.77	- 3172.44	46.63	3220.75	- 3221.42	47.35	3269.73	- 3270.40	48.07	3318.71	- 3319.38	48.79
3172.45	- 3173.12	46.64	3221.43	- 3222.10	47.36	3270.41	- 3271.08	48.08	3319.39	- 3320.06	48.80
3173.13	- 3173.80	46.65	3222.11	- 3222.78	47.37	3271.09	- 3271.76	48.09	3320.07	- 3320.74	48.81
3173.81	- 3174.48	46.66	3222.79	- 3223.46	47.38	3271.77	- 3272.44	48.10	3320.75	- 3321.42	48.82
3174.49	- 3175.17	46.67	3223.47	- 3224.14	47.39	3272.45	- 3273.12	48.11	3321.43	- 3322.10	48.83
3175.18	- 3175.85	46.68	3224.15	- 3224.82	47.40	3273.13	- 3273.80	48.12	3322.11	- 3322.78	48.84
3175.86	- 3176.53	46.69	3224.83	- 3225.51	47.41	3273.81	- 3274.48	48.13	3322.79	- 3323.46	48.85
3176.54	- 3177.21	46.70	3225.52	- 3226.19	47.42	3274.49	- 3275.17	48.14	3323.47	- 3324.14	48.86
3177.22	- 3177.89	46.71	3226.20	- 3226.87	47.43	3275.18	- 3275.85	48.15	3324.15	- 3324.82	48.87
3177.90	- 3178.57	46.72	3226.88	- 3227.55	47.44	3275.86	- 3276.53	48.16	3324.83	- 3325.51	48.88
3178.58	- 3179.25	46.73	3227.56	- 3228.23	47.45	3276.54	- 3277.21	48.17	3325.52	- 3326.19	48.89
3179.26	- 3179.93	46.74	3228.24	- 3228.91	47.46	3277.22	- 3277.89	48.18	3326.20	- 3326.87	48.90
3179.94	- 3180.61	46.75	3228.92	- 3229.59	47.47	3277.90	- 3278.57	48.19	3326.88	- 3327.55	48.91
3180.62	- 3181.29	46.76	3229.60	- 3230.27	47.48	3278.58	- 3279.25	48.20	3327.56	- 3328.23	48.92
3181.30	- 3181.97	46.77	3230.28	- 3230.95	47.49	3279.26	- 3279.93	48.21	3328.24	- 3328.91	48.93
3181.98	- 3182.65	46.78	3230.96	- 3231.63	47.50	3279.94	- 3280.61	48.22	3328.92	- 3329.59	48.94
3182.66	- 3183.33	46.79	3231.64	- 3232.31	47.51	3280.62	- 3281.29	48.23	3329.60	- 3330.27	48.95
3183.34	- 3184.01	46.80	3232.32	- 3232.99	47.52	3281.30	- 3281.97	48.24	3330.28	- 3330.95	48.96

Cotisations à l'assurance-emploi du Québec									Quebec Employment Insurance Premiums		
Rémunération assurable Insurable Earnings		Cotisation d'AE EI premium	Rémunération assurable Insurable Earnings		Cotisation d'AE EI premium	Rémunération assurable Insurable Earnings		Cotisation d'AE EI premium	Rémunération assurable Insurable Earnings		Cotisation d'AE EI premium
De - From	À - To		De - From	À - To		De - From	À - To		De - From	À - To	
3330.96	- 3331.63	48.97	3379.94	- 3380.61	49.69	3428.92	- 3429.59	50.41	3477.90	- 3478.57	51.13
3331.64	- 3332.31	48.98	3380.62	- 3381.29	49.70	3429.60	- 3430.27	50.42	3478.58	- 3479.25	51.14
3332.32	- 3332.99	48.99	3381.30	- 3381.97	49.71	3430.28	- 3430.95	50.43	3479.26	- 3479.93	51.15
3333.00	- 3333.67	49.00	3381.98	- 3382.65	49.72	3430.96	- 3431.63	50.44	3479.94	- 3480.61	51.16
3333.68	- 3334.35	49.01	3382.66	- 3383.33	49.73	3431.64	- 3432.31	50.45	3480.62	- 3481.29	51.17
3334.36	- 3335.03	49.02	3383.34	- 3384.01	49.74	3432.32	- 3432.99	50.46	3481.30	- 3481.97	51.18
3335.04	- 3335.71	49.03	3384.02	- 3384.69	49.75	3433.00	- 3433.67	50.47	3481.98	- 3482.65	51.19
3335.72	- 3336.39	49.04	3384.70	- 3385.37	49.76	3433.68	- 3434.35	50.48	3482.66	- 3483.33	51.20
3336.40	- 3337.07	49.05	3385.38	- 3386.05	49.77	3434.36	- 3435.03	50.49	3483.34	- 3484.01	51.21
3337.08	- 3337.75	49.06	3386.06	- 3386.73	49.78	3435.04	- 3435.71	50.50	3484.02	- 3484.69	51.22
3337.76	- 3338.43	49.07	3386.74	- 3387.41	49.79	3435.72	- 3436.39	50.51	3484.70	- 3485.37	51.23
3338.44	- 3339.11	49.08	3387.42	- 3388.09	49.80	3436.40	- 3437.07	50.52	3485.38	- 3486.05	51.24
3339.12	- 3339.79	49.09	3388.10	- 3388.77	49.81	3437.08	- 3437.75	50.53	3486.06	- 3486.73	51.25
3339.80	- 3340.47	49.10	3388.78	- 3389.45	49.82	3437.76	- 3438.43	50.54	3486.74	- 3487.41	51.26
3340.48	- 3341.15	49.11	3389.46	- 3390.13	49.83	3438.44	- 3439.11	50.55	3487.42	- 3488.09	51.27
3341.16	- 3341.83	49.12	3390.14	- 3390.81	49.84	3439.12	- 3439.79	50.56	3488.10	- 3488.77	51.28
3341.84	- 3342.51	49.13	3390.82	- 3391.49	49.85	3439.80	- 3440.47	50.57	3488.78	- 3489.45	51.29
3342.52	- 3343.19	49.14	3391.50	- 3392.17	49.86	3440.48	- 3441.15	50.58	3489.46	- 3490.13	51.30
3343.20	- 3343.87	49.15	3392.18	- 3392.85	49.87	3441.16	- 3441.83	50.59	3490.14	- 3490.81	51.31
3343.88	- 3344.55	49.16	3392.86	- 3393.53	49.88	3441.84	- 3442.51	50.60	3490.82	- 3491.49	51.32
3344.56	- 3345.23	49.17	3393.54	- 3394.21	49.89	3442.52	- 3443.19	50.61	3491.50	- 3492.17	51.33
3345.24	- 3345.91	49.18	3394.22	- 3394.89	49.90	3443.20	- 3443.87	50.62	3492.18	- 3492.85	51.34
3345.92	- 3346.59	49.19	3394.90	- 3395.57	49.91	3443.88	- 3444.55	50.63	3492.86	- 3493.53	51.35
3346.60	- 3347.27	49.20	3395.58	- 3396.25	49.92	3444.56	- 3445.23	50.64	3493.54	- 3494.21	51.36
3347.28	- 3347.95	49.21	3396.26	- 3396.93	49.93	3445.24	- 3445.91	50.65	3494.22	- 3494.89	51.37
3347.96	- 3348.63	49.22	3396.94	- 3397.61	49.94	3445.92	- 3446.59	50.66	3494.90	- 3495.57	51.38
3348.64	- 3349.31	49.23	3397.62	- 3398.29	49.95	3446.60	- 3447.27	50.67	3495.58	- 3496.25	51.39
3349.32	- 3349.99	49.24	3398.30	- 3398.97	49.96	3447.28	- 3447.95	50.68	3496.26	- 3496.93	51.40
3350.00	- 3350.68	49.25	3398.98	- 3399.65	49.97	3447.96	- 3448.63	50.69	3496.94	- 3497.61	51.41
3350.69	- 3351.36	49.26	3399.66	- 3400.34	49.98	3448.64	- 3449.31	50.70	3497.62	- 3498.29	51.42
3351.37	- 3352.04	49.27	3400.35	- 3401.02	49.99	3449.32	- 3449.99	50.71	3498.30	- 3498.97	51.43
3352.05	- 3352.72	49.28	3401.03	- 3401.70	50.00	3450.00	- 3450.68	50.72	3498.98	- 3499.65	51.44
3352.73	- 3353.40	49.29	3401.71	- 3402.38	50.01	3450.69	- 3451.36	50.73	3499.66	- 3500.34	51.45
3353.41	- 3354.08	49.30	3402.39	- 3403.06	50.02	3451.37	- 3452.04	50.74	3500.35	- 3501.02	51.46
3354.09	- 3354.76	49.31	3403.07	- 3403.74	50.03	3452.05	- 3452.72	50.75	3501.03	- 3501.70	51.47
3354.77	- 3355.44	49.32	3403.75	- 3404.42	50.04	3452.73	- 3453.40	50.76	3501.71	- 3502.38	51.48
3355.45	- 3356.12	49.33	3404.43	- 3405.10	50.05	3453.41	- 3454.08	50.77	3502.39	- 3503.06	51.49
3356.13	- 3356.80	49.34	3405.11	- 3405.78	50.06	3454.09	- 3454.76	50.78	3503.07	- 3503.74	51.50
3356.81	- 3357.48	49.35	3405.79	- 3406.46	50.07	3454.77	- 3455.44	50.79	3503.75	- 3504.42	51.51
3357.49	- 3358.16	49.36	3406.47	- 3407.14	50.08	3455.45	- 3456.12	50.80	3504.43	- 3505.10	51.52
3358.17	- 3358.84	49.37	3407.15	- 3407.82	50.09	3456.13	- 3456.80	50.81	3505.11	- 3505.78	51.53
3358.85	- 3359.52	49.38	3407.83	- 3408.50	50.10	3456.81	- 3457.48	50.82	3505.79	- 3506.46	51.54
3359.53	- 3360.20	49.39	3408.51	- 3409.18	50.11	3457.49	- 3458.16	50.83	3506.47	- 3507.14	51.55
3360.21	- 3360.88	49.40	3409.19	- 3409.86	50.12	3458.17	- 3458.84	50.84	3507.15	- 3507.82	51.56
3360.89	- 3361.56	49.41	3409.87	- 3410.54	50.13	3458.85	- 3459.52	50.85	3507.83	- 3508.50	51.57
3361.57	- 3362.24	49.42	3410.55	- 3411.22	50.14	3459.53	- 3460.20	50.86	3508.51	- 3509.18	51.58
3362.25	- 3362.92	49.43	3411.23	- 3411.90	50.15	3460.21	- 3460.88	50.87	3509.19	- 3509.86	51.59
3362.93	- 3363.60	49.44	3411.91	- 3412.58	50.16	3460.89	- 3461.56	50.88	3509.87	- 3510.54	51.60
3363.61	- 3364.28	49.45	3412.59	- 3413.26	50.17	3461.57	- 3462.24	50.89	3510.55	- 3511.22	51.61
3364.29	- 3364.96	49.46	3413.27	- 3413.94	50.18	3462.25	- 3462.92	50.90	3511.23	- 3511.90	51.62
3364.97	- 3365.64	49.47	3413.95	- 3414.62	50.19	3462.93	- 3463.60	50.91	3511.91	- 3512.58	51.63
3365.65	- 3366.32	49.48	3414.63	- 3415.30	50.20	3463.61	- 3464.28	50.92	3512.59	- 3513.26	51.64
3366.33	- 3367.00	49.49	3415.31	- 3415.98	50.21	3464.29	- 3464.96	50.93	3513.27	- 3513.94	51.65
3367.01	- 3367.68	49.50	3415.99	- 3416.66	50.22	3464.97	- 3465.64	50.94	3513.95	- 3514.62	51.66
3367.69	- 3368.36	49.51	3416.67	- 3417.34	50.23	3465.65	- 3466.32	50.95	3514.63	- 3515.30	51.67
3368.37	- 3369.04	49.52	3417.35	- 3418.02	50.24	3466.33	- 3467.00	50.96	3515.31	- 3515.98	51.68
3369.05	- 3369.72	49.53	3418.03	- 3418.70	50.25	3467.01	- 3467.68	50.97	3515.99	- 3516.66	51.69
3369.73	- 3370.40	49.54	3418.71	- 3419.38	50.26	3467.69	- 3468.36	50.98	3516.67	- 3517.34	51.70
3370.41	- 3371.08	49.55	3419.39	- 3420.06	50.27	3468.37	- 3469.04	50.99	3517.35	- 3518.02	51.71
3371.09	- 3371.76	49.56	3420.07	- 3420.74	50.28	3469.05	- 3469.72	51.00	3518.03	- 3518.70	51.72
3371.77	- 3372.44	49.57	3420.75	- 3421.42	50.29	3469.73	- 3470.40	51.01	3518.71	- 3519.38	51.73
3372.45	- 3373.12	49.58	3421.43	- 3422.10	50.30	3470.41	- 3471.08	51.02	3519.39	- 3520.06	51.74
3373.13	- 3373.80	49.59	3422.11	- 3422.78	50.31	3471.09	- 3471.76	51.03	3520.07	- 3520.74	51.75
3373.81	- 3374.48	49.60	3422.79	- 3423.46	50.32	3471.77	- 3472.44	51.04	3520.75	- 3521.42	51.76
3374.49	- 3375.17	49.61	3423.47	- 3424.14	50.33	3472.45	- 3473.12	51.05	3521.43	- 3522.10	51.77
3375.18	- 3375.85	49.62	3424.15	- 3424.82	50.34	3473.13	- 3473.80	51.06	3522.11	- 3522.78	51.78
3375.86	- 3376.53	49.63	3424.83	- 3425.51	50.35	3473.81	- 3474.48	51.07	3522.79	- 3523.46	51.79
3376.54	- 3377.21	49.64	3425.52	- 3426.19	50.36	3474.49	- 3475.17	51.08	3523.47	- 3524.14	51.80
3377.22	- 3377.89	49.65	3426.20	- 3426.87	50.37	3475.18	- 3475.85	51.09	3524.15	- 3524.82	51.81
3377.90	- 3378.57	49.66	3426.88	- 3427.55	50.38	3475.86	- 3476.53	51.10	3524.83	- 3525.51	51.82
3378.58	- 3379.25	49.67	3427.56	- 3428.23	50.39	3476.54	- 3477.21	51.11	3525.52	- 3526.19	51.83
3379.26	- 3379.93	49.68	3428.24	- 3428.91	50.40	3477.22	- 3477.89	51.12	3526.20	- 3526.87	51.84

ANNEXE 9.7 : TABLE DES COTISATIONS À L'ASSURANCE-EMPLOI (*suite*)

Cotisations à l'assurance-emploi du Québec — Quebec Employment Insurance Premiums

Rémunération assurable Insurable Earnings De - From	À - To	Cotisation d'AE EI premium	Rémunération assurable Insurable Earnings De - From	À - To	Cotisation d'AE EI premium	Rémunération assurable Insurable Earnings De - From	À - To	Cotisation d'AE EI premium	Rémunération assurable Insurable Earnings De - From	À - To	Cotisation d'AE EI premium
3526.88	3527.55	51.85	3575.86	3576.53	52.57	3624.83	3625.51	53.29	3673.81	3674.48	54.01
3527.56	3528.23	51.86	3576.54	3577.21	52.58	3625.52	3626.19	53.30	3674.49	3675.17	54.02
3528.24	3528.91	51.87	3577.22	3577.89	52.59	3626.20	3626.87	53.31	3675.18	3675.85	54.03
3528.92	3529.59	51.88	3577.90	3578.57	52.60	3626.88	3627.55	53.32	3675.86	3676.53	54.04
3529.60	3530.27	51.89	3578.58	3579.25	52.61	3627.56	3628.23	53.33	3676.54	3677.21	54.05
3530.28	3530.95	51.90	3579.26	3579.93	52.62	3628.24	3628.91	53.34	3677.22	3677.89	54.06
3530.96	3531.63	51.91	3579.94	3580.61	52.63	3628.92	3629.59	53.35	3677.90	3678.57	54.07
3531.64	3532.31	51.92	3580.62	3581.29	52.64	3629.60	3630.27	53.36	3678.58	3679.25	54.08
3532.32	3532.99	51.93	3581.30	3581.97	52.65	3630.28	3630.95	53.37	3679.26	3679.93	54.09
3533.00	3533.67	51.94	3581.98	3582.65	52.66	3630.96	3631.63	53.38	3679.94	3680.61	54.10
3533.68	3534.35	51.95	3582.66	3583.33	52.67	3631.64	3632.31	53.39	3680.62	3681.29	54.11
3534.36	3535.03	51.96	3583.34	3584.01	52.68	3632.32	3632.99	53.40	3681.30	3681.97	54.12
3535.04	3535.71	51.97	3584.02	3584.69	52.69	3633.00	3633.67	53.41	3681.98	3682.65	54.13
3535.72	3536.39	51.98	3584.70	3585.37	52.70	3633.68	3634.35	53.42	3682.66	3683.33	54.14
3536.40	3537.07	51.99	3585.38	3586.05	52.71	3634.36	3635.03	53.43	3683.34	3684.01	54.15
3537.08	3537.75	52.00	3586.06	3586.73	52.72	3635.04	3635.71	53.44	3684.02	3684.69	54.16
3537.76	3538.43	52.01	3586.74	3587.41	52.73	3635.72	3636.39	53.45	3684.70	3685.37	54.17
3538.44	3539.11	52.02	3587.42	3588.09	52.74	3636.40	3637.07	53.46	3685.38	3686.05	54.18
3539.12	3539.79	52.03	3588.10	3588.77	52.75	3637.08	3637.75	53.47	3686.06	3686.73	54.19
3539.80	3540.47	52.04	3588.78	3589.45	52.76	3637.76	3638.43	53.48	3686.74	3687.41	54.20
3540.48	3541.15	52.05	3589.46	3590.13	52.77	3638.44	3639.11	53.49	3687.42	3688.09	54.21
3541.16	3541.83	52.06	3590.14	3590.81	52.78	3639.12	3639.79	53.50	3688.10	3688.77	54.22
3541.84	3542.51	52.07	3590.82	3591.49	52.79	3639.80	3640.47	53.51	3688.78	3689.45	54.23
3542.52	3543.19	52.08	3591.50	3592.17	52.80	3640.48	3641.15	53.52	3689.46	3690.13	54.24
3543.20	3543.87	52.09	3592.18	3592.85	52.81	3641.16	3641.83	53.53	3690.14	3690.81	54.25
3543.88	3544.55	52.10	3592.86	3593.53	52.82	3641.84	3642.51	53.54	3690.82	3691.49	54.26
3544.56	3545.23	52.11	3593.54	3594.21	52.83	3642.52	3643.19	53.55	3691.50	3692.17	54.27
3545.24	3545.91	52.12	3594.22	3594.89	52.84	3643.20	3643.87	53.56	3692.18	3692.85	54.28
3545.92	3546.59	52.13	3594.90	3595.57	52.85	3643.88	3644.55	53.57	3692.86	3693.53	54.29
3546.60	3547.27	52.14	3595.58	3596.25	52.86	3644.56	3645.23	53.58	3693.54	3694.21	54.30
3547.28	3547.95	52.15	3596.26	3596.93	52.87	3645.24	3645.91	53.59	3694.22	3694.89	54.31
3547.96	3548.63	52.16	3596.94	3597.61	52.88	3645.92	3646.59	53.60	3694.90	3695.57	54.32
3548.64	3549.31	52.17	3597.62	3598.29	52.89	3646.60	3647.27	53.61	3695.58	3696.25	54.33
3549.32	3550.00	52.18	3598.30	3598.97	52.90	3647.28	3647.95	53.62	3696.26	3696.93	54.34
3550.01	3550.68	52.19	3598.98	3599.65	52.91	3647.96	3648.63	53.63	3696.94	3697.61	54.35
3550.69	3551.36	52.20	3599.66	3600.34	52.92	3648.64	3649.31	53.64	3697.62	3698.29	54.36
3551.37	3552.04	52.21	3600.35	3601.02	52.93	3649.32	3649.99	53.65	3698.30	3698.97	54.37
3552.05	3552.72	52.22	3601.03	3601.70	52.94	3650.00	3650.68	53.66	3698.98	3699.65	54.38
3552.73	3553.40	52.23	3601.71	3602.38	52.95	3650.69	3651.36	53.67	3699.66	3700.34	54.39
3553.41	3554.08	52.24	3602.39	3603.06	52.96	3651.37	3652.04	53.68	3700.35	3701.02	54.40
3554.09	3554.76	52.25	3603.07	3603.74	52.97	3652.05	3652.72	53.69	3701.03	3701.70	54.41
3554.77	3555.44	52.26	3603.75	3604.42	52.98	3652.73	3653.40	53.70	3701.71	3702.38	54.42
3555.45	3556.12	52.27	3604.43	3605.10	52.99	3653.41	3654.08	53.71	3702.39	3703.06	54.43
3556.13	3556.80	52.28	3605.11	3605.78	53.00	3654.09	3654.76	53.72	3703.07	3703.74	54.44
3556.81	3557.48	52.29	3605.79	3606.46	53.01	3654.77	3655.44	53.73	3703.75	3704.42	54.45
3557.49	3558.16	52.30	3606.47	3607.14	53.02	3655.45	3656.12	53.74	3704.43	3705.10	54.46
3558.17	3558.84	52.31	3607.15	3607.82	53.03	3656.13	3656.80	53.75	3705.11	3705.78	54.47
3558.85	3559.52	52.32	3607.83	3608.50	53.04	3656.81	3657.48	53.76	3705.79	3706.46	54.48
3559.53	3560.20	52.33	3608.51	3609.18	53.05	3657.49	3658.16	53.77	3706.47	3707.14	54.49
3560.21	3560.88	52.34	3609.19	3609.86	53.06	3658.17	3658.84	53.78	3707.15	3707.82	54.50
3560.89	3561.56	52.35	3609.87	3610.54	53.07	3658.85	3659.52	53.79	3707.83	3708.50	54.51
3561.57	3562.24	52.36	3610.55	3611.22	53.08	3659.53	3660.20	53.80	3708.51	3709.18	54.52
3562.25	3562.92	52.37	3611.23	3611.90	53.09	3660.21	3660.88	53.81	3709.19	3709.86	54.53
3562.93	3563.60	52.38	3611.91	3612.58	53.10	3660.89	3661.56	53.82	3709.87	3710.54	54.54
3563.61	3564.28	52.39	3612.59	3613.26	53.11	3661.57	3662.24	53.83	3710.55	3711.22	54.55
3564.29	3564.96	52.40	3613.27	3613.94	53.12	3662.25	3662.92	53.84	3711.23	3711.90	54.56
3564.97	3565.64	52.41	3613.95	3614.62	53.13	3662.93	3663.60	53.85	3711.91	3712.58	54.57
3565.65	3566.32	52.42	3614.63	3615.30	53.14	3663.61	3664.28	53.86	3712.59	3713.26	54.58
3566.33	3567.00	52.43	3615.31	3615.98	53.15	3664.29	3664.96	53.87	3713.27	3713.94	54.59
3567.01	3567.68	52.44	3615.99	3616.66	53.16	3664.97	3665.64	53.88	3713.95	3714.62	54.60
3567.69	3568.36	52.45	3616.67	3617.34	53.17	3665.65	3666.32	53.89	3714.63	3715.30	54.61
3568.37	3569.04	52.46	3617.35	3618.02	53.18	3666.33	3667.00	53.90	3715.31	3715.98	54.62
3569.05	3569.72	52.47	3618.03	3618.70	53.19	3667.01	3667.68	53.91	3715.99	3716.66	54.63
3569.73	3570.40	52.48	3618.71	3619.38	53.20	3667.69	3668.36	53.92	3716.67	3717.34	54.64
3570.41	3571.08	52.49	3619.39	3620.06	53.21	3668.37	3669.04	53.93	3717.35	3718.02	54.65
3571.09	3571.76	52.50	3620.07	3620.74	53.22	3669.05	3669.72	53.94	3718.03	3718.70	54.66
3571.77	3572.44	52.51	3620.75	3621.42	53.23	3669.73	3670.40	53.95	3718.71	3719.38	54.67
3572.45	3573.12	52.52	3621.43	3622.10	53.24	3670.41	3671.08	53.96	3719.39	3720.06	54.68
3573.13	3573.80	52.53	3622.11	3622.78	53.25	3671.09	3671.76	53.97	3720.07	3720.74	54.69
3573.81	3574.48	52.54	3622.79	3623.46	53.26	3671.77	3672.44	53.98	3720.75	3721.42	54.70
3574.49	3575.17	52.55	3623.47	3624.14	53.27	3672.45	3673.12	53.99	3721.43	3722.10	54.71
3575.18	3575.85	52.56	3624.15	3624.82	53.28	3673.13	3673.80	54.00	3722.11	3722.78	54.72

Cotisations à l'assurance-emploi du Québec — Quebec Employment Insurance Premiums

Rémunération assurable Insurable Earnings De - From	À - To	Cotisation d'AE EI premium	Rémunération assurable Insurable Earnings De - From	À - To	Cotisation d'AE EI premium	Rémunération assurable Insurable Earnings De - From	À - To	Cotisation d'AE EI premium	Rémunération assurable Insurable Earnings De - From	À - To	Cotisation d'AE EI premium
3722.79	3723.46	54.73	3759.53	3760.20	55.27	3796.26	3796.93	55.81	3833.00	3833.67	56.35
3723.47	3724.14	54.74	3760.21	3760.88	55.28	3796.94	3797.61	55.82	3833.68	3834.35	56.36
3724.15	3724.82	54.75	3760.89	3761.56	55.29	3797.62	3798.29	55.83	3834.36	3835.03	56.37
3724.83	3725.51	54.76	3761.57	3762.24	55.30	3798.30	3798.97	55.84	3835.04	3835.71	56.38
3725.52	3726.19	54.77	3762.25	3762.92	55.31	3798.98	3799.65	55.85	3835.72	3836.39	56.39
3726.20	3726.87	54.78	3762.93	3763.60	55.32	3799.66	3800.34	55.86	3836.40	3837.07	56.40
3726.88	3727.55	54.79	3763.61	3764.28	55.33	3800.35	3801.02	55.87	3837.08	3837.75	56.41
3727.56	3728.23	54.80	3764.29	3764.96	55.34	3801.03	3801.70	55.88	3837.76	3838.43	56.42
3728.24	3728.91	54.81	3764.97	3765.64	55.35	3801.71	3802.38	55.89	3838.44	3839.11	56.43
3728.92	3729.59	54.82	3765.65	3766.32	55.36	3802.39	3803.06	55.90	3839.12	3839.79	56.44
3729.60	3730.27	54.83	3766.33	3767.00	55.37	3803.07	3803.74	55.91	3839.80	3840.47	56.45
3730.28	3730.95	54.84	3767.01	3767.68	55.38	3803.75	3804.42	55.92	3840.48	3841.15	56.46
3730.96	3731.63	54.85	3767.69	3768.36	55.39	3804.43	3805.10	55.93	3841.16	3841.83	56.47
3731.64	3732.31	54.86	3768.37	3769.04	55.40	3805.11	3805.78	55.94	3841.84	3842.51	56.48
3732.32	3732.99	54.87	3769.05	3769.72	55.41	3805.79	3806.46	55.95	3842.52	3843.19	56.49
3733.00	3733.67	54.88	3769.73	3770.40	55.42	3806.47	3807.14	55.96	3843.20	3843.87	56.50
3733.68	3734.35	54.89	3770.41	3771.08	55.43	3807.15	3807.82	55.97	3843.88	3844.55	56.51
3734.36	3735.03	54.90	3771.09	3771.76	55.44	3807.83	3808.50	55.98	3844.56	3845.23	56.52
3735.04	3735.71	54.91	3771.77	3772.44	55.45	3808.51	3809.18	55.99	3845.24	3845.91	56.53
3735.72	3736.39	54.92	3772.45	3773.12	55.46	3809.19	3809.86	56.00	3845.92	3846.59	56.54
3736.40	3737.07	54.93	3773.13	3773.80	55.47	3809.87	3810.54	56.01	3846.60	3847.27	56.55
3737.08	3737.75	54.94	3773.81	3774.48	55.48	3810.55	3811.22	56.02	3847.28	3847.95	56.56
3737.76	3738.43	54.95	3774.49	3775.17	55.49	3811.23	3811.90	56.03	3847.96	3848.63	56.57
3738.44	3739.11	54.96	3775.18	3775.85	55.50	3811.91	3812.58	56.04	3848.64	3849.31	56.58
3739.12	3739.79	54.97	3775.86	3776.53	55.51	3812.59	3813.26	56.05	3849.32	3849.99	56.59
3739.80	3740.47	54.98	3776.54	3777.21	55.52	3813.27	3813.94	56.06	3850.00	3850.68	56.60
3740.48	3741.15	54.99	3777.22	3777.89	55.53	3813.95	3814.62	56.07	3850.69	3851.36	56.61
3741.16	3741.83	55.00	3777.90	3778.57	55.54	3814.63	3815.30	56.08	3851.37	3852.04	56.62
3741.84	3742.51	55.01	3778.58	3779.25	55.55	3815.31	3815.98	56.09	3852.05	3852.72	56.63
3742.52	3743.19	55.02	3779.26	3779.93	55.56	3815.99	3816.66	56.10	3852.73	3853.40	56.64
3743.20	3743.87	55.03	3779.94	3780.61	55.57	3816.67	3817.34	56.11	3853.41	3854.08	56.65
3743.88	3744.55	55.04	3780.62	3781.29	55.58	3817.35	3818.02	56.12	3854.09	3854.76	56.66
3744.56	3745.23	55.05	3781.30	3781.97	55.59	3818.03	3818.70	56.13	3854.77	3855.44	56.67
3745.24	3745.91	55.06	3781.98	3782.65	55.60	3818.71	3819.38	56.14	3855.45	3856.12	56.68
3745.92	3746.59	55.07	3782.66	3783.33	55.61	3819.39	3820.06	56.15	3856.13	3856.80	56.69
3746.60	3747.27	55.08	3783.34	3784.01	55.62	3820.07	3820.74	56.16	3856.81	3857.48	56.70
3747.28	3747.95	55.09	3784.02	3784.69	55.63	3820.75	3821.42	56.17	3857.49	3858.16	56.71
3747.96	3748.63	55.10	3784.70	3785.37	55.64	3821.43	3822.10	56.18	3858.17	3858.84	56.72
3748.64	3749.31	55.11	3785.38	3786.05	55.65	3822.11	3822.78	56.19	3858.85	3859.52	56.73
3749.32	3749.99	55.12	3786.06	3786.73	55.66	3822.79	3823.46	56.20	3859.53	3860.20	56.74
3750.00	3750.68	55.13	3786.74	3787.41	55.67	3823.47	3824.14	56.21	3860.21	3860.88	56.75
3750.69	3751.36	55.14	3787.42	3788.09	55.68	3824.15	3824.82	56.22	3860.89	3861.56	56.76
3751.37	3752.04	55.15	3788.10	3788.77	55.69	3824.83	3825.51	56.23	3861.57	3862.24	56.77
3752.05	3752.72	55.16	3788.78	3789.45	55.70	3825.52	3826.19	56.24	3862.25	3862.92	56.78
3752.73	3753.40	55.17	3789.46	3790.13	55.71	3826.20	3826.87	56.25	3862.93	3863.60	56.79
3753.41	3754.08	55.18	3790.14	3790.81	55.72	3826.88	3827.55	56.26	3863.61	3864.28	56.80
3754.09	3754.76	55.19	3790.82	3791.49	55.73	3827.56	3828.23	56.27	3864.29	3864.96	56.81
3754.77	3755.44	55.20	3791.50	3792.17	55.74	3828.24	3828.91	56.28	3864.97	3865.64	56.82
3755.45	3756.12	55.21	3792.18	3792.85	55.75	3828.92	3829.59	56.29	3865.65	3866.32	56.83
3756.13	3756.80	55.22	3792.86	3793.53	55.76	3829.60	3830.27	56.30	3866.33	3867.00	56.84
3756.81	3757.48	55.23	3793.54	3794.21	55.77	3830.28	3830.95	56.31	3867.01	3867.68	56.85
3757.49	3758.16	55.24	3794.22	3794.89	55.78	3830.96	3831.63	56.32	3867.69	3868.36	56.86
3758.17	3758.84	55.25	3794.90	3795.57	55.79	3831.64	3832.31	56.33	3868.37	et plus/ and up	*
3758.85	3759.52	55.26	3795.58	3796.25	55.80	3832.32	3832.99	56.34			

ANNEXE 9.8: TABLE DES RETENUES D'IMPÔT FÉDÉRAL
(52 périodes de paie par année)

Québec
Retenues d'impôt fédéral
En vigueur le 1er janvier 20X5
Hebdomadaire (52 périodes de paie par année)

Federal tax deductions
Effective January 1, 20X5
Weekly (52 pay periods a year)

Rémunération / Pay 243 – 351

Pay De From	Moins de Less than	0	1	2	3	4	5	6	7	8	9	10
243	245	*	.00									
245	247	26.20	.10									
247	249	26.40	.35									
249	251	26.65	.60									
251	253	26.90	.80									
253	255	27.10	1.05									
255	257	27.35	1.30									
257	259	27.60	1.50									
259	261	27.80	1.75									
261	263	28.05	2.00									
263	265	28.30	2.20	.20								
265	267	28.50	2.45	.45								
267	269	28.75	2.70	.65								
269	271	29.00	2.90	.90								
271	273	29.20	3.15	1.15								
273	275	29.45	3.40	1.35								
275	277	29.70	3.60	1.60								
277	279	29.90	3.85	1.85								
279	281	30.15	4.10	2.05								
281	283	30.40	4.30	2.30								
283	285	30.60	4.55	2.50								
285	287	30.85	4.80	2.75								
287	289	31.10	5.00	3.00								
289	291	31.30	5.25	3.20								
291	293	31.55	5.50	3.45								
293	295	31.80	5.70	3.70								
295	297	32.00	5.95	3.90								
297	299	32.25	6.20	4.15								
299	301	32.50	6.40	4.40								
301	303	32.70	6.65	4.60								
303	305	32.95	6.90	4.85								
305	307	33.20	7.10	5.10								
307	309	33.40	7.35	5.30	.10							
309	311	33.65	7.60	5.55	.35							
311	313	33.85	7.80	5.80	.55							
313	315	34.10	8.05	6.00	.80							
315	317	34.35	8.25	6.25	1.05							
317	319	34.55	8.50	6.50	1.25							
319	321	34.80	8.75	6.70	1.50							
321	323	35.05	8.95	6.95	1.75							
323	325	35.25	9.20	7.20	1.95							
325	327	35.50	9.45	7.40	2.20							
327	329	35.75	9.65	7.65	2.45							
329	331	35.95	9.90	7.90	2.65							
331	333	36.20	10.15	8.10	2.90							
333	335	36.45	10.35	8.35	3.15							
335	337	36.65	10.60	8.60	3.35							
337	339	36.90	10.85	8.80	3.60							
339	341	37.15	11.05	9.05	3.85							
341	343	37.35	11.30	9.30	4.05							
343	345	37.60	11.55	9.50	4.30							
345	347	37.85	11.75	9.75	4.55							
347	349	38.05	12.00	9.95	4.75							
349	351	38.30	12.25		5.00							

Rémunération / Pay 351 – 571

Pay De From	Moins de Less than	0	1	2	3	4	5	6	7	8	9	10
351	355	38.90	12.80	10.30	5.35	.35						
355	359	39.35	13.30	10.80	5.80	.85						
359	363	39.80	13.75	11.25	6.25	1.30						
363	367	40.30	14.20	11.70	6.75	1.75						
367	371	40.75	14.70	12.20	7.20	2.20						
371	375	41.20	15.15	12.65	7.65	2.70						
375	379	41.65	15.60	13.10	8.15	3.15						
379	383	42.15	16.05	13.60	8.60	3.60						
383	387	42.60	16.55	14.05	9.05	4.10						
387	391	43.05	17.00	14.50	9.55	4.55						
391	395	43.55	17.45	15.00	10.00	5.00	.05					
395	399	44.00	17.95	15.45	10.45	5.50	.50					
399	403	44.45	18.40	15.90	10.95	5.95	.95					
403	407	44.95	18.85	16.40	11.40	6.40	1.45					
407	411	45.40	19.35	16.85	11.85	6.90	1.90					
411	415	45.85	19.80	17.30	12.35	7.35	2.35					
415	419	46.35	20.25	17.75	12.80	7.80	2.85					
419	423	46.80	20.75	18.25	13.25	8.30	3.30					
423	427	47.25	21.20	18.70	13.70	8.75	3.75					
427	431	47.75	21.65	19.15	14.20	9.20	4.25					
431	435	48.20	22.15	19.65	14.65	9.65	4.70	.20				
435	439	48.65	22.60	20.10	15.10	10.15	5.15	.65				
439	443	49.15	23.05	20.55	15.60	10.60	5.60	1.10				
443	447	49.60	23.50	21.05	16.05	11.05	6.10	1.60				
447	451	50.05	24.00	21.50	16.50	11.55	6.55	1.60				
451	455	50.50	24.45	21.95	17.00	12.00	7.00	2.05				
455	459	51.00	24.90	22.45	17.45	12.45	7.50	2.50				
459	463	51.45	25.40	22.90	17.90	12.95	7.95	2.95				
463	467	51.90	25.85	23.35	18.40	13.40	8.40	3.45				
467	471	52.40	26.30	23.85	18.85	13.85	8.90	3.90				
471	475	52.85	26.80	24.30	19.30	14.35	9.35	4.35	.30			
475	479	53.30	27.25	24.75	19.80	14.80	9.80	4.85	.80			
479	483	53.80	27.70	25.20	20.25	15.25	10.30	5.30	1.25			
483	487	54.25	28.20	25.70	20.70	15.75	10.75	5.75	1.70			
487	491	54.70	28.65	26.15	21.20	16.20	11.20	6.25	2.20			
491	495	55.20	29.10	26.60	21.65	16.65	11.70	6.70	2.65			
495	499	55.65	29.60	27.10	22.10	17.15	12.15	7.15	3.10			
499	503	56.10	30.05	27.55	22.55	17.60	12.60	7.65	3.60			
503	507	56.60	30.50	28.00	23.05	18.05	13.10	8.10	4.05			
507	511	57.05	31.00	28.50	23.50	18.50	13.55	8.55	4.50			
511	515	57.50	31.45	28.95	23.95	19.00	14.00	9.05	4.05	.45		
515	519	57.95	31.90	29.40	24.45	19.45	14.45	9.50	4.50	.95		
519	523	58.45	32.35	29.90	24.90	19.90	14.95	9.95	5.00	1.40		
523	527	58.90	32.85	30.35	25.35	20.40	15.40	10.40	5.45	1.85		
527	531	59.35	33.30	30.80	25.85	20.85	15.85	10.90	5.90	2.30		
531	535	59.85	33.75	31.30	26.30	21.30	16.35	11.35	6.35	2.80		
535	539	60.30	34.25	31.75	26.75	21.80	16.80	11.80	6.85	3.25		
539	543	60.75	34.70	32.20	27.25	22.25	17.25	12.30	7.30	3.70		
543	547	61.25	35.15	32.70	27.70	22.70	17.75	12.75	7.75	4.20		
547	551	61.70	35.65	33.15	28.15	23.20	18.20	13.20	8.25	4.65		
551	555	62.15	36.10	33.60	28.65	23.65	18.65	13.70	8.70	5.10		
555	559	62.65	36.55	34.05	29.10	24.10	19.15	14.15	9.15	5.60		
559	563	63.10	37.05	34.55	29.55	24.60	19.60	14.60	9.65		.15	
563	567	63.55	37.50	35.00	30.00	25.05	20.05	15.10	10.10		.60	
567	571	64.05	37.95	35.45	30.50	25.50	20.55	15.55	10.55			

*Le code de demande «0» est normalement utilisé seulement pour les non-résidents. Cependant, si la rémunération de votre employé non résident est inférieure au montant minimum indiqué dans la colonne «Rémunération», vous ne pourrez peut-être pas utiliser ces tables. Reportez-vous alors au «Calcul des retenues d'impôt, étape par étape» dans la section «A» de cette publication.

*You normally use claim code "0" only for non-resident employees. However, if you have non-resident employees who earn less than the minimum amount shown in the "Pay" column, you may not be able to use these tables. Instead, refer to the "Step-by-step calculation of tax deductions" in Section "A" of this publication.

ANNEXE 9.8 : TABLE DES RETENUES D'IMPÔT FÉDÉRAL (*suite*)

(52 périodes de paie par année)

Québec — Retenues d'impôt fédéral — En vigueur le 1er janvier 20X5 — Hebdomadaire (52 périodes de paie par année)

Quebec — Federal tax deductions — Effective January 1, 20X5 — Weekly (52 pay periods a year)

Rémunération / Pay		Codes de demande fédéraux/Federal claim codes										
		0	1	2	3	4	5	6	7	8	9	10
De / From	Moins de / Less than	Retenez sur chaque paie / Deduct from each pay										
571	579	64.70	38.65	36.15	31.20	26.20	21.20	16.25	11.25	6.30	1.30	
579	587	65.65	39.60	37.10	32.10	27.15	22.15	17.15	12.20	7.20	2.25	
587	595	66.60	40.50	38.05	33.05	28.05	23.10	18.10	13.15	8.15	3.15	
595	603	67.50	41.45	38.95	34.00	29.00	24.00	19.05	14.05	9.10	4.10	
603	611	68.45	42.40	39.90	34.90	29.95	24.95	19.95	15.00	10.00	5.05	.05
611	619	69.40	43.30	40.80	35.85	30.85	25.90	20.90	15.90	10.95	5.95	1.00
619	627	70.30	44.25	41.75	36.75	31.80	26.80	21.85	16.85	11.85	6.90	1.90
627	635	71.25	45.20	42.70	37.70	32.70	27.75	22.75	17.80	12.80	7.80	2.85
635	643	72.20	46.10	43.60	38.65	33.65	28.70	23.70	18.70	13.75	8.75	3.75
643	651	73.10	47.05	44.55	39.55	34.60	29.60	24.65	19.65	14.65	9.70	4.70
651	659	74.05	47.95	45.50	40.50	35.50	30.55	25.55	20.60	15.60	10.60	5.65
659	667	74.95	48.90	46.40	41.45	36.45	31.45	26.50	21.50	16.55	11.55	6.55
667	675	75.90	49.85	47.35	42.35	37.40	32.40	27.40	22.45	17.45	12.50	7.50
675	683	76.85	50.75	48.25	43.30	38.30	33.35	28.35	23.35	18.40	13.40	8.45
683	691	77.75	51.70	49.20	44.25	39.25	34.25	29.30	24.30	19.30	14.35	9.35
691	699	78.70	52.65	50.15	45.15	40.20	35.20	30.20	25.25	20.25	15.25	10.30
699	707	79.65	53.55	51.05	46.10	41.10	36.15	31.15	26.15	21.20	16.20	11.20
707	715	80.55	54.50	52.00	47.00	42.05	37.05	32.10	27.10	22.10	17.15	12.15
715	723	81.50	55.40	52.95	47.95	42.95	38.00	33.00	28.05	23.05	18.05	13.10
723	731	82.40	56.35	53.85	48.90	43.90	38.90	33.95	28.95	24.00	19.00	14.00
731	739	83.35	57.30	54.80	49.80	44.85	39.85	34.85	29.90	24.90	19.95	14.95
739	747	84.30	58.20	55.75	50.75	45.75	40.80	35.80	30.80	25.85	20.85	15.90
747	755	85.20	59.15	56.65	51.70	46.70	41.70	36.75	31.75	26.75	21.80	16.80
755	763	86.15	60.10	57.60	52.60	47.65	42.65	37.65	32.70	27.70	22.70	17.75
763	771	87.10	61.00	58.50	53.55	48.55	43.60	38.60	33.60	28.65	23.65	18.65
771	779	88.00	61.95	59.45	54.45	49.50	44.50	39.55	34.55	29.55	24.60	19.60
779	787	88.95	62.85	60.40	55.40	50.40	45.45	40.45	35.50	30.50	25.50	20.55
787	795	89.85	63.80	61.30	56.35	51.35	46.35	41.40	36.40	31.45	26.45	21.45
795	803	90.80	64.75	62.25	57.25	52.30	47.30	42.30	37.35	32.35	27.40	22.40
803	811	91.75	65.65	63.20	58.20	53.20	48.25	43.25	38.25	33.30	28.30	23.35
811	819	92.65	66.60	64.10	59.15	54.15	49.15	44.20	39.20	34.20	29.25	24.25
819	827	93.70	67.65	65.15	60.15	55.20	50.20	45.20	40.25	35.25	30.30	25.30
827	835	95.10	69.05	66.55	61.55	56.60	51.60	46.60	41.65	36.65	31.70	26.70
835	843	96.50	70.45	67.95	62.95	58.00	53.00	48.00	43.05	38.05	33.10	28.10
843	851	97.90	71.85	69.35	64.35	59.40	54.40	49.40	44.45	39.45	34.50	29.50
851	859	99.30	73.25	70.75	65.75	60.80	55.80	50.80	45.85	40.85	35.85	30.90
859	867	100.70	74.65	72.15	67.15	62.20	57.20	52.20	47.25	42.25	37.25	32.30
867	875	102.10	76.05	73.55	68.55	63.60	58.60	53.60	48.65	43.65	38.65	33.70
875	883	103.50	77.45	74.95	69.95	65.00	60.00	55.00	50.05	45.05	40.05	35.10
883	891	104.90	78.85	76.35	71.35	66.40	61.40	56.40	51.45	46.45	41.50	36.50
891	899	106.30	80.25	77.75	72.80	67.80	62.80	57.85	52.85	47.85	42.90	37.90
899	907	107.75	81.65	79.15	74.20	69.20	64.25	59.25	54.25	49.30	44.30	39.30
907	915	109.15	83.10	80.60	75.60	70.60	65.65	60.65	55.70	50.70	45.70	40.75
915	923	110.55	84.50	82.00	77.00	72.05	67.05	62.10	57.10	52.10	47.15	42.15
923	931	111.95	85.90	83.40	78.45	73.45	68.45	63.50	58.50	53.55	48.55	43.55
931	939	113.40	87.30	84.85	79.85	74.85	69.90	64.90	59.90	54.95	49.95	45.00
939	947	114.80	88.75	86.25	81.25	76.30	71.30	66.30	61.35	56.35	51.35	46.40
947	955	116.20	90.15	87.65	82.65	77.70	72.70	67.75	62.75	57.75	52.80	47.80
955	963	117.65	91.55	89.05	84.10	79.10	74.15	69.15	64.15	59.20	54.20	49.20
963	971	119.05	93.00	90.50	85.50	80.55	75.55	70.60	65.60	60.60	55.65	50.65
971	979	120.55	94.45	91.95	87.00	82.00	77.05	72.05	67.05	62.10	57.10	52.10
979	987	122.00	95.90	93.45	88.45	83.45	78.50	73.50	68.55	63.55	58.55	53.60
987	995	123.45	97.40	94.90	89.90	84.95	79.95	74.95	70.00	65.00	60.05	55.05
995	1003	124.90	98.85	96.35	91.40	86.40	81.40	76.45	71.45	66.45	61.50	56.50
1003	1011	126.40	100.30	97.80	92.85	87.85	82.90	77.90	72.90	67.95	62.95	58.00

Québec — Retenues d'impôt fédéral — En vigueur le 1er janvier 20X5 — Hebdomadaire (52 périodes de paie par année)

Quebec — Federal tax deductions — Effective January 1, 20X5 — Weekly (52 pay periods a year)

Rémunération / Pay		Codes de demande fédéraux/Federal claim codes										
		0	1	2	3	4	5	6	7	8	9	10
De / From	Moins de / Less than	Retenez sur chaque paie / Deduct from each pay										
1011	1023	128.20	102.15	99.65	94.65	89.70	84.70	79.75	74.75	69.75	64.80	59.80
1023	1035	130.40	104.35	101.85	96.85	91.90	86.90	81.95	76.95	71.95	67.00	62.00
1035	1047	132.60	106.55	104.05	99.05	94.10	89.10	84.10	79.15	74.15	69.20	64.20
1047	1059	134.80	108.75	106.25	101.25	96.30	91.30	86.30	81.35	76.35	71.35	66.40
1059	1071	137.00	110.95	108.45	103.45	98.50	93.50	88.50	83.55	78.55	73.55	68.60
1071	1083	139.20	113.15	110.65	105.65	100.65	95.70	90.70	85.75	80.75	75.75	70.80
1083	1095	141.40	115.30	112.85	107.85	102.85	97.90	92.90	87.95	82.95	77.95	73.00
1095	1107	143.60	117.50	115.05	110.05	105.05	100.10	95.10	90.10	85.15	80.15	75.20
1107	1119	145.80	119.70	117.20	112.25	107.25	102.30	97.30	92.30	87.35	82.35	77.35
1119	1131	148.00	121.90	119.40	114.45	109.45	104.50	99.50	94.50	89.55	84.55	79.55
1131	1143	150.15	124.10	121.60	116.65	111.65	106.65	101.70	96.70	91.75	86.75	81.75
1143	1155	152.35	126.30	123.80	118.85	113.85	108.85	103.90	98.90	93.90	88.95	83.95
1155	1167	154.55	128.50	126.00	121.05	116.05	111.05	106.10	101.10	96.10	91.15	86.15
1167	1179	156.75	130.70	128.20	123.20	118.25	113.25	108.30	103.30	98.30	93.35	88.35
1179	1191	158.95	132.90	130.40	125.40	120.45	115.45	110.45	105.50	100.50	95.55	90.55
1191	1203	161.15	135.10	132.60	127.60	122.65	117.65	112.65	107.70	102.70	97.75	92.75
1203	1215	163.35	137.30	134.80	129.80	124.85	119.85	114.85	109.90	104.90	99.90	94.95
1215	1227	165.55	139.50	137.00	132.00	127.00	122.05	117.05	112.10	107.10	102.10	97.15
1227	1239	167.75	141.65	139.20	134.20	129.20	124.25	119.25	114.30	109.30	104.30	99.35
1239	1251	169.95	143.85	141.40	136.40	131.40	126.45	121.45	116.45	111.50	106.50	101.55
1251	1263	172.15	146.05	143.55	138.60	133.60	128.65	123.65	118.65	113.70	108.70	103.75
1263	1275	174.35	148.25	145.75	140.80	135.80	130.85	125.85	120.85	115.90	110.90	105.90
1275	1287	176.55	150.45	147.95	143.00	138.00	133.05	128.05	123.05	118.10	113.10	108.15
1287	1299	178.75	152.65	150.20	145.20	140.20	135.25	130.25	125.25	120.30	115.30	110.35
1299	1311	180.95	154.85	152.40	147.40	142.40	137.45	132.45	127.50	122.50	117.50	112.55
1311	1323	183.15	157.10	154.60	149.60	144.65	139.65	134.65	129.70	124.70	119.70	114.75
1323	1335	185.35	159.30	156.80	151.80	146.85	141.85	136.85	131.90	126.90	121.90	116.95
1335	1347	187.55	161.50	159.00	154.00	149.05	144.05	139.05	134.10	129.10	124.15	119.15
1347	1359	189.75	163.70	161.20	156.20	151.25	146.25	141.30	136.30	131.30	126.35	121.35
1359	1371	191.95	165.90	163.40	158.40	153.45	148.45	143.50	138.50	133.50	128.55	123.55
1371	1383	194.15	168.10	165.60	160.65	155.65	150.65	145.70	140.70	135.70	130.75	125.75
1383	1395	196.35	170.30	167.80	162.85	157.85	152.85	147.90	142.90	137.95	132.95	127.95
1395	1407	198.60	172.50	170.00	165.05	160.05	155.10	150.10	145.10	140.15	135.15	130.15
1407	1419	200.80	174.70	172.20	167.25	162.25	157.30	152.30	147.30	142.35	137.35	132.35
1419	1431	203.00	176.90	174.45	169.45	164.45	159.50	154.50	149.50	144.55	139.55	134.60
1431	1443	205.20	179.10	176.65	171.65	166.65	161.70	156.70	151.75	146.75	141.75	136.80
1443	1455	207.40	181.35	178.85	173.85	168.85	163.90	158.90	153.95	148.95	143.95	139.00
1455	1467	209.60	183.55	181.05	176.05	171.10	166.10	161.10	156.15	151.15	146.15	141.20
1467	1479	211.80	185.75	183.25	178.25	173.30	168.30	163.30	158.35	153.35	148.40	143.40
1479	1491	214.00	187.95	185.45	180.45	175.50	170.50	165.55	160.55	155.55	150.60	145.60
1491	1503	216.20	190.15	187.65	182.65	177.70	172.70	167.75	162.75	157.75	152.80	147.80
1503	1515	218.40	192.35	189.85	184.90	179.90	174.90	169.95	164.95	159.95	155.00	150.00
1515	1527	220.60	194.55	192.05	187.10	182.10	177.10	172.15	167.15	162.20	157.20	152.20
1527	1539	222.80	196.75	194.25	189.30	184.30	179.30	174.35	169.35	164.40	159.40	154.40
1539	1551	225.05	198.95	196.45	191.50	186.50	181.55	176.55	171.55	166.60	161.60	156.60
1551	1563	227.25	201.15	198.70	193.70	188.70	183.75	178.75	173.75	168.80	163.80	158.85
1563	1575	229.45	203.35	200.90	195.90	190.90	185.95	180.95	175.95	171.00	166.00	161.05
1575	1587	231.65	205.60	203.10	198.10	193.10	188.15	183.15	178.20	173.20	168.20	163.25
1587	1599	233.85	207.80	205.30	200.30	195.35	190.35	185.35	180.40	175.40	170.40	165.45
1599	1611	236.05	210.00	207.50	202.50	197.55	192.55	187.55	182.60	177.60	172.65	167.65
1611	1623	238.25	212.20	209.70	204.70	199.75	194.75	189.75	184.80	179.80	174.85	169.85
1623	1635	240.45	214.40	211.90	206.90	201.95	196.95	192.00	187.00	182.00	177.05	172.05
1635	1647	242.65	216.60	214.10	209.15	204.15	199.15	194.20	189.20	184.20	179.25	174.25
1647	1659	245.20	219.15	216.65	211.65	206.70	201.70	196.75	191.75	186.75	181.80	176.80
1659	1671	247.80	221.75	219.25	214.30	209.30	204.30	199.35	194.35	189.35	184.40	179.40

ANNEXE 9.8 : TABLE DES RETENUES D'IMPÔT FÉDÉRAL (*suite*)

(52 périodes de paie par année)

Québec — **Retenues d'impôt fédéral** — En vigueur le 1er janvier 20X5 — Hebdomadaire (52 périodes de paie par année)

Quebec — **Federal tax deductions** — Effective January 1, 20X5 — Weekly (52 pay periods a year)

Rémunération / Pay De / From	Moins de / Less than	0	1	2	3	4	5	6	7	8	9	10
		Codes de demande fédéraux/Federal claim codes — Retenez sur chaque paie / Deduct from each pay										
1671	1687	250.85	224.80	222.30	217.30	212.35	207.35	202.35	197.40	192.40	187.45	182.45
1687	1703	254.35	228.25	225.75	220.80	215.80	210.85	205.85	200.85	195.90	190.90	185.90
1703	1719	257.80	231.75	229.25	224.25	219.30	214.30	209.30	204.35	199.35	194.40	189.40
1719	1735	261.25	235.20	232.70	227.75	222.75	217.75	212.80	207.80	202.85	197.85	192.85
1735	1751	264.75	238.70	236.20	231.20	226.25	221.25	216.25	211.30	206.30	201.30	196.35
1751	1767	268.20	242.15	239.65	234.70	229.70	224.70	219.75	214.75	209.80	204.80	199.80
1767	1783	271.70	245.65	243.15	238.15	233.20	228.20	223.20	218.25	213.25	208.25	203.30
1783	1799	275.15	249.10	246.60	241.65	236.65	231.65	226.70	221.70	216.75	211.75	206.75
1799	1815	278.65	252.60	250.10	245.10	240.10	235.15	230.15	225.20	220.20	215.20	210.25
1815	1831	282.10	256.05	253.55	248.60	243.60	238.60	233.65	228.65	223.65	218.70	213.70
1831	1847	285.60	259.50	257.05	252.05	247.05	242.10	237.10	232.15	227.15	222.15	217.20
1847	1863	289.05	263.00	260.50	255.55	250.55	245.55	240.60	235.60	230.60	225.65	220.65
1863	1879	292.55	266.45	264.00	259.00	254.00	249.05	244.05	239.05	234.10	229.10	224.15
1879	1895	296.00	269.95	267.45	262.45	257.50	252.50	247.55	242.55	237.55	232.60	227.60
1895	1911	299.50	273.40	270.95	265.95	260.95	256.00	251.00	246.00	241.05	236.05	231.10
1911	1927	302.95	276.90	274.40	269.40	264.45	259.45	254.50	249.50	244.50	239.55	234.55
1927	1943	306.45	280.35	277.85	272.90	267.90	262.95	257.95	252.95	248.00	243.00	238.05
1943	1959	309.90	283.85	281.35	276.35	271.40	266.40	261.40	256.45	251.45	246.50	241.50
1959	1975	313.40	287.30	284.80	279.85	274.85	269.90	264.90	259.90	254.95	249.95	244.95
1975	1991	316.85	290.80	288.30	283.30	278.35	273.35	268.35	263.40	258.40	253.45	248.45
1991	2007	320.35	294.25	291.75	286.80	281.80	276.85	271.85	266.85	261.90	256.90	251.90
2007	2023	323.80	297.75	295.25	290.25	285.30	280.30	275.30	270.35	265.35	260.35	255.40
2023	2039	327.25	301.20	298.70	293.75	288.75	283.75	278.80	273.80	268.85	263.85	258.85
2039	2055	330.75	304.70	302.20	297.20	292.25	287.25	282.25	277.30	272.30	267.30	262.35
2055	2071	334.20	308.15	305.65	300.70	295.70	290.70	285.75	280.75	275.80	270.80	265.80
2071	2087	337.70	311.65	309.15	304.15	299.15	294.20	289.20	284.25	279.25	274.25	269.30
2087	2103	341.15	315.10	312.60	307.65	302.65	297.65	292.70	287.70	282.70	277.75	272.75
2103	2119	344.65	318.55	316.10	311.10	306.10	301.15	296.15	291.20	286.20	281.20	276.25
2119	2135	348.10	322.05	319.55	314.60	309.60	304.60	299.65	294.65	289.65	284.70	279.70
2135	2151	351.60	325.50	323.05	318.05	313.05	308.10	303.10	298.15	293.15	288.15	283.20
2151	2167	355.05	329.00	326.50	321.50	316.55	311.55	306.60	301.60	296.60	291.65	286.65
2167	2183	358.55	332.45	330.00	325.00	320.00	315.05	310.05	305.05	300.10	295.10	290.15
2183	2199	362.00	335.95	333.45	328.45	323.50	318.50	313.55	308.55	303.55	298.60	293.60
2199	2215	365.50	339.40	336.95	331.95	326.95	322.00	317.00	312.00	307.05	302.05	297.10
2215	2231	368.95	342.90	340.40	335.40	330.45	325.45	320.45	315.50	310.50	305.55	300.55
2231	2247	372.45	346.35	343.85	338.90	333.90	328.95	323.95	318.95	314.00	309.00	304.00
2247	2263	375.90	349.85	347.35	342.35	337.40	332.40	327.40	322.45	317.45	312.50	307.50
2263	2279	379.40	353.30	350.80	345.85	340.85	335.90	330.90	325.90	320.95	315.95	310.95
2279	2295	382.85	356.80	354.30	349.30	344.35	339.35	334.35	329.40	324.40	319.45	314.45
2295	2311	386.30	360.25	357.75	352.80	347.80	342.80	337.85	332.85	327.90	322.90	317.90
2311	2327	389.80	363.75	361.25	356.25	351.30	346.30	341.30	336.35	331.35	326.35	321.40
2327	2343	393.25	367.20	364.70	359.75	354.75	349.75	344.80	339.80	334.85	329.85	324.85
2343	2359	396.75	370.70	368.20	363.20	358.25	353.25	348.25	343.30	338.30	333.30	328.35
2359	2375	400.20	374.15	371.65	366.70	361.70	356.70	351.75	346.75	341.80	336.80	331.80
2375	2391	403.70	377.65	375.15	370.15	365.15	360.20	355.20	350.25	345.25	340.25	335.30
2391	2407	407.15	381.10	378.60	373.65	368.65	363.65	358.70	353.70	348.70	343.75	338.75
2407	2423	410.65	384.55	382.10	377.10	372.10	367.15	362.15	357.20	352.20	347.20	342.25
2423	2439	414.10	388.05	385.55	380.55	375.60	370.60	365.65	360.65	355.65	350.70	345.70
2439	2455	417.60	391.50	389.05	384.05	379.05	374.10	369.10	364.10	359.15	354.15	349.20
2455	2471	421.05	395.00	392.50	387.50	382.55	377.55	372.60	367.60	362.60	357.65	352.65
2471	2487	424.55	398.45	396.00	391.00	386.00	381.05	376.05	371.05	366.10	361.10	356.15
2487	2503	428.00	401.95	399.45	394.45	389.50	384.50	379.55	374.55	369.55	364.60	359.60
2503	2519	431.50	405.40	402.90	397.95	392.95	388.00	383.00	378.00	373.05	368.05	363.10
2519	2535	434.95	408.90	406.40	401.40	396.45	391.45	386.45	381.50	376.50	371.55	366.55
2535	2551	438.45	412.35	409.85	404.90	399.90	394.95	389.95	384.95	380.00	375.00	370.00

Québec — **Retenues d'impôt fédéral** — En vigueur le 1er janvier 20X5 — Hebdomadaire (52 périodes de paie par année)

Quebec — **Federal tax deductions** — Effective January 1, 20X5 — Weekly (52 pay periods a year)

Rémunération / Pay De / From	Moins de / Less than	0	1	2	3	4	5	6	7	8	9	10
		Codes de demande fédéraux/Federal claim codes — Retenez sur chaque paie / Deduct from each pay										
2551	2571	442.70	416.65	414.15	409.15	404.20	399.20	394.25	389.25	384.25	379.30	374.30
2571	2591	447.55	421.50	419.00	414.00	409.05	404.05	399.05	394.10	389.10	384.15	379.15
2591	2611	452.40	426.35	423.85	418.85	413.85	408.90	403.90	398.95	393.95	388.95	384.00
2611	2631	457.25	431.15	428.70	423.70	418.70	413.75	408.75	403.75	398.80	393.80	388.85
2631	2651	462.10	436.00	433.50	428.55	423.55	418.60	413.60	408.60	403.65	398.65	393.65
2651	2671	466.90	440.85	438.35	433.40	428.40	423.40	418.45	413.45	408.50	403.50	398.50
2671	2691	471.75	445.70	443.20	438.25	433.25	428.25	423.30	418.30	413.30	408.35	403.35
2691	2711	476.60	450.55	448.05	443.05	438.10	433.10	428.15	423.15	418.15	413.20	408.20
2711	2731	481.45	455.40	452.90	447.90	442.95	437.95	432.95	428.00	423.00	418.05	413.05
2731	2751	486.30	460.25	457.75	452.75	447.80	442.80	437.80	432.85	427.85	422.85	417.90
2751	2771	491.15	465.05	462.60	457.60	452.60	447.65	442.65	437.70	432.70	427.70	422.75
2771	2791	496.00	469.90	467.40	462.45	457.45	452.50	447.50	442.50	437.55	432.55	427.60
2791	2811	500.80	474.75	472.25	467.30	462.30	457.30	452.35	447.35	442.40	437.40	432.40
2811	2831	505.65	479.60	477.10	472.15	467.15	462.15	457.20	452.20	447.20	442.25	437.25
2831	2851	510.50	484.45	481.95	476.95	472.00	467.00	462.05	457.05	452.05	447.10	442.10
2851	2871	515.35	489.30	486.80	481.80	476.85	471.85	466.85	461.90	456.90	451.95	446.95
2871	2891	520.20	494.15	491.65	486.65	481.70	476.70	471.70	466.75	461.75	456.75	451.80
2891	2911	525.05	498.95	496.50	491.50	486.50	481.55	476.55	471.60	466.60	461.60	456.65
2911	2931	529.90	503.80	501.30	496.35	491.35	486.40	481.40	476.40	471.45	466.45	461.50
2931	2951	534.70	508.65	506.15	501.20	496.20	491.20	486.25	481.25	476.30	471.30	466.30
2951	2971	539.55	513.50	511.00	506.05	501.05	496.05	491.10	486.10	481.10	476.15	471.15
2971	2991	544.40	518.35	515.85	510.85	505.90	500.90	495.95	490.95	485.95	481.00	476.00
2991	3011	549.25	523.20	520.70	515.70	510.75	505.75	500.75	495.80	490.80	485.85	480.85
3011	3031	554.10	528.05	525.55	520.55	515.60	510.60	505.60	500.65	495.65	490.65	485.70
3031	3051	558.95	532.85	530.40	525.40	520.40	515.45	510.45	505.50	500.50	495.50	490.55
3051	3071	563.80	537.70	535.25	530.25	525.25	520.30	515.30	510.30	505.35	500.35	495.40
3071	3091	568.65	542.55	540.05	535.10	530.10	525.15	520.15	515.15	510.20	505.20	500.20
3091	3111	573.45	547.40	544.90	539.95	534.95	529.95	525.00	520.00	515.05	510.05	505.05
3111	3131	578.30	552.25	549.75	544.75	539.80	534.80	529.85	524.85	519.85	514.90	509.90
3131	3151	583.15	557.10	554.60	549.60	544.65	539.65	534.65	529.70	524.70	519.75	514.75
3151	3171	588.00	561.95	559.45	554.45	549.50	544.50	539.50	534.55	529.55	524.55	519.60
3171	3191	592.85	566.75	564.30	559.30	554.30	549.35	544.35	539.40	534.40	529.40	524.45
3191	3211	597.70	571.60	569.15	564.15	559.15	554.20	549.20	544.20	539.25	534.25	529.30
3211	3231	602.55	576.45	573.95	569.00	564.00	559.05	554.05	549.05	544.10	539.10	534.10
3231	3251	607.35	581.30	578.80	573.85	568.85	563.85	558.90	553.90	548.95	543.95	538.95
3251	3271	612.20	586.15	583.65	578.65	573.70	568.70	563.75	558.75	553.75	548.80	543.80
3271	3291	617.05	591.00	588.50	583.50	578.55	573.55	568.55	563.60	558.60	553.65	548.65
3291	3311	621.90	595.85	593.35	588.35	583.40	578.40	573.40	568.45	563.45	558.45	553.50
3311	3331	626.75	600.70	598.20	593.20	588.20	583.25	578.25	573.30	568.30	563.30	558.35
3331	3351	631.60	605.50	603.05	598.05	593.05	588.10	583.10	578.10	573.15	568.15	563.20
3351	3371	636.45	610.35	607.85	602.90	597.90	592.95	587.95	582.95	578.00	573.00	568.00
3371	3391	641.25	615.20	612.70	607.75	602.75	597.75	592.80	587.80	582.85	577.85	572.85
3391	3411	646.10	620.05	617.55	612.60	607.60	602.60	597.65	592.65	587.65	582.70	577.70
3411	3431	650.95	624.90	622.40	617.40	612.45	607.45	602.50	597.50	592.50	587.55	582.55
3431	3451	655.80	629.75	627.25	622.25	617.30	612.30	607.30	602.35	597.35	592.40	587.40
3451	3471	660.65	634.60	632.10	627.10	622.10	617.15	612.15	607.20	602.20	597.20	592.25
3471	3491	665.50	639.40	636.95	631.95	626.95	622.00	617.00	612.00	607.05	602.05	597.10
3491	3511	670.35	644.25	641.75	636.80	631.80	626.85	621.85	616.85	611.90	606.90	601.90
3511	3531	675.15	649.10	646.60	641.65	636.65	631.65	626.70	621.70	616.75	611.75	606.75
3531	3551	680.00	653.95	651.45	646.50	641.50	636.50	631.55	626.55	621.55	616.60	611.60
3551	3571	684.85	658.80	656.30	651.30	646.35	641.35	636.40	631.40	626.40	621.45	616.45
3571	3591	689.70	663.65	661.15	656.15	651.20	646.20	641.20	636.25	631.25	626.30	621.30
3591	3611	694.55	668.50	666.00	661.00	656.00	651.05	646.05	641.10	636.10	631.10	626.15
3611	3631	699.40	673.30	670.85	665.85	660.85	655.90	650.90	645.90	640.95	635.95	631.00
3631	3651	704.25	678.15	675.65	670.70	665.70	660.75	655.75	650.75	645.80	640.80	635.80

ANNEXE 9.9: TABLE DES RETENUES D'IMPÔT PROVINCIAL

(52 périodes de paie par année)

Retenez sur chaque paie le montant de la colonne correspondant au code inscrit sur le formulaire TP-1015.3 de l'employé.

Paie assujettie à la retenue (utilisez la tranche appropriée)	0	A	B	C	D	E	F	G	H	I	J	K	L	M	N	Y*	Z*
150,00 – 151,99	22,71															1,45	
152,00 – 153,99	23,01															1,47	
154,00 – 155,99	23,31															1,49	
156,00 – 157,99	23,61															1,51	
158,00 – 159,99	23,91															1,53	
160,00 – 161,99	24,21															1,55	
162,00 – 163,99	24,52															1,56	
164,00 – 165,99	24,82															1,58	
166,00 – 167,99	25,12															1,60	
168,00 – 169,99	25,42															1,62	
170,00 – 171,99	25,72															1,64	
172,00 – 173,99	26,02															1,66	
174,00 – 175,99	26,32															1,68	
176,00 – 177,99	26,62															1,70	
178,00 – 179,99	26,92															1,72	
180,00 – 181,99	27,22															1,74	
182,00 – 183,99	27,52															1,76	
184,00 – 185,99	27,82															1,78	
186,00 – 187,99	28,12															1,80	
188,00 – 189,99	28,43															1,81	
190,00 – 191,99	28,73															1,83	
192,00 – 193,99	29,03															1,85	
194,00 – 195,99	29,33															1,87	
196,00 – 197,99	29,63															1,89	
198,00 – 199,99	29,93															1,91	
200,00 – 201,99	30,23															1,93	
202,00 – 203,99	30,53															1,95	
204,00 – 205,99	30,83															1,97	
206,00 – 207,99	31,13															1,99	
208,00 – 209,99	31,43															2,01	
210,00 – 211,99	31,73															2,03	
212,00 – 213,99	32,04															2,04	
214,00 – 215,99	32,34															2,06	
216,00 – 217,99	32,64															2,08	
218,00 – 219,99	32,94															2,10	

Retenez sur chaque paie le montant de la colonne correspondant au code inscrit sur le formulaire TP-1015.3 de l'employé.

Paie assujettie à la retenue (utilisez la tranche appropriée)	0	A	B	C	D	E	F	G	H	I	J	K	L	M	N	Y*	Z*
220,00 – 221,99	33,24															2,12	
222,00 – 223,99	33,54															2,14	
224,00 – 225,99	33,84															2,16	
226,00 – 227,99	34,14															2,18	
228,00 – 229,99	34,44															2,20	
230,00 – 234,99	34,97															2,23	
235,00 – 239,99	35,72															2,28	
240,00 – 244,99	36,47															2,33	
245,00 – 249,99	37,22															2,38	
250,00 – 254,99	37,98															2,42	
255,00 – 259,99	38,73															2,47	
260,00 – 264,99	39,48															2,52	
265,00 – 269,99	40,23															2,57	
270,00 – 274,99	40,98															2,62	
275,00 – 279,99	41,74															2,66	
280,00 – 284,99	42,49	0,47														2,71	
285,00 – 289,99	43,24	1,22														2,76	
290,00 – 294,99	43,99	1,97														2,81	
295,00 – 299,99	44,74	2,72														2,86	
300,00 – 304,99	45,50	3,48														2,90	
305,00 – 309,99	46,25	4,23														2,95	
310,00 – 314,99	47,00	4,98	0,06													3,00	
315,00 – 319,99	47,75	5,73	0,81													3,05	
320,00 – 324,99	48,50	6,48	1,56													3,10	
325,00 – 329,99	49,26	7,24	2,31													3,14	
330,00 – 334,99	50,01	7,99	3,07													3,19	
335,00 – 339,99	50,76	8,74	3,82													3,24	
340,00 – 344,99	51,51	9,49	4,57													3,29	
345,00 – 349,99	52,29	10,27	5,35													3,31	
350,00 – 354,99	53,09	11,07	6,15													3,31	
355,00 – 359,99	53,89	11,87	6,95	0,60												3,31	
360,00 – 364,99	54,69	12,67	7,75	1,40												3,31	
365,00 – 369,99	55,49	13,47	8,55	2,20												3,31	
370,00 – 374,99	56,29	14,27	9,35	3,00												3,31	
375,00 – 379,99	57,09	15,07	10,15	3,80												3,31	

Retenez sur chaque paie le montant de la colonne correspondant au code inscrit sur le formulaire TP-1015.3 de l'employé.

Paie assujettie à la retenue (utilisez la tranche appropriée)	0	A	B	C	D	E	F	G	H	I	J	K	L	M	N	Y*	Z*
380,00 – 384,99	57,89	15,87	10,95	4,60												3,31	
385,00 – 389,99	58,69	16,67	11,75	5,40												3,31	
390,00 – 394,99	59,49	17,47	12,55	6,20												3,31	
395,00 – 399,99	60,29	18,27	13,35	7,00												3,31	
400,00 – 404,99	61,09	19,07	14,15	7,80												3,31	
405,00 – 409,99	61,89	19,87	14,95	8,60												3,31	
410,00 – 414,99	62,69	20,67	15,75	9,40												3,31	
415,00 – 419,99	63,49	21,47	16,55	10,20												3,31	
420,00 – 424,99	64,29	22,27	17,35	11,00												3,31	
425,00 – 429,99	65,09	23,07	18,15	11,80	0,78											3,31	
430,00 – 439,99	66,29	24,27	19,35	13,00	1,98											3,31	
440,00 – 449,99	67,89	25,87	20,95	14,60	3,58											3,31	
450,00 – 459,99	69,49	27,47	22,55	16,20	5,18	0,70										3,31	
460,00 – 469,99	71,09	29,07	24,15	17,80	6,78	2,30										3,31	
470,00 – 479,99	72,69	30,67	25,75	19,40	8,38	3,90	1,02									3,31	
480,00 – 489,99	74,29	32,27	27,35	21,00	9,98	5,50	2,62									3,31	
490,00 – 499,99	75,89	33,87	28,95	22,60	11,58	7,10	4,22	0,51								3,31	
500,00 – 509,99	77,49	35,47	30,55	24,20	13,18	8,70	5,82	2,11								3,31	
510,00 – 519,99	79,09	37,07	32,15	25,80	14,78	10,30	7,42	3,71								3,31	
520,00 – 529,99	80,69	38,67	33,75	27,40	16,38	11,90	9,02	5,31								3,31	
530,00 – 539,99	82,29	40,27	35,35	29,00	17,98	13,50	10,62	6,91	0,37							3,31	
540,00 – 549,99	83,89	41,87	36,95	30,60	19,58	15,10	12,22	8,51	1,97							3,31	
550,00 – 559,99	85,49	43,47	38,55	32,20	21,18	16,70	13,82	10,11	3,57							3,31	
560,00 – 569,99	87,09	45,07	40,15	33,80	22,78	18,30	15,42	11,71	5,17							3,31	
570,00 – 579,99	88,69	46,67	41,75	35,40	24,38	19,90	17,02	13,31	6,77							3,31	
580,00 – 589,99	90,29	48,27	43,35	37,00	25,98	21,50	18,62	14,91	8,37							3,31	
590,00 – 599,99	91,89	49,87	44,95	38,60	27,58	23,10	20,22	16,51	9,97	1,51						3,31	
600,00 – 609,99	93,49	51,47	46,55	40,20	29,18	24,70	21,82	18,11	11,57	3,11						3,31	
610,00 – 619,99	95,09	53,07	48,15	41,80	30,78	26,30	23,42	19,71	13,17	4,71						3,31	
620,00 – 629,99	96,69	54,67	49,75	43,40	32,38	27,90	25,02	21,31	14,77	6,31						3,31	
630,00 – 639,99	98,29	56,27	51,35	45,00	33,98	29,50	26,62	22,91	16,37	7,91	0,87					3,31	
640,00 – 649,99	99,89	57,87	52,95	46,60	35,58	31,10	28,22	24,51	17,97	9,51	2,47					3,31	
650,00 – 659,99	101,49	59,47	54,55	48,20	37,18	32,70	29,82	26,11	19,57	11,11	4,07					3,31	
660,00 – 669,99	103,09	61,07	56,15	49,80	38,78	34,30	31,42	27,71	21,17	12,71	5,67					3,31	
670,00 – 679,99	104,69	62,67	57,75	51,40	40,38	35,90	33,02	29,31	22,77	14,31	7,27					3,31	

Retenez sur chaque paie le montant de la colonne correspondant au code inscrit sur le formulaire TP-1015.3 de l'employé.

Paie assujettie à la retenue (utilisez la tranche appropriée)	0	A	B	C	D	E	F	G	H	I	J	K	L	M	N	Y*	Z*
680,00 – 689,99	106,29	64,27	59,35	53,00	41,98	37,50	34,62	30,91	24,37	15,91	8,87					3,31	
690,00 – 699,99	107,89	65,87	60,95	54,60	43,58	39,10	36,22	32,51	25,97	17,51	10,47	1,32				3,31	
700,00 – 709,99	109,49	67,47	62,55	56,20	45,18	40,70	37,82	34,11	27,57	19,11	12,07	2,92				3,31	
710,00 – 719,99	111,09	69,07	64,15	57,80	46,78	42,30	39,42	35,71	29,17	20,71	13,67	4,52				3,31	
720,00 – 729,99	112,69	70,67	65,75	59,40	48,38	43,90	41,02	37,31	30,77	22,31	15,27	6,12	0,15			3,31	
730,00 – 739,99	114,29	72,27	67,35	61,00	49,98	45,50	42,62	38,91	32,37	23,91	16,87	7,72	1,75			3,31	
740,00 – 749,99	115,89	73,87	68,95	62,60	51,58	47,10	44,22	40,51	33,97	25,51	18,47	9,32	3,35			3,31	
750,00 – 759,99	117,49	75,47	70,55	64,20	53,18	48,70	45,82	42,11	35,57	27,11	20,07	10,92	4,95			3,31	
760,00 – 769,99	119,09	77,07	72,15	65,80	54,78	50,30	47,42	43,71	37,17	28,71	21,67	12,52	6,55	1,25		3,31	
770,00 – 779,99	120,69	78,67	73,75	67,40	56,38	51,90	49,02	45,31	38,77	30,31	23,27	14,12	8,15	2,85		3,31	
780,00 – 789,99	122,29	80,27	75,35	69,00	57,98	53,50	50,62	46,91	40,37	31,91	24,87	15,72	9,75	4,45	0,22	3,31	0,22
790,00 – 799,99	124,02	82,00	77,08	70,73	59,71	55,23	52,35	48,63	42,10	33,63	26,60	17,44	11,48	6,17	1,94	4,13	1,92
800,00 – 809,99	126,02	84,00	79,08	72,73	61,71	57,23	54,35	50,63	44,10	35,63	28,60	19,44	13,48	8,17	3,94	4,13	1,92
810,00 – 819,99	128,02	86,00	81,08	74,73	63,71	59,23	56,35	52,63	46,10	37,63	30,60	21,44	15,48	10,17	5,94	4,13	1,92
820,00 – 829,99	130,02	88,00	83,08	76,73	65,71	61,23	58,35	54,63	48,10	39,63	32,60	23,44	17,48	12,17	7,94	4,13	1,92
830,00 – 839,99	132,02	90,00	85,08	78,73	67,71	63,23	60,35	56,63	50,10	41,63	34,60	25,44	19,48	14,17	9,94	4,13	1,92
840,00 – 849,99	134,02	92,00	87,08	80,73	69,71	65,23	62,35	58,63	52,10	43,63	36,60	27,44	21,48	16,17	11,94	4,13	1,92
850,00 – 859,99	136,02	94,00	89,08	82,73	71,71	67,23	64,35	60,63	54,10	45,63	38,60	29,44	23,48	18,17	13,94	4,13	1,92
860,00 – 869,99	138,02	96,00	91,08	84,73	73,71	69,23	66,35	62,63	56,10	47,63	40,60	31,44	25,48	20,17	15,94	4,13	1,92
870,00 – 879,99	140,02	98,00	93,08	86,73	75,71	71,23	68,35	64,63	58,10	49,63	42,60	33,44	27,48	22,17	17,94	4,13	1,92
880,00 – 889,99	142,02	100,00	95,08	88,73	77,71	73,23	70,35	66,63	60,10	51,63	44,60	35,44	29,48	24,17	19,94	4,13	1,92
890,00 – 899,99	144,02	102,00	97,08	90,73	79,71	75,23	72,35	68,63	62,10	53,63	46,60	37,44	31,48	26,17	21,94	4,13	1,92
900,00 – 909,99	146,02	104,00	99,08	92,73	81,71	77,23	74,35	70,63	64,10	55,63	48,60	39,44	33,48	28,17	23,94	4,13	1,92
910,00 – 919,99	148,02	106,00	101,08	94,73	83,71	79,23	76,35	72,63	66,10	57,63	50,60	41,44	35,48	30,17	25,94	4,13	1,92
920,00 – 929,99	150,02	108,00	103,08	96,73	85,71	81,23	78,35	74,63	68,10	59,63	52,60	43,44	37,48	32,17	27,94	4,13	1,92
930,00 – 939,99	152,02	110,00	105,08	98,73	87,71	83,23	80,35	76,63	70,10	61,63	54,60	45,44	39,48	34,17	29,94	4,13	1,92
940,00 – 949,99	154,02	112,00	107,08	100,73	89,71	85,23	82,35	78,63	72,10	63,63	56,60	47,44	41,48	36,17	31,94	4,13	1,92
950,00 – 959,99	156,02	114,00	109,08	102,73	91,71	87,23	84,35	80,63	74,10	65,63	58,60	49,44	43,48	38,17	33,94	4,13	1,92
960,00 – 969,99	158,02	116,00	111,08	104,73	93,71	89,23	86,35	82,63	76,10	67,63	60,60	51,44	45,48	40,17	35,94	4,13	1,92
970,00 – 979,99	160,02	118,00	113,08	106,73	95,71	91,23	88,35	84,63	78,10	69,63	62,60	53,44	47,48	42,17	37,94	4,13	1,92
980,00 – 989,99	162,02	120,00	115,08	108,73	97,71	93,23	90,35	86,63	80,10	71,63	64,60	55,44	49,48	44,17	39,94	4,13	1,92
990,00 – 999,99	164,02	122,00	117,08	110,73	99,71	95,23	92,35	88,63	82,10	73,63	66,60	57,44	51,48	46,17	41,94	4,13	1,92
1 000,00 – 1 009,99	166,02	124,00	119,08	112,73	101,71	97,23	94,35	90,63	84,10	75,63	68,60	59,44	53,48	48,17	43,94	4,13	1,92
1 010,00 – 1 019,99	168,02	126,00	121,08	114,73	103,71	99,23	96,35	92,63	86,10	77,63	70,60	61,44	55,48	50,17	45,94	4,13	1,92
1 020,00 – 1 029,99	170,02	128,00	123,08	116,73	105,71	101,23	98,35	94,63	88,10	79,63	72,60	63,44	57,48	52,17	47,94	4,13	1,92

ANNEXE 9.9: TABLE DES RETENUES D'IMPÔT PROVINCIAL *(suite)*

(52 périodes de paie par année)

Paie assujettie à la retenue (utilisez la tranche appropriée)	Retenez sur chaque paie le montant de la colonne correspondant au code inscrit sur le formulaire TP-1015.3 de l'employé.															
	0	A	B	C	D	E	F	G	H	I	J	K	L	M	N	Y*	Z*
1 030,00 – 1 039,99	172,02	130,00	125,08	118,73	107,71	103,23	100,35	96,63	90,10	81,63	74,60	65,44	59,48	54,17	49,94	4,13	1,92
1 040,00 – 1 049,99	174,02	132,00	127,08	120,73	109,71	105,23	102,35	98,63	92,10	83,63	76,60	67,44	61,48	56,17	51,94	4,13	1,92
1 050,00 – 1 059,99	176,02	134,00	129,08	122,73	111,71	107,23	104,35	100,63	94,10	85,63	78,60	69,44	63,48	58,17	53,94	4,13	1,92
1 060,00 – 1 069,99	178,02	136,00	131,08	124,73	113,71	109,23	106,35	102,63	96,10	87,63	80,60	71,44	65,48	60,17	55,94	4,13	1,92
1 070,00 – 1 079,99	180,02	138,00	133,08	126,73	115,71	111,23	108,35	104,63	98,10	89,63	82,60	73,44	67,48	62,17	57,94	4,13	1,92
1 080,00 – 1 089,99	182,02	140,00	135,08	128,73	117,71	113,23	110,35	106,63	100,10	91,63	84,60	75,44	69,48	64,17	59,94	4,13	1,92
1 090,00 – 1 099,99	184,02	142,00	137,08	130,73	119,71	115,23	112,35	108,63	102,10	93,63	86,60	77,44	71,48	66,17	61,94	4,13	1,92
1 100,00 – 1 109,99	186,02	144,00	139,08	132,73	121,71	117,23	114,35	110,63	104,10	95,63	88,60	79,44	73,48	68,17	63,94	4,13	1,92
1 110,00 – 1 119,99	188,02	146,00	141,08	134,73	123,71	119,23	116,35	112,63	106,10	97,63	90,60	81,44	75,48	70,17	65,94	4,13	1,92
1 120,00 – 1 129,99	190,02	148,00	143,08	136,73	125,71	121,23	118,35	114,63	108,10	99,63	92,60	83,44	77,48	72,17	67,94	4,13	1,92
1 130,00 – 1 139,99	192,02	150,00	145,08	138,73	127,71	123,23	120,35	116,63	110,10	101,63	94,60	85,44	79,48	74,17	69,94	4,13	1,92
1 140,00 – 1 149,99	194,02	152,00	147,08	140,73	129,71	125,23	122,35	118,63	112,10	103,63	96,60	87,44	81,48	76,17	71,94	4,13	1,92
1 150,00 – 1 159,99	196,02	154,00	149,08	142,73	131,71	127,23	124,35	120,63	114,10	105,63	98,60	89,44	83,48	78,17	73,94	4,13	1,92
1 160,00 – 1 169,99	198,02	156,00	151,08	144,73	133,71	129,23	126,35	122,63	116,10	107,63	100,60	91,44	85,48	80,17	75,94	4,13	1,92
1 170,00 – 1 179,99	200,02	158,00	153,08	146,73	135,71	131,23	128,35	124,63	118,10	109,63	102,60	93,44	87,48	82,17	77,94	4,13	1,92
1 180,00 – 1 189,99	202,02	160,00	155,08	148,73	137,71	133,23	130,35	126,63	120,10	111,63	104,60	95,44	89,48	84,17	79,94	4,13	1,92
1 190,00 – 1 199,99	204,02	162,00	157,08	150,73	139,71	135,23	132,35	128,63	122,10	113,63	106,60	97,44	91,48	86,17	81,94	4,13	1,92
1 200,00 – 1 209,99	206,02	164,00	159,08	152,73	141,71	137,23	134,35	130,63	124,10	115,63	108,60	99,44	93,48	88,17	83,94	4,13	1,92
1 210,00 – 1 219,99	208,02	166,00	161,08	154,73	143,71	139,23	136,35	132,63	126,10	117,63	110,60	101,44	95,48	90,17	85,94	4,13	1,92
1 220,00 – 1 229,99	210,02	168,00	163,08	156,73	145,71	141,23	138,35	134,63	128,10	119,63	112,60	103,44	97,48	92,17	87,94	4,13	1,92
1 230,00 – 1 249,99	213,02	171,00	166,08	159,73	148,71	144,23	141,35	137,63	131,10	122,63	115,60	106,44	100,48	95,17	90,94	4,13	1,92
1 250,00 – 1 269,99	217,02	175,00	170,08	163,73	152,71	148,23	145,35	141,63	135,10	126,63	119,60	110,44	104,48	99,17	94,94	4,13	1,92
1 270,00 – 1 289,99	221,02	179,00	174,08	167,73	156,71	152,23	149,35	145,63	139,10	130,63	123,60	114,44	108,48	103,17	98,94	4,13	1,92
1 290,00 – 1 309,99	225,02	183,00	178,08	171,73	160,71	156,23	153,35	149,63	143,10	134,63	127,60	118,44	112,48	107,17	102,94	4,13	1,92
1 310,00 – 1 329,99	229,02	187,00	182,08	175,73	164,71	160,23	157,35	153,63	147,10	138,63	131,60	122,44	116,48	111,17	106,94	4,13	1,92
1 330,00 – 1 349,99	233,02	191,00	186,08	179,73	168,71	164,23	161,35	157,63	151,10	142,63	135,60	126,44	120,48	115,17	110,94	4,13	1,92
1 350,00 – 1 369,99	237,02	195,00	190,08	183,73	172,71	168,23	165,35	161,63	155,10	146,63	139,60	130,44	124,48	119,17	114,94	4,13	1,92
1 370,00 – 1 389,99	241,02	199,00	194,08	187,73	176,71	172,23	169,35	165,63	159,10	150,63	143,60	134,44	128,48	123,17	118,94	4,13	1,92
1 390,00 – 1 409,99	245,02	203,00	198,08	191,73	180,71	176,23	173,35	169,63	163,10	154,63	147,60	138,44	132,48	127,17	122,94	4,13	1,92
1 410,00 – 1 429,99	249,02	207,00	202,08	195,73	184,71	180,23	177,35	173,63	167,10	158,63	151,60	142,44	136,48	131,17	126,94	4,13	1,92
1 430,00 – 1 449,99	253,02	211,00	206,08	199,73	188,71	184,23	181,35	177,63	171,10	162,63	155,60	146,44	140,48	135,17	130,94	4,13	1,92
1 450,00 – 1 469,99	257,02	215,00	210,08	203,73	192,71	188,23	185,35	181,63	175,10	166,63	159,60	150,44	144,48	139,17	134,94	4,13	1,92
1 470,00 – 1 489,99	261,02	219,00	214,08	207,73	196,71	192,23	189,35	185,63	179,10	170,63	163,60	154,44	148,48	143,17	138,94	4,13	1,92
1 490,00 – 1 509,99	265,02	223,00	218,08	211,73	200,71	196,23	193,35	189,63	183,10	174,63	167,60	158,44	152,48	147,17	142,94	4,13	1,92
1 510,00 – 1 529,99	269,02	227,00	222,08	215,73	204,71	200,23	197,35	193,63	187,10	178,63	171,60	162,44	156,48	151,17	146,94	4,13	1,92

Paie assujettie à la retenue (utilisez la tranche appropriée)	Retenez sur chaque paie le montant de la colonne correspondant au code inscrit sur le formulaire TP-1015.3 de l'employé.															
	0	A	B	C	D	E	F	G	H	I	J	K	L	M	N	Y*	Z*
1 530,00 – 1 549,99	273,02	231,00	226,08	219,73	208,71	204,23	201,35	197,63	191,10	182,63	175,60	166,44	160,48	155,17	150,94	4,13	1,92
1 550,00 – 1 569,99	277,02	235,00	230,08	223,73	212,71	208,23	205,35	201,63	195,10	186,63	179,60	170,44	164,48	159,17	154,94	4,13	1,92
1 570,00 – 1 589,99	281,70	239,68	234,76	228,41	217,39	212,91	210,03	206,32	199,78	191,32	184,28	175,12	169,16	163,85	159,62	4,96	1,92
1 590,00 – 1 609,99	286,50	244,48	239,56	233,21	222,19	217,71	214,83	211,12	204,58	196,12	189,08	179,92	173,96	168,65	164,42	4,96	1,92
1 610,00 – 1 629,99	291,30	249,28	244,36	238,01	226,99	222,51	219,63	215,92	209,38	200,92	193,88	184,72	178,76	173,45	169,22	4,96	1,92
1 630,00 – 1 649,99	296,10	254,08	249,16	242,81	231,79	227,31	224,43	220,72	214,18	205,72	198,68	189,52	183,56	178,25	174,02	4,96	1,92
1 650,00 – 1 669,99	300,90	258,88	253,96	247,61	236,59	232,11	229,23	225,52	218,98	210,52	203,48	194,32	188,36	183,05	178,82	4,96	1,92
1 670,00 – 1 689,99	305,70	263,68	258,76	252,41	241,39	236,91	234,03	230,32	223,78	215,32	208,28	199,12	193,16	187,85	183,62	4,96	1,92
1 690,00 – 1 709,99	310,50	268,48	263,56	257,21	246,19	241,71	238,83	235,12	228,58	220,12	213,08	203,92	197,96	192,65	188,42	4,96	1,92
1 710,00 – 1 729,99	315,30	273,28	268,36	262,01	250,99	246,51	243,63	239,92	233,38	224,92	217,88	208,72	202,76	197,45	193,22	4,96	1,92
1 730,00 – 1 749,99	320,10	278,08	273,16	266,81	255,79	251,31	248,43	244,72	238,18	229,72	222,68	213,52	207,56	202,25	198,02	4,96	1,92
1 750,00 – 1 769,99	324,90	282,88	277,96	271,61	260,59	256,11	253,23	249,52	242,98	234,52	227,48	218,32	212,36	207,05	202,82	4,96	1,92
1 770,00 – 1 789,99	329,70	287,68	282,76	276,41	265,39	260,91	258,03	254,32	247,78	239,32	232,28	223,12	217,16	211,85	207,62	4,96	1,92
1 790,00 – 1 809,99	334,50	292,48	287,56	281,21	270,19	265,71	262,83	259,12	252,58	244,12	237,08	227,92	221,96	216,65	212,42	4,96	1,92
1 810,00 – 1 829,99	339,30	297,28	292,36	286,01	274,99	270,51	267,63	263,92	257,38	248,92	241,88	232,72	226,76	221,45	217,22	4,96	1,92
1 830,00 – 1 849,99	344,10	302,08	297,16	290,81	279,79	275,31	272,43	268,72	262,18	253,72	246,68	237,52	231,56	226,25	222,02	4,96	1,92
1 850,00 – 1 869,99	348,90	306,88	301,96	295,61	284,59	280,11	277,23	273,52	266,98	258,52	251,48	242,32	236,36	231,05	226,82	4,96	1,92
1 870,00 – 1 889,99	353,70	311,68	306,76	300,41	289,39	284,91	282,03	278,32	271,78	263,32	256,28	247,12	241,16	235,85	231,62	4,96	1,92
1 890,00 – 1 909,99	358,50	316,48	311,56	305,21	294,19	289,71	286,83	283,12	276,58	268,12	261,08	251,92	245,96	240,65	236,42	4,96	1,92
1 910,00 – 1 929,99	363,30	321,28	316,36	310,01	298,99	294,51	291,63	287,92	281,38	272,92	265,88	256,72	250,76	245,45	241,22	4,96	1,92
1 930,00 – 1 949,99	368,10	326,08	321,16	314,81	303,79	299,31	296,43	292,72	286,18	277,72	270,68	261,52	255,56	250,25	246,02	4,96	1,92
1 950,00 – 1 969,99	372,90	330,88	325,96	319,61	308,59	304,11	301,23	297,52	290,98	282,52	275,48	266,32	260,36	255,05	250,82	4,96	1,92
1 970,00 – 1 989,99	377,70	335,68	330,76	324,41	313,39	308,91	306,03	302,32	295,78	287,32	280,28	271,12	265,16	259,85	255,62	4,96	1,92
1 990,00 – 2 009,99	382,50	340,48	335,56	329,21	318,19	313,71	310,83	307,12	300,58	292,12	285,08	275,92	269,96	264,65	260,42	4,96	1,92
2 010,00 – 2 029,99	387,30	345,28	340,36	334,01	322,99	318,51	315,63	311,92	305,38	296,92	289,88	280,72	274,76	269,45	265,22	4,96	1,92
2 030,00 – 2 069,99	394,50	352,48	347,56	341,21	330,19	325,71	322,83	319,12	312,58	304,12	297,08	287,92	281,96	276,65	272,42	4,96	1,92
2 070,00 – 2 109,99	404,10	362,08	357,16	350,81	339,79	335,31	332,43	328,72	322,18	313,72	306,68	297,52	291,56	286,25	282,02	4,96	1,92
2 110,00 – 2 149,99	413,70	371,68	366,76	360,41	349,39	344,91	342,03	338,32	331,78	323,32	316,28	307,12	301,16	295,85	291,62	4,96	1,92
2 150,00 – 2 189,99	423,30	381,28	376,36	370,01	358,99	354,51	351,63	347,92	341,38	332,92	325,88	316,72	310,76	305,45	301,22	4,96	1,92
2 190,00 – 2 229,99	432,90	390,88	385,96	379,61	368,59	364,11	361,23	357,52	350,98	342,52	335,48	326,32	320,36	315,05	310,82	4,96	1,92
2 230,00 – 2 269,99	442,50	400,48	395,56	389,21	378,19	373,71	370,83	367,12	360,58	352,12	345,08	335,92	329,96	324,65	320,42	4,96	1,92
2 270,00 – 2 309,99	452,10	410,08	405,16	398,81	387,79	383,31	380,43	376,72	370,18	361,72	354,68	345,52	339,56	334,25	330,02	4,96	1,92
2 310,00 – 2 349,99	461,70	419,68	414,76	408,41	397,39	392,91	390,03	386,32	379,78	371,32	364,28	355,12	349,16	343,85	339,62	4,96	1,92
2 350,00 – 2 389,99	471,30	429,28	424,36	418,01	406,99	402,51	399,63	395,92	389,38	380,92	373,88	364,72	358,76	353,45	349,22	4,96	1,92
2 390,00 – 2 429,99	480,90	438,88	433,96	427,61	416,59	412,11	409,23	405,52	398,98	390,52	383,48	374,32	368,36	363,05	358,82	4,96	1,92

Paie assujettie à la retenue (utilisez la tranche appropriée)	Retenez sur chaque paie le montant de la colonne correspondant au code inscrit sur le formulaire TP-1015.3 de l'employé.															
	0	A	B	C	D	E	F	G	H	I	J	K	L	M	N	Y*	Z*
2 430,00 – 2 469,99	490,50	448,48	443,56	437,21	426,19	421,71	418,83	415,12	408,58	400,12	393,08	383,92	377,96	372,65	368,42	4,96	1,92
2 470,00 – 2 509,99	500,10	458,08	453,16	446,81	435,79	431,31	428,43	424,72	418,18	409,72	402,68	393,52	387,56	382,25	378,02	4,96	1,92
2 510,00 – 2 549,99	509,70	467,68	462,76	456,41	445,39	440,91	438,03	434,32	427,78	419,32	412,28	403,12	397,16	391,85	387,62	4,96	1,92
2 550,00 – 2 589,99	519,30	477,28	472,36	466,01	454,99	450,51	447,63	443,92	437,38	428,92	421,88	412,72	406,76	401,45	397,22	4,96	1,92
2 590,00 – 2 629,99	528,90	486,88	481,96	475,61	464,59	460,11	457,23	453,52	446,98	438,52	431,48	422,32	416,36	411,05	406,82	4,96	1,92
2 630,00 – 2 669,99	538,50	496,48	491,56	485,21	474,19	469,71	466,83	463,12	456,58	448,12	441,08	431,92	425,96	420,65	416,42	4,96	1,92
2 670,00 – 2 709,99	548,10	506,08	501,16	494,81	483,79	479,31	476,43	472,72	466,18	457,72	450,68	441,52	435,56	430,25	426,02	4,96	1,92
2 710,00 – 2 749,99	557,70	515,68	510,76	504,41	493,39	488,91	486,03	482,32	475,78	467,32	460,28	451,12	445,16	439,85	435,62	4,96	1,92
2 750,00 – 2 789,99	567,30	525,28	520,36	514,01	502,99	498,51	495,63	491,92	485,38	476,92	469,88	460,72	454,76	449,45	445,22	4,96	1,92
2 790,00 – 2 829,99	576,90	534,88	529,96	523,61	512,59	508,11	505,23	501,52	494,98	486,52	479,48	470,32	464,36	459,05	454,82	4,96	1,92
2 830,00 – 2 869,99	586,50	544,48	539,56	533,21	522,19	517,71	514,83	511,12	504,58	496,12	489,08	479,92	473,96	468,65	464,42	4,96	1,92
2 870,00 – 2 909,99	596,10	554,08	549,16	542,81	531,79	527,31	524,43	520,72	514,18	505,72	498,68	489,52	483,56	478,25	474,02	4,96	1,92
2 910,00 – 2 949,99	605,70	563,68	558,76	552,41	541,39	536,91	534,03	530,32	523,78	515,32	508,28	499,12	493,16	487,85	483,62	4,96	1,92
2 950,00 – 2 989,99	615,30	573,28	568,36	562,01	550,99	546,51	543,63	539,92	533,38	524,92	517,88	508,72	502,76	497,45	493,22	4,96	1,92
2 990,00 – 3 029,99	624,90	582,88	577,96	571,61	560,59	556,11	553,23	549,52	542,98	534,52	527,48	518,32	512,36	507,05	502,82	4,96	1,92
3 030,00 – 3 069,99	634,50	592,48	587,56	581,21	570,19	565,71	562,83	559,12	552,58	544,12	537,08	527,92	521,96	516,65	512,42	4,96	1,92
3 070,00 – 3 109,99	644,10	602,08	597,16	590,81	579,79	575,31	572,43	568,72	562,18	553,72	546,68	537,52	531,56	526,25	522,02	4,96	1,92
3 110,00 – 3 149,99	653,70	611,68	606,76	600,41	589,39	584,91	582,03	578,32	571,78	563,32	556,28	547,12	541,16	535,85	531,62	4,96	1,92
3 150,00 – 3 189,99	663,30	621,28	616,36	610,01	598,99	594,51	591,63	587,92	581,38	572,92	565,88	556,72	550,76	545,45	541,22	4,96	1,92
3 190,00 – 3 229,99	672,90	630,88	625,96	619,61	608,59	604,11	601,23	597,52	590,98	582,52	575,48	566,32	560,36	555,05	550,82	4,96	1,92
3 230,00 – 3 269,99	682,50	640,48	635,56	629,21	618,19	613,71	610,83	607,12	600,58	592,12	585,08	575,92	569,96	564,65	560,42	4,96	1,92
3 270,00 – 3 309,99	692,10	650,08	645,16	638,81	627,79	623,31	620,43	616,72	610,18	601,72	594,68	585,52	579,56	574,25	570,02	4,96	1,92
3 310,00 – 3 349,99	701,70	659,68	654,76	648,41	637,39	632,91	630,03	626,32	619,78	611,32	604,28	595,12	589,16	583,85	579,62	4,96	1,92
3 350,00 – 3 389,99	711,30	669,28	664,36	658,01	646,99	642,51	639,63	635,92	629,38	620,92	613,88	604,72	598,76	593,45	589,22	4,96	1,92
3 390,00 – 3 429,99	720,90	678,88	673,96	667,61	656,59	652,11	649,23	645,52	638,98	630,52	623,48	614,32	608,36	603,05	598,82	4,96	1,92
3 430,00 – 3 469,99	730,50	688,48	683,56	677,21	666,19	661,71	658,83	655,12	648,58	640,12	633,08	623,92	617,96	612,65	608,42	4,96	1,92
3 470,00 – 3 509,99	740,10	698,08	693,16	686,81	675,79	671,31	668,43	664,72	658,18	649,72	642,68	633,52	627,56	622,25	618,02	4,96	1,92
3 510,00 – 3 549,99	749,70	707,68	702,76	696,41	685,39	680,91	678,03	674,32	667,78	659,32	652,28	643,12	637,16	631,85	627,62	4,96	1,92
3 550,00 – 3 589,99	759,30	717,28	712,36	706,01	694,99	690,51	687,63	683,92	677,38	668,92	661,88	652,72	646,76	641,45	637,22	4,96	1,92
3 590,00 – 3 629,99	768,90	726,88	721,96	715,61	704,59	700,11	697,23	693,52	686,98	678,52	671,48	662,32	656,36	651,05	646,82	4,96	1,92
3 630,00 – 3 669,99	778,50	736,48	731,56	725,21	714,19	709,71	706,83	703,12	696,58	688,12	681,08	671,92	665,96	660,65	656,42	4,96	1,92
3 670,00 – 3 709,99	788,10	746,08	741,16	734,81	723,79	719,31	716,43	712,72	706,18	697,72	690,68	681,52	675,56	670,25	666,02	4,96	1,92
3 710,00 – 3 749,99	797,70	755,68	750,76	744,41	733,39	728,91	726,03	722,32	715,78	707,32	700,28	691,12	685,16	679,85	675,62	4,96	1,92
3 750,00 – 3 789,99	807,30	765,28	760,36	754,01	742,99	738,51	735,63	731,92	725,38	716,92	709,88	700,72	694,76	689,45	685,22	4,96	1,92
3 790,00 – 3 829,99	816,90	774,88	769,96	763,61	752,59	748,11	745,23	741,52	734,98	726,52	719,48	710,32	704,36	699,05	694,82	4,96	1,92

Plan comptable

PLAN COMPTABLE	
Actif	
Actif à court terme	
Encaisse	1010
Placements temporaires	1050
Clients	1100
TPS à recevoir	1105
TVQ à recevoir	1110
Intérêts à recevoir	1115
Revenus de cours à recevoir	1120
Honoraires de gestion à recevoir	1125
Loyers à recevoir	1130
Abonnements à recevoir	1140
Produits divers à recevoir	1145
Dividendes à recevoir	1150
Effet à recevoir (court terme)	1160
Stock de marchandises	1180
Fournitures de bureau	1190
Fournitures (autres)	1200
Assurance payée d'avance	1210
Loyer payé d'avance	1220
Taxes municipales payées d'avance	1230
Taxes scolaires payées d'avance	1240
Publicité payée d'avance	1250
Immobilisations	
Matériel roulant	1300
Amortissement cumulé – matériel roulant	1310
Équipement de bureau	1400
Amortissement cumulé – équipement de bureau	1410
Équipement (autres)	1500
Amortissement cumulé – équipement (autres)	1510
Ameublement (autres)	1600
Amortissement cumulé – ameublement (autres)	1610
Ameublement de bureau	1700
Amortissement cumulé – ameublement de bureau	1710
Bateau	1800
Amortissement cumulé – bateau	1810
Bâtiment	1900
Amortissement cumulé – bâtiment	1910
Entrepôt	1920
Amortissement cumulé – entrepôt	1930
Terrain	1960

Passif	
Passif à court terme	
Emprunt bancaire	2050
Fournisseurs	2100
Effet à payer (court terme)	2150
TPS à payer	2305
TVQ à payer	2310
Salaires à payer	2350
Régime de rentes à payer (RRQ)	2360
Régime québécois d'assurance parentale à payer (RQAP)	2365
Fonds des services de santé à payer (FSS)	2370
Impôt provincial à payer	2375
Assurance-emploi à payer (AE)	2390
Impôt fédéral à payer	2395
Indemnités de vacances à payer	2400
Commission de la santé et de la sécurité du travail à payer (CSST)	2420
REER collectif à payer	2422
Caisse de retraite à payer	2425
Cotisations syndicales à payer	2430
Dons de charité à payer	2435
Publicité à payer	2440
Intérêts à payer	2450
Autres charges à payer	2452
Loyer à payer	2455
Dividendes à payer	2457
Loyers perçus d'avance	2460
Abonnements perçus d'avance	2465
Produits de ventes perçus d'avance	2470
Honoraires perçus d'avance	2475
Produits de services perçus d'avance	2480
Revenus de cours perçus d'avance	2485
Impôts sur le revenu à payer	2490
Passif à long terme	
Effet à payer (long terme)	2850
Emprunt hypothécaire (biens meubles)	2900
Emprunt hypothécaire (biens immeubles)	2905
Capitaux propres	
Capitaux propres (entreprise à propriétaire unique)	
Nom du propriétaire – capital	3100
Nom du propriétaire – apports	3200
Nom du propriétaire – retraits	3300
Capitaux propres (société par actions)	
Capital-actions	
Capital-actions ordinaire	3400
Capital-actions privilégié	3405
Bénéfices non répartis	
Bénéfices non répartis	3475
Dividendes sur actions ordinaires	3485
Dividendes sur actions privilégiées	3490
Produits	
Produits d'exploitation	
Commissions gagnées	4100

⟫

Honoraires professionnels	4110
Services rendus	4120
Honoraires de gestion	4130
Loyers gagnés	4140
Redevances gagnées	4150
Revenus de transport	4160
Revenus de location	4170
Billets d'entrée	4180
Travaux d'excavation	4200
Revenus d'extermination	4210
Produits divers	4220
Honoraires de consultation	4230
Produits de livraison	4240
Produits d'abonnements gagnés	4250
Revenus de cours	4270
Produits d'intérêts	4290
Produits de dividendes	4300
Gain sur vente d'immobilisations	4400
Ventes	4500
Rendus et rabais sur ventes	4510
Escomptes sur ventes	4520

Charges

Coût des marchandises vendues

Stock de marchandises au début	5010
Achats	5100
Rendus et rabais sur achats	5110
Escomptes sur achats	5120
Frais de transport à l'achat	5130
Frais de douane	5140
Stock de marchandises à la fin	5150

Charges d'exploitation

Salaires	5300
Salaires des vendeurs	5310
Salaires de l'administration	5315
Avantages sociaux	5320
Charges sociales	5330
Commission de la santé et de la sécurité du travail (CSST)	5340
Loyer	5410
Location de gymnase	5415
Publicité	5420
Frais de bureau	5500
Frais de fournitures de magasin	5530
Frais de fournitures d'atelier	5540
Frais de fournitures d'entretien	5550
Frais de fournitures de bateau	5560
Frais de fournitures de gymnase	5565
Entretien et réparations – matériel roulant	5600
Entretien et réparations – équipement de bureau	5620
Entretien et réparations – autres	5630
Entretien et réparations – bâtiment	5640
Cotisations professionnelles	5650

Taxes municipales	5660
Taxes scolaires	5670
Location d'équipement	5680
Frais divers de vente	5690
Frais de livraison	5700
Frais de déplacement	5705
Frais de représentation	5710
Essence	5715
Honoraires de gestion	5720
Honoraires professionnels	5725
Électricité	5730
Chauffage	5735
Assurance	5740
Télécommunications	5750
Frais légaux	5760
Autres charges	5770
Charges d'intérêts	5780
Frais bancaires	5790
Amortissement – matériel roulant	5900
Amortissement – équipement de bureau	5920
Amortissement – équipement (autres)	5930
Amortissement – ameublement (autres)	5940
Amortissement – outils	5950
Amortissement – ameublement de bureau	5960
Amortissement – entrepôt	5970
Amortissement – bâtiment	5980
Perte sur vente d'immobilisations	5990
Impôts sur le revenu	5995
Sommaire des résultats	5999

Sources iconographiques

Références

* © 2011 ICCA. L'extrait qui suit du *Dictionnaire de la comptabilité et de la gestion financière* est utilisé avec la permission de l'Institut Canadien des Comptables Agréés (ICCA). Sa reproduction ou sa distribution, de quelque façon que ce soit, constitue une violation du droit d'auteur de l'ICCA et est strictement interdite.

* Institut Canadien des Comptables Agréés (2012). *Manuel de l'ICCA - comptabilité*, Toronto, Ontario, Institut Canadien des Comptables Agréés.

* Office québécois de la langue française (2012). *Grand dictionnaire terminologique*, [En ligne], www.gdt.gouv.qc.ca (Page consultée le 13 mars 2013).

Index

* Les numéros de page en gras correspondent aux définitions en marge apparaissant dans les chapitres.